玩家老师 上

作文技巧入门

夏昌铭　夏懿◎著

長江出版傳媒｜长江文艺出版社

图书在版编目（C I P）数据

玩家老师 ：全二册 / 夏昌铭，夏懿著. -- 武汉 ：
长江文艺出版社， 2021.11
ISBN 978-7-5702-2247-6

Ⅰ. ①玩… Ⅱ. ①夏… ②夏… Ⅲ. ①作文课－小学
－教学参考资料②阅读课－小学 －教学参考资料 Ⅳ.
①G624.203

中国版本图书馆 CIP 数据核字(2021)第 129690 号

玩家老师

WAN JIA LAO SHI

责任编辑：陈欣然　　责任校对：毛　娟

封面设计：颜森设计　　责任印制：邱　莉　王光兴

出版：长江出版传媒 | 长江文艺出版社

地址：武汉市雄楚大街 268 号　　邮编：430070

发行：长江文艺出版社

http://www.cjlap.com

印刷：湖北恒泰印务有限公司

开本：720 毫米×970 毫米　1/16　印张：34.5　插页：2 页

版次：2021 年 11 月第 1 版　2021 年 11 月第 1 次印刷

字数：489 千字

定价：76.00 元（全二册）

记住，你要跟别人不一样，只有第一才可以教你怎样成为第一。

——夏昌铭

信息太多，就会挤压思维的空间，找不到自己的内心。而《玩家老师》却恰恰相反……

——夏懿

序　言

夏昌铭

我是一个作家，用文字把自己对人生的感悟写出来与读者分享；我也是一个教育家，在教育中引导孩子们热爱生活，学习知识，知晓礼仪，怎样做人。把社会未来的挑战，融入丰富的课程里，让知识成为每一个孩子的力量。我写《玩家老师》的立意就在于此。

培根曾经说过，知识就是力量。我的理解是：知识可以决定一个人的命运，同时也可以改变一个人的命运。作为我，一个教书育人的老师，必须得让孩子们懂得，命运从来都不会给我们最想要的东西。自己是一个怎样的人，今后的人生就会是怎样的。这才是构建孩子们强大内心和闪光灵魂的基石。当孩子们懂得了这一点，即便是含着泪走在自己选择的路上，也一定会把崎岖的路坚定地走下去。因为他们已经知道了，追梦永远都很累！

我教孩子们作文与阅读快二十年了。怎样把知识耕耘在孩子们的思想里，这的确是一道难题。但是，不是智者，不敢说大话。我已经达到了庖丁解牛的境界。孩子们喜欢夏老师，高峰时一学期要带五六个班，有两百多名来自武汉三镇的孩子。进夏老师的作文培优班需要排队。特别是《作文技巧与阅读方法》的讲座，每场都是座无虚席，甚至连走道上也挤满了人。家长和学生慕名而来，夏老师的作文培优班在武汉也算是口碑载道。

现在，随着岁月的流逝，我的精力大不如从前，而作文培优班还在一期接一期盛况空前。我想戛然而止，但家长们的要求是：夏老师，您可不能教孩子们一半，就丢下不管了！孩子们喜欢您，也需要您呀！这凝重而发自肺腑的语句，沉甸甸地敲打在我的心上，流动在我的血脉里，因为，每一位孩子都是我的孩子，也是我的祖国。我没有理由在这份责任的驱使下，撇下孩子们去走自己还未了的路。只是，孩子们的写作与阅读的提高，是一个循序渐进的过程，需要老师长期的精心指导，让孩子们养成写作与阅读的习惯，并把儒释道文化融入孩子们的思想里，伴着心智飞速迭代。童话故事里说得好：你必须不停地奔跑，才能留在原地。这样滋润出来的孩子们，就会与众不同！

当然，做好这项事业也并非容易，但又是非做不可的。于是，我就萌发了要写一本知识广博、眼界开阔、胸怀坦荡的名为《玩家老师》的书。这本书必须是孩子们自己为自己设计的经历："居天下之广居，立天下之正位，得天下之大道。"这才是应该从中国文化里豪迈走出来的大丈夫。

我想到了！

我想说

夏 懿

我想说，好书应该尽快地送到同学们的手中；我敢说，《玩家老师》肯定会成为一本脍炙人口的好书；我要说，当你走进这本书里，你就像走进一个天与地的大课堂。

当今，各种手机杂志和电子书等，因科技的进步而琳琅满目。但过尽千帆，唯有纸质《玩家老师》还在守正求精，乃集大成者：天文、地理、警句、格言、辞章、义理、考据、阅读、作文等知识，在几百个故事里，云舒缱绻地展开在你们的面前，带着留白的清风明月；将作文基础知识融进亲情、励志、德行、友谊、和谐、环保、启示、童年、童话、科幻、游记、读后感等话题中，既有趣味性又有可读性。当你们用轻松愉悦的心情读完《玩家老师》，就会感同身受恍然明白：原来我们喜欢听夏老师讲课，那是他把我们喜欢或是不喜欢的东西传神入画地融入教学里，在授课中激发着我们的心性，让我们享受着一股股浓烈的中华文化的气息，从而对作文与阅读产生浓厚的兴趣。达到喜欢就是成功的效果，剩下的就是夏老师的责任——培养同学们成为优秀生、语文课代表、班长、作文比赛获奖者等等——托起绿叶与花朵织成的春天。

夏老师言传身教做到了。

现在，图书市场中的“作文选”“速成概念作文”之类的书籍很多，阅读的感觉都是千人一面，给同学们的感知是：怎么是你？怎么还是你？这类同质化书籍会影响到同学们的思维和想象，让同学们对写作的兴趣渐渐消失，甚至害怕写作文。所以，我在和夏老师创作《玩家老师》的漫长日子里，不但要求书的内容贴近同学们的真实生活，还要有童趣的可读性，使之在阅读中有一种身临其境的感觉。在这里，我必须强调的一点是：初学写作的同学们，一定要认真阅读夏老师的作文点评，然后以点评为指导，再次阅读思考点评的作文，这是启发写出好作文的必经之路。

也许有人会问，玩家和老师结为一体的必然联系是什么？我想说，玩家在网语中为网络游戏的制作者、参与者、引导者。如果引申到《玩家老师》里来，我的诠释是：玩家夏老师是作文技巧与阅读方法的制定者、参与者、指导者。使同学们在玩家夏老师的寓教于乐、学以致用的引导下，忙完秋收忙秋种，学习学习再学习。

目录

预备课　作文技巧与阅读方法

湖北省图书馆学术报告厅里已经坐满了家长和小学生，而且陆陆续续还有家长领着孩子往里走。这些家长和学生们都是慕名而来听夏老师讲座的。夏老师西装革履地站在讲台中间，他看上去五十来岁，脊背挺直双手扶着讲台边沿，身体微微前倾，慈祥的面部带着微笑，矍铄的双眼缓缓地巡视着家长和学生们。在他身后的黑板上，挂着一幅《嗨龟进行曲》。

嗨龟进行曲

叭啦卟噜、叭啦卟噜/出发/我是最受欢迎的嗨龟/现在去赴狮子王的婚宴/风雨无阻翻山越岭/向前/肚子饿了吃树叶/天下雨了壳当伞/烈日底下坚持爬/不达目的不罢休/嘚哒哒咚、嘚哒哒咚/叭啦卟噜、叭啦卟噜/嗨——龟——

夏老师看了一下手腕上的表，离两点半开讲还有十三分钟，他一扫整个学术报告厅，知道今天的讲座又会爆棚。他走到讲台边，伸出右手向下倾斜，很有礼貌地做出一个“请”的手势，说道：“邹佳蓉同学，你是夏老师培优班的学生，给你一个机会锻炼自己，上台来，教教在座的同学们，学唱《嗨龟进行曲》。”说完，夏老师退到一旁。

邹佳蓉落落大方地从二排座位走到讲台前，用小主持人的风度微笑地看着大家，敞开银铃般的声音说道：“家长和同学们好！《嗨龟进行曲》是夏老师为我们小学生创作的。主题是要我们做一个真真实实的小嗨龟。现在我来教同学们唱！”

十分钟不到，学术报告厅里嗨翻了《嗨龟进行曲》的歌声。

两点半到了。夏老师用目光暗示邹佳蓉回到座位上，然后快步走到讲台中间，等同学们唱完《嗨龟进行曲》后，双手平伸向下压了压，学术报告厅顷刻就安静下来。夏老师用带磁性的嗓音说道："家长、同学们好！首先我做一个自我介绍，我叫夏昌铭，夏天的夏，武昌的昌，刻骨铭心的铭。我希望这次的作文讲座，能在我和家长、同学之间筑起一道互动的桥梁，我将尽最大的努力来满足不同年级同学的听课需求，今天的讲座，只是给同学们列出一个提纲，上作文课时，我会细讲的。所以，我这次的讲座，只能50%给家长，50%给在座的同学听。请家长和同学们给我一次鼓励的掌声。"

学术报告厅里响起热烈的掌声。

"就在刚才的十三分钟里，"夏老师继续说道，"在今天星期六下午一个十三分钟里，在座的同学们唱会了《嗨龟进行曲》。这个浅显的例子却能说明一个深刻的道理。人与人之间的区别，就在于怎样利用业余时间来学习。同学们做到了，点赞！"

学术报告厅里掌声再次响起。

"那么，第二个问题来了，同学们想不想知道《嗨龟进行曲》是怎样创作的？"夏老师故作神秘地问。

"想——"一片嘻嘻哈哈的声音回答。

"编的！是把《龟兔赛跑》《狮子王》《犟龟》组合在一起编的故事。"夏老师释然一笑，用手一指台下的同学们说，"你们也行！"

"耶——"

"怎么编呀？"

"我们想听。"

嗨　龟

寓言故事龟兔赛跑，说的是乌龟在比赛时朝前爬行，最终PK掉了兔子，赢得了龟兔赛跑的第一名，获得了"嗨龟"的称号。

这天，嗨龟在一棵大树底下乘凉，听见树上有一只美丽的雄鹦鹉对一只漂亮的雌鹦鹉吐槽说：单身狗狮子王辛巴马上就要结婚了，它的女神是海选出来的美人，邀请所有动物都去参加它的婚宴。嗨龟心想，既然狮子王辛巴邀请所有动物都去参加它的婚宴，而我呢，又是狮子王的骨灰级粉丝，理应去捧捧场抬抬庄，然后美美地撮上一顿。再说了，我还是龟兔赛跑的第一名，可以在狮子王的婚宴上显摆显摆，卖卖萌。

萌萌的嗨龟上路了。同学们都知道，乌龟爬起来是很慢的。但它心中只有一个倔强的信念：参加狮子王辛巴的婚宴。它一边爬呀，一边唱起了

《嗨龟进行曲》：叭啦叶噜、叭啦叶噜/出发/我是最受欢迎的嗨龟/现在去赴狮子王的婚宴/风雨无阻翻山越岭/向前/肚子饿了吃树叶/天下雨了壳当伞/烈日底下坚持爬/不达目的不罢休/嘚哒哒咚、嘚哒哒咚/叭啦叶噜、叭啦叶噜/向前……

乌龟朝前爬呀朝前爬，路上，遇见了御姐范蜘蛛和萝莉型蜗牛。它们听了嗨龟是去参加狮子王的婚宴，全都惊呆了，然后劝告嗨龟说：你爬得这样慢，而狮子王辛巴的婚礼马上就要举行了，你怎么到得了呢？再说，这一路遥远，翻过一座山，还要过一条河，过了一条河，还要再翻过一座山。时间不等人呀。如果你要想赶上狮子王的婚宴，非得穿暴走鞋或是乘四驱玩具车。

但是，嗨龟决心已定，执意要去参加狮子王的婚宴。御姐范蜘蛛用不屑的目光看着嗨龟讽刺说：我的腿比你多一倍，跑得也比你快，都来不及参加狮子王的婚礼。瞧瞧你的腿，像个不能动的棒槌，又怎么可能赶得上呢？真是的，不听蜘蛛言，吃亏在眼前。说完，它一边织网，一边跳起了蜘蛛的桑巴舞：佩奇猪、佩奇猪，嗨龟是个猪，安琪拉、安琪拉，救救嗨龟吧……

萝莉型蜗牛听得两眼发直，呆呆地望着嗨龟，迷惑不解地叫道："我的天啦！我的天啦！这世道简直是疯了，嗨龟完全萌呆了！参加狮子王的婚宴，怎么可能呢？这也太雷人了！"

乌龟淡定地看着蜘蛛和蜗牛，摇晃着脑袋说道："我记得警句格言是这么说的：'只有想不到的，没有做不到的，一切皆有可能。'"

嗨龟带着执着的信念，朝前爬呀朝前爬，终于爬到了狮子王的森林。森林里张灯结彩，鲜花盛开，天上飞的，地上爬的动物几乎都到了。快乐树精灵组成了庞大的乐队。乌龟高兴极了，欢呼道："耶！单生狗狮子王辛巴的婚宴我赶上了，这画面太美我不敢看。爽歪歪！真是爽歪歪！"

上蹿下跳的金丝猴揶揄道："瞧你那得意劲，是来参加狮子王辛巴的婚宴的吗？吓死宝宝了！我告诉你吧！神马都是浮云，狮子王辛巴早已死了。这是狮子王儿子的儿子的儿子的婚礼。"

"夏老师的故事讲完了，在这里我郑重地提示一下：题是文一半，我们先给它起个响亮的名字——《嗨龟》。我希望在座的每位同学，都是这样的小嗨龟。倘若说，嗨龟不能把认准的道走到底，而是听别人的半途而废，又怎么可能虽然未能赶上狮子王的婚宴，但却终于赶上了狮子王儿子的儿子的儿子的婚礼呢？

这个故事的哲理，可供同学们在人生的路上细细地品味一辈子。”

夏老师讲完嗨龟的故事，停顿下来扫视着台下的家长和同学们。教室很安静，家长和同学们都在思考。夏老师很享受这样的氛围。因为，思考是点亮思想的明灯。而孩子们最大的问题就是缺乏思考。夏老师看着手表的分针走完了三圈，打破沉静问：“同学们，你们想不想成为无畏的小嗨龟？”

“想——”

“怕不怕苦？”

“不怕！”

“对，不怕。现在，考验你们这些小嗨龟的时候到了。”夏老师提高音量说道，“请同学们注意，坐要坐直，精神集中，两眼平视前方，认真听记夏老师讲座的内容。”

孩子们齐刷刷地挺背抬头，目视着夏老师。

“我今天要讲的内容分四个方面：一、怎样做人；二、作文技巧；三、阅读方法；四、家长提问。”

一、怎样做人

我教的作文班里有一位小同学问我：“夏老师，我怎么这么苦呀？”我一惊，连忙问：“小同学，你苦从何来？”

小同学说：“我上了一星期的课，好不容易盼到了休息日，可是妈妈又送我出来培优。我要是能像您一样，出了名，挣到钱，就可以不学习了。”

我沉思了好一阵说：“吃得苦中苦，方知甜中甜，我知道学习是很苦的，但学习又是非走不可的路。现在，你正当学习时而不学习，等到白了头，空悲切呀！记住夏老师的话：你不但要好好学习，还要学会好好做人。因为，少年强则国家强。这是一种责任。懂吗？”

她含着泪汪汪的眼睛点了点头。于是，我给她讲了《狮子和羚羊》的故事：

在广袤无垠的非洲大草原，一群狮子在拼命地奔跑。小狮子跑不动了，用哀求的目光望着狮子妈妈，它们好想休息。狮子妈妈严肃地对小狮子说：孩子，你必须得学会奔跑，而且跑得要比羚羊还快，否则，你们将会被饿死。在草原的另一个地方，一群羚羊也在拼命奔跑，小羚羊跑不动了，用哀求的目光看着羚羊妈妈，它们好想休息。羚羊妈妈严肃地对小羚羊说：孩子，你必须得学会奔跑，而且要跑得比狮子还快，否则，你们将会被吃掉。

我看着她严肃地问："你知道夏老师给你讲这个故事，想表达什么意思吗?"

"优胜劣汰，适者生存。"她眨巴着晶亮的大眼睛回答。

"如果我和你就是狮子和羚羊，你说怎么办?"我又问。

"向小嗨龟学习，朝选定的地方爬呀!"她偏头望着窗外想了想，扭回头用愉悦的声音说道，"夏老师，我将来也要像您一样当作家，写好多好多的书。"

我听了她的回答当然是满意的。虽然对她学习上的痛苦爱莫能助，但是，天行健，君子以自强不息。而这位自强不息的君子，现在就在我们会场。她是学校的大队长，也是班上的班长、语文课代表。她就是刚才给同学们教唱《嗨龟进行曲》的邹佳蓉同学。夏老师伸出倾斜的右手，请邹佳蓉起立。

邹佳蓉起身站直，礼貌地微笑着对家长和同学们鞠躬致意，获得了如雷的掌声!

"所以说，学习作文与阅读，先要学会做人。做邹佳蓉同学这样的人。"夏老师继续说道，"在这里，我要对同学们说的是：

第一，同学们不要把夏老师这个讲台看得太神圣，认为高不可攀。夏老师站在这个讲台上上课，是为了让同学们看得清楚一些，便于提问。如果同学们有什么不懂的，要勤问老师，不要羞涩和害怕。学习的过程其实就是丰富和完善自己的过程。要相信自己的能力，愿意付出比别人多的代价。在这里，我送给同学们一个跨栏定律：竖在你面前的横栏越高，你将跳得越高。

第二，做任何事都要有明确的目标。妈妈说：别玩了，快去写作业。你答应说：等一下我就去做。这是一个模糊的回答。问题出在'等一下'的表述不够明确，它拖延了你的实际行动和完成作业的时间。

第三，学习作文是非走不可的苦路。因为人一辈子都离不开语言和文字，作文就是你最好的帮手，你可以把从作文和阅读中学到的知识与周围的人交流，用丰富的知识面赢得别人的敬重。

第四，就算生活再苦，哪怕吃酱油炒饭，也要把餐桌擦得干干净净，优雅地坐着，把贫困的生活过得很讲究。释迦牟尼说：即便你穷得只剩下一件衣服，也要把它洗得干干净净，穿在身上，给人一种尊严。这就叫做人的风度。久而久之，在你们的身上会体现出谁也拿不走的气质。

第五，今后的生活中你们要学会吃亏。这个社会没人喜欢占便宜的人。都喜欢吃亏的人。比如：早上到了教室，擦擦桌子扫扫地，回家吃完饭帮妈妈洗洗碗，拖拖地。这些看似吃亏的事情你做了，你将会赢得别人的喜欢，这就是吃亏的回报。夏老师今天的讲座是免单的，还要送《中小学生礼仪》给同学们。这些看起来是吃亏的事，却得到了在座家长和同学们的认可和喜欢呀！

第六，人生中有许多东西都是多余的。比如钱财，比如欲望，比如名声，更多的时候，得到你该有的就够了。记得有一次儿子拿了二十元钱去买老抽酱油，把剩下的十多块钱淡淡地放在桌子上。当时我心里别提多高兴，因为在儿子豁然开朗的眼界里，有更多更美的风景等着他。

第七，要学会在简单的生活里寻找快乐。不要去攀比，那样心是很累的。小时候，我没有玩具，就把一个玻璃瓶盛满水，在盖子上戳一个洞，然后倾斜玻璃瓶，看着晶亮的细流呈抛弧线地流到另一个瓶子里，手都酸了，也不敢停一下，但玩得很开心。因为生活中容易改变的就是心情。即使你一生中什么也没有抓住，但抓住了快乐，你依旧是天底下最幸福的人。”

夏老师给同学们讲了之前作文班里，一位叫李文丽的四年级学生写的一篇文章：

最难忘的一件事

我家很苦，爸妈下岗在外打工，而且爸爸生病还在吃中药。但是，他们从牙缝里省钱供我和弟弟上学和培优。

记得上小学三年级时，一次上完体育课回家，爸妈在外打工还没回。我肚子饿得“咕咕”叫，看见柜子上有一盒饼干，便狼吞虎咽把它吃光了。

妈妈知道后，摸着我的脑袋说：“那是买给你爸爸喝中药后压苦味吃的。他舍不得吃，要留给你和弟弟吃，我没有同意。”

我听了羞愧得脸上火辣辣地发烧。

但是，妈妈没有责备我，只有弟弟咂巴着小嘴，痴痴地揉捏着饼干盒。我当时的心情就像被油锅煎熬一样难受，真希望妈妈结结实实痛打我一顿，可是妈妈没有，只是用慈爱的目光看着我。我一转身，冲进房里，趴在床上号啕大哭。

后来几天，每次看见爸爸和弟弟，我都抬不起头。因为，我从饼干里面品尝到了一种难以忘怀的滋味。

“什么滋味？苦难是人生中最好的老师。这就是夏老师肯定的答案。”

夏老师讲到这里，不得不稍作停顿。他感到自己体内的激情在奔涌，他要让自己归于平静后再进行讲座。

二、作文技巧

同学们学习写作文，就应该知道什么是作文？作文简单来说就是练习写文章，写出来的文章（作文）要主题明确，文通字顺，结构完整，具有一定的文采。

同学们请注意了，要达到上述要求，首先得注意观察收集，感受生活中的点滴小事。其次要用日记的形式把这些小事记录下来，这叫素材积累，还可以提高作文的造句能力。

刚开始，同学们可以像学画写生那样，仔细观摩妈妈洗衣做饭的过程，用文字描写下来，从而达到叙事：事清晰；记人：人生动；写景：景如画；说理：理明白。下面，我为同学们排列了一个作文过程次序图，使同学们对写作文有一个清晰完整的轮廓：

一、素材：长期积累，亲身经历，阅读获知，耳闻目睹等。

二、主题：作文内容的核心，要告诉读者的中心思想。

　　开头

　　层次：文章秩序；叙述：说故事，写故事。

　　段落：内容划分；人称：一人称，二人称，三人称。

三、结构：内容

　　过渡：上下连接；描写：景物描写；人物描写。

　　照应：配合呼应；抒情：叙述、议论、描写抒情。

　　对话：独白；二人及多人对话。

　　结尾

三、阅读方法

谈到作文，离不开阅读。阅读是作文的基础。包括思考、想象、记忆、联想，是打开思想窗口的钥匙。因为，一个人的精神成长史，就是阅读史。为什么？在阅读中可以知道过去、现在和将来。使自己的内心变得强大。现在，我们每一个人都在经历着只属于自己的生活，别人的故事可以丰富我们的人生。假设我们每天坚持 15 分钟读书，一年就可以阅读 200 万字（20 本书）。其次，读书有两种方法，一种是精读，深思熟读，细细品味，甚至是好词好句好内容要背下来；一种是泛读，广泛的阅读，抓重点、悟主题、记梗概。另外，读书不思考等于是读死书、死读书，井底之蛙恐怕就是缺乏思考的原因。怎样去思考？首先是模仿，吸收书中的经验和知识，拓宽自己思想的空间。其次，在思考中创造自己的学习和生活。

许多同学都读过美国硬汉、诺贝尔获奖者海明威的《老人与海》。故事讲述了古巴一个名叫桑提亚哥的老渔夫独自出海打鱼。他 84 天一无所获，但没有放弃，后来终于钓到一条巨大的马林鱼。当他刺死马林鱼，拴在船头，准备带回家时，却遇上鲨鱼。老人与鲨鱼展开了殊死搏斗，最后带着满身伤痕，拖回家的只剩下一副光秃秃的鱼骨架。

记得我第一次读《老人与海》，那种感觉是没有结尾，像是一场梦。这种流于表面的阅读，是看不到 84 天一无所获的希望的。后来我再次阅读，终于迈过了这道门槛，挖掘出故事的寓意：我始终为我的明天做最美最好的准备。从而证明人与大自然的搏斗，人是那么的渺小，人可以被打败，但精神不能被打败。这就是《老人与海》给予我们的努力拼搏的人生观。

我希望同学们学习写作文时，一定要学会阅读，只有在阅读中使思想变得厚重和开阔，才能写出一篇篇精美的文章。

我曾经在作文班里出过这样一道作文题：《给妈妈洗脚》。作文交上来，每篇作文都写得真实感人，其中有一篇作文是这样写的：

> 我给妈妈洗脚的时候，突然发现妈妈的脚是那样瘦小可怜，青筋突暴，脚掌结着厚厚的老茧，脚后跟裂出一道道血口。我当时心好疼好疼。我小心地用热毛巾给妈妈揩干脚，含着泪把它紧紧地搂在怀里。我突然感觉自己长大了，我第一次懂得了妈妈为什么总是买一份肯德基给我吃，她却不吃；我第一次懂得了妈妈为什么给我穿新衣服时，让我爱惜着穿；我第一次懂得了妈妈为什么每天嘱咐我说好好学习，长大做个有用的人。我懂得了好多好多。

当我读到这样的文字时，我仿佛看到一颗稚嫩的童心在纸上跳动，我的心灵受到强烈震撼。我是在教孩子们的作文，但是，我还要教孩子们怎么去做人，这是我的责任。

这里我请在座的每一位同学，回家后给妈妈梳一次头，为妈妈洗一次脚，对妈妈说一声：我爱你！你会发现，你的妈妈就是一部写不完的书。

在结束这次讲座时，我送给在座的同学们一句非洲格言："把握今天。把握了今天就把握了你们的未来。"

四、家长提问

夏老师话音刚落，便响起了热烈而长久的掌声。这掌声是对夏老师充满激情的讲座的肯定。夏老师双手扶着讲台边缘，面带微笑等待掌声平息下来后说道："下面是家长提问，夏老师解答，看看哪位家长先说。"

学术报告厅里鸦雀无声，几百双眼睛盯着夏老师，但没有人提问。

"现在暂时没人提问。那夏老师抛砖引玉，把培优作文和阅读的上课时间和学习内容作一个概括。"夏老师再次微笑地说道：

"一、学习时间：作文与阅读系统培优共50次课时，春秋各15次，每星期一次；寒暑假各10次，隔天上课，每次授课两小时，中间休息10分钟。

二、学习内容：参考义务教育课程标准实验教科书，授课有作文、阅读、古文、诗词（古、现）、修辞、常识、朗读等。

三、学习目标：提高学生的言行品德；语文必须达到班里前十名；冲刺第一名；参加楚才杯作文竞赛获奖。

看看家长和同学们还有什么不清楚的问题？"

学术报告厅里渐渐活跃起来。

"夏老师，我有一个问题，家长可以随堂听课吗？"一位家长提问。

"家长可以坐在后面听课。听课时请关上手机，不要互相说话或进进出出。为了表示对同学们或家长的谢意。夏老师每堂课必须是站着讲。因为，习惯常常决定一个人今后的成败定位。从这个意义上来说，我教作文的同时，也要培养同学们的好习惯。谢谢家长的配合。"夏老师回答。

"夏老师，我的孩子阅读考试老是丢分，这是什么原因呀？"一位家长问道。

"就我对同学们阅读扣分的了解，有这样几方面的原因：1. 知识面窄，犯常识上的错误；2. 写错别字，音同义不同的错别字；3. 病句修改，对词汇理解不透彻，判断失误；4. 马虎跑题。阅读答题内容一般都在文章里，需要认真阅读，细细领会；还要有一定的概括力；首先是审题，一定要紧扣题意回答问题，否则，下笔离题。再就是马虎答题，两个问题答一题，让马虎带跑会答的另一道题。这些小毛病的出现，一扣就是几分、甚至十几分，非常可惜！”夏老师解答道。

“夏老师，我的……作文总是写不……长，这是什么原因啊？”一位同学举手怯生生地提问。

“原因是多方面的，但关键还是对生活细节的观察和感受不够。就刚才你举手提问这一细节我们用作文展开，夏老师观察到你两次举手又放下，每次举手都是下意识地看妈妈。而妈妈注意到了你的胆怯，用眼神鼓励你大胆发言，于是你第三次举起的手一直没放下。当夏老师同意你提问时，你心里一定非常紧张，‘怦怦’乱跳，因为在众目睽睽下，你的站姿是背部微驼，一定感到了周围目光的压迫让你不自在；你的面部涨得通红，耳根一定在火辣辣地发烧，你说话的声音有些颤抖断续，那是你在组织语言，‘我的’后面不知道该怎么讲好，而‘写不’后面你又在犹豫是说‘长’还是说‘好’。这证明你对这样的场面经历太少，也许根本就没有经历过。这就是你紧张的原因，也是作文描写的细节，如果有了这样的细节描写，作文里的故事就会丰满起来。对吗？”夏老师耐心解答。

家长和孩子们听得频频点头。

“夏老师，我的孩子现在上一年级，可以报名参加你的作文班吗？”一位年轻的爸爸咨询。

“欲速则不达。请你把准备让孩子学习作文的时间，带着孩子到公园里去。我记得诗人傅天琳在《梦话》里有这么一段诗：

你在梦中呼唤我呼唤我
你是要我和你一起到公园去
我守候你从滑梯上一次次摔下
一次次摔下你一次次长高

珍惜这段天伦时光吧，你和孩子都会喜欢和高兴的。”夏老师幽默的回答，引得学术报告厅里一片欢笑声。

第一课　中小学生礼仪

夏老师走到讲台中间，讲台上落下了一层薄薄的粉笔灰，横七竖八躺着一些粉笔和粉笔头。他把散乱的粉笔捡进粉笔盒里，拿起黑板擦把讲台上的粉笔灰擦拢，然后走下讲台，背对孩子们，把拢起的粉笔灰轻轻吹进粉笔盒里，接着又走上讲台，擦净黑板上的数学题。这一切动作都是在短短几十秒钟内完成。喧哗的教室也在几秒钟内渐渐静了下来。当夏老师回身把黑板擦放在讲台上时，发现所有眼睛都定定地看着他。刹那，响起一片掌声。他一下明白了，刚才自己下意识的细节引起了孩子们的赞许。他用慈爱的微笑巡视着每一张稚气的脸庞表示感谢。

"同学们好!"

"夏老师好!"

"今天是夏老师给同学们上的第一课——中小学生礼仪。孔子曰：不学礼，无以立。简单释义：学礼则品行端正，故能展现风采。什么是风采？它的内涵应该是健康、快乐、诚信、教养、人格。一句话，将自己的精神境界提高到行为中来。这是我们在座的同学立身之本。

我曾经在大商场看见一位时髦女郎，她怀抱一只雪白的名犬，顾盼生姿地闲庭信步，引来回头无数。我正要认定她是一位很有风采的淑女时，一团香口胶从她的樱桃小嘴里吐到地上。

我感叹地摇了摇头。

我国是一个礼仪之邦，《诗经》曰：礼仪卒度，笑语卒获。礼仪是人类文明的结晶，是我们中小学生活动的行为规范和准则，它具体表现在礼貌、礼节、仪表、服饰、仪式等方面，是同学们道德修养的外在表现形式，承袭崇尚礼仪这一传统美德，是当今社会对每一位同学的要求。因为，播下一个行动，收获一种习惯；播下一种习惯，收获一种性格；播下一种性格，收获一种命运。所以，好的习惯会让同学们受益终身，而不良习惯则会妨碍同学们的发展。看看同学们现在的坐姿，东倒西歪的，有的同学甚至还在低声耳语，而今天的礼仪课，就是要让同学们摒弃不良习惯，培养同学们在言行举止中遵守公共道德，表现出中小学生应有的文化教养。可是现在，你们说应该怎么办?”夏老师用严肃的目光审视着每一位同学，压低声音问道。

同学们一时不知所措，面面相觑。

“那好，同学们回答不出来或是不想回答，夏老师就告诉同学们先从正确的坐姿做起，请同学们按夏老师的要求行动：上半身挺直，两肩放松，下巴内收，背部与臀部成直角，双膝并拢，双手自然放在桌上或膝上或背后，嘴唇微闭，凝神听老师讲课。注意！一旦精神开始分散或游离到窗外时，请注意要把思想牵引回来，这是学会学习的一种方法。”夏老师重复了三遍正确的坐姿，纠正了六位同学的坐姿毛病，教室的面貌焕然一新。

夏老师用微笑表示对同学们的感谢，继续说道：“我知道同学们这么坐着，精神又要高度集中，一定是很累的。所以，夏老师每隔二十分钟左右，会让同学们在座位上自由活动一下。另外，同学们回答夏老师提问时，可以坐着回答，也可以站着回答。当站起来回答提问时，请把靠椅往后拖一下腾出空间。男生的站姿是身体挺直，两脚与肩同宽，身体重心在两脚之间，双肩自然下垂，眼睛平视，面部表情放松。女生的站姿可以优雅一些，双脚成 V 字形或丁字步，膝和脚后跟靠紧，两脚张开约为两拳距离。另一种是双脚并拢，重心放在一只脚上，另一只脚超过前脚斜立而略弯，这种站立也是很优美的。请同学们按照夏老师的要领演练。

起立——”

夏老师曾经是一个军人，今天在孩子们面前，又一次展现了军人风采。孩子们在夏老师的指导、训练、纠正后，个个精神饱满，按动作要领做得认真而完美。坐在后面的家长们看得喜上眉梢。

“我观察到，现在有好多同学在走姿上就像一个大螃蟹，背着沉重的大书包，佝着背，故意迈着大方步或是罗圈腿，奋力地朝学校走去。这样的走姿必须根治，否则，习惯成自然。正确的走姿应该是收腹挺胸，两臂自然摆动，行走时脚尖向前，脚跟先落地，脚掌紧跟着落地。节奏快慢要适当，给人一种矫健轻快的动态美。其口诀是：挺胸颈动肩轴摆，提髋提膝小腿迈，跟落掌接趾推送，双眼平视背放松。下面，请几位同学上台来演示。”夏老师说完，开始点名让孩子们在走道练习走姿，语速很慢地念着走姿的口诀。孩子们嘻嘻哈哈地感悟要领，演示走姿，但并不成功，有拘束、有苦脸、有忸怩、有搞笑……洋相百出，欢笑一片。

夏老师看着这失控的场面，无所适从地尬笑，但心里却在盘算怎样达到走姿过程的完美。当最后一位同学演示走姿完毕回到座位上，夏老师用严肃的目光反复巡视着每一位同学说：“刚才的走姿同学们都看见了，简直是一场闹剧。如果夏老师教同学们的礼仪是这样的结果，我就不配当你们的老师。怎么办？夏老师现在有两种选择，第一，严师出高徒；第二，师傅领进门，修行靠个人。我选择第一种。希望在座的家长回家后，一定督促孩子们按夏老师的要求，反复练习走姿，直到满意为止。下次上课，每一位同学都必须用正确的走姿走进教室。能不能做到？”

“能。”回答参差不齐，声音不大。

“能不能做到？”夏老师高声问道。

“能——”回声响亮。

“承诺是金。承诺的事情，就必须去完成。谢谢同学们！”夏老师和蔼地说道，“当我们有了正确的坐姿、站姿、走姿以后，还要有一种内在的表现力，那就是眼神。常言道：眼睛是心灵的窗口。当你们与人谈话时，眼睛里要放射出柔和而亲切的光，不能咄咄逼人，也不能有敷衍之意。其要领是：放松精神，让目光虚一些，不去聚焦对方脸上的某一个部位。在长辈和老师面前，目光略为向下，这样显得恭敬而诚实；在同学们面前，目光要热烈而坦荡，表现出真诚和友爱；在招待客人时，眼神要热情稍带少许激动，在双方交谈时，应该时不时地注视对方的眼睛和面部，以示尊重；在公共场合，不可长久地直视他人，否则，会让对方觉得你是在冒犯他。”

夏老师边说边用眼神给同学们示范。孩子们专注地模仿，学得很认真。

“上述坐姿、站姿、走姿、眼神这四点要求，是同学们最起码的行为准则。同时，也要改掉自身的一些不良习惯。我归纳为六种行为：小霸王、小懒虫、小马虎、小磨蹭、小犟牛、小馋猫。”

一、小霸王：在家说话霸道甚至达到说一不二的程度。比方看电视，选择频道由小霸王说了算，家长只能听命服从。霸道得实在可恶。

二、小懒虫：有的同学早上起床，需要先伸胳膊，家长才能忙着给穿衣服。而在家从来不做洗碗、拖地、洗衣服的事情。

三、小馋猫：电视广告一播好吃的，就非要吃到嘴里不可。而营养学家一再强调，乱吃带添加剂的食品，对身体不好，应多吃蔬菜、水果、鱼肉等健康食物。

四、小犟牛：犯起牛脾气来十匹马都拉不动。一不高兴不是不吃饭，就是摔碗筷，任性地想怎么样就非得怎么样，惯得谁的话都不听。同学们请注意了，在外边是没有人接纳你任性的毛病的，必须得改正。

五、小磨蹭：做事磨磨蹭蹭，吃饭磨磨蹭蹭，写作业磨磨蹭蹭，磨得家长急不可耐，连喊带吼：快点！我的小祖宗。可是结果呢？还是慢条斯理的蜗牛行动。即便是冬天洗个脚也得半小时，把水都洗得冰凉冰凉的。

六、小马虎：办事情马马虎虎，写作业马马虎虎，考试也马马虎虎，能凑合就凑合，不该错的也错了，明明是“+”号抄成“x”号；明明是“b”写成“p”；明明是两个问题答成一个问题。

“以上的这些情况，说得简单一点，是一个习惯问题。说得难听一些，这是习惯造成的瑕疵。怎么办呢？要改掉以上的坏习惯其实并不难，行为学研究表明，21 天就可以养成一种行为成自然的好习惯。而同学们正处在习惯成效的关键期，只要有意识地时时提醒自己的行为规范，就可以达到事半功倍的效果。所以，我希望同学们先从出门这五点做起：

1. 仪表：自然微笑。

2. 衣着：整洁大方。

3. 精神：神采奕奕。

4. 自信：专注投入。

5. 问候：语气愉悦。

在这里，我还想插叙一个发生在我身上的小故事。前不久，我收作文本时，忽然‘啪啪’两声，两本作文本扔在我的讲台上。我抬头看，是前排的两位男生扔的。我批评说：‘怎么这么没礼貌，就不能多走两步路，把作文本送上来吗？’

‘夏老师，您发作文本时，不也是这样扔给我们的吗？’其中一位男生委屈地嘟囔说。

我听了心里一紧，引起了我的思考。作为老师，应该为人师表，用言行去教育孩子们。而我呢，的确每次发作文本时为了图快，站在讲台上习惯性地扔给同学们。就是我这不经意地一扔，在同学们幼小的心灵里留下了模仿的印象，什么样的老师，就会带出什么样的学生。从这件事上，我就时刻提醒自己，也想告诉后面的家长们，在我们每一天的生活中，一定要注意言行上的细节，稍不注意自己的不当行为，就会潜移默化地留在孩子们的记忆中，然后去发展它。所以说，教养与公德不仅仅是孩子们的课程，也是老师和家长的必修课。

还有一次，我和几位朋友去东湖林园赏荷喝茶。我当时非常生气地冲一位服务生训斥道：‘服务员，瞧瞧你上的牛奶，都是坏的，把我的西湖龙井都糟蹋了。’

‘对不起，我马上给您换杯西湖龙井。’服务生赔笑地说，马上给我重新上了一杯西湖龙井茶，并且对我耳语道：‘先生，我想建议您如果在龙井茶里放上柠檬，就不要加牛奶，因为，柠檬酸会使牛奶结块的。’

我用内疚的目光看着服务生，心里却是暖暖的。我错了。

还有一次，我买了月台票送客上火车。火车开动了，在空旷的月台上，一张纸片在火车挟带的风下，像白色蝴蝶在翻飞，后面跟着一位漂亮的小姐在追逐。我想，这张纸片上一定缀满了令她心跳的文字。我甚至有心上前帮她。这时，她用脚踩住了纸片，弯腰拾起，揉成一团，扔进了垃圾箱里。我看着她走在干干净净的月台上，心里有一种说不出来的滋味。原来教养这东西人人都可以拥有。当你拥有了教养，在公德上就会产生美感。而没有教养的人，自身素质一定很差，甚至根本不重视别人的存在。下面，我再给同学们讲一个美国灾难片《后天》的故事：

我兴致勃勃地到湖北剧院看《后天》的电影。电影开始不久，接踵而来的灾难就发生了。我身后的一对情侣不停地嗑吐着‘咔啪’响的瓜子，还伴着孩子咕咚咕咚的喝饮料声；我的右侧是一对母女，喋喋不休的女儿成了解说员，不间断地提示《后天》剧情的发展，把一些紧张刺激的情节都给淡化了；我的前排是几位男女青年，他们出出进进买吃的东西，忽而像门板一样矗立在我的前面，忽而像柱子一般摇晃起来。我的头也只好像摆钟一样地来回晃动。这场人为的灾难，一下子破坏了我的美好情绪，让我苦不堪言。但就是现在，夏老师在给同学们上第一堂中小学生礼仪课时，我相信同学们都感受到了，总有吃在嘴里的零食发出‘啧啧啧’的声音，甚至还有个别同学在喝饮料时，把塑料瓶捏得‘嘎叭’脆响。这和我看灾难片《后天》有什么两样？课堂纪律人人都应该自觉遵守，如果夏老师没有教同学们上课时怎样遵守纪律，那是夏老师的错，不能怪同学们。现在夏老师明确要求同学们上课时不相互说话，不吃零食不喝饮料，认认真真听夏老师讲课。请告诉夏老师，你们能做到吗？”夏老师提高音量大声问道。

“能！”

“我也相信同学们一定能够做到。”夏老师坚定地说道，“习惯可以决定人的命运。而今天讲礼仪课的目的，其实就是培养同学们养成一系列的良好习惯。所以，我要求同学们必须做好以下四点——”

一、举止礼仪

男生应该有阳刚之气，不能扭捏作态。女生应该有优雅贤淑的气质，而不能像母老虎一样撒泼。我记得一次去惠宛宾馆开会。惠宛宾馆是旋转门。七月天气火热，我走得很急。在进旋转门后，我前面的一位女士迈进宾馆大厅的一刹那，用手随意地带慢了旋转门的转速，使我从容地走进了大厅。这位女士长得很美，我情不自禁地看了她一眼，又看了她一眼，再看了她一眼，当然我指的是她的心灵。这就是举止礼仪，是我们从眼、嘴、手的形体上所体现的、表达思想感情时不可分割的整体。具体行为有：称赞：手指握拳，翘起拇指向上；招呼：笑一笑、点点头、扬扬手；道歉：抬手到耳际，欠身鞠躬；感谢：频频点头，微微欠身；告别：彼此握手，转而摆手；招唤：举手掌心向外，由上而下向对方招手，招唤远处的人，或者手举过头顶，向下招动。

二、仪表礼仪

爱美之心人皆有之。但我们是学生，应该以学为主。请同学们不要刻意去追求打扮自己，只要做到端庄大方，朴实整洁，就会给人以愉快和谐的印象。在这里，我简单讲解一下同学们的着装搭配：身材短小的同学，可以用颜色创造高度，让衣服和鞋袜连成一色，看上去有修长感。身体较胖的同学，不应穿过于宽松的衣服。O形腿的同学若穿紧身裤，就夸张了腿的弯曲度。圆脸形的同学，不适合穿小圆领衣服，宜穿V领或U领衣服。长脸形的同学，衣领宜圆，颈脖外露要少。方脸形的同学，配小圆领或双翻领为宜。尖脸形的同学，配以大翻领为美。面色红润的同学，适宜穿茶绿或墨绿的衣服。偏黑的同学，适宜穿浅色调和明亮的衣服。肤色白皙的同学，选择的颜色就比较广泛，最好穿颜色较深的衣服。最后，我要提醒同学们注意，敞衣趿鞋，歪戴帽子是丑态的表现，要坚决摒弃。

三、社交礼仪

社交礼仪是同学们生活中的一个重要组成部分，应该掌握必要的社交礼仪。握手：右臂自然向前伸出，与身体略呈五六十度的角度，手掌向左，掌心微上，拇指与掌分开，四指自然并拢微向内曲。握手时要注视对方，不能东张西望或斜视他处，如果戴着手套，握手时要脱去手套。交流时态度要诚恳自然，语言要和气亲切，注意听取对方的谈话，并附以“噢、唔、是吗?”等语气助词陪衬。不要轻易插话，必须插话时，可以说“请等等，让我插一句”。谈话时要互相正视，互相倾听，不可用手指指人，当碰到意见不一时，或一笑了之，或回避话题。

社交的礼貌用语：

问候：早上好，晚安；致谢：谢谢您，十分感谢；拜托：请多关照，拜托了；赞赏：太好了，给你点赞；挂念：还好吗，非常想念；迎送：热烈欢迎，欢迎再次光临；祝贺：节日快乐，生日快乐；征询：您有事吗，请慢慢讲；应答：不客气，没关系；道歉：对不起，请原谅；婉言：很遗憾，谢谢您的好意。

四、手机礼仪

现在，每一位同学基本上都有一部手机。同时，也应运而生了无数的低头族，让方便我们信息交流的手机成了一种公害。在这里，我郑重要求同学们：抬起头，放下手机，不做低头族。另外，我还要提示的是：接电话时，接电话的人要礼貌地问：“喂，请问你找谁?”打电话的人要自我介绍：“您好，我是×××，找×××。”在这里，我必须强调用手机时的注意事项：1. 打电话时间最好不要超过3分钟。2. 挂电话时，长辈、师长、被求者先挂。3. 不宜早上七点前、晚上十点后打电话。4. 坚决反对打骚扰电话。

“好了，今天的中小学生礼仪课就讲到这里。礼仪这东西是自发的行为，肯定一学就会，所以，礼仪决定行为，行为表现素质，希望每一位同学，从现在开始做起。谢谢同学们!”

夏老师话音一落，安静的教室沸腾起来。

“同学们请安静，还有最后一个事项，需要同学们配合完成。夏老师为了尽快认识每一位同学，便于上课时互动交流，现在开始点名，点到的同学答到，接下来的事情你们懂的。”夏老师说着，拿起花名册念道，“钱莉茹。”

“到。”一位小巧玲珑的女生规范地起立。

“谢谢!”夏老师微笑地点点头，继续念道，“易东龙。”

……

第二课　“荒唐”童年

“同学们好！”“夏老师好！”

“今天作文课的内容很简单——讲故事。在讲故事之前，请同学们记住，这是教室，注意坐姿。”夏老师表情严肃地审视着每一位孩子。他知道，教育孩子们养成好的习惯，必须得反复强调，时刻提示关键点，不管孩子们愿不愿听，这是细节教育的方法之一。

全班孩子齐整整地挺胸抬头，手放在桌面上，两眼平视着夏老师。

“我知道，每一位同学的关注度只有二十分钟左右。夏老师在这个节点上，会作适当的调整，给同学们放松的机会。另外，夏老师力争把课讲得精彩一些，吸引同学们的注意力，达到相得益彰的效果。有没有信心？”夏老师问道。

“有——”孩子们的注意力不太集中，回答有气无力。

“有没有信心？”夏老师厉声再问。

“有！”孩子们缓过神来，炸雷般地回答。

夏老师用目光缓缓扫视着一张张稚气的脸庞。他自信能把这十五名孩子教得有模有样，完成以这个班为原型创作的《玩家老师》。

“选择了结果，就要义无反顾地努力前行。志不立，人生无可成大事。”夏老师激情满怀地说，“既然同学们选择了培优作文，接下来应该怎样去做？”

“起点很重要，但不是决定性的因素。”

“人生就是不断地选择。”

“我要扼住命运的咽喉，它妄想使我屈服，这绝对办不到。”

孩子们你一言我一语，表述得很幽默，也很默契。他们是在施展才华，向夏老师挑战。

“你们的表述非常到位，但这还不够，因为现实不是语言，必须在过程中兑现承诺，然后把语言和行动完美地结合，才能描绘出最精彩的人生。我希望同学们给夏老师一个机会，让事实说话，做一个真实的自己，行吗？”夏老师不为孩子们的顽皮所动。他相信，希望就是梦想。自助者，天恒助之。这是夏老师教好孩子们的制高点。当夏老师站在讲台上俯视坐着的孩子们时，他明白一个道理，孩子们是仰视着夏老师的。

“不，我们只是一张考试卷，您阅卷时高抬贵手就行。”

“甲+。”

“理解万岁!”

孩子们顽皮地对答如流。

“我完全理解同学们学习的辛苦和需要的成绩。可是，话又说回来，当你感受了辛苦，才能创造出精彩呀！这是你们必须面对的课题。夏老师现在告诉你们，只有知识，才会给你们答案。”夏老师说得很诚恳，也很动情。

孩子们没有吱声了，而是用一双双透亮的眼睛注视着夏老师，接着，爆发出热烈的掌声。孩子们接受了夏老师。夏老师也被孩子们的接受所感染。他只觉得心中有一股感情的暖流在涌动。他知道那是老师对孩子们必须担当的责任。他一定会倾尽自己所掌握的知识，用脚手架的教学方式引导孩子们，融会贯通地求新求变。让孩子们学到广博的知识。他愿意接受这样的挑战。

“其实呀，夏老师小时候也是和同学们现在这样，不想学习，只想去玩，一步又一步走到今天的。真的，我现在就可以告诉同学们，没有的就是最好的。因为，你们要是装成夏老师的模样，一定显得天真可爱。而夏老师要是装成同学们的模样，一定显得笨拙难看，正如你们上学时，爸爸妈妈总会叮嘱：在学校要听老师的话啊！而绝不会说，在学校要让老师听你们的话呀！这到底该听谁说了谁不该说的话或是该谁说的话谁又没说的不该说的话，最好是没有的。”夏老师憋足一口气，涨红脖子，啰啰嗦嗦地说道。他在用幽默的方式一步步走进孩子们心里。

孩子们都被逗乐了，又似懂非懂，用掌声给予了模棱两可的回应。

“谢谢同学们的掌声。言归正传。今天的作文课是讲故事。我先抛砖，讲一个夏老师童年的荒唐故事，同学们再做自己的分享。”夏老师笑说道，“小时候，邻居都夸我聪明，可是，又说我的聪明没有用在正道上。至今我对聪明没有用在正道上的说法仍不敢苟同。聪明就是智力发达，是别人想不到的事我能想到，别人不敢做的事我敢去做，这才叫聪明——”

躲猫猫

孩提时，我喜欢躲猫猫。在我所住的博文中学，好多家都住在像今天的别墅一样的老房子里。当我的一个小伙伴面向墙，高声问："躲好了没?"藏在门后的、楼梯下的、蜂窝煤后的小伙伴就答："躲好了。"于是，问藏好了没的小伙伴就循声过去，一个一个把他们找出来。

那是一个春光明媚的星期天，我们老房子的小伙伴又玩起了躲猫猫。老房子里有个大厅堂，是公用的，在大厅堂的一个角落，有个水桶大小、半圆的篾篓，篾篓里罩着黄老师买回不久的小鸡。篾篓上方，是一个圆口，黄老师每天都从圆口给小鸡喂食，喂完食后用木锅盖盖上。我为了不被小伙伴找到，揭开锅盖，藏进篾篓，再重新盖上锅盖。篾篓的空间很小，我不得不和小鸡争领地，挤得小鸡"吱吱"乱叫。我害怕小鸡的声音引来找我的小伙伴，于是，哪个小鸡"吱"声，我就捏那只小鸡的脖子，直到所有的小鸡都安静了。

小伙伴们怎么也找不到我。是黄老师喂鸡时才发现了我的藏身之地。

"哎哟吔——你这小淘气，怎么躲在我的鸡窝里面。"黄老师把我从篾篓里拽出。

我耷拉着头，不敢吭声。

"妈吔——我的小鸡，你把它们都怎么了?!"黄老师弯下腰，拨弄着一只只趴在地上不动的小鸡，神情悲切。

这件事的结果很简单，父亲赔黄老师的鸡钱，我理所当然地接受父亲暴力的惩罚。

听完故事，孩子们爆发出欢乐的笑声。王宇泽咧着流哈喇子的嘴说道："夏老师小时候傻呆了，好好玩呀!"

"夏老师说了自己是玩家，这里面肯定有玄机?"熊浩紧锁眉头，一本正经地提出了疑问。

"这样的课上得好开心哟!我喜欢上夏老师的课。"汤佳婧吐着舌头笑嘻嘻地说，两颊露出两个深深的酒窝。

夏老师微笑不语地巡视着孩子们。他在认识他们，他要熟悉他们，他必须从他们的表情、言语、动作上去甄别他们的兴趣爱好，便于走进孩子们的思想空间，在感情上进行无障碍的交流。当孩子们认可了你，崇拜了你，你在他们的心目中就是范儿，是他们学习和模仿的样板，这样的教学方式对夏老师来说，已经是轻车熟路。

"夏老师，这是我上小学一年级发生的一件事，也是捉迷藏——"

捉迷藏

那天放学回家，院子里的小朋友就拉着我玩捉迷藏。捉迷藏的游戏玩得开心热闹。在不知不觉中我的肚子就“咕咕咕”叫了起来。于是，我什么也没想就跑回家吃饭了。等我吃完饭，爸爸带我出来遛弯时，才发现那个小姑娘还在东奔西跑地找我，而我呢，竟然忘了捉迷藏这件事情。

现在我明白了，原来捉迷藏也要诚实。小姑娘是在心甘情愿地找自己要找到的人。但是，被找的小女孩不是老老实实躲藏起来，而是背信弃义忘了捉迷藏的本意。那么，捉迷藏也就没有实际意义了。

汤佳婧的故事讲得有些羞涩。两颊深深的酒窝里盛满了内疚。

“汤佳婧，你讲的这个故事，想告诉同学们的是什么？”夏老师和蔼地问道。

“我，我想说，玩捉迷藏也要诚实。”汤佳婧断断续续地回答。

“对！诚实是做人的根本。给汤佳婧同学掌声！”夏老师带头鼓掌，孩子们的掌声跟着响起。

“夏老师，我来讲一个缺牙的故事。”钱莉茹睁大一双亮晶晶的杏仁眼，举手说道。

“请到讲台上来讲。”夏老师用鼓励的眼神看着钱莉茹说。他希望孩子们借助这个讲台，培养自己的勇气。

钱莉茹愣着没动。

“就像缺牙不敢张嘴一样，鼓起勇气！”夏老师微微一笑，伸出中指和食指构成一个V字。

“夏老师，你怎么知道我缺了牙，不敢张嘴呢？”钱莉茹惊愕地瞪着夏老师，细声问道。

“你要说的是故事，我讲的是道理，一理通百事。”夏老师解释，用手做了个请的动作，离开了讲台站在一旁。

钱莉茹大胆地走上讲台，声情并茂地讲了一个缺牙的故事：

缺　牙

我上幼儿园的时候，经常掉牙。有一次，还掉了一颗上门牙，一张嘴，就是一道漏风的沟坎，丑死人了。幼儿园里的小朋友，都叫我缺巴子，所以，我只好每天紧抿着嘴，连吃饭都不敢张开。幼儿园的老师知道这件事后，在班上宣布说：缺了牙的小朋友唱歌可好听了，声音嫩丝丝的，就像是电子琴伴奏，不相信呀！就让钱莉茹小朋友唱一支歌好吗？

于是，我就憋足了劲，唱起了《小白兔白又白》：

小白兔，白又白，
两只耳朵竖起来。
爱吃萝卜爱吃菜，
跑起路来真叫快。

小朋友听了我唱的歌，都使劲地鼓掌。从这以后，我还经常咬着残缺的上下牙，噘起嘴唇在小朋友们面前显摆我缺的门牙，让小朋友们羡慕不已。后来，我的牙长齐了，老师再也不点我唱歌了。真的，好遗憾。

钱莉茹讲完故事，用伤感的眼神望着夏老师，她还沉浸在故事里。

“故事讲得很完整，有时间、地点、人物、事件、发展、结果。简称六要素。让我们用掌声鼓励。”夏老师对钱莉茹竖起了大拇指，率先鼓掌。

接下来的故事如雨后春笋：

西瓜记

那是小时候的一件事，我一不小心把西瓜籽吃进肚子里了。我听外婆说过，西瓜籽见水就会发芽开花，长出好大好大的西瓜来。我当时好害怕呀！我想，我现在已经把西瓜籽吃进肚子里，如果西瓜籽见水发芽开花，长出大西瓜来，那可怎么办？所以，大热的天里，我抿着干裂的嘴就是不喝水。妈妈见状，问我为什么？我只是睁大眼睛望着妈妈，像拨浪鼓一般摇着头。妈妈一本正经地对我说：平时像小喜鹊一样叫喳喳的小诗雯，今天怎么变成了小哑巴，这怕不是我家的小诗雯吧？我得把她送到派出所去。

我一听妈妈要把我送到派出所去，心里更害怕，连忙说出了实情。妈妈乐得哈哈大笑，抚摸着我的头说：傻诗雯呀，西瓜籽只会埋在土里才能发芽开花，长出大西瓜。吃进肚子里的西瓜籽，有胃黏膜屏障的保护，是不适合西瓜生长的。妈妈说着，盛了一大碗绿豆汤给我喝。我一口气把绿豆汤喝完，又喝了一碗，再喝了一碗，撑得我的小肚子滚圆滚圆的，真的像个小西瓜了！

数星星

夏天的一个晚上，小区突然停电，我搬了一把椅子放在阳台上坐下。四周黑漆漆的，好像是睡着了一样，只有天空是深蓝色的，有无数的星星对我眨着眼睛。我情不自禁地小声唱起：天上都是小星星，一闪一闪亮晶晶。听爸爸说：银河系里有二三亿颗像太阳一样的恒星，有的比太阳大几千倍，而它们没有太阳亮太阳大，是距离我们太遥远了。但是，我不相信，我想到神话故事里月亮上的嫦娥、玉兔、桂花树。可是，那天月亮没有出来，只有满天的星光灿烂。

我的思想一下子飞到了天上。我要去看牛郎星和织女星，去看像长江大桥一样灯火辉煌的喜鹊搭成的银河桥，去探访银河系里是不是像爸爸说的那样，有二三亿颗像太阳一样的恒星。于是，我开始数起了星星。我数了一遍，又数了一遍，数得我心烦意乱，数得我两眼发胀，数得妈妈不停地催促我去睡觉。而我怎么也数不清天上那些亮亮晶晶的小星星。所以说呀，我总结出通过实践得出的道理，天上的星只能看不能数，越数你就越会犯糊涂，真的！不信你试试？

我和月亮交朋友

雨后的夏夜，特别的凉爽。我和院子里的小朋友在草坪上玩耍：我们有时候玩斗鸡，有时候玩抓小羊，有时候又躺在潮湿的草坪上仰面望月。

我总觉得月亮神秘又美丽，幻想着月亮上会不会有草坪，小白兔，桂花树……然后一个鲤鱼打挺站起，追着月亮高声喊道：“月亮走，我也走，我和月亮交朋友。”偶尔，望月走路，脚会踏进一片水洼，接着一个踉跄，跌倒在水洼里，引得周围的小朋友一片欢笑。有时，额头还会冷不丁地撞在院墙上，这时欢歌笑语戛然而止，一双双柔软的小手伸了出来，伴着稚嫩的童声唱道：“揉包揉包，越揉越消。”

过了一会，我们又继续仰着头，望着在白云里穿行的月亮。嘴里唱道：“月亮走，我也走，我和月亮交朋友。”这时，我就会发现天上的月亮果然成了我们的朋友，它把银白色的月光洒在我们的身上，一路悄悄地跟在我们的身后。

要月亮

那是几年前的事了，至今我也没有忘记。

一天，我和爸爸在院子里乘凉，爸爸指着天上的月亮对我说："浩浩，你看，天上的月亮像不像香蕉?"

我抬头看天上的一弓弯月，的确像个香蕉，就趴在爸爸身上不停嚷着要月亮。爸爸见我又吵又闹，眨巴着眼想了想，进屋端了一盆水回来，望着我说："浩浩，月亮就在水盆里，你看?"

我蹲下身子看，嗬！月亮真的在水盆里，我高兴极了，伸手就去捞。水盆里顷刻就荡起一层水波，月亮被我捣碎了，我伤心地哭了起来。

爸爸替我擦着眼泪说："你想要月亮，对吗?"

我点了点头。

"你马上就该上学了。在学校里一定要好好学知识，等长大了，到天上去把月亮摘了下来。"爸爸鼓励我说。

我仰望着天上的一弓弯月，暗暗对自己说：月亮你等着，我肯定要到你那里去的，把你摘了回来。

现在，我的学习成绩一直都是名列前茅。因为我的心愿是——要月亮！

"夏老师，我想讲一个恐怖的故事，可以吗?"谢凯鼓动着下垂的腮帮，滴溜着黑眼珠问道。

"可以。"夏老师微笑点头。

"搞怪的呢?"谢凯黑眼珠一动不动。

"可以，故事要有情节。"夏老师要求。

"随便怎么讲?"谢凯晃动着胖乎乎的大脑袋。

"是故事就行。"夏老师警觉地看着谢凯。

"哈哈哈……"谢凯突然发出一阵尖厉的狂笑，瞪大眼睛，翻卷嘴唇，龇牙咧嘴做着搞怪的动作。

"夏老师，我的故事演得怎么样?"谢凯恢复常态。

"不怎么样，就像大白天说鬼话，谁怕呢。"夏老师轻描淡写地说道。

"那您为什么不生气?"谢凯嬉皮笑脸地问。

"不会走路就想跑，肯定摔跤。我希望你先学好走路。"夏老师表情平淡地说。

“夏老师，您真的认为我不会走路？那好，我讲一个我外公的故事——”

英雄外公

小时候，我随妈妈回山东老家。过年喝酒，八十多岁的外公，一边喝酒，一边给我讲他当铁道游击队打鬼子的故事。

一次，他扒火车，不幸被鬼子发现了。他必须跳车才能逃命。当时，火车开得太快，他害怕不敢跳火车。正在这时，他发现车厢里堆放着一箱箱酒。外公用背着的大刀砍开纸箱，拿出一瓶酒“咕咚咚”一饮而尽，然后抱着一挺机关枪跳下了火车。结果呢？外公落在了一个有鬼子看守的小火车站。外公端起机关枪，“哒哒哒”一阵扫射，打得鬼子和伪军血肉横飞，站台上血流成河。最后，外公负了伤，子弹也打光了，但是，还剩三个鬼子，端着三八大盖枪，“嗷嗷嗷”地叫着向他扑来。外公瞪着充血的眼睛，毫不含糊地从背后抽出大刀片，“唰唰唰”地只见银光飞舞，把鬼子们打了个落花流水。

这就是我英雄外公的故事。

教室里鸦雀无声，大概孩子们被这血腥惨烈的场面吓呆了。

夏老师用赏识的目光看着谢凯，他觉得谢凯很聪明，有思想，不只是个熊孩子，他喜欢这样的孩子。

“谢凯同学，故事讲得很生动。夏老师想问问你，你讲这个故事的目的是什么？”夏老师问道。

“我想告诉全班同学，碰见喝醉酒的人，千万别去招惹他。要不然会吃不了兜着走！”谢凯满不在乎地耸耸肩说。

“可我觉得，外公是英雄呀！”夏老师点出主题。

谢凯不服气地打量着夏老师，眨巴着眼思考一阵，不好意思地一笑，低下头说：“那倒也是啊。”

第三课　童年往事

“夏老师好！”“同学们好！”

“上堂课，我们每一位同学都讲了一个童年的故事，而且讲得都很精彩。今天的这堂课，夏老师想听听同学们的建议，怎么个上法？”夏老师说完，静观孩子们的反应，其实他胸有成竹，课程已经设计好了。

“还是讲故事！”同学们欢呼道。

“好，就听同学们的建议，今天上课内容还是讲故事。但是，夏老师还有一个要求，既然是同学们讲的故事，那就应该把听到的故事写出来，这叫练笔。我相信同学们一定能做到！”夏老师用不容置疑的口吻说道。

“吔——”嘘声响起。

“承重就有压力。学习也是一样。为什么语文课排在第一？这只能说明语言文字的重要性。我希望同学们能明白这个道理，因为它将会伴随我们一生。你们跟夏老师学习写作文，夏老师不但要教你们用语言表达自己的思想，还要教你们用优美的文字记下自己的故事。其实人生，就是要做故事里的英雄。请试想一下，当你们通过努力学习，成为学校的佼佼者，这难道不是故事里的英雄吗？这份荣光就是对你们付出的最好回报。所以，今后的作文与阅读课，更多的时间是用文字写故事，用故事来表达自己的梦想和追求。请同学们做好思想准备。”夏老师一字一句说道。

同学们安静下来。活跃的教室顿时显得很沉闷。但夏老师知道，要点燃炮仗，必须由引线过渡。

“看看哪位同学开头炮讲第一个故事？夏老师为他点赞！”夏老师打破沉寂说道。

没有回应，是不满的沉默。

“谢凯同学先来？”夏老师把目光投向谢凯，他知道解决矛盾得射人先射马，擒贼先擒王。

谢凯看了一下周围的同学，又看了夏老师一眼，然后低下了头。

夏老师用沉默和耐心等待着。

谢凯有些不安了，他慌忙抬头看夏老师，当和夏老师的目光碰在一起时，又连忙低下头。

“夏老师，还是您先讲。”谢凯抬起头说道，“您讲完了我来讲，故事都想好了。”

“那好，恭敬不如从命。我听谢凯同学的，先讲第一个故事。”夏老师对谢凯报以淡淡的微笑，点燃了引线：

做好事

有一次，上小学一年级的儿子学了一首儿歌：《我在马路边捡到一分钱》，并且受到老师的表扬——说他唱得有滋有味。儿子当时很兴奋，回家后对我一遍又一遍地反复演唱，唱哑了嗓子，喝水润润再接着唱，再接着喝水。

晚上睡觉，我突然感到自己躺在冰凉的水上，用手一摸，哎哟，是儿子尿床了。我掀开被子，脱下儿子的短裤，对着儿子的屁股就是两巴掌，气恼地说：“你都上小学了，还尿床，你就不能上厕所去尿。”

儿子揉着惺忪的眼睛，哭泣着说：“你打我干啥？我这是在做好事嘛。”

“你说尿在床上是做好事？”我一把扯起尿湿的床单，冲着儿子吼道，“都像你这样做好事，家里要发大水了。”

“我真的是在做好事嘛。”儿子委屈地对我说，“我梦见隔壁王奶奶家失火了，我是去救火的。”

我听了心里一颤，仿佛看见一朵最美最美的鲜花，在儿子心灵深处绽放。

教室里顷刻响起一片欢笑声。

“其实，夏老师讲的《做好事》，是两个真实的事情，也叫素材。夏老师把两件事编成一个故事，就是为了表达这个故事的主题。那么，这个故事的主题请同学们回答是什么？”夏老师问。

“做好事。”孩子们异口同声。

“对，做好事。这就是故事的中心思想，也称主题。所以说，我们讲故事、写故事的时候，先要有素材，就像服装设计师需要布料一样。其次，要有明确的主题，这个主题就是你要告诉别人一个什么样的道理，而且必须是积极向上的道理。再其次就是结构，怎样开头，如何结尾，故事内容还要有层次、段落、过渡、照应、描写、对话、抒情等等。这是写好作文的必然要求。夏老师对同学们承诺，在后面的课程里，会让同学们对作文的基础写法，有一个完整的了解，从而达到运用自如的水准。现在，同学们最缺少的是素材的积累，这包括亲身经历，阅读感知，所见所闻等等。而同学们彼此间讲的故事，也是素材来源之一。当你们收获了这些故事，储存在自己的记忆里，既丰富了自己的生活，又有了写作文的素材，两全其美，请同学们认真记取故事内容。”夏老师说道。他的教学方法之一就是不厌其烦地重复要点，把陌生的术语和讲的内容融到一起，起到耳熟能详的效果。

“夏老师，我可以讲故事吗？”谢凯显得急不可待。

“先等一等，故事想好了再讲，不要边想边讲，有时会显得语无伦次。正确的做法是把要点写出来，也叫拟提纲。当你们养成了拟提纲的好习惯，思维就会缜密，讲故事、写作文就会有逻辑性。”夏老师和颜悦色地望着谢凯提示道。他知道，孩子们的通病是因为急躁而粗糙。他要正确引导孩子们在讲故事写作文时少走弯路。

“那什么是逻辑呢？”谢凯用不服气的眼神看着夏老师，也许是刚才积极要求讲故事的行为受阻，伤了自尊心，也许是真的不懂。

“什么是逻辑？逻辑即正确思维的规律。这样说吧，你们做数学题，就是逻辑的思维方法。”夏老师解释。

“还是不懂。”谢凯斜视着夏老师。

“是的，太抽象了。”有同学跟着起哄。

“那好，我们把逻辑解释得具体化。”夏老师平静地问道，“噢，谢凯，你家养狗了吗？”

“我家养了狗，而且姐姐还给狗盖了个漂亮的狗窝。但我不喜欢狗。”谢凯回答。

“你家能给狗盖狗窝，从逻辑上说，一定有个院子？”夏老师说道。

“是的，我家是有个院子，一边铺了草坪搭着狗窝，一边由阿姨种着菜。”谢凯愣愣地看着夏老师。

“依照常理，有院子的房屋应该是一楼，对不对？”夏老师分析。

“不错，我家是住一楼，有 180 多平方米。”谢凯认可。

“从建筑结构来说，180 多平方米应该是四室二厅二卫，对吗？”夏老师求证。

“千真万确，是四室二厅二卫。”谢凯点头。

“按照逻辑推论，你住一间，你姐姐住一间，爸妈住一间，阿姨住一间。你们家有四口人，加上请的阿姨共五口人，是不是这样的？”夏老师微笑着说。

“你是怎么知道的？还这么清楚。”谢凯紧锁眉头。

“这就是逻辑，由你家养的狗，推断出几口人的结果。”夏老师解释说。

全班同学怔住了，接着开怀大笑。

谢凯在笑声中频频点头说：“夏老师，您真神了！”

“谢谢谢凯的夸奖。现在回到正题。我给同学们五分钟的时间拟故事提纲，由谢凯同学先讲，讲完后夏老师点评。以此类推。”夏老师提出要求说。

谢凯的故事：

“荒唐”路长

我小时候非常调皮，是公认的捣蛋鬼。我会在桌面画上三八线，同桌的女生只要手肘越界，我就会用拳头狠狠地教训她。所以，我声名狼藉，延续至今。班上的同学都叫我熊孩子。

三年级上学期，学校宣布一条规定，家住同一路段的学生，必须编队回家，而且还选我当上了路长。这对从未做过班干部的我来说是一个崇高的职务，而且，经常管束我的班长陈小莉同学这回要听我的了，我心里好不激动。只是，事态的发展却让我大失所望。每次放学排队回家，我是路长，本该站在队列外面喊着“一二一”的口令的，可不知怎么搞的，队列行进中同学们都听陈小莉的指挥。过马路她说走，同学们才走。我说走，同学们都纹丝不动。弄得我十分狼狈，很没面子，我恨陈小莉，要给她一个下马威，灭灭她的威风。因为，我也不是好惹的。

我们学校排队回家的路上，有一段人行道两旁高耸着法国梧桐树，搭成了绿色的凉棚，但是也会冷不丁地从树上掉下肥嘟嘟、浑身布满毛刺的毛毛虫，看着让人毛骨悚然。陈小莉每逢遇到两头呈深棕色、绿色部分不停蠕动的毛毛虫时，就会一改班长的尊严，杀猪一般地尖声叫喊。她的这一行为，一下子提醒了我这有名无实的路长，我要给她一点颜色看看。

那是一天下午放学回家，我紧跟在陈小莉身后。走到有法国梧桐树的地段，我把事先准备好的一条凉软软的蚕宝宝，偷偷放在陈小莉的衣领上。

然后悄悄退到队伍的最后。没一会儿，陈小莉就回头望着我们，恐怖地尖叫着，双手在颈脖上乱拍乱舞。我一个箭步冲到她的眼前，找到她脖子上的蚕宝宝，捉起扔掉。她一脸泪水，感激地望着我，而我却窘迫得没有一点胜利的喜悦，心里反倒怪怪的挺不是滋味。

夏老师点评：《“荒唐”路长》生动俏皮，在荒唐的细节里，真实表现出一个孩子的真善美。

钱莉茹的故事：

楼梯高，岁月短

我小时候念的幼儿园班级在三楼，要拐几道弯才上得去。在我的记忆里，好像那道楼梯怎么也爬不完，常常是爷爷走在前面，我跟在后面。每上一层楼，爷爷就要在楼梯转角的平台等着我。我连蹬带爬地上完一层楼，爷爷就会笑吟吟地鼓励我加油！我涨红了脸，气喘吁吁地跟在爷爷身后，上到三楼，然后赛跑似的跑进教室。

现在，我上小学五年级的教室也是在三楼。爷爷帮我背着书包送我到学校。每次走到学校的大楼前准备爬楼梯时，我都会接过书包，让爷爷回去。可是，爷爷执拗着就是不肯，非要送我到教室才放心。在上楼梯的时候，我走在前面，爷爷喘着粗气跟在后面，每到楼梯转角平台，连蹦带跳的我都要站住，回身大声喊道：“爷爷，慢点!”爷爷抢上了几级台阶，来到我跟前埋怨说：“这楼梯也太高了，好像怎么也上不完似的。”

我无言地望着爷爷。我知道，楼梯是不会变高的，那是天增岁月人增寿，因为我长大了，而爷爷却变老了。

夏老师点评：用楼梯寓意岁月匆匆，平凡的生活见证了爷爷与孙女的情感。

孙柏灵的故事：

放风筝

春天里，我和爸爸在广场上放风筝。我不停地抖动手里的风筝线，风筝在半空中摇摇晃晃怎么也飞不高，它一会飘向左边，一会又飘向右边，接着一个倒栽葱跌落在地上，把风筝的竹骨都撞歪了，让我很是无奈。

爸爸见此情景，走到我跟前说："柏灵，看爸爸给你放一次。"说罢，便接过我的线轴，拉扯着风筝，借着忽然吹来的一阵风，看准时机，用劲一抖风筝线，风筝就像一只充满活力的大鸟，晃晃悠悠放飞到天上。

爸爸得意地瞟我一眼，然后一会拽拽线，一会又松松线，玩得开心极了。我在一旁忍不住哀求说："爸爸，该给我放放了！"

"嗯，等一会吧。"爸爸风筝放得很专一，看都不看我。

"不！我要放嘛！"我吵着说。

"等等，让我来放，别吵得爸爸心烦。"爸爸后退着步子，望着天说。

"爸爸，我要放，给我！"我固执地拽着爸爸的衣襟。

"你这孩子真烦人，早知是这样，就不该带你出来放风筝了。"爸爸声色俱厉地说。

我噘着嘴，在追逐爸爸放风筝的过程中，我觉得爸爸像个顽皮的小孩，让我感到很累。

夏老师点评：《放风筝》点燃爸爸未泯的童心，让爸爸在放风筝中又回到了童年。这是一幅多美的风筝图啊！

易东龙的故事：

滚烫的牛肉面

那天上学，我起床晚了，慌慌张张猫洗脸，背起书包去上学。我家离学校很远，要坐四站路的公交车。我候车时，在一个早点餐馆刚买完一碗牛肉面，就来了一辆公交车。为了赶时间，我端着牛肉面匆匆上了车。车上人不多，但没有空位，我随便站在一位坐着闭目养神的老奶奶旁边。车开了，我晃晃悠悠吃起了端着的牛肉面。没一会，老奶奶站起身来给我让座。我以为老奶奶要下车，说了声谢谢，一扭屁股坐在空位上。这时公交车停站了，但老奶奶没下车，我连忙提醒老奶奶："奶奶，车到站了。"

"知道。"老奶奶望着我笑吟吟地回答。

"您不下车？"我不解地问。

"还没下车呢。"老奶奶告诉我。

"那……您为什么要把位子让我坐呀？"我感到有些尴尬，怎么着也不能叫老人给我让位啊！

老奶奶冲我笑着说："你端的牛肉面的汤汁不停地洒在我的脖子里，怪烫的，所以，我应该把座位让给你才对呀！”老奶奶说话还挺幽默。

我恍然明白，我刚才在吃牛肉面时，端着的牛肉面碗正好在老奶奶的头上，车开来回晃荡，牛肉面的汤汁就洒在老奶奶的头上。我不好意思地连忙起身让座给老奶奶。老奶奶却按住我的肩膀不让我起身。我羞愧地看看周围的乘客，他们全都默默无语善意地看着我。我低下了头，望着手里端着的牛肉面，不知如何是好……

夏老师点评：《滚烫的牛肉面》诙谐活泼，提示我们在日常的生活中不但要遵守公共道德，还要注意自己在细节上的言行举止。

夏老师点评完每一位同学讲的故事，伸出双手，竖起大拇指点赞说：“同学们的故事讲得棒极了！但是，精彩还在后头，希望同学们完成最后的冲刺，每一位同学凭着记忆，把刚才其他同学讲的故事，选一个印象最深的故事写成作文。

当你完整记录下同学讲的故事，这个故事就属于你了，这也是积累素材的方法之一。”

“吔——”嘘声一片。但马上就静了下来，接着是笔摩擦纸发出的“唰唰唰”的响声。

第四课　主题童年

“同学们好!”“夏老师好!”

“今天这堂课要讲两个内容：一、人生要有主题；二、作文要有主题。那么，什么是主题呢?”夏老师站在讲台正中，手扶讲台边沿，用目光巡视着每一位同学，等待回答。

“作文的中心思想。”钱莉茹闪动着杏眼回答。

“故事里的道理。”谢凯调皮地眨着眼睛望着夏老师说。

“写作文要有目的性，对吗?”陈诗雯苹果似的脸蛋带着浅浅的微笑。

“同学们回答正确。写每一篇作文都应该围绕主题进行。讲故事也是一样。这说明同学们已经理解了主题。那么，什么是人生的主题?

我相信同学们都有梦想：当科学家、医生、老师、军人等等，这就是人生的主题，要完成这些主题，梦想成真，就需要先完成生活中的一个个小故事。作文的最终目的，就是要把这些小故事写活。比如写字的姿势，有少数同学是趴在桌上写的，歪着身体写的，驼着脊背写的，拿笔像拿刻刀一样写的，五花八门。这种影响体形和视力的不正确的写字方式，会造成同学们气质上的缺憾。从现在起，请同学们必须完成一项主题童年，在写字时常常提醒自己：头正：头放正，微下低，不歪斜；身直：上身挺直，臀部略后坐，身体稍前倾；脚平：双膝盖弯曲，脚掌平行落地；胸挺：前胸挺起，胸部与书桌距离一拳；肘平：两肘弯曲，平放桌面；视线：眼睛与笔尖视线保持一尺距离。请同学们按照夏老师讲的写作要求，好好琢磨琢磨。”夏老师说完，走到写字不正确的同学身旁，纠正其姿势。

“现在，每一位同学的写字姿势都是正确的，接下来我们应该干什么?”夏老师走回讲台，微笑地问。

“写作文。”有气无力的回答。

“错！先讲故事，然后才是写有主题的作文。”夏老师投其所好更正道。孩子们高兴地鼓起掌来。

“夏老师，我来讲一个有主题的故事。”谢凯闪动着一对活泼的眼睛，抢着发言。

“请讲。”夏老师点头允诺。

谢凯的故事：

不能把鸡蛋放在一个塑料袋里

我常常听爸爸妈妈在炒股上争执，有一句话，我的耳朵里都听出茧来了——不要把鸡蛋放在一个篮子里。我就搞不明白，炒股和鸡蛋放在一个篮子里到底有什么关系？

记得有一天放学回家，妈妈在厨房做饭喊我说：“凯凯，等会打汤没有鸡蛋了，你去买十块钱的鸡蛋回来。”

我拿上妈妈给的十元钱来到菜市场，在卖鸡蛋的摊位上买了十元钱的鸡蛋。卖鸡蛋的老伯伯用一个塑料袋装好后叮嘱说：“路上要小心提着，别碰破了鸡蛋。”我“嗯”了一声点头答应，提上塑料袋里的鸡蛋飞跑回家。半路上，一辆自行车从我身边疾驰而过，也不知道是我碰了自行车，还是自行车碰到了我，反正挂破了装鸡蛋的塑料袋，鸡蛋全部掉在地上摔破了。我望着流了一地蛋黄和蛋白的破碎鸡蛋，恍然明白爸爸妈妈所说的不要把鸡蛋放在一个篮子里的道理。假设我要是把买的鸡蛋放在两个三个甚至四个塑料袋里，可能结果就会不一样了。所以，我郑重地提醒同学们，当你们买了易碎的东西时，千万千万别把它们放在一个篮子里，否则煮熟的鸭子也会飞的。

夏老师点评：“不要把鸡蛋放在一个篮子里”，这是投资界里的一句至理名言，就是将资金投放于不同类别的资产上，以达到避险增值的目的。谢凯同学以小见大，告诉了我们如何规避风险的主题，不然煮熟的鸭子也会飞的。

喻彬的故事：

踏　青

春天来了，万物复苏，我到郊外去踏青。山乡的风光真是美极了。我一面欣赏着田园景色，一面踏着坡地上一垄垄麦田行走。正在我万分开心之时，一只有力的大手把我从麦田地里拉了出来。我回头看，是一位农民伯伯站在我跟前。我便问道：“你拉我干什么？”

农民伯伯说：“你为什么踩我的麦苗？”

“我这叫踏青，你懂吗？踏青，顾名思义，就是踩踏地上的青色。老伯伯，您真是不学无术，太无知了，连这都不懂。”我从农民伯伯手里挣脱，继续踩着麦苗朝前行走。

农民伯伯非常生气，一把揪住我的后衣领，把我拎到水渠边放下，我转身时脚下一滑，跌进水渠里，浅浅的水渠顿时漾起一片涟漪。

我拖着溅满水的身子从水渠里爬了上来，抹着眼镜片上的水珠质问道：“您怎么这么不讲理，故意把我放在水渠边，让我滑下水渠里？”

农民伯伯看着我的狼狈样，哈哈大笑说：踏青先得踏浪，你懂吗？踏浪，就是踩着水渠里的水波去踏浪。真是个城里伢，连这都不懂。

我脱去凉鞋倒掉泥水，眨巴着眼睛望着农民伯伯，疑惑不解地思忖：踏青先踏浪！踏浪就是在水渠里踩着水波玩，这可不是一件赏心悦目的好事情。我得赶快回去告诉我的小伙伴们！

夏老师点评：《踏青》为春日里郊外游玩。如果闭目塞听，主观臆断，踩踏麦苗当青草游玩，就会闹出笑话。所以，在幽默中拓宽生活中的基本常识，是我们每一位小同学非走不可的路。

万昊的故事：

眼　罩

我刚上小学，班里组织了一次视力大检查。那是一个下午，一位五十多岁的女医生，戴着眼镜端端正正坐在讲台前面。教室的黑板上挂着一幅视力测试表。我们排队等候在粉笔画的一条横线的走道后面，一个接一个进行视力测试。轮到我时，女医生递给我一个像饭勺一样的茶色眼罩，让我罩上左眼。我以为眼罩就是测试视力的仪器，便闭上右眼用左眼去看视力测试表，眼前所见漆黑一团。接着，我听见了女医生不停用教鞭“笃笃笃”敲点黑板发出的声音，便慌慌张张不停地摇晃着脑壳，表示什么也看不见。女医生让我把眼罩换到右眼。我又闭上左眼睁大右眼看视力测试表，眼前仍然是黑黢黢一片，还是什么也看不见。

女医生走到我的跟前，拿下我扣着眼睛的眼罩，爱怜地抚摸着我的头说："孩子，你的两只眼睛好像是瞎了。赶快去医院检查，看是不是青光眼。要是青光眼的话，控制好眼压，尽早手术，越早对你的眼球影响越小。"

我大张着嘴，莫名其妙地望着慈祥的女医生，茫然无语。

夏老师点评：如果幼稚是无知，我将学习知识。如果无知是幼稚，我渴望《眼罩》的童趣。

卫翔宇的故事：

悟性

我上四年级以后，学习成绩一直名列前茅。叔叔阿姨都夸我悟性高，所以学习成绩就好。当时听得我一头雾水。何为悟性？我查了《现代汉语词典》里对"悟性"的解释：人对事物的分析和理解的能力。其实呢，并非如此。

我上小学三年级时，每次盼到下课就疯耍。同学之间相互追逐，你推我搡，或是背靠墙壁挤油干，蹭得后背像没擦干净的黑板。更难受的是一到上课，上下眼皮直打架，老师讲的什么我懵然不知，所以，每次考试成绩出来，我就得回家挨打。

记得一次上语文课，我又犯困用书遮住头，趴在课桌上睡着了。语文老师用手敲着桌面把我叫醒，生气地说道："卫翔宇同学，你瞧瞧你，上课不认真听讲，趴在桌上睡大觉，这怎么能行呢？你看看王小强同学……"语文老师随手一指语文课代表王小强，后面要说的话咽住了。我迷迷糊糊顺着语文老师的手势看，精神为之一振，我看见王小强脸颊贴着书，嘴巴歪斜着，晶莹的涎水沿着口角不停淌着，白汪汪地摊在桌面上，熠熠生辉。

"老师，王小强也在睡觉。"我来劲了，用手指着王小强高声对语文老师说道。

"你看你，好的不会比，上课睡觉比得挺带劲。你没发现，王小强同学睡觉是枕着书在思考。而你呢，用书遮遮掩掩偷着睡，这样的学习态度成绩怎么好得上去呢！"语文老师一板一眼教训我说。

我眨巴着眼睛望着语文老师，恍然明白王小强成绩好的诀窍，上课睡觉要头枕着书。

这以后，每次上课我想睡觉，也学着王小强的样子，头枕书趴着睡。

三年级的期末考试，自然免不了又讨到爸爸的一顿好打。也许同学们会问，三年级学习那么差，四年级的成绩怎么就一飞冲天？这是因为爸爸对我的教育起到了关键作用：猪羊怕杀人怕打，拿皮带抽打在肉上面发出的沉闷“扑扑”声，确实触到了我的疼处。我想啊，与其学习成绩不好等着挨打，还不如好好学习，天天向上。于是，我在学习中就悟出了三点学习方法：1. 认真思考领会老师讲的要点；2. 空闲时间重复记忆课文重点；3. 睡前预习第二天上课的内容。掌握了这三点，保证学习成绩坐直升飞机上升。

夏老师点评：《悟性》给老师的鞭策是只有无能的老师，没有无能的学生。作为老师，要努力了解孩子们的想法，点燃自己，照亮孩子们。

王宇泽的故事：

我当上了值日生

在我们学校，每次上学放学，校门两边总会站着担任值日生的学生。我很羡慕当上值日生的同学们，戴着红袖章像个小警察似的。

有一次，我被选上了值日生，回家后兴致勃勃地告诉爸爸和妈妈。妈妈替我高兴了好一阵子，爸爸也好好夸奖了我一番。

第二天早上，我戴上红领巾，穿着整齐的校服套上锃亮的小皮鞋，早早来到学校里。我放好书包，精神抖擞地和其他值日的同学们列队站在学校门口。初升的太阳照在我们身上，我情不自禁地扫了一眼昂首挺胸的值日生，心里涌动着一种说不出来的自豪感。

有同学从我们面前经过，我们都报以自然的微笑。

有老师从我们面前经过，我们高声喊道：“老师好！”老师马上朝我们点头微笑。可是，有的老师的面孔却很冷漠，听到我们值日生的问好，就像是没听见似的。我以为是问好的音量太小，在嘈杂中老师没听见，便敞开嗓门加大音量。但还是有老师冰冷着脸不搭理我们，旁若无人地带风走过。

于是，我干脆就不作声了，觉得当个值日生没多大意思。

回家后，我把这件事说给爸爸听，问道：“爸爸，我们值日生问候老师好，老师是不是可以不回礼？”

爸爸窘迫地想了想说：“可能老师已经回了礼，由于上学的同学们太多，你没有听到。”

“没有。绝对没有回礼。我是望着老师大声问好的，老师连看都没有看我一眼。”我斩钉截铁地告诉爸爸。

爸爸无言了。

我也得不到答案。

夏老师点评：《我当上了值日生》是从孩子心灵深处流出的沉甸甸的故事。为人师表，应该从细节上展现老师的德行，而不能眼睁睁地看着从孩子们身上结出的善果，被老师无情的冷漠打落。

“刚才，每位同学讲了一个有主题的故事，讲得非常精彩。太棒了！”夏老师情不自禁点赞说。他喜欢这些孩子们。他的教育方法：一是鼓励，二是激励，或是二者兼用。

孩子们的脸上露出踌躇满志的神情。只有谢凯低着头。

“夏老师，我觉得《悟性》和《我当上了值日生》讲得蛮生动的，主题明确，还有高度。而我讲的《不能把鸡蛋放在一个塑料袋里》是在搞笑，主题牵强。”谢凯抬起头，沮丧着脸，声音有气无力。

“谢凯同学，请你微笑地看着夏老师。”夏老师用鼓励的眼神望着谢凯说道，“你刚才说的没错，你的故事和卫翔宇、王宇泽的故事相比，主题深度是差了一些。但是，这又何妨？你是跟夏老师学习写作文的，而比是学的开始，比是进的过程。取长补短，迎头赶上不就行了吗？现在，我针对你提出的主题深度问题，讲一个《枇杷树》的故事，我们共同来深化主题，好吗？”

孩子们报以热烈的掌声。

夏老师的故事：

枇杷树

我小时候是在大东门小学上学。大东门小学隔着一堵墙是长春观，长春观里有一株高高的枇杷树，枇杷树上的枇杷成熟了，就用枝条挑着黄澄澄的枇杷，从围墙上伸到操场边，看得我直流口水。有一天做课间操，我仰头望着一簇簇金黄色的枇杷，咽着口水跟身后的同学王平一商量，中午早早来到学校。我踩着王平一的肩膀，爬上围墙，伸手如猴钩枝上树，偷摘起枇杷。我还没摘到几个枇杷，就被女道姑们发现了。她们一边高声吆喝，一边找来竹篙准备戳我。正当我危难当头，一位年长的女道姑出现了。她吼住其他道姑，仰头对爬在树上哆嗦的我说：“孩子，快下来，保证没事。要不，我就去找你的老师来。”

我害怕地从树上溜到墙头，想也没想就从两米多高的墙头跳下，屁股摔得好疼好疼。

从这以后，我再也不敢去偷摘枇杷了。

“这是我童年的一个真实的故事。请同学们思考一下，这个故事的主题是什么?”夏老师停顿下来问。

“偷枇杷摔疼屁股。”谢凯抢着回答。全班同学哄堂大笑。

“对，偷枇杷摔疼屁股。”夏老师说道，“那我再问谢凯同学第二个问题，这个故事的主题是积极向上的吗?”

全班同学无声地摇摆着头。

既然这样的故事没有积极向上的主题。那我们就发挥联想和想象去创作向上的主题。夏老师再次停顿下来，留出时间和空间让孩子们思考。

“故事已经完了，怎么去创作向上的主题呀?”江珂宇用探询的目光望着夏老师，怯生生地问。

“这个问题问得好。请同学们跟着夏老师的创作思路边听边思考——”

下午放学，老师把我叫到办公室。办公室里坐着那位年长的道姑。还给我带来好多的枇杷。她和蔼地望着我说：“孩子，爬墙上树摘枇杷会摔着的，以后要吃枇杷，过来我打给你吃。”

我感激地点着头看着老道姑……

老道姑走后，老师告诉我，道姑们是靠卖枇杷换酱油钱过生活的。我惭愧地低下头。

从此以后，我每每见到橘黄色的枇杷，就会想到老道姑，想到老道姑的话语：“以后要吃枇杷，过来我打给你吃。”

啊！老道姑，树上的枇杷熟了吗？一定还是那么黄澄澄的香甜诱人吧！淘气的孩子们不会再偷摘枇杷了。

夏老师讲完创作的后续故事，同学们沉浸在思考中。

“夏老师，您讲的后面的故事，主题一下就出来了，展现了老道姑的仁慈和仁爱。”陈诗雯打破沉静说。

“是的，突出了向上的主题。”夏老师回答。

“这整个故事是真的吗？”陈诗雯又问。

“前面是真的，后面是编的。”夏老师坦言。

“吔——”笑声里夹杂着嘘声。

“夏老师，您后半截编的故事就跟真的一样。”江珂宇不知是赞扬还是感慨地说。

“这就是来源于生活又高于生活的创作。请同学们以后讲故事时，如果觉得故事的主题不太明确，或是深度不够时，也可以像夏老师一样，创作情节深化主题。”夏老师启发着说。

“这也太难了吧！”

“凭空编故事，好恐怖呀！”

“还要像成语接龙一样，把故事编成真的。”

每一张愁眉苦脸都显得天真可爱！

“世上无难事，努力再努力。”夏老师激励孩子们说，“我相信同学们今后讲的故事，写的故事，一定会有明确的主题，因为，作文就像人一样，主题是人头，素材是人肉，结构是骨架，三者缺一不可。所以，没有主题的作文，就像一个人没有头一样，无法思想行走。请同学们切记！”

第五课　童年童谣

夏老师走进教室，眼前一幕让夏老师顿时感动，孩子们挺胸坐正等候着夏老师。

“同学们好!”“夏老师好!”

“今天上课内容的主题是求新，分两个部分：一、警句格言；二、童年童谣。希望同学们喜欢。”夏老师简明扼要说道。

孩子们神色专注。夏老师走进了孩子们的心中。

“请同学们拿出开课时发的笔记本。在笔记本的封面，用正楷字写上警句格言。然后翻开封面，数三页纸用剪刀剪去页面的开头，留下两个字的空白，写上警句格言的分类：亲情、励志、德行、友谊、和谐、环保、童年、阅读、启示、感悟、童话、科幻……操作方法按比例进行。今后每堂课都有针对上课内容的警句格言。”夏老师要求说。

“夏老师，我们没带剪刀呀!”有很多同学提出了同一个问题。

“我知道会有这样的结果。我给你们准备好了免费剪刀。”夏老师说着，从提包里拿出旅行剪刀分发给孩子们。

教室响起“窸窸窣窣”的手工劳动声。

夏老师等孩子们完成了警句格言笔记本的制作，开始朗读为这堂课创作的警句格言：“一、童年是一片白帆，追寻着我记忆的童谣。二、我郑重承诺：每一天，我都应该挤出一点安静的时光，好好理解身边发生的事情。人生需要这样的时刻。”

“夏老师，第二段警句格言应该分在哪一类呀?”万昊仰着娃娃脸问道。

“思考。”夏老师回答。

“是……启示?还是……感悟?”万昊口吃。

“要学会相信自己的理解。”夏老师的回答还是思考。

“是……感……感悟。”万昊涨红娃娃脸肯定地说。

夏老师对万昊点头微笑，然后用眼睛巡视着孩子们说："你们对每堂课的警句格言不但要记在笔记本上，还要记在脑子里，甚至应该学着创作自己的警句格言。如果再辅以作文时对词句的理解和运用，要不了多长时间，你们就会文思泉涌，出口成章。"

教室里很安静，一双双稚气的眼睛里充满了憧憬。

"下面，我们进行第二部分，童年童谣。"夏老师说道，"我们每一位同学都有自己美好的童年。所以，美好的故事一定要把它留下来的。怎样留下来？好记性不如烂笔头。我在批改钱莉茹同学的作文时，看到了一篇写得非常好的作文——《日记本》，我现在就读给同学们听。"

日记本

星期天下午，我闲来无事收拾杂物，一本漂亮的绿色塑料皮面上印着哆啦A梦的日记本，安安静静地躺在不显拥挤的抽屉里，它藏着岁月的空白，没有涂鸦。

我这般收藏实则是带着爱物纳入囊中的情怀，贪心得有一种富有者的满足感，还有一种虚无缥缈的浪漫。

今天，面对自己这样暴殄天物的行为，我陷入沉思。我是不是对它的精致太过偏执和热爱，所以才偏离了日记本实质的意义，而造成这种我与它面面相觑的辜负？

日记本是记事的，现在却空白依旧，藏着日子的寂寞，成为我无限感慨的一种形式。原来漫无边际的喜好也要有分寸，心爱之物也要物尽其用，这样才能连缀成一幅彼此相爱的情景。

我静静地看着日记本，它也不动声色地看着我，仿佛要我把生活中的故事拓印进它的身体里。于是，我拿起笔，打开日记本，在一排浅浅的线条上面，写下了一行从心底里流出的娟秀文字：虚实相间，无字处皆成妙境。记录下我看到日记本时的随感。

"这篇作文共分五段：

第一段：开头，静物日记本描写。

第二、三段：心理描写，看到日记本空白时的思考。

第四段：夹叙夹议，心爱之物要物尽其用。

第五段：反省的结尾，日记本要求我把人生的经历写进它的身体里。

请问同学们，这篇短小精悍的作文，它的主题是什么？”夏老师问道。

“物尽其用。”卫翔宇用有思想的眼睛望着夏老师回答。

“对，物尽其用，日记本的本质，就是要记下我们生活中美好的事物，不管同学们将来的路会走得如何艰难，都不要忘记带上我们快乐童年的钥匙，把生活变成诗和远方。所以，我想再问同学们，什么是童谣？”

“儿童诗。”

“儿歌。”

“童话诗。”

“科学诗。”

孩子们的想象力很丰富，得出的答案层出不穷。

夏老师微笑着用手势让孩子们安静下来后说道：“童谣，为儿童短诗，强调格律韵脚，口头流传。”

“夏老师，什么是格律韵脚呀？”谢凯一脸茫然地问道。

“就是在格式音律方面都有准则。”夏老师解答。

“还是不懂。”谢凯更显木讷。孩子们也跟着无声摇头。

“简单说吧，童谣就是流淌在同学们心中的歌谣。”夏老师想了想说道，“现在，就请同学们跟着夏老师的武汉童谣，回到曾经的故事里。注意听！

茶也香，酒也香，十个鸡蛋甩过江。骑竹马，走人家，走到半路接家家。

一哈子哭，一哈子笑，两个眼睛放大炮。”

“童谣！是童谣。”孩子们好像哥伦布发现新大陆，眼睛放亮齐声回答。

“答对了，是童谣。是我们武汉伢们的童谣。从心中流出的朗朗上口的诗歌。这就是格律韵脚。美不美咿？”夏老师用武汉方言问道。

“好美哟！”孩子们鹦鹉学舌，用半像半不像的武汉话回答。

“正宗的武汉方言我们讲得都不标准，但同学们的联想和想象非常丰富。我希望同学们在作文中不断增强想象力，在实际生活中点燃自己的童趣，写出一首首快乐的歌。”夏老师要用自己的知识，唤醒孩子们，让他们喜欢知识，热爱知识，因为，知识与知识之间的衔接都有通道。他要把孩子们带进求知的通道里，自由穿行。

“夏老师，您能举例让我们理解和发挥自己的想象力吗？我们学校的语文老师也是这样要求的。特别是童话作文，科幻作文，我们应该怎样用联想和想象写好这样的作文呀？”熊浩紧锁双眉提问。他的提问，透射出深层次的作文瓶颈，也是孩子们在作文时往往容易忽略的问题。

“首先，同学们要明确一点，想象得出的结果是没有标准答案的。那我就用故事来说明什么是想象力。同学们在听故事时，请把自己融入故事的情节中，然后用联想产生结果，这个结果，就是夏老师给出的想象力的回答，也是作文必须要的创新。

在一档少儿节目里，主持人问道：‘大雁为什么飞成一条线?’正确的原理应该是领头大雁拍打翅膀，利用上升气流，使后面的大雁飞行省力。但孩子们争先恐后地回答：‘我知道！我知道，它们怕回家迷了路，是大雁妈妈在领路。’这就是丰富奇妙的想象力，可惜的是主持人却说：‘回答得不好！回答得不妙！’于是，一颗颗充满想象力的春芽就这样被扼杀了。接着，主持人和小朋友们的一问一答仍在继续：‘小猫咪为什么总爱舔爪子?’

‘我知道！我知道！因为它没有抓到老鼠害羞了！’

‘回答得不好！回答得不妙！’

‘吃饭时为什么不能把书看?’

‘我知道！我知道！因为会一不小心把书儿一起吃掉！’

‘回答得不好！回答得不妙！’主持人用甜甜的童声否定了孩子们充满想象力的回答。

我当时看到这样的画面心里沉甸甸的。现在，我出一道选择题，看看能否和同学们殊途同归——”

无　题

在某小学，老师在黑板上画了一个很规整的“○”，然后问：

同学们，老师画的是什么?

学生们的回答，如战场上纷飞的炮火，震得人头晕耳鸣。

老师使劲敲敲桌子。

同学们很久才静下来，小手都举得老高。

老师一一点名。

是月亮。

是车轮。

是饭碗。

太阳、地球、烧饼、脸蛋、苹果、鸭梨……

结果，五十八个学生，五十八个答案。

在某中学，老师在黑板上画了一个很规整的“〇”，然后问：
同学们，老师画的是什么？
学生们没有回答，而是带着询问的目光互相张望。
老师敲敲桌子，同学们很快坐好。头都压得很低。
老师只好一一点名。
是个圆吧？
是个圆吧？
是个圆吧？
结果，五十八个学生只有一个答案。

在某大学，老师在黑板上画了一个很规整的“〇”，然后问：
同学们，老师画的是什么？
学生们没有回答，但都做出极力思考的样子。
老师轻轻敲敲桌子。
同学们都极恭顺地坐正。眼睛直视老师。
老师只好一一点名。
……
……
结果，五十八个学生没有说出任何一个答案。

“在这个无题的故事里，共有三种想象力的选择：小学生、中学生、大学生，我想请你们回答哪个年龄段的想象力是可取的？”夏老师是用潜意识启发孩子们对想象力的理解。他觉得，作为一个孩子们的灵魂工程师，不能让孩子们随着年龄的增长，把自己禁锢在掌握的知识越多、想象力却越贫乏的境地里。最后学习成绩上来了，而思想却变得枯燥和呆板。

“第一种！”孩子们抢答。

“是的，第一种，同学们都懂了。所以说，想象力是同学们思想的花，越是想象力丰富，绽开的花朵就越美丽。现在，夏老师出一道没有正确答案的思考题，冰融化了是什么？”夏老师问。

“水。”孩子们齐声回答。

“冰融化了是什么？”夏老师再问。

“水……”孩子们回答断断续续。

“冰融化了是什么？”夏老师还问。

沉默，孩子们面面相觑。

“冰雪融化，万物复苏。种子发芽，果树开花。”夏老师解读着春天的景色。

“春天，是春天。”孩子们恍然大悟，像鸟儿啼鸣。

“冰融化了是水，答案是对的。冰融化了是春天，用想象力的回答也是对的。”夏老师点评说，“希望同学们在今后的学习中，不要放弃自己的想象力。特别是语文学习，不能死记硬背，使自己变得呆板木讷，而应该用丰富的想象力创造出联想的果实。怎样发挥想象力呢？请同学们听好了：螃蟹为什么要吐泡泡？”

“螃蟹热得出的汗。”

“螃蟹饿得反酸水。”

“它在水里待长了，换气带出来的哈喇子水。”

“螃蟹独特的呼吸方式。”

……

夏老师微笑点头表示赞同。

“假设有一天大海没水了，鱼该怎么办？”夏老师又问。

“让江河的水流进大海。”

“还要放些盐。”

“再造人工海。”

“训练鱼在陆地上呼吸，不是有会上树的鱼吗？”

“鱼本来有两种，一种在水里，一种在碗里，缩短人鱼之间的距离，放进人的肚子里养。”

孩子们七嘴八舌议论着，想象奇特。

“同学们注意，看夏老师的动作。”夏老师说着，将左手抬起，手掌成弓形贴在前额上。

“夏老师像《西游记》里的孙悟空。”

“夏老师是把讲台当筋斗云。寻找去西天取经的路。”

“夏老师手搭凉棚遮太阳。”

“夏老师是用火眼金睛想看透我们的心。”

“那我们不都成了妖怪！”

教室里热闹起来，充满了生机。

“同学们的想象力实在是太丰富了，点赞！”夏老师伸出大拇指为孩子们的想象力喝彩说，“想象和联想是一种最美妙的意识，但必须来源于生活，在生活的基础上发挥自己的想象，然后产生联想去展现积极向上的美好愿望。这一点在作文时非常重要。现在，我们回到童年童谣上来，用想象和联想串起我们幽默风趣的童年童谣的故事，夏老师和同学们共同来完成这篇作文，好吗？”

“好！”孩子们兴奋地鼓起了掌。

“背驮驮，换酒喝；酒冷了，换茶喝；茶冷了，我不喝，还是要我的背驮驮。”夏老师想起了小时候父亲背着他唱过的童谣。

孩子们也雀跃般一个接一个说唱起记忆里的童谣：

“剃头三巴掌，不打不肯长。”

“糯米饧糖，越扯越长，扯到汉口，扯到汉阳。”

“鸡子叫，鸭子叫，别人的东西不能要。哪个捡到把我了，买对粑粑你过早。”

“进到学堂当学生，读得书多人上人，有朝一日中了举，好比鲤鱼跳龙门。”

在二十多平方米的教室里，顿时充满了市井文化气息。而渐渐离孩子们生活远去的汉味童谣，润物细无声地在孩子们心中扩散……

童年童谣

小时候，我很顽皮，每次我和儿时的伙伴遇见警察，就会唱起自己改编的武汉童谣，然后一哄跑散。

我喜欢武汉童谣。每年武汉夏日傍晚，走在小街小巷里，都会看见摆在街道边的竹床上，坐着粉嘟嘟的毛毛，太婆坐在竹床边，搂着毛毛，握住毛毛的一只手，点着毛毛另一只手掌心，唱着：“点点窝窝，油炸干果。”或是把毛毛的两只手的食指合拢又分开地哄毛毛玩：“虫虫虫，飞飞飞，虫虫虫虫飞飞飞。”有时候，把毛毛擦哭了，就用童谣吓他说：“好哭佬，卖灯草，卖到河里狗子咬。”所以，我们武汉伢们是在童谣声里熏陶大的。

记得在皎洁的月光下，我们几个伢在草坪上喳到嘴巴唱道：“天不怕，地不怕，我跟飞机打一架。打不赢，投姆妈，姆妈掴我三嘴巴，哇哇哇。”有时候为了争先后，我们一边用手比划一边唱：“咕噜咕噜锤，咕噜咕噜叉，咕噜咕噜三娘娘管金叉。”玩得蛮起劲的。

那是我上幼儿园，老师让我们拿着笔摊开纸，用童谣教我们这样画龙点睛："大字不出头，两边挂绣球，三天不吃饭，饿得团团转。"我们按老师的童谣画好了画，一看，拍着巴掌高兴地叫起来："是人！是人头。"有时候上体育课，儿子伢们玩集体跳绳，姑娘伢们跳橡皮筋。我们开心地用武汉话唱着童谣："一毛子跳，二毛子撵，三毛子捡到三分钱，四毛子买，五毛子吃，六毛子欠得涎直滴，七毛子捡了个手榴弹，炸得八毛子团团转，九毛子回克告法官，十毛子回克挨扁担。"玩得我们这些小伢们黑汗水流都不晓得回家。当然，我们小伢们玩耍时也会翻脸，骂人都是别具一格，编成童谣这样唱道："一个伢的妈，真拉瓜，洗脚的水，塌粑粑，身上的狗夹搓麻花，头上的虱子当芝麻。"特别是过年，邻居家有从乡下来武汉的伢们，我们欺负他时，也编成了童谣："乡里伢，喝糖茶，打臭屁，屙客蟆。"我们这么唱，绝对是有口无心，只是图个嘴巴快活。

以上就是我们武汉伢记忆里的童心、童趣、童谣。每每不知不觉地唱起了武汉童谣，就能勾起美好的回忆。在那放学回家的路上，天忽然下起了暴雨，我们一边疯跑一边唱着童谣："大头大头，下雨不愁，人家有伞，我有大头。"这样的场景，就像是在昨天。

夏老师点评：《童年童谣》充满了市井文化的浓浓汉味，让人不由得又回到了童年。

第六课　汉味小吃

“同学们好!”“夏老师好!”

“今天这堂课的内容有：警句格言；武汉方言；作文《汉味小吃》。下面，我来检查同学们背记的警句格言。”夏老师说着停顿下来，他是留出时间让孩子们在脑子里复习上堂课的警句格言。大约半分钟后，他说道，“开始!”

“童年是一片白帆，追寻着我记忆里的童谣……”教室里响起朗朗的背诵声。

夏老师观察到每一位孩子们在背诵警句格言时都很认真，没有滥竽充数的现象。他等到孩子们背诵完毕，拍手称赞道：“好！真是嘈嘈切切错杂弹，大珠小珠落玉盘。记住，妙语是银，知识是金。这才是学习的态度，令人赏心悦目。今天的警句格言是：一、学习这条路，走下去的确很苦很累，但我绝不后悔。二、东西美好，才叫精彩。武汉方言，无与伦比。汉味小吃，滋味难忘。”

孩子们认真地在警句格言的笔记本上按分类做着笔记。

“现在，我们来完成第二个内容，学习武汉方言。武汉方言是中华民族博大精深的语言花簇中的一朵奇葩。如果同学们在写作文的时候，为了故事情节的需要，点缀一些汉味方言，一定会使作文增添意蕴和情趣，给人一种亲切感、真实感，回味无穷。”夏老师说道。

“太好了！这堂课一定很好玩。”谢凯非常兴奋，他喜欢夏老师的课。

“上堂课，你们这些学生伢们，写了一篇蛮有板眼的作文《童年童谣》，还是带汉味的。我看了一哈，蛮有味道，真是有两把刷子。今天的这堂课，我们再来玩一哈武汉方言和汉味小吃，么样吵?”夏老师用武汉方言说道，搞得全班孩子们一愣一愣的，接着恍然大悟，爆发出疯狂的笑声。

“夏老师，您刚讲的武汉话，有些我听不懂。还是用普通话讲好吗?”钱莉茹急得瘪着嘴，憋屈得杏眼里盈满了泪水。她家是北方人。

“钱莉茹这伢，莫瘪了个嘴巴，听不懂武汉话是不是吵？武汉人办法多滴事。我把武汉方言分一哈类，加个解释，写得黑板上，你一看不是晓得了。”夏老师逗趣说。

全班同学笑声一片，拍手叫好。钱莉茹也跟着莫名其妙笑起来。

“你们这些学生伢们就窝塞地笑。你看看谢凯这个伢，长得肉砣了滴，笑得咯咯神，笑的我一头的包。么办咧，还要不要上课吵？”夏老师假装皱着眉头，一副无奈的样子。

同学们看看谢凯，又看看夏老师笑得更开心。

“夏老师，你以后就用武汉话上课，么样吵？”谢凯来劲了，也用武汉方言说话。

“岔滴，你还是那个事。”夏老师冲谢凯笑着说，“我现在不跟你醒到媚，请同学们把警句格言笔记拿出来，在分类栏目里填上方言二字，现在开始记录夏老师为你们准备的武汉方言。”夏老师说完，在黑板上写：

武汉方言：

姆妈（妈妈）；老头（爸爸）；岔滴（随便）；七了冒（吃了没）；拐子（哥哥）；有板眼（有本事）；讲胃口（讲义气）；试哈子（试一试）；信了你的邪（服你）；快克（快点）；稀客（少见）；伙计（朋友）；搞么事撒（做什么事）；板沙（拼搏）；醒到媚（情调）；是那个事（夸奖）；撮白（骗人）；鬼做（喜欢表现）；抖狠（逞凶）；结根（纠缠）；阴倒搞（使坏）；马倒搞（乱来）；哄茗（骗人）；吊妖（背后说）；甩倒胯子玩（不顾一切地玩）；搭白算数（说话算数）；有两把刷子（有些本事）；嘎巴子（不近人意）；饭菜一把连几多钱（饭菜多少钱）；你的条子蛮正的（身材好）；又灵醒（看着舒服）；麦子又好（脸好看）；算得了个么事咧（算不了数）；莫发泡（别吹牛）；么黑我哟（别吓我）；闹眼子（不诚实骗人）；笑得咯咯神（笑声响亮）；窝塞地笑（大声地笑）；笑的我一头的包（笑得我头皮发麻）；么办咧（怎么办）；莫瘪了个嘴巴（瘪嘴）；长得肉砣了滴（长得很胖）；闹豁子（碗缺口，不合适）；好拉瓜（不干净）。

武汉童谣：

我在老通城，碰到一个人，满脸的麻子黑死人。他对我一笑，黑到我一跳，搞得我三天三夜睡不着觉。

讨人嫌，气管炎，你姆妈炒菜不把盐。

武汉歇后语：

跛子穿风衣——阴倒拐；太平洋的警察——管得宽；汉阳过来的——贱三爷；归元寺的罗汉——千姿百态；东西湖吹喇叭——嘀嘀哒；黄陂到孝感——县过县；宝通寺的小和尚还俗——巴不得开荤；六角亭出来的——神经病；苕不苕贼不贼——嘎巴子；跛子拜年——就地一歪；黄鹤楼上看翻船——幸灾乐祸；眨巴眼看告示——马马虎虎；荷叶包鳝鱼——开溜。

武汉谚语：

人狠不缠，酒狠不喝。

早起三光，晚起三慌。

坛子口封得住，人的口封不住。

武汉敬语：

还好吵（问候）；您家（您好）；劳慰（谢谢）；小意思吵（小事情）；莫见外（当外人看）；莫客气（别客气）；有偏（吃过了）；吵扰您了（打扰）；您家出克了（您准备外出）；慢点忙、慢点吃、慢点走（告辞）。

夏老师等孩子们抄完武汉方言，提问道：“在实际生活中，你们的爸爸妈妈成天为它奔忙的俗语是什么？”

沉默，孩子们定定地看着夏老师。

“早起开门七件事——”夏老师提示。

“柴米油盐酱醋茶。”同学们朗读般地回答。

“那好，我们就从吃开始讲起。”夏老师说道，“现在你们坐在这里，一个个长得水灵灵的，但你们一定要记住自己的成长过程，是你们的父母一口饭、一摊屎把你们拉扯大的。而生活中的苦与乐，你们是少年不知愁滋味，哪知生活行路难呦！所以，在今后的生活中，你们一定要学会苦中作乐，在平淡的生活里创造出美妙，去享受生活。我写的长篇小说《本色》里有这样一段对吃文化的写实，我读给同学们听听——”

说起寂寞，是因为家里只有一个父亲，经常出差在外。我回到家里。先打扫满是尘埃的房子，接着生燃蜂窝煤炉，然后用钢筋锅淘好米放在煤炉上，便提上篮子上菜市场去买菜。

在路过学校门房时，我给李萍打了电话，告知他我已经回到武汉，晚上来我家吃饭。

我来到菜市场，在肉摊上割了半斤肉，在菜摊上称了一斤土豆，一条丝瓜，外加四分钱的小葱，最后又讨价还价以便宜三分钱的价格买了四块豆腐。我幼年丧母，生活环境艰难，迫使我有了万事不求人有事自己做的性格。所以对生活中的大小事情，我已经没有别人那种大手大脚的习惯。我平时去菜市场买菜，常常会为一两分钱的菜价、青菜的成色转遍整个菜市场，然后选择既便宜、成色又好的青菜摊子买。为此，我买菜很少论斤，而是根据自己的需求论把、论个、论几分钱几毛钱。

我买好菜，路过副食商店，又买了一瓶雷司令白葡萄酒。

家里的蜂窝煤炉，是我根据《文化与生活》杂志介绍的先进砌炉法，找别人要的一个油漆桶自己打的，我做得很科学，炉火上得快，烧得也旺，这不，蜂窝煤炉红里带绿的火苗像一面扇子贴着钢筋锅呼呼啦啦往上爬，散着淡淡的煤烟味，钢筋锅里米上下翻腾，米浆里冒着乳白色的气泡，沸沸扬扬。我用饭勺搅动锅底，又舀起一瓢米看生熟，然后用簸箕沥好米，重新蒸在蜂窝煤炉上。

下一步，我就像魔术师玩变戏法，洗菜切菜用了五六分钟，这时，饭也蒸熟了，我把钢筋锅端下来，在蜂窝煤炉架上生铁锅，倒入半锅淡盐开水，把剖成小块的豆腐放在沸水里，关上蜂窝煤炉门，捂上几分钟去浆，然后用漏勺捞起放进盘里，扬手在上面撒上细盐、味精、酱油、小麻油、葱花，香喷喷的葱油豆腐就做成了。我倒去锅里的水，等锅烧红放入菜油，"哧啦"一声，将切成小丁、用鸡蛋搅拌的咸鸭蛋、皮蛋倒进锅里，撒上胡椒、葱花、细盐等佐料，用抹布裹上锅耳颠几下，熟后盛进盘里，又一道三色炒蛋。接着我做了一盘色拉土豆，一盘菱角米炒肉，打了一个丝瓜瘦肉汤。这一切，前后只花了二十来分钟。我饶有兴致地一看腕上的表，五点四十分。我把菜摆在桌上，在光润似蟹黄的色拉土豆上抹上果酱，用手指拈起一块品尝。噫！色香味美。我顿时感到一种惬意，浑身舒坦。现在，我也可怀揣着忐忑不安的心绪，在平平淡淡也是真的时光里，舒服地卧在半弧状的折叠躺椅上，就像睡在儿时的摇窝，只觉得有一种含蓄得像首飘逸的小诗般的意境：

我们早有了永恒的誓言，
相约在今天。
在紫罗兰花的梦境里，

我将大胆地把自己的心房，
紧紧贴在心爱人的胸前。
……

“夏老师，您把生活的故事创造得真美！”钱莉茹赞叹。

“可不是，夏老师年轻时的故事真浪漫。”谢凯仿佛亲眼看见，他已经成了夏老师的铁杆粉丝。

“夏老师，我可以讲一个生活行路难，我当家做饭的故事吗？”钱莉茹小心地问道。

“当然。”夏老师允诺。

“可……是，武汉方言……我不会呀！”钱莉茹面显难色。

“北方人，对话可以用北方方言。”夏老师提议。

钱莉茹的故事：

今天我当家

前不久，学校老师布置了一篇作文《今天我当家》，让我们学生周末当一次家。星期六早上，爸妈要外出办事，我主动向妈妈提出，中午的饭由我来做。妈妈当然为我的行为感到高兴。

我计算好时间，十点半开始做饭。我先淘米。但是，平时妈妈淘米时，我没注意，轮到自己就发蒙。我觉得米很脏，用水淘，再加点汰渍洗衣粉搓了搓，便放在电饭煲里蒸着。接着是拣菜、洗菜、切菜、炒菜。西红柿炒鸡蛋，火太大，忙乱中把西红柿和鸡蛋炒煳了，盛在盘子里黑乎乎一堆；红烧鱼，完完整整的一条鳊鱼，被我用锅铲捣碎得四分五裂，似鱼非鱼也；菠菜汤，名副其实的汤，寥寥几根菠菜在汤水中漂着。二菜一汤摆在餐桌上，让我看得伤心发愁，不知如何是好？

爸爸妈妈回来了，围着桌子欣赏我做的菜，还用筷子撮着尝了尝，夸奖我做的菜很有味道。这时，电饭煲蒸的米饭上气了，顷刻间满屋子里飘荡起汰渍洗衣粉的香味。

钱莉茹的故事逗得同学们哈哈大笑。

“夏老师，钱莉茹的故事里没有用北方方言。”谢凯发现了问题。

“你忽略了个事实，在《今天我当家》的故事里，也没有对话呀。”

夏老师替钱莉茹解围。他喜欢谢凯这样的孩子，既调皮，又有思想。

“夏老师，我好羡慕您做菜的手艺和生活的情调呀！真的，在平平淡淡的生活里享受着美妙。”钱莉茹在“吃”文化的对比中感慨万千。

“这个不难。多学知识，拓宽视野，学习厨艺，创新生活，那么，生活就是你尽情浪漫的舞台。所以说，学会生活才能真实的感受生活：生活是多么的美啊！活着是多么的美啊！”夏老师充满诗意地说。作为老师，他应该是孩子们生活上的指路明灯：孩子们喜欢什么，就会跟着你，把你当成偶像。孩子们喜欢上你的课，就会超常发挥学到你教给他们的知识，这就是孩子们天资聪颖的魅力所在。

“夏老师，我曾经写过一个带武汉方言的小故事，可以读吗？”熊浩试探地问道。

“当然可以，互相交流学习嘛。”夏老师允诺。

熊浩的故事：

第一次学炒菜

那是一个星期日，我心血来潮，对妈妈说：“姆妈，今天你就甩倒胯子玩哈子，我来弄菜，么样吵？”在我的感觉中，炒菜是一件很容易的事。常言说得好：没吃过猪肉，也见过猪走路。

“你这伢，越大越懂事，也晓得么样疼姆妈了。你想试哈子炒菜，先弄个麻婆豆腐看看，么样吵？”妈妈满口答应，还给我套上围裙。

我知道妈妈的心思，怕我不会炒菜，用豆腐让我练兵，反正豆腐也不值钱。

我把准备工作做好后，小心地扭开煤气灶，学着妈妈炒菜的样子，烧红锅，倒进油，炸豆腐。哪知豆腐进锅后，就“噼里啪啦”沸腾起来，热油四溅，吓得我连退好几步，只等到声音小了才慢慢挪近灶台，扭动开关关小火苗，紧绷的神经才算松懈下来。接下来是放盐，又将麻辣鲜撒在我给起名的豆腐姐姐脸上，名曰是给它化了个妆。然后加少许水，煮得白白嫩嫩的豆腐姐姐变成了酱色的非洲人。唉！真是不好意思——豆腐姐姐，我下次一定把你打扮得漂漂亮亮，绝对不是东西湖吹喇叭——嘀嘀哒。

做完这一切，我情不自禁“扑哧”笑了，将做好的麻婆豆腐盛进盘子里，端上餐桌。妈妈一尝麻婆豆腐，夸奖我说：“你还蛮有板眼的，弄的麻婆豆腐是那个事。有两把刷子。”

“弄个把菜，又算得了个么事咧。不是发泡，以后的菜我来弄，岔滴。”我来劲了。

“撮白，你是跟姆妈闹眼子的？”妈妈不信。

“搭白算数，么样？”我摇头晃脑地说，那种春风得意的感觉，真是又新奇又快乐。

熊浩念完《第一次学炒菜》，赢得同学们在嬉笑中的一片掌声。

“《第一次学炒菜》的故事，武汉方言对话运用得很不错。请熊浩谈谈武汉方言运用的体会？”夏老师点评，他要举一反三，让其他同学从中受到启发。

“其实很简单，现学现卖。我先把《第一次学炒菜》的故事写出来，然后用抄在笔记本上的武汉方言，对照着故事里的对话一套，不就成了武汉方言的作文吗？”熊浩自鸣得意地回答。

夏老师感慨孩子们的学习方法无孔不入。他从心里为孩子们点赞！

“夏老师，同学们刚才讲了做饭菜的故事。我想另辟蹊径，讲一个真实的，带悬念的《餐桌上的难题》。”易东龙圆胖胖的脸上流露出诡异的表情。

“作文以新为贵，我们共同破解你《餐桌上的难题》。”夏老师鼓动着说。

“该不是《最后的晚餐》吧？”谢凯逗趣。

“一边去，你才是犹大。”易东龙一撇嘴，浅浅笑了。

易东龙对谢凯做了一个夏老师没看懂的暗示，拿着刚写好的《餐桌上的难题》，声音有些沉重地读了起来：

餐桌上的难题

每次家人围桌吃饭，我都是提心吊胆。真的，有一道难题我无法回答。就在昨天晚上，奶奶大老远来看我，桌上的菜肴也很丰富，妈妈上完最后一道菜，坐在位子上说道：“还等个么事，菜都冷了，吃咧！”

我第一个举起筷子，对准盘子里我最爱吃的红烧排骨直伸过去。

“嘿！我信了你的邪，让奶奶先动筷子，连这点礼貌都不懂。”妈妈瞪我一眼发话说。

我心里憋屈，妈妈明明说让我们“吃咧”，又出尔反尔不让我先动筷子，搞得人莫名其妙。

“没事、没事，一家子人，在外头讲礼就行了。”奶奶夹起一块红烧排骨放进我的碗里。

"怎么没得事？习惯成自然。这大的个伢，应该懂点事。"爸爸一脸严肃地教训我。

"这有个么事咇，一家子人就莫客气。只要学习成绩好就行了咇。"奶奶是想岔开话题帮我说话。

我听了心一紧，奶奶提出了我餐桌上最害怕解答的难题，偏偏奶奶是哪壶不开提哪壶。我把塞进嘴里的红烧排骨连拉带扯剔出骨头，囫囵吞进肚里说道："奶奶，姆妈做的菜好吃，您家吃么菜自己拈，我就不客气了。"说着我又夹起一块红烧排骨塞进嘴里。我想好了，人狠不缠，酒狠不喝，惹不起我还躲不起。

"期中考试么样？成绩单我还冇看到。"妈妈晚饭的口头禅开始了，"不懂莫要装懂，勤学、勤问、勤记，成绩才会好咇。晓得么？"

"晓得……晓得……"我连声附和。

"真的晓得？那我问一哈你，什么……"妈妈较真了。

"吃饭时间，不谈学习。"我连忙打断妈妈的话。

"我就晓得你不爱听。"爸爸接上话，开始给我上政治课，"在学里要听老师的话，好生学习，莫落在后头，那样会让别个瞧不起的……"

"奶奶，您家慢慢吃。"我没等爸爸把话说完，放下筷子道，"我回房了。"

"吃这么一点！回房做作业哈！"身后传来妈妈的叮嘱。

"晓得了。"我回应道，关上房门，然后拿出了亲爱的手机，开始变成刷屏狂人。

"这篇作文写得很有特点，主题有深度，人物有个性，客观地反映了同学们所共同面对的难题——爸爸妈妈喋喋不休的教育。也是这堂课的难题。"夏老师点评说道，"同学们有没有更好的解决办法？"

"夏老师，我的爸爸也是这样。"

"是的，有时候说着还动手打人。"

"大道理一套一套，听得心烦。"

孩子们七嘴八舌炸开了，教室里顷刻间成了声讨会，被批的对象是含辛茹苦养育孩子们的爸爸和妈妈。

"夏老师，您告诉我们，怎么才能解决这个难题呀？"易东龙很有思想地反问道。

夏老师面对这道难题，无奈地看着孩子们，他思考着该说些什么？

“兼听则明，反省自己。我相信你们总会明白的。你们的爸妈都是为了你们好。”夏老师苦苦一笑，然后岔开话题问道，“易东龙，你的学习成绩怎么样？”

“还可以吧。”易东龙自豪地一笑。

“还可以吧，这是什么话？说谦虚一点，成绩优良。说委婉一点，成绩一般。”夏老师自问自答。

“夏老师，他是闷骚型的。班上的语文课代表。”谢凯快言快语。

“这可是身在福中心有福啊。你说对吗？”夏老师一下加深了对易东龙的了解。

“也许是吧，所以我才慕名跟着夏老师学习作文和阅读。”易东龙话语里带着一股傲气。

“谢谢你的信任，喜欢就是最好的。”夏老师微笑着。

他用目光扫视着孩子们提议道：“现在，我们来分段完成最后一项内容，每一位同学写一个感受最深的武汉小吃的故事，然后选出其中三四个有特点的故事片段，合成一篇今天的作文《汉味小吃》。怎么样？”

“好！”

汉味小吃

星期天，我在客厅做作业，隐隐约约闻到一股淡淡的香味，那香不是一缕缕而是乳白色炊煮中的米饭香。我的感觉一下在寻思中慢慢地形象化，像一首小诗：我每次放学回家，就钻进厨房找妈妈，那里有妈妈点燃的火苗，是我最温暖的地方。

在我的记忆中，我跟妈妈学到的第一种厨艺就是蛋炒饭。好的蛋炒饭要用隔夜饭，而且油不能太多，葱花爆得“滋滋”响时，打蛋落锅细无声。最后才能将隔夜饭倒下去炒到乒乓作响，“噼里啪啦”，蛋炒饭就筋道有劲。如果炒得不响，软塌塌的，整碗蛋炒饭就没精神了。

另外，我最喜欢吃的是妈妈做的热干面。面条经水煮过油工序，把面放在竹篾笊篱伸进沸水摆几下，提起沥水扣进碗里，淋上芝麻酱香油等调料，撒一撮葱花，这就是武汉的热干面，吃时爽滑味美。

记得有一次，妈妈用鲜活的武昌鱼，除去鳞鳃内脏后洗净，用刀锋在鱼两面划上兰草形，涂上猪油，加上少许精盐、绍兴酒、姜片、葱丝等佐料，在旺火上蒸约15分钟，出笼再在鱼上点缀红、黄、绿各色菜丝，一盘香味浓郁、五彩缤纷的武昌鱼就成了我的盘中餐。我风卷残云般吃完了细嫩味鲜的武昌鱼。现在想起来，我还为自己贪嘴吃独食而羞愧。并且也得到了贪吃的惩罚。

那是去年期末考试，我考了好成绩，妈妈用鲜猪腿肉做小笼汤包犒劳我。妈妈把肉剁成肉泥，拌上肉冻和其他佐料，包在薄薄的面皮里上笼蒸熟，佐以一小碟姜丝酱醋，奖赏在我面前。有经验的吃法是：先轻轻咬破汤包的表皮，慢慢吸进里面的汤汁，然后再吃汤包的面皮肉馅，从而领略小笼汤包的滋味。我是个好吃佬，用筷子夹起一整个汤包塞进嘴里，烫得我吐又舍不得，吞下又烫嘴，洋相百出。

“钱莉茹，等一下再做作业，天热，来吃西瓜。”妈妈在厨房喊我。我放下手中的笔，跑进厨房。妈妈把手里的西瓜放在砧板上，一刀下去，咔地裂开，那西瓜饱满的红瓤子甜腻腻的，让我垂涎三尺。我一边吃着滋润肺腑的西瓜，一边怔怔地看着妈。恍然间我明白了，我家之所以有家，那是因为有了厨房，厨房里有着跳动的火苗，火苗是妈妈点燃的，点燃我的记忆，记忆里满是妈妈做的汉味小吃。

夏老师点评：《汉味小吃》写出了浓浓的生活气息，嘴馋得要去寻味武汉的特色小吃，真实体验什么是好吃佬的幸福。

第七课　月光下的白蝴蝶

“同学们好!”“夏老师好!”

“今天这堂课分三项内容：警句格言、作文基础知识、作文。希望同学们认真领会夏老师的讲课主题，对每堂课的内容有一个清晰的了解，在学习时达到如臂使指的效果。”夏老师说道。

“拉丁谚语说：不会思考的人是白痴，不肯思考的人是懒汉，不敢思考的人是奴隶。”谢凯插话道。

“对的，谢凯引用的拉丁谚语中的思考，用在作文中就是尽可能地发挥自己的最大想象和联想，一头链接生活中的故事，一头链接我们的思想。这样写出来的作文才会精彩。”夏老师诠释拉丁谚语中思考的含意。

“夏老师，听您的课我们进步很快，就是您在不停地增加内容，我们有些吃不消。当然，我们也知道您是让我们多学些知识，就是太累了!”谢凯皱着眉头，提出了学习的困难。

“选择了方向就应该风雨兼程。对于刚才你讲的累，夏老师能够理解。但是，努力学习的累又能累到哪里去呢!”夏老师言词凿凿。他知道孩子们大脑的容量，只要他们懂得道理，付诸学习时的收获是无法估量的。虽然他们在成长期有一种叛逆情绪，在生活中可能更多为自己的快乐考量，但是，这一切都是可以改变的。

谢凯无语地看着夏老师。夏老师攥紧拳头，曲肘颤动，对谢凯做了一个给力的动作。

“今天的警句格言是：一、儿童的想象力是最丰富的。二、谚语：如果有些人想追逐蝴蝶（蝴蝶效应：微小的变化能带动整个系统长期而巨大的连锁反应)，我们为什么要和他们一起跳舞呢?

上述两条警句格言，必须应用到今天的作文里，在运用时可以保持原意改动文字，创造自己的警句格言，这才叫学以致用。”夏老师对警句格言添加了难度。

“夏老师，今天的作文肯定是和蝴蝶有关的，对吗？”邹佳蓉闪动着黑亮的双眼发挥出想象和联想问道。

“你的想象和联想很丰富，继续保持和发扬。”夏老师没有正面回答。

“夏老师，好多新内容啊！”喻彬用手托了托镜框，长长叹息一声。

“是的，山重水复疑无路，柳暗花明又一村。学习也是一样。”夏老师冲喻彬淡淡一笑说，“现在进行第二项内容：了解掌握作文的基础知识。因为，一篇作文，是从素材中选出题材，然后确定主题，在结构的基础上写成的。

素材：我们经历的故事，我们听说的故事，我们阅读的故事等等。

主题：作文的中心思想，写出来的作文所表达的道理。

结构：作文的开头、内容、结尾。后面我会细讲的。

同学们已经上完了六堂课，收获了三十多个故事，而这些故事都是储存在大脑里的素材，当我们要写作文时，要先明确主题写什么，比如亲情、友谊、励志、和谐、德行等等，接着在大脑里搜索记忆的素材，确定题材，再用结构写出故事来。这是写好一篇作文必须经历的过程。在这里，夏老师还要强调两点。第一，题是文一半，这就告诉同学们，作文题目的重要性，拟定题目要反复斟酌；第二，作文是改出来的，一篇作文要反复修改，起码得三遍，而不是同学们常有的通病，一气呵成上交老师批改。

现在我给同学们五分钟的时间，对照自己的笔记，在大脑里好好梳理一下夏老师刚才讲的内容，形成作文的一个完整轮廓，这样后面的学习便会水到渠成。”

孩子们认真地按照夏老师的要领理解记忆着，没过多久，就一个个抬起头静静地看着夏老师。

“我从你们的眼神里，读出了跃跃欲试的信息。那么，我们就进行最后一项内容——讲故事。不过，夏老师的要求是‘文以新为贵’。所讲的故事一定要求新，有创意。不需要展开，最好是透着傻劲的童年故事。”夏老师用搭脚手架的教育方式引导孩子们。

孔柏灵的小故事：

记得是我上幼儿园的时候，一个很冷很冷的大冬天，我怔怔地看着金鱼缸里游动的漂亮金鱼，怕他们冻着了，就用手把金鱼全部捞起来放在盘子里，然后拿到窗台上晒太阳。起先金鱼在盘子里“噼啪”摆动两下，我以为是它们晒太阳高兴。后来金鱼全部不动了，我又以为是晒着太阳睡着了。妈妈回来一看金鱼都死了，狠狠呵斥了我一阵，但没有打我。

汤佳婧的小故事：

这是我小时候的一件事。有一天晚上，我在阳台上看见外婆浇花的水盆里有一个月亮。我当时又惊又喜，连忙跑进厨房，拿上锅盖，蹑手蹑脚走到水盆边，猛然将锅盖扣在水盆上，生怕月亮溜走了。等到第二天早上起来，我跑到阳台上看我捉住的月亮。当我小心翼翼揭开锅盖时，眼前水盆里只有一汪清水。我真是欲哭无泪。

王宇泽的小故事：

我上小学二年级的时候，一次课间操，我和同桌为排队吵起来。他人高马大，一掌把我推在地上坐着，引得好多同学都围上来看热闹。我怀恨在心，一次趁同桌不在教室，把他笔盒里的两支圆珠笔拿在地上摩擦，直到磨掉了圆珠笔笔尖的小钢珠为止。上课后，同桌没笔写作业，眼巴巴地看着我，求我借支笔给他用。我赢了。

卫翔宇的小故事：

前不久，我想下载“赛车游戏”“跳跃忍者”等跑酷游戏。于是，就打着班里要捐款的旗号，向妈妈要钱。妈妈起先给我二十元钱，我说太少了，表现不出捐款的意义。再后来，硬是从妈妈手上骗得五十元钱，捐进了自己的口袋里，胜利完成了和妈妈的对决比赛。

钱莉茹的小故事：

一天，有一只小麻雀飞进了我的房间。它轻盈地蹦跳着，“呼”的一声飞到我的书柜上，圆圆小小的眼睛闪动着，不时扭动灵巧的头看我，还“吱吱呀呀”地叫唤，没一点惊恐。我连忙关上窗户，想把它抓住。也许是它发现了危险，像石子一样朝窗外飞去，撞在玻璃上，跌落在我的脚边，我躬身一下抓住了它。

我把它放在打了孔的纸盒里养了起来，还放上米和水。两天过后，我去看饲养的小麻雀，它已经死了，放在纸盒里的米和水没有动，我当时好伤心啊！

全班同学沉浸在想自己的故事、听别人的故事之中……

“刚才同学们讲的每一件事，如果扩展开来，都是一个憨态十足的小故事，在这些甚至难以启齿的事件里，同学们敢于亮丑，把对与错的事情亮出来与同学们一起分享，我相信老师和同学是不会指责只会原谅的。但其实我们都知道，哪些该去做，哪些不该去做。在这里，我想问问同学们，这些事件在作文基础知识里的定义是什么？”夏老师问。

“素材。”响亮的回答。

“如果今天的作文是写和谐的主题，请同学们思考一下，我们在今天获得的素材里，要选择什么样的题材写和谐？”夏老师又问。

“故意弄坏同桌的圆珠笔。”

“喂养小麻雀。”

“还有晒金鱼。”

“那夏老师再问，争吵打架属于什么性质？”夏老师指点迷津。

“不团结呀——”

“既然打架影响团结，那应该分在哪个类别？”夏老师耐心启发说，“为了报复同桌，故意弄坏同桌的圆珠笔，是不是使坏？”

“也是不团结，应该分在友谊类。”谢凯回答迅速。

“金鱼的习性是在水中游动，但出于同情心怕金鱼冻着了，把金鱼捞在盘子里让它晒太阳，这是不是因为无知而好心办坏事呢？”夏老师循循善诱。

“应该是启示类。”

“是启示类！”

“小麻雀的本性是自由飞翔。而我们偏要改变它的生活方式，捕捉它关在纸盒里喂养。这难道不是强人所难吗？”夏老师解释分析。

“是的，强麻雀所不为。”

“应该是不和谐。”

“所以说呀，美丽的鲜花，因为有了绿叶的衬托，才显得鲜艳和绚丽；湛蓝的天空，因为有了白云的点缀，才显得辽阔和深远；广袤的大地，因为有了高山和江河，才显得巍峨和肃穆。这就是和谐之美不能强求而应该顺其自然的原因。我们人类不但要做到人与人之间的和谐，还要做到人与大自然之间的和谐，人与动物之间的和谐，只有这样，才是一个完美的世界。”夏老师阐述和谐的内涵。

“夏老师，按您这么说，友谊也可以分类在和谐里吗？”喻彬习惯性地托了托镜框，模棱两可地问。

“友谊分类在和谐里，这样也对。从词意上说，和谐是大范围，友谊相对而言是小范围。就像启示和感悟一样，既相近又互通，这就是文字的魅力所在。”夏老师解答说，“当我们理解了主题是和谐，我们就应该在我们大脑所知的素材里，选取最贴近和谐的题材来写好确定了主题的作文。而不是牵强附会完成作文，这是一种不肯思考的懒汉行为。久而久之，我们就变成不会思考的白痴，最后成为没有思想的奴隶。”

“夏老师，您刚才讲的最后一句话，是改用谢凯说的拉丁谚语：不会思考的人是白痴，不肯思考的人是懒汉，不敢思考的人是奴隶呀？”卫翔宇问道。他发现了问题，眼睛惊奇而闪亮。

“是的，拉丁谚语被我解读了，这就叫活学活用。同学们不妨想一想，对储存在你们脑子里的警句格言，你们今后是否也要像夏老师一样，拆开、组合、创新，变成自己的语言文字？”夏老师循循善诱地说道。

教室里很安静，一双双清纯思考的眼睛里，满含着尊敬和渴望……

孩子们在学习中上路了。

“现在我们选定了人与麻雀之间的和谐为主题，接下来同学们应该认真思考的是什么？”夏老师问。

“写作文。”喻彬慌慌张张地答话。

“写作文的第一步是什么？非常关键的几个字。”夏老师提示。

“题是文一半。”孩子们天资聪颖。

“对，题是文一半。这就要求我们在拟定题目时，一定要新，还要有吸引力。”夏老师提出要求。

“童年趣事。不……不……”喻彬一托镜框，不假思索地说，又感觉不对，自我否定。

“麻雀之死。”孙柏灵用探询的目光望着夏老师。

“题目大了。”夏老师定调。

“纸盒里的麻雀。”孙柏灵眼睛一亮，反应敏捷。

“有新意，让人好奇，充满吸引力。”夏老师点评。孩子们活跃开了。

“夏老师。跟您学作文，好累啊！思想得不停转动，不敢开小差。但学完以后，又觉得一点也不累。您真行。”谢凯感叹。

“既然如此，同学们可以在座位上活动一下筋骨：

1. 左右手握拳压在肩胛骨上，上抬运动。

2. 左右手背后锁定，上抬，头后仰。

3. 双手抱臂压头。

4. 双手锁定举起，眼看手背，攥拳慢慢展开，长长舒出一口气。

5. 双手放膝上，背挺直，闭目，自然呼吸，什么也不想。”

夏老师一边演示，一边指导孩子们反复练习。这是必要的高强度学习的解乏方法。但有些孩子嘻嘻哈哈学得不太认真。不过，夏老师也看到自己的用心良苦没有白费，孩子们的思想得到了放松。

“夏老师，上课乏了，可以这样活动吗？”孙柏灵鼻尖渗着细汗说。

“当然，累了的时候，同学们可以说出来，夏老师发口令，带着大家每套动作做五次。”夏老师答复说，“接下来，我们共同完成《纸盒里的麻雀》这篇作文。首先，我问一个简单的问题，作文的基础结构是指的什么？”

“开头、内容、结尾。”孩子们对答如流。

“那和谐是美还是丑？”夏老师继续提问。

“美。”

“在开头，可以用景物描写渲染人与麻雀和谐之美的场面，而结尾呢？在和谐之美的衬托下却是纸盒里的麻雀之死。想一想，这样美丽的开头，令人悲哀的结尾，是不是用故事展现出了和谐之美在这个大千世界的重要性。这样的作文写出来，有没有主题的深度？”夏老师情绪激昂地问道。

“有。”“太有深度了。”“茅塞顿开。”“夏老师太神了！”

“别给夏老师OK！夏老师不吃这一套。为什么？因为夏老师是教作文的，自然比你们懂得多一点。如果同学们真的喜欢听夏老师的课，最好的回报就是认认真真学习，认认真真写好每一篇作文。这才是惺惺相惜。”夏老师内心激动，情不自禁地迸发出这样的诗句：

惺惺相惜

相遇在教室
我是站着

你们坐着
有多少话
不必说出
我低头看你们
你们抬头看我
在沉默中
是我对你们的信任
也是你们默默的决心
突然
有一句话我得告诉你们
天道酬勤
你们没有回答
只有
眼神对着坚定的眼睛

掌声响起，是孩子们的承诺。

夏老师点头致谢，然后回身在黑板上写出了《纸盒里的麻雀》的提纲：

纸盒里的麻雀

开头：景物描写。

内容：1. 麻雀误撞房间表现出可爱。
　　　2. 我关上窗户捕捉住了麻雀。
　　　3. 我用纸盒精心喂养起麻雀。

结尾：麻雀之死给我的启示。

要求：开头景物描写要和内容融为一体，50字左右。结尾承接内容的启示要深刻，回味无穷，30字左右。

夏老师把粉笔放进粉笔盒里说道："请同学们按照提纲内容，只写《纸盒里的麻雀》的开头和结尾。内容省略。如果开头难以下笔，偏头看一看教室的窗外，希望能给同学们带来灵感。结尾的启示，闭眼想象一下，因为你的缘故，一只可爱的小生灵就死在你的面前，然后写下你的感受。"

教室里响起议论声，接着渐渐安静下来。同学们一个个不时偏头望着窗外思考，然后埋头奋笔疾书。

“夏老师，我写好了。”钱莉茹举手发言。

“请讲。”夏老师点头同意。

“《纸盒里的麻雀》开头：窗外一棵繁茂的树上，突然降落下一只麻雀歇在我的窗台上。它东瞅西望地蹦跳着，‘呼’的一声飞进我的房间里。《纸盒里的麻雀》结尾：那一瞬间，我又仿佛觉得麻雀没有死，它已经飞走了……”

“为什么觉得麻雀没有死，它已经飞走了？”夏老师觉得立意含蓄，有心提问，达到以点带面的效果。

“因为，我希望麻雀还活着。”钱莉茹回答。

“很好。言简意赅。以后同学们写作文的时候，也要学习用不同的方式，写出像钱莉茹这样带有寓意的结尾。”夏老师点评完后继续说，“写好的同学，可以互换批改。一篇好作文，不是写出来的，而是改出来的。”

“夏老师，今天的作文写什么？”有同学问道。

“当然是警句格言里提到的蝴蝶，写蝴蝶呗。”有同学猜想道。

“那该怎么写呀？”有同学茫然。

“夏老师，我经历过一个月下蝴蝶的故事，可以讲吗？”孙柏灵喜形于色。

“当然，把你的故事拿出来和同学们一起分享，也算是抛砖引玉。”夏老师点头同意。在夏老师的授课设计里，原本这堂课的作文是用《月光手帕》为范文的，既然孩子们有自己的故事，当然是更好了。

孙柏灵生动地讲完了月下蝴蝶的故事，孩子们议论纷纷：

有的说月下的蝴蝶很美，很动人。

有的说套用了《纸盒里的麻雀》的方法。

夏老师宣布课间休息，任由孩子们去讨论，在课间休息时，夏老师根据孙柏灵的故事，在黑板上拟好了提纲：

月光下的白蝴蝶

开头：描写月光下的景物：清亮、朦胧、温柔。

内容：1. 我在小区林荫道上散步，前面走着一位像蝴蝶一样的小姑娘，突然，她蹲下身子，好像在捉什么东西，旋即站起，回头看我一眼，眼睛里藏着羞涩走了。

2. 我走近一看，是一只扇动着翅膀的白色蝴蝶。我也禁不住弯腰想捉住它，当手指触到水泥地时，才知是从树叶缝隙透射在地上的月光。

结尾：抒情要朴实自然，回味无穷。

要求：选摘一位同学的作文亮点，共同构思完成《月光下的白蝴蝶》的再创作。

月光下的白蝴蝶

这是初夏一个暖风习习的美丽月夜，清亮的月光静静地洒了下来，一切景物显得朦胧又温柔。微风轻轻摇曳着树梢，小路上闪烁着忽隐忽现的粼粼月光。

我在小区的花园道上散步，前面走着一位穿漂亮白色衣裙的小姑娘，她轻盈的脚步，像翩翩起舞的白色蝴蝶。突然，她在行走间蹑手蹑脚，并蹲下身子，慢慢伸出右手，猛然一抓，旋即又站了起来，回头看了我一眼，清澈的眼睛里藏着羞涩和甜甜的笑意，然后继续前行。

我走近一看，发现是一只轻柔欲飞的白色蝴蝶。它忽起忽落地扇动着翅膀，美妙得令人目眩神迷。我禁不住弯下腰，伸出手想把它捉住。可是，当我的手指触到冰凉的水泥地时，才发现，原来这不是白色蝴蝶，而是从树叶缝隙透射在地上的缥缈月光，吸引着一颗颗富有丰富想象力的透亮童心。有句话说："如果有些人想追逐蝴蝶，我们为什么要和他们一起跳舞呢？"我想，如果那不是月光，而真的是美丽的白色蝴蝶，恐怕不会有人不想在月光下伴蝶翩跹吧！

现在，每每在月光之夜，我的眼前就会浮现出那双亮晶晶像月亮一样的大眼睛。我是多么希望在那双甜甜的眼睛的注视下，把那只白色蝴蝶捉起又放飞呀！

夏老师点评：阅读《月光下的白蝴蝶》，给人一种身临其境的动感之美。在孩子们童话般的故事里，我也想轻手轻脚走过去，捉起再放飞那只在月光下的白蝴蝶。

第八课　不速之客

窗外的麻雀在树上“叽叽喳喳”吵个不停。教室里乱哄哄的，孩子们三人一群五人一伙在讨论桌游和动漫。每个孩子的表情都非常亢奋，是在放飞自己。

夏老师默默站在讲台上，静静观看着孩子们爆炸似的讨论，心中产生一种惆怅。现在每个孩子基本上都有一部手机，玩手游可以说是得心应手，但是，太多的消遣是会影响学习的。再加上孩子们的自控能力差，一旦玩手游上瘾，沉迷于网络游戏中……他不敢往下想。

“同学们上课了。”夏老师看了一下手腕上的表，拍拍手说。孩子们自觉地走到自己的座位坐好。

“同学们好！”“夏老师好！”

“刚才，我听了同学们的对话。觉得你们仿佛就是游戏大神。”夏老师停顿下来，看孩子们的反应。

“夏老师，您也喜欢玩手游？一定打得很猛！”谢凯喜形于色地问。

“我的游戏打得很坑。因为我不疯狂。而疯狂的后面是神坑。你们都是天才少年，手游对你们而言也太 low 了。”夏老师因势利导。

“那……”谢凯一脸茫然。

“玩乐高呀！学会自己动手，培养逻辑思维和创新意识。激发自己的耐心和团队协作能力。你们觉得呢？”夏老师顺势而为。

“夏老师，您也太潮了吧？”谢凯睁大惊奇的眼睛望着夏老师。

“同学们应该有独立思辨的能力。”夏老师说着，话锋一转道，“今天这堂课有三项内容：警句格言；作文基础知识：开头和结尾；作文。”夏老师扼要概括了授课内容，目光停留在万昊的娃娃脸上。他发现万昊今天有些反常，两颊绯红，眼睛放亮，手肘支撑着桌面，手指扒拉着眼帘，还不时吐一下舌头，装成名犬泰迪的模样。他平时可不是这样，而是一个文静害羞的小男生呀。

“万昊，你今天怎么了，想做泰迪？”夏老师逗趣地问。

“夏老师，万昊的作文得了‘甲+’，还在班上朗读了。”谢凯告诉夏老师原因，他和万昊是一个班上的同学。

夏老师明白了，万昊之前作文写得一般，通过自己的努力，取得“甲+”的成绩，心中自然有一股掩饰不住的喜悦要流露，这就是孩子们的可爱之处。

“同学们，掌声鼓励，祝万昊同学再接再厉，写出更好的作文！”夏老师带头鼓掌。

教室里响起了热烈的掌声。

“夏老师，我是写的……《我家的比熊狗》……得的‘甲+’。”万昊表达有点口吃，“不过，我……有个问题想问夏老师。您说，人和动物要和……和谐，那蚊子、苍蝇、蟑螂、老鼠是不是也要成为人的朋友。蚊子叮我，我……我让它吸饱血飞走；苍蝇嗡嗡飞时，我把真鸡蛋放在窗台上；蟑螂喜欢爬橱……柜里，我每天吃完饭……就不洗碗筷；老鼠爱偷吃大米，我就把米袋敞开。”万昊虽然说得有些幼稚，引得全班同学哄堂大笑，但这也是思想！

“你说的这是四害，消灭它！”夏老师也被万昊的话逗乐了。

“但是，老师说生物链是……维系物种间天然的数量平衡的。每一样物种的灭绝，都可能引发……一系列的问题？我们书上的《鹿和狼的故事》也是这么讲的。”万昊说得很自信，也很深刻。

夏老师止住笑容，他为万昊认真学习的态度而感动。对于“四害”到底该不该被消灭，他在准备人与动物之间的和谐这一主题上，还真的没有去求证过“四害”在生物链中的关系。他一时被万昊提的问题堵得语塞。但从总体上来说，他知道生物链的关系缺一不可。该怎样自信回答孩子们的问题呢？

“动物也和我们人类一样，分好人和坏人。好人是做好事的，我们应该学习赞扬。坏人是做坏事的，我们应该批评改造他，罪大恶极的甚至应该消灭他。动物也分好的和坏的，你刚才说的蚊子、苍蝇、蟑螂、老鼠是四害，是坏的，就应该消灭它。”夏老师解释，又觉得没有说服力。但孩子们听得很认真。

“这……就是生物链的……关系？我……觉得是不对的。”万昊转动着眼珠，急得鼻尖渗汗，表达更加磕磕绊绊。

“是的，夏老师的解答是不对。生物链的关系应该是环环相扣，万昊同学的疑问是正确的。但是如果权衡其利弊，还是有大小的区分的。失去了一个物种，生态系统有自动恢复能力，达到一个新的平衡。所以说，对于‘四害’，就应该拍死它们！”夏老师也很固执，非要拍死“四害”，因为他从心里就厌恶老鼠、蟑螂、苍蝇和蚊子。

“怎么拍呀？老鼠和蟑螂我不敢。苍蝇又太恶心。再说，我家里又……没有老鼠、蟑螂和苍蝇。只是有时候，晚上做作业，耳边偶尔……会有‘嗡嗡’声，但看不见……蚊子在飞。”万昊认真地说，完全把夏老师带着跑偏了“和谐”的主题。

“一般来说，当你耳边响起‘嗡嗡’声时，说明蚊子离你近在咫尺。这时，你要出其不意，扬手使劲朝脸颊拍去。”夏老师投入到情景再现中，示范地甩手给了自己一耳光。清脆的响声，一下把孩子们惊呆了。好长时间才反应过来，发出笑声又马上止住，然后呆呆地望着夏老师。

夏老师恍然知觉脸颊有些发烧，同时也意识到自己的失态。为了挽回自己的窘境，夏老师勉强一笑，用命令的口气说道：“刚才我们讨论了生物链中的‘四害’之一蚊子。同学们也比较熟悉蚊子？那好，现在同学们就以蚊子为题创作出自己的警句格言。开始写吧。”

教室是安静的，孩子们有的转动手中的笔写出了几个字又抬头望天花板；有的嘴衔笔帽干瞪眼，在苦苦思索着；万昊目不转睛地盯着夏老师的脸，陷入沉思……

“万昊，你这么看着夏老师，是不是夏老师的脸上又叮上了一只蚊子？”夏老师调侃地问。他了解万昊，性格内向胆小，是妈妈的宝贝。但今天他的表现，应该是在学习中向前迈出了一大步，而夏老师的责任，是伴他前行。

“夏老师，蚊子的警句格言我写好了。”万昊小声回答。

“请读出来好吗？”夏老师微笑说道。

“我生来就得去冒险，让人猛扇自己的耳光，死了也值得。”万昊读完，模仿夏老师刚才拍蚊子打脸的动作，扬手“啪”的一声脆响，引得全班笑声响起。

夏老师没笑，而是心疼。他发现，在孩子们清澈可爱的心灵里，知道什么是回报，应该怎样去回报。他们什么都懂。同时他也感悟到老师的言行举止，就是孩子们的镜子，既能照见自己，也能照亮孩子们。

“万昊创作的警句格言很有针对性，写出了蚊子的特点。加把劲！”夏老师鼓励万昊说，“功夫不负有心人。记住，你要做多大的事，就要承受多大的压力，付出多大的辛苦，只有这样，才能实现自己的愿望。”

万昊听了很兴奋，嘴唇嚅动，有话要说，但没说出来。夏老师静静等待着。

“真的？”万昊眼睛闪亮，好一阵子才憋出两个字。

“真的。”夏老师肯定地回答，然后对孩子们说道，“现在，就以万昊同学创作的警句格言为话题，先练练笔，写一写我们熟悉的蚊子，怎么写，夏老师先设计一个蚊子自取灭亡的场景。”说毕，回身在黑板上写下了当堂作文的提纲：

咎由自取的蚊子

开头：晚上，打开台灯做作业。

内容：1. 耳边响起蚊子的“嗡嗡”声（联想夏天遇到蚊子叮咬的情景）。

2. 描写蚊子歇在你眼前吸血的过程。

结尾：蚊子之死对你的感悟。

教室很安静，孩子们认真写着作文。钱莉茹第一个写完交给夏老师看。夏老师稍作修改，让钱莉茹站到讲台上朗读：

咎由自取的蚊子

今秋开学上的第三课是《草虫的村落》，老师让我们展开想象写一写自己观察过的小虫。吃过晚饭，我打开台灯，摊开作文本，细细思索，不知道该怎么去写。由于我平常没有留心观察小虫的细节，脑子里一片空白。

我急得抓耳挠腮，心里空落落的。忽然，我的耳边响起一阵“嗡嗡嗡”的细微声音。在这初秋的夜晚，是可恶的蚊子在我耳旁乱飞，就像敌人的轰炸机，扰得我更加心烦意乱。我对着自己的耳根、脸颊、脖子连续拍打了几下，噪音停止，可没一会儿，“嗡嗡嗡”声又起，蚊子跟我捉起了迷藏。我放下手中的笔，身子一动不动地用眼睛寻找这只觅食的虫儿。就在不经意间，我的手背上，落下一只蚊子。它静静地歇着，将一根针嘴插在我的皮肤里，悠然自得地颤动着翅膀，瘪白肚皮渐渐鼓起。我仿佛看见我鲜红的血液正从它的针嘴里，缓缓流进它的肠胃，竟然忘了手背上轻微的麻痒。蚊子的肚子越鼓越大，最后支撑不住自己高高翘起的体重，滚落在我摊开的作文本上。尽情享受着美餐后的愉悦，竟忘了自己所处的危险，这沉甸甸的忘乎所以啊！

我凝神屏息，抬手用指头轻轻按死了蚊子，作文本上绽开一朵淡红色的小花。我撕下了那张纸，作为一种警示：历经艰辛找到一点成功的果实时，一定不要忘了自己的处境，要随时张开翅膀奋飞。如果去安享成功的快乐，就会毁了自己，像蚊子那样被无情的现实拍死。

“同学们,《咎由自取的蚊子》写得怎么样?”夏老师让钱莉茹回到座位并问道。

“好!”

“好在哪呢?”夏老师又问。

沉寂……

“这篇作文好在写得很有生气。让人感觉亲身经历一般。最后的感悟更是画龙点睛:尝到甜蜜还得奋飞,否则,将会前功尽弃,被拍死在纸上。”夏老师点评。

“夏老师,钱莉茹写的蚊子,跟我的感受一模一样。有一次一只麻花蚊子大白天叮在我的胳膊上,我没动,眼睁睁地看着它吸我的血,把肚子胀得鼓鼓的滚落到地上,被我踩死。”谢凯感同身受地说。

“这就是观察生活,感受生活,从而积累生活中的写作素材,这是写好故事的源泉。请同学们记住,素材积累有三个方面:第一,亲身感受;第二,看见听说;第三,阅读获知。刚才,钱莉茹朗读的《咎由自取的蚊子》的作文,就可以成为同学们听说的素材积累。如果有这方面的命题作文,你们就可以在积累的素材中提取题材写成作文。听清楚了吗?”夏老师反复提示积累素材的重要性。孩子们眼睛睁得圆圆的。

突然,一个纸团成抛物线飞向前排钱莉茹的后脑勺。钱莉茹回头瞪了后排男生们一眼。

“谢凯,站起来!”夏老师扫见是谢凯扔出的纸团,严厉地说,“为什么在课堂上让子弹到处飞?向钱莉茹道歉!”

谢凯鼓着腮帮,直挺挺地站着,仰头看天花板。

“我再重复一遍,捡起你扔出去的纸团,向被你打中的女同学道歉。否则,就站在前面来,听夏老师讲课。”夏老师板着脸。

谢凯纹丝不动。

“站到前面来!”夏老师发威。

谢凯软了,乖乖站到夏老师指定的黑板一侧。

“今天的警句格言是:一、用善意和爱心去连接世上造就的一切和谐。二、我生来就得去冒险,让人狂扇自己的耳光,死了也值得。”夏老师继续上课。

“第二条是万昊的警句格言了?”卫翔宇孤傲地从鼻孔里哼出不屑一顾的冷气。

“是的，当然是万昊的警句格言。不管同学们是服气还是不服气，万昊同学已经创作出来了，事情就是这么简单。”夏老师针锋相对。

“那我也能写出警句格言。”卫翔宇执拗地说。

“可以呀，是骡子是马得写出来遛遛。”夏老师用了激将法。

教室一下子沉静下来。一双双惊讶的眼睛盯着夏老师，仿佛夏老师刚才说的不是事实但又是事实。

“现在。警句格言讲完了。下面进行第二项内容，作文如何开头，怎样结尾。”夏老师说着，把作文的四种开头和结尾写在了黑板上。

开头：

一、开门见山：开头就进入正题。例：天很冷，我迎着寒风，缩着脖子，背着沉重的书包，走在上学的路上。

二、倒叙：把后发生的情节或结局提到前面来写。例：虽然最后我们分别了，但一同奋斗的日子永远激励着我。

三、警句格言：诗、歌、词等。例：“妈妈是一部写不完的书。”我的妈妈就有好多写不完的故事：“时间都去哪儿了，还没好好感受年轻就老了……”

四、景物描写：对社会自然环境的风景和物体的描写。例：太阳西沉，人行道旁的法国梧桐树上的黄叶，投映着淡淡的金光；我来到饱经沧桑的苦楝树下，用手抚摸着它那斑驳的老皮，凝视着它那迎风摇曳的遒枝，感受到了一种人格的精神和人性的力量。

结尾：

一、含蓄结尾：《成功》：我觉得容易做的事情，别人觉得不去做更容易。

二、展望结尾：《坚持》：我带着这份对学习的坚持，继续走在求知的路上。

三、抒情结尾：《月光下的白蝴蝶》：我是多么希望在那双甜甜的眼睛的注视下，把那只白色蝴蝶捉起又放飞呀！

四、概括结尾：《负责》：我们要学会承担起自己的责任，自己对自己负责。

“以上是作文常用的开头和结尾，现在同学们会感到比较陌生，经常运用，就会熟能生巧，信手拈来。”夏老师诠释。

“夏老师，那内容呢？”卫翔宇问。

“作文的内容是主干和核心。这堂课无法展开，但作文的‘六要素’同学们应该是知道的？”夏老师问道。

“时间、地点、人物、事件、发展、结果。”孩子们异口同声地回答。

“现在，我们就用六要素做一个小游戏，请六位同学上台来。排成一行，每位同学代表一个要素，共同完成一个故事好吗？”夏老师提议，孩子们兴奋叫好，纷纷高高地举起了手。

“易东龙，时间；王宇泽，地点；万昊，人物；卫翔宇，事件；喻彬，发展；结果嘛……”夏老师偏头看了谢凯一眼，暗示他站到结果的位置上。谢凯兴致勃勃地站在最后。

孩子们背靠黑板收腹挺胸，两眼平视前方一字排开。

“这个故事的题目定为《教室里的风波》，内容是谢凯扔纸团的话题。下面从易东龙开始叙述。”夏老师宣布。

“刚才。”易东龙说。“在教室里。”王宇泽说。“谢凯拿着纸团偷偷扬起了手。”卫翔宇说。“一团白色的子弹不偏不倚打中了钱莉茹的后脑勺。”万昊说。“钱莉茹忍着脑壳被击中的剧痛，回头恶狠狠地瞪一眼背后开黑枪的谢凯。她明白，谢凯已经背叛了同学友谊，她要告诉夏老师，但厌恶使她无法发声。而这一切，全被夏老师看在眼里，他命令谢凯向钱莉茹道歉。可是，顽固的谢凯还坚持着自己的错误。实在是太可恶了！”喻彬搞笑地说完，偏头对身旁的谢凯诡谲一笑，示意他继续说下去。

谢凯尴尬地低下头，不停用手挠着后脑勺，难为情地瞅了眼夏老师，鼓起两腮，走到钱莉茹面前，躬身低头说道：“对不起，钱莉茹同学，我不应该扔纸团打你，保证下次不干这种恶趣味的事了。”说完走回到结果的位置，昂起头吼道，“我是圣斗士星矢！”像是一种解脱。

“鼓掌！”夏老师的目的达到了。

掌声伴着嬉戏好不热闹。

“请同学们安静！现在还有最后一项内容，完成以和谐为主题的作文。”夏老师用手势招呼同学们安静下来说道，“夏老师先把故事提纲写好，同学们根据提纲写一篇作文，最后取其写得好的情节和段落，合成同学们共享的美文好不好？”

“好——”

不速之客

一、开头：开门见山。蜻蜓意外到来。
二、内容：1. 描写蜻蜓的特征（可以在手机上查阅信息）。
　　　　　2. 描写自己的心理活动（如蜻蜓怕黑，需要光和热）。
三、结尾：抒情。表达人与动物的和谐之美。

不速之客

夜很静，我做完作业，准备关上台灯睡觉，房间里响起“哧啪”声，我以为是飞蛾，赶紧赤脚下床，拿起拖鞋，准备给它一个痛击。

我用目光搜寻，发现在我的书包上趴着一只蜻蜓。我紧张的心情立即放松下来，蹑手蹑脚走到它的身旁，慢慢伸出手想捏住它薄薄的翅膀。就在这一刹那，蜻蜓鼓动透明的翅膀飞起。它灵巧地在空中盘旋，飘飘洒洒上下飞舞，轻盈得像翩跹的舞者。我知道，蜻蜓有咀嚼口器，可以在飞行中捕食活的苍蝇和蚊子，便坐在床上准备看它的精彩表演。但没一会，它毫不犹豫地扑到灯罩上，浅绿色的灯罩透射出的光亮，把它衬托得特别美丽。我和它近在咫尺。

也许是它需要光，也许是它需要热，也许是外面太黑暗，当它飞到灯罩上爬了几步后，就安安静静停了下来。它的头是微微昂着的。一对突出的绿宝石似的大眼睛熠熠生辉，铁钳般的大嘴巴正一张一合吞咽着什么。我没有惊扰它，偶尔友善地轻轻吹上一口热气，然后看它颤动窄而长的翅膀，心中不由得流淌出一首诗：

蜻　蜓

一只蜻蜓在我房间里飞舞，
透明的翅膀带风颤响，
它不停地画出优美的弧线，
然后静静地歇在绿色的灯罩上。
我从来没有这样怦然心动，
由于这只不速之客的造访，
一下就改变了我今夜的平静和色调。

是的，我从来没有如此安闲地欣赏过一只蜻蜓。它的确很美，健硕的体形下，六条细细的长脚支撑着全身的重量，一节一节纤细的长尾略成弧线拖在身后，两个色彩斑斓的小触角一下一下地扇动，整个身体的构造和色彩是完美的艺术创造。对于这位不速之客，我又该如何接待它呢？

微风吹动着窗帘，外面漆黑一团。我起身关上窗户，回到床上，让台灯继续开着。我要等到明天早上，再打开窗子，让它安安全全飞回到属于它的世界里去。虽然我是不习惯开着灯睡觉的。

夏老师点评：《不速之客》用人的视角，逼真地描写了蜻蜓的动态特征和人的心理变化，美妙地展现了人与动物的和谐之美。

第九课 快乐的一天

“夏老师——”

夏老师回头看，是万昊和他的外婆正急匆匆地向他走来。夏老师停下脚步。下意识地看了一眼手腕上的表，等他们走近问道：“这么早就来了？离上课还有半小时呢。”

“可不是，万昊急着要来，他可喜欢听夏老师的课了。说是听了您的课，语文成绩提高蛮快，作文得了‘甲+’，还在班上朗读。老师也是这么说的。每次上您的培优课，在家里着急得不得了，催命一样吵着要走。”外婆滔滔不绝。

“万昊，谢谢你对夏老师的信任。”夏老师摸着万昊的头说，“夏老师知道你培优后作文有很大进步，这是你努力获得的结果。但是，你还要清楚，语文的含义是语言和文字。你的文字优秀了，还要通过语言去表达。在语言表达上，你还有自身条件的弱项，说话一急就有点口吃，这大概是你性格内向造成的。我们能不能共同努力把这个糟糕的家伙涂抹掉？”

“夏老师，您说得太对了。这孩子说话一急就有点小结巴，在家里也不太爱说话。可是一旦说起夏老师来，就能说会道，一口一个夏老师说应该怎样怎样。”外婆接上话茬。

“万昊，要改变性格内向，突破自我，就要在老师提问时多举手发言。怎么去做？先把要说的写在纸上，发言时心情平静一点，语速稍慢一点，夏老师也可以配合你，容许你在发言时比其他同学慢半拍，有没有信心？”夏老师望着万昊问道。他喜欢这孩子，有心去帮他。

“夏老师，我能行吗？”万昊语气有些激动。

“你喜不喜欢把学到的知识，通过语言表达出来？”夏老师问。

“喜欢，当然喜欢。就是心里总害怕说话结巴，让人笑话。”万昊望着夏老师，眼睛里有些黯淡。

“喜欢就能成功。要相信自己。再说了，你没有去做，怎么知道自己不行？

21 天可以改掉一个人的习惯，你肯定能行!”夏老师冲万昊挥动着攥紧的拳头，鼓励他说。

“谢谢夏老师！谢谢夏老师!”外婆连连点头。

“夏老师，我真的很喜欢您!”万昊轻轻一扯夏老师的衣襟。用腼腆又带矜持的眼睛望着夏老师。

“我也很喜欢你，真的!”夏老师心里充满感动。他知道，作为老师，不但要用行为去影响孩子们，还要用心去感召孩子们。孩子们听老师的话完全胜过听家长的话!

夏老师和万昊走进教室。教室里有几位早到的孩子正在玩乐高。身旁的课桌上还摊着一堆乐高。夏老师看到这样的情景，一种说不出的感动瞬间流遍全身，孩子们完全把夏老师的话听进去了，而且实施在行动上。他感到一种压力，老师对孩子们的责任重于泰山。

“夏老师来了！和我们一起玩乐高。”喻彬托着镜框说道。

孩子们鼓掌雀跃着。

夏老师对万昊微微一笑，拍拍他的肩膀，带他融入只有想不到的、没有乐高拼不出来的无限创意的玩法中……

“同学们好!”“夏老师好!”

“今天上课内容分三个部分：警句格言及运用；作文基础知识：叙述；作文。”夏老师站在讲台上，简短概括了授课内容。

“夏老师，先给我们讲个故事吧!”

“我们就喜欢听您讲故事。”

“求求您了!”

教室里一下喧哗起来。夏老师没有想到孩子们会突然提出这种要求，好在夏老师脑子里有很多故事，只是选择一定要得当，既能增强孩子们的社会知识面，又能起到励志的效果，还要有一定的吸引力。夏老师思忖着，搜寻到了张皖男写的《10 分钟的人生》，觉得对孩子们有启发教育意义：

10 分钟的人生

父亲和儿子做游戏，10 分钟代表一个人的一生。在这 10 分钟里，每人各翻一本书，从里面找“黄金”这个词，谁找得多谁就赢。

计时开始!

儿子双目圆睁，父亲逐页寻找。房间里很安静，只听到“唰唰唰”的翻书声。

“我找到一个!”1分钟后儿子兴奋地叫道。

“我也找到一个!”父亲回应电子表上的数字不紧不慢地说着。

到了第8分钟，儿子蹦起来说：“我已经找到10个。”父亲说：“我只找到4个。”“爸爸，你输了。”儿子得意地说。父亲点头承认输了后问：“你有了这些黄金，干什么用呢?”儿子认真考虑片刻说：“我要买一部4G的手机，还要买一双耐克牌球鞋，还要买一大堆吃的东西，还要出去游玩看风景。”

父亲打断儿子的话，指指电子表，9分10秒了。

儿子问：“又怎么了?”

父亲笑笑说：“你刚才说的愿望已无法实现。你已经老了。你看。现在是9分50秒。10分钟的一生很快就要结束了。”

儿子呆呆地望着父亲。

“同学们，请告诉夏老师，《10分钟的人生》这个故事，给你们什么样的启示?”夏老师问。

“时间比黄金更重要。”

“对的。这是黄金与时间的比重。还有没有其他启示?”夏老师又问。

“人生短暂，与时间赛跑。”

“也是对的。还有没有其他感悟?”夏老师继续问，他要开启孩子们的思路。

“时间就是生命。在有限的生命里，学习更多的知识，做更多的事情。”

“更是对的。”夏老师接着说，“我们每一个人的人生都是用时间计算的，莫等闲，白了少年头，空悲切。珍惜时间，其实就是珍爱生命！千万别像《明日歌》一样活着：明日复明日，明日何其多！我生待明日，万事成蹉跎。就现在，同学们应该怎么办?”

“学知识，长本领!”

“好！说到做到，言行一致。”夏老师微微一笑说，“今天的警句格言是：一、妈妈真顽皮，我好想和妈妈一起玩耍。二、天真的妈妈是我心中的女神。

请同学们注意，这两段警句格言不但要记在脑子里，还要巧妙地运用到今天的作文中，从而达到学以致用的效果。”

“那今天的作文一定是写童年方面的故事?”谢凯接上话说。

“联想丰富，应该去追寻童年的时光。”夏老师未置可否地回答。

“夏老师，现在就开始写作文吗?”谢凯好像有点迫不及待。

“先把什么是叙述文讲完就写作文。”夏老师回答说，“同学们注意了！在文体的分类中，有叙述文、议论文、说明文、应用文共四种。我们上课至今，所学的作文基础知识，都是叙述文的范畴。叙就是说；述就是陈述故事；文就是用文字写下故事。通常说的六要素，就是叙述文的最基本要求。概括来说，叙述文就是把事情的前后经过写下来。”

夏老师的声音越提越高，但还是压不住教室乱哄哄的声音。他只得停顿下来，因为继续这么讲下去，只会是事倍功半。他清了清嗓子，没有大声地去斥责孩子们，而是用微笑静观每位孩子的表情，认真听取孩子们的讲话内容，耐心地等待孩子们的反应。

突然，教室安静下来。孩子们错愕地看着夏老师。

“现在，正是上课的时间，夏老师停下来等某些同学扯闲话，足足有三分零五秒。时间就是生命，这是同学们的共识。但时间在同学们的讲话中流逝了。也许是夏老师讲得不好，枯燥无味，有些同学不爱听。但随着课程的进展，后面要涉及许多夏老师现在讲的词汇和句意，你们就会感到陌生，像听天书一样云雾难分。我经常听到家长跟我反映说：我孩子每次考试九十来分，主要是作文和阅读丢分太多，不知是什么原因？据我了解，总结有这么几点问题：1. 马虎。不该错的地方错了。例如：写作文没按要求达到字数；标点符号是逗号到底，或是前面用了引号，后面忘了用反引号；阅读两问的题目，只答一道问题等等。2. 错别字。包括音同义不同的错别字太多。3. 对字、词、句理解不透，答非所问。

其实，考试卷子上的所有内容，都是在同学们所学的范围之内，有的同学不会做或是没做好，关键点可能就是这三分零五秒的时间。老师在上面讲课，你们在下面讲话，时间过去知识也就消失了。而真正认真听老师讲课的同学，不是伴随小动作听课的，他们认真做好笔记，在不知不觉中将自己的思想和老师的讲课内容融在一起，从而感受到知识在与自己交流，这才是认真学习的时间艺术。最后的结果就是同学与同学同在一个教室上课，当面对同一张试卷，有的同学做得好，有的同学做得不好甚至很差，这难道不值得同学们好好思考吗?”夏老师不苟言笑，一字一句缓慢地说道。

教室里鸦雀无声，甚至显得有些沉闷。夏老师把孩子们的注意力调动起来了。但孩子们毕竟还是孩子呀！也不能太过于严苛。

“现在，我又看到同学们在用行动尊重时间和知识了。那好，我们先用心来感受它的存在。就刚才的两条警句格言，同学们思考一下应该分在哪一类？”夏老师为了缓解这沉闷的氛围。提出了一个简单的问题。

“童年类。”孩子们齐答，有的还扬起笔记本摇晃。

“既然是童年类，谁会唱《吉祥三宝》这首歌？”夏老师笑着问。

“会。”“我会。”“我也会。”女生抢着答。

“那男同学呢？谁来唱父亲的歌词？这可是个占便宜的好机会呀！”夏老师逗趣地说。

“夏老师算我一个。我只想唱《吉祥三宝》的男生，不是当父亲。”熊浩用成熟的嗓音解释。

夏老师点了孙柏灵演唱小女孩，江珂宇演唱妈妈，熊浩演唱爸爸。一切在嬉戏中准备就绪。

“开始——”夏老师大声宣布。

孙柏灵唱：“爸爸”

熊浩唱：“哎！”

孙柏灵唱：“太阳出来月亮回家了吗？”

熊浩唱：“对啦。”

孙柏灵唱：“星星出来太阳去哪里啦？”

熊浩唱：“在天上。”

孙柏灵唱：“我怎么找也找不到它？”

熊浩唱：“他回家啦。”

熊浩、江珂宇、孙柏灵合唱：“太阳月亮星星就是吉祥的一家。”

孙柏灵唱：“妈妈。”

江珂宇唱：“哎！”

孙柏灵唱：“叶子绿了什么时候开花？”

江珂宇唱：“等夏天来了。”

……

天籁一般的童声在教室里飘荡，夏老师不停地指挥、提示，忙得不亦乐乎，把整个教室都“嗨”翻了。

“夏老师，您好像一个老小孩呀！”谢凯睁大一双天真的眼睛看着夏老师说。

“所有的大人都曾经是孩子。这是法国童话《小王子》的献词说的。”夏老师快乐地说。他也不愿意丢失曾经拥有过的天真和快乐。他要唤醒沉睡了的飞扬心灵。他在和孩子们一道寻找失去了的欢乐和童真。孩子们的学习太沉重了，每天都得负重前行。“夏老师的声音很有磁性，也给我们唱首歌好不好!”熊浩站起身来提议说。

“好——”班上响起热烈的掌声。

为什么鸡会下蛋？因为蛋都会变成小鸡。
为什么狼要吃小羊？因为它们也要吃东西。
为什么兔子跑不过乌龟？因为只会跑也没有用。
为什么时间跑得这么快？因为是风把它都吹跑了。
为什么你要我握着你的手？因为和你在一起我感觉很温暖。

夏老师模仿《吉祥三宝》的曲调唱着唱着突然停顿下来，他要把空间留给孩子们思考。

“夏老师我觉得您刚才唱的这段歌词？有点像《吉祥三宝》的味道，也是一问一答。”邹佳蓉举手提出疑问。

“对，是很相似。出自2002年法国公映的一部电影，名字叫《蝴蝶》。电影讲述了一个叫丽莎的八岁女孩，跟脾气古怪的邻居爷爷去寻找美丽的蝴蝶。一老一小在奇妙的冒险路上风趣的对话，成为了夏老师刚才唱的歌词。所以说，当我们把这种相似的、好奇的、好玩的东西移植到我们的作文中来，夏老师已经反复讲过，称之为——”夏老师戛然而止。

“模仿!”全班孩子同声回答。

“请同学们再听夏老师演唱：‘两只老虎，两只老虎，跑得快，跑得快，一只没有耳朵，一只没有尾巴，真奇怪，真奇怪。’这是一首民谣。同学们都会唱。现在，夏老师模仿民谣《两只老虎》，现编一首童谣《小鲜肉》：‘还在睡觉？还在睡觉？小鲜肉、小鲜肉，时钟已经敲响，你该要去上学，叮叮当，叮叮当。’如果要是女生唱的话，可以把小鲜肉改成小棉袄。”夏老师抛砖引玉。

孩子们像小鸟一样雀跃着。一首首创意纷呈的童谣脱口而出。

宝　贝

宝贝儿子（女儿），宝贝儿子（女儿），
起床了，起床了，

太阳已经出来，
妈妈做好早餐，
吃饭了，吃饭了。

小懒虫

还在睡觉，还在睡觉，
小懒虫，小懒虫，
太阳晒着屁股，
太阳晒着屁股，
快起来，快起来。

每一位孩子模仿民谣《两只老虎》，唱出了一首首鲜活的童谣，教室里生机勃勃。

“写作文苦不苦？”夏老师问。

“苦！”“不苦。”“太苦了！”“太逗了。”此起彼伏的苦与乐的释放声。

“夏老师，这堂课太好玩了，我都不想下课。”坐在第一排的万昊像个小女孩一样，涨红了脸小声对夏老师说道。

夏老师感到欣慰，对万昊报以微笑。

“是的，写作文是很苦，因为要思考，要写看不见摸不着的思想。当你们把脑子里的东西写出来一看，又不完整，还得再想再写，然后是反复修改。可是，一旦完成一篇精心修改过的作文时，你们又会感到无比的欢心和快乐！怎么个欢心和快乐？我们今天就来真正体验一下，用叙述的方法写命题作文《快乐的一天》。

一、要求：模仿民谣《两只老虎》作为开头和结尾。

二、内容：不拘一格，写同学们生活中最快乐的故事。

三、形式：从作文中挑选出有趣、搞笑、动人的情节，合成同学们共创的作文《快乐的一天》好不好？”夏老师在激励孩子们写作文的欲望。

“好！”孩子们的声音震耳欲聋。

窗外，枝繁叶茂的大树上，鸟儿欢快地歌唱又顿时安静下来。

快乐的一天

“还在睡觉，还在睡觉，小懒虫，小懒虫，太阳晒着屁股，太阳晒着屁股，快起来，快起来。”妈妈轻轻地拍打着我的屁股，有滋有味地哼唱着自编的童谣。

我睁开惺忪的眼睛，懒洋洋地起床穿衣吃饭后，跟着妈妈上公园玩。在林荫道上，花草丛中，我和妈妈追逐嬉戏，玩得开心极了。通过一座又高又窄的索桥时，我站在晃晃荡荡的桥面上，心里有些害怕，对妈妈说："妈妈，你来握住我的手，这样我就不害怕掉进湖里了。"

妈妈走到我跟前，笑着望着我说："不，还是你来握着妈妈的手。"

"不！我要妈妈握紧我的手。"我固执地说。

"这有什么区别吗？"妈妈疑惑地问。

"如果是我握着你的手，坚持不了多久就会松开的。可是，如果是你握住我的手，我相信无论多长时间，你都永远也不会松开我。"我把手伸给了妈妈。

妈妈用柔和的眼睛看着我，那目光温馨的让人心颤……

傍晚游玩回家，妈妈在厨房做饭，我在看动画片《倒霉熊》。妈妈在厨房喊着让我做暑假作业。我无奈地拿出书、本子、笔，可心里却记挂着倒霉的熊，没有心思写作业，于是便胡乱写了一首《不想做作业》的诗：每次做作业心就烦啊/真的/很烦很烦非常烦/非常非常十分烦/特别烦特烦/极其烦/贼烦/简直烦死人了/烦得我真想撕碎作业本/烦得我真想咬碎手中笔/烦得我两眼傻瞪瞪地怒视着天花板/啊……

妈妈不知什么时候站在我的身后，她拿上纸和笔，也写了一首诗。诗名为《真烂的诗》：你写的诗真烂啊/真的/很烂很烂非常烂/特别烂特烂/极其烂/贼烂/简直烂死人了/烂得撕碎的作业本变成纷飞的白蝴蝶/烂得咬碎的手中笔变成停歇的小蜻蜓/烂得傻瞪瞪的双眼看见了理想的梦/啊……

我和妈妈互相拿着对方写的诗看，笑得前仰后合，眼泪都笑出来了。生活中的妈妈真顽皮，我好想和妈妈一起玩耍。

吃晚饭时，我对妈妈竖起大拇指唱道："女神妈妈，女神妈妈，了不起，了不起，是个快乐的人，是个快乐的人，吃饭了，吃饭了。"真的，天真的妈妈是我心中的女神。

夏老师点评：《快乐的一天》开头和结尾模仿得很成功。牵手的情节温暖细腻，《不想做作业》的诗，真实表达了孩子们的心声，夏老师衷心祝孩子们每一天都生活在快乐中！

第十课　公交车上

“夏老师好!”“同学们好!”

夏老师站在讲台上，发现教室异常地安静。一双双稚气天真的眼睛直视着他。

“今天这堂课的内容有……”夏老师刚一开口，孩子们异口同声恳求道：“夏老师，先讲一个故事再上课，好吗?”

夏老师扫视着孩子们，心里动了念头，应该投孩子们所好，用故事拓展孩子们的知识面，让他们在故事与作文中，更有广度地了解这个大千世界，从而提高对作文主题的认识深度。

“那好，我讲一个《创意广告》的故事。”夏老师说道。

创意广告

在某广告公司，要招聘一位广告创意总监，而且年薪丰厚。应聘者纷至沓来。在考试那天，考生们个个胸有成竹，显示出志在必得的信心。在考场会议室里，考官面对考生们，把手里的试卷扬了扬说：“这次考试其实很简单，一张白纸就是你们的考卷。限时五分钟，希望你们在白纸上施展才华，创作出最有价值的作品。然后，我把你们的作品从窗口撒向街面，看过往的路人究竟先捡走谁的考卷，那位被捡走试卷的人将会应聘成功!”

考官说完，把一张张白纸发了下去。考生们是八仙过海，各显才华：有的在白纸上创作最美妙的诗文；有的在白纸上绘画夸张的漫画；也有的把白纸折成漂亮的纸艺品……

考场的气氛紧张而凝固。一分钟……三分钟……五分钟……时间很快到了。除了有两位考生没在规定时间内交卷，其他考生都踌躇满志地交上了答卷。考官把收上来的考卷扬手从窗口抛向大街。

结果很快出来了。一位貌不惊人、身材瘦小的王先生被录取了。广告界的精英们一窝蜂地围上王先生取经。他窘迫地摊开双手说道："我没什么经验可说的，因为最简单的方法就是最好的创意——我在白纸的正反两面各贴了一百元钱。"

孩子们听完夏老师讲的故事兴奋得眉开眼笑，议论纷纷……

"请同学们告诉夏老师，这个故事的主题是什么？"夏老师等待孩子们议论完后问道。

"在白纸上贴上钱，比任何创意都有效。"

"要有创造性的想法。"

"构思的点子与众不同，但要实用。"

"同学们的回答基本上都是对的，但在扣题上又欠佳。仔细回忆一下故事的内容，其实正确的答案就在故事的结尾里。"夏老师提示。

"最简单的方法就是最好的创意。"钱莉茹抢答。

"完全正确。"夏老师说道，"请同学们一定要记住，看一篇文章，听一个故事，都要动脑筋想一想，这篇文章、这个故事到底是要告诉我们一个什么道理？而这个道理就是文章或故事的中心思想，也称之为主题。在这里，我告诉同学们获知主题的三个途径：一、题目就是主题；二、结尾处的画龙点睛也是主题；三、阅读全文认真思考概括出主题。这三点在后面的阅读课里尤为重要，它是阅读的帮手，请同学们一定要铭刻在脑子里。"夏老师未雨绸缪，在上阅读课之前，为孩子们归纳总结出最简单实用的定位主题的阅读方法。

"现在我们开始上课。今天上课内容有三项：警句格言；作文基础知识：肖像描写；作文。

警句格言：一、人生的奋斗就是一个坐标接着一个坐标走下去。二、看不见的和谐比看得见的和谐更美。"夏老师说道。

"夏老师，人生的奋斗就是一个坐标接着一个坐标走下去。这条格言应该分在哪一类呀？"谢凯不动脑筋的提问。

"这还不好分，当然是励志类。"喻彬讪笑。

"我认为放在启示类更合适。"谢凯反驳。

"我觉得人生的奋斗就应该是励志！"喻彬坚持己见。

"两类是互通的。分在其中的哪个类别都可以。"夏老师解释说。他知道，孩子们可以为这不是问题的问题，永无休止地争论下去。

"我把第一条警句格言就分在启示类，夏老师说了，是互通的。"谢凯还在不依不饶。

“写好了吗？”夏老师打断谢凯的话问，“写好了我们进行第二项内容，作文基础知识描写。”夏老师拿上粉笔，回身在黑板上写下了描写与白描的定义：

> 描写：把人物或景物的状态写出来。
> 白描：用朴素简练的文字描摹形象。

“夏老师，朱自清的《背影》，是不是用白描写父亲的形象啊？”胡小雅细声细气地问。她语文功底很好，有当美女作家的梦想。

“是的。《背影》是朱自清的代表作。这篇散文记叙了四件事：祖母去世；父亲失业；父亲亏空；父亲对儿子的关爱。然后用白描的手法，剪影出父子深情这一主题：我看见他戴着黑布小帽，穿着黑布大马褂，深青布棉袍，蹒跚地走到铁道边，慢慢探身下去，尚不大难。可是他穿过铁道要爬上那边月台，就不容易了。他用两手攀着上面，两脚再向上缩；他肥胖的身子向左微倾显出努力的样子……”夏老师用充满情感的声调背诵着《背影》中父亲为儿子买橘子的这段文字，心情久久不能平静。

孩子们鸦雀无声地睁大求知的眼睛，听得认真。

“夏老师，我有一个发现……”熊浩正正身子，欲言又止。

“请讲。”夏老师做了一个让他发言的手势。

“您上课只有提纲，那么多庞杂的内容，记得下来吗？”熊浩问道。

“这些课我讲过有上千次了，熟得都能背下来。即便这样，我每次上课之前，都会用一两个小时背课，有针对性地拟提纲。为什么？这样讲课才有条理。”夏老师回答。

“谢谢夏老师，我会记住的。”熊浩用一副小大人的口气说道。

“《背影》的主题是什么？”夏老师接着问道。

“亲情。”

“是亲情，父子之间的亲情。这是《背影》表达的主题。同学们在写每一篇作文时，为了突出主题，最好用一下描写。因为，细节的真实就是生活的真实。描写越细腻，就越能反映生活的真实。请同学们记住了，描写共分两大类：人物描写和景物描写。我们今天这堂课讲的是人物描写。请同学们回忆一下，不管是科幻的，童话的，叙述的，包括同学们写的作文，其实基本上都是在写人，写人物的肖像、行为、心理等等。只有写好人物，写出来的作文才会锦上添花。下面，我朗读一段我写的《本色》中的肖像描写的情节。

> 我看了一下手腕上的表，六点三刻，离舞会开始还有四十五分钟。我从沙发上起身走到窗前，落日的余晖把玻璃窗染成蔷薇色，玻璃窗里出现了一幅肖像，他洒脱地微笑，浓浓的眉毛下，闪着一对睿智有神的大眼睛，高高的鼻子线条分明。那嘴唇呢？是厚了一点，但很性感，微笑时露出洁白的牙齿，风情无限。他的头发乌亮蓬松，搭在挑向鬓角的眉峰上，表现出男人的潇洒魅力。我很满意玻璃窗里这张真实的肖像，便愉快地来了个后滑步，紧接着又一个“快三”转体，恋恋不舍地偏头再度审视我那一米七六的匀称身材，而后心里怀着朦胧的醉意，踩着轻盈的舞步，来到隔壁教育学院的单身宿舍楼。

“现在同学们应该知道了，三十多年前的那个英俊青年，弹指一挥间，就变成现在站在同学们面前的老头子。请你们拿起手中的笔，把夏老师现在的肖像，刚才的肢体动作以及你们的心理活动描写下来。”夏老师因材施教。

孩子们盯着夏老师临摹，手中的笔在作文本上“沙沙沙”地响了起来。

“夏老师，我写好了。”胡小雅侧着头，抿起的嘴带着笑意。

“请把你对夏老师的描写读一下。”夏老师要求。

“夏老师腰板挺直地站在讲台中央，右手从棕色的提包里抽出他写的长篇小说《本色》，低下头窸窣地翻动着书页，然后又抬起头，扫视了我们一眼，接着又低下头，用充满磁性的声音朗读起来……

我用定格的目光看着夏老师。他看上去有五十多岁，两鬓灰白，额头和眼角刻着一道道年轮般的皱纹，但是有思想的眼睛里，却有一种燃烧不灭的火焰，显得冷峻而慈祥。

我的心灵不由得一颤，油然涌出一种人生沧桑的感叹。岁月无情，人生易老，虽然夏老师努力表现出不服老的精神，但无痕的时光却给他留下了岁月不饶人的写实。夏老师的确已经老了……”胡小雅用甜丝丝的童声读着，教室里极其安静。

“胡小雅对夏老师的描写非常准确，有肖像描写，行动描写，还有自己的心理描写。手动点赞！但是，话又说回来，当夏老师听完你的内心独白时，心里有一种空落落的伤感。为什么？跳出画框看自己，天增岁月人增寿，但带不走我的记忆。我希望同学们一定要珍惜时光莫蹉跎。”夏老师感慨地说，“即便刚才胡小雅朗读的描写是真实的心理活动，但在写作文时，也应该去掉悲观的文字，换成充满激情的语句：我要珍惜时光，与时间赛跑，每天早起就去追赶太阳！如果是这样的描写，意境就不一样了。胡小雅，你说对吗？”夏老师语重心长地说。

胡小雅双眸闪亮，轻轻抿嘴点头，那稚气的笑靥里一定藏着一个美丽的梦。

“同学们一定要经常提醒自己，观察是描写的前提，而素材的积累又是通过体验和观察得来的。当你们怀着积极向上的态度努力学习作文时，要做的就是改编自己的生活，把生活和学习变成诗和歌。”夏老师充满诗意地说。

“夏老师，您是要教我们写诗吗？”谢凯问。

“如果是写诗，那就不是夏老师了。”熊浩话中有话。

“夏老师一定要出怪招？”谢凯恍然明白。

“肯定是用叙述加描写故事，作文嘛！不就是一个‘写’字。”易东龙瓮声瓮气地说。

“夏老师，又是写作文呀？”谢凯表示不满。

“是的，是写夏老师年轻时的艳遇。”夏老师微微一笑。他要激发孩子们的写作兴趣。这不，孩子们的精气神一下就提了起来。

“写夏老师的爱情故事？怎么写呢？”谢凯来劲了，双眼炯炯有神。

“不是写爱情故事，是写艳遇。是写和美女擦肩而过的故事。”夏老师表情平淡地说，“这个故事这么来写，我用‘六要素’来叙述这个故事的过程，同学们在这个故事中进行人物的描写，怎么样？”

“好哇！”孩子们欢呼，喜形于色。

“题是文一半。我们先给这个故事命题为《艳遇》。”夏老师叙述道。

艳　遇

每天早上七点半，我都会去傅家坡车站坐公交车上班。那是一个早春的清晨，天空灰蒙蒙的，飘着令人讨厌的牛毛细雨。我懒得带伞，而是缩着脖子，双手插进裤袋，迎着微微的春风来到傅家坡车站等车。车站的人不多，在我的身旁，站着一位姑娘。她打着伞，没有特别引起我的注意。不一会，我却有了一种感觉，冰凉的雨丝没有再飘落在我脸上。我以为是春雨下停了，抬头看天，头顶上有半边雨伞撑着……透明的伞面，图案是蓝天白云里翩飞着两只彩蝶。是我身旁的姑娘有意把打着的雨伞偏在了我的头上。这一刻，我感动了。我偏头打量起刚才没在意的她来……

夏老师停止了叙述，笑着问道："下面的故事应该怎样继续呢？"

"肖像描写。"胡小雅说，"您肯定会打量一番那位姑娘。"

"是的，行动是走在了语言的前面，我就像胡小雅说的，打量起那位姑娘来。请同学们对那位姑娘进行肖像描写。"夏老师接上话说。

"怎么肖像描写呀？我们又没见过那位姑娘。"江珂宇质疑道。

"描写自己的肖像。女生不是很爱美吗？天天都在照镜子，就描写镜子中的自己。"夏老师点拨。

"那我们男生呢？描写一位男青年站在夏老师身旁，倾斜着雨伞，那还叫艳遇吗？"谢凯急迫地说。

"可以描写你们最熟悉的妈妈呀！"夏老师指导。

教室安静下来。五分钟过去，胡小雅举手发言："她椭圆形的脸庞端庄秀气，面颊泛着红晕。她长长的披肩秀发，散在藏青色呢子短大衣上，紧身的牛仔裤下，是一双黑亮的皮鞋。"

"胡小雅把她自己描写得像不像？"夏老师问道。

孩子们上下打量着胡小雅，齐声回答："像！"

夏老师继续叙述故事的发展：

> 当时不知怎么回事，我突然感觉到自己的心跳，因为她的确长得清纯可爱，有一种撩人心弦的美。这时，公交车来了，我在她收伞的一刹那，冲她微微一笑表示谢意。她也优雅地还我一个微笑，然后我和她一前一后上了公交车。公交车关门行驶，我和她侧身扶着车上的把手，随车颠簸地站着。我和她的身旁就有一个空位，但我们无语谦让，谁也没去坐。一位中年妇女从我和她之间挤过，坐上了空位。她很友善地朝我淡淡一笑。我怦然心动，张嘴却发不出声音，虽然我非常想与她交谈，但一时又找不到话题，时间就这样流逝着。我到站下车。
>
> 第二天早上七点半钟，我来到傅家坡车站，又一次碰见她在等公交车。但是，我还是不知道怎么去接近她，怎么才能和她搭上讪，怎么才能认识了解她，这种心情焦灼难耐……

"请同学们站在夏老师的角度，思考要用怎样的心理描写反映出夏老师的内心活动？"

“勇敢地走到姑娘跟前，微笑地搭话问：现在几点了？怎么车还没来呀!”

“这话太老套，略施小计，上车故意踩她一脚，然后掏出餐巾纸递给她，说声对不起，保证能搭上话。”

“后悔没带上一束鲜花，否则，就在傅家坡车站向她浪漫地表白。”

“干脆直接走到她的跟前，对她说：我们又见面了。”

孩子们描写的各种各样的心理活动应运而生，五花八门应有尽有。

夏老师静静地听着看着。

“夏老师，您当时是怎么想的?”

“对，是怎么去做的?”

“夏老师，我好紧张啊！千万可别让我们失望哦!”

夏老师继续说道：

> 我当时和她彼此一笑，公交车就来了。我和她还是一前一后上了车，然后又是面对面地站着，身旁有一个空位。
>
> “你坐。”我对她微笑着说。
>
> “你坐。”她青涩地回我嫣然一笑。
>
> 我的心一下子就化了，不知道如何是好。一位小男孩侧身坐在空位上。我们不约而同地看了小男孩一眼，又相视一笑。那一刻，我的心禁不住一阵狂跳，终于和她搭上话了……
>
> 不过，一切都是不可能的。从那以后，我每天早上七点半钟准时赶到傅家坡公交车站，却再也没有遇见她了。

“在那一段日子里，请同学们帮忙描写一下夏老师的心情。”

“唉！我真是个大笨蛋！当时已经搭上话了，为什么竟连她的姓名，住在哪里，在什么地方工作也没问一下。活该!”谢凯抢着举手回答。

“一切都是瞬息，一切都将过去。这么美好的故事，放在心里也就够了。”胡小雅看着作文本念道。

“谢凯对夏老师当时的心理描写是对的。我当时的确是这么想的。但胡小雅的心理描写更理性一些。我在遗憾中也做到了。”夏老师说道，“这就是我年轻时经历的一场不同凡响的艳遇。很美，一直珍藏到现在。”

“夏老师，那后来呢?”谢凯继续追问。

“没有后来，只有现在。夏老师希望《艳遇》的故事，能使同学们区分出叙述与描写之间的关系，写好今天的作文《公交车上》。”夏老师说道。

“那该怎么来写呀！我们这么小，又没有艳遇？”王宇泽眉清目秀的脸颊泛起羞涩，用很浓的荆州普通话说。

“公交车上的故事太多了，同学们可以写以和谐为主题的场面：老人给小孩让座；外地人坐车过了站；公交车上板着冰冷面孔的年轻乘客；抱着可爱小孩的年轻妈妈……这些都可以用叙述写过程，用描写刻画人物的个性。同学们写好后，夏老师挑选写得最有创意的一篇作文，我们共同来修改好不好？”夏老师宣布了最后一项课堂内容。

“好！作文是改出来的。欢迎夏老师和我们一起修改作文。”喻彬高声叫好。孩子们鼓掌。

公交车上

星期六的上午，我乘公交车去外婆家。天阴沉沉的，像是要下雨。我挤上公交车，没站一会，身旁坐着的一位中年男子下了车，我“哧溜”一下，坐在空位上。车开了，我眺望车窗外，街对面好不热闹，一长溜迎亲轿车扎着鲜花和红绸在行驶，引得路人驻足观看。

这时，我感到有冰凉的雨丝伴着飞絮落进了我的颈脖，我以为是车顶天窗没关好，天下雨了，便抬头看。身旁不知什么时候站着一位抱小孩的少妇。她东摇西晃，一手扶着椅背，一手抱紧婴儿，看上去十分吃力。而她怀里的婴儿却不安分地啃着手里的饼干，嘴里淌着哈喇水，头扭来扭去地东张西望。我连忙起身让座。少妇用感激的目光看了我一眼，点头道谢。我冲她礼貌地笑了笑。

婴儿趴在少妇的肩膀上，样子十分可爱。红扑扑的脸蛋上有着一对小酒窝。一圈圈打褶的小胳膊古怪地挥舞着自娱自乐。他还不时把粉嘟嘟的小拳头塞进一张一合的嘴里品咂，圆溜溜的眼睛大大咧咧在我脸上巡视。

我也乐了，禁不住挤眉弄眼做怪相逗引婴儿。突然，婴儿灵动的双眸奇迹般地定住一眨不眨。肉团团的小拳自然垂落。花瓣似的小嘴却仍然张开着，每隔几秒钟就咧开冲我直乐。起先还算安静，渐渐地就乐出了“咯咯”的笑声。

我下意识一瞥周围，车上的乘客正把目光投向我和婴儿。

我似乎有些难为情地连忙把脸转向车窗外，心中却有一个极柔软的部位被拨动着，轻轻的、痒痒的、酥酥的、美美的。

夏老师点评：《公交车上》给人第一感觉就是拥挤嘈杂，但这辆呈现祥和氛围的公交车，却透着一股灵动的婴儿气息：圆溜溜的大眼睛，打褶的小胳膊，荡起秋千的哈喇水……这就是细节的真实，让人历历在目。

第十一课 妈妈的眼睛

“同学们好!”“夏老师好!”

“今天上课内容有：警句格言；作文基础知识：肖像描写；作文。在这里，夏老师必须强调一点，写出好的作文，要有娴熟的驾驭肖像描写的能力。在叙述故事中，适当运用肖像描写，可以让文字充满灵性。而肖像描写即描绘人物的面貌特征，包括身材、容貌、服饰等。如果同学们在作文中用肖像描写去展现人物的风貌，就会拉近与人物之间的距离，从而激起我们内心的感情波澜，让我们在阅读的感受中去思考。”夏老师简短地说道。

“夏老师，肖像描写的关键是不是描写人物的脸部?”钱莉茹问道。

“那要根据作文的内容需要而定。身材和服饰同样可以表现人物的面貌特征。”夏老师解答。

“描写人物，就描写他的眼睛，这不更省事吗?”谢凯说道。

“眼睛是心灵的窗口。对眼睛的描写的确很重要。但任何事物，都没有绝对的。红花虽好，要绿叶相衬。比如，我们班上的每一位同学的眼睛，都有一个共同的特征，那就是清纯。在描写你们的眼睛时，应该在清纯这个词语上多下点笔墨。胡小雅考试没考好，心情肯定不快。就可以写‘她清纯的眼睛里蒙上一层忧郁’。”夏老师举例说明。

“夏老师，在人物描写中，我们应该把握好哪些关键部位?比如眼睛，还有呢?”钱莉茹闪动着杏眼继续问。

“对人物的描写，我们首先要把握一个人身体的基本结构，就拿眼睛来说，眼睛是由上眼帘、下眼帘、眼睫毛、眼珠构成的。如果我们知道它的组成，写起眼睛来就会运用自如。在这里，我要强调的是，不要刻板地为描写肖像而去描写。肖像的描写，也是为作文的主题服务的，要顺其自然。下面，请同学们拿出警句格言的笔记本，今天的警句格言是：一、妈妈是一部写不完的书。”夏老师一字一字地说道，但是，孩子们挺胸坐正，直愣愣地看着夏老师。

夏老师当然明白，讲课前还没兑现讲故事的承诺。

“请同学们先记下警句格言，夏老师再讲故事。”夏老师笑着说道。孩子们迅速拿出警句格言的笔记本，认真做起笔记。

“二、我每天都幸福地生活在妈妈的眼睛里。妈妈在，家就在。”夏老师说完，微笑地望着孩子们写着笔记。

“夏老师，讲故事吧。”孩子们做好笔记，七嘴八舌地说道。

夏老师的故事：

妈妈的眼睛

在我童年的记忆里，三年困难时期，日子过得很苦。

一天傍晚，邻居王阿姨拿着一块刚出笼的菱形发糕来我家串门。妈妈坐在屋门口拣野菜，我站在妈妈的身后玩手指头。王阿姨倚着门框，慢条斯理地掰下半块发糕递给我说：“这回蒸的发糕没发好，很结实，像面饼，酸酸甜甜的。”

我死死盯着王阿姨手里递过来的半块发糕，绷紧嘴巴，生怕一不留神口水会流了出来。但是，没有妈妈的允诺，我是不敢接这半块嗅到酸甜味的发糕的。

妈妈没有接王阿姨的话，仿佛身后长了眼睛似的，看见我在馋嘴。她用手肘向后捅了我一下说：“铭儿，到别处玩去。”

我舔了一下嘴唇，一动没动，那半块发糕就像磁铁一样，紧紧地吸住了我的心。我是多么希望妈妈开口，让我去接王阿姨递过来的发糕呀！那样的话，我就会一口塞进嘴里，狼吞虎咽，发糕通过喉咙，填进饥肠辘辘的肚子里。

“铭铭真乖，这么小就懂得讲礼，不吃别人家的东西。”王阿姨笑着夸奖我说，把递给我的发糕送进自己嘴里，跟妈妈扯着闲话。我看着王阿姨手里的发糕在一点一点变小，最后一小块也进入她嘴里后，拍了拍手走了。我下意识地低下头，失望地寻找地上有没有掉下的发糕屑。不会有的，一只麻花母鸡带着一群毛茸茸的小鸡，正在王阿姨站过的地方觅食。

还没等我从对发糕的沉湎中醒过来，妈妈倏地站起，回身面对着我，随手拿起靠大门的一把扫帚，狠狠地抽打我的屁股说：“一个男孩子，怎么这么没骨气，以后再看人家吃东西馋嘴，我把你的眼珠挖下来。”

我屁股火烧火辣的疼，号啕大哭。但妈妈没有就此结束，而是一边打我，一边问我以后还看不看别人吃东西，直到我做出保证后，她才停下手。

我哽咽着用手背抹着泪水，眼巴巴地看着妈妈。我见妈妈的嘴唇流出了血。直流到下巴上也没察觉，那是她打我时疼在心里，紧咬嘴唇的结果。

晚饭，妈妈特意买了一个大白馒头给我吃。我看都不看那个诱惑我的大白馒头，用塞满野菜糊糊的嘴说："我吃饱了。"然后假装响亮地打了一个饱嗝。

妈妈拿着白面馒头的手在我眼前停着，过了好长时间才放下。她不出声地坐在我的身旁，我一瞥妈妈，心里一紧，因为我看见妈妈眼里含满了泪水。

不过，那个大白馒头我还是一口都没吃，真的，甚至连看都没看。

孩子们安静地听着，眼里闪烁着泪光。

"夏老师，您讲的故事好感动人啊！我都哭了。"胡小雅细声细气地说，"就半块发糕的事情……"

"夏老师，这事是真的吗？"易东龙晃动着圆脑袋，眨着小眼睛似乎不大相信地问。

"不管是真还是假，夏老师讲的故事我们就爱听。"谢凯偏着头对易东龙说道，他是在维护夏老师的绝对诚信。

"夏老师，您简直就是生活在故事里。"钱莉茹探询地说，"能不能在故事里为我们设定一个学习的目标啊？"

"那好，我给同学们讲一个马和驴的故事。"

马和驴

唐太宗贞观年间，长安城西的一家磨坊里有一匹马和一头驴，它们是好朋友，马在外面拉车，驴在磨坊拉磨。贞观三年，马被玄奘大师选中，出发经西域前往印度取经。

十七年后，马驮着佛经回到长安，回到了它的老磨坊。马驴重逢，老马便跟驴子说起这次旅途的经历：浩瀚的沙漠，陡峭的山岭，汹涌的波涛，阴森的丛林。那神话般的情景，驴子听了大为惊异地说：你的见闻太丰富了，我连想都不敢想。

老马说：其实，我们跨越的距离大体是相等的。不同的是，我有一个上西天取经的目标，而你却被蒙上眼睛围着磨盘打转转。这就是我们之间的本质差别。

“如果我们把这个故事引申到人类，有的人事业有成，有的人却碌碌无为。这天壤之别的原因究竟在哪呢！有一位社会学家的调查报告或许能说明问题。

这位社会学家曾对世界上一万个不同种族、年龄、性别的人进行了一次关于人生目标的调查。他发现只有3%的人有自己的人生目标，另外97%的人要么没有目标，要么目标不明确。10年后。他对上述对象进行回访。属于原97%范围的人，他们除了年龄的增长，没有太大的起色。而原来与众不同的3%的人，却在自己的事业上取得了相当的成功。所以，当我们在自己的心中设下目标并持之以恒地向前迈进时，我们的生活也就掀开了新的一页。

在这里，我想问一下在座的各位同学，在你们的心中，是否已经设定了前进的目标。然后朝着既定的目标一步一个脚印地走下去呢？”夏老师问道。

孩子们一个个表情茫然，默默无语地摇晃着脑袋。

“目标就是方向。当人生有了方向，就不会感到迷茫，就明确了每天该干什么，怎么去干，干得好不好，就不会蹉跎岁月心里空落落的，就自然而然拉开了人与人之间的距离，就可以无愧地对自己说：在我的人生中，从来都没有停止前进的脚步。”夏老师把人生的方向讲得很透彻，在孩子们一双双眼睛的注视下，他知道孩子们已经听懂了。

“夏老师，您看我的人生目标应该怎样设立呀？”谢凯挠着后脑勺问。

全班孩子们被逗得开怀大笑。

“你未来想干什么？”夏老师问。

“做一个流浪歌手。唱民谣。”谢凯认真地回答。

“一把吉他，用你贝斯一样的声音，叙述着一个又一个的故事。”夏老师指点迷津道，“但是，故事是用语言组成的呀！也就是说，未来的大目标是做自由音乐人，当民谣歌手；当今的小目标是努力学好语言文字，为未来当歌手打好坚实的基础。这就叫分段实现目标。我可以举例说明：我在创作第一部长篇小说《本色》时，设定的目标是一天8千字，两个月完成25万字的初稿。在实施的过程中不管我怎么努力，就是完不成每天的计划，最后，被迫放弃了很长一段时间。后来我改成一天写2千字，结果不到半年的时间，终于完成了初稿《本色》的创作。

我说的这个意思是想告诉同学们，在设定大目标的前提下，要包容很多由小到大、由易到难的不同阶段的小目标。只有这样，你们奋斗的过程才会有信心，才会走得踏实，最终完成自己的理想，完成自己的大目标。”夏老师解读大目标与小目标实施的过程。

“夏老师，听你这么一讲，设定的目标在实施中是很难的。我没有尝试过。您能告诉我们这里面的真实情景吗？我们想感受一下故事里的内容。”熊浩提议说。

“实现自己设定的目标，必须带着勤奋两个字才行。我在创作长篇小说《本色》《浮沉》《铸就》人生三部曲时，设定的目标是三年完稿。那段日子里，我口袋里可以忘记装钱，但一个小笔记本和一支笔是随身不离。这是因为突发的灵感和好词好句我得赶快记下来，生怕一转身就忘记了，给自己留下怎么也想不起来的遗憾。再加上时间对我的压迫感，我得珍惜每一天创作的进度。

记得我随湖北作家代表团去俄罗斯文化交流，从首都国际机场乘飞机到达莫斯科谢列梅捷沃机场，飞行时间是九个多小时旅程。在飞行途中，别人都在聊天或是睡觉，普遍感到飞行时间漫长。我是创作了五个多小时，睡了三个多小时，没有感觉长途飞行的疲劳。这也就是说，人和人其实都是一样的。造成不一样的结果，那就是当我们在设定的目标中奋勇前行时，而别人却在过着日出而作，日落而息的生活。这样就区别开了人与人不一样的结果。”夏老师用经历和感触启发孩子们。希望他们能正确认识到，人生的过程对于设定目标的重要性。

“夏老师，可是……我们现在是跟您学写作文呀，怎样设定现在的小目标呢？”江珂宇用迷茫的目光看着夏老师问。

“首先，注意生活的积累，也就是故事的积累。这是根本。其次，要掌握好叙述、人称、描写、对话、抒情等作文基础知识的运用。再次，要勤练笔，反复修改写好的作文。做好以上三点，功到自然成。”夏老师回答。

“夏老师，我们还是小学生，又没有您的生活阅历，难道非要到您一样大的年龄，才能把故事积累得跟您一样多，信手拈来吗？”孙柏灵闪动着眼眸问道。

“生活故事的积累有三个方面：亲身经历，耳闻目睹，阅读获知。而同学们每时每刻都在经历这样的过程，这也是今天的最后一项内容，怎样去感悟身边发生的故事。这样，夏老师讲一个不是夏老师亲身经历，但是耳闻目睹的故事。这个故事可以命题为《妈妈的眼睛》，也可以命题为《母女私语》，还可以命题为《价格趣事》。现在，就请同学们跟着夏老师走进这个故事。”

妈妈的眼睛

我在华联超市购物，逛到水产区时，有两个小男孩在追逐嬉戏，差一点撞到我的身上。就在我闪身让道的一瞬间，一对购物的母女吸引了我的眼球。

母亲指着柜台上一个区块一个区块摆放的带鱼对女儿说："我就搞不懂了，华联超市卖的带鱼，为什么和别的地方不一样，大的带鱼卖得便宜，小的带鱼卖得贵?"

女儿停下脚步，用手指头扒拉了一下大带鱼和小带鱼解释说："当然不一样哇！大带鱼肉老，所以便宜。小带鱼肉嫩，当然就贵。"

"你知道什么？买过几回菜？什么小带鱼肉嫩就贵，大带鱼肉老就便宜。我买了一辈子的带鱼，都是大的带鱼贵，小的带鱼便宜。这还是头一回碰到的怪事。"母亲对女儿"扑哧"一笑，回呛说道。

女儿不以为然地冲母亲做了一个鬼脸。指着摆放在带鱼区块的标价单说："这小带鱼区块的标价牌明白写着：二十元；大带鱼区块的标价：十六元。明码实价，清清楚楚。"

"可是，这个价格到底是怎么一回事呢?"母亲歪着头审视着一条条大小不一的带鱼，满脸都是疑惑。

"哦，也许是这样的。"女儿突然拨开乌云见太阳，对母亲说道，"大带鱼经过长途运输，有些变质了。而小带鱼新鲜。"

母亲回望了一眼女儿，微笑表示认可。然后用指头翻动着大带鱼，又拈起送到鼻子跟前嗅了嗅，再拈起小带鱼送到鼻子前嗅了嗅，一脸茫然地看着女儿。仿佛在从女儿脸上寻找答案。

"是不是大带鱼有异味?"女儿连忙问。

就在这时，导购员走了过来。母亲指着大带鱼的标价牌问道："这大带鱼的价格，为什么比小带鱼便宜啊?"

"啊呀——"导购员一瞥那位母亲，无奈地摊开双手说："真不好意思。看来是刚才那两个淘气的孩子，互换了大带鱼和小带鱼的价格模板。"

说完，导购员拿起了标价模板，重新放回原来所在的位置。

夏老师说完，静静地观望着孩子们，他要留出时间让孩子们思考。

"夏老师，什么事情在你嘴里都变成了故事。而且听起来有滋有味。"邹佳蓉用羡慕的目光望着夏老师说。

“我们的生活，其实都是由一个个故事组成的。写作文就是写故事，而写故事就得会讲故事。当同学们把讲的故事写下来，不就是作文了吗?”夏老师解释道。

“夏老师，我受到您讲故事的启发，也来讲一个故事。”谢凯喜形于色地说。

“等等，先别急于讲自己的故事。现在，你能不能在脑子里复述一遍要讲的故事？便于讲故事时一气呵成。再就是拟定一个提纲，按照提纲来讲好吗?”夏老师提示。

孩子们很听话，瞪大眼睛望着天花板，默记要讲的故事内容。

谢凯的故事：

妈妈的眼睛

我想出去玩，把作业本合上，对妈妈大声说道：“妈妈，我的作业做完了。”

妈妈立马就会接上话说：“别骗人，把作业做完了，再去做你想做的事!”

妈妈真神了，不看我的家庭作业，就知道我有没有做完。

“妈妈，我的头好疼啊!”我说，其实是不想做作业。

“别唬妈妈了。做完作业头就不疼了。”妈妈完全不吃我装病这一套。

“爸爸说了，做作业遇到难点。可以出外散散心。”我拿爸爸打掩护。

“那是爸爸说的，在妈妈这里行不通。”妈妈铁板一块。

“妈妈，求求你了，其实就一道题没做完。要不，你来教我做一下。迈过这道坎，什么事情不都解决了?”我不想动脑筋，装出可怜的样子说。

“别给妈妈使心眼，你的一举一动都在妈妈的眼睛里。”妈妈根本不接我耍的花招。

这就是我妈妈的眼睛。我相信，读懂了我的妈妈。也就读懂了大千世界里所有的妈妈，因为，我们的言行和举止都在妈妈的眼睛里。

陈诗雯的故事：

妈妈的眼睛

妈妈总是在我面前炫酷，说不看我就知道我在想什么，做过什么。刚开始，我佩服妈妈，总觉得我的行踪都在妈妈的眼睛里。但是，经过我的周密观察，妈妈完全不是我想象的那么神话。

平时，妈妈每次外出，都会收走我的手机，叮嘱我在家好好做作业，不要看电视。等妈妈一走，我就偷偷地看起热播的动漫《米奇妙妙屋》。可是，每次看了电视都会被妈妈发现。

“诗雯，今天的作业做完了吗?”妈妈问。

“还差一丢丢。”我说。

“又看电视了吧？作业肯定没做完。”妈妈严肃地说。

“没……没有呀!”我惊讶，每次看电视妈妈都能知道，搞得我无所适从。

“别骗妈妈了。你的所作所为都在妈妈的眼睛里。”妈妈不动声色地看着我。

我看着妈妈的眼睛，吓了一大跳，我真的就在妈妈的眼睛里。

这以后，每当妈妈不在，我想看电视又不敢，只能面对电视翻白眼说：“你别显摆，咱俩拜拜。”但是呢，我又确实不甘心。经过长时间的细心观察，终于真相大白。原来妈妈每次外出时，有意将电视频道调到中央一台，并将音量调成无声。常言道：道高一尺，魔高一丈。我发现这个秘密后，每次偷看完电视就还成原样，居然躲过了妈妈眼睛的检查。不过，我的乖巧也引起了妈妈的怀疑。有一次，妈妈出门时，把电视机电源插头拔了，放成一个圆圈压在遥控器上。这异常的情况，让我警觉起来。我仔细观摩过后，看完电视原样复制，结果也就相安无事了。

现在，每次妈妈出门我就会主动交出手机，告诉妈妈，我一个人在家做作业清静。一旦妈妈用怀疑的眼睛看我时，我就会说：“妈妈，你这样看着我干吗？我每天都是生活在你的眼睛里呀!”

陈诗雯很认真地讲述了《妈妈的眼睛》的故事。

“陈诗雯的故事讲得真好！我也有同感。”钱莉茹赞叹说。

“好逗——我妈妈也是这样说的。”卫翔宇附和。

“所以说嘛，妈妈就是一部写不完的书。”夏老师接上话说，“现在课间休息十分钟，然后上课写作文：《妈妈的眼睛》。”

妈妈的眼睛

妈妈有一双敏锐的眼睛，这双眼睛能够洞察一切，仿佛X光，会通过种种表象，透视我的所思所想，所作所为。又仿佛千里眼，无论我在何方，都能明察秋毫，什么都逃不出她的眼睛。

我在放学回家的路上吃了一块巧克力。刚进家门，妈妈见到我说：“我跟你说过多少次，吃饭前不要吃零食，等到吃饭了就没有胃口。想吃可以先吃点水果，可以开开胃，听见了没有?”

“妈妈，你是怎么知道的?”我诧异地问。

“没有妈妈不知道的。”妈妈笑眯眯地望着我说，“一切都写在你的脸上。”

有一次，我急匆匆地回家，妈妈用手朝卫生间一指。我惊讶得把眼睛瞪得大大地问：“你是怎么知道我急着要方便的?”

妈妈含笑地耸耸肩膀说：“一切都写在你的脸上。”

更神奇的是，妈妈还能看出我心里想的是什么，因为有时候我的问题还没有说出口，妈妈就开始回答了：

“你要的东西，在橱柜的第一格。”

“肚子饿了吧? 饭菜在餐桌上。”妈妈像女神一样知道我要什么，找什么。这样的事情经常发生。

有一天，我上学起来晚了，慌得到处找我的书和本子，可是始终也找不到。我急急忙忙找到妈妈，看着妈妈的眼睛，我知道要找的东西就在妈妈的眼睛里。

“书和本子在写字桌的抽屉里。”妈妈的眼睛里藏着我要找的东西。

“谢谢妈妈。”我凝视着妈妈温柔又神奇的眼睛。我的眼睛里将永远藏着妈妈。

夏老师点评：《妈妈的眼睛》写得很有情趣，写活了妈妈眼睛里的生活。而在自己的眼睛里也永远珍藏起了妈妈对自己的关爱。

第十二课　四季歌

“同学们好!”“夏老师好!”

“上课前，同学们期待我讲一个故事，丰富授课内容。但是，我感觉自己的故事已经快讲完了。怎么办?”夏老师微笑地看着孩子们说。他记得教育家尼尔·波斯特曼对只会选定一个正确答案而使孩子们失去想象力的单一教育方法提出批评时说：孩子们上学时像个问号，毕业时像个句号。所以，夏老师在教学时常常提醒自己，要因势利导地拓宽孩子们的知识面，以便他们今后走向多元化社会时能处变不惊，从容面对。

“夏老师，您讲什么我们都爱听。《10 分钟的人生》呀，《创意广告》呀，还有在公交站的《艳遇》呀，乱七八糟稀奇古怪的都行。”谢凯表达建议。但乱七八糟用词不当，引得同学们一阵哄笑。而谢凯也知道自己失语，不停用手挠着后脑勺，用惭愧的眼神望着夏老师窘笑。

“谢凯，以后发言时，选词造句一定要经过思考。话要想好了再说，不要说了再想。否到，就会出现尴尬的情况，夏老师教你们知识，难道都是乱七八糟的吗?”夏老师调侃说。

“夏老师，我……”谢凯涨红脸说不出话来。

“没事。书法家赵朴初有一首《宽心谣》是这样说的：

日出东海落西山，
愁也一天，喜也一天。
遇事不钻牛角尖，
人也舒坦，心也舒坦。

谢凯，我们都不钻牛角尖，这样中枪夏老师舒坦，你也舒坦，同学们也舒坦。”夏老师替谢凯说话。

“夏老师好会说话。听得舒坦，心也就舒坦。其实刚才我说乱七八糟不是那个意思，是想说的那个意思。夏老师你懂的。”谢凯咧嘴接上话，但还是没把想表达的意思表达出来。

“那我就借着谢凯的话题，讲一讲弯腰哲学。”夏老师说。

弯腰哲学

哲学，简单理解就是生活。而生活就是人和动物为了生存开展的各项活动。在世界最著名的孟买佛学院，有这么一个微小的细节，凡是从大厅进孟买佛学院的人，出来时必须走侧门，一个成年人通过必须学会弯腰侧身，不然只能碰壁。这虽然有失礼仪和风度，但对于任何人来说，佛教的哲学都在这个小门里。

“那么，这个小门的启示告诉同学们一个什么道理呢？或者说是什么主题呢？”夏老师提问。

“题目就是主题。弯腰哲学。”孩子们齐声回答。

“请同学们好好领悟一下，人生的哲学是不是在这扇小门里？尤其是通向成功的路上，几乎是没有大门可走的，只有学会弯腰才能走得进去。”夏老师诠释哲学人生。

“那爸爸打我，我学会了弯腰哲学，屁股不是正好翘起，送给爸爸打了吗？”谢凯又在搞笑。

夏老师淡定一笑，没有去责备谢凯的顽皮话。他觉得熊孩子在上课时搞一搞怪也未尝不可，既可以调节课堂氛围，又放飞了孩子们的思想。

“当然，翘起屁股等着爸爸打你，是因为你今天学会了弯腰。放下了你尊贵而体面的小皇帝身份，这样你走在学习的路上，摸着还在隐隐作痛的屁股，不会轻易地说出不可能！”夏老师和谢凯怼上了。

“夏老师，我听不懂您的话？”谢凯一脸茫然地看着夏老师说，“是爸爸打我不可能吗？”

“爸爸打你是可能又不可能，全在于你自己。人生万象嘛，不要轻易的说不可能。比如：1+1=1；3+4=1；5+7=1，这可能吗？”夏老师问。

“这……不可能。”谢凯愣愣思考后说。

“1（里）+1（里）=1（公里）；3（天）+4（天）=1（周）；5（个月）+7（个月）=1（年）。谢凯，这样的答案有错吗？”夏老师问。

“没有。”谢凯服气地点头说。

“其实，一个简单的数字游戏，只要给数字的后面加上适当的单位，结果就可以成立。学习也是一样，看似不可能的事情，变换一下思考角度，调整一下思维方式，跳出习惯性的条条框框，就会得到异乎寻常的答案，使不可能变为可能。假如谢凯在学习上想争第一名，每次暗暗较劲都失败，谢凯也许会这么去想：我和第一名同在一个班上，同上一样的课，同是一个老师，同样学习很努力，结果却是我不可能超越第一名。在这里，夏老师要明确地告诉同学们，不要轻易地说出不可能！”夏老师说着，拿起讲台上的粉笔，回身在黑板上画了三个图形：○△D。然后笑着问谢凯：“黑板上A是圆形；B是三角形；C是半圆形，请你挑选一个与众不同的图形？”

“我选C，半圆形。”谢凯看看夏老师，又看看黑板，思忖很长时间答道。

“恭喜你选对了。C是唯一由直线和弧线构成的图形。”夏老师点评。

谢凯得意洋洋。

“胡小雅，你认为黑板上的哪个图形与众不同？”夏老师点名胡小雅问道。

“我……我选择A，圆形。”胡小雅满脸疑云密布，犹豫半天回答。

“恭喜你也选对了。图形A的圆弧线是不断延伸，最后连在一起，所以与众不同。”夏老师点评。

胡小雅脸上云开雾散。

“钱莉茹，你认为黑板上的哪个图形与众不同？找出不同的关键所在。”夏老师有意创造悬念。

“我认为是B，三角形。”钱莉茹快速答道，“不过，A、B、C都是各不相同的，只是观点不同罢了。”

“回答全面，完全正确。B图形是由直线组成的三角形。”夏老师点评说，“A、B、C三种不同的图形，同学们的回答都是正确的。请问，这道测试题的主题又是什么呢？”

“问号与句号的关系。”

“发挥想象力。”

“激发思维，学习上没有不可能的。”

“回答都有创意。”夏老师综合点评说，“请同学们一定要记住，数学演算得出正确答案就是对的。但语文学习，必须活跃。不要苦心去寻找一个答案，而停止对其他答案的认知。只有这样，才能加深对语文学习的理解，使自己成为学习的玩家。”

“夏老师，您好潮哇！就像一个大咖。”

“夏老师本来就是教我们学习的怪咖。”

“不！是载着我们通往成功路上的老司机。”

“我觉得夏老师称玩家更合适。课程设计，讲课内容，认知引导，都入木三分。”

孩子们有板有眼地对夏老师进行议论和点评。

夏老师安静地听着，心里热乎乎的。他只有一种感动，使出浑身解数，把这批孩子们带出来，在成功的路上，好好地送他们一程。

“谢谢同学们的褒奖，夏老师感到诚惶诚恐，如履薄冰。我会兑现同学们给予夏老师的定位的。现在，我们开始上课了。今天这堂课，共有三项内容：警句格言；作文基础知识：景物描写；命题作文《四季歌》。

先讲警句格言：一、地球是我们的家园。二、让绿色在生活中洋溢，让心灵在绿色中放飞。”夏老师一字一句地说完，等同学们做好笔记接着说，“景物描写有很多的方法。常用的有：自然景物描写；静物描写；动物描写；场面描写。景物描写在作文中用得好，既可以渲染场面的氛围，展示人物的性格，又可以烘托人物的心情，深化作文的主题。同学们静下心来注意听：

枯藤老树昏鸦，
小桥流水人家，
古道西风瘦马，
夕阳西下，
断肠人在天涯。

这是马致远的《天净沙·秋思》。刚才同学们是跟着夏老师一起在朗诵的，已经耳熟能详。现在，我们就来共同解析这首通篇都在写景的小令。

开头的三种景物是枯藤、老树、昏鸦，点染出万物凋零的秋色；接着三种景物是小桥、流水、人家，又给人恬静闲适的田园感受。后面的古道、西风、瘦马，进一步用景物描写出令人伤感的意境。夕阳西沉，一位漂泊天涯的游子，还牵着一匹瘦马，迎着深秋的凄风，愁肠断魂不知归宿何方。诗人用景物描写画出了一幅秋思的游子图，在寓情于景中表达了游子秋思的主题。

在这里，我想提一个问题，《天净沙·秋思》共28个字，同学们从这28个字里，能看出这是秋天的哪个时节吗？”

孩子们面面相觑，耳语后还是沉默。

“我看同学们的表情是一脸的茫然。那好，我就对中华民族传统文化的历法、节气、四大节日做一个简单的概括，以便同学们在今后的作文中驾轻就熟，运用得当。”夏老师知道，孩子们每天都在经历着不同季节，每天都在看、听、说、写、读中华民族传统文化，但在实际的运用中，这一切却渐渐地淡出了孩子们的视线。他要替孩子们找回来，让中华传统文化在孩子们的笔下大放光彩。

夏老师应该做到：“教之道，贵以专。”“教不严，师之惰。”

“现在，请同学们拿出警句格言的笔记本，分类出一个中华传统文化栏目。闲暇无事的时候，经常拿出来记忆一下。”夏老师说完，拿起粉笔在黑板上工整地写了起来：

历法：阴历，也称农历，节气或传统节日使用的日历。阳历，也称公历，1582 年由罗马教皇实行。辛亥革命后，1912 年元旦起用纪年和阳历；1949 年政协决议采用公元纪年法（现在日历所用）。

节气：我国古代农耕文明的产物，反映大自然的节律。二十四节气为：立春、雨水、惊蛰、春分、清明、谷雨；立夏、小满、芒种、夏至、小暑、大暑；立秋、处暑、白露、秋分、寒露、霜降；立冬、小雪、大雪、冬至、小寒、大寒。

节气歌

春雨惊春清谷天，
夏满芒夏暑相连，
秋处露秋寒霜降，
冬雪雪冬小大寒。

中华民族传统节日：

清明：又称踏青，是扫墓祭祖，缅怀先烈的肃穆节日。

端午：相传爱国诗人屈原这天投江自杀，为纪念他把这天当作节日。有吃粽子，划龙舟等风俗。

中秋：以月圆团圆为寓意，寄托思念故乡亲人之情。有赏月吃月饼的风俗。

春节：又称过年（传说“年”为一种吃人伤人的兽类，故人们燃放爆竹驱赶年兽）。围绕祭祀祈年为中心，有扫尘、年饭、守岁、拜年、爆竹等习俗。内容丰富，热闹喜庆，是中华民族最隆重的传统佳节。

“夏老师，您写的这些传统文化，我们日常生活中似曾相识，一知半解。现在，经您这么一分类排列，就清晰明白了。谢谢夏老师!”邹佳蓉很有礼貌地说道。

“谢谢邹佳蓉对夏老师的肯定。夏老师感到高兴!”夏老师接上话说，“同学们光是知道还不行。还要学习怎样把传统文化运用到景物描写里去。夏老师创作的长篇小说《本色》，有许多情节都融进了景物描写。下面，我从《本色》里摘取春、夏、秋、冬的景物描写来朗读，供同学们借鉴和参考。”

春：我就这样在草地上躺着，什么都可以想，什么也可以不想。夕阳一点一点从我的身上、草坪上慢慢褪去。惊蛰刚过两天，春风轻轻拂面，略带幽幽的凉意。疏疏的树木，雀跃的鸟儿，窗口的亮光，渐渐地溶入黄昏的朦胧中，我坐起身来。

夏：清晨，树叶无精打采地低着头，动也懒得动一下。天是晴朗的，空气灼人。我拿着碗走向食堂，但心却沉浸在前天晚上的舞会中，虽然慵倦中带着甜蜜的遗憾。突然，几只红嘴小鸟飞落在我面前的树枝上蹦跳，不时歪头几声啼鸣。我朝它们努努嘴，用哨声仿学鸟啼。它们鸣叫得更欢快了。

秋：出了山垭口，是一片片沉寂的田畴。一脉幽幽的溪水，沿着沟渠潺潺流淌，雪白的鸭子“嘎嘎”叫着在凫水。我们蛇行在秋分后野草泛黄的田埂上，朝一片墨绿的杂树林走去。枫树长得是那样高，参天的枝干上垒着喜鹊窝，游云在树梢上散浮。突然，小山村出现了，隔着一塘波光粼粼的水，是一片明净的乡情呼唤。

冬：初冬的黄昏，天黑得很早，太阳西斜就下寒气。人行道旁的法国梧桐树，有的干枝还垂挂着残叶，散发出苦艾的味道。浸洇夕晖将逝的脂胭天光，一点一点在黄叶上黯淡，天地间弥漫起袅袅的雾气。

我缩着脖子，两手插在裤袋里，在人流匆匆中迈着沉重的步子，朝家里走去。

场面描写：今天是九月六日，正逢周日，是个大集，我想买点土特产带回家。嘉湖县农贸市场，设在街北头，沿沥青道两旁，摆满摊点，足有半里多长，农市繁华热闹，人们摩肩擦背，筐筐篓篓的摊子后面，是卖主在张罗生意。我边走边看，一段是卖鸡鸭鱼肉的，一个中年妇女正和卖鱼的老头为七分钱争得面红耳赤；紧挨着的是蔬菜瓜果，两个卖菜的婆婆为争弹丸之地推来搡去；接着是五谷杂粮，这里的生意人都沉默寡言；街的尽头，是支着帆布棚卖汤粉、炸油饺、小笼包的小贩。

情景交融：太阳很温暖，照得湖边的柳枝吐出嫩芽。湖面春水如镜，可见游鱼在碧水中嬉戏。远处，是青山倒映湖中，片片白帆在山涧穿行。我嘴里衔着略带甜味的枯草，静听涟涟湖水轻轻拍岸，嗅着春水挟来的清新水汽，头枕着交叉的手掌，躺在湖心亭草坪上看蓝天白云。我感觉到有一种美的呼唤，如诗情画意在我心里展开：

我静静地这样躺着，
是在丢失中寻觅春的滋润。
太阳洒下一片柔和的光线，
系着我那遥远的梦境。

借景抒情：窗外，老樟树上的鸟在啼鸣，细碎而热烈。我把目光移到葱郁的老樟树上，寻找起啼鸟——是几只白头翁。它们在树枝上蹦跳欢闹，好不热闹。我的心情随之放松下来，情不自禁地哼起了《花儿与少年》：

春季里（么就）到了（这），
迎春花开，
迎春花开，
年轻轻的（咯）女儿家呀，
踩呀么踩青来呀，
小呀啊哥哥！
……

夏老师朗读完毕，把书合上，微笑扫视端正坐着的孩子们，他感受到了孩子们认真听讲的欣慰。语文学习，其实就是一种语言和文字的沟通。听懂了语言，读懂了文字，也就读懂了生活，读懂了未来。

“刚才，我已经把景物描写展开讲了一遍。同学们还有什么难点，可以提问。”夏老师习惯性地搓了搓满是粉笔灰的手说。

“夏老师，您讲的是听明白了。可是，写起作文来，在选词造句上，总觉得写出的文字很晦涩，自己看了都不满意。这是什么原因呀？”胡小雅提问。

“第一，勤写自通。夏老师刚开始搞文学创作时，也感觉写出来的文字苍白无力，但久而久之，文字就能表达心声了。

第二，阅读感悟。好词好句摘录下来，最好是像背英语单词一样记在脑子里。只要坚持下去，不远的将来，你们就会口若悬河。

第三，引申联想。夏老师会结合修辞一道讲的。记住彼得原理：一个梯子伸上天你往上爬，爬到自己不想爬为止。

第四，明确主题。现在是学习阶段，只要做到写作文不跑题，抓住主题把故事写出来就可以了。别太难为自己。”夏老师解答。

“夏老师，今天的作文《四季歌》怎么写呀？不会很难吧！”汤佳靖吐了一下舌头问道。

“我们班共有十五位同学。分成四人一组，还有一组是三人。每组选定春、夏、秋、冬其中一个季节来写。要求：每个季节里必须要有雨、树、鸟三种景物，也可以添加其他景物，字数三百字左右。然后把四组写的不同季节拼合一起，就是今天的作文《四季歌》。现在课间休息十分钟。同学们下课后自行编组。”夏老师明确要求说。

“就写这么一点点字呀？”谢凯似乎不相信地问。

“文不在长，精练为胜。”夏老师笑答。

“夏老师万岁！”教室里升腾起一片欢呼。

四季歌

春

春雨绵绵，伴着乳白色的雾唤醒了大地。一枝嫩芽甜甜地从土里冒出，粉红色的茎干，伸出拍着巴掌的叶片，叶片上衔着晶莹的雨珠，雨珠在春风中飘落，飘落有似珍珠洒玉盘般悦耳；一株长满青苔的老树，歇着一只羽毛翠绿的小鸟，一声充满情韵的啼鸣，如天籁之音招来春天的气息，气息里仿佛藏着雨过天晴的纯净；一束金色的阳光，从阔远的浮云里射出，悠悠地扩散，点燃了万物润无声的空灵，调色出春满大地的意境。

夏

夏天的雨，在天空中飘逸，落进荷塘，漾起涟漪，雾气朦胧。一朵朵沉吟的荷花，亭亭玉立，在未央的水中羞涩无语；小荷才露尖尖角，休憩着一只蜻蜓，快乐地颤动着透明的翅膀；绿色的小青蛙，在一张铺开的荷叶上，“呱呱呱”地叫着热啊热啊；一株打倦的垂柳，把身影投进荷塘，水中曼舞起一只很有动感的小鸟；惬意的知了吸吮着柳枝的营养，一声声“吱呀吱呀”地唤着妈妈。

夏天的雨真美呀！好似一幅轻描淡写的水墨画，写意出蝉噪荷塘静，鸟鸣水更幽的澄静，诠释着夏天雨中的美妙！

秋

秋雨伤怀，随风飘忽，近一阵，远一阵，分外缠绵。地上的积水，点缀出一个又一个的水泡，大小层出，妖娆似梦。一阵秋风扫过，树上的黄叶纷纷飞起，像蝴蝶旋转轻盈，飘落积水洼中，悠悠荡荡在水色中泛舟，构成了秋赋苍山远，落叶雨中行的意境。几只小麻雀躲在残留的树叶下，全身淋得透湿，不时抖一抖身上的水珠，歪着小脑袋，滴溜着小眼珠，东瞅瞅西看看，是在寻找避雨的去处。空气是潮湿的，但没有一息呜咽。满地的衰草木叶，却在流动中透露出一片柔和的金黄，使得秋色在秋雨中越来越浓，包裹着新的希望在土地里孕育。

冬

冬天的细雨夹杂着纷扬的雪花渐下渐停。凛冽的寒风歇斯底里地怒吼着，肆虐逞威。

银装素裹的平畴旷野，一棵又一棵颤动身子的光秃秃老树，积雪在不知不觉间凝成了水晶般的冰凌，仿佛一切都毫无生气。忽然，安静的枝头打了一个寒噤，一只备受煎熬的鸟儿扑腾着湿漉的羽翅，嘴巴朝下落在雪地里。它挣扎着站起来，用冻僵的小脚跌跌撞撞地在皑皑白雪地里行走，隐约低头朝地上一啄，然后又失望地用忧郁的小眼打量着四处皆白的旷野，期待着漫漫长冬早到尽头。因为，它是那么渴望充满生机的春光春色啊！

夏老师点评：《四季歌》写出了意境，字里行间里透射出春的气息，夏的美妙，秋的柔和，冬的希望。文字简练活泼，仿佛在阅读一幅幅不同季节的山水画。

第十三课 美丽的故事

“同学们好!”“夏老师好!”

夏老师扫了一眼坐得端端正正的孩子们，心领神会地微微一笑说道:“我知道同学们现在期盼着什么?想听夏老师讲故事，对不对?”

“对——”

“在讲故事之前，先来做一个互动游戏。我请一位女生上来配合夏老师完成。”夏老师说着，从提包里拿出一块红绸巾，点名江珂宇走到讲台前，把红绸巾盖在江珂宇的头上。

“江珂宇变成了新娘!”孩子们欢呼叫喊起来。

“同学们安静了!”夏老师制止住喧哗说道，“从现在开始同学们注意观摩，我唱西部歌王王洛宾的《掀起你的盖头来》。同学们击掌打节奏配合夏老师互动，好吗?”

“好——”

掀起了你的盖头来，
让我来看看你的眉，
你的眉儿细又长呀，
好像那树上的弯月亮。
掀起了你的盖头来，
让我来看看你的眼，
你的眼儿明又亮呀，
好像那水波一个样。
掀起了你的盖头来，
让我来看看你的嘴，
你的嘴儿红又小呀，

好像那五月的红樱桃。
掀起了你的盖头来，
让我来看看你的脸，
你的脸蛋儿红又圆呀，
好像那苹果到秋天……

夏老师一边唱，一边不停地撩起盖在江珂宇头上的红绸巾。孩子们打着节奏击着手掌，禁不住也跟着嗨唱起来，江珂宇羞红了脸，娇声说道："夏老师，别、别唱了……"

"刚才，夏老师和同学们同唱的《掀起你的盖头来》，是对江珂宇进行了——"夏老师戛然而止地问道。

"肖像描写。"孩子们同声回答。

夏老师把红绸巾奖给江珂宇，让她回到位子上说："对，是对江珂宇的肖像描写。同学们觉得美不美？"

"美！"

"肖像描写重不重要？"夏老师又问。

"重要！"

"对，是很重要，描写肖像可以突出人物特征，但也忌讳面面俱到，泛泛而谈。同学们注意听：关于那四面体的鼻子，那马蹄形的嘴，那猪鬃似的赤红色的眉毛下面的小小左眼，那完全被一个大瘤遮没了的右眼，那像城垛参差不齐的牙齿，那坚硬的嘴唇——一颗牙齿如象牙一样地从唇上突伸出来——那弯曲的下巴……这是谁的肖像？"夏老师问。

沉默……

"好像是《巴黎圣母院》里的怪人。"熊浩锁着眉不确定地回答。

"是《巴黎圣母院》里的主要人物加西莫多。他相貌奇丑，但内心善良正直，作者以其外表丑反衬其内心美，使人物形象跃然纸上，深深烙印在读者的心中。这就是肖像描写的重要性。现在，就请同学们看这堂课的主角，魔术大师夏老师玩起变钱法。"夏老师学着魔术师模样把手一指，孩子们便顺着手指的方向看。夏老师迅速把叠成蚕豆大小的一百元纸币夹在右肘窝里，然后拍着巴掌说道："你们都往哪里看呀！看夏老师怎样变钱法。"

孩子们莫名其妙地又扭头看着夏老师。

夏老师曲肘让孩子们正反面看撑开的双掌，接着用左手从右手肘摸到右手臂时，把藏在肘窝里的一百元钱拿上，又假模假样用右手摸左手肘到左大臂，故弄玄虚地双掌合十来回搓揉，大拇指借机把钱拨开。接着只听一声吆喝："变——"摊开双手，一张百元人民币出现在夏老师的手掌上。

"哇——""太爽了！""神人。"

孩子们睁大眼睛，发出一片惊叹！

"看清楚夏老师刚才的动作了吧？模仿一遍就会了。"夏老师笑着说。

孩子们一边学着做夏老师的动作，一边念叨着动作的过程……

"同学们如果把刚才的动作过程写下来，就是动作描写。"夏老师画龙点睛地说。

"夏老师，您是怎么变出的一百块钱？我们都看见了，你两手空空的。"谢凯急切地问。

"魔术，就是在同学们的眼皮底下作假，这就是答案。"夏老师看着谢凯呆萌萌的样子，乐了！

"夏老师太酷了，崇拜您！"谢凯还在赞不绝口。

"崇拜夏老师？错！我再讲一个我的故事，同学们就会把崇拜当贬义词的。"

在武昌司门口的大街上，父亲前面走，儿子在后面跟。当父亲回头看儿子时，儿子噘着小嘴，拖着步子，和父亲的距离拉得很远。父亲只好站着等儿子走近问："怎么回事，是不是走不动了？"

"要不，爸爸背着你走。"

"爸爸，我热？"儿子用满含内容的眼光看着父亲说。

父亲一扫从身边走过的穿着秋装的熙熙攘攘的行人，觉得儿子很奇怪，但又一想，认为是儿子走热了，说道："要是觉得热？就把海军衫脱了。"

儿子极不情愿地脱下海军衫。

父亲和儿子又重新走在大街上。父亲在前，儿子打着赤膊跟在父亲身后，父亲回头看，儿子和父亲又拉开了一大段距离。父亲等儿子走到跟前问："儿子，是不是走不动了？要不，爸爸背着你走。"

"爸爸，我热！"儿子可怜巴巴地望着父亲，又扭头去看不远处的一个卖冰棒的摊子。

父亲恍然明白，花五分钱买了一根雪糕给儿子，问道："还热吗？"

儿子连连摇着头表示不热了。

“那把海军衫穿上，好吗？”父亲又说。

儿子咧嘴吮着雪糕连连点头，然后穿上海军衫，一路小跑在父亲的前面。

“夏老师小时候好萌啊！”

“司门口是那么热闹，我真想去看看冰棒摊。”

“我真想和夏老师一起快乐地玩耍。”

孩子们热闹地调侃起夏老师来。

“请同学们告诉夏老师，这个故事里用了什么样的描写？”夏老师问。

孩子们安静下来，眼睛望着夏老师思考。

“夏老师想吃冰棒，说好热，是……是心理描写。”万昊怯生生地说。

“回答正确，是心理活动描写。那么，举一反三，同学们的生活中有没有这样的故事呢？”夏老师启发式地问道。

“有一次逛街，我问妈妈闻到一种香味没有。妈妈马上明白过来说：我闻到了你闻到的那种香味。然后就和妈妈乐呵呵地走进了肯德基店。”胡小雅说道。

“前天，我想吃妈妈做的粉蒸排骨，就对妈妈说：妈妈，你上次做的粉蒸排骨好香啊！妈妈一下就听懂了我的意思说：翔宇，是不是想吃粉蒸排骨了，明天给你做。晚上，我就做了一个梦，梦见妈妈给我做了一大碗香喷喷的粉蒸排骨。”卫翔宇接着说。

“一天清晨，我推开窗户，听见叽叽喳喳的麻雀的叫声，我好奇地搜寻，发现窗前的梧桐树枝上，一只麻雀像落汤鸡似的不时抖落身上的水珠，偏头用滴溜溜的小眼睛看着我。让我一下子想起跟妈妈回到外婆家见到的情景：雨丝伴着布谷鸟的啼鸣，飘在庄稼地，飘在小河上，飘在打谷场，飘在乡间的小路上，也滋润着我温暖的心……”钱莉茹抒情般地表述着心中的意境。

“以上同学们表述的心理描写，归纳起来有三种：一、语言心理描写；二、梦境心理描写；三、联想心理描写。其实，在心理描写上还有多种形式，还可以通过情节透露人物的内心活动。比如考试思考时，到了交卷的时间都不知道；爱物丢失，沉浸在痛苦中脸上默默地淌下泪水；上课走神，老师点名回答问题都没有听见等等。现在，我想结合描写给同学们讲一个夏老师经历的真实故事。同学们在听这个故事的同时，思想一定要跟着故事情节的发展，思考描写在故事里的运用，行吗？”

“行！”孩子们拍手叫好。

鹦鹉的故事

我年轻的时候，喜欢在蛇山上学习。蛇山树木茂盛，通过光合作用，释放出氧气，令人精神亢奋。这一天，我背上书包。沿着铁路朝蛇山走去。铁路两旁，杳无人迹，只有我一个人踩着“咯咯”作响的基石昂首阔步。两边的山石爬满了紫藤，藤上缀着星星点点的白花。一只小鸟“扑哧”一声，从我脚旁的灌木丛中惊飞，扑扇着翅膀飞到了长春观的琉璃瓦上，然后一声清脆的鸣啭。我禁不住内心的欢喜，唱起了《读书郎》：

小呀嘛小二郎，
背起那书包上学堂，
不怕太阳晒不怕那风雨狂，
只怕先生骂我懒呀，
没有学问我无颜见爹娘。
朗里格朗里格朗格里格朗。
……

书包有节奏地拍打我的屁股，我的手前后甩动着，脚一跳一蹦地慢跑着，声音也越唱越大，仿佛我也变成了一只愉快的小鸟，展翅飞翔在这美好的天地间。

“请问，这一段叙述里有没有描写？”夏老师停止讲述问道。
“有！自然景物描写，心理活动描写。”回答异口同声。
夏老师点头微笑，继续往下说。

我兴致勃勃地来到蛇山脚下，沿着山水冲刷的砾石小径俯身登山。树木在阳光下散发着翠绿的光辉，岩石色调显得坚毅冷峻。

在半山腰一块平地上，几个小孩在用石子掷一株树尖上的大鸟。我拨开多刺的灌木，快步来到他们跟前。孩子们高兴地指手画脚向我讲述树上的鹦鹉，我扬头在浓密的树叶里搜寻，终于看清了那只鹦鹉。它身体硕大，一身绿色的羽毛，红红的鹰钩嘴儿，长长的尾巴，一双小爪抓住树杈来回移动。我用羡慕的目光打量着它，儿时就渴望有一只鹦鹉，突然间展现在我面前。我的心在躁动着，爬上树去捉住它。由于楸树参天耸立，石子在鹦鹉左右飞过，而鹦鹉却并不惊飞。我把书包放在一块山石上，用成人的智慧，捡起一个拳头大的土疙瘩，向后退了几步，然后一扬臂，把土疙瘩扔了出去。土疙瘩散开向鹦鹉飞去，惊得鹦鹉扑扇着翅膀，可没飞起来。

“鹦鹉被铁链缠住了，鹦鹉被铁链缠住了。”孩子们惊喜地雀跃着，但没有一个敢冒险上树捉鹦鹉。

我无比兴奋地瞧着这只鹦鹉。我越看这只鹦鹉越大，我越看这只鹦鹉越美。我仿佛听见了鹦鹉在对我学舌：“早上好，谢谢。”我的心被鹦鹉的羽毛搔得痒痒的。我决定去冒这个险。我脱下皮鞋和袜子，怀抱粗壮的楸树干，两脚牢牢地夹住树身，身体紧贴树干，像青蛙一样一蹬一蹬往上爬。渐渐的，树干变细了。我的脚站在枝杈上，体重压得枝干来回摇晃，可鹦鹉离我还有五尺来远。再往上爬树枝肯定会断。我用劲想把枝梢折断，可枝梢又太粗。我贪婪地观望了好一阵近在咫尺的鹦鹉，然后恋恋不舍地抱着树枝往下滑。我决定回家去拿刀或锯，反正它也飞不了。

“别下来，就差那么一点点。”

“往上爬一下就抓到鹦鹉了，再往上爬一点点。”

这时，我身下响起了一片吆喝声。这吆喝声就像兴奋剂，使我的冒险精神为之一振，我又开始小心翼翼地附着树枝往上爬。就像在丈量楸树的尺寸，爬一点就竖起手来测量一下和鹦鹉的距离，最后，我的指尖终于触到了鹦鹉的羽毛，我也听见了下面的欢呼声。突然，“叭啦”的树枝断裂声响起。一刹那，我感觉到自己的身体如腾云驾雾一般，接着就像一只死鹰一样摔了下来。

鹦鹉在我身边的树枝上扑打着翅膀，我固然没有摔死，还活着。我知道是楸树枝从中减缓了我下落的速度。我忍着针刺般的疼痛爬了起来，虽然我的衣裤被树枝撕成一面面招展的小旗，但我内心却有一种无法诉说的快乐。我瘸着腿捕捉住鹦鹉，把书包里的书倒出来，将鹦鹉塞进书包里，然后穿上袜和鞋，抱着书，瘸着腿朝山下走去，我再也无心充当读书郎了。

夏老师讲完，静静看着孩子们，等待回答。

“有场面描写，动物描写，动作描写，心理描写。”孩子们懂了，回答正确。

“我经常听到同学们写作文感叹字数的困难。夏老师的《鹦鹉的故事》里，只用了描写，写出来起码有一千多字。而高考作文也只要求八百字。所以，希望同学们一定掌握好写作的基础知识，运用好叙述和描写之间的关系，使之相得益彰。”夏老师强调作文基础知识的重要性。

“夏老师，那只鹦鹉后来怎么样了呢？”谢凯念念不忘地问道。

我把鹦鹉带回家后，打了一个弓样的鹦鹉架挂在窗前，架子两边各焊接一只小铜碗，架下穿一根枣木棍供鹦鹉栖息，然后用半米多长的铁链，一头锁在鹦鹉架上，一头锁在鹦鹉的一只脚上。

我常常看着鹦鹉一动不动地耷拉着头，伫立在枣木棍上好像没有一点活力。偶尔，它又会猛然抬起头，发出“哇——”的一声绝望的啼鸣，接着烦躁焦虑地在枣木棍上来回挪动。我每次给鹦鹉添食加水时，它都会凶猛地昂起矫健的脖颈，成有力的弧线面对着我，眼睛里闪射着凌厉的怒光，或是闪电般地扑打着翅膀，把目光投向无际的天空。

夏老师又停止了叙述。

“夏老师，我们知道这段故事里有静物和动物的描写。”谢凯抢着回答说，“再后来呢？”

“哇——”

一声鸟啼，把我从睡梦中惊醒，天刚蒙蒙亮，窗外是一抹青灰色。我揉着惺忪的睡眼四处寻找，发现挂在窗上用铁链锁在铝合金架上的鹦鹉，正在窗台上来回走动。它一会昂起头，喉咙“咕咕咕”发出细碎而低沉的声音，一会又展开翅膀扑打着窗台。

原来，它用喙啄开了铁链。我的睡意全无，翻身下床，怔怔地看着它，不知如何是好。它也正看着我，长着美丽红冠的小头灵巧地扭动着，仿佛是向我致意。

我赤着脚蹑手蹑脚向它走近。它用怪异的绿眼打量我，不安地抖动起身体，活泼地扑闪双翅，然后又“咕”的一声鸣叫。

我连忙停住脚，慢慢向它伸出手去。它拖着绑在脚踝上的一小段铁链，向窗外慢慢后退，并用它坚硬的喙轻轻地啄我的手指。就在这一瞬间，我猛地伸手想去捉住它。它调皮地猛然抬起头，颈部弯曲成矫健的弧度，展开绿色的双翅，有力地扇动着，闪电般直掠窗外。

我紧跟着追到了外面。

在一株高高的法国梧桐树梢上，一抹朝霞渲染着鹦鹉硕大的身躯，使它那绿色的羽毛清晰而亮丽。它不时翘动着修长的尾巴，神气活现地发出一串低沉的鸣音，仿佛是在向我告别。接着，它张开强健的翅膀，一声长鸣，向蓝天飞去。它羽毛的色泽在我视线里变得越来越淡，身体也越来越小，当它接近天际之时，眨眼就和天空融为一体。

我知道它的灵魂在天上，那才是它的家园、梦想和骄傲。我仿佛看见它掠过白云，飞过田野，翱翔在苍苍茫茫的大森林里，它在古老的树上筑巢、繁衍、生息。即使有一天，它那矫健的双翅拍动缓慢下来，不幸跌落在悬崖峭壁上，它也会用无声的鸟骨昭告过往的行者，我曾经啄断过枷锁，让高飞的灵魂，带着荣耀，永不沉沦。

我忽然感到一股热血在奔流，一种冷峻的力量直入我心。

夏老师讲完《鹦鹉的故事》，长长舒了一口气，仿佛沉浸在自己的故事中。

“夏老师的故事，好震撼人心呀！”胡小雅感慨地说。

“夏老师年轻时好可爱！”江珂宇竖起拇指说。

“同学们听完这个故事思考一下，这个故事表达的主题是什么？”夏老师跟着问话。

“和谐！人与动物也要和谐。”孩子们齐声回答。

“对的，人与动物要和谐。蓝天才是鹦鹉的家园，而我却用铁链把它锁住。今天这堂课的警句格言是：一、用善意和爱心去连接世界上造就的一切和谐。二、爱为贵，谐为美。”夏老师简单概括，等待同学们做好笔记继续说道，“和谐是鲜花，只有绿叶的相衬，才显出婀娜多姿；和谐是歌唱，只有音乐的伴奏，才能悠扬撼动人心；和谐是朋友，只有信任的友谊，才会享受感情温馨。所以说，和谐不能强求，要顺其自然，在矛盾之中解决矛盾，从而达到相互依存，共同发展。这种共鸣的发展，是心灵的最高境界，是和谐的完美结晶。

在江南水乡，坐着小船咿呀摇着，荡起细波，划开白云，穿过桥洞，享受美景：小桥流水，杨柳依依，游人如织，琴声悠扬。

这就是和谐之美，如诗如画。

一只孤零零的苍鹰，羽翅金黄，在蓝天白云里展翅翱翔；

一只小松鼠探头缩脑地在树叶中爬行，时隐时现地寻觅着食物；

一条泛光的小溪，绕石跃坎，蜿蜒流淌，滋润着草丛灌木，显得恬静而柔和。

这样的和谐，请同学们闭上眼睛，呼吸纯净的空气，然后发挥自己的想象和联想，山色妍美恍若仙境。你们说美不美?”

“太美了，妙不可言。”

“如诗如画。”

“像是天堂。”

“我记得有一幅《天堂》的漫画是这样描绘的：在广袤的大地上，万籁俱静，荒无人烟，只有人孤零零地站着，翘首以盼！而人类的朋友，所有的动物都聚集在天堂。

请同学们设身处地试想一下，此时此刻你的心灵会有什么样的感触?”夏老师无限感慨地问道。

“孤独。”“害怕!”“恐惧!”“无聊。”“寂寞。”“伤感……”

“所以说，和谐是美好的，犹如阳光，五彩斑斓，滋润着人类的家园，才有了我们现在的生活。我们要感谢大自然赐予人类的一切馈赠。同时也应该知道，自然界各种生物之间的物质变换和能量转化，维系着物种间天然数量的平衡，一种生物的灭绝，就会影响其他多种生物的生存，这就是生态学原理阐述的生物链。因此，热爱天地万物，是我们每一个人的职责。但是，现实中的极少数人却不是这样，无情的杀戮，动物成了他们的美食。今天要写的作文《美丽的故事》，就是要抨击这种残忍杀戮的现象。夏老师先写出提纲，同学们来做作文。”夏老师布置完作业，在黑板上写下了《美丽的故事》的提纲：

美丽的故事

开头：西餐厅吃鹅肝，×××告诉我鹅肝名菜的制作，农夫（养鹅人）每天3次，用长约20厘米的铁管，插进鹅喉咙深处进食，18天就将鹅肝撑大6~10倍，农夫杀鹅取肝，制作法国名菜——鹅肝。

内容：1. 把鹅当人描写，发挥想象力，农夫（女儿）喂鹅时和鹅建立了感情……

2. 杀鹅的头一天，鹅为小女孩跳起了美丽的《天鹅湖》舞蹈。小女孩看着泪流满面。

结尾：议论。抨击食客的残忍，因为每一道鹅肝大菜都在叙述鹅的悲惨命运。

附：可以借鉴安徒生的童话故事《卖火柴的小女孩》。

美丽的故事

在戈雅餐厅，我要吃法国大菜——鹅肝。爸爸告诉了我鹅肝的故事：

农夫先选一批肥鹅，每天早、中、晚3次。用一根长约20厘米的铁管，捅进鹅的喉咙深处。把12公斤的玉米和其他饲料，填塞进鹅的胃里，日复一日这样进食。鹅终日忍受着嘴巴、喉咙、胃痛的折磨。18天后，一个比正常鹅肝大6~10倍的脂肪肝培育完成。农夫杀鹅取肝，制作成美味佳肴——鹅肝。

我听完爸爸讲的鹅肝制作过程，只喝了一点咖啡，吃了两块甜点。我只觉得心里很疼，回到家里，我写了这样一个美丽动人的故事：

在静静的湖边，美丽的大树下，一个农夫家的小女孩，负责喂鹅饲料。小女孩有着一头朝霞般金黄的秀发，湖水般碧绿的眼睛，月亮般白皙的脸庞。鹅对小女孩一见倾心，虽然知道进食之后，肝会一天一天变大，它会一天一天承受着肉体上的痛苦。然而，为了它喜欢的小女孩，它还是“哦哦哦”地高歌进食。

它每天都盼着小女孩的出现，在小女孩的怀抱里，吃着她送进嘴里的混合饲料。它的肝也一天一天变大，痛苦的感觉也一天比一天增加，甚至每时每刻都疼痛难忍。然而，当小女孩出现后，它仍然是勇敢地吃着小女孩送进嘴里的食物，是强忍着含笑吃下去的。它的肝的体积已经长到了原来的10倍大。

这天，当傍晚的夕阳像血色一样洒在它的身上时，小女孩提着一桶玉米出现了。它知道这是最后的一次晚餐，明天，农夫将会把它的脂肪肝取出来。它吃完了小女孩的玉米粒，抬起颀长的曲颈，为小女孩引吭高歌，接着，它又拍打起翅膀，在湖边为小女孩跳了最后一支动人的《天鹅湖》。湖水轻轻地轻轻地拍打着岸边，为鹅而悲伤。晚风轻轻地轻轻地吹动着绿叶，为鹅而哭泣。小女孩对鹅依依不舍，掩面而去。

第二天，鹅被杀。新鲜的鹅肝送到了一流的餐厅里，变成了食客们烛光晚宴中的一道美食。我不知道，食客们在谈笑风生间，有没有听到鹅肝在考究的盘中述说着鹅的悲惨一生？

夏老师点评：《美丽的故事》并不美丽，反衬出一个严肃的问题，人类应该怎样用和谐之美去感化邪恶，传播善良，争取达到更高境界的和谐！

第十四课　回家的路

“夏老师好！”“同学们好！”

夏老师默默地站在讲台中央，不停地看着腕上的手表。今天是阴雨天，窗外的风挟着雨，飘洒在玻璃上，晶莹绽放。现在，上课的时间已经过去了五分钟，还有五位孩子没有到，夏老师要求每一位孩子都应该像上学一样遵守课堂纪律，上课不迟到、不早退。

“报告！”谢凯推门走进教室。

夏老师偏头说道：“请进。”

“夏老师，我迟到了。”谢凯站着没动。

夏老师没有说话，点了一下头。

“我本来可以不迟到的，路上堵车，我也没有办法。”谢凯解释，仿佛错不在自己，而是堵车。夏老师沉着脸看着谢凯。

这时，胡小雅、江珂宇、卫翔宇、喻彬四位同学鱼贯而入，对于今天的迟到，解释着不同的原因。

夏老师看了一眼拥堵在教室门口的五位同学，一字一句地说道：“我们班有十五位同学，有十位同学准时来到教室，五位同学却迟到了，并且说明了迟到的原因。但不知为什么，我的心却沉甸甸的。为什么？我们做任何事情，要结果就没有原因，要原因就没有结果。这就像拔河比赛，当你要原因时，你就战胜了结果，全是原因；当你要结果时，你就战胜了原因，全是结果。遗憾的是，我们在实际生活中，做任何一件事时，常常会选择原因。当一件事没做好时，便没完没了地找原因，不是说被其他事耽误，就是被其他事影响了，反复强调跟自己没关系。要我实事求是地说，这是一种对自己不负责任的态度。是的，虽然有许多必然的外力我们无法把握，像谢凯同学因为堵车迟到等，但是，我们最起码要学会像没有迟到的十位同学那样把握自己，学会自己对自己负责。你们说是不是这样的？”

“是的。”五位迟到的同学低头沮丧地回答。

“请坐到你们的位置上去。”夏老师拍了拍谢凯的后背，点头说道，“今天夏老师要讲的故事，是夏老师亲身经历过的启示。”

迟到的启示

我年轻的时候，也特别能睡觉，一觉醒来，天已大亮。抬头看挂在墙上的时钟，惊得一身冷汗，上班的时间马上就要到了。我慌慌张张穿衣起床刷牙洗脸，急匆匆地赶着去上班。

这一次我上班又迟到了。部门主任站在办公室的门口，好像是在专门等着我。

“主任，对不起，我又睡过头，上班迟到了。”我点头哈腰，表示歉意。

主任板着脸，点了点头，没有说话。

“昨天晚上我写稿子，熬到转点才睡的。”我解释迟到的原因。

主任的脸一下子沉了下来，还是没有说话。但是，我从主任脸上的表情看得出他非常生气。这个月才过一半，我已经迟到三次了。

“其实，我这么迟到，真的怪难为情的。这不，我甚至连早饭都没吃，肚子还是饿瘪瘪的……”我滔滔不绝地向主任解释迟到的原因和内疚的心情，希望能得到原谅和理解。

“你是不是迟到了？”主任终于忍不住打断我的话，抬臂一指腕上的手表对我说，“你已经迟到了八分钟。再加上现在没完没了的解释，又过去了五分钟。我就不明白，迟到就是迟到，是没有遵守规章制度的过失，难道通过你的反复解释和说明原因，就能改变迟到的过失吗？不，你现在给我的感觉只有一点，是一个非常不愿意承认错误的年轻人。”

“不是这样的主任，我只是想让你知道，我真不是故意迟到的。”我感到很委屈，继续解释说。

“我并没有说你迟到是故意的呀！”主任加重语气说道，“现在，你已经迟到了，又喋喋不休强调了五分钟迟到的理由，这等于是在错上加错的时间里，为了解释迟到的原因又迟到了五分钟，这么简单的道理，你难道不懂吗？”

我臊得满脸通红，没有再去解释。打这以后，“迟到”这两个字就从我的行为中消失了。直到今天。

“夏老师，我懂了，做错了事情，解释不如用行动去改正。我就有这方面的毛病，错了总喜欢找理由，证明不是自己错了。这其实是错上加错，对吗?”钱莉茹闪着亮晶晶的杏眼，望着夏老师反省自己。

“夏老师，我想提一个问题?”谢凯反其道而行之。

“请讲。”夏老师同意。

“您教育我们的方法，是讲我们喜欢听的故事。准确地说，就是用故事讲道理，让我们心服口服，而不是用简单的一句话两句话，告诉我们对与错，是这样的吗?”谢凯提出了对问题的认识，又回答了问题。

“同学们跟夏老师学习作文。简单地说。就是学习讲故事，写故事，用故事说事明理。这就是必须学好语言和文字的魅力所在。我教同学们知识，就是想把知识通过讲不完也写不完的故事，传授给同学们。希望同学们在这些故事的基础上，孕育出更多更美的故事来好吗!”夏老师真诚地说，这是他的希望。

“夏老师，《迟到的启示》对我触动很大，我也要像你一样，从现在起，坚决把‘迟到’这两个字消灭掉。”谢凯信誓旦旦地说。

夏老师听了很感动，鼓励地说：“同学们都听见了?谢凯很懂事理，错就是错，错了就改。给他鼓掌!”

“夏老师，我们也要改正身上的毛病，不找原因，只要结果。”孩子们一个接一个表明态度。

“我也是的。”

“我一定能做到。”

夏老师满意地看着孩子们表态。他真切希望孩子们落实在行动上!

“现在，我们开始上课。今天上课内容有：警句格言；描写的运用；命题作文《回家的路》。”夏老师简短概括了上课的内容后说道，“警句格言：一、哪里有绿色，哪里就有生命。二、让绿色在生活中洋溢，让心灵在绿色中放飞。”

“夏老师，顾名思义，今天讲描写的内容一定是：水光山色与人亲，回归自然我有责。”喻彬一托眼镜，涨红着脸接上话说。他选定的诗句很准确。

“对，有超前意识。”夏老师竖指点赞。

“那作文肯定是写环保的。”谢凯不甘示弱补充道。

“也对，联想丰富，定位准确。”夏老师赞许说，“现在，请同学们在记忆里搜索最美的景色。先闭上眼睛，浮想联翩，像电影或是电视剧的画面一样，呈现在你眼前，然后迅速用一百个左右的文字记录下来。这是训练同学们描写能力的最好方法。所以，我给同学们十分钟的时间，来完成这次模拟训练。”

教室顿时安静下来。这帮可爱的孩子们呀！

“夏老师，我写好了。”胡小雅举手发言。

“请朗读你写的景物描写，把感情放在语言里。”夏老师的要求又进了一步。因为文字需要用语言表达，而语言的表达又是通过情感才能打动人心的。

“雨过天晴，我和小伙伴光着脚丫，绾起裤脚，踩踏着软绵绵吸满水的草坪，溅起一片又一片晶莹的水花。接着，在嬉戏声中我们玩起老鹰抓小鸡的游戏，裤子打湿了，衣服打湿了，脸上溅满了水花，发梢上也溅满了水花，但有太阳公公陪伴我们，心里溢满了藏不住的快乐！”（胡小雅用低得快听不见的童声朗读完毕。）

夏老师点评：童趣描写得生动活泼。如见其景，享受其中。

“夏老师，我也写好了。”熊浩举手发言。

“你的声音很有磁性，请朗读你写的景物描写。”夏老师说道。

“夜很深，也很静。淡淡的月光从窗口流进了我的房间，眼前的一切都显得朦朦胧胧。窗外那株黑黝黝的老樟树，披着银光，让风儿轻轻梳理着它的枝叶，发出‘沙沙沙’的声响。一只歇在樟树里的鸟儿被惊醒了，只听‘啾——’的一声啼鸣，将我的心绷得像是调紧了的琴弦。”（熊浩用浑厚的声调朗读，获得了一片掌声。）

夏老师点评：夜的描写很美，文字充满了诗情画意，弹奏出悠扬的琴声。

“我老家的黄泥巴围墙上，爬满了藤条。院子敞开的柴门木棍，被磨得光亮亮的。一棵歪脖子桃树盛开着粉红色的花瓣，外婆坐在石板台阶上守望着黄昏。几只麻花母鸡在院子里扒土觅食，‘牛娃吔——吃晚饭了！’一声清脆的呼唤，划破飘着袅袅炊烟的寂静村落，我的心里一阵颤抖，完全沉浸在这浓浓的乡土气息之中。”（邹佳蓉朗读声调悦耳，美中不足是语速过快。）

夏老师点评：黄泥巴围墙的内外景物描写很细腻，散发着浓浓的乡情，让人完全融入其中。

“在小区的小径两旁，是修剪整齐的低矮灌木。而灌木身后，一株株高大的樟树、柳树、泡桐树、梧桐树、银杏树搭起了绿色的凉棚。每当傍晚，鸟儿在树上婉转歌唱，小狗在落日的余晖里相互追逐；三三两两的男女老少在悠闲散步……每当我看到这宜人的景致，心里就有一种无法表达的热爱涌动全身。”（谢凯声音饱满，但缺乏抑扬顿挫。）

夏老师点评：热爱真美！绿树村边合，青山郭外斜。那是自然流淌的画面。

“刚才每位同学都朗读了对人物和景物的描写。客观地说，有的同学在描写运用上十分娴熟，有的同学则略为粗糙。不过没关系，正如欧阳修的《卖油翁》所言：无他，惟手熟尔。只有反复修改，才能‘惟手熟尔’。那么，怎么修改作文呢？”夏老师问道。

“这个……改错别字，还有……句子不通顺，还有把字誊写清楚。对，还有正确使用标点符号。”易东龙抓耳挠腮地回答。

“回答得不错，但不够完整。”夏老师给予肯定说，“一、增补：增加补充新内容；二、删除：删除可有可无的句子；三、调整：调整次序和段落；四、改换：改换更好的情节和内容；五、文面：文面字体要端正美观，标点使用正确，尽量减少错别字和病句。”

“夏老师，这么麻烦呀！”谢凯质疑。

“俄罗斯作家列夫·托尔斯泰的一个曾孙女，曾经说过一件事：她在学校读书时，带着崇拜的心情阅读过托尔斯泰的手稿。手稿上有大量修改的地方。她仔细地研究这一层层思维的痕迹，慢慢发现最初他的草稿写得并不好，通过不断删改再删改的笔迹，了解到他是如何不断去找寻一个更妙的词语，一个更精确的句子。她说：我能够清晰地看到，他是如何通过一次又一次修改，一稿又一稿，一步步地让文字变好的。我这才真正理解了，经典的句子和动人的情节，是通过反复推敲和构思，才使列夫·托尔斯泰成为列夫·托尔斯泰。

现在，请同学们好好品味一下这个故事的内涵。”夏老师微笑地看着同学们。

“作文是改出来的。”孩子们对答如流。

“既然同学们知道改作文的重要性，我就不话痨了。下面，我们进行最后一项内容，完成命题作文《回家的路》。请同学们先审题，扣题眼。《回家的路》题眼是什么?”夏老师提问道。

“路——”

“今天作文的主题是环保，作文《回家的路》的题眼是路，这篇作文应该怎么写，同学们可以相互交流，然后好好思考一下，拟出一个提纲来。”夏老师划定范围，便于孩子们明确思路。

教室顷刻间一片喧哗，没一会就沉静下来，接着是面面相觑。

“我看同学们交流思考后，还没有理出一个头绪。那夏老师先讲两个《回家的路》的故事，算是抛砖引玉。”夏老师打破沉寂说道。

回家的路

大山里有个男孩长大了要出门远行。妈妈拉着他的手，依依不舍地送到山口。临别时交给他一把树枝，千叮咛万嘱咐说：这么大的山，你沿路插上吧，等你回家时，就不会迷路的。

男孩出外很久，远程归来，面对大山，他真的找不到回家的路了。但是，当初他插上的树枝，已经长成了一株株参天大树。男孩沿着大树，终于回到家里。

回家的路

大山里有个男孩长大了要出门远行。他没有钱，大山也没有路。男孩找来一把斧头，砍树开路，卖树作路费，这件事一下就传开了，山里出门远行的人都照着男孩的方法，砍树作路费，开出一条条路来，去外面闯世界。

许多年后，男孩回到了大山。山是光秃秃的，他已经找不到回家的路了，他失去了家园。

夏老师继续为同学们讲解：“在这里，我提示同学们注意！植物是天然的净化器、消声器、除尘器、制氧器等，在环境保护中起到重要的作用。而微生物又能把全部的动物和植物的遗骸分解，从而被土壤吸收，是地球上最好的清洁工。还有益鸟，它们捕食害虫，减少人类对农药的使用，比如：一只灰喜鹊，一年可以消灭1.5万条松毛虫，保护十多亩的松林不受虫害。因此，只要我们植树造林，保护益鸟，充分发挥植物和生物的作用，我们的家园就会变得更加美丽，同学们就会感慨地说道：回家真好哇！”

“夏老师，您把地球这么一个大家，寓意在小家里，结合得真好哇！”谢凯说道。

“谢凯，告诉夏老师，那小家在你心中，又是什么样子呢？”夏老师笑问道。

“就像一首诗上说的：每次放学回家，第一件事就是找妈妈，找到妈妈，才算真正回到了家。”谢凯回答。

“妈宝！”全班哄堂大笑。

“同学们安静！”夏老师制止孩子们的嬉戏说道，“每一个人对家的理解不同，就会有不同的答案。夏老师对家的理解，就像北岛在《父亲》题诗里写的：你召唤我成为儿子，我追随你成为父亲。”

“夏老师，对于我们女生来说，家应该是有爸爸、妈妈和我的世界。就像卡萨特的油画《蓝沙发》：女孩圆脸、亮眼、小嘴、平平的鼻梁，穿着白绸裙衫，懒散地躺在沙发上，左边是一条打盹的小狗，显得诙谐又可爱。我想，这应该是爸爸妈妈和我的家的感觉。”江珂宇正在学习油画，她是以孩子绘画的视角，看待爸爸妈妈和她组成的家。

“江珂宇描写的家，是不是很温馨？”夏老师也被感染了，抒情般地说道，“就像一只小小的船儿，船上有你们闻到的妈妈做的饭菜香，还有爸爸逗你们玩耍的嬉戏声。这只小小的船儿啊！它会载着你们迎着风、破着浪，在陌生的水域穿过漫长的岁月，带你们去看一道道美丽的风景，直到你们有了一个新的家。”

这是夏老师的真心祝福，愿每一个孩子将来都有一个温馨的港湾。

“夏老师，您把家说得太美了。我们家的船儿可不是这样的。傍晚，妈妈在厨房做饭，爸爸在客厅抽烟看电视。我悄悄靠着门框蹭电视看。吃完饭，妈妈安排爸爸洗碗。爸爸喝着酒，烧得满脸通红地说：厨房是女人的天地，男人不去沾光。气得妈妈干瞪眼，恼怒地坐在沙发上玩手机。爸爸喝醉了，脸脚不洗上床睡觉。于是，我们家的船儿在漂泊中驶向又一个黎明。”熊浩满是怨气地叙说着家事。

全班同学听得很认真，也许脑海里正在重现家里的故事。

夏老师也听得很认真，但脑海里却在思考怎样回答熊浩表述的家庭问题。

“熊浩讲的家事，没有诗情画意，但却很真实。怎样处理这样的矛盾？我想说的是，你为什么不帮爸妈洗洗碗筷，收拾一下厨房呢？现在，社会压力这么大，爸妈工作一天也是很累的，要学会承担自己的责任。”夏老师引导熊浩说。

“我是洗过几次碗筷，也打扫过房子里的卫生。后来看爸妈玩手机看电视都转钟了，不像是很累。我也就懒得去做事情了。”熊浩解释。

夏老师听了心里沉甸甸的。上行下效，家长是孩子面前的一面镜子。

“你爱爸爸和妈妈吗?”夏老师问。

“爱!”熊浩点头回答。

“你爱爸爸和妈妈，其实就是爱你的家。你所厌恶的事情，那只是一种表象，一种‘每家都有一本难念的经’的味道。这种味道弥漫在每位同学的家里，这才是温馨过日子的家。不过。这里还有一个前提，那就是要保护好我们赖以生存的地球。假设同学们走在大家与小家的路上，找不到回家的路了，我们还有温馨的小家吗?”夏老师充满感情地说。

“爱护我们的家园——地球，就是爱护我们温馨的小家。”孩子们回声嘹亮。

“现在，我们把今天上课的内容梳理一下：

1. 关于环保的警句格言。

2. 运用描写赞美我们的家园。

3. 抛砖引玉的故事《回家的路》。

4. 叙述温馨的港湾，我的小家。

下面，请同学们串连上述的内容，完成今天的作文《回家的路》。”夏老师指导说。

“夏老师，我知道应该怎么写了。”熊浩回答。

“我也知道怎么写回家的路了。”又有孩子说道。

回家的路

这是妈妈给我讲的一个故事：山里有个孩子长大了，要出门远行。出门时，妈妈交给他一把树枝，对他说，孩子，沿路插上吧。等你回家就不会迷路了。孩子出去得太久，归来时，果然找不到回家的路，但是，当初的树枝已经长成了一棵棵的大树，孩子沿着这些树，终于回到了家里。

那是我上二年级的时候，每天清晨，妈妈就会牵着我的手，沿着林荫小路送我上学校。真美呀！太阳红艳艳的，把金色的阳光洒在树叶上。树上有小鸟在歌唱，它柔软的绒毛，柔软的眼睛，柔软的小嘴都非常可爱，我感觉自己也像小鸟一样融入树丛中。

“浩浩，今天妈妈有事，不来接你了。你就沿着这条林荫路走回家，行吗?”妈妈长久地拉着我的手，指着被绿树搭起凉棚的人行道说。

“知道了。”我点着头，信心百倍地说。我知道沿着林荫道就可以走回家。

傍晚，爸爸又会带着我在这条林荫道上散步，他一边吹着欢快的口哨，一边用路旁的青藤为我编织一顶绿叶草帽，戴在我的头上。我高兴地一路吹着采摘的蒲公英绒球，沉浸在清凉如梦的小路上。

可是有一天，我看见好多工人在用电锯伐树，茂密的大树一棵棵地倒下了。我上前问工人：“叔叔，你们为什么要把树砍了?”

“搞建设呗!”工人回答。

“搞建设要砍树吗?”我不懂。

“搞建设，给你盖好多好多的高楼大厦。”工人满怀豪情地说。

我伤心地目送着一棵棵伐倒的大树被拖走。猛然间，我的心灵深处一颤动，我觉得大树是我的朋友，朋友走了，留下我是这么地孤独。因为，我再也听不见鸟儿在树上啼鸣，再也没有烈日炎炎下绿树为我打起荫凉的大伞……

从这以后，每次放学回家，妈妈都得来学校里接我，因为在一片断壁残垣中，我总是满含迷惘的目光，寻找曾经给我引路的大树。我已经不认得哪条是回家的路了，好像都是，又好像都不是。

我失去了回家的路吗?

夏老师点评：《回家的路》的结尾：“我失去了回家的路吗?”问得好!夏老师肯定地回答是：在那片瓦砾残墙堆中，将会矗立起一幢幢高楼大厦，宽阔的马路两旁是一株株新栽的樟树、梧桐树、银杏树……你将会有新的期盼：树儿呀!快长大，搭起绿荫好乘凉。

第十五课 溺爱

“同学们好！”“夏老师好！”

“上堂课，同学们幸福地生活在妈妈的眼睛里。”夏老师面带微笑说道，“我们生活中的警句格言，也是来源于生活，在生活中创作的一门艺术。”

“我们幸福地生活在妈妈的眼睛里，这也叫警句格言？是不是太简单了？”谢凯用不服气的口气举手说道。

“警句格言不求字句复杂，只求意义深刻。客观地说，文字越是简洁又能说明道理，越是创作的难点，写作文也是如此。”夏老师思考后回答了谢凯的提问。

“吔——”有同学用嘘声表示反对。

“那好，哪位同学能创作出更好的关于妈妈与同学们之间的警句格言？”夏老师用上了激将法。

“我就生活在妈妈的疼爱中。只要妈妈扬起手来，就会伴着响亮的‘啪啪’声，我的身上立刻绽放出美丽而动人的花瓣。”易东龙瓮声瓮气地说道，心中充满了对妈妈的愤怒。

全班的孩子们哄堂大笑。

“谁叫你不听妈妈的话，要做熊孩子呢？”

“打是疼，骂是爱，不打不骂不成材。”

“妈妈疼我，妈妈爱我，爱到深处用脚踹我！”

“妈妈心狠手辣，用手指头拧我，胳膊就会青一大块。”

……

全班炸窝一般热闹起来。孩子们也不知哪来那么多的俗语和口头禅，都用在了声讨妈妈的诉苦会上。夏老师静心听着，耐心地等待，直到控诉妈妈专场会平息下来，夏老师才装着生气地问道：“同学们，刚才听了你们对妈妈的控诉，夏老师也愤愤不平。作为妈妈，怎么能这样对待自己的孩子呢？不过，夏老师还想问的是，有没有同学没有挨过妈妈的打？”

“没有。”孩子们有气无力地摇着头，一片唉声叹气。

“你们都挨过妈妈的打。现在，实话实说，有没有同学从心底里不爱自己的妈妈？”夏老师提出了问题。

孩子们一下全愣住了。好长时间才肯定地说道：“没有。”

“这是为什么呀？妈妈打你们，你们声讨妈妈，可是，你们从心底里还是爱妈妈的。”夏老师显现出一副茫然的表情。

“妈妈打我，是为了我好。”钱莉茹睁大一对杏眼回答。

“这就对了。妈妈是为了你们好。所以你们才会幸福地生活在妈妈的眼睛里。身在福中要知福，同学们还有什么不满足的呢？”夏老师用停顿让孩子们思考。

“满足。”回答参差不齐，但声音响亮。

“同学们是生活在妈妈的眼睛里。这是一种大爱呀！反之，妈妈不是每天也生活在同学们的身旁吗？你们熟悉自己的妈妈，妈妈给予你们的爱，点点滴滴都渗透在生活里。百善孝为先。你们难道就不能像妈妈一样，从内心深处创作出对妈妈深爱的警句格言吗？”夏老师用鼓励的目光看着孩子们说。

“这么简单？”汤佳靖一吐舌头说道。

“容易的事情都很简单。第一步是去做。不做，事情再简单，也是没有结果的。要相信自己的心和写作能力。试试看？”夏老师伸出食指和中指构成一个V字，以此增强孩子们对自己的信心。他看到孩子们的脸上洋溢着自信的喜悦。

“不过，今天的作文课不是练习创作警句格言，而是写作文。写出真实的妈妈对你们爱的作文。请告诉夏老师，妈妈对你们的爱具体表现在哪些方面？可以畅所欲言。”夏老师提议道。

“体贴入微。”“无微不至。”“舐犊情深。”“寸草春晖。”“孟母三迁。”“母爱如山。”“含辛茹苦。”

孩子们像小麻雀一样，叽叽喳喳表达对妈妈的赞许。

“是真心话吗？”夏老师问。

“真心话！”孩子们从心里喊了出来。

“夏老师现在宣布：对妈妈的控诉大会转为同唱一首歌——《世上只有妈妈好》。”

世上只有妈妈好，

有妈的孩子像块宝，
投进妈妈的怀抱，
幸福少不了。
……

“夏老师，您答应每次上课前讲一个故事，今天还没讲呢?”喻彬用手一捏眼镜框架说。

“对，夏老师还没讲故事呢?”谢凯随声附和。

“那我就讲一个《爱》的故事。”夏老师淡淡一笑说道。

爱

在一座大深山里，住着一对母子。母亲含辛茹苦地抚养着儿子一天天长大。弹指一挥间，孩子长成了一个壮实的小伙子。母亲却一天天地老了下来。

一天，小伙子来到鲜花盛开的湖边捕鱼。青山倒映在碧波中荡漾。游鱼在粼粼的波光中戏水。突然，他看见一位美丽的姑娘在湖边采花。他们相识了。每当太阳升起，他们如约地来到湖边欢歌笑语；每当太阳西斜，他们又恋恋不舍地分手告别。

有一天，美丽的姑娘流淌着泪水，凄婉地问小伙子说：“你真的爱我吗?”

小伙子连声回答：“爱！爱！爱！海枯石烂心不变。”

美丽的姑娘摇了摇头说：“你说的话太虚了。我想要你实实在在最珍贵的东西，你愿意给我吗?”

“当然愿意！天地作证，如果你要我的心，我也会剖开胸膛，把鲜活的心呈献给你。”小伙子用赤诚之心表达对美丽姑娘的爱意。

美丽的姑娘长久地凝视着小伙子，然后长叹一声说道：“我不要你的心，我要你妈妈的心。”

小伙子听了美丽姑娘的话，如五雷轰顶，一下子惊懵了。他是那样地深爱妈妈，母子俩相依为命，年年岁岁，历历在目。现在，眼前美丽的姑娘要他掏出妈妈的心?他既爱自己的妈妈，更爱美丽的姑娘，他该怎么办呢?

小伙子失魂落魄地回到家里，慈祥的妈妈做好了饭菜，正倚着门框等候着儿子的归来。小伙子含着泪水，咀嚼着妈妈做的饭菜。眼前不时浮现出美丽姑娘哀伤的表情。小伙子的心彻底破碎了。

但热恋冲昏了小伙的头脑，蒙蔽了他的理智，晚上，他捧着妈妈滴血的心往湖边跑去，他要把妈妈的心献给美丽的姑娘。山道怪石嶙峋，大树遮天蔽日。小伙子一路上跌跌绊绊地跑着。突然，他手里拿着的妈妈的心说话了："孩子，摔疼了吗？如果你看不清前面的路，就把妈妈的心举起来！"

小伙子依着妈妈的话，举起了妈妈的心。一刹那，妈妈的心燃烧了，照亮了整个大森林，照亮了直通湖边的山道……

教室里异常安静，甚至能听见孩子们轻微的呼吸声。

夏老师也沉默无语，他不知道这个故事能在孩子们心中产生怎样的效果？

"夏老师，这个故事是您现编的吧？"卫翔宇用闪烁的目光看着夏老师问道。

"是我编的。"夏老师回答。

"夏老师，您这故事讲得太惊悚了。我会一辈子也忘不了的。"江珂宇感慨地说。

"忘不了什么？"夏老师接上话追问，他需要故事的结果。

"忘不了母爱的伟大。我要一辈子爱着妈妈。"江珂宇动情地说。

"这才是妈妈的小棉袄，千万别做黑心棉。"夏老师长长舒了一口气说，"请同学们记住了！妈妈对你们的爱，是没有具体内容的。不同的母爱有着不同的母爱方式，不同的母爱方式都有着一个共同的特点，无私奉献给你们全部的爱！现在，同学们好好思考一下，用叙述加描写的方式，讲述曾经发生在自己生活中的母爱的故事。"

钱莉茹的故事：

妈妈的童谣

小时候我喜欢赖在妈妈的怀里，吵着闹着要妈妈给我唱童谣。妈妈的童谣真多。她一只手搂着我，一只手拍着我的后背，轻轻地哼唱着《洗手手》：小脸盆，水清清，小手手，洗干净。还有《小手绢》：小手绢，四方方，天天带在我身上。又擦鼻涕又擦汗，干干净净真好看。特别是《红绿灯》：大马路，宽又宽，警察叔叔站中间，红灯亮，停一停，绿灯亮，往前行。哄我《睡觉觉》：小枕头，平又平，跟我一起睡觉觉。闭上眼，不吭声，比比看谁先睡着……

我静静地听着美妙的童谣，用朦胧的双眼望着窗外的一株樟树。我发现一只白头翁，正灵巧地扭动着小脑袋偷看我睡觉觉，接着又一声柔柔的啼鸣，让我感觉就像幻梦一般，然后就在妈妈怀抱里安安稳稳睡着了。

孙柏灵的故事：

妈妈给我洗手手

我最忘不了的是妈妈给我洗手的情景。我在家是一个小公主，没有公主病的小公主，既淘气又贪玩。在我的童年趣事中，泥地上，沙坑里都是我的乐园。每次我和小伙伴们玩完后，双手弄得像是扒了垃圾似的，又黑又恶心。回到家里，妈妈就会打一盆温水为我洗擦脸上的污垢，然后把我的手放在脸盆里，一边给我打上香皂轻轻搓洗，一边柔声地对我说：瞧瞧你这手多脏啊！你都是上小学二年级的小姑娘了！要懂得爱干净啊！

我抬头看妈妈，突然发现妈妈的眼睛里有一种温柔得让我心颤的光，不知道为什么，我的眼睛一下子就模糊了。

王宇泽的故事：

系鞋带

我家是从宜昌搬到武汉的。刚来没有认识的小朋友。我待在家里是妈宝，出门在外也是妈宝。

一天傍晚，刚下了一场暴雨，天就放晴了，妈妈带我在小区里散步。道路两旁的树丛中，绿叶衔着雨珠，苍翠欲滴。水泥地上还有一洼洼的积水。我牵着妈妈的手，专找有水洼的地方走，踩踏得水花四溅。妈妈没有责备我，只是愉悦地伴我同行。天渐渐黑了下来，我们拐弯开始往回走。

“你的鞋带散了。”妈妈停下脚步对我说。

我看鞋带真的散了。连忙问妈妈：“你没看地是怎么知道的？”

妈妈蹲下身子望着我说道：“你的事没有妈妈不知道的。”说着唱起了系鞋带的口诀：左拉拉，右扯扯，绕起鞋带打上结，竖起两只小耳朵，扑哧扑哧像兔子。

这耳熟能详的声音啊！我想一辈子都不会忘记。

“同学们的故事讲得细腻情真，我听了很受感动。”夏老师点评道，“在这里，我给同学们提一个问题，在你们的日常生活中，有没有被妈妈爱过了头的故事，爱得你们心发烦的故事？”

“当然有哇！”易东龙圆圆的脸蛋涨得通红，眯着小眼睛说道：“我最爱吃红烧肉，三天不吃就馋得慌。而妈妈做的红烧肉，是全世界最好吃的。只是妈妈不爱做给我吃。”

易东龙的故事：

妈妈做的红烧肉

记得有一次，我吵着让妈妈做了一盘红里透黑、色泽金黄的红烧肉。我迫不及待地吸着鼻子尝了一块，那口感真是微甜劲道、酥软即化，使我口齿流香。我接着又尝了一块。妈妈连忙用手护着盘子不让我再吃，说是吃饭的时候当菜下饭。可是，在吃饭的时候，妈妈不停地往我碗里夹青菜，嘴里唠叨：多吃青菜，少吃肥肉，身体健康不长胖。你们说说看，我喜好的是吃红烧肉，妈妈偏偏让我多吃青菜。这样的关爱让人烦不烦？

我可不听妈妈那一套，连着吃了三块红烧肉。妈妈一下把红烧肉的盘子挪到她面前，不让我再吃了。我嘴里嚼着像草根一样的青菜，眼睛瞅着那盘红烧肉，垂涎三尺。

“是不是还想吃红烧肉？那就再吃一块。”妈妈看出了我的心思，往我碗里夹了一块红烧肉。

我在吃与不让吃之间，断断续续吃完了妈妈三次夹来的红烧肉。我知道妈妈是担心我长得过胖，所以才怕我吃红烧肉，但又想让我吃红烧肉。这就是妈妈对我爱过头的表现。

“瞅瞅你都长成了一个肉坨坨，还要吃红烧肉？当心胖成了大肥猪。”谢凯冷不丁地取笑易东龙说，教室里一片嬉笑声。

易东龙尴尬地用求助的眼光看着夏老师，又偏头瞪了谢凯一眼。

“谢凯！你给我站起来。”夏老师走到谢凯跟前，厉声呵斥道，“你觉得这样损人有意思吗？”

谢凯规规矩矩站起来低下了头。

“把自己的快乐建立在别人的短处之上，告诉夏老师，这是什么行为?”夏老师严肃地问。

“不好的行为。”谢凯抬头看了一眼夏老师又低下了头。

“要懂得尊重人。当你尊重了别人，才会受人尊重。这是每一位同学必须遵守的公共道德。谢凯应该知道怎么去做。”夏老师语气缓和地说道。

沉默……谢凯走到易东龙跟前低声说道：“易东龙同学，对不起，我不该拿你身体的肥胖笑话你。我错了。”

“给谢凯鼓掌!”夏老师带头鼓完掌说道，“从今天起，希望在同学们的思想里，同学就是自己的兄弟姐妹，这是夏老师对你们的要求，记住了吗?”

“记住了!”同学们异口同声地回答。

“刚才，易东龙很生动地讲了红烧肉的故事。在这个故事里，有两个细节是值得同学们重视的。第一，对红烧肉的描写。可以说是色香味美。第二，妈妈怕他吃红烧肉又想让他吃红烧肉，这就是母爱过头在细节上的具体表现。在写作文中，细节的真实就是生活的真实。下面，我再请一位同学讲一个母爱过头的故事。注意！一定要有细节的描写。”夏老师提出要求说道。

胡小雅的故事：

母 爱

去年冬天的一个晚上，窗外北风呼啸，让人感觉一个字——冷。我缩着身体，裹着棉被，把头藏在被窝里，但憋不住气闷，又探出了头。我就这样缩进被窝又钻出被窝，来来回回捉起了迷藏。

突然，我听见了房间的响动。接着客厅一道扇面的灯光泻进我的房间。跟着是妈妈抱着一床被子，蹑手蹑脚走到我的床边。我假装睡着了，眼睛留出一丝缝儿，看着妈妈把被子轻轻搭在我盖的被子上，小心地掖了掖被沿，然后又轻手轻脚地走到门口带上了房门。

我感觉暖和多了，甚至有点热。正当我要掀开上面一床被子时，门又被无声推开了，是妈妈披着衣服，拿着毛毯走了进来。她轻轻揭开被子把毛毯搭在我的被子上，抱上被子走了出去。我知道是妈妈怕我被子盖得厚，热得乱蹬被子着凉，才换上毛毯的。我这样想着，迷迷糊糊要睡着了，朦胧中又看见房间亮起灯光，是妈妈抱着薄被走了进来。她拉下毛毯，给我盖上薄被，这样来回反复了五次。我被妈妈闹腾得睡意全无，但心里是暖暖的，又有点烦妈妈多事。

我曾经读过一本书，上面有这样一段话：万爱千恩百苦，疼我孰知父母。这就是珍藏在我心中的故事，过分疼爱我的妈妈的故事。

胡小雅的故事讲得很动情，声音细如流水，眼睛里仿佛还含着泪光。

“胡小雅讲的妈妈盖被子的故事，在细节上的描写是动词的运用：抱、搭、掖、掀、换、拉，活鲜鲜地突出了妈妈对她溺爱的行为，让人身临其境。这就是叙述中增加写实描写的妙用。何为溺爱？这就是溺爱。

今天的作文，题目为《溺爱》。希望同学们在写溺爱的过程中，创作出一条警句格言，然后写在作文里。”夏老师简单概括了这堂课的主题内容。

“夏老师，今天的作文课就这么简单？”谢凯似乎有些不相信地问。

“是的，就这么简单。在我们的生活中，有许多事情，没做时看起来纷乱复杂，但做起来后，比我们想象的要简单多了。”夏老师回答。

溺　爱

妈妈的眼角现出了浅显的鱼尾纹。因为她每天不但要忙工作，还要关心我的学习和日常生活琐事。而我每天都是匆匆上学，匆匆放学，匆匆吃饭，匆匆写作业，最开心的事是把自己关在房间里玩手机。往日和妈妈嬉戏欢闹的情景恍若梦境，大概是我长大了的缘故吧。

那是一个寒冬的早晨，我背上书包去上学，妈妈喊住我说：“外面冷，再加件毛衣。”我打开门缝瞧，一股寒风迎面袭来，我打了个寒战。妈妈快步走回房间，拿件毛衣给我穿上。我穿好毛衣正要出门，妈妈把我拦住说：“今天是星期三，你们有体育课，衣服穿多了活动不开。”妈妈说着又给我脱下毛衣。我背上书包正要去上学，妈妈不好意思地一笑说：“还是把毛衣穿上吧，外面风大，天气冷。”然后不由分说给我把毛衣穿上。我穿上毛衣准备出门，妈妈再次拦住我说：“还是把毛衣脱了吧，体育课一出汗会着凉的。”妈妈手忙脚乱地给我把毛衣脱下。我烦心地看着妈妈，妈妈却用不放心的眼神打量着我，又看看窗外叮嘱道：“还是穿上毛衣好。上体育课再把毛衣脱下，听见了吗？”我看着妈妈风风火火为我脱毛衣穿毛衣，记忆把我牵回到那年的夏天……

那时我刚踢完足球回家，浑身大汗淋漓。妈妈连忙从冰箱里拿出饮料，倒出一杯递给我说：“渴了吧，喝杯饮料。”我接过饮料一饮而尽。“还喝吗？”妈妈犹豫地看着我问。我点点头。妈妈又给我倒出半杯饮料。我接过

"咕咚咚"一气喝完，看着妈妈手里的饮料瓶还想喝。妈妈慈祥地看着我，又说："是不是还想喝？那就再喝半杯，凑上两杯好了。"我接过妈妈小半杯饮料喝完，咂咂嘴望着妈妈。"不许再喝了，不许再喝了！喝多了凉饮料，肚子会疼的。"妈妈拿过我手里的杯子，把剩下的饮料放回冰箱。我无奈地看了冰箱一眼，准备去洗澡。妈妈又把冰箱门拉开，拿出饮料瓶，把剩下的饮料全倒进杯子里说："天热，出了那么多汗，想喝，就把它喝完算了。"妈妈看着我喝。我的眼睛有些模糊了。

……

"还是把毛衣脱了吧，上体育课一出汗，你会忘了穿毛衣的，这样更容易着凉感冒。"妈妈为我脱下毛衣，然后蹲下身子给我抻着衣服。我怔怔地看着刚好在我颌下的妈妈。她浓密的黑发中，已经有几缕白发在耳廓旁，我心中泛起一阵酸楚。

什么是溺爱？这就是溺爱。重复唠叨着心的声音，蕴含着妈妈对我溺爱的甜韵。

夏老师点评：《溺爱》一文在重复中展现着平凡的溺爱，荡漾着幼小的心灵对溺爱的感悟。原来，母爱如海就是这样真实地融入母亲的言行之中的。

第十六课 谜语

“同学们好！”“夏老师好！”

“今天这堂课，请同学们了解一下人生中的3Q。或许对剖析自己，认识社会大有帮助。”夏老师说着回身在黑板上写下了：

IQ：智商（对知识的理解能力）。

EQ：情商（自强、自律、自知、移情、社交技巧）。

AQ：逆商（面对逆境的抗压能力）。

“我先提一个问题，请同学们回答。为什么登上顶峰的总是少数人？”夏老师把粉笔放在讲台上的粉笔盒里，下意识地拍了拍手问。

“这是由人的身体健壮决定的。身体好的人就能登上山顶。”

“还要具备登山的专业知识。”

“气候环境也很重要，突然刮起了暴风雪，登山者就得留在山下了。”

“同学们的回答有一定的道理。但是，我们如果往深层次去思考，把人生的视角瞄准登山的顶峰，最后的答案是登上峰顶的只是少数人。这是为什么呢？”夏老师巡视着孩子们问道。

孩子们思考后无力地摇了摇头。

“我们不妨把人生的IQ、EQ、AQ比作登山。IQ好比登山知识；EQ好比登山体魄；AQ好比登山毅力。只有5%的人最后可以到达山顶。这是因为登山的人有三种表现：第一种人看山险峻，产生畏惧，面对困难打起了退堂鼓，这是普通的登山人群，占70%；第二条种人在攀登中感觉到了艰难，不想向困难挑战，于是就安营扎寨，这种人占25%；第三种人是自强不息，挑战艰难，用信心和毅力登上巅峰，这种人占5%。

同样的道理，我们如果把3Q移植到同学们的学习上来，IQ就是同学们的逻辑思考、判断解决学习问题的能力。EQ 就是同学们对做任何事情的激情及自信心，以及矛盾发生时如何处理的能力；AQ 就是同学们面对繁重的学习，是否能用乐观向上的精神，化压力为动力的能力。只有 3Q 兼具，同学们才可以攀登上山顶。

当然，在现实生活中，有的人 IQ 很高，EQ 却很低，这表明他的自身条件还没有达到融入社会的要求，所以，必须得在生活中学习完善自己。有的人 IQ、EQ 都很高，但 AQ 很低，这表明他面对逆境只能是逃兵或是失败者。

我希望同学们从现在开始，在学习中成为既有智商，又有情商，还有逆商的那 5%的登顶人”夏老师细致地解释了 3Q 的内涵。

“夏老师，做到这 3Q 难不难呀?”谢凯认真地问。

“说也难来也不难，不学无术难登攀。”夏老师回答。

“那我们应该怎么去做呢?”谢凯继续问。

“一步一个脚印走得踏实一些。具体说，就是每做一件事就要投入全部的精力。同学们请注意，当你投入全部精力时，往往会出现一种虚假的疲劳。这种虚假的疲劳，在夏老师和同学们之间经常出现。有一次，我收作文本时，有位同学没有把作文写完。我问：‘为什么其他同学能把作文写好了，唯独你没有把作文写完呢?’

‘夏老师，我觉得自己好像有点不舒服。’他回答。

‘是感冒了吗?’我又问，用手背试了一下他的前额。很正常。

‘我也不知道，反正是不想写作文，就想趴在桌子上睡会觉。’

他真实地说出了发生在他身体上的虚假疲劳。

我告诉他说：‘在我们的生活中，许多的事情，都是在不太舒服，不想去做，坚持不下去的情况下，咬紧牙关，再坚持一下完成的。所以，当我们设定了一个目标，首先去想象实现目标的美好情境。当我们在这个过程中遇到困难和挫折的时候，就把描绘成功的情景摆在脑海里作为奋斗的动力。这样一来，设定的目标一定可以变成现实!

我有个朋友经商赚了很多的钱。前不久，他碰见我说：他想花几年的时间，把自己奋斗的过程写成一本书。但是，他又有些犹豫不决，说自己已经到了花甲之年，不知道能不能把这本书写好。

我对他说：花甲之年又有什么?你的身体不是棒棒的吗?试想一下，你不去写这本书，日子会在遗憾中一天又一天地过去。你选定了写书的目标，日子也会在充实中一天又一天地过去。你选择哪一种呢?

现在，他正以乐观向上的积极心态，力透纸背地耕耘在文字之间。这就是组成我们生命链接的最真实可靠的行为指南。所以，我们每一个人的人生都要像花儿一样努力开放。做与不做全在于我们自己。”夏老师说得慷慨激昂，孩子们听得频频点头。

“夏老师，您好会煽情呀！说得我心里热乎乎的。就现在，我心里想的是一定要把3Q当作人生的坐标，争取做那5%的登顶者。”谢凯神采飞扬地看着夏老师表明态度。

“承诺是金！同学们从现在开始，走好自己的每一步。”夏老师说道，“今天的警句格言是：一、妈妈是我生活中的快乐起始，但没有终点。二、父爱凝重，点点滴滴渗透在平凡的生活里。”

孩子们认真地记录着夏老师口述的警句格言。

“夏老师，您能不能像警句格言说的一样，给我们讲一个凝重又平凡的父爱故事，对我们进行启发似的引导。”卫翔宇很有思想地向夏老师提出了要求。

“好吧，我就讲一个我和父亲的真实故事。”

舐犊情深

我幼年时，是父亲又当爹来又当妈一手把我拉扯大的。可是，随着日子的流逝，我一天天长大，和父亲的代沟也在一天天拉大。我和父亲常常为了一点小事而争执。我讨厌父亲的思想固化和世俗，更心烦父亲那无休无止的唠唠叨叨。于是，我便开始冷落起父亲来。

记得是一个深冬的夜晚，我孤独地在房间里写作，窗外是一片闪烁的寒星，刺耳的北风呼啸着从窗缝里钻进屋里，我的手脚都冻僵了，只好疲倦地搓搓手，跺跺脚，心中旋即涌起一种苦涩，渴求孤独中的感情温暖。突然，我听见门响了。偏头看，只见父亲佝偻着身子，手端一碗面条，蹑足向我走来。一种从未体验过的滚烫感情，顷刻流遍我的全身。我的眼睛有些湿润了。

“趁热，吃了它。”父亲把面碗放在桌上，眯缝着混沌的眼睛对我一笑。

我动情地凝视着父亲，发现眼前的父亲老多了。他两鬓斑白，脸上刻着年轮般的皱褶，带晕的眼睑耷拉着，浑浊的眼眸黯淡无光。我的心头一颤，依稀回忆起小时候爸爸用劲鼓起手臂，让我拳击他臂膀隆起的肌肉。我挑战地看了爸爸一眼，用小拳头击打他的臂肌，爸爸纹丝不动地看着我笑，又出其不意地俯身托着我的腋下，高高把我举上头顶。我快活地“咯咯”大笑，悬空的两脚乱踢乱蹬，高声尖叫着。那时，我感到爸爸是世界上最强壮有力的人，可现在……

“别写得太晚了，早点休息。”父亲将一只手轻轻搭在我的肩上说。眼睛里闪烁着慈母一样的柔光，然后扯了扯披在身上的棉衣，走了出去。

我望着父亲的背影，捧起这碗热透手心的面条。我感到整个房间弥漫起一片温馨的父爱。

“夏老师，这样的故事既平凡又感人，我和爸爸妈妈之间也经常发生。我要是能像你一样会讲就好了。”喻彬扶着眼镜框感慨地说。

“相信自己，勤奋学习，不远的将来，同学们也会像夏老师一样，故事甚至讲得比夏老师还要好。”夏老师诚实地说。他相信这些孩子在自己选择的路上，一定能写好自己的故事。

“夏老师，言之易，行之难呀！您刚才讲的《舐犊情深》，主题明确，故事的开头、内容、结尾层次也很分明，我们一听就懂。不过，当自己开始讲故事或是写故事的时候，不知怎么就模糊起来，有时候还无从下笔。”卫翔宇用游离的目光看着夏老师。

夏老师想了想说道：“‘言之易，行之难’是吕不韦的经典名句。吕不韦还讲了一句：‘苦之以验其志。’所以说，学习的过程，就是苦之以验其志的过程，当你们的知识累积到一定的程度，相信夏老师的话，就会突然爆发，讲故事或是写故事会变得自然流畅。现在，请卫翔宇在黑板上把夏老师讲的故事《舐犊情深》拟出提纲来，完成模糊变清晰的转换。”

卫翔宇走到讲台前，在黑板上拟出《舐犊情深》的提纲：

舐犊情深

主题：舐犊情深

开头：开门见山叙述了长大后和父亲的代沟，冷落父亲。

内容：1. 写作的孤独艰难，父亲送夜宵的情景。

2. 父亲的衰老（肖像描写）；插叙：衬托父亲从前的健壮。

结尾：抒发情感，父爱弥漫在房间（对比：开头冷，结尾暖）。

夏老师很欣赏卫翔宇拟定的提纲，《舐犊情深》概括得简洁明了。他为孩子们的学习进步感到由衷的高兴。

“同学们还要注意，在学习的过程中，要学会举一反三。先打腹稿，拟提纲，写起作文来就会清晰明朗，行文时少走弯路。”夏老师在点评中教孩子们学习的方法。

“夏老师，今天的作文写什么呀？”谢凯急切地问道。

“今天的作文写生活中的小故事。难点在于怎样去捉捕生活的信息，从而产生灵感，这是同学们学习写好作文的一道坎。试试看，我们从猜谜语中起步，怎么样？”夏老师点明作文的内容。

“先猜谜语？”谢凯眯缝着眼睛问，“难不难呀？”

“非常简单，同学们听好了，”夏老师一字一句地说道，“日里忙忙碌碌，夜里茅草盖屋。”

沉默，思考……

“夏老师能不能划个范围？”万昊红着脸打破沉静说。

“人体谜语。”夏老师笑说道，上下眨动着眼帘。

“眼睛。”孩子们欢呼雀跃。

“早上开门，晚上关门，走近一看，门里有人。”夏老师又说。

“还是眼睛。”孩子们振臂喊道。

“两间小屋左右分，要到睡觉才关门。小屋能把万物收……”夏老师还没说完，孩子们就手舞足蹈欢笑起来。

“眼睛。”孩子们抢答说。

“左一孔，右一孔。”夏老师停顿下来，等待孩子们的抢答。十几双眼睛看着夏老师，等待着下文。

“是香是臭它最懂。”夏老师话锋一转地说道。

“鼻子。”孩子们嬉笑着迸发出答案。

“两棵小树十个杈，不长叶子不开花。能写会算还会画，天天干活不说话。”夏老师又说。

“是手。”孩子们反应迅速。

“左一片，右一片，隔座山头不见面。”夏老师快速地说。

“耳朵。”嬉笑回答。

“小小石头排两排，早起刷来晚上刷。”夏老师连珠炮似的说。

“牙齿。”笑声淹没了答案。

“司令部里住首长，电话线路通四方。命令一下就执行，发现问题想办法。”夏老师马不停蹄地打谜语。

“大脑。”快乐声里抢答道。

“勾勾子菜，溜溜子菜，红心萝卜四方菜。”夏老师滴溜一转眼珠，想到了小时候父亲打的谜语，使出了怪招。

孩子们一下在欢快中哑火了，面面相觑。

“猜不出来了吧？”夏老师得意地笑了笑说，“这是我父亲打的菜谜，说的勾勾子菜是豆芽，溜溜子菜是粉条，红心萝卜是鸡蛋，四方菜是豆腐。”

“夏老师，这是菜谜呀！不是人体谜语。”孩子们齐声反对。

“同学们说得对，夏老师最后打的谜语是跑偏了。不过，没关系，我只是想调节一下学习的氛围，最后的落点是捕捉住谜语的信息，写成一篇作文。怎么写呢？我就借刘蕊的《父亲的谜语》，稍作改动和缩编，供同学们在写作文时模仿和参考。”夏老师说完，朗读起《爸爸的谜语》。

爸爸的谜语

小时候，我最喜欢坐在阳台上，猜爸爸打的谜语。爸爸的谜语真多，在他那细眯眯的眼睛里，藏满了我怎么也猜不出来的谜底。我常常是一边看着深邃的星空，一边紧盯着爸爸的小眼睛，小脑瓜在苦思冥想中发胀时，爸爸便会给予巧妙的提示，直到我得意地猜到为止。爸爸也陪着“嘿嘿”地笑。

渐渐地，爸爸的谜语很少能够难倒我了。只有一条谜语我猜不出：“晚上关箱子，早上开箱子，箱子里面有镜子，镜子里面有个乖女子。”

我想了半天想不出，问爸爸：“怎么镜子里面有个乖女子呢？”

爸爸笑着说：“你再听呀，”他把眼睛合上，“晚上关箱子，”又把眼睛睁开，“早上开箱子，”爸爸把眼睛凑近我，“箱子里面有镜子，”你仔细看，“镜子里面是不是有个乖女子？”

我叫起来：“是眼睛，是眼睛。”

爸爸说：“对，这是爸爸的眼睛。”

我问：“那我的眼睛又该怎么说呢？”

“晚上关箱子，早上开箱子，箱子里面有镜子，镜子里面有……”爸爸摸了摸脑袋说，“有个老头子。”

我把这个谜语拿去考同学们，最后一句改成：“镜子里面有个熊孩子。”也像爸爸那样把眼睛一张一合去启发他们。

去年父亲节，我攒了一百元钱，在去商场的路上，我发了一个短信给爸爸，问爸爸需要什么？短信发出后，我忽然生出一个荒诞的想法：假如爸爸跟我要太阳、月亮，我也能给他吗？当然，爸爸绝对不会跟我要这些的，我却暗暗嘲笑起自己的孝心来。猜一猜，爸爸会要什么呢？

爸爸回了短信，只有四行字。“晚上关箱子，早上开箱子，箱子里面有镜子，镜子里面有个乖女子。”那是爸爸的眼睛，我怎么会猜不出呢？

“夏老师，您在朗读《爸爸的谜语》时，我一边听一边想，脑子里跳跃出一个想法，把谜语写成关于学习的童话故事，可以吗？”卫翔宇问道。

“当然可以。文以新为贵，只要围绕谜语不跑题，怎么写都行。”夏老师回答。

“吔——”接下来是笔在纸上磨擦的“沙沙沙”声。

魔法师的谜语

晚上，我阅读完《哈利波特》这本书，遇见了霍格沃茨魔法学校的魔法师。

“请你把我变成一个大人好吗？”我说。

“这是为什么？”魔法师奇怪地看着我。

“我成了大人，就可以不用学习了。”我告诉魔法师我的想法。

“那好吧，”魔法师说，“不过，你得猜个谜语：两个葡萄黑又亮，只能欣赏不能吃，白天陪我看世界，晚上伴我入梦乡。”

“是眼睛。”我一下子就猜出来了。

“那睁开眼睛后，你最该做的无止境的事是什么呢？”魔法师闪动着狡黠的眼睛又问。

“当然是吃饭，早上吃了中午吃，中午吃了晚上吃，循环往复，这应该是无止境的事。”我说。

“不对。”魔法师说，“你没猜中。好好地想，等你猜中的那一天，我就来实现你的愿望。”

从这一天起，我早晨睁开眼睛，就想啊想啊，这无止境的事到底是什么呢？我觉得自己已经猜出来了。是穿衣服？每天醒来起床就得穿衣服。我欣喜若狂。可是魔法师没有出现。是走路？我问自己，生活难道不是在行走中过日子吗？魔法师还是没有出现。是睡觉？我凝视着窗外的灿烂阳光渐渐变暗，魔法师仍然没有出现。

有一天早上，我背着书包走在上学的路上，远处高楼升起一轮鲜红的太阳。我情不自禁地高声叫道："最该做的无止境的事是学习。"话音刚落，魔法师出现了。

"小同学，"魔法师说，"你猜对了！从今天起你就算是大人了。"

"我再也不用学习了？"我惊喜地问。

"不！学无止境。学习就像你一生的影子，跟你一辈子。"魔法师说。

"那……你能不能让学习变成一件快乐的事呢？"我无可奈何地说。

"知识就是力量。你学到了知识，就充实了自己。知识会给你带来认识世界的快乐。"魔法师说道。

我觉得魔法师的话很有道理，思考着……

"小懒虫，起床了！"妈妈在厨房高声喊道。

我从睡梦中惊醒，起床穿衣吃饭，背起书包上学校。我走在上学的路上，头上是红艳艳的太阳，心里却充满了渴望，因为，我猜中了魔法师的谜语，学无止境是人生中最正确的答案。

夏老师点评：《魔法师的谜语》写得活泼新颖，立意也有深度，小作者用童话故事形式，写出了儿童的心理，给人留下了很多遐想。

第十七课 最好的老师

"同学们好！""夏老师好！"

"今天这堂课的内容有：警句格言；作文基础知识：人称；作文：给妈妈写一封信。"夏老师明确了课程内容。

"夏老师，你答应每堂课之前讲一个故事的。"谢凯提醒说。

"是的，我履行诺言，用第二人称的方式，讲述一个关于同学们小时候的故事。"

孩子，小时候的你呀！

孩子，这是一个春光明媚的早春，我在产房门前来回踱步，焦急不安地盼望着新生命的降临。他会是什么样子呢？我凭空想象，但怎么也想不出来。

这时，白衣天使用毛巾抱着一个婴儿从产房里走了出来。

"大夫，是男孩还是女孩。"我迎了上去问。

白衣天使是位50来岁的护士，她抬起头用慈祥的眼睛望着我说："是个带把的。"

"是儿子，我能看看吗？"我说。

白衣天使点了点头，揭开裹着的毛巾。

这就是我的儿子？我不相信眼前的事实：他脸面绯红，皱皱巴巴，眼睛紧闭，全身胎毛，斑斑印记，手握双拳，小腿蹬跷，活脱脱的就像一个外星人。

"你的儿子，"白衣天使看出了我的心思说，"不敢相信？"

"我成了外星人的爸爸？"我脱口而出。

白衣天使对我微微一笑，走了。

我随着白衣天使来到全玻璃的育婴室，不敢相信眼前的事实。白衣天使拎着我儿子的一只脚，像拎小鸭子样放进澡盆里，接着一拍儿子通红的屁股，儿子“哇”的一声哭了。白衣天使娴熟地为儿子洗澡，擦净，用毛巾被裹上，儿子乖乖地不哭也不闹，被放在玻璃箱子里。

我长久地伫立在玻璃窗前定定地看着儿子，真不敢相信，我就这样瞬间成了爸爸，有了儿子的爸爸。在今后的岁月里，这个像外星人一样的儿子，将会给我这个爸爸带来怎样的生活呢？

孩子，我听见了你的哭声，揉着惺忪未眠的睡眼，披上衣服，走进了厨房。窗外，下着蒙蒙的细雨，西北风吹得光秃秃的树枝在摇晃，透出早春的寒意。我站在煤气罐旁边，看着青蓝色的火苗舔着煮牛奶的钢筋锅往上蹿，双手合拢烤焐着火苗，上下齿“嘚嘚嘚”打战，全身冷得瑟瑟发抖，眼睛直直地盯着煮牛奶的钢筋锅，生怕稍不留神牛奶煮开沸腾，溢出了锅外。牛奶煮开，灌进奶瓶，放进盛满凉水的盆里降温，然后又时不时地用嘴试牛奶的凉热，待温度适中，再把奶瓶塞进嗷嗷待哺的你的嘴里。当你嘴里含着奶瓶优雅地咂咂吮吸时，吮吸的咂咂声悄然代替了天籁一般的哭声，哭声一停，万籁俱静。于是，我才把僵硬冰凉的身体钻进被窝里，缩成虾球状地哆嗦取暖，细细体验咀嚼着舐犊情深的开始。

孩子，常言说得好：爱子莫如父。接踵而来的过程，充分地说明了这一点。

“爸爸，拉大便。”你突然放下手中的勺子，从椅子上滑下来，转身跑向洗手间。

我看了看桌上的饭菜，双手一摊，苦苦一笑，也跟着来到了洗手间，你正在大便，而且是便秘。你使劲得脸蛋涨得通红，额上的青筋凸了出来，鼻孔里沉重地喘着粗气，两只小手握得紧紧的，但是大便还是拉不出来。

“儿子，使劲……再使劲……”我也弓着身子紧握双拳，憋着气力，为你攒劲加油拉大便。

“爸爸，拉不出来。”你涨红双眼无助地望着我。

“再……使劲……加油。”我蹲在你的面前，替你用力。

“爸爸，拉……不出来。”你松劲了，表情可怜巴巴。

“来，儿子，爸爸帮你把大便抠出来。”我一屁股坐在抽水马桶上，让你上身趴在我的双膝前，右手掰开儿子的小屁股，左手食指伸进你的肛门里，一点一点地挖出像羊屎一样的粪便。

儿子又活蹦乱跳地回到了餐厅里，而我却在洗手间里一遍又一遍地洗着双手。用肥皂洗，用清水冲，用洗涤剂洗，再用清水冲。但是，心里总是有洗也洗不干净的阴影，感觉没有把抠屎的手洗干净。

孩子，这样的日子在不紧不慢地朝前走着，你也一天天长大。

这一天，只见你无声无息地消失在饭厅里，好长时间也没有见到你的踪影。你上哪里去了呢？桌子上的饭你还没有吃完。我把自己碗里的饭三下五除二地扒进嘴里，上客厅找你，你不在。这时，我听见卫生间里有抽水声，我走进卫生间里一瞧，抽水马桶旁有一坨你拉的粪便，你浑身透湿地趴在抽水马桶上，两只小手伸进马桶里自娱自乐地在玩水。还不时拉一下马桶绳，水就“咕隆隆”地流出来。我一个箭步冲到你跟前，把你抱起来问：“你这是干什么？脏不脏呀？”

“爸爸，我是在洗手手。”你天真地望着我说。

“我的天啦！这是拉大便的马桶，不是洗手手的。”我连忙给你脱去湿衣湿裤，打开淋浴要给你冲澡。

“爸爸，你出去，我自己洗澡澡。”你使劲地把我推出卫生间，关上门，自己洗起澡来。我伫立在卫生间门口，似乎有些紧张，又似乎有些感动。泪水渐渐模糊了我的视线，心也跟着幸福战栗起来，尘封的记忆猛然间被唤醒。我知道，我和你的故事还要演绎下去，直到有那么一天：

当我颤颤巍巍走不动路的时候，
当我不能把饭送到嘴边的时候，
当我说话哆嗦牙齿不关风的时候，
当我用每分每秒计算生命的时候，
亲爱的儿子，
请你不要发脾气怪罪我，
请多一点耐心慢慢听我说，
希望你能记住，
我曾经无数次搀扶过你学习走路，
我曾经千万遍教你咿咿呀呀学说话，
我曾经用冻红的双手为你洗过尿湿的裤子，
我曾经一次次替你抠过大便，揩过屁股，
我曾经不厌其烦帮你擤过鼻涕，系过鞋带……

“爸爸，你哭了？”你从卫生间洗完澡出来，睁大眼睛望着我问。

“没……没有哇。”我假装揉眼睛揩去泪水，一下紧紧地把你抱起。

孩子们在时而欢笑时而肃静中听完了夏老师叙述的《孩子，小时候的你呀!》，那一双双清澈的眼睛，仿佛是心灵的相约，收藏起不可随意抹去的细节美丽，润泽着心灵纯洁的春天。

“同学们需要注意！在写作文时有一、二、三人称的叙述方法：

第一人称：我、我们，必须是亲身经历的故事，叙述较为亲切、自然、真实。同学们现在都是以第一人称写作文。

第二人称：我对你。在语言中，指说话人相对听话人的情感交流。夏老师刚才讲的《儿子，小时候的你呀!》就是用的第二人称。

第三人称：他、她、它，是以旁观者的身份叙述故事，不受时空限制展现情节。写作文把控上有一定难度，写童话和科幻故事可以采用。”夏老师对“人称”作了简明概述。

“夏老师，《孩子，小时候的你呀!》，真的是我们小时候那样的吗?”孙柏灵闪烁着一双清亮的眼睛问道。她还沉浸在夏老师的故事里。

“回家去问问你的爸爸和妈妈，他们会很幸福地述说你小时候的故事的。这样的故事。恰如秋水，荡漾心田，甘之如饴，丝丝入扣。”夏老师深有感触地回答。

“夏老师，昨天爸爸让我写了一封信的作文，题目是《爸爸，请您听我说》，我想朗读。”谢凯高高地举起手，神采飞扬地说道。

“当然可以。这堂课就是用第二人称讲故事，写作文。你给爸爸写的一封信，也是第二人称的表达。稍后，请你朗读。现在同学们注意听，今天的警句格言是：一、母爱是一个平凡的字眼，但能编织人间最美的彩虹。二、父爱是一盏心灯，照亮着我人生的旅程。下面，请同学们根据警句格言的含意，好好思考一下，怎么用第二人称给爸爸妈妈写一封感情真挚的信?”夏老师说完，留出时间给孩子们讨论思考。

教室一下子热闹起来……

“同学们，请安静。”夏老师示意孩子们停止讨论和议论说，“我们国家有许多大大小小的节日，很多都是外国的节日，比如圣诞节、情人节等。但是，夏老师提问，中国的四大传统节日是……哪位同学回答?”

“过年，三十晚上给压岁钱。”“吃月饼。对，中秋节。”“吃粽子，还有端午节。”“还有……对了，踏青祭祖，清明节。”

孩子们你一言我一语，总结出了四大传统节日。

“那夏老师再问，这四大节日，每个节日的意义是什么？”夏老师见同学们的议论渐渐平息，又问道。

“春节就是吃年饭，守夜，给压岁钱，放鞭炮。只是现在不让放了。初一开始拜年，然后是痛痛快快地玩。”谢凯机关炮似的说道，伴着孩们欢喜的笑声。

夏老师知道孩子们很难回答四大传统节日的意义。解释说：“同学们听好了：春节的含意是农历的新年，象征新的一年开始，标志人生的又一个起点；中秋节是围绕月亮进行的，农历八月十五是大月亮，看着月亮吃月饼，当然是团圆节；端午节是纪念屈原的节日，屈原是爱国诗人，投汨罗江而死，有缅怀先人忠心爱国的意义；清明节是祭祀的节日，踏青扫墓，是认祖归宗的节日。”

“还有《清明上河图》，是国宝。价值连城。”

“我要是有就发了财！再也不用读书了。”

“清明时节雨纷纷，路上行人欲断魂。借问酒家何处有，牧童遥指杏花村。”

“清明又叫寒食节。我还知道春秋时期介子推的故事，有一句诗是怎么说的……”谢凯抓耳挠腮，涨红了脸一下想不起来。

“割肉奉君尽丹心，但愿主公常清明。诗意是介子推赤胆忠心，希望主公清正廉明。”夏老师见谢凯实在想不起来，补充说道。

“对对对！是夏老师这样说的。我一时忘了。”谢凯如释重负，萌萌地笑起来。

“同学们，下星期二是一个什么节日？”夏老师继续问。

“母亲节。”孩子们不假思索地回答。

“那在母亲节到来之际，同学们准备给妈妈送上什么礼物？”夏老师接着问。

“还……还没想好。”坐在前排的易东龙望着夏老师回答。

“既然还没想好，夏老师为同学们设计了一个想法，在这堂课里，给妈妈写一封信，信的内容是表达对妈妈养育之恩的感谢。《三字经》里说：昔孟母，择邻处……”夏老师建议。

“孟母三迁。”同学们接上对答。

“你们的妈妈就是孟母。为了给你们创造良好的学习环境，就我所知，我们培优班有两位同学家住在汉口和青山，为了上武昌实验小学，现在租房住在实验小学附近。这就是现代版的‘孟母三迁’。请同学们好好想一想和妈妈在一起的故事，用写信的方式表述出来。如果能附上一束妈妈最喜欢的鲜花就更浪漫了。”夏老师说完回身在黑板上写下了书信的格式：

妈妈（称谓）：

　　您好（问候）！

　　故事（正文）

　　……

　　此致

敬礼（祝语）

您的女儿、儿子（署名）

××××年×月×日（日期）

　　又及（补语）：

“夏老师。是按照黑板上的格式给妈妈写信吗？”胡小雅细声地问道。

“是按照黑板上的格式给妈妈写信，但在行文中又有所不同。怎么写？请谢凯朗读写给爸爸的一封信。”夏老师说道。

谢凯写给爸爸的一封信：

爸爸，请您听我说

爸爸：

　　您好！

　　父亲节就要到了，有些话，在我成长的过中，我想对您说。我写了一首诗：

平凡的名字

我默默阅读着往事的记忆
这才发现
父亲这个平凡的名字
平凡中透着坚毅
坚毅中守着凝重
凝重中藏着沉默
沉默中润着温馨
这就是我平凡又不平凡的父亲

一刹那，一股巨大的暖流激荡在我心，轻轻唤醒一个个尘封的故事：

爸爸，我还记得那天我和您站在窗前。您默默无语，让我静听清脆的鸟鸣，露珠的滴落，绿叶的复苏……仿佛在告诉我美好的事物就在眼前。现在我懂了，心灵相约，关注美好，这是大自然的召唤。

爸爸，在过一次繁华的街道时，您让我去搀扶一位盲人过马路。当我们走在马路当中时，警察拦住了过往的汽车，让我们顺畅地通过。现在我懂了，这是生命对生命的关爱，如天籁之音，润泽着心灵的春天。

爸爸，有一次我哭哭啼啼地回家对您说，一个男生欺负另一个女生，我说了句公道话，他又把我骂了。您笑笑说：被欺负的女生就是你的姐妹，帮助那些需要帮助的人，你就拥有了善良。现在我懂了，每一次付出，没有必要期望回报，用宽厚的心收藏起人生的细节，这就是最好的回音。

爸爸，记得前几年您做生意亏了，日子过得很苦。您没钱给我买玩具就找来一个矿泉水瓶，把瓶盖戳个洞灌满水，然后您让我看着细细的水流成弧线，流向另一个矿泉水瓶，我们玩得好开心哟！现在我懂了，凝视于心底的清澈，淡淡的日子就有了简洁而明快的诗意，我学会了在贫困的生活中怎样去寻找快乐。抓住了快乐，我就是天底下最幸福的人。

是啊！时间如秋风，把流逝的和正在流逝的一切像落叶一般卷走，一年又一年，但是，您为我点亮的每一盏心灯，它们将会陪伴我一生……

此致

祝爸爸快乐

您的儿子：谢凯

2018 年 5 月 10 日

谢凯读完，教室里响起了热烈的掌声。

“谢凯写给爸爸的信格式完整，说理透彻，感情真挚。今天的作文，就以谢凯的这封信为模板，用第二人称，写一封给妈妈的信。好吗？”夏老师点评说。

“夏老师，要不要写题目？”喻彬提问。

“同学们说呢？”夏老师反问。

“要题目。”“不要题目。”“要题目。”“妈妈是我最好的老师。”

教室里争执声不断……

“可以要题目。就以刚才同学们说的为题：妈妈是我最好的老师。”夏老师定调，“请同学们认真在记忆里搜寻，你们和妈妈生活中的每一个细节。比如：考试成绩不好，妈妈会唠叨没完：早上早起背背书；上课时要用心听讲；睡觉前把明天上课的内容预习一遍等等；而当爸爸的只会绷着脸，冷眼一瞟，然后用低沉的声音说：这次没考好算了，下次一定要努力。这就是对同一件事情妈妈和爸爸的不同态度。好好去捕捉领悟这样的生活片断。”

“夏老师，是当堂作文吗？”谢凯接上话问。

“当堂作文。应该好写。”夏老师回答。

“只是……”谢凯看着夏老师，欲言又止。

“只是时间紧了点，害怕写不完拖堂。是吗？”夏老师冲谢凯笑了笑说道，“同学们都在玩手机。请问，手机上有没有停止键？没有。但同学们不会因为手机上没有停止键，而放弃刷屏手机。学习也是一样，夏老师每星期只有一次培优课，也没有设定停止键。包括在课堂外等着接你们的爷爷奶奶，外公外婆，爸爸妈妈都没有停止键。所以，我们如果不比别人付出更多，就不可能名列前茅。”

最好的老师

亲爱的妈妈：

您好！

母亲节到来之际，我的心中不由唱起《妈妈我爱你》：

妈妈，我要悄悄地告诉你
告诉你一个小小的秘密
这个秘密就是一句话
妈妈，妈妈……我爱你
……

我曾听爸爸说，在我刚出生的时候，常常用大哭大闹折磨您，让您在夜深人静的时候，睁着惺忪的睡眼，疲惫地抱着我来回踱步，有时到天明；在您教我学步走路的时候，我趔趔趄趄勇往直前，累得您勾着的腰都直不起来；当您给我穿上新衣服的时候，半天下来，我就弄得满身都是泥巴和污垢……我就是这样淘气地在您的养育下一天一天长大。

最让我记忆深刻的是老师布置作业：回家给妈妈洗一次脚。晚上，我打来一盆温水，把您的脚按进盆里，用手撩着水，用指尖搓着您的脚。突然，您一抽搐。我低头看，发现您脚上有红褐色的冻疮。我问原因，您平淡地笑着说：“小时候给你洗脚，你把刚倒盆里的开水踢翻了。当时吓死我了，生怕烫着了你。还好，开水烫在我脚上。那段时间天气很冷，我又得上班，以后每年脚都生冻疮。”我愕然地看着妈妈，在柔和的灯光下，我的眼睛模糊了。

最让我不能忘怀的是，有一次我发烧住进医院。当我睁开眼睛，视线所及全是乳白色的墙，我将眼睛略一抬高，看见您熬红了双眼，侧身低头，默默坐在我的身旁。我扭动了一下身子，喉咙发出渴的“咕噜”声。您连忙端起床头柜上的杯子，将我的头搂在怀里，把杯子放在我嘴边，微微倾斜，水如甘乳般地流进我的嘴里。

最让我感动的是，有一回您给我钉扣子，先取针，扯下线，手指沾点口水，把线的一头捻了捻，捻得针尖般细，瞄准针孔，屏住呼吸，慢慢地穿进，然后把线拉回挽个结，一针针地划着优美的弧线。当时您是坐着我站着，您的头正好在我的下颌，我看见您慈祥的脸庞略显憔悴，浓密的黑发里，夹杂着缕缕白发，在灯光下散射着幽幽的银光。那一刻您在我心中是最美的妈妈。

现在，我已经长大了，每每想起和您的故事，心中就涌出感恩妈妈的诗句；每天见妈妈，脸慈祥，渐苍老，妈妈这辈子，持家务，省开销，不穿好衣裳，心思全在我身上，我又该拿什么报答您，含辛茹苦的好妈妈！

祝妈妈母亲节快乐！

您的女儿：江珂宇

2018 年 5 月 11 日

夏老师点评：《最好的老师》用充满对妈妈敬爱的细节描写，生动地写出了浓浓的母女之情，好！

第十八课　父爱如歌

“同学们好！”“夏老师好！”

“今天这堂课的内容有：警句格言；第三人称的叙述；作文。现在，夏老师先履行承诺。上课前用第三人称的叙述，讲一个真实的我和父亲的故事。”

父爱的照片

儿子的母亲去世早，是父亲把儿子辛辛苦苦拉扯大的。可是，随着儿子年龄的增长，儿子和父亲的关系反而不像小时候那么亲昵，渐行渐远地拉开了距离，甚至有时候和父亲说一会话都会争执不休。有时候，俩人常常面对面地坐着一句话都不说。换句时髦的话，就是父亲和儿子之间存在着代沟。

那是1975年初冬，儿子报名当兵了。在临行的头天晚上，父亲为儿子准备了丰盛的践行饭。俩人默默无声地吃完饭，又默默无语地对视着，谁也没有开口说话。过了很长时间，儿子拗不过沉默开口说道：“爸爸，明天我就走了。”

“什么时间？”父亲平静地问。

“早上七点。在武昌火车站广场集合。听说部队驻地在河南荥阳。”儿子回答。

“哦，知道了。”父亲抬眼看着儿子，看得很仔细，很真切。

“到了部队我就给您写信。”儿子说，心里涌动着离别的伤感。

“那……什么时候才能探亲？”父亲身子往前挪了挪，急切地问道。

“大概三年以后，”儿子说，“这是部队的规定。”

“三年啊……”父亲说这句话的时候有些哽咽，儿子看父亲眼里闪着泪光。

父亲和儿子对视着，又沉寂下来。

过了一会，父亲站了起来，慢慢走到桌子跟前，从抽屉里拿出一个印有照相馆的纸袋，走回儿子跟前，勉强一笑，用颤巍巍的手递给儿子说："这是我去照相馆冲印的两张照片，看你喜欢哪张就拿去，带在身边，爸爸好陪伴着你。"

儿子接过相袋，从里面拿出两张父亲和儿子拼接合成的合影照片：一张是儿子和父亲的登记照合成的合影照片；一张是儿子和父亲的生活照拼接合成的合影照片。儿子拿着这两张珍贵的父亲和儿子的合成照片，心如刀绞。儿子从接到部队的通知书到明天早上出发，有一个星期时间，然而，在这段就要离别的日子里，儿子却忙于会同学和朋友，把父亲孤零零地撇在一边，连陪父亲去照相馆照张合影纪念照的时间都没有，而是让父亲无助地去照相馆拼接合成照片。

"爸爸……"儿子拿着沉甸甸的照片，凝视着像雕塑一般的父亲，眼睛里含满了泪水。

"这就是我和父亲的真实故事。是用第三人称表述的。我再重复一遍，同学们写作文时，用第一人称，必须是我经历或是耳闻目睹的事情；第二人称，属语法范畴，在言语活动中，说话的人相对听话的人显得自然亲切；而第三人称，即以第三者的身份叙述故事，不受时间和空间的限制，行文比较灵活自由。"

"夏老师，叙述文的人称运用，学校老师已经讲过，我们都懂。不过，刚才您讲的《父爱的照片》，我有一种感触，为什么一些平平常常的事情，在您的故事里，就显得那么情深意浓，让人感到震撼和心动。"卫翔宇还沉浸在夏老师的故事里。

"父亲都是一样的。希望同学们在平常的生活中，学会留心观察和父亲之间发生的小故事。要相信自己，不久的将来，在你们的笔下，一定会写出平凡的父亲不平凡的故事。"夏老师用鼓励的目光扫视着每一位孩子。

"夏老师，那儿子和父亲后来呢？"谢凯挠着短发问道。

"你的提问太大了。儿子和父亲后来的故事可以写一本书，像《天方夜谭》一样的书。"夏老师冲谢凯微笑着说，"但是，夏老师明白你问的意思，是不是儿子和父亲的后续故事？"

"是这个意思，也不全是。反正我也说不清楚。"谢凯萌萌地望着夏老师回答，又不好意思地低下头。

"那好，夏老师再讲一个儿子和父亲《谁该买单》的故事。"

谁该买单

儿子当兵复员回到地方，很快就被安置到湖北省图书馆工作。儿子很热爱这项事业，常常加班加点放弃休息地工作，一晃就半年过去了。

这是一个秋高气爽的周末，父亲笑眯眯地问儿子：“儿子，今天该不加班了吧？”

“休息。”儿子回答。

“我们去六渡桥逛逛，顺便上小桃园喝鸡汤。怎么样？”父亲提议。

“当然好哇！”儿子高兴得差不多要跳起来。记忆里小时候儿子和父亲的故事浮在眼前。

爸爸对儿子很严，永远摆着一副版画般的面孔。儿子讨厌爸爸，讨厌他那瓮声瓮气的语调：学习成绩怎么样？在班上能排第几名？

儿子看见爸爸，就像老鼠见了猫一样恐惧。

一次，学校组织去农科所参加一星期的学农劳动，儿子报了名。

“爸爸，我想跟你说一件事。”晚饭后，儿子小心翼翼地对爸爸说。

“什么事？”爸爸瓮声问。

“我要去农科所参加学农劳动，学校组织的。”儿子反感爸爸不苟言笑的刻板。

“哦，知道了。”爸爸拿起茶杯，呷了一口茶，问，“什么时候走？”

“明天。”儿子小声回答。

“哦，知道了。”爸爸放下茶杯，停了好长时间才说道。

沉默，令人窒息的沉默。

儿子厌恶地看着爸爸。

“那……什么时候回来？”爸爸挪动了一下身子又问。

“一个星期。”儿子烦心想：怎么会有这样一个冷漠的爸爸。

“哦，知道了。”爸爸说这句话的时候，定定地看着儿子。儿子发现爸爸的目光很慈祥，含着很少见的温柔。

儿子有些感动，这是儿子第一次看到爸爸可亲的一面。

沉寂。

过了一会，爸爸站起身走进厨房，手里拎着一个装满食物的网兜出来，走到儿子跟前说：“我听说了，是学校组织去农科所参加学农劳动，男孩子，锻炼锻炼是好事。”

爸爸和蔼地看着儿子。

“嗯，知道了。”儿子连连点头说。

“这是爸爸给你买的饼干和水果，带上吃吧。”爸爸把网兜递给儿子。

“嗯，知道了。”儿子接过网兜说。

“其实，一个星期不算太长，但你是第一次出门，要注意安全，保重身体。”爸爸用宽厚的大手抚摸儿子的头说。

“嗯，知道了。”儿子用噙着泪水的眼睛望着爸爸。

“爸爸会想你的。”爸爸俯视着儿子，眼睛里充满了柔情。

“爸爸……”儿子感动得一下把爸爸紧紧地抱住。

什么是父爱，这就是父爱。外表凝重，里面炽热。

父亲和儿子高高兴兴逛完六渡桥，来到小桃园鸡汤馆。父亲和儿子各要了一罐鸡汤，点了一荤一素二盘菜，尽情享受小桃园的美食。这顿饭吃得像马拉松一样漫长。饭后，父亲和儿子相视微笑，闲聊喝茶。

服务员不停地续茶，父亲和儿子不停地上厕所，偌大的餐厅里只剩下父亲和儿子。但父亲依然没有走的意思，儿子也茫然不解。

服务员再次续茶，并带着歉意地问道：“你们二位谁来买单？”

儿子连忙用眼去看父亲，在他的思想中，从小至今父亲买单是天经地义的事情。可是，父亲却偏头望着窗外，似乎买单之事与他无关。

儿子恍然明白，儿子已经长大了，挣钱了，以后出门在外，要承担起为父亲买单的责任。

“这是我和父亲后来发生的故事，是用的第几人称？”夏老师问道。

“是用第三人称叙述的。”喻彬笑着抢答。

“那《谁该买单》的主题呢？”夏老师接着问。

“我们长大了应该为父母买单。”齐声回答。

“对，当你们长大了。第一次拿到工资，请记住，必须由你们来给父母买单。希望同学们能明白这个道理。”夏老师郑重地说道。

“我们参加了工作，拿到第一份工资。先要孝顺父母。”

“从此以后，还要承担起买单的责任。”

“过年过节，爸妈的生日，一定记住买上礼物送给他们。”

孩子们完全懂得感恩之道。

“谢谢同学们！”夏老师被孩子们感恩父母的言语所感动。他用温和的目光看着这些可爱的孩子，动情地说：“其实，感恩不一定要大恩大德，而是一种对生活的态度，一种做人的道德情操。当你们拥有了一颗感恩的心时，就会善于发现生活中的美好，享受感恩中的快乐，创造平凡中的幸福，使自己平凡的生活变得阳光。”

“夏老师，今天的警句格言我想好了。”孙柏灵睁大一双清澈的眼睛看着夏老师说。

“请讲。”夏老师伸出倾斜的右手微笑地说。他为在老师的教学内容之前得出思想结论的孩子高兴。

“父爱如歌，伴我前行。”孙柏灵说完，胆怯地低下头。

“好！精妙的警句格言，寓意深刻，言简意赅。”夏老师对孙柏灵竖起大拇指说，“今天的警句格言是孙柏灵同学创作的：父爱如歌，伴我前行。给她掌声。”

孩子们惊奇地睁大眼睛，兴奋地拍打着手掌，经久不息。

“另外，夏老师再补充一条出自《诗经》中的警句格言：无父何怙，无母何恃。怙或恃的字意为赖和靠。意思是没有父母的孩子该去依靠谁呢？所以说，父母的爱是生命之泉，滋润着孩子。”夏老师又说道。

“我们——爱——父母！”孩子们扯开嗓门，高声宣誓。

“好！言必行，行必果。这里的行和果就是同学们的行为。下面，请同学们把最近学的一、二、三人称以及前面学的作文基础知识进行一个综合运用，包括警句格言。现在，我们来一个实战大阅兵，怎么样？”夏老师问。

没有回答，一片掌声。

“我先设定一个情景，夏老师就是同学们的父亲，一个父亲正站在讲台前，面对你们在座的孩子们作内心独白。我在叙述父亲的真情实感时，你们要静听细想，用笔把思想里的感情文字写在作文本上，然后接上我的叙述进行抒情表白。记住，表白的内容必须是发自内心的，听懂了吗？”夏老师高声问道。

“听懂了！”响亮回答。

夏老师与孩子们的对白

夏老师叙述：“孩子，爸爸已经老了，不能再给你们所需要的东西，唯一能给你们的只有回忆，这也是爸爸能做得到，也能永远给你们的。因为，人的衰老与年轻，并不完全取决于年龄增长与组织机能，只要思想还在，意识还在，爸爸的心就会全部放在你们的身上。无论何时，有你们在，就是爸爸最大的幸福和希望。”

孩子们表述：“爸爸，时间虽然如秋风一样地流逝，但那一年又一年极其平凡又难以忘怀的往事与交织在一起的情感，依然留在我们的心中，我们相信，父爱如歌，伴我前行。您一定会陪伴我走过一生的。”

夏老师叙述：“哦，孩子，当你们还是小鼻头、圆屁股的时候，我只要有时间，甚至挤出时间，就会教你们用汤匙，用筷子吃东西；教你们穿衣服，扣扣子，系鞋带；教你们洗脸刷牙和梳头；教你们挤鼻涕，擦屁股。这一切的一切，都是水流无痕。”

孩子们表述：“爸爸，这点点滴滴的童年故事，经您这么一说，令我们感怀不已。记得《诗经》上说：无父何怙，无母何恃。意思是没父母的孩子该去依靠谁呢？我们现在就幸福地住在爸爸的眼睛里。父爱是阳光，我们每时每刻都沐浴在父爱之中。正如北岛所言：你召唤我成为儿子，我追随你成为父亲。现在，我们要轻声地告诉您，亲爱的爸爸，我爱您！”

夏老师叙述：“哦，孩子，当我听到‘亲爱的爸爸，我爱您！’这句话从你口里说出时，我感动得眼睛都湿润了，过去的快乐时光又历历在目，浮现眼前。你们是否还记得，每当你们从幼儿园回到家里，爸爸为了不让你们输在起跑线上，教你们背唐诗，教你们做算术，教你们唱儿歌。而你们呢？每天晚上躺在被窝里，还要逼着爸爸用嘶哑的喉咙为你们讲故事，绞尽脑汁回答你们不知是从哪里冒出来的稀奇古怪的问题。这样的时光，对爸爸来说，真是甜蜜又烦恼。”

孩子们表述：“爸爸，请您原谅，那是因为我们年幼无知，思想里充满了美丽的憧憬和幻想。现在我们知道了，充满希望的旅程，胜过终点的到达。因为，当我们知道自己在哪，世界就是一张地图，如果不知道自己在哪，就会感觉世界无边无际。所以，要教女孩成为真正的女人，男孩成为真正的男人。要首先培养他们的诚实和坚强，塑造他们的品行和人格，这不是1+1=2的课程，很快就可以教完，而是呕心沥血一辈子的事。我们最好的老师，最佳的人选就是爸爸。”

夏老师叙述：“哦，孩子，我听明白了，你们已经一天一天长大，在这成长的过程中，记住，要多吃米面、蔬菜、水果，少吃零食和垃圾食品，以增强自己的体质。因为我知道，你们的成长是伴随着我们之间的距离拉大而进行的。过去所拥有的亲昵和嬉戏，随着岁月的流逝，已经变得羞涩和忸怩。这是自然的规律，我注定不可能永远陪伴在你们身边，但是我相信，长大了的你们已经懂事明理，有了自己的追梦之路。不过，要让自己的梦想成真，我得告诉你们一种魔法，那就是自信！有了自信，就会相信自己，就会获得广阔的胸襟，就会砥砺前行在追梦的路上。这是生命运动的过程。它会让你们看到沿途的荆棘和风光，使你们充满激情地登上高山之后，更渴望那无限风光在险峰的又一次攀登！”

孩子们表述：“亲爱的爸爸，您教给我们的这些生活常识和面对人生勇往直前的精神，让我们真正体会到，爸爸和我们都是这个世界上最为平凡的人，然后去做平凡的人该做的平凡的事。也许，在我们今后的人生中，再怎么努力也不会做出轰轰烈烈感天动地的大事业，但我们应该像爸爸一样，在每一天平淡又平凡的日子里，学会尊重，懂得热爱，坚定向前，满怀豪情地向自己确定的目标走去，不错过每一天路上的日出。”

夏老师叙述：“孩子，听了你们这番坦诚的表白，我心里别提有多么高兴。只是岁月如流水，带走了我们美好的昨天，却带不走我对昨天美好的思念：就在昨天的傍晚，我坐在客厅的沙发上看电视，你一屁股挤进我坐的单人沙发里，将头一歪，倚在我的胸前，让我搂着你一道看少儿节目。亲爱的孩子，就在这一刻，你知道爸爸的心境吗？我受宠若惊地拥抱着你，仿佛一下子走进了一个童话的世界，记忆的闸门打开，往日的温馨重现：每当我要出门上班时，你们就像小狗狗一样，不依不饶地吵着闹着要跟我在一起。而我呢，怎么样哄你们都没有效果，只好一狠心带上了门，留下你们伤心的哭声。后来有那么一天，这样的生活彻底改变。我要带你们到商场去，你们正在做作业，连头也不抬回绝说：你自己去吧，我没有时间。于是，从这一刻起，你们一下从小狗变成了小猫，只有在吃食的时候，才会黏着我咪咪的叫。而现在，这只可爱的小猫咪就倚在我的怀里，安安静静地倚在我的怀里。我甚至能感觉胸脯的轻轻起伏和鼻翼的均匀呼吸。我动情地看着你们，我知道，用不了几年时间你们会长成大人，再也不会小鸟依人一样，像今天这样倚在我的怀里，让我尽情享受着天伦之乐。我小心翼翼拥着你们，就像拥着一个又轻又薄又透明的彩色泡泡：歌声飘起，圆圆的肥皂泡，穿着花衣裳，随着风儿飞，闪着七色光。圆圆的七色光，会飞的小太阳，我的小太阳。我的胳膊长久不动有些发麻，也不敢活动一下。我格外珍惜这不会很多甚至不会再有的机会，生怕稍稍一动，彩色泡泡会从我的怀抱里飞走……”

孩子们表述：“亲爱的爸爸，听了您刚才的真情告白，我们深深感悟到：父爱——这个字眼是多么平凡，而这种爱又是多么的不平凡！”

夏老师和孩子们都沉浸在第二人称的表述中。

“同学们，我们刚才演绎的生活短剧，是不是得给自己点个赞！”夏老师高高举起双手，构成一个人体V字。孩子们报以热烈的掌声。

今天的作文《父爱如歌》，就以抒情的方式，赞美发生在你们和爸爸之间的故事。人称自选。但夏老师建议，最好用第一人称，这样写出来的故事会更真实，更美丽，更动人！”夏老师满脑子找不出准确的词句来表达。

父爱如歌

“时间都去哪了？还没好好感受年轻就老了……”这首歌是那样深深震撼我的心灵，因为，光阴似箭，岁月无情。一转眼又是六月的父亲节，每过一个父亲节，我就长大了一岁，时间都去哪了？但是，我对爸爸的记忆，像珍珠一样串起我成长的歌。

记得是一个夏天的夜晚，一只小虫飞进了我的耳朵，我慌慌张张使劲扒拉着耳朵，可顽皮的小虫死也不肯出来。妈妈取出风油精，说往我耳朵滴几滴，小虫就会憋死。而爸爸却让我站在台灯下，把台灯对着我的耳朵，像变魔术一样附在我耳朵边唱歌：“虫儿虫儿快出来，给你光亮让你玩……”果然，不一会小虫就爬了出来，围着台灯快乐地飞舞。爸爸说，飞虫最喜欢亮光，哪里有光它就会朝哪里飞。爸爸把生活常识变成了歌。

平常，爸爸总喜欢带我一起去买东西。遇见水果店，我就要爸爸买我爱吃的水果。爸爸也高兴地买给我吃。每次买完水果爸就会一只手提兜，一只手竖起小拇指给我牵着。这时，我就会牵着爸爸的小指头，甩动着爸爸的手臂，唱起爸爸教我的童谣：牵手牵手牵牵手，牵着小指头，跟着爸爸走。上街去，进果店，买上水果快乐地走……我觉得爸爸总能把平常的生活，改编成流淌的诗和歌。后来，不知从哪天起，我跟爸爸一起出去，都是爸爸走在前头，我跟在他的身后，每次看到他的小拇指高高翘起，我都是装着没看见。因为，我已经长大了，从此打破了爸爸为我编织的童话故事。

最让我记忆犹新的是那天放学爸爸来接我，正好碰见我的同学刘小红。我捂着嘴，压低声音对爸爸说：“你看我班同学刘小红，长得像不像河马！”我的这个比喻，绝对不是想去羞辱她，而是以漫画或卡通的简化线条来形容一个人。没想到的是刘小红突然站住了，她一脸愤怒地对我咆哮：“我是河马！我是丑八怪！就你长得美。”

我当时一下懵住了，感到既害怕，又丢人。好像这灰影蒙蒙的学校门口的人，全都看着我。

“去向你的同学赔礼道歉。”爸爸一脸严肃地对我说。

我迟疑没动。

“去呀！”爸爸吼出声来。

“对不起，我错了，我不是故意的。”我胆怯地向刘小红伸出手。她狠狠地瞪我一眼，扭身气冲冲地走了。

“柏灵，女人最美丽的是大脑。而女人最高的情商是你说的话让所有听者都舒服。今后不许你随便毫无意义地羞辱同学。记住，任何时候都要学会尊重别人。当你尊重了别人，才会受人尊重。”爸爸用凝重的目光看着我说。

我愧疚地点着头，第一次懂得了“尊严”在我心中的分量和最朴实的做人的道理。

这就是我的爸爸，这就是在六月父亲节里，我献给爸爸的歌！

夏老师点评：《父爱如歌》用渐进式的表达，讲述了小时候我和父亲充满童趣的故事，长大后与父亲渐行渐远的疏离，还有怎样做人的道理，从而证明父爱就是生活之歌。

第十九课 花与草

“同学们好!”“夏老师好!”

“今天这堂课的内容有：夏老师讲故事；警句格言；人物与景物的描写；命题作文《花与草》。”夏老师简短概述了上课内容。

“夏老师，您讲的故事我们都爱听，随便讲什么都行。”孩子们听夏老师讲故事热情很高。

“夏老师才不会随随便便讲故事呢？都是针对上课内容，有的放矢。”卫翔宇提出了自己的看法。

“管它放矢不放矢，反正我是爱听夏老师的故事。最近，我把夏老师的故事讲给同学们听。嘀！现在我成了班上的故事大王。”谢凯得意洋洋。

“剽窃。”卫翔宇反驳。

“现学现卖。夏老师同意的。”谢凯辩解。

“谢凯说的没错，学到的知识就是自己的。但前提是写作文不能大段抄袭，只能在别人的文字上升华和加工，才是属于自己的东西。至于把听来的故事再去讲给别人听，那就另当别论了。但是，当同学们听完了故事，还应该悟出其中的道理。而悟性的本质，就是对故事的理解，产生个人的见解，只有这样，才能在生活的故事里，学有所获。懂了吗?”夏老师接上孩子们的对话问道。

“懂了!”孩子们大概是想听故事，回答响亮。

“夏老师要讲的这个故事。同学们一定很熟悉的，先取个名字叫《谁是大王》。”

谁是大王

说的是孙悟空还没有拜菩提老祖为师之前，只是森林中的一个小混混。由于它自身没有本领，常常是饥一餐饱一顿，过着衣不蔽体的生活。它经常是露着红屁股到处乱窜，偷东摸西地苟且偷安。这就是没有成仙的孙悟空，只是一只灵敏石猴，简称灵猴。

灵猴虽然没有本领，却有像人类一样的思维。它常常是坐在山头上，怀揣着小姐的心、丫鬟的命的感慨，眺望着山林里为求生存到处觅食的动物们，用穿越时空的慧眼，憧憬自己当上美猴王的未来。

一次，灵猴有了一个重大发现，它的血统最接近人类。回到家，它认认真真地审阅起家谱，并且惊喜地知道了，未来的人类都是由猴子变的，从此以后，灵猴开始像人类一样处理周边的事情。再加上有狐狸当它的军师，教它如何处理日常的琐事，毒蛇当它的谋臣，教它为人处世的方法，灵猴的声望扶摇直上。

一天，灵猴又产生了一个骇人听闻的想法，让它彻底失眠了。狮子凭着一身的力气，就让所有动物对它恐惧万分，轻而易举当上百兽之王，可是，它连诗和小说都不会写呀！抒情的时候，也只会“嗝嗷——”咆哮两声，震耳欲聋，让人害怕。灵猴抑郁不平……

第二天一大早，灵猴整理好自己的思绪，一次又一次清理着喉咙，然后找到狮子，用了一个上午的时间，引经据典向狮子讲述了它们之间互换角色的必要性。而狮子呢？它的目光被头顶上一只“嗡嗡”飞的苍蝇吸引，视线几乎没离开过苍蝇。苍蝇终于飞走了，狮子根本没听明白是怎么回事，欣然同意了灵猴的提议。双方走到山头上，向所有动物宣告政权更迭，新的百兽之王移交给灵猴担当。

从这以后，每逢灵猴下达命令时，狮子就蹲在灵猴的身后，时不时还拍拍灵猴的脊背，表示支持和赞赏。而灵猴却非常生气地指责狮子不懂规矩，没有智慧，缺乏礼节。这样过了很长一段时间，百兽之王灵猴身上布满了抓痕伤印和斑斑血迹。最后，痛不欲生的灵猴，几乎是跪着向狮子哀求，请狮子开恩，让一切都回到原样。对于灵猴的真诚表白，狮子只是无聊地打着哈欠，同意了灵猴的要求。权力重新移交给了狮子。

夏老师讲完故事，静听孩子们的反应。教室里很安静，十几双眼睛静静地看着夏老师，好像是等待夏老师继续说下去。

“夏老师的故事讲完了。”夏老师“嘿嘿”一笑说道。

“夏老师，这个故事又是您编的吧？”谢凯也“嘿嘿”地赔笑着问。

“先不说这个故事是不是编的。夏老师讲的这个故事的主题是什么？”夏老师反问道。

“王者要靠实力说话。”钱莉茹回答。

“对。王者要靠实力。如果没有实力，后来的孙悟空凭什么偷吃寿桃，大闹天宫呢？再假设把这个故事移植到在座的同学们身上，告诉夏老师，你们没有本事行不行？”夏老师问。

“不行！”

“所以说，你们要像孙悟空一样，不要去当猴精，而应该在菩提老祖门下好好学习本领，这个本领，就是你们现在必须学习的文化知识。什么是文化？文化是激发我们内心情感的崇高的东西，是精神文明和物质文明的组合体，它可以让我们体内充满激情，用热爱的眼光看待世界。而知识呢？它决定了我们的思想境界，从而对这个世界有着更深层次的认知和理解。因此，同学们不但要学好文化知识，还要在学习中精益求精。夏老师现在就告诉同学们一种成功的秘诀：

坚强：当人生在巨大的变故面前，要紧咬牙关，滚动喉结，淡然一笑。然后用坚强的意志，把痛苦留给过去，自信留给现在，希望留给未来。所以说，坚强需要信念的支撑；需要知识的力量；需要磨难的过程；需要平静的思考。这是坚强必备的条件。

执着：有了坚强作后盾，在前行的路上，就要选定目标，检测能量，定位前程，执着追求，不断对自身价值作正确的评估。只有这样，才能圆梦扬帆，为梦远航，把握住成功的方向。

深刻：这是一种由表及里的剥离，一种对事物本质的穿透。它可以解剖人性，去伪存真，挖掘深度，从而达到竹影扫阶尘不动，月穿潭底水无痕的平静深沉。而不是模棱两可，拖泥带水地媚俗所谓的“玩深沉”。

豁达：它应该展现的是风度、胸襟、气质，而不是斤斤计较，心胸狭窄，畏首畏尾。豁达在从心所欲不逾矩的行为中，要有处世须带春风的超然，更要张扬出亲和力、感召力和凝聚力。给人一种肃然起敬的心动，心甘情愿解除心理戒备跟着你，终生做你的粉丝和知己。

以上就是梦想成真的必要条件，希望同学们以坚强、执着、深刻、豁达为人生的座右铭，走好每一步。”夏老师说完，把八个字及其诠释写在黑板上。

“夏老师，一个人的行为，都按这八个字的要求去做，是不是也太经典了？”谢凯放下手中的笔，“嘿嘿”一笑说道。

“跨栏定律：竖在你面前的栏杆越高，你将跳得越高。”喻彬引用夏老师讲过的警句格言说道。

“这也太心灵鸡汤了吧？”易东龙随意说。

“有志者，事竟成。”万昊涨红着脸，憋足劲反驳。

夏老师惊喜地望着性格内向，说话有些口吃的万昊，他也在学习的路上勇敢地跨栏，连忙对他竖起大拇指说：“今天的警句格言是：一、我始终为我的明天做最美最好的准备。（海明威）二、压力越大，走得越快。万昊，你说是不是？”

万昊频频点头，用餐巾纸擦着鼻尖上渗出的细汗说：“努力就有回报，坚……持……就能成功。”

“我们能不能像万昊同学说的警句格言那样：努力就有回报，坚持就能成功？”夏老师用鼓励的目光看了万昊一眼，大声问道。

“能！”回答响亮。

“能不能用八个字要求自己？”夏老师又问。

“能——”“有点难。”“努力吧。”“能！”

“到底能不能做到？”夏老师严肃地再问。

沉默。面面相觑。不敢与夏老师对视。

“夏老师，您说过，吕不韦的……经典人生警言是：言……之易，行之难；苦之，以验其志。还……还是难了点。”万昊活脱脱换了一个人似的，敢与夏老师的目光碰撞，而两道黑黑的眉毛拧成了波浪。

夏老师知道，要真正按八个字的要求去做，别说是孩子，就是成人来说，也是很难的事情。但是，老师培养孩子们的责任，其教育的深刻也在这里。

“用坚强、执着、深刻、豁达这八个字时时鞭策自己，实属不易。但是，这又是同学们非走的必经之路！所以，行路难，以验其志！没有道理可言。只能努力去做，这才是必须的选择。”夏老师感慨地说。

教室里好安静！孩子们用思考在和夏老师心灵沟通。

“同学们，从思考人生的视角来说，你们最好的朋友是时间，最大的敌人也是时间。时间可以消磨你们的意志，使之萎靡不振，也可以帮助你们养精蓄锐，重新奋斗。那么，同学们该怎样和时间相处呢？

每天，当你们睁开眼睛，要认真思索当天的学习计划，这一天该怎样分配学习时间？然后努力按计划去做。到了晚上，静静地躺在床上，检查一遍这一天的计划内容，还有哪些没做完的，明天应该怎样补上去做。而不能像《明日歌》那样：明日复明日，明日何其多！我生待明日，万事成蹉跎。

我在批改同学们的作文时，经常看见作文里有写着光阴似箭，日月如梭这样的成语。可是，你们是否认真想过，时间对谁来说，都是眨眼今天就变成了昨天，睁眼黑夜就变成了天明，而且都是同样的白天，同样的黑夜，走马灯似的来来去去，一天又一天，一年又一年，我希望同学们千万不要给自己留下一片时间的空白，因为，这都是一眨眼就过去了的事情。但是，我们如果用坚强、执着、深刻、豁达这八个字来警示自己，结果绝对是不一样的。你们会在时间中收获人生中丰盛的硕果，看到登高壮观天地间，大江茫茫去无还的意境。该怎么去做，夏老师就不多说了，请同学们用行动去做好这道答题。”夏老师阐述道理。

“当然是面对困境，学会坚强。”

“还应该执着追求自己选定的目标。”

“深刻应该写在行动中。”

“豁达……”

“像花儿一样努力开放！“钱莉茹在沉默中蹦出一句哲理的话来。

“那你最喜欢的是什么样的花呢？”夏老师对钱莉茹的回答非常满意，他感觉这样的联想太丰富了。

“可以用诗句来回答吗？”钱莉茹清了清嗓子，文静的脸上显得有些僵硬。

“当然可以。我们不但想听，而且还想看到你那诗一样描写的景物，会怎样浮现在我们的眼前。”夏老师调节着教室里有些凝重的气氛，他要渲染一种祥和的氛围，让孩子们像蝴蝶一样在花丛中翩翩起舞。

钱莉茹起身，颇有主持人的风范。她看了夏老师一眼，用轻柔缓慢的声调，朗诵起诗来：

蝴蝶花开

蝴蝶花长在草丛中，
紫色的花瓣散发出淡淡的清香。
它逗引着蜜蜂，
招来了蝴蝶，
而它的周围，是一地绿色的小草。
小草也会开花，
开出一朵半朵细碎的花儿，

平平淡淡，很不惹眼。
蝴蝶花沉思地看着草，
它觉得花与草都有生命：
草是一种花，花也是一种草，
这样才有了花花草草的大花园。
它在风儿的抚慰下，
使劲摇曳着挺秀的身姿，
把花粉轻轻撒落在小草的身上，
小草的花儿也能散发出一丝丝的淡香。
有蜜蜂歇在小草的花朵上，
有蝴蝶停在小草的花朵上，
小草们欣喜地争芳斗艳，
花儿朵朵开，
美丽得就像翩翩欲飞的蝴蝶花！

“同学们，钱莉茹刚才朗诵的《蝴蝶花开》这首诗写得好不好？”夏老师激动地问。他万万没有想到钱莉茹的诗写得这么好，巧妙地把豁达的寓意隐藏在蝴蝶花里，真是平淡又美妙。

“好！”孩子们听得很认真，齐声喊好。

“是的，好就好在豁达的立意在《蝴蝶花开》中，用叙述的形式娓娓道来，然后在结尾处画龙点睛：小草上的花儿朵朵开，美丽得就像翩翩欲飞的蝴蝶花！这不正是豁达展现的风度，张扬出的亲和力，使得身旁的小草，欣喜地跟着蝴蝶花一起开放，从而烘托出凝聚力的重要性吗？请同学们给钱莉茹赞赏的掌声！”夏老师点评完后带头鼓掌。他觉得钱莉茹在发言中总有亮点在闪光。上课时也端坐听讲，举手发言。夏老师喜欢这样的学生。

“我认为花与草是有区别的。花就是花，不管长在大山里，还是原野上，或是移栽在花盆里，都给人美好的视角。那草呢？在人的视线中它就是草。如果生长在庄稼地里，农民还要铲除它。我觉得不能混淆花与草的区别。”熊浩执拗分析得有理有据。

“夏老师，我不能与您同化了。看来您对花与草的认识出了问题。”谢凯对夏老师做了个鬼脸。

“夏老师是不是要我们写童话故事？像动画片《花仙子》那样，去寻找七彩花，那七彩花里说不定就有草呢？”陈诗雯猜想说。

“哈哈哈，那不还是花了吗？”谢凯得意反驳。

“那我就写奇幻动漫《小叮当与失去的七彩花》。”孙柏灵追剧。

一阵阵童话般的银铃笑声。

夏老师尽情享受着孩子们奇思妙想的讨论。他不愿意打破洋溢着童趣思想的氛围。

“夏老师，是不是花与草都一样开花呀？”谢凯止住笑声问道。

“所有的草与花一样，都会开花的。这是一种寄托或隐含的寓意。比如说同学们，你们现在就像种植在学校土壤里的一株株小草，在园丁老师的呵护栽培下，一定会开出鲜艳夺目的花朵！但是，从客观上来认识花与草，有些草是不能开花的。这些植物通过孢子和原始出芽生殖来繁殖，是一种低等的植物。它们的根、茎、叶都没有分化，常见的有铁丝蕨、狗脊等。在这里，夏老师要问同学们，你们是做不会开花的低等植物？还是做会开花的小草呢？”夏老师在寓意中指导答案。

“会开花的小草！”同学们的回答震耳欲聋。

“夏……老师。学……学校里女生叫……校花，男生叫……校草。我想……想……”万昊被涌动着的花与草的激情所感染，显得亢奋又激动，由此口吃得很厉害，一下把要表达的意思全忘了。引得全班的孩子一片讪笑。

万昊要表达的意思夏老师心知肚明，便扬手向下压摆了几下，止住孩子们的笑声，说道：“即便万昊是石头下的一棵小草，也要拼命地向上生长。对吗？”

万昊站在课桌前，默默地望着夏老师，像雕塑一般。大颗的泪珠从眼睛里滚出来，挑在睫毛上颤动，接着扑簌簌地滴落下来。

“万昊请坐下，好好思考一下你要表达的内容。”夏老师走到万昊身边，拍了拍他的肩膀让他坐下，然后回到讲台前，用和蔼的目光扫视着每一位孩子说道，“请同学们记住，不要把别人生理上的缺陷，建立在自己的快乐之上。更不能刻意去搞恶作剧。当你这么做了，其实就是潜意识中有一种居高临下的优越感。这是一种不道德的行为。

我读英国大作家毛姆的传记时，知道他也是一个口吃患者，经常遭到孩子们的嘲笑，这使得他每天都生活在压抑的羞耻中。有一次，他去火车站排队买票，来到售票窗口，结结巴巴地怎么也说不出要去的地方。他身后的人等得不耐烦了，把他推到了一边，毛姆只好又重新排队。这也成了他永远记着的耻辱一刻。

跨越时空，毛姆最终成为被众人仰望的大名鼎鼎的作家了。所以说，当我们去嘲笑或是无意伤害生理上有缺陷的人时，我们的心理是不是也存在着残疾呢？”

沉默，思考……

“万昊同学，对不起。”

“万昊，你在我心中是最棒的。”

“我们再也不笑你口吃了。”

夏老师被这样的场面感动，视线有些模糊。

“下面，有请万昊用豁达的性格，讲述他生命中的小草。”夏老师控制住自己的情绪，对万昊微笑着说。

万昊朗读：

顽强的小草

小草有顽强的生命，有时候，它坚强地从石头缝里冒了出来，让我感动……潸然泪下。爸妈常常带我去……爬山，我发现在上坡的石头间，长着一簇簇的……无名草。它们春绿秋黄，将细细的根须扎进石头缝……隙之间，显得坚强而执着。

有时候，我在攀登山路时，都不忍心把小草作为可靠的抓手而伤害它。因为，我深深感知小草是在用生命拼搏，将自己茎叶里涌动的浆汁化作盎然的生机，映出青山的秀美。

这就是我心目中充满灵气的小草。是它让我发现自己，认识自己，从而知道自己面对挑战的真正意义。

我甘作一棵无人知道的小草！

万昊用自己对小草的认识和理解，真实地表达出对小草热爱的心声。

“万昊，你叙述的小草，既平凡又顽强，而且还有豁达的胸襟。夏老师相信，你就是一棵无人知道的草。”夏老师用信任的目光看着万昊说，“你知道吗？在你后半段对小草的表述中，没有一点口吃，非常地流畅，你挑战自己成功了！”

顷刻，掌声经久不息地响着……

课间休息，夏老师清理讲台上的物件时，感觉有人在扯他的衣襟。扭头看，是万昊默默站在夏老师跟前。

“有事吗?”夏老师问。

万昊没有回答，只是用那清纯的眼睛深情地望着夏老师，眼睛里噙满了泪光。

花与草

去年春天，妈妈带我去踏青。走在乡间的小路上，满眼春色。特别是被春雨沐浴的小草，发着嫩嫩的芽儿，仿佛是在欢迎春天的到来。

妈妈突然停下脚步，笑眯眯地对我说：“三月底楚才作文杯就要开赛了。你有信心考好吗?”

我望着妈妈，心里一紧，然后无力地摇了摇头。妈妈定定地看着我，仿佛知道我参加楚才杯作文竞赛信心不足，弯腰摘下一株小草对我说：“莉茹，你能说出哪一种小草不会开花吗?”

我接过妈妈手中嫩绿的小草，心里想着，哪一种草不会开花呢？蒲公英是会开花的，它的花朵金黄金黄，一到秋天，就结满了像降落伞似的小绒球；狗尾巴草也是开花的，它的尾巴像绿穗穗，应该是它的花朵；就连麦田里的荠草也会开花，那米粒大的花洁白洁白，像被太阳镀亮的一颗颗晶莹的露珠。我想来想去，也没有想出哪一种草不会开花。

“妈妈，没有哪一种草是不会开花的，所有的草都能开出自己的花朵。”我想了半天，对妈妈说道。

妈妈笑了笑，轻轻地抚摸着我的头说：“是的，莉茹，每一种草都是一种花，栽在花盆里的花是一种花，生长在田边地头的草也是一种花。不论做什么事情，你和其他人都是一样的，既是一种草，也是一种花。记住，没有一种草是不会开花的，再美的花也是一种草!”

我望着妈妈对我充满希望的眼神，明白了一个道理：即便是一棵无人知道的小草，通过自己的努力，也会变成一朵绽放的花朵。三月份我参加楚才杯作文竞赛获得了一等奖。因为我记住了妈妈饱含哲理的话语，没有一种草是不会开花的，而每一种花也是一种草。

夏老师点评：《花与草》写得很有哲理，表达出了花即是草，草也是花的寓意——你要自信!

第二十课　培养行动

“同学们好！”“夏老师好！”

“今天这堂课的内容有：夏老师讲故事；描写人物与发展故事情节的关系；警句格言，命题作文《培养行动》。这是方向决定前途，道路决定命运的励志课。简单概括，就是一句话：励志的前提必须培养行动！”夏老师说道。

“夏老师，言传身教，从现在这一刻起，不谈过去辉煌，你该怎么去培养行动？”卫翔宇针锋相对地坏笑着问。

“在不久的将来，一部写实的长篇小说《玩家老师》将会问世，书中肯定有你们的光辉形象。这就是我的行动，言传身教，必须前行。”夏老师掷地有声地回答。

孩子们一下被震住了。十几双清亮的眼睛定定地看着夏老师，眼神里流露出仰慕和尊重。

教室很安静，孩子们在不知不觉中挺胸抬头，端正坐好。

“有很多人曾经这样问过我：夏老师，你不管做什么事情，总是获得成功，你的秘诀是什么？

我告诉他们，因为成功已经注入我的生命里，它使我养成了用行动争取成功的好习惯，所以，失败对我而言就太陌生太遥远了。同学们只要细心地观察，不难发现，成绩好的同学似乎永远都是名列前茅，而成绩较差的同学，似乎永远信心不足。这是为什么呢？依我看，没有别的，行动两个字在起作用。一个人习惯于懒惰，就会得过且过，缺乏进取精神；一个人习惯于行动，就会克服困难，去争取成功。所以，拥有行动的人，首先已经拥有了诸如坚强、执着、深刻、豁达的意志和品质。另外，屡屡成功的人常常是自信的。而一个自信的人，传递给别人的信息是良好的，令人愉悦的，这样的人在行动中，还有什么理由不成功呢？

现在，我给同学们提一个很简单的问题：在冰上行走时，为什么总容易摔跤?”夏老师打住话题问道。

“冰面太滑。”“没有阻力。”“摩擦力太小。”“冰面平坦如镜。”孩子们七嘴八舌回答。

“那应该怎样行走呢?”夏老师又问。

“小心翼翼。”“蹑手蹑脚。”“掌握平衡。”“全神贯注。”孩子们像炒豆一样，蹦出自己的体验和观感。

“同学们的回答都对。”夏老师总结说，“冰面上行走因为太滑容易摔跤这是事实。假设我们因为害怕摔跤而停滞不前，结果就是失败。如果我们全神贯注掌握平衡稳健行走，就能顺畅达到成功的终点。道理就是这么简单。

在同学们的学习中，会有许许多多的困难和坎坷，这是事实。怎样去面对学习中的困难呢?我想应该培养自己的行动。比如，你这次考试没考好，心里肯定是痛苦和压抑的。如果你永远这么痛苦压抑下去，那只是原地踏步，一无所获。如果你用行动发奋学习，可以概括为：行动=结果。这样的结果是好是坏，同学们自己去评定。

在这里，我给同学们讲一个怎样描写人物发展故事情节的故事。”

培养行动

有一个叫亨利的美国青年，他三十多岁还一事无成。面对前途无望，他成天萎靡不振。一天，他的一个好朋友告诉他说，拿破仑有个私生子，流落到了美国。这个私生子又生了一个儿子，他的特点跟你一样，矮个子，讲一口带法国音的美式英语。

亨利半信半疑，最后他还是相信了这是事实。从这以后，他决定用行动改变自己。以前，他为自己个子矮小而自卑，如今呢，他欣赏的正是这一点，并对自己说：我爷爷拿破仑就是靠个子矮小指挥千军万马。以前，他认为英语讲不好，像个乡巴佬，如今，他以讲带法国口音的英语而倍感自豪。特别是当他在行动中遇到阻力和困难时他总爱对自己说：我爷爷拿破仑的字典里从来就没有“难”字。就这样。他在行动中克服了一个又一个困难，三年后，他成了一家大公司的CEO。

后来，他请人调查自己的身世，得出的结论是：自己不是拿破仑的孙子。但亨利却说，我是不是拿破仑的孙子并不重要。重要的是我认识了两个字——行动!

“现在，请同学们好好想一想，然后结合自己，谈一谈在今后的学习中，怎样培养行动?”

“夏老师，我要用行动学会在喧嚣的城市里，放弃一切杂念静心学习。”胡小雅反应迅速，低声说道。

“做得到吗?”夏老师知道她很爱美，笑问道，“外面的世界好精彩，而学习是一件特别煎熬的事情。两耳不闻窗外事，书包里的小镜子和口红就无用武之地了。”

“决定改变自己，我会把对学习没有用的东西放一边。”胡小雅红着脸，两手绞在一起，停了好一阵坚定地说。

“我相信你一定能做到。我也看到了你把最重要的学习留了下来。”夏老师给她信心。

“夏老师，您讲的励志故事，告诉了我们一个不可回避的现实，那就是我们必须放弃所拥有的快乐。对吗?但我们童年的生活，都喜欢两个字：嗨玩!”卫翔宇用成年人的思维，说出了跟童年不一样的观点。

孩子们哧哧地笑着。

夏老师用充满感情的目光看着这些孩子，心里沉甸甸的。教育孩子们，让他们像成年人一样冷静思考自己的未来，思考如何用知识改变命运。孩子们褪去童真和童趣，放弃童心去拼搏，这不是夏老师所希望的。但是，合理分配玩与学习的时间，孩子们自己能做到吗?客观地说，儿童的天性就是一玩就忘记了学习，所以，引导孩子们回归到学习的路上，是一件非常不容易的事情。何况，当今无孔不入的手机，正在时时刻刻和老师争夺孩子们的学习时间，只要放孩子们一马，他们甚至可以把自己关在房间里，和手机为伍，在玩字上大闹天宫。

夏老师情不自禁地笑了笑。

“夏老师，我懂了，生活不能光是吃喝玩乐，还包括学习。学无止境，我现在知道自己想要什么：培养行动，对知识的追求要像海绵吸水一样。一万小时定律，那我就做个海绵宝宝。”谢凯骨碌碌转动着黑眼睛说，话很搞笑，也有道理。

孩子们听了大笑不止。

“扮猪吃老虎。希望你言行一致。”夏老师鼓励说。

“在学习的道路上，是没有平坦的大路可走的，而是一条曲折漫长的征途：有寂寞、有无奈、有压抑、有沉重，带着这么多的包袱，走起来是很困难的。

只有矢志不渝的勤奋学习者，才能登上知识的顶峰。我会用行动证明自己就是执着的攀登者。”易东龙就像背台词一样的说道，引得孩子们一片欢笑。

“易东龙，你词不达意，只表达了执着，还没说坚强、深刻、豁达这三个关键词。这就证明你头脑简单，我们只能呵呵。”熊浩不苟言笑地讽刺易东龙说。

“你吧唧嘴不相信我说的话，对吗?”易东龙感到同学们对他刚才的表白产生怀疑，扭头对后排的同学信心满满地大声说道，“我现在每次考试成绩都是全班前五名。这次期末考试，保证进入前三名。”

“是全部的考试成绩?”喻彬闪动着眼珠，不停地用手往上托着镜框。这已经成了他习惯性的动作。

“全部。”易东龙底气十足。

“我的成绩在班上也是前几名。每次考试都在93分以上，我刚才认真想了想，读万卷书，不如行两步路。我只要再向前跨出两步，只要两步，就能考到95分以上。关键是我面对马虎这个难点就弱智了，有些答案明明会做，稍一松懈，不该错的我做错了。现在看来，我在学习上得用心，认真一搏，以后考个95分是没有多大问题的。”喻彬也不甘示弱，在争强好胜中找出了自己的缺点，明确了努力的方向。

夏老师没有打扰孩子们比成绩的争论。他觉得孩子们在学习上较劲是一件好事。敢比才会赢，他欣喜地看到这样的教室剧，演出真实，充满激情。

“女生们，今天怎么了，一个个成了沉默的人。难道对培养行动就没有思考?”夏老师和颜悦色地问。

“夏老师，我认为培养行动应该是无声的。获取好的成绩，应该从学习的细节做起。其实我知道，在学习的细节上，我们还有很多的不足和缺点，需要在行动中改正，这些都是需要培养行动的，而不是去说。这是我对学习的思考。”钱莉茹说得很深刻，对培养行动的理解也很具体。

教室里顷刻间安静下来。

“我这里有徐志摩的一首诗《再别康桥》。我想请胡小雅朗诵一下。”夏老师从提包里抽出一张《再别康桥》的复印件递给胡小雅。她知道胡小雅内向矜持，而作文培优班少部分孩子也是一样。他要用培养行动打开这道堰坝。

“夏老师，不……我不行。还是其他同学朗诵吧。”胡小雅臊得满脸通红，双肘支着桌面，不停地摆手。

“培养行动，你能行!”夏老师鼓励。

“我朗诵不好。真的，我不行!”胡小雅不知所措。

“朗诵的好与不好是其次。首先你应该有心理建设，有一种对诗的态度和自觉性。朗诵是没有标准的，只有对诗的热爱。”夏老师语速很慢，字字如锤。

再别康桥

轻轻的我走了，
　　正如我轻轻的来；
我轻轻的招手，
　　作别西天的云彩。

胡小雅如释重负朗诵完毕。但站在她身旁的夏老师，甚至没听清最后诗句的咬字和发音。

教室里很安静，孩子们瞪眼看着夏老师屏息思想。

“胡小雅已经做到了对诗的朗诵。如果要实事求是地说，朗诵得并不好。喉咙里就像是堰塞湖，诗句流不出来。该怎么办呢？培养行动，解放天性，我也能行！怎么去做？现在就跟夏老师学唱信天游，把歌词从心里吼出来。为什么这么说？信天游是西北地区即兴而作的民歌，特点是自由、押韵、比兴地反映黄土高原的千沟万壑，塑造了苍凉的写实生活。同学们唱的时候，一定要感情真挚朴实，这样才能达到荡气回肠的效果。现在就跟夏老师学唱这首歌。”夏老师说着，用粉笔把歌词写在了黑板上。

羊肚子手巾三道道蓝

羊啦肚子手啦巾哟，
　　　三道道格蓝，
咱们见格面面容易，
　　哎呀拉话话难，
一个在那山啦上哟，
一个在那沟，
咱们拉不上那话话，
哎呀招一招的手，
……

孩子们融入情感唱得热烈，脖子暴筋，双颊涨红。

胡小雅也在跟唱，声音很小，放不开嗓门。夏老师用锥子一样的目光直射胡小雅。胡小雅倍感压力地含着泪水，反抗性地用吼声唱完一遍又一遍。万昊白净柔嫩的脸庞也憋得通红，放开嗓子大声唱着……

“同学们在培养行动中找到感觉没有？”夏老师问。

“找到了！”吼声回答。

“什么样的感觉？”夏老师又问。

“放开声音唱心中的歌。”一片欢笑四起。

“那诗是不是心中的歌呢？”夏老师再问。

“是的。”回答斩钉截铁。

“诗是心中的歌，学习也是心中的歌。同学们学习累了，压力大了，就唱信天游吼两声，把压力和苦累吐出来，精神上就会放松很多。”夏老师招手让孩子们安静说，“我为同学们准备了《再别康桥》的朗诵要求和徐志摩的背景介绍，同学们阅读完后再由胡小雅和万昊代表男女生 PK 朗诵，好不好？”夏老师用鼓励的目光看着胡小雅和万昊说道。

“好！”孩子们鼓起掌来。

徐志摩生平简介

徐志摩（1897—1931），原名章垿，字槱森，留学美国时改名志摩。1921 年赴剑桥留学，研究政治经济学。在剑桥两年深受西方教育的熏陶及欧美浪漫主义和唯美派诗人的影响。奠定其浪漫主义诗风。1923 年成立新月社。《再别康桥》为徐志摩最具盛名的代表诗。

再别康桥

（朗诵提示：压抑内心的情感，平缓地告别心绪中的康桥。）
轻轻的我走了，
　　正如我轻轻的来；
我轻轻的招手，
　　作别西天的云彩。

（朗诵提示：憧憬曾经有过的美好日子。）
那河畔的金柳，
　　是夕阳中的新娘；

波光里的艳影，
　　在我心头荡漾。

（朗诵提示：他独自一人走在康桥河边，百感交集：回味、渴望、不舍、依恋之情涌上心头。）

软泥上的青荇，
　　油油的在水底招摇；
在康桥的柔波里，
　　我甘做一条水草。
……

“胡小雅、万昊朗诵得怎么样？”夏老师面露喜色地问。

“棒极了！”

“朗诵得的确很好！这就是培养行动的结果。因为，他把自己的感情完全融入了《再别康桥》的情境中。”夏老师说道，“还有哪位同学另辟蹊径，从不同角度表达培养行动的重要性？”

“我就讲一个培养行动的童话故事，可以吗？”钱莉茹望着夏老师问。

“当然可以，生活本来就是故事，童话就是你们童年的故事。”夏老师说。

钱莉茹的童话故事：

种下春天

在一座岛上，只有嶙峋怪石和闪烁的海沙。一眼望去，没有花香，没有绿草，甚至连鸟也不飞上小岛。岛上的渔民十分渴盼曾经有过的生机勃勃的春天。可是，春天再也没有光临这座小岛。

一天，一只雪白的海鸥飞临小岛，歇在一户渔夫晒渔网的木架上，偶尔“欧——欧——”低沉叫上两声。

渔夫听见海鸥的叫声，又惊又喜，出门一看，是一只又饥又累飞不动的海鸥。渔夫家里没有小鱼和小虾，连忙拿上渔网去海边捕鱼。当他拿着捕到的鱼和虾回来时，海鸥已经死了。

渔夫伤心地把海鸥埋在了岛上，还在石缝里挖出土来，给海鸥垒起一个大土堆。第二天，奇迹就出现了，在海鸥隆起的土堆上，竟开满了五彩斑斓的小花和青绿绿的小草……小岛上又有了花和草！

原来，这只海鸥就是春天。

岛上的渔民把花和草移种在山石缝隙里，用山涧流水滋润花和草，整个小岛迎来了他们梦寐以求的美丽的春天。

是的，春天正无声无息掌握在我们每一个人的手中，静静地等待我们去种植。

“这个故事，就是我种下的润物耕心的美好春天。”钱莉茹说道。

“钱莉茹刚才讲的《种下春天》的童话故事，含蓄表达了培养行动，首先要在自己的心灵里种下春天的思想。这是对学习的思考。有了春天，一切都会生机勃勃。”夏老师点评说，“还有哪位同学说说，在学习中培养行动对自己的启示?”

“我觉得，培养行动就是投入精力做好一件事情。我们是学生，就要以学习为主，还用得着培养行动吗?我们每天都是学习也得学习，不学习也得学习。学校里每年每学期都有期中考试和期末考试。考个好成绩，是我唯一的奢望。没有考好，虽然心情沉重，结果只能证明我们在学习的路上努力不够。爸爸看了成绩单后，教育的方式也很简单，以打促动。我害怕挨打，只好用行动考出个好一点的成绩，回避爸爸对我的行动。这就是我对学习的思考。”熊浩坦诚地表明了对培养行动的认知，很有普遍性。

“熊浩，谢谢你真实地表达了对学习的态度。真的，把夏老师呛住了。是学习的压迫感太过沉重?还是学习态度不够端正?这应该是思考学习的主题。苏轼的《题西林壁》是这样写的：横看成岭侧成峰，远近高低各不同。不识庐山真面目，只缘身在此山中。当我们面对学习的困苦，把思想禁锢在此山中时，最好的办法就是跳出庐山的遮蔽，站在新的高度，才能全面把握庐山的真正面貌。学习也是一样，请同学们挺胸抬头朝前看，记下今天的警句格言：背对着太阳的人，看到的总是阴影。”夏老师用充满感染力的语句调动孩子们有些沉闷的情绪。

“夏老师，我们可不是井底之蛙。熊浩是的。”谢凯扭身一指熊浩，嬉笑着说。

“谢凯，你胡乱会意什么?”夏老师板着脸厉声道，“当你面对眼前的阴影，应该怎么去做?”

“这还不好办，转过身，满眼都是金色阳光，晃得都睁不开眼。”谢凯下意识用手搭起凉棚，不假思索地回答。

“是的，当同学们面对学习的压力产生困惑时，就应该像谢凯说的那样，转过身，满眼都是金色的阳光。”夏老师冲熊浩微微一笑，仿佛是在暗示熊浩，转过身，面对太阳心中就会充满阳光。

“夏老师，我来讲一个发生在我身上的故事，是我对培养行动的感悟。可以吗？”江珂宇用带着思想的眼睛看着夏老师。

“请讲。”夏老师说。

江珂宇的故事：

牙刷的正确摆放

在洗手间里，妈妈生气地数落我说：“漱完口后，牙刷放在杯子里应该头朝上，这样卫生些，你就是听不进，偏偏把头朝下。你这个坏习惯，怎么老是改不了。”

“知道了。”我心不在焉地回答。

妈妈见我又在敷衍了事，没有引起足够的注意，拦住我说：“珂宇，你听好了，这次你必须亲自动手，把牙刷在漱口杯里摆放好，才能走出洗手间。”

“我要上学了，下次。”我想推开妈妈，但妈妈却把双手伸开，挡住了我的去路。我极不情愿地回身把牙刷头朝上，摆放在漱口杯里。

“记住了，以后牙刷的放置要像今天一样，不要再忘了。”妈妈强调说。

我点着头，索性在镜子旁边贴了一张小纸条：漱口后牙刷头朝上！

这以后，我刷完牙，镜子上的纸条就提示我，要正确放置牙刷。我一天天认真做到了，再也没有听见妈妈的唠叨。也不知从什么时候起，镜子旁的纸条不见了，但我漱完口后牙刷头朝上的摆放没有改变。所以说，培养一个行动，收获一种习惯；培养一种习惯，收获一种结果。这是我对培养行动的理解，举一反三，学习也是一样。

“江珂宇。你的活学活用非常到位，所学的警句格言也用上了，而且在选词上作了正确的更改，好！值得推崇。请同学们在今后的学习中，要透彻理解学以致用的含意。孔子云：学而不思则罔，思而不学则殆。这就是说，学是思的前提，思是学的深入。思而再学，学而再思，循环往复。江珂宇刚才的发言，就是对学习思考具体的例证。”夏老师惊喜地看着江珂宇，肯定了她的学习方法，并提出了表扬。

“不就是读书百遍，其义自见吗？我们都懂：有学才有思，有思才有得。”谢凯抢着回答，话语中还带有不屑一顾的味道。

孩子们就是喜欢争强好胜。

“今天的第二条警句格言是：选择行动，致敬培养，天道酬勤。”夏老师说道，“请同学们认真梳理一下刻苦学习与日常生活的关系，比如：刚才同学们关于培养行动与夏老师的对话，用故事阐述对培养行动的认知和理解，都是对人物（自己）的一种描写，从而发展了故事情节，这在作文中是很重要的一环。所以说，培养行动才有天道酬勤。我有一个朋友告诉我，他送孩子到美国费城纳尔逊中学去读书时，看见这所学校门口有两尊雕塑，左边是苍鹰，右边是奔马。在他的思维中，苍鹰的寓意应该是鹏程万里，奔马的寓意应该是马到成功，但是，苍鹰被饿死了，奔马被剥了皮。请同学们静心思考下，这是为什么？”

“苍鹰技能不全？”

“没有真本领不会觅食？”

“奔马懒惰？”

“吃得多不想干活？”

“同学们回答都对，但不全面。”夏老师说，“苍鹰为了实现高飞的愿望，苦练翱翔的本领，结果忘了学习觅食，活活饿死了。奔马在农夫家拉磨嫌活太累，换到皮匠家。皮匠嫌奔马吃得多又没活给它干，就杀马剥皮做了皮料。这就是说，一个缺乏起码独立生存能力的人。无论他有多大的能力和才华，都不是健全的人。所以，请同学们认真思考这堂课所学的内容，完成命题作文《培养行动》。”

培养行动

今天上午的班务会是竞选班长，我是五位候选人之一。老师站在讲台上，微笑地看着我们问道：“哪位同学第一个上台演讲？”但五位候选人中没一个举手。

我的心“突突突”地乱跳。我想第一个上台演讲，又感觉自己好像还没有准备好，心里忐忑不安，让我的嘴就像是贴了封条一样，话在喉咙里就是吐不出来。老师似乎是看出了我们的心思，耐心地用沉默等待着我们，巡视的眼睛里闪射着鼓励我们的目光。此时此刻，我是多么羡慕那些站在讲台上演讲表现得面无惧色、口若悬河的同学呀！他们为什么能做得那么好呢？

我突然记起看过一篇短文《培养行动》："愤怒的小鸟"创始人魏皮特在一所大学演讲时，看见一位女生举着手向前移动。魏皮特不等工作人员传递话筒，便一个箭步跳下讲台，把话筒送到她嘴边。女生问："您刚才说，总部需要招聘学生，请问需要哪种类型的？"魏皮特收回话筒，一路小跑地回到讲台上，用手指着刚才提问的女生果断地说："就要她那种类型的。只有这位女生在举手的同时，从座位上站起来，艰难地向我这边挪动。我们俩人都在行动中，不是吗？"

我也不知哪来那么大的勇气，竟然一下高高举起了右手，不等老师同意，大步流星地走上讲台。我用目光缓缓地扫视着全班同学，深深吸了一口气又慢慢地吐出，让自己的心情平静下来说："我能当好 A6 班的班长，因为我有一颗热情为同学们服务的心，我还有善于行动的组织能力。这就是我当好班长的前提和积极的态度，请同学们信任我……"

当我在表述这番话时，我居然不那么紧张了，感觉脸上还能流露出自信的微笑。我也听到了台下同学们对我信任的掌声。

是的，选择了目标，必须培养行动。而行动前的准备是要认真的，没有人能在行动前把一切都准备得天衣无缝，那样的话，可能一辈子也不会行动。

这就是我对培养行动的深切体会。

夏老师点评：《培养行动》开门见山从竞选班长入手，用心理描写刻画出我想上台演讲又害怕的窘境，然后又通过插叙描写了"愤怒的小鸟"创始人魏皮特和女生都在行动的故事，从而战胜了自我，培养了行动，赢得了自信。

第二十一课　我也能行

"同学们好!""夏老师好!"

"今天这堂课的内容有：警句格言；场面描写；命题作文《我也能行》。

警句格言：一、我是最优秀的人。因为，著名的第二定理告诉我，人人都知道世界最高峰是珠穆朗玛峰，而不知道世界的第二高峰，所以我要做第一；二、努力考到100分，即便是以失败告终。"夏老师以不容置疑的语气说道。

孩子们做完笔记，抬头静静地望着夏老师

"夏老师，您答应的故事……"喻彬欲言又止。这次他没有用手习惯性地托镜框。

"好的，夏老师先讲场面描写，作为一个铺垫，然后再讲故事，好吗?"夏老师稍一沉思说道。

"好!"

"什么是场面描写?是由人物在一定场合相互发生关系而构成的场景。同学们注意！谢凯现在的坐姿是歪肩斜身，这到底是耍酷还是街头行为?夏老师要求同学们一定要养成良好的生活习惯，坐一定要有坐像，站也要有站像。长短腿，高低肩，脊柱歪，这样的姿态好看吗?如果把刚才的过程描写下来，就是场面描写。现在，我再讲一个《荆轲刺秦王》的故事，其中'易水送别'用场面描写烘托悲壮的氛围就特别经典。"

荆轲刺秦王

秦国要灭燕国，百般无奈，燕国太子丹只好请荆轲去刺杀秦王。在燕国的易水河边，（同学们注意了，接下来是场面描写）太子丹与门客都穿着白衣服，戴着白帽子为荆轲送行。行过告别礼，高渐离敲响了筑（一种乐器），荆轲随着筑声唱起了歌来：风萧萧兮易水寒，壮士一去兮不复返!声音悲壮凄凉，伴着筑声慷慨激昂。在易水河畔送别的人都圆睁双眼，在秋风的呼号声中，流下了滚烫的热泪。而荆轲却大义凛然，连头也不回地走上壮士义举的道路。

“同学们好好思考一下，易水送别的场面有太子丹、高渐离、门客及荆轲。整个送别的场景描写十分有序。先写送别人的装束，白衣白冠预示着荆轲刺秦王不可能生还，渲染出一种悲壮的色彩。再写高渐离击筑，乐声慷慨，荆轲视死如归地歌唱，送别的人怒发冲冠，圆瞪双眼，从而构成了一幅撕肝裂胆的萧杀场景，让人为之动容。”

夏老师用低沉的语调讲完了《荆轲刺秦王》易水送别的场面描写。孩子们屏住呼吸听得很专心，然后释放出一声好长的叹息。

“荆轲刺杀了秦王吗？”王宇泽望着夏老师小心地问。

“没有。”夏老师说道，“荆轲被杀死在秦王的殿上。在这里，我还要强调的是，营造场面描写的氛围，不可喧宾夺主，单纯为写场面而写场面，如果跟作文的主题和人物无关，就会失去场面描写的感染力和艺术魅力。听懂了吗？”

“听懂了！”

夏老师的故事：

红领巾

我从上小学三年级的时候起，就特别渴望能带上红领巾。因为，红领巾是红旗的一角，是革命烈士用鲜血染红的。我崇拜革命英雄，最爱听《王二小的故事》。在我的心目中，王二小、刘胡兰已经深深地扎下了根。我期盼着自己能穿着白色的衬衣，戴上红领巾，昂首挺胸，右手五指并拢，高高举过头顶，唱起《中国少年先锋队队歌》：

我们是共产主义接班人，
继承革命先辈的光荣传统，
爱祖国、爱人民，
鲜艳的红领巾飘扬在前胸，
……

只是，我在班上的成绩一般般，又没有突出的表现，很难引起老师的注意，心里有一种很强的自卑感。

四年级上学期，我又长大了一岁，学习成绩也跟上来了，所以，我对参加少先队，戴上红领巾的渴望更加强烈。记得那是一个星期六的下午，全校老师和学生在操场上集合开表彰大会。首先是校长在主席台上冗长的讲话，操场排着纵队的学生们交头接耳乱哄哄。接着是三好学生上台领奖。他们列队走向讲台，向校长敬少先队队礼，双手接过校长颁发的奖状，再雄赳赳、气昂昂走回到班队里。我羡慕地看在眼里，心里很不是个滋味，然后就低下头想着自己乱七八糟的心思。

“夏昌铭，快点！校长在宣读新加入少先队的名字，有你。”安维明在我身后用劲一推，提醒我说。他知道我特别想参加少先队戴红领巾。

我如梦初醒，激动得不知所措。

“快上台去呀！”身旁的几个男同学也嬉笑地催促我。

我慌慌张张跑到主席台前，郑重其事地向校长敬了一个标准的少先队队礼，接着伸出双手，准备迎接校长礼台上摆放的红领巾。

“你叫什么名字？”校长微笑地问。

“夏昌铭。”我回答。

校长反复仔细地审视着手里的少先队队员名单，然后用奇怪的眼神打量着我，脸上没有一丝笑容。

学校的少先队鼓乐队踏着坚定的步伐，鼓号响亮地展现风采。横向列队刚加入少先队的同学，戴着红领巾，精神抖擞，激情满怀。

“校长，红领巾。”我弄不明白，刚才还笑容可掬的校长，怎么瞬间对我冷冷冰冰，我感到委屈。

“谁让你上台来的？”校长冷不丁地问。

“是您，刚才念的我的名字。”我一指校长手里的少先队队员名单。

“我念了你的名字？”校长生气地把名单往我面前一递，厉声说，“你看看，上面有没有你的名字？莫名其妙。”

我接过名单仔仔细细地看了两遍，眼泪都快急出来了。白纸黑字上的确没有我的名字。我颤颤惊惊把名单还给校长，转身面对操场上黑压压的老师和学生，无地自容。

这时，班主任张老师急急忙忙跑到我的跟前，一拍我的脑袋，把我领回班队里。班上的同学开怀大笑，有同学还嚷嚷：“嗬呦！他信了，还真是信了。想戴红领巾都想疯了！”

这个时候，我才知道自己是被同学捉弄了……

“夏老师，那后来呢？”孙柏灵禁不住问。

“后来我上到五年级下学期，通过自己的努力，不但戴上了红领巾，还选上了班主席，又被推荐到学校大队部当了大队长。”夏老师淡然一笑，轻描淡写地回答。

“夏老师，您在场面描写中好萌啊！简直萌呆了！”孙柏灵乐得感叹说。

“在座的同学都是少先队员吧？”夏老师接上话问。

“是的！”“我二年级就入队了。”“我三年级入的队。”“卫翔宇还是班长！”“胡小雅也是的。”“钱莉茹是语文课代表。”

“我不但是语文课代表，还是英语课代表呢！”孙柏灵扮了一个调皮的模样，好不得意。怪不得同学们都说她古灵精怪。

“同学们在学习上表现得都很优秀，夏老师为你们高兴。但是，仅仅是学习上的优秀是不够的，孟子曰：以天下兴亡为己任。你们应该怎么办？”夏老师问道。

“匹夫有责！”回答震撼。

“不！古汉语的‘匹夫’泛指老百姓，我认为缺乏一种紧迫感和责任感。在这里，我要求同学们把‘匹夫’改成‘我的’，”夏老师慷慨陈词再问，“国家兴亡？”

“我的责任！”回声撼天。

“是的，国家兴亡，我的责任！同学们回顾一下历史，在责任的驱使下，舜是人，禹是人，历朝历代的名人志士都是人。而今天，在座的同学们也是人！这才是国家的希望。一个有希望的国家，不能没有英雄，一个崇拜英雄的国家，不能没有责任。从我做起，勿以善小而不为，勿以恶小而为之。就现在，请同学们把扔在地上的纸屑捡起来，放到纸篓里。”夏老师说着，拿起靠在墙角的纸篓，放在过道前面。孩子们自觉地清理桌上的杂物，捡拾地上的纸屑，排队放进纸篓里。

“同学们现在的行为就是一种责任，有了这种责任，教室的面貌就会焕然一新。试想一下，当你们把一口痰吐在教室里，是一件不足为怪的事。如果是吐在自己的家里，你会感到恶心，马上打扫得干干净净。所以说，当我们把教室、校园、城市、国家都看成是自己的家，这样才有了国和家，才有了国家是家，家是国家这样的责任！”夏老师讲得很真切，孩子们听得很专心。

“夏老师，话好讲，做很难。培养行动，是一件不容易的事，对吗？”熊浩说道。

“是的，不容易。”夏老师回答。

“可是，像我们做起来就更不容易了。容易忘记啊!”熊浩一脸惆怅地看着夏老师。

“但是，你必须去做是不是?”夏老师竖起左手食指，很有力度地前后挥动着说，“必须的!”

“老师可以这么说，励志课当然应该说励志话，教育人嘛。”熊浩皱着眉头，思考后说。

“励志是动力，行动是逆舟，不进则退。”夏老师表情严肃。

“甘洒热血献青春，回到现实呢?”熊浩有抵触情绪。

“那就从力所能及的小事做起。”夏老师说。他知道熊浩心中还有没解开的结。

“培养行动?刚才我的纸屑捡得比其他同学多，包括过道的，这难道不是小事吗?”熊浩强辩说。

“做好小事不是一时，而是一世，是在不知不觉中进行的。所以你还没懂，起码现在。”夏老师反驳。

“是吗?”熊浩闪动着眼珠，表情不屑。

“是的，先扫除心中的阴影，让眼前敞亮起来，然后用行动证明自己。这个过程，就是培养行动。”夏师帮助熊浩整理思绪。

“过程，能再具体些吗?”熊浩用倔强的眼神看着夏老师。

“首先，做人要有脊梁。瞧瞧你的坐姿，弓腰驼背，夏老师鄙视你现在的样子。”夏老师一针见血指出他的软肋。

十几双眼睛齐刷刷射向熊浩，臊得他满脸通红，立马挺胸抬头端正坐好。用愤怒的目光迎视着夏老师。

“熊浩同学，什么是过程，再说具体一些，你由弓腰驼背到抬头挺胸，这就是你在行动的过程。”夏老师用威严的目光直视熊浩说道，“因为，你明白好与坏，对与错，知道怎样堂堂正正做人。现在，你挺胸抬头充满了阳刚之气，是个真正的钢铁小男生。”

“因为我挺直了脊梁?”熊浩眼里有燃烧的激情。

“对！你挺直了脊梁。”夏老师感慨地说道，“脊梁是什么?脊梁是精神！脊梁是信念！脊梁是正气！脊梁是挺胸昂首迎难而上！熊浩同学，我真希望脊梁是你的内心灵魂。”

“夏老师，我明白。做人，挺直腰板。要有脊梁，我感受到了。”熊浩回答铿锵。

“这样就好。”夏老师紧绷的脸上露出笑容，语重心长地对熊浩说道，“山无脊梁会塌方，人无脊梁不是人。你现在就做得很好。我相信，你的爸爸妈妈对你的要求和心愿也是这样的！”

“夏老师，我妈妈对我就是这样的心愿。”孙柏灵眉飞色舞抢过话题接上说，“她常常说的几点心愿我都能背下来。第一，要努力学习，考出好的成绩；第二，希望听话，别让爸妈操心；第三，将来考个名牌大学；第四，毕业后找一份好的工作；第五……

这时，我就会说：哎！妈妈，您都说了一百遍，烦不烦呀？您为什么总是围绕着我打转转？

妈妈不以为然‘嘿嘿’一笑，看着我都不好意思。”

“你妈妈是个话痨，我妈妈说这样的话时，也可以跑马拉松。让我泪崩。唉，天下父母一条心啊！”陈诗雯显露着浅浅的酒窝唉声叹气。

“我妈说这种话很有气场，你不听还不行。什么我现在是学习阶段，心无二用就应该放在学习上；什么学习要更上一层楼，各科成绩每次应该考 95 分以上；什么妈妈的最大心愿，就是希望我将来考上名牌大学。

我也真应该向妈妈学习，在‘说’字上下一番苦功夫。”钱莉茹苦愁着脸表达出一肚子怨气。

全班孩子们用笑声作了点评。

“刚才，听了同学们一番对妈妈的怨言，我的理解是：说话是最容易的事，三岁小孩都能说，对牛弹琴，瞎说一通；说话又是最难的事，怎么把话说到位，有的放矢，达到目的。比如，亚洲顶尖演说家陈安之，他说话就很到位，演讲费每小时一万美元。陈安之写过一本《绝不裸奔》的书，封底上印有这样一段话：你为什么不成功，因为你没有下定决心；你为什么还不成功，因为你还没下定决心；你为什么直到现在还没有成功，因为你直到现在还没有下定决心。

在他看来，只要你下定决心，就没有做不成的事情。陈安之用承诺告诉大家：如果我达不到成功，我就裸奔！以此激励用决心来完成目标。

不过，话又说回来，说话要是和写作文相比，就容易多了，因为，说话不需要查字典，不必担心写白字，没有必要去考虑不会写的字。但是，辩证地看，说话又比写作文要难，这是因为，说话没有时间思考和推敲，还要适当掌握好语速和情感的表达，使说话时要有逻辑性。今天呢，我们就来练习练习怎样说话，怎样说好话，怎样把写好的作文，用我们的语言表达出来。我说到这里，同学们一定明白是怎么回事了，那就是，学习和感悟怎样来朗读，怎样在朗读中让自己出彩！好不好？”夏老师问道。

“好！”激情四射的回答。

“我现在就把朗读要求写在黑板上，同学们先从文字上理解和感悟朗读的要求，然后进行实战练习。”夏老师说完，手拿粉笔，回身在黑板上写了起来：

朗读要求

一、走台：自然大方，收腹挺胸，两臂自然摆动，抬头平视前方，行走快慢适当，给人从容不迫的动态。

二、面部：面带微笑，让面部肌肉放松。朗读时要有少量的肢体动作和表情的变化。

三、声音：朗读时，声音一定要清晰响亮，根据作文的内容，把抑（重音）扬（响亮）顿（停顿）挫（转折）的情感融在内容里。

四、语速：一分钟为例：150 字左右（语速快慢具有相对性）。庄严的内容：130 字左右；愉悦的内容：160 字左右。

五、朗读：是运用各种手段表达思想感情的一种语言艺术，美术学院表演系有一门课程叫“解放天性”。简单说：就是解放内向；放松心态；克服紧张；排除杂念，全身心投入到朗读的境界中去。

夏老师等孩子们做好笔记说道：“下面先跟着夏老师朗诵一首孟浩然的诗，《春晓》：春眠/不觉/晓，处处/闻啼/鸟。夜来/风雨/声，花落/知/多少。

注意！在朗诵到‘晓’‘鸟’‘少’时，字音适当延长，带吟诵的味道。特别是吟诵‘鸟’字时要上扬；‘落’字时要重读。同学们先领悟一下，开始！”

夏老师领诵，教室里升腾起一片朗朗的诵读声。

夏老师见孩子们在反复的诵读中找到了一些感悟，说道：“接下来，请同学们按照朗读的要求，大胆地培养行动，走到讲台上来，按朗诵《春晓》的节奏感，朗读蒋金镛的《人生小酌》。”

“夏老师，我们没有《人生小酌》呀？”谢凯说道。

“我现在就发给同学们。”夏老师说完，把复印的短文《人生小酌》发给了孩子们。

教室里响起嘈杂的朗读声。

“夏老师，我准备好了。”熊浩举手要求。

“请吧。”夏老师微笑点头同意。

熊浩的走台别别扭扭，出左脚摆左手，出右脚摆右手，引得全班孩子哄堂大笑。

“熊浩，放松心态，像平常走路一样，重新再来一遍。”夏老师不停提示。

熊浩在笑声中表情严肃地走了五遍台，然后像模像样地站在了讲台前，接着，又呆若木鸡，嚅动着嘴唇，好长时间才朗读起《人生小酌》：

人生小酌

自己把自己说服了，是一种理智的胜利；自己被自己感动了，是一种心灵的升华；自己把自己征服了，是一种人生的成熟。

大凡说服了、感动了、征服了自己的人，就有力量征服一切挫折、痛苦和不幸。

受挫一次，对生活的理解加深一层；失误一次，对人生的醒悟增添一阶；不幸一次，对世间的认识成熟一级；磨难一次，对成功的内涵透彻一遍。从这个意义上来说，要想获得成功和幸福，要想过得快乐和欢欣，首先要把失败、不幸、挫折和痛苦读懂。

有人把自己看作是生活的主角；有人把自己看作是生活的配角；有人把自己看作是生活的观众；而不屈服命运的强者，却把自己看作是生活的编导。

智者的智慧往往在于，他最善于通过生活中的很多能照出自己真实一切的镜子来剖析自己、调整自己、完美自己。

只有一种死，永远也不代表毁灭，那就是：自落的花，成熟的果，发芽的种，脱壳的笋，落地的叶……

由此可以坚信：英雄的美德在于面对死亡而永远没有失败。

孩子们在熊浩的带动下，一个个跃跃欲试。

夏老师让每一个孩子得到朗读练习后，点评道：“今天的朗读，同学们表现都很好。但是，要达到主持人的水准，还有一个过程，需要经常反复练习，比如，没事练练绕口令或是找一篇容易上口的短文，对着镜子观摩朗读。台上一分钟，台下十年功就是这个道理。希望通过这堂课的学习，能看到同学们的收获。今天的命题作文《我也能行》，取材这堂课的故事。”

我也能行

我怯怯地站在讲台上，面对教室里的同学，脑子里一片空白，心里感受到的是从未有过的害怕，再也撑不下去了。虽然我的演讲稿《我也能行》准备了一个多星期，基本上可以背下来，但是，我还是能感觉到声音小，语速快，吐字不清，表情僵硬。我像一块榆木疙瘩，低着头，磕磕巴巴地读着演讲稿，在同学们的议论和哄笑声中臊得一身冷汗。

我一下从梦中惊醒。

我性格内向，不善言谈，再加上胆子小，平常和同学们聚在一起，我都是寡言少语待在一边。从上小学一年级开始，每次老师点名提问我时，我就慌慌张张，脸红心跳，回答问题结结巴巴。其实，老师问的那些知识我都背得滚瓜烂熟。而且我在家里和妈妈交流也不结巴呀！所以，我非常崇拜那些能言善辩的同学，他们无论面对多少人，都巧舌如簧，口若悬河，表达得像电视连续剧一样丰富，时而慷慨激昂；时而幽默风趣；时而抑扬顿挫，再配合无声胜有声的手势，就像磁铁一样紧紧地吸引着我，令我羡慕又嫉妒。

我要彻底改变自己不善语言交际的窘况，我相信这样一点，成功是练出来的。首先，我开始练习朗读，注重句子的停顿、重音、语调、速度等，进而空闲之余默练绕口令：桥上吊刀，刀倒吊着……为了达到肢体语言和面部表情的和谐，我放学回家，就准备一篇朗读范文，对着镜子反复练习半个小时以上。为了使自己的语言充满激情，我朗读前必须熟悉作品，理解作品的体裁、主题、内容和结构，从而达到阅读理解。这真是一件持之以恒的事情，每当我坚持不下去的时候，我就这样地问自己：你为什么不善言辞，因为你努力不够；你为什么还不善言辞，因为你还是努力不够；你为什么直到现在还不善言辞，因为你直到现在还是努力不够。我知道，努力加坚持就是成功。我必须得这样日复一日地坚持着，一点一点地突破自我，因为我坚信，在未来的生活中，语言交际是改变我人生的重要一环；因为我坚信，每一个人都有无限的潜能。每一个人都可以通过不懈的努力，实现自己的梦想；因为我坚信，世上无难事。贵在持续，踏踏实实地做到这一点，我也能行！

夏老师点评：《我也能行》来源于课堂上的故事，叙述了我在朗读练习中学习的过程，借梦表达了朗读时胆怯的心理，再现了追梦无悔，自我突破——我也能行！

第二十二课　答案

“同学们好!”“夏老师好!”

“这堂课有三个方面的内容：警句格言；语言文字；命题作文《答案》。”夏老师简短概括了授课内容。

“夏老师，还是励志教育?”谢凯不太满意地问。

“是的，励志的。我要同学们明白，你们为什么学习?怎样学习，学习要有结果。”夏老师回答。

“可是，书山有路勤为径，故事兑现我们听。”谢凯代入说，他没忘记听故事。

“那好，夏老师先问学习的问题，世上最动人的皱眉是怎样的?”夏老师问。

“解方程苦思时的皱眉。”熊浩回答说，“我是从书桌上镜子里看到自己解不开方程，眉头拧成了波浪。”

“那世上最为得意的微笑呢?”夏老师又问。

“作文终于写完了，把笔放下的一刹那。”谢凯抢着回答。

“两位同学都回答正确。夏老师希望同学们天天都有这样的表现。”夏老师微笑着说，“我知道同学们学习得都很累，但学习又是一辈子的事。既然同学们已经种下了春天，在这里，我送同学们一个故事。”

等待第二个春天

这是我听来的一个故事。说是在日本有一个叫阿呆、一个叫阿土的两个人，他俩都是渔民，却梦想着成为大富翁。有一天，阿呆做了一个梦，梦见对面岛上的寺庙里，种了四十九棵朱槿树，其中开红花的一株树下埋了一坛金子。阿呆满心欢喜地驾船来到岛上，岛上果然有座寺庙，寺庙里果然种了四十九棵朱槿树。此时已是隆冬，阿呆便住在了寺庙，等待春暖花开。冬天终于过去了，迎来了朱槿树盛开的五月。但是，开的都是清一色淡黄色的花，阿呆没有找到开红花的朱槿树。寺庙里的僧人也告诉他，从来都未见过开红花的朱槿树。阿呆垂头丧气驾船回到了渔村。

后来，阿土知道这件事，就用一些碎银向阿呆买下这个梦。阿土也划船去了那座岛，来到寺庙住了下来。又是一个大雪纷飞的寒冬。等到了春天，朱懂树上的朱槿花凌空怒放，寺庙里一片花开灿烂。这时，奇迹发生了：在四十九株朱槿树中，有一株绽放出美丽绝伦的红花来。

阿土激动地在朱槿树下挖出了一坛黄金，成了渔村里最富有的人。

“据说这个故事在日本流传了上千年。今天当同学们来听这个故事时，得到什么样的启发呢？”

“要是真事，阿呆与黄金只隔了一个冬天。”

“阿呆错就错在没能把自己的梦，坚持带到第二个春天。”

“阿呆是个苕，他不相信自己的梦。”

“应该学习阿土，相信梦能成真，等待第二个春天。”

“梦想总是要有的，万一实现了呢！”

“夏老师，您讲的这个故事的寓意是：追梦要执着。”熊浩茅塞顿开地说。

“是的，同学们的人生何曾不是充满了梦想。那朵朵迎风摇曳的朱槿花，希望能永远在你们的心中绽放。今天，倘若给你们一朵梦中的朱槿花，你们一定要有信心，等到第二个春天。”夏老师满怀激情地说道。

“夏老师，我们懂了。学习就是追梦的过程。”熊浩一脸稚气，但表情严肃。

“是的，夸父逐日，在追赶太阳时，口渴，饮黄河、渭水不够，便赶往北方的大湖，渴死在半路上。这就是说，追梦是很苦的！

今天的警句格言是：一、沟算什么？坎算什么？跨过去，头顶依然是蓝天，脚下依然是大道。二、写作文累不累？累！累就好，舒服是留给懒人的。”

“夏老师，您的警句格言，衔接上课内容好紧凑啊！”喻彬放下手中的笔，下意识地一托眼镜框说。

“这就是我马上要讲的语言和文字，需要设计和建设，赋予它美好的生命力，使它在运用中鲜活起来。”夏老师接上喻彬的话说道，“同学们写作文，一定要学着和文字较劲。汉字是很麻烦的，一个字有不同的写法，比方回字，孔乙己在咸亨酒店，用两个指头的长指甲敲着柜台，点头说：对呀对呀！回字有四样写法，回、囘、囬、廻。同一个字又有不同的发音，字的音不同，代表的意义也就不同。还有音同，而字不同，不理解字意，往往就造成同学们写作文时，经常出现错别字。

记得小时候，父亲指着门帘上的‘恭’字问我，认不认识这个字。我答道这是‘茶’字。父亲听了展颜大笑，要我好好学习。还有一次去照相，父亲指着照相馆的‘摄影’的‘摄’字，问我认不认识？我知道中国字如果不认识的话，就念半边字发音，然后理直气壮地告诉父亲，这是‘聂’字，父亲乐得拍打着我的头说：儿子，我们进照相馆去‘聂’个影吧！这就是我上小学三年级以前，不好好学习闹出的笑话。有一次，父亲写了这样一个句子要我填字，爸爸（　）（　），我就（　）（　）。我填的是：爸爸打我，我就大哭。父亲哭笑不得地看着我说：儿子，我没什么文化，你比我的文化更差。你就不能填上有意义的字吗？我说：这还没有意义吗？我每次成绩没考好，首先想到的就是这样的情景，都刻骨铭心了。父亲也只好笑着说我聪明。

我说的这一切，就是要告诉同学们，语言文字要有思想的包装。我们要穿过密林一样的语言文字，去注视它们，在学习中认真了解它们。认识它们丰富的实际意义，而不要去扭曲它们反映对象的本意，让语言文字无辜遭受委屈。为此，请同学们一定要学习好语言文字。”

“夏老师的小时候，为什么跟我们完全不一样，特逗。”

“那是夏老师把语言文字，注入了思想。”

“对，进行了幽默的包装。”

“语言文字像人一样，也是有魂的。”

“如果扭曲了它，就显得苍白无力。”

孩子们围绕着语言文字的议题，热烈讨论。

“刚才，同学们对语言文字的议论都是对的。”夏老师插话说道，“语言文字简单说，就是用来表达意思和交流的工具，包括书面语和口语。同学们要注意了，写在书面上的人物的口语，是要经过大脑的加工，贴近我们的日常生活才能出彩。比如：书面语美丽，在口语中应该是漂亮。夏老师如果说：我们培优班的胡小雅长得很美丽，听起来特别扭。而说：我们培优班的胡小雅长得很漂亮，听起来就很自然。同学们要记住，语言文字是我们作文时的思想再现，对人和事的描写要做到八个字：准确、简练、生动、朴素。这是我们每一位同学从今天开始，在写作文时要提醒自己的事情。怎样去做？作文是改出来的，修改作文就用这八个字作尺度。只有这样，同学们才能写出一篇篇精美的作文。”

“夏老师，我现在每篇作文都是甲+。还在全班当范文朗读。”

“我还不是作文得甲+。”

“我也是的。”

“那我要问。有谁的作文修改过三遍的？”夏老师用手势制止了孩子们的议论问道。

没有回答，只有一个个小脑袋像拨浪鼓一样摇摆。

“天外有天，人外有人。同学们不要满足于现状。要在作文得甲+的基础上，更上一层楼。用八个字在语言文字上要求自己，使自己获得更大的惊喜。你们能够做到吗？”夏老师问。

“能！”回答响亮。

“怎么去做？”夏老师又问。

“准确！简练！生动！朴素！”

“用在什么地方？”夏老师再问。

“作文是改出来的，八个字是尺度。”

“这是夏老师听到的非常非常润心的答案。”夏老师赞赏说。

“夏老师，我将来也要像你一样，写几本长篇小说，怎么样？”谢凯信心满满。

“你一定能行。但是，现在先把基础知识学扎实，到时候才能挥洒自如。”夏老师鼓励说，“下面，我来具体讲解语言文字的运用：

第一，语言文字表达要准确。古人云：吟安一个字，捻断数根须。说的就是用词造句要认真推敲，精选最恰当的词语。有这么一个典故。清代曾国藩与太平军作战时，打一仗败一仗。在鄱阳湖口一役中，险些丢命。他在上疏奏折里有一句是：臣屡战屡败，请求处罚。他的幕僚建议他把屡战屡败改为屡败屡战。这一字之改。就塑造了失败再战的顽强精神。从而达到了用词精确的效果。鲁迅的《故事新编》有篇《出关》，讲孔子拜见老子。原文是：‘大家从此没有话，好像两块呆木头。’后来，鲁迅把‘块’改为‘段’。这一改，语意精准了，块与木头连在一起，含混，块的形状可方可圆，形容人的体态，不够贴切，段表示长，与人体形态自然贴合。

第二，语言文字表达要简练。什么是简练？就是在作文的时候，用最少的文字表达尽量多的内容。再说得明白一些，就是节约用字，删繁就简。而我们有些同学，为了达到作文要求的字数，像啰嗦童似的重复一句话，一个细节，作文成了王婆婆的裹脚布，又臭又长。

我现在读两封信，一封是钱莉茹写给联谊学校陈小红的信。

陈小红同学：

你好！

我叫钱莉茹，就读武昌区实验小学G六班。我们的学校景色宜人，一排排整洁的教室掩映在绿树丛中，树上有鸟儿啼鸣……

我的兴趣爱好是唱歌，学习成绩也不错。我参加了作文、数学、英语的培优学习。在学习的路上，我是忙完秋收忙秋种，学习学习再学习。我的童年生活，完完全全被学习塞满了。我有时候也很苦恼，甚至产生过逆反的心理。我是多么希望爸爸妈妈能够给我在学习上减负啊！让我有一个自由的空间。可是，爸爸妈妈没有给我，他们希望我是一个好学生！

我就这样一天又一天地重复学习着，有一种拉灭读书灯，一身都是月的感受，彷徨在说不清又道不明的迷惘中。直到有一天，爸爸妈妈给我推荐了一首英国诗人雪莱写的《选择》，对我触动很大，现在，我就把它分享给你：

选　择

每一条道路上都有出发的人，
每个人头顶上都有一方天空，
每一方天空上都有莫测的云，
每一朵云都兆示着命运。
无声地选择方向，
一颗星星或者一双眼睛。
人怎样选择世界，
世界将怎样选择人。
……

你说我们的爸爸妈妈是不是很聪明，循循善诱引导我们在学习的迷惘中前进，指导我们把弯路走直走正。所以，我们应该用学习向上来报答爸爸妈妈的养育之恩。写到这里，我有一个想法，我们是否应该结成互帮互学的小闺蜜，在学习的路上PK前行，从而证明我们对学习的态度。

好了，信就写到这里。欢迎你来我的学校或是家里做客，交流学习体会。让我们共勉！

紧握你的手！

同学：钱莉茹
2017 年 5 月 18 日

“同学们说，这封信写得好不好？”夏老师问道。

“好！”孩子们将目光投向钱莉茹。

“我再读一封信，是明代初期一位举人南下赴京赶考（明初建都南京，中后期迁都北京），给妻子写的家书。我摘一段念念——”

此次南来，归期未定。不在初一就在初二，不在初三就在初四，不在二十八就在二十九，为什么不写三十，恐有月大月小之分。

此次南来，忘却一事，床下有棉鞋一双，若遇天晴之日，拿出来晒晒，拍拍打打，打打拍拍，以备天寒之用。

此次南来，如若考中，我妻改为夫人，大小子改为大公子，二小子改为二公子，三小子改为三公子，余此类推。

此次南来，如若不中，我妻仍为我妻，大小子仍为大小子，二小子仍为二小子，三小子仍为三小子。余不繁赘。

此次南来，有一事放心不下，二小妹容貌尚好，对面王二麻子大有不良之意，要嘱咐二小妹少在门口张望，千千万万，万万千千，因时间关系来不及写草头的大写万字，就以方字去掉一点以代之，而代与伐不同，有撇无撇之分。往日写信啰嗦，今日不再啰嗦，啰啰嗦嗦，嗦嗦啰啰，实在可恶……

夏老师的信还没读完，孩子们已经笑得前仰后合。有的孩子还禁不住说道：“好苕的举人，拿啰嗦当饭吃。”

“同学们都觉得好笑，其实，你们在作文中也有类似的叙述。只是自己不觉得罢了。那么，怎样写作文不啰里啰嗦呢？要学会在思想里熔炼含蓄的词语和句子，类似每堂课的警句格言。

第三，语言文字表达要生动。这就是说要给人以立体感。《水浒》第三回：鲁达挥动醋钵儿大小的拳头，一拳打得郑屠鼻子歪在一边，又一拳打得他乌珠迸出，第三拳打得他挺在地上，构成了一幅立体的图像。另外，造句时还要讲究音节美。比如立志的理念：我想过成功，也想过失败，但我从未想过放弃。

从而形成了抑扬顿挫的音节美。这种音节美用眼睛是体会不到的，必须反复朗读才能领会。再就是在语言文字上表达要有幽默感。《蜡笔小新》的经典对白，充满了童趣的幽默：老师说：小新，请用‘左右为难’造句。小新答：我考试时左右为难。老师问：是题目不会答，让你左右为难？小新回答：不，是左右同学答案不一样，让我左右为难。”夏老师话音刚落，教室里笑声四起。

“特别提醒，文以新为贵。语言文字在造句时也要有新鲜感。”夏老师让同学们安静后继续说，“酒是由粮食和水果发酵制成的饮料；烟是物质燃烧时产生的气体。当你们劝爸爸少喝酒抽烟时，语言应该有新鲜感。比如劝爸爸少喝酒时说：爸爸，少喝点酒，别让自己变成短时间的英雄；劝爸爸少抽烟时说：爸爸，烟对身体有害，莫把自己当敢死队员！”

教室里又是一片酣畅淋漓的大笑声。

“第四，语言文学表达要朴素。美的语言文字，不完全是多用形容词造句，要学会用最直白、最朴实的语言文字表达自己的思想。比如：人的生命必须充满激情，没有激情，生命就会显得苍白；读书使人成为完善的人，天下第一好事还是读书；容易走的都是下坡路。这些语言文字都很朴素，但内涵十分丰富，所以，要学好语言文字，必须做到四勤：勤记、勤背、勤查、勤写。这八个字看似容易，做则繁杂。例如：语言文字表示手的动作的词有一百多个：打、抓、拉、扔、夺、抽、甩、拍等等。关键是先要读懂语言文字，理解语言文字。只有读懂和理解了语言文字，才会加深记忆，理解学习的内容。现在，夏老师问同学们一个问题：苦难是人生中最好的老师。这个句子里的苦难是什么意思？”夏老师停顿下来问道。

“挫折和痛苦。”孩子们回答。

“是的，学习的过程也是充满了挫折和痛苦的，你们应该怎样去面对？请给夏老师一个答案。”夏老师要求说。

答　案

岁月冲淡了我许多记忆的往事，但妈妈给我的答案，却时时刻刻激励着我，伴我前行。

那是上小学四年级的时候，我有一个问题一直想不通，为什么我的同桌成绩总是考第一，而我想把语文成绩考上前三名，却总在前十名左右徘徊。我很沮丧，觉得自己笨，自尊心受到了很大伤害。

一天，我拿着中考成绩单回家，灰心丧气地把成绩单递给妈妈说：妈妈，我觉得我每天都在刻苦学习，可是才考了个第十一名，而我的同桌想考第一名就考第一名，是不是我的脑筋不够灵活？智商有问题呀？

妈妈用慈祥的目光看着我，想了好长时间，才一字一句地对我说道：也许你自己认为很努力学习了，但和其他同学比起来，还是努力得不够。记住，一分辛苦一分才，勤能补拙。因为，成功是留给执着的人的。妈妈冲我攥紧拳头笑了笑，鼓励我在学习上再加把劲。

原来妈妈也认可我的智商不高？我心里很难受。

我每天迎着晨曦，迈着沉重的脚步走向学校。我努力学习，专心听课，做好作业，花大把时间准备考试。可是期末考试，我又考了第十名，而我的同桌还是考的第一名。回家后，我心灰意冷地问妈妈同一个问题，妈妈怔怔地看着我，嘴唇微动，有话没说出口。然后摸了摸我的头，默默地走开了。

几天后，妈妈带我来到内蒙古大草原。我和妈妈站在广阔无际的草原上，远眺着《敕勒歌》的景象：敕勒川，阴山下。天似穹庐，笼盖四野。天苍苍，野茫茫，风吹草低见牛羊。真是心旷神怡。妈妈一指在蓝天白云下飞奔的骏马对我说，你看那些驰骋的骏马，显得威风八面，但跑不过千里。你再看响着驼铃向远方走去的骆驼，它们是很笨拙迟缓，但每一步都走得很夯实，所以才能纵横草原，纵横沙漠呀！

我目不转睛地看着在我视线里变得越来越小的驼队，感到一股燃烧的激情在体内奔涌，仿佛看见志向远大的骆驼正一步一步地走过草原，走过沙漠，任重而道远。

今年，我就要小学毕业了。虽然在学习上我比过去更加刻苦，但考试成绩仍然没有超越我的同桌争当第一名。不过，与过去相比，我的成绩一直在向上提高，由前十名已经渐进到前三名。现在，我再也不去担心自己的考试成绩排名了。因为在那次充满希望的草原行程中，妈妈为我怎样对待考试成绩，寻找到了一个完美的答案。

夏老师点评：《答案》是一篇充满着希望的作文，面对自己学习落后的情况，小作者心中不是沉重的压抑，而是奋斗的思索，最后得出的答案是只要努力坚持，前方的路一片光明。

第二十三课　最美的妈妈

“同学们好！”“夏老师好！”

“今天这堂课有四个方面的内容：警句格言；夏老师讲故事：《认识父亲》；作文基础知识：抒情；命题作文《最美的妈妈》。”夏老师说道，“我现在就把故事与抒情结合起来讲，便于同学们能更好地在作文中实际运用。

抒情：就是抒发感情。被某件事或物触动而从心灵深处自然流露（迸发）出来的一种情感。抒情有借景抒情：把感情寄托在景物中抒情；有议论抒情：把感情寓于道理中抒情；有叙述抒情：把感情融入叙述中抒情。我在《离情》故事里是这样叙述抒情的：我目送相依为命的父亲渐渐远去，猛然间，我的心头一颤，感觉父亲一下子老了：他踟蹰的身影单薄而孤独，挺直的脊背也佝偻起来，矫健的步履显得蹒跚。这时候，父亲回头看了我一眼，那双浑浊的眼睛里，隐藏着依依不舍的泪光，就像一首忧伤的曲子，可听起来，总有说不出的欢快。

爸爸一边吹着欢快的口哨，一边用马尾巴草给我扎着绿色草帽。我骑在爸爸的肩膀上，戴着爸爸编织的青草味很浓的绿色草帽，沉浸在清凉的梦幻中。小路弯弯，爸爸大步向前走去，我一路吹着蒲公英的绒绒……”

“夏老师，说故事带抒情是很感人。您和父亲的感情怎么这么深厚？”邹佳蓉盯着夏老师看，她在思考。

夏老师笑而不答。让孩子们思考是最好的回答。

“我读夏老师写的《父亲啊父亲……》都哭了。夏老师的爸爸与癌症抗争太伟大了，我当时也想抒发自己的感情。”汤佳婧说得很激动，脸颊上显出两个酒窝，那酒窝里一定盛着情。

夏老师说：“这样，我说一个《认识父亲》的故事，然后提示怎样抒情，同学们把自己融入故事里，真实地表达自己的感情怎么样？”

“好！”孩子们高兴地说。

认识父亲

二十世纪八十年代末的一个夏天，我去恩施调研。长途汽车行驶在蜿蜒盘旋的崇山峻岭之间，而且突然下起了大雨……

夏老师停顿下来说：“同学们可以借景抒情。”

孩子们借景抒情说道：“公路奇险，一边是峭壁，一边是悬崖，我坐在车上胆战心惊。这时又下起了大雨，长途汽车周围一片雨蒙蒙、雾迷迷。我就像是坐在一个大蒸笼里似的，脑子里尽是可不可能掉下万丈深渊的想法。啊！原来想法太多，反成了累赘。”夏老师接着往下讲述。

在我的旁边，坐着一位山民老伯，他紧闭双眼。酱色褶皱的脸上不时浮现出幸福的笑容。他的身体随着汽车晃动，脑袋偶尔还撞到我一下，神情十分安详。

我用羡慕的目光打量着老伯，禁不住产生了好奇，便站立起身，从行李架上拖出我的大背包，掏出一袋话梅，用手轻轻一推老伯的肩膀。老伯睁开双眼看我，我连忙把话梅递给他，他受宠若惊地用手拦住拒绝。我只好把话梅重新塞进背包里，像搂孩子一样搂着背包问：“大伯，您这是到恩施去？”

“从武汉看完闺女回恩施。”大伯大声回答。

“这恩施的盘山公路真险啊！”我引入正题。

“险归险，我不能不回恩施呀。”大伯说。

“您坐车就不害怕吗？”我问大伯，其实是我害怕。

“害怕？”大伯用奇怪的眼神打量着我说，“我为什么要害怕?！我刚从女儿那里回来，她为我生了一个小外甥，长得太可爱了，胖嘟嘟的小拳头捏得紧紧的乱挥乱舞，见人就笑。”

大伯又沉浸在甜蜜的回忆中。

我怔怔地看着大伯，无话可说。

“你是第一次来恩施吧？”大伯问我。

“第一次来恩施，”我说，“您是怎么知道的？”

“看你这大包的行李，就知道是出差的。你看看我，就一人，轻轻松松，不牵不挂。”大伯爽朗地笑了。

“大伯，您经常坐车走这样的山路，一点都不害怕?”我重拾正题。

“哦，你是说公路旁边的悬崖吗？没事的，习惯就好了。”大伯不以为然地一笑说，“山里人，没有你们那么多的考虑，简单就行。”

“大伯您的心态真好。”我赞叹。

“其实呀，许多时候，我们都不要给自己增加太多的负担，只要想着一样就够了，爱!”大伯淡然笑着说……

夏老师微微一笑，对孩子们说道：“请把情感寓于道理中议论抒情?”

孩子们议论抒情说：“啊！这世界，美好的东西实在太多！只有爱，为每一个人所拥有。当我们拥有了父爱时，就如同拥有了山石一样的亲吻，就要倍加珍惜！丢失了这样的爱，是很难从磨砺中寻觅的。所以，在今后的日子里，我们应该用更大的爱去回报父亲!”

“那后来呢?”喻彬急切地问。

“后来我自惭形秽地低下头，在爱的陪伴下，没有了恐惧，心中暖暖的。”夏老师冲喻彬笑着说。

“夏老师，您在《认识父亲》的故事里，没有叙述抒情呀?”钱莉茹听得仔细，提问道。

“叙述抒情是留给同学们接下来运用的。”夏老师笑着回答。

“夏老师，您刚才讲的故事给了我灵感，我也想讲一个故事，名字……嘛，就叫《小名》!”孙柏灵激动了，大声喊了出来。

“请讲。”夏老师说道。

孙柏灵的故事：

小　名

大概是妈妈太喜欢我的缘故，不知从什么时候起，有事没事都叫我宝宝。而我呢，就像是沐浴着雨露的花儿，每天在宝宝前宝宝后的呼唤声中，响亮地答应着一天一天长大，而且是到了上学的年龄，才知道自己有了学名——孙柏灵。不过，随着年龄的增长，我对小名——宝宝的心态，也发生了翻天覆地的变化。

有一天，家里来了好多的客人。妈妈当着客人的面，频繁又亲昵地叫我宝宝的时候，我突然越听越觉得刺耳，只觉得别扭不舒服。如同温柔的感情织成的网，把我网在妈妈给予我的小名里。客人走后，我郑重地对妈妈说："妈妈，我已经长大了，有了自己的学名——孙柏灵，或是叫我柏灵也行。以后就别叫我的小名宝宝了，好吗？怪难听的。"

妈妈愕然地看着我连连点头，然后像做错事地走回自己的房间。但是，妈妈还是改不掉脱口而出叫我小名的习惯。而我每次的反应都是拿眼瞪着妈妈。

一次学校组织的家长会，教室里坐满了开会的家长和同学。我按照老师的安排，一面给家长们端茶送水，一面为后续到的家长引领入座，忙得十分开心。老师走进了教室，家长会即将开始。坐在后排的妈妈突然从座位上站起，朝我招着手喊道："宝宝，这里来坐！"

一刹那，热烈的教室安静下来，接着，到会的家长和班上的同学们都望着我，发出善意的哄笑。我的脸刷的一下火辣辣地烧到了耳根。

回家的路上，我生气不理妈妈。而妈妈却时不时地小心翼翼偷偷看我。嘴唇不停地嚅动，绕口令似的默念着我的学名，然后又冲我尴尬一笑，很有味地叫道："孙柏灵，我的孙柏灵！"

我的心情被妈妈的行为渐渐软化了。

过马路时，绿灯转变成了跳跃着的数字，我像一匹脱缰的野马，飞奔着冲向马路对面。这时，我清清楚楚地听见身后传来妈妈的急迫喊声：宝宝——注意安全！

我的心里似乎被妈妈的喊声撞击了一下，热热乎乎带着悠扬的甜味，自成乐章。

啊！小名。

"同学们，孙柏灵的《小名》讲得好不好？"夏老师问。

"好！"回答一致。

"是讲得很好。整个故事只有一个字——爱！她是在故事中用情节来表达主题的，而不是用抽象的几句话表达主题。现在，同学们细细回味一下故事的内容。既有情节，又有冲突，在叙述抒情中完美地展现了'爱'的主题，是不是这样的？"夏老师点评。

"是的——"声音拖得很长，也很悠扬，更有一种童心的诚实。

"我这里有一份孝道试卷，总共十道题。请同学们用心写出答案。"夏老师说。

"难吗？"有孩子问。表情有些紧张。

“很简单。就是同学们日复一日经历着的故事。答案只需在试卷上打√或是×。”夏老师说完，把准备好的试卷发了下去。

我的孝道

1. 我知道父母的年龄有多大（　　）
2. 我知道父母的生日是哪一天（　　）
3. 我知道父母的身体好不好（　　）
4. 我知道父母最爱吃什么（　　）
5. 我知道父母的爱好是什么（　　）
6. 我没有抱怨过父母没本事（　　）
7. 我为父母洗过脚，梳过头（　　）
8. 我很少让父母为我操心着急（　　）
9. 我在父母不高兴时哄他们开心（　　）
10. 我在父母很忙时做过饭（　　）

“同学们在做答这十道题时，一定要诚实。答对六道题及格，答对八道题优秀。答不上六道题的一定要无则加勉。”夏老师审视着一张张稚气的脸庞，孝居百善之先，孔子曰：孝，德之本也。他要拦住每一位跑错方向的孩子，耐心地指引他们朝着正确的方向奔跑。

“夏老师，我觉得你出的题怪怪的，看似容易，其实太难了。”易东龙闪动着一对小眼，闷声闷气地说。

“易东龙，我也觉得你是怪怪的，回答得很烂。这么简单的答题都做不出来。是不是认怂了？但是，夏老师还是要表扬你的诚实。”夏老师表情严肃地说。

“夏老师，《我的孝道》您又能答对几道题？”易东龙反问道。

“这题是我出的，你说夏老师能答对几道题？但平心而论，我和父亲相依为命，及格是没有问题的。”夏老师真诚地回答。

“夏老师，我实话实说，您拍死我了。我只能答对两道题，是真的。”易东龙瓮声瓮气地说完，羞愧地低下头。

教室里安静下来，孩子们低下头不敢看夏老师。而夏老师也没有点名要求孩子们回答。他甚至知道全班能够及格的孩子寥寥无几。

“我知道同学们在家里是小皇帝、小公主，仙气飘飘，只要学习成绩好就行了。爸妈对你们是百般宠爱，使你们无形中有一种以自我为中心的意识，从而养成了当今90后、00后精致的利己主义思维。这不好，说得透彻些，这是一种低情商自嗨的现象。我真诚地希望同学们能从自我的画框里跳出来。请同学们记住了，要求别人爱自己就是最大的傲慢。我曾经读过威廉·德雷谢维奇写的《优秀的绵羊》这本书。他认为：一些名校学生过于自信，却输不起；朋友圈同质化，故步自封；思维僵化，与社会脱节，缺乏常识性聪明等等。同学们是否应该认真思考一下，自己该做什么，又应该怎样去做？

说到这里，我想起了小时候的一段往事，我讲给同学们听听。”

一碗红烧肉

有一次，我的爸爸生病了，捂着胸，每餐只喝点粥。我看着日渐消瘦的爸爸，心如刀割，不知所措。但是，我知道爸爸最爱吃红烧肉。我相信爸爸吃了红烧肉病就会好的。我拿出过年存的压岁钱，端了个碗，飞跑到餐馆，花五毛钱给爸爸买了一份红烧肉。我端着香喷喷的红烧肉。用鼻子几乎贴在红烧肉上闻了又闻，又抵不住红烧肉香味的诱惑，用手指蘸了一点酱汁，放在嘴里吮了又吮，眼前竟然出现了爸爸大口大口吃着红烧肉的情景。我于是撒开腿就往家跑。在路上，我一不小心，被石头绊了一下，一个踉跄，我手里端着的盛红烧肉的瓷碗摔在了地上。我的心一下子给摔碎了。我连忙蹲下身子，泪流满面看着溅得满地的红烧肉，伤心地攥着手里剩余的两毛钱，用另一只手使劲地揪扯着自己的头发，有一种满眼都是茫茫一片的绝望，我也不知道自己是怎么走回家的，只是背对着病中的爸爸无能又无奈地默默淌着泪水。

“真的，这件事情爸爸一直都不知道。几十年过去了，我把它珍藏在心中。今天我拿出来告诉同学们，希望你们能从这个故事里得到启示。”

夏老师讲这个故事时，充满了浓浓的感情，深深地打动了每一位孩子。有的孩子眼睛里还闪着泪花。

“夏老师，我长大挣到钱后，一定要好好孝敬爸爸妈妈。”易东龙深有感触地说道，“真的，就在您给我们讲红烧肉的故事时，我想到了自己的爸爸和妈妈，他们养育我也太不容易了。”

易东龙在说这番话时，全班的孩子都在频频点头表示认可。

“等我长大了，一定会好好孝敬父母的。”

“满足他们的一切愿望和要求。”

“还要给爸爸妈妈买很多好吃的。”

孩子们竞相表达自己的心声。那稚气的神情，内心一定涌动着一阵阵美好的童年记忆。

夏老师被孩子们真诚朴实的语言感动。他觉得自己就是孩子们的家长。他也要像孩子们一样，发自肺腑地表达作为一个家长想对孩子们说的知心话。

“其实呀，你们刚才的真诚表白，爸爸妈妈早就知道了，而且相信你们一定会做到的。因为，对爸爸和妈妈而言，你们的存在就是他们的荣誉和骄傲。你们是爸爸妈妈一生中最为宝贵的财富，是爸爸妈妈生命的全部。同学们知道十月怀胎这个成语吗？那可是 9600 个 45 分钟一节课的时间。在这段时间里，爸爸把深藏的爱埋在心里，时时刻刻像战士一样，守护着妈妈和还没出生的你们，融一腔深情于沉静的期盼中。而这时的妈妈没有任何的抱怨，只有不达目的不罢休的誓言，最后才快乐地拥抱了你们。为了你们这个小生命付出了深沉的爱。

在你们四五岁的时候，偶尔从爸爸的口里才知道自己是从妈妈肚子里生出来的。有一天，你坐在妈妈的大腿上，很认真地问妈妈：‘妈妈，你看我这么大，生我的时候疼吗？’

‘嗯。’妈妈点头淡然一笑。

‘有多疼？跟我说说嘛。’你好奇地望着妈妈。

‘很疼很疼。’妈妈含糊其辞地告诉你们。

‘很疼很疼是多疼？’你们眨巴着清澈的眼睛，细细咀嚼着妈妈的话。

‘疼晕过去了。’妈妈实话实说，接着又补充道，‘但妈妈非常非常高兴生下了你这个小宝贝。’

你们用小小的手捧着妈妈的脸端详着，一字一句说道：‘妈妈，我爱你！等我长大了，就跟你结婚。’

妈妈用感动的目光望着你们说：‘孩子，这是不可能的，因为等你长大了，我就是个老太太了。’

你们说：‘那没关系呀！你长得慢一点，我长得快一点，不就行了吗？’

妈妈疼爱地一下把你们紧紧地搂在怀里，在感动中泪水模糊了双眼。

现在，你们已经长大了，再过几年，或许长得比爸爸妈妈还要高。爸爸妈妈为你们操心的事也越来越多。当你们学习进步、取得好成绩时，爸爸妈妈为你们高兴；当你们学习成绩一般、达不到要求时，爸爸妈妈会着急生气。同学们，你们要知道，培养一个孩子成长，是一件十分复杂的事情。因此，在这个过程中，爸爸妈妈对你们的严厉，是一种负责任的表现。希望同学们能够理解‘可怜天下父母心’这个道理。听明白了吗?”夏老师深有感触地问道。

“听明白了!”庄严的回答。

“今天的警句格言是：一、高尚的品德，让你终身受益。二、表里如一，行为在德。”夏老师等孩子们做好笔记，继续说道，“下面是命题作文《最美的妈妈》。立意：写妈妈的德行。”

最美的妈妈

妈妈在家一向说一不二，树立了不可撼动的威信，所以，爸爸和我爱妈妈，又有点怕妈妈。在爸爸和我的心目中，妈妈是我们家的偶像。

在我的家里，妈妈专门给我创作了一些警句格言，也算是家规：吃要有吃相，坐要有坐相；跟别人说话时要用眼睛看着对方；还规定我每天出门要记住五件事：1. 面带微笑；2. 衣着整洁；3. 精神抖擞；4. 做事专一；5. 热情问候。

记得一次语文考试后，有同学跑到老师那里打听分数。回家的路上，打听分数的同学隔着一条马路告诉我，说我考了98分。我也认为自己考得很好，回家高高兴兴向妈妈汇报了考试成绩，妈妈听了很高兴，特意带我上商场买了一件新衣服作为对我的奖励。第二天上学，老师公布分数，我才知道自己只考了88分，也就是说，我对妈妈撒了谎。回到家里，我对妈妈做了更正。妈妈当时正在洗衣服，她抬起愤怒的脸，低垂的眼睛斜瞪着我，紧抿的嘴唇蹦出两个字：扯谎！抬手给了我一巴掌，肥皂水火辣辣地甩了我一脸。我吓坏了，看着妈妈生气的样子，马上醒过神来感悟道：成绩考得好可以得到奖励；成绩没考好但不许撒谎，否则，就得挨打。

在我的记忆里，妈妈是很辛苦的。一次，妈妈给我钉扣子，由于手冻肿了，显得有些笨拙，针一下子刺破了她的手指。她把指头含在嘴里“咝咝”吮了一下，继续一针一针地钉着扣子。在淡黄色的灯光下，它的头正好与我的视线平行。我这才注意到不知从何时起，她那光滑的皮肤变得有些松弛，时髦的紫红色的卷发夹杂着一绺绺掩盖不住的银丝，额头和眼角显现出浅浅的皱纹。我知道，那是岁月留下的印记，妈妈为我付出太多太多了，我心里掠过一阵酸楚，赶忙挪开目光。

其实，妈妈是很爱美的，在她的包包里，常常用一个长方形的塑料盒，放着半截黄瓜头。我问妈妈：“这半截黄瓜头是做什么用的?”妈妈淡淡一笑说："用来美容的呀。" "黄瓜头怎么美容呀？为什么不买护肤品美容呢？"我又问。"黄瓜头当然能美容，比护肤品美容更好。没事儿的时候就用它来抹自己的脸。"妈妈平淡地说。

我的眼睛一下湿润了。因为我们家并不富裕，妈妈这些年来一直省钱供我培优，自己却舍不得买护肤品，而是用黄瓜头美容，这就是朴实的妈妈对生活的态度。

啊，我最美的妈妈！

夏老师点评：《最美的妈妈》写得很美。故事情节平凡感人，写出了妈妈的情操，写出了妈妈的品德，写出了妈妈最美的心灵。

第二十四课 我写我的故事

“同学们好！”“夏老师好！”

“今天这堂课的内容有：警句格言；作文基础知识：语言描写；讲故事写故事；作文。”夏老师说完，教室里一片沉寂。夏老师马上明白过来。

“我现在给同学们讲一个语言个性化的真事。是我亲身经历的。

我昨天上蛇山晨练回家，路上遇见小区的邻居。见面打招呼，他问我说：‘夏老师，你每天早上都上蛇山锻炼？’

我说：‘每天早上。有时下雨打伞也来蛇山走走。’

他问：‘我也每天早上来呀，怎么没看见你？’

我反问：‘我也没看见你呀？’

他又问：‘那你在哪个地方锻炼？’

我答：‘在蛇山脊上，从蛇山头走到蛇山尾。’

他迷茫地瞪眼望着我问：‘什么山脊，在哪个地方？’

我知道他没听懂，回身一指蛇山顶说：‘蛇山上呀！’

他顿悟，张开缺了门牙的嘴哈哈大笑：‘什么山脊山脊的，不就是猪的背上吗？跟你们文化人说话就是累，咬文嚼字，听得人糊涂。我在蛇山腰抱冰堂一块空地上，和爷爷奶奶们跳广场舞。摊子蛮大的，总有百把人。’

我本要向他解释山顶为山突出的顶尖，山脊是高处像兽类脊梁高起的部分，但是，我看他那自鸣得意的样子，也就陪着他笑而心里对自己说：什么事情，只要意思表达清楚就行，没必要较真伤神。从这段对话中，夏老师要提问同学们，这是一个什么样的人？”

“是个大大咧咧的人。”“个性豪爽。”“说话很粗，思想很糙。”“没什么文化。”……

孩子们的情绪调动起来了，议论纷纷。

夏老师微笑静听，待同学们的议论平静下来，夏老师又问道：“这个人的身份或者说是干什么工作的?”

教室里一下鸦雀无声。

“那我就给同学们再讲一个《馋媳妇》的故事。”

馋媳妇

从前有一个媳妇，人送外号“馋媳妇”。除非她不说话，一说话，张口就准说吃的东西。

有一天，丈夫准备外出做买卖，就让“馋媳妇”出门看看天气怎么样。“馋媳妇”开门看了看，一进屋就说:“哎呀，天正下大雪呢，那雪白得就像白面似的。”

“雪下得有多厚?”

“有烙饼那么厚。”

丈夫一看“馋媳妇”的老毛病又犯了，就打了她一个耳光。“馋媳妇”摸着被丈夫打肿的脸，说:“你好狠心哪，把我的脸打得像发面馒头似的。”

孩子一看妈妈挨了打，就哭了。“馋媳妇”一把搂过孩子，边给孩子擦眼泪边说:“好宝宝，别哭了。你哭得‘抽搭、抽搭’的，就像吃面条的声音。”

“这就是我们常说的:三句话不离本行，卖什么吆喝什么。馋媳妇说，雪白得像白面似的，雪下得有烙饼厚，把我的脸打得像发面馒头，孩子的‘抽搭’哭泣像吃面条的声音。

同学们想想看，个性化的语言，是不是能让我们看出她是一个什么人来?”夏老师循循善诱。

“是的。”回答一致。

“那跟夏老师对话的人是干什么工作的?”夏老师又回到原点。

“摆摊的。”谢凯回答。

“摆什么摊的?”夏老师继续问。

“我知道，那人豪爽，粗人，一定肥胖，像《水浒传》里的郑屠，是个卖肉的。因为他说山上的舞地像摊子，三句话不离本行。”熊浩的分析抓住了语言个性化的特点。

“对对对，山脊就是猪的背上。是个卖猪肉的。”谢凯受到启发，补充说道。

“的确是个卖肉的，分析完全正确。同学们要知道，在现实生活中，由于人物的年龄不同，职业不同，生活经历不同，他们都会拥有一套自己的语言风格，并且自觉不自觉地在生活中运用它，让我们从语言对话中感受到他是一个什么样的人。这就是用语言描写塑造人物的重要手段。”夏老师简短地概括了语言描写的重要性。

“夏老师，怎样去观察生活中形形色色的人物，还有人物个性化的语言？”钱莉茹睁大杏眼望着夏老师问。

“从人物的肖像中去判断他们说的个性化语言。比如：西装革履挺着将军肚，夹着皮尔·卡丹男包打着手机说：‘啊——，我叫马美发，名字很好记的啦！马云的马，美女的美，发就是我们合伙做生意，发财的发啦！’再比如：被忽悠得急步匆匆的老大妈，她一手提着网兜，里面装着萝卜白菜，一手拿着手机说道：‘我是黄丝芹呀！什么黄？黄豆芽的黄，丝瓜的丝，芹菜的芹。好的，我接了孙子就去你们公司买保健品，一定要优惠哟。’

以上的人物，不需要肖像描写，通过语言对话，就跃然纸上，如见其人。”夏老师解答。

“夏老师，照您这么一说，语言描写在作文中也很重要？我还得加强语言描写练习。”钱莉茹很有思想地提出了问题。

“夏老师，我现在写的作文，达到了一个什么样的水平？”谢凯接着问。

“你们现在写的作文，应该是中等偏上，关键是你已经喜欢上了写作文。这么说来，要不了多长时间，意想不到的惊喜就会无时无刻地向你们闪光。到了那个时候，就像网络成语‘路径依赖’所言：一种无形的力量推着你们朝前走，因为，你们已经成了第一，这是动力的作用。”夏老师解释。

孩子们个个显得沾沾自喜，仿佛已经看到了自己就是第一的那一天。其实，夏老师早已替孩子们看到了那一天。路径依赖正实实在在推着孩子们朝前走。

“夏老师，我来讲一个故事好吗？不过，是不是非要讲德行方面的？”汤佳婧吐了一下舌头，细声地问夏老师。她完全被课堂的氛围感染。勇敢地争做第一举手说。

“讲什么故事都行，”夏老师说道，“同学们注意了！今天作文就写《我写我的故事》，但必须由三个小故事串连而成，小故事的主题可以写：亲情的、和谐的、童年的、励志的、环保的、德行的等等。故事要新颖，必须给每一个小故事拟定小标题。下面，有请汤佳婧给我们讲第一个故事。”

汤佳婧的故事：

窗　外

我家住在二十七楼，书桌靠在窗旁，明净的玻璃窗外，视野很开阔。我每次做作业，都会用手肘支撑着书桌，双手托着下巴，歪着头，看那尽收眼底的景致。但是，我更喜欢倚着窗边看窗外，看窗外的蓝天白云，看窗外曲曲弯弯的小径，看窗外墨绿色树下的人来车往，还有那像城堡一样矗立着的小区大门。

在我的视线中，有时会看见妈妈从大门进入小区，行色匆匆背着一个挂包，手里不是拎着一袋袋蔬菜，就是提着各种我爱吃的零食和水果。妈妈看上去真小，就像动画片里矮人国的人，仿佛让我生活在童话故事里。

有一次，我问妈妈说："妈妈，为什么我从楼上窗口看妈妈时，妈妈显得特别的小？"妈妈扭头看了一下窗外，告诉我说："那是人的大小恒常性决定的。""什么是大小恒常性呀？"我不懂。"就是我们人视网膜上的人像相应缩小了。"妈妈笑着对我说，"汤佳婧是绝对不会把妈妈从知觉上变为小人的。"妈妈真聪明，什么事情她都懂。于是我又说："可是……妈妈，我总觉得妈妈是童话小人国里的妈妈。每天上班下班回家后都是匆匆忙忙，我真希望童话故事里的妈妈是美好的。"这时，妈妈总会慈祥地笑望着我说："佳婧真懂事，也知道疼妈妈了。"然后爱抚地摸摸我的头，进厨房拣菜、洗菜、淘米做饭了。

妈妈真的很忙，忙外面的工作，忙家里的琐事，偶尔空闲，才会坐在窗边，疼爱地搂着倚窗的我。哼唱着很动听的歌儿：

月亮在白莲花般的云朵里穿行，
暖风吹来一阵阵快乐的歌声。
我们坐在高楼的窗子旁边，
听妈妈讲那过去的事情。
……

月亮没有在白莲花般的云朵里穿行，只是孤独地悬挂在深邃的天幕上，把银白色的月光洒在妈妈和我的身上，有一种无可言表的美妙。在它的旁边，还伴着一颗闪烁的赤红色的星星，亲切又温存地瞧着我和妈妈。我就生活在妈妈为我创造的充满童话故事的色彩中。

谢凯的故事：

幸福？

我记得英国诗人布莱克说过：在我遇到的每张脸上都有一个标记，那是缺憾的标记，是悲伤的标记。这就是说，不快乐的形式反映在人的脸上，也是多种多样的。我的感受尤为深刻。

我最期盼的幸福是周末，这样就不用上学，好好玩乐一下了。然而，突如其来的培优学习破灭了我幸福的期盼，每每双休日到来，我就被沉重的培优和作业压得身心疲惫，常常又异想天开地问自己，如果要是不上学该多幸福啊！我总觉得幸福离我越来越远，甚至故意躲着我。

有一天，我的牙忽然疼了。刚开始是隐隐的疼，接着是一阵一阵的疼，再接着是钻心而持续的疼。疼得我茶饭不思心烦意乱，疼得我天昏地暗魂不守舍。我去医院看过医生。吃了医生开的药后还是疼。疼得我不管是吃热食或是冷食，只要一碰到那颗疼牙就哈哈哈地倒吸凉气。我用手捂着肿起的腮帮，伴着难忍的疼痛，拍打着脸颊用来减轻疼痛，然后又无可奈何地去看镜子。当我从镜子里看到一张丑陋变形的面孔时，我的心情变得更坏了。

这天早起，我觉得心情特别好，推开窗子往外看，天特别蓝，空气特别清新，大树特别翠绿，小鸟特别活泼，哦，这是怎么了？我问自己，恍然间我明白了，是嘴里的牙不疼了，真的不疼了，一点儿也不疼了，全都是乖乖的，老老实实的。

我欣喜若狂，又笑又唱，拍拍自己的腮帮子，叩叩自己的牙痛处，美美滋滋不得了。一瞬间，我有了一种非常幸福的感觉，这种感觉不需要太多的形容，太复杂的愿望，只需要每天早上迎着太阳上学去就够了。从而让我明白了一个最为简单的道理：幸福是没有标准答案的。你觉得幸福就幸福。现在，我每天的学习的确沉重又痛苦，但是，一早醒来，睁开双眼，天已经亮了，眼前一片光明灿烂，我又恢复了活力，这难道不是雨后见彩虹的幸福吗？

这就是我对幸福的认识。

邹佳蓉的故事：

爱　称

小时候，我喊爸爸是脱口而出。那黏腻腻的劲儿，仿佛世界上只有我有爸爸似的。可是，随着日子的流淌，我一天天长大，也不知从什么时候起，我把爸爸换成了“您”。但我对爸爸的爱没有变。只是当爸爸生病或是我找爸爸要钱要物时，才喊爸爸。

为了弥补与爸爸之间的代沟，我总想找机会和爸爸交流。一天，我走进爸爸的房间，看见他坐在藤椅上，双手捧着雾气袅袅的白瓷茶杯，正在面壁读画。他见我进来，冲我微笑。我想喊声爸爸，却怎么也叫不出口。我真不明白，这么简单的两个字的汉语单词。对我仿佛成了一种弱势语言。看着面前这位无比亲近的爸爸，脑海中浮现过去那永远难以再现的时光，但每一个细节都烙印在我的记忆里。

“有事儿吗？蓉蓉。”爸爸亲昵地唤着我的小名。

我一直不喜欢自己的这个小名，但今天爸爸叫出这个名字，我听起来特别温馨，有一种被爸爸温情脉脉拥抱在怀里的感觉。

“是的……”短暂的停顿，我没有叫出爸爸。

“好哇。”爸爸挪动藤椅面对我，脸上带着满足的微笑。

“可是……”我还是没有喊出爸爸。

沉默。

“我想问您一个问题？”我说。

“想问什么？”爸爸显得有些局促。

“什么是爱称？”我问。

“表示亲昵、喜爱的称呼。”爸爸不解地看着我。

“爸爸，你看窗外，好一片白亮亮的月光，我想让您带我出去走走。”我感动了，爱称着我的爸爸。

爸爸惊喜地定定看着我，嘴唇嚅动着，但没说出话来。

我走到爸爸身旁，拉起了爸爸的手。

初冬的夜晚，天空有一轮好大好圆的月亮。

万昊的故事：

好老师

我有些口吃，特别是在课堂上回答问题时，只要一紧张，口吃越发明显。

口　吃

记得刚上作文培优课，夏老师点我朗读自己写的作文，由于同学之间彼此陌生，我的心就像一只兔子“怦怦”乱跳，结果朗读作文时磕磕绊绊，而其他同学朗读作文时那么上口，有声有色。我一着急，就结巴起来。引得同学们掩口窃笑，当时，我的精神都要崩溃了，没信心读下去。我窘迫地偷看了夏老师一眼，发现夏老师听得非常专注，并用眼神给我鼓励。我一下子就有了信心，终于一身大汗地把作文朗读完毕。接着，夏老师又表扬了我，说我的作文写得很好，朗读时咬字清楚，融入了感情。我当时听了夏老师的表扬，心里别提有多高兴。我暗暗下决心，一定要改掉口吃的毛病，给夏老师争光长脸，这就是我今天站在这里讲故事的原因，而且没有口吃。

美丽的谎言

还有一次，作文培优课结束后，我收到妈妈发来的短信：“昊昊：妈妈单位有事，不能来接你。自己回家注意安全。妈妈。”

我不由得心一沉，春雨绵绵，一下就不知道停歇。关键是我没带雨伞。我站在培训学校的门口，望着渐渐黑下来的天空，不知所措。这时，夏老师从教室出来，正好碰见发愣的我。夏老师问明原因后，笑着告诉我说：“万昊，我们正好同路，我可以送你回家。”

我当时高兴得都要跳起来。

在回家的路上，夏老师一只手撑着伞，另一只拿包的手护着我的臂膀，就像爸爸呵护我一样，把我送到了家。当我目送夏老师的背影时，发现他的半边身子都被雨水淋湿，更让我感动的是，夏老师家住大东门附近，而我的家却在司门口的方向，回家的路完全是南辕北辙。这就是好老师用爱心编造的美丽谎言。给他的学生心中留下的刻骨铭心的记忆——爱是不能忘记的。

船　长

课间休息，我黏在夏老师身边。夏老师笑着随意问我：“万昊，你长大后想干什么？”“我爸爸是船长，我也想当船长，航行在茫茫大海中。”我说。“如果要是你驾驶的船触礁了呢？”夏老师别出心裁地提问。我想了想说：“指挥所有海员穿上救生衣，然后上救生艇。”“那你呢？”夏老师认真地看着我。“守在船上。”我说。“傻瓜，那不是等死！”周围的同学听了起哄笑道。“为什么要这样呢？你完全可以逃生呀！”夏老师挥了挥手，让同学们安静下来，注视着我问。“我看过电影《泰坦尼克号》，这是船长的职责。”我长长舒了一口气，终于把还没说完的话说了出来。

“同学们，你们听了万昊船长这番话。对这样一位尽忠职守的好船长，还笑话他吗？”夏老师不动声色地问道。

同学们沉默无语。我的心情也豁然敞亮，这就是好老师教育的艺术，不算伟大，但仍吸引同学们的喜欢，让我们在潜移默化中完善自己，收获着自己的故事。

夏老师听完孩子们讲的故事，心情久久难以平静。孩子们能对老师袒露心声，是收获，也是鞭策。教书育人，带领孩子们前行，每一步路都得走好。

“同学们的悟性都很高，故事讲得很有深度，好！如果选择三个这样的故事串联一起，万昊讲的三个故事就是样板。”夏老师综合评述说，“今天的警句格言是：一、对规则的自觉遵守，使年幼的心灵受到应有的指引，是行为教化的必然，也是人人应该明白的道理。二、美德如宝石般珍贵。”

我写我的故事

在每一个人的日常生活中，都有一片属于自己的空间，可以自由耕耘，还应该勇敢地把真实铺开：

斗　智

星期六，妈妈让我写作业，可我想玩手机，找了好多理由想捱到星期天做。妈妈不由分说，一把抢过手机放在她身旁的茶几上，生气地说：“后天就是星期一，上学得交作业，你还有心思玩手机……”我只好捂上耳朵，走进房间开始写作业。突然，我听到妈妈在客厅走动的脚步声，便轻轻将房门拉开一条缝偷看，妈妈不在，手机也不在茶几上。而厨房里传来哗哗的流水声。

我踮起脚尖，蹑手蹑脚来到厨房门口。妈妈在洗菜，手机放在冰箱上。我刚伸手去拿，妈妈像长了后眼睛说：“干什么？进房间写作业去。”我哆嗦地缩回手，急中生智地说：“妈妈，我做语文作业有些选词还把握不准，要用手机查找资料。”“这就对了。但不许玩游戏。”妈妈回头严肃地看着我说。

我拿上手机，回到房间关上门，在网络世界里开始了快意恩仇。

恶作剧

有时候，玩一些搞笑的事，也是很爽的。

一次课间休息，我想出一个恶作剧捉弄同学。我在一张白纸上写道："我是王八吗?"然后涂上沾胶，神不知鬼不觉地贴在一个同学的背后。这位同学见大家都在疯笑，也莫名其妙地跟着一起嘎嘎乐，后来他发现不对劲，脱衣一看，生气地怒吼道："谁干的？无聊?"同学们止住笑声散开。

我的心里突然间一沉，很不是滋味。把自己的快乐建立在别人的难堪之上，我应该去向他真诚地道歉！

我做得到吗？心里跟着紧张起来?

培 优

前段时间，火爆的电视剧《虎妈猫爸》，很生动地反映出家长对孩子教育的重视，为此，星期五下午一放学，我就赶着去上作文培优课。

九月的天气虽然酷热，但同学们一个个背着沉甸甸的书包，走在骄阳晃眼的路上，就像奔赴战场的战士。走进教室，一半是培优的同学，一半是陪读的家长，大家有一个共同的目标——参加楚才杯作文竞赛并获奖，为上一个好中学增添竞争的资本。所以，同行的家长学习的专注绝不亚于我们学生。而我们培优的同学们，疲惫得努力睁大下垂的眼帘记取知识。下午六点，培优课结束，当我迈着沉重的脚步走进家门，乱哄哄的大脑得到释放，一下瘫倒在沙发上。而妈妈又开始了一轮新的桥段，上演起厨房的锅碗瓢盆交响乐。

夏老师点评：《我写我的故事》写得真实又充满了童趣。每一个故事都短小精悍，读后耐人寻味，值得学习和借鉴。

第二十五课　什么样的人是好人？

“同学们好！”“夏老师好！”

“今天这堂课的内容是：警句格言；夏老师讲故事；正确使用标点符号；命题作文《什么样的人是好人？》。”夏老师简短概括后，开始准备讲今天的故事。

“我将来也想当个语文老师，像夏老师一样会讲故事。把知识融在故事里，寓教于乐。”胡小雅红着脸看着夏老师突然说出自己的想法。

“夏老师，您的故事是怎么想出来的？上您的课真开心。”喻彬托了托镜框接着说道。

“第一，要生活，生活就是故事；第二，要阅读，阅读汲取知识量；第三，要写作，写作可以增强思维的能力。如果同学们持之以恒地坚持下去，功到自然成。因为，学习是有灵性的。当你们开开心心地学习，学习就会愉悦地把知识在你们的面前缓慢铺开，一点一点，由浅入深，让你们看见知识的华美与壮阔，然后融入你们的成长之中。如果是愁眉苦脸的学习，学习看见你们心情不好又不得不和你们相处在一起，它只会敷衍一下就作罢，不会把知识真心实意地告诉你们。这样的结果，你们越学习越打不起精神，不开心的程度只会有增无减。所以，两种学习方式，由你们自己去选择？”夏老师启发教育。

“选择第一种！”孩子们精神抖擞地回答。

“那学习就得认真，哪怕是一个小小的标点符号。”夏老师说道，讲起了标点符号的故事。

第一个故事：

巧用标点符号救命

清代有位书法家给慈禧太后题字，写的是唐代诗人王之涣的诗：黄河远上白云间，一片孤城万仞山。羌笛何须怨杨柳，春风不度玉门关。可是，这位书法家一时疏忽大意，竟写漏了一个“间”字，这可是欺君之罪，要掉脑袋的。

慈禧太后看了大怒，认为书法家欺她没学识，恼羞成怒，喝令把书法家推出去斩首。书法家情急生智解释道：老佛爷，我这是用王之涣的诗填写的词啊。说毕，他当场断句标点，念道：黄河远上，白云一片。孤城万仞山。羌笛何须怨？杨柳春风，不度玉门关。慈禧听后无言以对，只好赐酒压惊。这位书法家因巧用标点而救了自己一命。

第二个故事：

会说话的标点

法国大作家雨果写完《悲惨世界》后，把原稿寄给一位出版商。过了些日子，不见回音。于是，雨果写了一封信询问。整封信只有一个“?”。出版商回复的信是：“!”。不久，《悲惨世界》出版，轰动了整个欧洲文坛。而这尽在不言中的标点书信，也就流传至今，脍炙人口。

“同学们，你们说标点符号重不重要?”夏老师问。

“重要!”孩子们齐声回答。

“所以说，逗号、句号、问号、感叹号、省略号等等，是我们在写作文时的重要组成部分，甚至同学们的人生都与标点符号相关。”夏老师停顿下来，卖了一个关子，等待孩子们思考后的提问，引起对标点符号的重视。

“夏老师，你能用故事说明白吗?”谢凯就爱听故事。

“那好，我用叙述的形式串联起标点符号，怎么样?”夏老师略一沉思，便用说唱玩起标点符号与孩子们的关系，“你们的童年是一个大问号，滴溜着眼睛看什么都很新鲜，小脑瓜里塞满了一个又一个问题。为什么星期五放了学，还要赶到夏老师这里来培优作文?为什么期中期末成绩考得不好爸爸妈妈会生气?为什么快乐的童年变成可望不可即的万花筒?面对现实，夏老师的回答是一个很大的感叹号！同学们需要承接人类积累的知识，而学习知识又是一件没有尽头的事情。但是，知识创造力量，学习再苦再累也是必须走的一条路！因为，有那么一天，你们都会走向社会的。如果是满腹的知识，你们会用感叹号说：外面的世界好精彩！如果知识贫乏，你们也会用感叹号说：外面的世界好无奈！所以说，我希望同学们在学习上意气风发地选用感叹号，而不是把自己的人生浓缩成虾球一样的大问号，然后用逗号标记自己的遗憾，最后感慨地画上一个圈，对那些未完成的梦想，只能写下省略号……”

孩子们惊讶地瞪眼望着夏老师，仿佛是问号？仿佛又是渴求知识的感叹号！

“下面，我具体地讲解标点符号的运用。”

标点符号的定义：表示停顿、语气以及词语性质和作用的书写符号。

例如：容易走的总是下坡路

1. 句号（。）：陈述句末尾的停顿。一句话说完了。容易走的总是下坡路。得出了下坡路容易走的答案。

2. 问号（?）：疑问句末尾的停顿。一句话问完了。容易走的总是下坡路？对下坡路容易走产生了怀疑。

3. 感叹号（!）：带浓厚感情的句子。一句话感叹完了。容易走的总是下坡路！感叹下坡路走起来非常的容易。

“同学们仔细辨析一下，同样的一句话，打出不同的标点符号，得出的意义各有不同。这就是书面语中对句子准确使用标点符号的关键所在。”夏老师说着，在黑板上写了起来。他等孩子们笔记完成后又擦净黑板继续边说边写：

4. 逗号（,）：是句子中较小的停顿。流自己的汗，吃自己的饭，靠天靠地靠父母，不算是好汉。

5. 顿号（、）：用于并列的词或并列较短的词组。谢凯同学圆脸、短发、浓眉、大眼、面部红润像个熟透的红苹果。

全班孩子望着谢凯发出一阵欢笑，谢凯懵懵地望着夏老师憨笑。

6. 分号（;）：表示大于逗号，小于句号的停顿。朱自清的《匆匆》：洗手时，日子从水盆里过去；吃饭时，日子从饭碗里过去；默默时，便从双眼前过去。

7. 冒号（:）：提示下文。培根格言：读书，使人成为完善的人。

8. 引号（“”）：表示文中引用部分，注意部分。人一生的主题，那就是“激情”。没有“激情”，生命就会显得苍白。

9. 括号（()）：文章中注释的部分。埃及的迪拉玛（魔鬼城）有一块巨大石碑，上面刻着：当你对自己诚实，天下没有人能够欺骗你。

10. 破折号（——）：表示意思的转折或下面有注释性的部分。你在书本里寻找了很久的智慧，现在从每一页里放光——因为现在他们才属于你。

11. 省略号（……）：表示文中省略部分或没有说完的部分；断断续续说话中的停顿。①省略没说完的部分：有多少知识就会有多少思想……；②说话断断续续的停顿：小学生填表格时问：老师，家长姓名写谁好？老实回答：谁说话算数，就写谁。小学生自语道：那……那只能写我了。

12. 书名号（《》）：表示书名、篇名之类。《蜡笔小新》；命题作文《什么样的人是好人?》。

“从现在起，同学们已经学习了标点符号的使用方法。在作文时不要一逗号到底，结尾时加个句号。要根据每个句子的意思，打上正确的标点符号。”夏老师要求孩子们正确使用标点符号。

孩子们做完笔记默默地望着夏老师。

夏老师知道，单纯讲解标点符号的定义是枯燥乏味的，但标点符号的重要性，用文字又很难代替，标点符号的运用更是孩子们写作文的短板，所以，还必须得讲清楚。

“同学们现在写的是命题作文，还有半命题作文或自拟题目的作文。巧妙运用标点符号，创造出有新意的题目，既可以夺人眼球，又可以确定主题，两全其美，何乐而不为？

我们在电视剧里，常常看到这样的情节。开戏之前锣鼓喧天，其目的就是醒人耳目。题是文一半也是这个道理。常言道：明眸善睐第一瞥，慧耳尤爱首声脆。巧用标点达到好的开头，就可以先声夺人。

例1：半命题《假日_________》。加《假日=?》，颇具新意，让人一见难忘。

例2：自拟题目，《激动？激动!》，一问一答，语意曲转。

例3：以标点为题《?》，意蕴深刻，发人深思。

以上题目标点的巧妙运用就在这里。同学们写作文时，标点符号运用得当，就可以让人回味良久。《孔乙己》中，咸亨酒店的酒客戏谑孔乙己窃取何家的书时，鲁迅先生这样写孔乙己的争辩：‘窃书不能算偷……窃书！……读书人的事能算偷吗？在掌柜嘲笑他被打折腿时，他便低声道：不要取笑，是跌断，跌，跌……’鲁迅这两处省略号的使用极为精妙，把孔乙己用文字难以表达的复杂内心世界用标点符号表述得清清楚楚。前例的省略号淋漓尽致地刻画出孔乙己又恼又羞、自欺欺人的迂腐窘相。后例的省略号刻画出孔乙己遮掩躲闪、惟恐张扬、不敢面对现实的痛苦心理。让人倍感苦涩，心情沉重而悲凉。”夏老师分析说道。

“夏老师，那孔乙己后来呢?”谢凯瞪着虎虎的眼睛问道。他已经听进去了。

“后来到了年关，掌柜取下粉板说：孔乙己还欠19个钱呢！又到了第三年年关，也没看见孔乙己，大约的确死了。”夏老师作答。

“孔乙己好可怜啊!”孩子们为孔乙己的命运叹息。

“那夏老师再给同学们讲一个关于用标点符号写对联的故事。”夏老师牵引回话题说道，“从前有位穷书生。大年三十无米下炊。在愤懑困苦之余，执炭在自家门框上写了一副对联。上联是???????? 下联是!!!!!!!! 横批……。其中上联的八个问号意在：问天问地问贫问富如此不均；下联的八个感叹号意在：叹己叹人叹世叹道为何不公；横批省略号的意思是表示自己：一无所有。这副对联巧用标点入文，表述出文字所无法代替的蕴意和情感。

不过，同学们注意了，标点符号的巧用并非滥用。巧用标点符号既要新颖，又不能离谱越规，从而达到相谐成趣的效果。反之，就会矫揉造作，令人生厌。我记得郭沫若在《正标点》一文中这样写道：标点之于言文有同等的重要，甚至有时还在其上。言文而无标点，在现今是等于人而没眉毛。这就是说，每一个标点符号都有一个独特的作用。希望同学们写作文时，切切警示自己，要正确使用标点符号。”夏老师引经据典反复强调了标点符号的重要性。

孩子们听得很认真，频频点头示意听懂了。

“能做到吗?”夏老师再问。

“能——”

“既然同学们都认可了，那我就结合标点符号出一道测试题，考考你们对标点符号的认知和理解，题目是《我眼中的标点符号》。字数不限，片段即可。”夏老师要加深孩子们对标点符号的认识，帮助他们在今后的作文中慎重使用好每一个标点符号。

孙柏灵的故事：

故事里的！

走在司门口的街道上，我发现了一个奇怪的现象，许多的店铺都竖着一块用红纸裱的广告牌，上面写着耸人听闻的大字：店铺装修，亏本甩卖；

大放血，跳楼价。然后是硕大的三个“！！！”。

我知道感叹号的意思，带有浓厚的感情色彩。再配文大放血，跳楼价，可想而知老板此时此刻的心情一定是欲哭无泪！于是，我在好奇心的驱使下，走进一家店铺浏览大放血的商品。突然，我在妈妈穿过的一件品牌一样、价格不一样的衣服面前错愕了。妈妈买的是280元。而大放血的跳楼价却是320元。我侧身望着三个比我还高的感叹号，顿然觉得感叹号像奸商一样让我憎恶！

胡小雅的故事：

！

我的表姐是在步行街开服装精品店的，生意兴隆，而且只要她在，回头客人特多。至于打折促销大放血的套路，对她来说是小菜一碟，她开店的秘诀是：每当有顾客来她店里试衣服时，她就会假装耳背。顾客问：“这连衣裙打折后多少钱?”她凑上一步，探头倾听说：“请您再说一遍。”顾客以为她有点聋，就提高声量说道：“这连衣裙打折后多少钱?”这时表姐就会虔诚地低头微笑，然后举着连衣裙晃动着，大声问不远处的另一位店员：“莉莉，这套连衣裙打折后多少钱呀?”莉莉瞟一眼，心知肚明地回答1980元。表姐假装没听清楚，又问：“多少钱?”莉莉不耐烦地重复：1980元。表姐听完转过身，歉意地对顾客鞠躬说道：“真不好意思，耽搁了您的时间。这套连衣裙是980元。打折后不还价，希望喜欢！”顾客听完后赶紧掏钱付给表姐。20元的找零也不要了，算小费。因为，顾客要抢在表姐永远都不会发觉错误之前，带着只有错买的，没有错卖的“意外”收获，匆匆离开服装精品店。

我听了表姐的开店秘诀，长长叹了一口气。仿佛是一个无限大的“！”。

卫翔宇的故事：

？与微笑

我上幼儿园学前班时，特别喜欢问号。在我滴溜溜转的眼睛里，看到的一切都是那么鲜活，脑子里不知为什么会产生一个又一个的问号：鸟儿晚上在树上睡觉不怕摔在地上吗？鱼儿大冬天在水里游泳为什么不怕冷？小狗狗为什么那么听人的话？星星为什么老是对我眨眼睛？

这些问号的答案，我常常是先问爸爸，爸爸爽朗地笑着回答了我的问号，可……是，回答不上时又愁眉苦笑着让我去问妈妈。妈妈一一回答我的问号时带着悦耳的笑声。可……是，回答不上时就羞涩地笑着让我去问爸爸。我于是带着问号穿梭在爸爸和妈妈之间，渐渐地我又发现了一个新的问号，同样是爸爸，也同样是妈妈，回答问题时的微笑为什么会是不一样的呢？

我准备再去问爸爸和妈妈？

熊浩的故事：

解方程诗＝。

我在《笑笑录》里读过一首清代诗人徐子云的诗。全诗通过解方程可以得出正确的答案，打上完美的句号。我把诗文写在黑板上：

巍巍古寺在山林，不知寺内几多僧。
三百六十四只碗，看看周尽不差争。
三人共食一碗饭，四人共吃一碗羹。
请问先生明算者，算来寺内几多僧。

现在，同学们可以用不同的方法解方程了，如果答错了的，鼓励奖是……还得继续解方程。如果答对了的，奖励是本故事的标题——《解方程诗＝。》。

钱莉茹的解方程：$\frac{x}{3}+\frac{x}{4}=364$；$4x+3x=7x$；$7x\div364=52\times12=624$。答：寺内共有624名和尚。

“好了，今天的标点符号学习就此画上句号。希望同学们能把标点符号娴熟地运用到作文中去。”夏老师打破沉静说道，“下面是警句格言：一、对于事实问题健全的判断是一切德行的真正基础。二、正直坦荡，行为在德。道德败坏，必然堕落。

请同学们根据警句格言的内容，客观地评价自己，找出生活细节方面的两重性，然后用作文回答什么样的人是好人？”

什么样的人是好人?

“东龙，你说，现在什么样的人是好人，什么样的人是坏人?”陈子雄同学用餐巾纸擦着不知谁吐在他衣服上的痰问我。

我想了想反问道:“你看我是好人还是坏人?”

“你——伪天才!”他反复地打量着我说，“说得好听一点，大白一个。还谈不上好与坏。”

“可是，有个成语叫窥豹一斑，即从小事也可以看出一个人的本质。”我说。

“我闻到焦糊味了!”他不屑地扫视着我。

“那我就给你讲两个故事吧，让我们想想总样区分好人与坏人。”我说，便给陈子雄同学讲了两个真实的故事:

在首义广场（阅马场)，一个学生手里拎着一个塑料袋，袋里装着橘子皮和废纸。他一不小心，塑料袋掉在了地上。那天风大，吹得塑料袋在干净的广场上乱滚，他追呀追，终于把塑料袋踩住捡起，又满地上拾起掉出的橘子皮和废纸，重新装进塑料袋，忙得他头上冒汗地把手上的塑料袋扔进了垃圾箱里。

我分析他的可贵之处:遵守公德，人人有责。

在学校的自行车棚里，一个学生怒气冲冲地扶起一辆倒地的自行车，嘴里嘟囔道:“哪个不长眼碰倒的?也不扶起来。真没教养!”他说着，从兜里掏出餐巾纸，把车龙头、车座、车身擦得干干净净，又正了正摔歪的车把，拿出钥匙开锁，却怎么也打不开。他疑惑地扫视了一下车棚，啊——他的脸上露出了茅塞顿开的笑容，直起身奔向不远处一辆和自己身边一模一样的自行车，把车钥匙插进去一扭，车锁打开了，他推着自行车走过扶起的那辆自行车时，又一脚把它踹倒，嘴里嘟囔道:“害得我做了半天的义工。”

我分析他的行为，虽然顺手做了一件好事，却又愤然地把它破坏掉，真是好事变坏事，不可救药。

我讲完后，用淡定的眼光看着陈子雄同学说道:“你说哪一个人是好人，哪一个人是坏人?”

“当然前者是好人，本质OK。后者虽然算不上坏人，起码他的行为是不道德的。”陈子雄同学回答道。

“可是，这两件事情都是我一个人做的呀！”我感慨地告诉他。

陈子雄同学惊愕地看着我，仿佛不认识我似的。

夏老师点评：《什么样的人是好人?》运用标点符号得当，写出了人物的两重性，情节有起有伏，语言流畅，结尾更是出人意料，引人深思。

第二十六课　我的同桌

“同学们好！”“夏老师好！”

“今天这堂课的内容有：警句格言；夏老师讲故事；怎样写情；命题作文《我的同桌》。”夏老师概述道。

“是抒情？还是催人泪下的情？”喻彬把擦拭好的眼镜戴上，萌萌地问。

“当然是打动人心的情呀。”谢凯回答。

“是夏老师经历的故事吗？”胡小雅细声细气地问。

“是的，是我童年的故事。”夏老师用低沉的声音回答说，“是我没有看见父亲流下的眼泪。后来发表的一篇散文《父亲泪》。”

父亲泪

小学四年级，我用一个多月省下的过早钱，去新华书店买了一组四幅带轴的山水画。我家太简陋了。一张床，一张桌子，两把椅子，一口大箱子和像老和尚百衲衣的四壁。我去同学家玩，那整洁的卧室，明净的客厅，客厅桌上铺着的钩花台布，台布上摆放的花瓶，花瓶里插着的鲜花，让我羡慕不已。

我把买的山水画挂在斑驳的墙上。一会坐在椅子上看，一会躺在床上看。那个美呀！美得我不停地在床上翻跟头。我想，爸爸回来一定会奖赏我，把我高高地举过头顶。

爸爸回来了，一眼就看见墙上挂的山水画，厉声问：“哪来的画？”

“买的。”我得意的回答。

“哪来的钱？”爸爸变了脸色，几乎咆哮地吼出，额头上的青筋一条条凸起，随即扬起臂膀，甩手给了我一耳光。

我的眼前顿时金光四溅。我捂着火辣辣发烧的半边脸，泣诉道：“是我自己的钱！”

“你哪有那么多钱买画？偷的？”父亲怒吼道，眼睛里闪射着凶光。

“不是，是我一个多月没过早，攒钱买的画。”我瞪眼望着父亲，申辩说，“我上课时肚子饿的‘咕咕’叫，下课就去食堂洗碗池含着水龙头喝自来水。”

爸爸一下愣住了，接着，重重的一掌击在自己的头上，不说话，转身走了。

晚上，爸爸买了一兜糖果点心托三叔来看我。三叔告诉我说：“你爸爸提起你买画的事，掉泪啦。说：这傻孩子，不过早攒钱买画，饿坏了身子么办。可我，还错怪他，打了他，我这心里啊……真不好受。”

我没有看见父亲那天的眼泪，但我今天分明又看见了父亲那天的泪水，历历在目。

“夏老师，您把我都讲哭了。是真的。”胡小雅红着眼圈说。

“您爸爸是干什么的？这么不讲道理。”谢凯义愤填膺。

“是一个爱憎分明的好爸爸。”邹佳蓉领会了父亲的眼泪。

“人这一生啊！爱憎恨，怨别离，求不得，就像一面镜子。”夏老师感慨无限。

孩子们懵懵懂懂睁大眼睛看着夏老师。他们没有听明白。

“以上就是怎样写情。在这里，我要问同学们的是，从武汉到北京，什么样的路程最短？可以大胆想象。”夏老师说。

“地图上的路程最短。一瞅，几厘米的距离就到北京了。”

“记忆的路程最短，一闪念，到了北京。”

“我已经去过北京。超前的路程最短。”

孩子们的议论五花八门。在想象中武汉到北京的距离一个比一个更短。夏老师为孩子们的丰富联想而感到高兴。

“那我们就把这道测试题牵回到现实中来。从武汉到北京，什么样的路程最短？”夏老师改变了一种提问方式。

“坐高铁到北京，直达。”

“坐飞机特快，只要两个多小时，路程是直线，到北京的距离最短。”

“坐……”

“我一个人出差去北京，坐过高铁，也坐过飞机，切身的感受是孤独寂寞，时间难熬，总觉得路途遥远。如果有朋友和同事在身旁就完全不一样了。说说笑笑，打打闹闹，一眨眼的工夫就到了北京。

同学们说，从武汉到北京，什么样的路程最短？”夏老师微笑地问道。

“好朋友在一起，路程最短。”孩子们反应敏捷。

“是的，有朋友在一起。再遥远的旅途，也是短的。常言说得好：一人走，走得快。多人走，走得远。这就是说，我们人生的旅程是离不开朋友相伴的。行路难，有乐也有苦。大家彼此之间可以一起分享快乐，也可以一起分享痛苦。这样的结果是，分享的快乐是加倍的快乐，而分担的痛苦是共同承担的痛苦，这难道不是朋友之间结成的友谊之情吗？可是，我们培优班有两位闺蜜，因一点很小的事情怄气闷着不说话，拉开距离有一个多月之久。其实呀，我们都是来自五湖四海，有缘相遇熟悉后又变得陌生，该是多么尴尬的事情啊！我希望这两位同学能改变一下这种窘况。退一步，海阔天空。否则，夏老师接下来要讲的《奥数题的故事》，只好在纠结中放弃。现在，我想问胡小雅和汤佳婧两位同学，讲还是不讲？全听你们的。”夏老师微笑地看着她俩，言外之意是希望她们牵手和好。

孩子们也把期待的目光投向胡小雅和汤佳婧。

“夏老师，您讲奥数题的故事吧！我们知道该怎么办。”胡小雅绯红着脸，声音细得都快听不见。

汤佳婧也用眼神告诉了夏老师结果，附和微微点着头。

夏老师高兴地双手竖起大拇指，表示赞赏！接着讲起了《奥数题的故事》。

“一头熊从冰川上跌了下来，坠落的速度是每秒十米，请问同学们，这头熊会是什么颜色？”夏老师问。

孩子们沉静下来想了半天，随后一个接着一个晃动着脑袋。

“夏老师，熊的下落速度与颜色又有什么关系呢？”熊浩百思不得其解地反问道。

“是啊！此题与颜色是风马牛不相及，无解。”谢凯摇头晃脑地随声附和。

“当然是有关系。如果没关系，又怎么能成难解的奥数题呢？”夏老师就事论事。

“按照正常的逻辑推理，熊从冰川上坠落，只能发生在南极和北极，再就是有冰川的高山上。据我所知，有冰川的高山和南极是没有熊出没的。只有北极有北极熊。而北极熊的毛发看起来是白色，其实是透明的空心管，在阳光的折射下，看起来是白色。依我的看法，这头熊的颜色要么是白色，要么无色。”钱莉茹有板有眼地回答，思维很缜密。

“那也不见得呀！海水是无色的，但在蓝天的映衬下不就变成了蓝色的海洋。而北极熊是白色的，冰川也是白色的，所以题目中的熊只能是一种颜色——白色。如果是这样的答案，能算得上奥数题吗？要我说，要根据这头熊的大小而定。体积越大就越重，下落的速度就会越快，至于熊什么颜色，真的不知道。”熊浩反驳说。

“你这等于是白说，还得归零。我告诉你，对于物体大小的下坠速度，伽利略曾做过自由落体实验。他在比萨斜塔上将一大一小两个铁球，从相同的高度同时扔下，结果两个铁球是同时落地的。重复做结果仍然相同。体积和重量与下坠的速度完全无关。”钱莉茹引用典故反击。

夏老师看着孩子们带着科学的思维方法激烈地争论，见好就收地打断他们的互怼说道：“刚才我听了同学们的辩论，有一定的逻辑性和分辨是非的道理。但结果是错误的。正确的答案是这头熊的颜色是灰色。为什么？因为这头灰色的小熊是从西伯利亚走错了方向来到北极的。小熊毛发稀疏，下坠速度每秒可达十米。许多数学老师，包括数学博士对这道题都无从下手。而答对这道奥数题的竟然是一位幼儿园的小朋友。当时他正在画本上涂鸦，听到妈妈跟爸爸讲这个故事的时候，正好看见画本上有一头熊，下面写的是灰熊二字。他就照着葫芦画瓢，写下了歪歪斜斜‘灰熊’两个大字。对小朋友来说，不管是白熊、黑熊、灰熊反正都是熊。妈妈当时惊讶得目瞪口呆。”夏老师说完。孩子们开心得笑炸了。

“这是奥数题的故事吗？感觉文不对题。”钱莉茹迟疑地质问道。

“用奥数题和答案把知识点串联起来这个过程，稍作修改，难道不是一篇很有趣味的作文吗？”夏老师要求孩子们观察感受无处不在的奇闻逸事，发现身边的小故事。

“夏老师，您能不能再讲一个‘难题’？我们保证一下子就答上来。”谢凯对奥数题的故事余兴未散。

“这堂课就讲故事，不写作文了？”夏老师问道。

“学习写作文，现在不是正在进行吗？感受生活中的故事，对我们来说要反复进行。学习—积累—沉淀—再认知，从而达到厚积薄发。”谢凯现在说起话来是一套一套的。

“那好，我听谢凯同学的，再讲一个难题的故事，供同学们达到厚积薄发的效果。”夏老师说道，“这是一个著名的话题，看似简单，很难回答。先有鸡还是先有蛋？同学们选择任何一个答案都会陷入悖论的处境。如果先有鸡，这只鸡从何而来？因为鸡都是蛋孵化出来的。没有鸡哪有蛋？如果选择蛋，这只蛋又从何而来？所以说，这个问题只是用它来试图描述确定事物之间的因果关系。从逻辑上讲永远不会有答案。下面呢，请同学们回答这样一道难题：A 由 B 转化而来，B 在沸水中生成 C，C 在空气中氧化成 D，D 有臭鸡蛋的气味，请问 ABCD 分别是什么？可以用逻辑推理来确定事物之间的因果关系。”

“是鸡蛋吧……”江珂宇闪动着探询的眼睛望着夏老师问道。

“肯定是鸡蛋。我可以先从臭鸡蛋已知的条件开始，然后进行一步步的推断，找出事物之间的因果关系。”谢凯乐了，发挥出天资的聪颖说，“D 是放了很长时间才会变成臭鸡蛋的。沸水煮鸡蛋成 C，那一定是煮熟了的鸡蛋。鸡蛋没煮之前肯定是生鸡蛋 B。而生鸡蛋又是由鸡生下来的，所以，下蛋的鸡应该是 A。以此类推，正确的答案应该是：A. 鸡；B. 鸡蛋；C. 熟鸡蛋；D. 臭鸡蛋。对吗？”

“是的，回答正确。”夏老师说道，“这道难题的答案经谢凯按照顺序一排列，其实很简单。如果我们把这道难题的意义移植到现实生活中来，越是简单的事情，越要一步步仔细分析推断。因为同学们将来懂得的事情越多，越容易偏离事物的本源；同学们学到的知识越多，越容易把简单的事情复杂化；同学们的眼光看得越高，越容易忽略脚下的石子会把你们绊倒。在今后人生的路上，同学们会走得很远很远的，但千万千万要记住，不要偏离自己的初衷和出发的方向。”

夏老师希望孩子们能懂得他的良苦用心：“接下来是今天的警句格言……”

“夏老师，我知道今天的警句格言是哪方面的。”谢凯自鸣得意。

“请讲。”夏老师喜欢这孩子。

“是关于德行的。”谢凯挠着头回答。

“为什么？”夏老师继续问。

“因为，上……上堂课，我把胡小雅和汤佳婧的辫子结在了一起。我知道她们之间在闹别扭，还在纸上画了两个牵手的女孩，辫子勾在一起，引得同学们起哄嬉笑。胡小雅都气哭了。再结合您出的命题作文《同学之间》，刚才在故事里又讲了那么多的启示教育，我……想，应该是德行方面的警句格言。”谢凯低下头说道，还时不时抬头瞥一眼夏老师，他认识到自己的不当行为。

“那好，我借谢凯的话题，完成今天的警句格言：一、原谅别人，就是善待自己；恭敬别人，就是庄严自己。所以，做人德为先，待人诚为先，做事勤为先。二、人的灵魂中存在善恶两个方面，如果个人受到良好的教育，灵魂中的

‘善’就控制住其‘恶’的部分。”夏老师等孩子们做好笔记，动容地继续说道：“我想讲两个伴我至今的小故事。希望能给同学们以启示。”

宽容是至高境界

二战期间，两名来自同一个小镇的战士与部队失去了联系，他们在森林中艰难跋涉，相互鼓励寻找着自己的部队。

一天，他们打死了一只鹿，依靠鹿肉又艰难度过了几天。可也许是战争使动物四散奔逃或被杀光，这以后他们再也没看到过任何动物，仅仅剩下的一点鹿肉，背在年轻战士的身上。这一天，他们在森林中又一次与敌人相遇，经过再一次激战，他们巧妙地避开了敌人，就在自以为已经安全时，只听一声枪响，走在前面的年轻战士中了一枪——幸亏伤在肩膀上！后面的战士惶恐地跑了过去，他害怕得语无伦次，抱着战友的身体泪流不止，并赶快把自己的衬衣撕下包扎战友的伤口。

晚上，未受伤的士兵一直念叨着母亲的名字，两眼直勾勾的，他们都以为他们熬不过这一关了，尽管饥饿难忍，可他们谁也没动身边的鹿肉，天知道他们是怎么过的那一夜。第二天，部队救出了他们。

事隔30年，那位受伤的战士安德森说：我知道谁开的那一枪，那就是我的战友。当时在他抱住我时，我碰到了他发热的枪管。我怎么也不明白，他为什么对我开枪？但当晚我就宽容了他。我知道他想独吞我身上的鹿肉，我也知道他想为了他的母亲而活下来。此后30年，我假装根本不知道此事，也从不提及。战争太残酷了，他母亲还是没有等到他回来就去世了。我和他一起祭奠了老人家。那一天，他跪下来，请求我原谅他，我没让他说下去。我们又做了几十年的朋友，我宽容了他。

“读完这篇文章，我的内心掀起了惊涛骇浪。这位年轻的战士以德报怨，把伤害留给自己，以仁爱和友善容忍着别人对自己致命的恶意伤害。这种用宽容构建的至高境界，深深地震撼着我负疚的心灵。压抑得我必须得把自己的故事写出来，以此求得解脱和释怀，使自己活得起码要有做人的诚实和坦荡。”

夏老师长长舒了一口气，说起他刊登在《武汉晚报上》的《心债》故事。

心 债

多少年了，仿佛还是昨天的事。

1978年11月间，我所在的高炮团被拉练到河南确山靶场实弹射击。我当时任二连军械员兼文书。这天，我向连长请了假，带上新兵覃世桂进山里抓鱼……晚上，连部全体人员享受了我提供的一顿美餐。奇怪的是覃世桂却死活也不肯吃，脸上表现出我怎么也看不透的古怪表情。

第二天，我就被传到营部。营长煞神般冲我吼道："你个文书好大的胆。你昨天干啥去啦！打猎过枪瘾吃野味，你还懂军纪不？从现在起，你给我反省写检查，检查不深我处分你。"

我一下给吓蒙了。我当兵这么些年，吃苦耐劳图进步，最后落个处分回家，我无颜见家中父老。我怀着沉重的心情写了三页纸的检查，又托连长、指导员去给营长说情，此事才算平息了。

事后，我知道是覃世桂给营长打的小报告，我觉得他像犹大一样可憎，我恨他。

当时，中越边境正紧张。记得是星期三的上午，天下着蒙蒙细雨，指导员从团部开会回来，他把我从帐篷里喊出，严肃地告诉我团部命令我连抽13名77、78年的新兵补充到43军，让我马上造份名册给他。在补充到43军的名册上，我写上了覃世桂的名字。

饯行的午餐很热闹。调动的战士被告知是去43军当副驾驶员，他们高兴得划拳酣饮。这时，我身旁的副连长悄声告诉我，他们一补充到43军，马上就要开赴到中越边境。我听后心一沉，心中有一种说不出的苦涩。

饭后，覃世桂找到我，木讷地说："文书，上次你带枪进山是我跟营长汇报的，我是想表现进步，调到营部当驾驶员。我们那地方穷，我想学一门开车技术，将来复员回去好找工作。现在，我的愿望实现了，可不知为什么，心里反不是个滋味，我总觉得对你不起。"

我紧紧地握住他的手，无力地摇着头。战后，我打听到了一些覃世桂的传闻，有说他光荣牺牲了，有说他负伤成了残废，有说他立功提了干。而作为我，在内心深处总笼罩着负罪的阴影。

"所以说，我爱你们在座的每一位孩子。而且真诚希望你们在怎样做人这个方面，形之正，不求影之直而影自直。"

孩子们都听懂了。黑亮亮的眼睛里闪烁着自信与磊落。是的，响鼓无需重锤。

我的同桌

柳玲——这个名字像铃声一样好听，是我的同桌，一个知性优雅的女生，穿得干净得体，学习成绩也好，尤其是她的朗读非常好听，字正腔圆，抑扬顿挫，我们都羡慕不已，有一种相形见绌的感觉。她还喜欢唱歌，平时总是哼哼唧唧的，但只要留心听，那是我们小学生不该唱的软绵绵的情歌，不过，听起来还是蛮有味道的。只是，她爱吃零食，尽管老师在班上三令五申不许吃任何东西，可每次打扫卫生时，总会发现她的课桌里，铺满了厚厚一层垃圾食品的包装纸屑。

有一次，班上出了这样一档子事，一个叫陈芳的女同学，暑假从广州回来，手机里下载了好多各种新奇的游戏，这对我们班上的同学来说，简直稀奇坏了，一下课，同学们就围着陈芳赏玩手机里的游戏，乐此不疲。陈芳成了中央空调，自然是非常骄傲得意的。有一天下课，陈芳突然哇哇大哭起来，说她的手机不见了。这可不是一件小事，放学后老师把全班同学留了下来，先讲了一通怎样做人之类的道理，希望拿了陈芳手机的同学主动交出来，结果，柳玲从她的书包里拿出了陈芳的手机，并且一再强调手机是别的同学悄悄塞进她的书包里的。可是，人赃俱获，她怎么解释也没有用。当时的情景，我印象很深，她默默地淌着泪水，浑身颤抖，似乎马上就会瘫倒。

此后，班上无论谁丢了东西？同学们首先就会想到柳玲，而柳玲也好像变了一个人，爱干净的她邋里邋遢，哼哼唧唧的歌声也变成了满嘴脏话，最后竟发展到和男同学打架。再后来，她就转学走了。

从此后，同学们也就渐渐淡忘了柳玲。有一次，在放学的路上，我班的一个男同学对我说，上次陈芳不见手机的事，是他想玩陈芳手机里的游戏拿的。老师要追查时，他吓得偷偷把手机随手甩锅塞进了柳玲的书包里。我听了，真恨不得抽这个同学的耳光。

是啊！人活一张脸，树活一张皮，尊严就是一个人立身精神的支撑，一旦尊严丧失，就如同脊椎折断，无法行走，想立而无为。所以，同学之间要坦诚友爱，相互尊重，互帮互助，这是我想起同桌柳玲同学的深深感悟……

夏老师点评：《我的同桌》写出了新意，写出了童心告白。让我们清楚地看到一件小事就可以改变一个孩子的命运，是一篇立意很深的警示录。

第二十七课 作文课

“同学们好！”“夏老师好！”

“今天这堂课的内容有：警句格言；作文课——怎样写好以自己为题材的作文。现在，我来用故事带领同学们走进生活，认识生活，写好自己的作文。”夏老师说完，用目光扫视着孩子们，而孩子们却用萌萌的眼睛望着夏老师，显得特别可爱。

“你们为什么这样盯着夏老师看？难道今天的夏老师与上堂课的夏老师有什么两样？”夏老师很有情趣地问道。

“夏老师，就您刚才说的作文课，我们可是丈二和尚摸不着头。你想说的到底是什么意思呀？我们不是每星期都在上您的作文课吗！”喻彬不停地用手托着眼镜语速特快，大概是没听懂作文课的含义，心里着急。

“夏老师，你说的作文课我们都没听懂，真的。到底是什么意思嘛？”同学们一阵议论。

“这样说吧，给你们一个明确的思维指向，让你们对未知情节的发展变化，持一种期待的心情，这叫悬念。而作文课的本质其实就是写不同内容的故事，也包括悬念。再具体的说，夏老师先信守承诺，讲一个悬念的故事，也是对同学们提出的作文课是什么意思的答复。”夏老师故弄玄虚淡然一笑，在孩子们的掌声中讲起了《悬念》的故事：

悬 念

这是我朋友的故事。

他当时以 MBA 的资格，进入到华尔街一家投资银行做分析员。由于业务能力超强，很快得到一位漂亮的美国姑娘的爱慕，接着就坠入了爱河。就在他们选定日期准备结婚之际，他接到投资银行的通知，派他到阿根廷去办一项刻不容缓的金融业务，时间大约一个月，为此他们不得不推迟了婚期。

他来到阿根廷，对爱河里的姑娘只能用电话表达思念之情。一个月很快就过去了，由于业务上出了一些意外的麻烦，归期只能一拖再拖，电话打得也越来越少，好在繁杂的工作终于结束了。他在启程之前，为心爱的未婚妻买了一枚昂贵的钻戒，作为一生只送一人的礼物。为了创造浪漫，给未婚妻一个惊喜，他甚至没有告诉未婚妻他正坐在返回美国的海轮上。由于海轮行驶缓慢，他闲时无聊，在吧厅里浏览半月前的《纽约时报》，突然，一则结婚启事让他的目光定格：是他的美国姑娘和另一位美国青年结婚的信息。他震惊、愤怒、伤感、无奈……当他扶栏眺望，看到纽约市的轮廓时，只能无望地在甲板上踱步，以此来缓解心中的痛苦。无意间，他的手指触碰到裤袋里的钻戒。他拿出钻戒，睹物思人，心如刀割，愤然地把钻戒抛向了大海。

他回到纽约，未婚妻已经跟别人度蜜月去了。他失落地在海边从早上徘徊到傍晚，饥肠辘辘。他来到一家海滨餐厅，点了一份西式鱼，一份意大利汤吃了起来。当他胡乱地用刀切割一块鱼肉，用叉子送进嘴里咀嚼时，忽然牙被一个硬物硌了一下……

"同学们不用我说，想必你们已经猜出来了是什么？"

"是戒指！"惊呼声响起，伴随着嬉笑。

"请同学们一定要记住了，生活中有很多结局，往往会出人意料地拐个弯儿，背离心中的愿望或是潜意识的指向，这是极容易发生的事情。告诉你们吧，他当时思想完全不在吃上，却糟糕透顶地吃到了一块鱼骨头，而那块鱼骨头又偏偏硌到了一颗蛀牙上，那钻心的疼痛可想而知绝不亚于失恋的痛苦。"夏老师一本正经地解答。

"夏老师，假设我们回答是鱼骨头呢？"喻彬扶着镜框问道。

"那就请其他同学替夏老师回答。"夏老师笑道。

"那还不好回答，戒指呗。"谢凯翻着白眼说道。

"那要是回答不是戒指就是鱼骨头呢？"喻彬追问不放。

"生活中往往有很多想不到的结局，又在情理之中。他糟糕透顶地吃到一块鱼骨头，而鱼骨头又正好硌到了一颗摇摇欲坠的牙齿上，于是，在上帝为他关上爱情那扇门时，又给他打开了去医院拔牙的那扇窗。"熊浩有根有据地作答。

孩子们在夏老师抛砖引玉的指导下，自由自在地发挥着想象力，你一言，我一语，欢笑一团。

“夏老师，我发现您的思想蛮活跃，就像定海神针一样，总是把我们圈在您设计的圈子里，带着我们学知识又嗨耍。”喻彬扶正眼镜，心悦诚服地说。

“你们是不是想冲出去?”夏老师乐了，逗着喻彬问道。

“算了吧，我们顶多是个孙悟空，虽然能腾云驾雾，一个筋斗云翻出十万八千里，最后还是跳不出如来佛的巴掌心。”喻彬说这番话时看起来有点飘。

“我就喜欢你们这些小孙悟空，有思想，想叛逆，只是学艺还没完成，但是，总有那么一天，艺高人胆大，你们的人生也会像《西游记》里的孙悟空一样，经历九九八十一难，实现自己的梦想和追求，喻彬同学，你说是不是的?”夏老师笑而不露地看着喻彬问道。

“上告尊师，我离家也有二十年。虽是思念旧日儿孙，但师父厚恩未报，不敢离去。”谢凯来劲了，突然学起电视连续剧的孙悟空的腔调说道。他是一个《西游记》谜，模仿孙悟空的动作惟妙惟肖。

“哪里什么恩义?你不惹祸，不牵带我就够了!”夏老师也模仿电视剧《西游记》里菩提祖师的声音与谢凯对白。

谢凯学着孙悟空模样伸手抱拳拜辞。

全班一下安静下来。十几双眼睛，一会儿看看夏老师，一会儿看看谢凯，等待着继续表演下去。

“你这去，定生不良。凭你怎么惹祸行凶，却不许说是我的徒弟。你说出半个字来，我就知之，把你这猢狲剥皮挫骨，将神魂贬在九幽之处，教你永世不得翻身!”夏老师仿学菩提祖师也像模像样，一点不比谢凯学孙悟空逊色。

“绝不敢提起师父一字，只说是我自家会的便罢。”谢凯对答。

孩子们用热烈的掌声表示这场演出的成功。

“下面，夏老师就事说事，再送同学们一首《菩提偈》：菩提本无树，明镜亦非台，本来无一物，何处惹尘埃。菩提：比喻智慧；镜子：比喻静心；尘埃：比喻世俗。当年释迦牟尼就是在菩提树下觉悟的。”夏老师乘兴在黑板上写下了《菩提偈》这首佛经中的唱颂。当他回过身来，看到孩子们正埋头认真做着笔记。他听到了笔尖接触在纸面上发出‘沙沙沙’的声音，美妙得如同唱颂一般，动听得让人觉悟。这就是耕耘的收获，老师的享受。

“今天的警句格言是：一、德是本，勤是根，执着追求，做人第一。二、友谊是一种和谐的平等。”夏老师一字一句地说道。他感到今天自己的声音特别响亮，很有感染力。他了解孩子们的进步是飞跃的。他清清楚楚地看到了孩子们的未来。

笔触纸的声音在“沙沙沙”地继续进行。

“我们写作文时要记住以下几点：

第一，脑子里一定要有素材，要有生活中的素材。这是写作文的根。那什么是生活中的素材呢？比如：同学们在对付爸爸妈妈时经常使出一些小花招：作业没做完又想出去玩，就对爸爸妈妈撒谎说：爸爸妈妈我已经做完作业了；想拉爸爸当掩护，当挡箭牌，对妈妈说爸爸已经答应了，说没关系；害怕惩罚，利用情感卖弄小聪明：对不起爸爸，我忘了，亲您一下行吗；不想动脑筋做数学题，假装可怜相：妈妈，我真的不会做，求求你行吗？给我指导一下；不想做作业就装病：妈妈，我的头好痛，浑身都不舒服；成绩没考好倒打一耙：平时你如果多费心，我的分数考得肯定不会这么低。当你们使出这些生活素材时，爸爸妈妈又能奈你们如何？所以说呀，你们生活的点点滴滴，都能成为写作的素材。

第二，要有立意：当你们在方方面面的素材中，取出作文所需的一件两件三件事情（素材）转化为题材时，第一步是打定主意怎么去写；第二步是思考这篇作文想要表达什么；第三步是构思一个完整的故事：如何开头，排列内容，怎样结尾。于是，这篇作文的主题与结构就水到渠成了。

第三，文贵新：作文写出来贵在出新意。怎么个新法？就是我们都经历过的故事，别人没有写出来，而在你们的细心观察下写出来了。看的人会说：这个故事的细节写得好真实啊！跟我的经历是一模一样的。

第四，合理地运用写作的基础知识，这里面的重点是描写。它可以衬托主题，再现情景的真实。我希望同学们今后在每一篇作文中，不管是写人或是写事，都有一段衬托主题的描写，请同学们注意听，分析衬托主题的描写。”

夜　宿

这是三十多年前的真实故事，我总也不能忘记。

我刚参加工作不久，出差到红安县调研山坳里的图书室。由于山村没有通车，又是一个风雪天，我无法赶回县城，只好在乡镇的一家旅社夜宿。旅社很小，条件简陋，我住进了剩下的三人房间。

当我推开房门，只见两位业务员模样的人正在用扑克牌玩关三家。其中一位中年男子脸上狼狈地贴满了纸条。他们根本就没注意房间里又住进了一个陌生的人。我把背包放在紧挨门边的床头柜上，合衣斜躺在床上，盖上被子，从背包里掏出书看，以此回避他们的闹腾。

没一会，嬉闹声小了，眼前也亮堂了很多。扭头看，那位脸上贴满纸条的中年男子，正把他们头顶上的电灯泡通过晾衣服的铁丝，移到我的近前，我心里不由一热，感觉在这寒冷的夜晚心中是暖暖的。我什么时候睡着的不知道。突然间感觉有人在动我的衣物。我惊醒后睁眼一瞧，还是那位中年男子在给我盖滑落在身旁的被子。我心里又一次不由一热。

窗外蒙蒙发亮，我不知是被冻醒还是自然醒，朦胧中看见他们已经没开灯起床了。或许是要赶早班车办事情，他们悄无声息地收拾好东西，轻手轻脚走到门口，拉开房门，一阵寒风吹了进来，我打了个冷战。而走在后面的中年男子在出门时，把门锁一转动，按下了保险，然后轻轻地带上了房门。也许是清晨的风大，被掩上的房门瞬间就被冷飕飕的风吹开。我刚想起身关门，中年男子又折了回来。他重新带上房门，但房门又被风吹开。中年男子手扶房门，略一迟疑，便把保险一扭，想把房门锁上，但就在准备带上房门时又犹豫着，从衣袋里掏出一张纸，反复折叠几下，按在门框上，带上了房门。他这样来来回回折腾半天，仅仅是不想让关门的声音把我这素不相识的人吵醒。

他们走了。房间冷清下来，但在我的心中，却翻腾着一股暖流，传遍我的全身。

"在这里，我要提问的是：《夜宿》的主题是什么？"夏老师停顿下来问道。他要让孩子们清晰地懂得一篇作文的构造。

"人与人之间的友善和关爱。"孩子们回答。

"那衬托《夜宿》主题的描写有没有呢？"夏老师又问。

"'走在后面的中年男子在出门时，把门锁一转动'到'带上了房门'。"孙柏灵抢着回答。

"《夜宿》前面几段都是故事的叙述，倒数第二段的描写，突出了人与人之间的友谊与和谐，深化了关爱的主题，所以，描写在《夜宿》里起到了画龙点睛的作用。"钱莉茹补充说道。

"还有没有同学有不同见解？"夏老师问道，"如果没有，夏老师再补充说两句。写好一篇作文，首先确定主题，写什么？然后选择素材，像写日记一样，叙述一件或几件事的经过。你们在写故事的过程中，还要静思感动或是打动你们的地方，回忆当时的情景，用文字表达出来，这叫细节描写，来衬托主题。

接下来就是作文的修改，起码三遍。这样，一篇有主题的作文就完成了。同学们说，写作文简单不简单？”

夏老师再次对怎样写好作文作了全面的归纳和总结，他知道，这帮孩子的语文基础都很好，一点就通。

“不简单！”孩子们没有附和夏老师的问话，在笑声中唱起了反调。

“不简单也得这么去做，这是必须的。”夏老师不以为然地笑着说道，“现在，教室里有一种奇特的声音，同学们安静下来仔细听听，然后把所见所闻写成片段，这就是场面描写。”

教室一下就沉寂了，一种“嗡嗡”的声响特别刺耳。原来是谢凯把尺子插进桌缝里，用指头在轻轻弹尺发出的响声。他还不时把耳朵贴在桌面上，闭眼享受这样的声音。

全班孩子都笑开了，脑袋就像水漂着的葫芦，此起彼伏。他们低头书写，扭头看看，写写看看，看看再写。谢凯窘迫地望着夏老师直愣愣地尬笑。

夏老师巡视每一位孩子写的场面描写，比他想象得要好很多，夏老师得到了一种精神上的满足。

“曲调不用修音的场面描写写完了吗？”夏老师问。

“写——完——了！”声音是吼出来的，也是愉悦的。

“我知道你们写完了，而且场面描写都写得很棒，点赞！”夏老师竖起大拇指说道，“下面，夏老师给同学们指点迷津，再写一个动物描写片段——狗。我要强调的是必须出新，还要有描写。”

教室异常安静，似乎带着一种考试般的紧张。

“写狗的片段要求有两点：第一，描写狗的可爱；第二，字数 300 字以上。开始写吧。”夏老师知道孩子们还想获得一些信息，补充道。

全班孩子用不解的目光看夏老师，有孩子问道：“夏老师，照您这么讲，不是成了两篇作文吗？”

“不！狗是《作文课》的一个插叙，请同学们注意，插叙就是在写作文时，插上一个和这篇作文有关的另一个故事。这个故事完成后，再回到原来的作文中来。明白吗？”夏老师问。

孩子们没有回声，只是点头认可，还有同学眨巴着眼睛。但夏老师知道，百听不如一做，当上完这一堂作文课后，一知半解的孩子们就会恍然明白，写作文的技巧原来如此。

孩子们在思考中开始写狗。课间休息后继续写。在写作的过程中有交头接耳的，也有讨论发生争持的，而后是一阵阵爽朗的笑声。

“夏老师，您真神了，我写到 280 多个字，真的，就写不出来了。”

“我也是，想破脑壳也写不出来。但我有一个妙法……”

“我也只写了 270 多个字。写不出来了，怎么办呢？”

“那我问同学们一个问题，写作文累不累？”夏老师爱怜地问道。他想讨好孩子们。赢得“喜欢”的呐喊。

“累——”“我都泪崩了。”“狗血！”“我们快成了功夫熊猫。”

“都别给我八卦。累是对的，舒服还是留给懒惰的人吧！”夏老师吃了闭门羹说道，孩子们笑声一片。

“言归正传，我先讲一个鹦鹉的故事，启发一下同学们，怎么样？”夏老师说道。

“热烈欢迎！”一双双欣喜的眼睛闪亮开来。

鹦鹉的故事

有一个记者特别爱鸟，这一天，他乘公交车外出采访，在车上听到一对青年在说话。男青年对女青年说：英国有位绅士特别爱鸟。他来到一个鸟店，想买一只钟爱的鸟儿回家，但没有一只被他看中。正当他迈出鸟店之时，鸟店老板叫住了他。“先生，我知道您爱鸟，店里的鸟你看不上，但是，能否耽搁您一会，我后院有一只鸟非您莫属。”绅士随鸟店老板来到后院，顿时眼睛一亮，他看见一只雪白的非洲鹦鹉站在鹦鹉架上气宇轩昂。他决定把这只鹦鹉买下来。

“这只鹦鹉多少钱？”“一万英镑。”“为什么这么贵？”“这只鹦鹉可了不得。您拉它的左脚，它会吟诗；您拉它的右脚，它会唱歌。之所以贵就在于此。”

绅士开了一张一万英镑的支票买下了这只非洲鹦鹉。当绅士拎着鹦鹉架走出鸟店的一刹那，他回头问鸟店老板说：“我如果要是拉它的双脚，鹦鹉又会怎样呢？”

这时，公交车停站，俩年轻人下了车。记者失望地看着在视线里消失的年轻人，想着拉鹦鹉双脚的情景，到底会怎样呢？他想不出答案。于是，这便成了记者的心病，他空闲时一直在思考。

一天，这位记者去参加全市的植树造林活动。在吃午饭时，一只漂亮的小鸟在枝头上婉转啼鸣，又勾起了记者对非洲鹦鹉的记忆。他端着饭碗愣愣看着小鸟眼都不眨。一位送餐的师傅走到记者身旁，拍了拍他的肩膀说："我知道你是一个特别爱鸟的人。你边吃边听，我给你讲一个《鹦鹉的故事》吧：英国有位绅士特别爱鸟。他来到一个鸟店……问鸟店老板说：我如果要是拉它的双脚，鹦鹉又会怎样呢？"

记者屏住呼吸，待听答案。正在这时，送餐的另一位同伴对讲鹦鹉故事的中年师傅喊道："还在神侃什么？走了。"记者只好眼巴巴地看着送餐车开走了，留下一片想象在脑子里闪灭。

又有一次，记者去采访一个马戏团。马戏表演还没开始，记者来到后台看见报幕员正在津津乐道讲《鹦鹉的故事》：英国有位绅士特别爱鸟。他来到鸟店……问鸟店老板说：我如果要是拉他的双脚，鹦鹉又会怎样呢？

记者听到这里，心里一阵狂跳，心想终于有了答案。突然间，马戏团团长冲着报幕员吼道："你还在神吹胡侃？马戏就要开始了，准备报幕。"报幕员听了，一溜风地跟着团长报幕去了。记者无奈地望着报幕员的背影，心想，等马戏表演结束，我就去找报幕员问清拉鹦鹉双脚的结果。但是，不可思议的事情还是发生了，报幕员在报幕时，由于心脏病发作，一下晕倒在台上，记者只能用失神的眼睛，看着120救护车把报幕员拉走了……

"夏老师，您别再编下去了，会永远也讲不完的。"

"一千零一夜，飙故事。"

"夏老师，您就继续讲下去，就讲到下课为止。"

"夏老师，告诉我们最后的结局，我们知道怎么用悬念构思情节，没完没了地继续发展这个故事。"

孩子们嘻嘻哈哈发表着自己的议论……

后来，这位记者从马戏团打听到报幕员已经康复马上要出院，他便急匆匆赶到医院，在病房紧紧抓住报幕员的手激动地说："如果拉了它的双脚，到底会怎样呢？"

他害怕又会发生意外，失去这次机会。

报幕员吃惊地望着记者说道："我的病才刚刚好，如果要是拉我的双脚，我向后一仰，非见阎王不可。"

"不……不是的，是……"记者向报幕员叙述了来龙去脉。

"哦，是这样的，当绅士回头问鸟店老板说：'我如果要是拉它的双脚，鹦鹉又会怎样呢?’这时鹦鹉说话了：‘笨蛋，如果你闲得无聊非要拉我的双脚，我不就掉下去了吗!’”报幕员说道。

这就是几经周折，记者给自己寻找到的答案——笨蛋!

夏老师说完，引得全班孩子们一阵欢笑。

“同学们安静一下!通过这个故事，同学们知道可以用悬念发展故事情节，当然，也可以另辟蹊径。在字数的问题上，重复同一个故事，要写多少字就可以写多少字。对吗?但今天写的《作文课》就以每次上作文课为题材，巧妙构思，插叙刚才同学们写的狗，再回到作文课里的故事中来，一篇很有童趣的作文不就完成了吗?”夏老师再次点拨作文技巧。

“夏老师您不用再说了，我们知道了该怎么写。”孩子们在欢笑声里喊出不让夏老师继续讲下去的要求。

作文课

教室被法国梧桐树浓密的枝叶遮蔽得有些昏暗，黑板刚被语文课代表擦过，粉笔灰纷纷扬扬弥漫在教室里，不断吸进我们的肺部。捣蛋鬼谢凯就坐在我的旁边，他把尺子熟练地插进桌缝，再用指头轻轻地拨动它，然后立刻把耳朵贴近桌面，听那单调的“嗡嗡”声。

“起立!”伴随着上课的铃声，语文老师走了进来。

上星期，老师布置作文是写一篇自己最熟悉的小故事，要求不少于300字，可是，我只写了273个字，心情一下紧张起来。

“易东龙到前面来，念一下你的作文。注意!要求300字以上。”老师一指我严肃地说。

我用眼睛扫视了一下四周，拿着作文本，走到了讲台前面，直挺挺地站着。

“怎么不念呢?念啦!”老师催促道。

“《我家的狗》，”我战战兢兢小声读道，“我家养了一条雪白的叭儿狗，鼻子上有一个黑点，我叫它点点。我每天放学回家，点点见我就兴奋得‘汪汪汪’吠叫。我一声命令：‘别叫——坐下。’它就用眼睛紧紧盯着我，赶忙躬起腰背坐下，忍着不敢叫了，而是‘呜呜呜’地跟我打招呼，那眼睛好亮好亮，仿佛含着泪水，显得既委屈又很懂事的样子，让我心生怜爱，只好带上点点到楼下去遛狗。我常常在前面跑，点点就在后面追。我停下来，点点就摇着尾巴跳来跳去，像个顽皮的小孩跟我撒着欢。我蹲下身子，点点就用舌头舔我的手。我经常给点点洗澡，洗完澡，点点一抖身子，溅得我满脸是水。点点爱吃香肠，我就给它香肠吃。有时家里没有，我就不给它吃……”

我轻声叹了一口气，因为作文写到这里，就写不下去了。我当时咬着笔帽数过字，只有273个字。我无奈地望着天花板发愁……突然，我眼睛一亮，计上心来。我现编假装读道：

“有一次，我没香肠给它吃，想要点点过来陪我玩，就叫道：‘点点！’它一动不动。我再叫：‘点点！点点！’它还是一动不动。我非常生气，心里想：点点为什么今天不听话了呢？这里面一定会有重大问题即将发生，我要解开这个谜，便不停地大声喊叫：‘点点！点点！点点……’”

我知道已经达到三百个字以上，得意地瞅瞅老师，又对自己竖起了大拇指点赞！

结果——全班同学对我喝起了倒彩！

夏老师点评：《作文课》写得既诙谐又活泼，充满童趣，还带悬念，在作文的技巧上也有创新和突破。好！

第二十八课　掌王

“钱莉茹，板书写得挺棒的。瞧你草莓小女生模样，字却遒劲有力，像嵌在黑板上一样。”夏老师走进教室，看着正在黑板上写字玩的钱莉茹说。

钱莉茹扭头一看夏老师，脸刷地一下通红，扔下粉笔跑回座位上。

夏老师拿起粉笔擦，怔怔地看着黑板上温馨的几个大字——我最喜欢上夏老师的作文课。心中不由得泛起幸福的感动。什么是幸福？作为一个老师来说，最大的幸福莫过于得到孩子们的喜爱，在喜爱中完成老师和孩子们的真诚互动……教有所学，学有所爱，爱有所获。

夏老师做到了！

他有些舍不得地用黑板擦轻轻拭去黑板上的粉笔字，回身拿上讲台上的大半截白粉笔，横着在黑板上写下了龙飞凤舞的两个字——掌王。然后把粉笔放进粉笔盒里，看着坐得端端正正的孩子们问道：“这是两个什么字？”

“掌王！”

“请同学们用热烈的掌声，替夏老师为钱莉茹同学鼓掌。感谢她对夏老师作文课的喜爱。”夏老师带头鼓掌。顷刻间，教室里响起“噼里啪啦”像炸鞭炮一样的掌声。

“这样的鼓掌声听起来很乱，噼里啪啦，没有节奏感。怎么办？我想和同学们共同学习，快乐地鼓掌。做一个真正的掌王。”夏老师等孩子们鼓掌停止后说道，“所以，今天的命题作文是《掌王》，也就是说，要当好掌王，就得学会鼓掌。现在，离上课还有七分钟，可以自由活动。”夏老师一看手腕上的表，拿把椅子坐了下来。

教室马上热闹开来——嗨翻了！

“上课了！”夏老师起身击掌吆喝。

孩子们坐回自己的位置。

“同学们好！”“夏老师好！”

“今天上课内容有：夏老师讲故事；警句格言；怎样描写人物；命题作文《掌王》。”夏老师接着讲起了阿西莫夫的故事。

阿西莫夫是世界著名的科普作家。从小很聪明，年轻时多次参加“智商测试”，得分总在前列，属于天赋极高的人。

有一次，他遇到一位汽车修理工，是他的老熟人。修理工对阿西莫夫说：“嗨，博士，我来考考你的智力，出一道思考题，看你能否回答正确？”阿西莫夫点头同意。修理工说题：有一位聋哑人想买几根钉子，就来到五金商店，对售货员做了这样一个手势，左手食指立在柜台上，右手握拳做出敲击的样子。售货员见状，先给他拿把锤子。聋哑人摇了摇头。于是售货员就明白了，他想买的是钉子。

聋哑人买好钉子，刚走出五金商店，接着进来一位盲人。这位盲人想买一把剪刀，请问：盲人将会怎样做？

阿西莫夫根本就没有思考，顺口答道：“盲人肯定会这样……”他伸出食指和中指，做出剪刀的形状。

修理工听了阿西莫夫的回答，开心地笑起来：“哈哈，你答错了吧？盲人想买剪刀，只需开口说：我买一把剪刀就行了，他干吗要做手势呢？”

阿西莫夫只好承认自己在这件事情上回答愚蠢。而那位修理工在考问他之前，已经认定他会不假思索地顺势回答。

“现在，我要问的是，阿西莫夫的故事给同学们怎样的启示？”夏老师问道。

“高智商不能决定一切，更不能决定一个人的未来。”

“惯性的思维模式，会造成回答问题的错误。”

“同学的回答都是正确的。这是因为，人的文化层次不同，思维方式也就不同，回答问题也就有所不同。希望同学们今后要活学活用所学到的知识，从不同角度看问题。”夏老师指导孩子们怎样去应对生活中的状况。

“夏老师，我的爸爸妈妈老是说我长不大，太单纯，将来走向社会会吃亏的。要我学会成熟。我到底该怎么去成熟呀！社会真的有那么复杂吗？”胡小雅细声地问，清纯的眼睛里流露出一丝阴影。

夏老师很感谢胡小雅与自己推心置腹的交流。作为老师，不但要教孩子们知识，还应该告诉他们怎样在社会上行走。

“社会太大了，包罗万象。当你知道的越多，才会发现自己懂的越少。所以，夏老师很难简单概括。这样吧，我再讲一个真实的故事，同学们就会明白爸爸妈妈的教导没错。”

一分钟出现在门口的人

20世纪60年代，美国俄克拉荷马州地方高等法院受理了一桩颇为棘手的刑事案件。有人被控犯有杀人罪，法院经过漫长的调查，掌握了很多重要证据，足以证明他杀人的事实成立。但是，他的辩护律师辩解说：“被害人的尸体一直没有找到，法院无法认定被害人已经死亡。”

法庭对被告是否有罪展开了辩论。被告的辩护律师站起来说道：“法官先生，陪审团的女士们、先生们，有一件事情会让你们大吃一惊。”他抬起手腕看了一下手表，随即把目光转向法庭的入口处说，“再过一分钟，在本案中被认定已经死亡的那个人，将通过这扇门走进法庭。”

人们一下子惊呆了。什么，他没有死？他们都把目光投向法庭的入口处。可是，一分钟过去了，什么事也没发生。

这时，辩护律师说：“请原谅我开的一个小小的玩笑，这只是我虚构的一个情节，那个人并没有如我所说的那样走进来。但是，你们刚才的反应证明了一点，那就是：你们并不能完全肯定那个人已经死亡。基于这一点，所有指控都不能够成立。”

法官和陪审团的成员们陷入了极其尴尬的境地，他们面面相觑，没有人能驳斥他的说法。是啊，既然他们确认被害人已经死亡，为什么还要朝门口看呢？

主控方首席律师凯勒是个富有办案经验的人，他站起来反驳说：“没错，刚才大家都在看门口，这说明大家对被害人是否死亡还心存疑虑，这不足为奇，因为任何推断都有可能发生意外。他们中没有一个人是当事人，因而并不知道被害人是否死亡。可是，有一个人知道，那就是您的委托人，本案中被指控杀人的当事人。我注意到了，他并没有朝门口看。这说明他根本不相信被害人会从那扇门里走进来。”

辩方律师的气焰顿时被压了下去，这关键的一句，最终促使嫌疑人被定罪。

“这就是社会的复杂性。你们必须得无条件地去接受。然后去认识社会，理解社会，享受社会包容你们所具有的IQ（智商）、EQ（情商）、AQ（逆商），写好自己的人生故事。”夏老师用故事描绘了社会的一角，他要启示孩子们将来能够从容去面对自己。

“夏老师，社会这么复杂，其实都是由人造成的。如果说，社会上没有了人，一切不就太平了吗？”谢凯提出了既真实又有趣的想法，引得孩子们一片讪笑。

“这确实是一个很有趣的想法。如果没有了人，还有社会吗？正因为有了社会，才有了今天的夏老师和同学们。在我们的身上，都有性格的两重性，这就是人无完人的道理。刚才，谢凯的想法看似天真，其实歹毒，他的潜意识是要毁灭我们人类呀！让人不寒而栗。”夏老师逗趣地说道，“所以说，我们中华文化儒释道的内涵是：儒教尊崇礼节；佛教讲究慈悲；道教要求人和。如果我们都是按照这样的指导思想构建社会，这个社会将会无比美好。”

“夏老师，我知道，你是要求我们学习儒释道文化去做人。”谢凯接上夏老师的话题说，“我们知道应该去做一个好人，不辜负爸爸妈妈和老师们的教诲。真的，我们已经不小了，要学好不学坏，这个道理还是懂的。”

“那就好。既然同学们懂得如何去做一个好人，还应该知道如何去写好一个人。现在，我们回到今天要写的命题作文《掌王》中来。先借谢凯的话题讲一讲在作文中怎样去抓住人物的性格，塑造人物的形象。夏老师想先给大家分享一段曹雪芹在《红楼梦》中的人物肖像描写——”

> 忽见丫鬟话未报完，已进来了一位年轻的公子：头上戴着束发嵌宝紫金冠，齐眉勒着二龙抢珠金抹额，穿一件二色金百蝶穿花大红箭袖，束着五彩丝攒花结长穗宫绦，外罩石青起花八团倭缎排穗褂，蹬着青缎粉底小朝靴。面若中秋之月，色如春晓之花，鬓若刀裁，眉如墨画，面如桃瓣，目若秋波。虽怒时而若笑，即嗔视而有情。项上金螭璎珞，又有一根五色丝绦，系着一块美玉。

“根据这位人物的肖像描写特征，同学们应该知道，他是谁了吧？”夏老师问道。

“贾宝玉。”有孩子回答。

“是的，是贾宝玉。因为夏老师描述了贾宝玉的外貌特征。同学们在写《掌王》时也要注意学习这种外貌描写。可以就写同学们自己的故事，我们先来练习讲好自己在学校里发生过的小故事。先想一想，构思情节，再下笔。”夏老师说完，安静地等待着孩子们。

“夏老师，我想好了，就讲我自己，可以吗？”谢凯说道。

“可以。”夏老师点头同意，又强调说，“要讲好自己的故事，突出的就是自己。”

谢凯的故事：

三八线

我上小学四年级的时候，同桌是一位学习挺认真的女孩。我很佩服她每次考试成绩都是第一名，而我呢？只是她身旁的一个陪衬。她很鄙视我，我也讨厌她，讨厌她一个令我非常厌恶的坏习惯，喜欢斜着身体写作业。每当开始写字的时候，她就会占去课桌的三分之二，把我挤得像个小媳妇似的。久而久之，我就有些生气了，她的手肘一旦越界到我的桌面，我就小野蛮地用力猛然一推她的胳膊，她握着的笔就会在纸面上画出一条条弯弯曲曲的火车道。气得她直瞪我，口里喘着粗气，接着就是激烈的争吵。

后来，我觉得好男不应该和女斗，主动跟她讲好。每天一上课，就在桌面上画起一道三八线，她要是越界，我就敲敲桌面作为警示，她马上把手肘缩了回去，就这样一直延续到四年级下学期我转学为止。

谢凯一口气讲完他的故事。

“谢凯《三八线》的故事，突出了人物性格特点吗？”夏老师问。

教室里安静无声，有两三位孩子在微微摇头，当与夏老师目光碰到一起时，又慌忙点着头。

“同学们注意了，讲故事、写故事时有两种情况：一种是以人为主线，抓住人物的细节特征，塑造人物的性格；一种是以事为主线，抓住事情发展的曲折跌宕完成故事的内容。

谢凯的《三八线》，没有刻意去描写自己的行为动作和心理活动，突出自己的性格特征，而是抽象地一笔带过，这样就弱化了想要表达的人物形象，达不到希望的效果。”夏老师点评说，“下面的同学讲自己的故事时，请注意这方面的要求。”

“夏老师，我讲一个真实的表情包的故事。”喻彬一托眼镜框说道。

喻彬的故事：

蚕宝宝

上小学二年级的时候，老师让我们养蚕。有一次，我把养大的蚕宝宝带到了学校里。上完课间操，我第一个走进教室，捉了一条最大的蚕宝宝放进同桌的书包里。因为每次考试时，她都不让我看她的试卷，我恨她。上课了，我瞟见她在漫不经心地从书包里面拿本子——一瞬间，也许是她的手触摸到了肉肉的蚕宝宝，她吓得在课堂上像杀猪一样，惊恐地尖叫起来，红扑扑的苹果脸一下变得苍白，那只拿本子的手不停地甩动着，好像蚕宝宝咬了她的手指头似的。我一下子也被当时的情景吓傻了，不知道怎么办才好。

老师走了过来问情况，她的脸上毫无血色，嘴唇哆嗦，只是用另一只手颤动地指着书包。老师明白过来，从抽屉里拖出书包，急急忙忙翻看着——突然，老师也尖叫起来。教室里的空气一下子凝固了，每一个人，每一个人的脸都成了归元寺的罗汉，神态各异。

“那后来呢？”有孩子禁不住问。

“后来……查明了原因，我写了检讨书。”喻彬低下了头。

全班孩子乐得哈哈大笑。

夏老师没有笑，他在认真思考。他觉得孩子们讲的故事都很新颖，但是，在表述人物性格方面，还是没能把握关键——描写。是不是孩子们没听明白，还是难度太大？

“夏老师，我讲一个姥姥的故事。我知道怎样表达人物的细节。”钱莉茹说道。

夏老师眼前一亮，连忙说道：“请讲。”

钱莉茹的故事：

姥姥的针线活

去年我回乡下姥姥家去，一天爬树时，不小心把衣服扣子扯掉了。姥姥见了，连忙端出一个针线筐，里面放着针、线、顶针、剪刀、老花镜和一些五颜六色的碎布。姥姥拿了一个小板凳坐在我身旁，从针线筐里取出老花镜戴上，指头套上顶针，取了针，扯断线，手指一沾口里的涎水，把线的一头捻得如针尖般细，屏住呼吸，瞄准针孔，慢慢往里穿了过去。也许是针眼太小，也许是姥姥真的老了看不见针眼，连着穿了几下都偏了。我高兴得拍着巴掌叫起来，姥姥不会穿针了，姥姥穿针总是穿偏了！姥姥微笑着瞪我一眼，继续瞄准针孔往里穿线。突然间，线一下子穿过了针孔，她满足地抬眼一瞄我，把线的两端连在一起挽了一个结，开始给我钉扣子。

我看着慈祥的姥姥，她很瘦小，背有点驼，穿一身青布衣裤，银灰色的头发盘个髻子，面庞清癯，混沌的眼睛里藏着柔光。这就是我的姥姥，一辈子生活在古朴的乡村，平凡而又不平凡，就像她做的针线活一样，清晰地珍藏在我心中。

钱莉茹讲得很生动，很有感情，在结尾的抒情部分，完全是情感的迸发，打动着每一个人的心。

"钱莉茹讲的《姥姥的针线活》好不好?"夏老师问。

"好——"

"好在哪里?"夏老师又问。

"针线活的细节描写得很真实。"

"还有衬托姥姥的肖像描写。"

"针线活的动作描写，姥姥的肖像描写就像一幅画，让我们看见了一个鲜活的姥姥。"

"同学们回答得都很准确。还有哪位同学能按照《姥姥的针线活》为样板，讲好自己的故事?"夏老师提出要求问道。

"夏老师，我讲一个我和表弟的故事。"汤佳婧一吐舌头举手发言。

"请讲。"夏老师回应。

汤佳婧的故事：

我的表弟

我有一个七岁的表弟，每年都要来我家过年。我最讨厌的是他爱流鼻涕。流鼻涕就流鼻涕呗，把鼻涕用力擤出来就行了，可他不是的，老是把像两条龙似的青鼻涕哧溜哧溜在鼻孔吸来吸去，让人看了瘆得慌。这还不说，没事的时候，他老哭丧着脸，眼睛滴溜溜地跟着我打转，我去哪里，他就跟在我屁股后面。

记得有一次，外面刮着北风，我在楼下和一群小朋友玩跳绳，忽然，一只脏兮兮的小手扯了一下我的衣襟。我一惊，偏头看，是表弟。他的羽绒服没有拉上拉链，领子上松松垮垮塞着一条围巾，眼睛可怜巴巴地瞅着我，两道青鼻涕快要流到嘴巴里了。

我厌恶地把手伸进衣袋，掏出一张揉成团的餐巾纸，抓住他的手，一把拖到我的面前，然后用餐巾纸捏住他的鼻子，大声吼叫让他擤鼻涕。他很听话地抬眼看着我，用劲擤了几下鼻涕，表情上没有一点怕疼的样子。

我的心一下子软了下来。我知道表弟只是想跟着我一起玩，我却厌恶地对待他。我帮他重新整理好脖子上的围巾，拉上羽绒服的拉链。当我主动牵起他的手时，他的脸上露出了开心的笑容。

汤佳婧讲完充满友谊的童趣故事，两眼直愣愣地看着夏老师，仿佛希望夏老师也能牵起她的手。

夏老师为汤佳婧手动点赞，欣慰地笑了。孩子们比他想象的要聪明许多。一点就通，一通便会。他相信，在学习写作文方面，再经过不长时间的打磨，孩子们就会写出一篇篇立意深刻的佳作。

“今天的警句格言是：一、友谊是神圣的，是一种和谐的平等。二、朋友是另一个自己。”夏老师说道，“下面，请同学们认真思考，好好构思，写出人物的性格，创作出真正属于自己的《掌王》来。”

掌　王

我班的刘军，又高又瘦，白净清秀，是无敌美少年。他的成绩一般般，可善于鼓掌。每逢班里的大小活动，刘军必带头鼓掌，其掌声似雷暴，极富感召力，引得掌声高潮迭起，班长很赏识他，将他提拔为文体委员。

刘军当上文体委员后，便成了迎合型的人物，善于观察班长的脸色，尽心尽力为班长的发言鼓掌，鼓掌的技艺也愈发炉火纯青。没过多久，“掌王”之美誉传遍全年级。某次，班里举办一次小主持人活动，班长作开场发言，刘军听班长在讲台上口若悬河，知道离鼓掌关键点还有一段时间，就偏头和我对班长的主持风格品头论足一番。突然，刘军一愣，表情严肃地扭头警觉地看着班长。而班长正稍作停顿，左顾右盼，像是期待掌声的样子，刘军一看节点到了，连忙鼓掌。他那充满魔力的掌声，立即引得全班掌声如暴风雨一般响起，震耳欲聋。鼓掌完毕，再看讲台上站着的班长，脸色臊红，双目喷火。原来，刘军鼓掌之时，正是班长意识到自己说了一个错别字的时候！

放学后，班长和刘军大吵了一架。

老师知道后，当着全班同学问班长：“我们班是不是有个掌王，鼓掌特别棒?”班长站起身来点头。老师笑着问：“是谁发现的?”班长羞涩地答道：“是我。”“那为什么吵架呢?”老师严肃地望着班长。班长侧身向刘军道歉：“对不起，我们班里的超级掌王。”刘军连忙用掌声表示和解。老师于是在全班宣布说：“我们班出了一个掌王刘军，全年级都很有名。我还发现他有三大优点：第一，坐得直。”

老师话音如同口令，全班同学“唰”地一下坐得直直的。

“第二，掌声是有节奏地响。”老师话音刚落，全班同学已经“哗哗”地鼓起掌来。

“先别急，我问问你们，写作文时是怎样形容掌声热烈的?”老师让我们停止鼓掌问道。

“暴风雨般的掌声!”同学们齐声回答。

“说得对！鼓掌不仅是对讲话人的感谢，也可以促进身体的血液畅通。那么，你们想不想知道暴风雨般的掌声是怎样产生的?”老师笑着说道。

“想——”全班同学响声如雷贯耳。

“那就让掌王刘军同学告诉你们怎样鼓起暴风雨一样的掌声吧!”老师说完，让刘军走上讲台。

“请把双手放在胸前，快速使劲地鼓掌三下，立刻停止；接着又是三下，停止；接着再鼓掌七下。来，我们一起试试！一二三，三二一，一二三四五六七。”刘军示范地鼓掌说道。

在掌王的带领下，暴风雨般的掌声响起，经久不息。

夏老师点评：《掌王》写出了人物的特征，也写出了同学之间的友谊，更写出了老师的引导作用。好!

第二十九课　倾斜的雨伞

“同学们好!”“夏老师好!”

“今天这堂课的内容有：警句格言；怎样写好以叙事为主线的故事；提纲拟定要简洁完整；命题作文《倾斜的雨伞》。下面，我先讲两个叙事的小插曲，同学们边听边琢磨，从中领悟出叙事与写人之间的区别，便于今后写作时驾轻就熟，写好以叙事为主的故事。”夏老师说道，讲了第一个叙事小插曲：

我为什么哭泣

有一位中年男子，站在街道上痛哭流涕。行人陆陆续续围成一个圆圈，怀着极大的兴趣倾听他的叙述。这时一位警察也走过来了，问道：“你是怎么了，在大街上痛哭?”“我没能履行承诺，能不哭吗?”中年男子擦着眼泪说。“到底是怎么回事，你把话说清楚?”警察急迫地问。

“有两个违章的男青年与公交车司机发生了冲突。公交车司机愤怒地刹住车，从车上冲下来和他们又推又嚷。我看情况不妙，便劝公交车司机说：‘你先把车开走，车上的乘客还等着你呢。我来找那俩男青年谈谈，非要让他们认错不可。’公交车司机瞪眼一望那俩男青年，开车走了。

我得兑现诺言呀！正准备批评那俩男青年时，他们对我不屑一顾，留给我的是消失在人群中的背影。”中年男子痛苦地摇晃着头说。

“我真不明白，为这点小事，值得这么痛苦吗?”旁边有人插话说。

“我欺骗了公交车司机，内心有愧呀!”中年男子望着插话人解释。

“不必哭了，你做得很对，承诺是金嘛。”警察劝说道，“关键是那俩年轻人没有遵守社会公德，缺乏一定的教养。不过这种事情社会上是常有的，别往心里去。”

“别再哭了，朋友。”人群中走出一位五大三粗的壮汉说道，“伟大的承诺和诚实，都是有相当大的风险的。学会宽容自己，这是一条不变的为人之道。”

“别哭了，男儿有泪不轻弹。”人群里传出一个男子的声音，“面对丢失的承诺，你不要把教训丢失就行了。”

“不要哭了，朋友。”又一个男人凑到他的跟前，“做人应当遵守三个原则：懂得自尊，尊重他人，对自己的行为负责。我觉得你做得很好。”

“哭什么呢？先生。”是一个女人的声音，“当你知道自己犯了过失，说不定是命运给你的一个美妙的赏赐。”

行人纷至沓来。每一个人都用爱心安慰着他，并且拍打着他的肩膀，以示激励。

傍晚，行人少了，当中年男子独自一人留在原地，无意间扭动了一下肩膀时，又号啕大哭起来。

“同学们想想看，这是为什么？”夏老师问。

“感动！”“孤独。”“肚子饿了。”“越想越憋屈。”……

“都不是的。这一次是因为他的肩膀被人拍肿了，剧烈疼痛而放声大哭。”夏老师出乎意料地回答，逗得孩子们放声大笑。

“夏老师的故事真逗。”“肯定是瞎编的。”“反正我们喜欢听。”……

“夏老师刚才讲的故事，只是叙述了事情发展的过程，没有刻意地去描写故事中的人物，同学们好好玩味玩味事与人之间的关系。”夏老师说完，静静看着孩子们，让他们讨论和思考。

“夏老师，那还有一个小插曲呢？”谢凯喜形于色地问道。

“那好，我接着完成第二个故事。”夏老师回答说。讲起了第二个叙事小插曲：

愤怒……

一位男子回到家里，愤怒地对老婆说道：“我今天真是倒大霉了，怎么会经历这么愚蠢透顶的事情呢？”

老婆问：“你是推销员，能说会道，聪明过人，怎么会愚蠢透顶呢？”

“我今天去一个依山傍水的高档小区推销床上用品，直到天快黑了，才忙完业务。当我正准备回家时，一位年轻的女士要买床上用品，并且客客气气地把我请到她家的卧室，比较颜色的搭配。就在她确定要买的时候，听见有人开门的声音。女士告诉我，那一定是她的男友来了，疑心病特重，他不会相信我是推销员，叫我藏起来。我是第一次碰到这样的场面，又见她那惊慌失措的样子，心里也跟着慌乱起来。我连忙拉开衣柜门想躲藏，又觉得容易被发现还没有退路。这时门似乎已经打开了。突然，我注意到卧室的窗户是开的，慌不择路，我立刻爬了出去用手扒在窗沿边上。”男子苦苦一笑，停顿下来。

“我明白了，你是好心，怕影响他们之间的感情。可是，你用手扒着窗沿，一定很难受吧?”老婆同情地说道。

“何止是难受?”男人继续说道，“那个家伙进入卧室，好像是发现了什么，质问那个女人，女人急忙否认。接着我听见了打开衣柜门后‘砰’地关上的声音。我心中暗暗庆幸自己没有躲在衣柜里。没一会又有脚步走到窗边的声音传来。我紧张地屏住呼吸，在金属相互摩擦的‘哧啦’声中，窗子被关上了。只是……，我那可怜的手指头哟！被窗户夹得疼痛难忍，差一点就抓不住窗沿了。”

“那后来呢？看看你这肿得像红萝卜的手指头，没从窗子上掉下去吧!”老婆心疼地说道。

“是没有从窗子上掉下去。”男子回答，“真是让人恼火。”

“那到底是什么使你这么愤怒?”老婆忍不住问。

“当我在窗子上挂了半个多小时，手指都僵硬了，但那个可恶的家伙还没走。我看了看四周，又看了看脚下，气不打一处来!”

夏老师打住故事问道：“请同学们告诉夏老师，他气不打一处来是为什么?”

“他挂在窗子上时，地面已经站满了围观的人。”

“警察急匆匆赶来了，正在向他打手势。”

“不！使他愤怒的是，他看到自己的脚几乎快要接近地面了。”夏老师淡然一笑，回答在情理之中。

孩子们哄然大笑，笑得东倒西歪。

“现在夏老师已经兑现完了承诺，讲了两个叙事的故事，剩下的不知道同学们听懂了没有，还有没有不明白的地方!”夏老师问。

“知道了。”

“你们知道了什么?”夏老师追问。

“夏老师以故事形式表达了怎样叙事的过程。”孩子们回答。

“那好，既然同学们已经听懂了，那就请上堂课没讲故事的同学，继续讲以叙事为主的故事。行吗?”夏老师要求。

“好!”反响强烈。

“那好，请同学们在记忆里搜索，把自己印象最深的生活片段讲出来。”夏老师说完，静候着孩子们讲好以叙事为主的故事。

孙柏灵的故事：

洗 手

记得是一个寒冷的冬天，我从同学家里做完作业回家。刚一进门，妈妈就冲我说道：“柏灵，准备吃饭了。”我的肚子的确饿得咕咕叫，连忙放好书包，坐在餐桌上，等着吃饭。妈妈一边端菜上桌，一边让我去厨房洗手吃饭。我不想洗手，觉得水太凉，便心不在焉用指甲在饭桌上划来划去。妈妈走到我跟前，严肃着脸拿起我的手说：“瞧瞧你的手多脏，快去把手洗了回来吃饭。”

我皱着眉头，极不情愿地来到厨房，把水龙头拧开一点点，让水稀稀地滴着，然后把手指放在滴水的龙头下蘸了蘸连忙缩回，用力甩了甩手上的水，把手放在衣服上擦了擦，高声对妈妈说道：“妈妈，我洗好手了。”妈妈似乎不相信地看着我，眼睛里满是疑虑。我诡谲地冲妈妈一笑，拿起筷子，狼吞虎咽吃起饭来。可是，在我的心中，却有一种莫名的失落，难道是我对妈妈撒了谎吗?

邹佳蓉的故事：

给妈妈洗脚

晚上，妈妈在客厅看电视，我端上一盆热水，拿好毛巾，挽起衣袖，犹豫再三，鼓足勇气叫道：“妈妈，我来给您洗脚。”妈妈一下愣住了，半晌才醒过神来，连声说道：“好，好，好。”

我让妈妈把脚泡在水盆里，用窝着的手舀起水浇在妈妈的脚背、脚踝、小腿上，然后用手指在妈妈的脚背上摩挲，在脚趾缝里搓揉，在脚板上轻捏。我像一个灵巧的小按摩师，摆弄着妈妈为生活而奔波的一双脚，心中有一种难以言表的感情在奔流……

我抬眼看妈妈，妈妈闭着双眼，舒展的脸上流露出满足的微笑。我恍然明白，妈妈为我洗过数也数不清的脚，而今天，是我第一次给妈妈洗脚。我的脸上热辣辣地在发烧！

易东龙的故事：

爸爸呀，我的爸爸！

我的爸爸教育我的口头禅是：猪羊怕杀人怕打。爸爸打我真是下得了狠手。一次，我跟邻居家的小孩玩着玩着就打起架来。我用石头把他的头打破了，邻居家长告到我家里来。爸爸见我回来，把衔在嘴里的香烟摁灭在烟灰缸里，不问青红皂白，一把拖过我摁在沙发上，从腰间抽出皮带，高高举起，在空中一抡，我的屁股就发出“啪”的一声脆响。我回过头望着爸爸那凶神恶煞的样子，嘴里发出猪一样的嚎叫……

这就是自诩教子有方的爸爸呀，我的爸爸！

教室里的氛围十分活跃。

“刚才有几位同学讲了叙事的故事。客观地说，讲得都很生动。但在人与事的区分上，还是把握不太准确。在叙事的故事中加上了人物的描写。这在写作文的过程中没什么不对的，应当是锦上添花。但是，今天这堂课，夏老师要求同学们以叙事为主讲故事，只是想让同学们对写作文有一个庖丁解牛的了解，但有一定的难度，那我们就放弃这方面的探讨尝试，按照同学们的思路，对同学们写的作文作一个点评：同学们现在写的作文，的确很好！好在哪里？对人物的举手投足、行走坐卧的观察较为细致，但在描写人物个性和思想方面略为欠佳。

在这里，夏老师提供几种方法供同学们参考：

第一，好的肖像描写，能生动地揭示出人物的内心活动，显现其性格，使人物活灵活现。所以，同学们在运用描写时，可以像武打动作和电视镜头一样，先分解成若干个部分，把大动作细化为几个小动作，按一定层次加以具体展开。使整个动作能细致真实地展现出来。

第二，作文时要选择适当的动词运用在动作描写上。易东龙写爸爸打他的动作时，选用的动词非常地准确：摁、拖、抽、举、抡。把打他的动作分解开来，形象而生动。而不是抽象地用一句话道：爸爸拿着皮带打我，我疼得号啕大哭。这样会显得呆板乏味，缺少活气。我在批改同学们的作文时，发现同学们在描写的选词选句上都很适当准确，点赞！

第三，同学们在今后的生活中，要养成捕捉信息的习惯和能力。当你们对一件事情发生兴趣时，就要仔细观察事件前前后后的细节。你们的老师也一定反复强调过：细节的真实其实就是生活的真实。请试想一下，当你们写的作文有了明确向上的主题，在细节的描写上又很真实，行文造句更是准确恰当，你们的作文不得‘甲+’那才是怪事呢？”夏老师讲得眉飞色舞，完全沉浸在愉快的表述中，教室里荡漾起一阵阵信心满满的笑声。

“夏老师，我们写的作文，什么时候能够像您一样，打成铅字呢？”江珂宇更上一层楼地问道。

“就现在，你们所写的作文，再认认真真修改三遍，完全可以打成铅字。”夏老师走到江珂宇的身旁，拿起她桌上的作文本，高高举起晃动着说道，“你们的作文真的写得很棒，完全超乎了夏老师的想象。请你们一定要相信自己的能力，在网上搜索一下投稿方面的信息，郑重地投出自己写好的每一篇作文。”

“真的？！”掌声响起。

“为什么不用行动告诉自己答案呢？”夏老师从提包里拿出一本杂志回答，“这是前期作文培优班刘小鹏刚发表的一篇《回老家》的散文，我觉得和你们写的作文不相上下，现在念给同学们听听。”

回老家

舅伯吃力地拉着一辆平板车在山道上前行。我和妈妈坐在铺着潮湿的麦秸的平板车上。天刚下过雨，山道泥泞。舅伯弓着腰，低着头，身子前倾，成四十五度角。他双手扶着车把，两只胳膊成流线弯曲，全身肌肉紧绷，脖子伸得很长很长，颈上的青筋突暴，一根棕色的粗麻绳勒进他酱赤色的肩胛里。上坡的时候，舅伯双脚蹬着打滑的稀泥，奋力前进几步，又被超载的平板车拖着倒退。于是，舅伯就高声大喝一声：“嗬哟——”凭借一股爆发的力量，再次拉动沉重的平板车，像一匹忠诚的老马，带动车轮，用尽力气把我和妈妈接回老家。

我和妈妈要求舅伯放我们下平板车行走，舅伯就是不肯。而妈妈很懂舅伯的心情，没有过分执拗下车，只是把我紧紧搂在怀里。我见妈妈紧闭着双眼，有晶莹的泪珠挑在睫毛上闪烁。我呆呆地看着这一切，心里也有一种滚烫的感情在涌动！

是的，路程已定，回老家！

“这就是刘小鹏同学回家路上的故事。他通过仔细的观察，在文字中融入自己的真情实感，把自己的舅伯写活了。

我也相信，只要同学们努力去做，就一定能实现发表文章的梦想。”

“夏老师，刘小鹏同学发表的《回老家》表达的主题是什么？”喻彬打破沉寂问道。

“同学们说呢？”夏老师面对全班孩子们反问道。

“亲情——”

“是的，是亲情。我希望同学们在作文时，一定要让自己的心完全静下来，沉浸在作文的故事里，让思想里的故事伴随着笔去行云流水，再在真实情感的指导下，认认真真地修改文字，这样的作文才能成为美文。”夏老师动情地说。

“夏老师，刘小鹏发表的《回老家》，还有您刚才讲的一席话，听得我热血沸腾，跃跃欲试。”喻彬托着镜框，涨红着脸说。

“那就用行动告诉自己，我也能行。”夏老师激励喻彬说。

“我能行吗？”喻彬是在问自己，又像是在问夏老师。

夏老师没有回答，而是看着喻彬说道：“今天的警句格言是：

一、习惯决定命运，等到习惯成为行动，它将融入你的人生，成为生活的一部分。

二、不要老是念念不忘给予别人的好处，而应该牢牢记住曾经帮助过你的人。”

教室里很安静，孩子们在沉默中做着笔记。然后一个接着一个抬头平静地看着夏老师。夏老师没有去打破这种平静，智慧的思想都是平静的。他拿起讲台上的粉笔，在黑板上写起了《倾斜的雨伞》的提纲：

倾斜的雨伞

开头：倒叙（放学，天下暴雨）。

内容：1. 妈妈生病在家。

2. 同学们一个个被接走，我伤感地望着如注的雨水（心理描写）。

3. 妈妈在暴雨中出现（人物景物描写）

4. 雨伞始终向我倾斜。

结尾：哲理（解释：对生活的理解）。

“夏老师，是按照提纲的内容写作文吗?”谢凯明知故问。

“是的，希望同学们养成拟提纲的好习惯。心理学上说，21天养成一种习惯，从今天起，同学们写作文或是讲故事，必须拟定提纲。这是写作文的基本要求，就像建楼房先搭框架一样，共有四种好处:

一、帮你围绕作文主题组织材料，构思情节。

二、使你在作文时考虑问题更加周全。

三、完善作文遗漏情节，达到内容完整。

四、最为关键的是，避免边写边想，从而下笔千言，离题万里。

同学们思考一下是不是这个理?”夏老师知道拟提纲是孩子们的软肋，他要把写作中的好方法传授给孩子们，让他们在写作文时少走弯路。

“是……的。”回答参差不齐。

“是不是这个理?”夏老师再问。

“是这个理!”异口同声。

倾斜的雨伞

记得上小学三年级的时候，一天下午放学，天突然下起了暴雨，雨水随着风在地面上腾起了一层白白的水雾。教室走廊上挤满着的学生被家长一个个接走。我望着倾盆大雨，心里不禁发怵，妈妈生病在家，会来接我吗?我准备头顶书包冒雨冲回家去。

突然，一个熟悉的身影闯入了我的视线，是生病的妈妈打着一把粉红色的雨伞，踩着溅起的雨雾朝我走来。我还没等妈妈走近廊道，高兴地一下钻进妈妈打着的雨伞下。

雨不停地下着，伞的边沿“哗哗”流淌着如注的雨水。我紧紧依偎在妈妈的身边，心里想，这么大的雨原来也怕雨伞呀!不由得哼唱起自己瞎编的童谣来:雨伞雨伞，遮雨不愁。天下大雨，妈妈撑伞。然后还情不自禁地仰起头看伞。哎哟嘀——妈妈真可笑，怎么把雨伞打斜了……

回到家里，我看见妈妈的身子有一半被雨淋湿透了，而我却没有淋到雨水，便忍不住提醒妈妈说:“妈妈真笨，衣裳淋湿了吧?那是因为你把雨伞打歪了，衣裳才会打湿的。”

妈妈笑而不答。

现在我已经长大了，一天下雨，妈妈忘了带伞，我打着那把变得有些黯淡的粉红色雨伞，去车站接妈妈。妈妈从车上下来，发现我时又惊又喜。

抢着要来打伞，但我没把伞给妈妈。我打着雨伞和妈妈并排走在回家的路上，粉红色的雨伞不知不觉中变得太小了，似乎不能同时为我和妈妈遮风挡雨。这时，我也学着妈妈为我打伞的样子，悄悄地把雨伞向妈妈倾斜过去。

夏老师点评：《倾斜的雨伞》写得简洁朴实，平凡的母爱寓意在倾斜的雨伞中，静静地渗透在生活里，让人感悟母爱的温暖与伟大。

玩家老师 ㊦

阅读方法+作文技巧

夏昌铭　夏懿◎著

长江出版传媒 | 长江文艺出版社

目录

第三十课　挑战压力　砥砺前行

“同学们好！”“夏老师好！”

在培优作文的学习中，我和同学们已经走过了一半的艰苦路程，但是，这还不够！任重道远，后面的阅读学习会更加庞杂。为什么这么说呢？阅读就是阅世界。面对这样一个庞大的综合知识课题，同学们应该做自己应该做的事情，这样就永远不会错了。

我曾经读到一篇文章，介绍一种叫依米的小花。它生长在非洲的沙漠中，五年才能完成根茎的生长，等到了第六年春，便开出了一朵朵四色的小花。花期很短，仅仅几个小时，然后便随株枯萎。我当时非常感动，它的寓意太深刻了，仿佛是在向我们昭示：生命只有一次，美丽只有一次。一次青春，一次成功，一次轰轰烈烈，一次无悔人生！一次，足矣。

我希望同学们也能像依米花儿一样，绽放无悔人生！

一、怎样实现梦想

“我上夏老师作文培优班，就是想把作文写好。”我想这是班上每位同学的心声与梦想。写出好的作文是同学们的目标，却不是一件容易的事。所以，我主张同学们在设定一个目标时，必须先在心中去想自己实现目标后的画面，并在遇到困难和挫折时，把成功的画面摆在自己的眼前，以此作为克服障碍的动力。请同学们相信夏老师的话，总有一天，你所想象的画面终会变成现实。

我曾经看过一幅漫画，印象很深。漫画上分别画着一个蚕茧，一只蝴蝶。漫画下面的配文是：选择——不同的人生。同学们请思考一下，你愿意当哪一种？作茧自缚的蚕茧？还是翩翩飞舞的蝴蝶？我的经历告诉我，只要你努力，你就能破茧为蝶。

我年轻的时候也有过梦想，想当一个作家。我怀揣着作家梦，不停地把我创作的小说寄往报刊编辑部，结果是不停地收到退稿。这个过程，不但身体很累，心也很疲惫。我甚至开始怀疑自己有没有写小说的天赋。可是，每次心力交瘁昏睡后，第二天一觉醒来，太阳照样升起，我的心里又充满了希望，设想着有一天自己的小说刊登出来的情景，又信心百倍地继续投入到创作中去。我知道，我的身心都在写作的路上，但这个过程是非常孤独又折磨人的，需要坚强的毅力支撑。终于有一天，短篇小说《友情》在省级刊物《长江文艺》上发表了，是头版头条，还在封三上刊发了我的生活照。我拿着编辑部寄来的赠刊，找了个无人的地方，认真地拜读起自己的作品。这是一片黄中泛青的蓬松草坪。我舒坦地躺在草地上，初春的太阳暖洋洋地照耀着我，草地上散发出清新的泥土气息。我拿出《长江文艺》欣赏着，然后翻开封面，细细品味《友情》里的亲切文字，贪婪地嗅着那淡淡的油墨香味。我读完一遍再读一遍，我仿佛觉得《友情》不是我写的，只感到心中有盛不完的喜悦要往外溢。

啊！原来梦寐以求的事业在艰难跋涉后获得成功是这样美好！

我就这样在草地上躺着，什么都可以想，什么也可以不想。夕阳一点一点从我的身上、草坪上慢慢褪去，惊蛰刚过去两天，春风轻轻拂面，略带幽幽的凉意，疏疏的树木，雀跃的鸟儿，窗口的亮光，渐渐地融入黄昏的朦胧中，我坐起身来。

这就是我实现梦想的过程，很简单，但与寂寞为伴，在希望中煎熬，又很艰难。但是，我始终没有放弃，最后获得了成功。

我带的前期作文班里，有一位女同学曾经写过一篇作文《童年的梦》：

> 我这个年龄，正是爱玩、爱笑、爱哭、爱闹、欢乐无比的时候，但也正是学习知识，打开视野，思索未来的时候。我常常禁不住问自己，灰姑娘，你还能愉快地玩耍吗？现实的回答是：学习，参考书；学习，上培优班；学习，不准看电视。我已经没有往日的天真和快乐了！我渴望的嬉戏已经成了过去。我只能孤独地抬头看天，眼睛里没有了满天彩霞，只有咏叹调般的上学、复习、考试、培优……占据了我的整个大脑，可我才十一岁啊！我多么想去春游、秋游、登山、看海呀！我记得普希金在《假如生活欺骗了你》的诗中说：一切都是瞬息，一切都将过去，而过去了的将会成为美好的记忆。我就是这样，在现在的童年中懂得了这一切，也过早地失去了这一切。
>
> 我是多么期盼家长和学校，能给我一个美丽的童话世界：学校是我喜欢的鲜花盛开的大花园；学习的心情就像鸟儿的啼鸣一样雀跃；考试卷是

最对我胃口的黑森林大蛋糕；培优老师像玩家夏老师那样教得生动又有趣……

这才是我童年充满五彩缤纷的梦想。

同学们说，夏老师应该怎样批改这篇作文呢？我想了很久，为她写了一首小诗：

假如我明白了

一切都是瞬息，
珍惜流逝的时光。
你像花香一样清新，
别把学习囿于忧伤的路径。
一切都将过去，
珍惜流逝的日子。
你要像花儿一样努力绽放，
未来的人生将陪伴你美丽。

在这里，我要提醒同学们注意了！你们应该学会穿越学习中的障碍，用积极向上的态度对待学习中遇到的困难。当你们养成这种责任心时，就会在不知不觉中获得力量，生命里就会激发出充满阳光的进取精神，从而实现自己的梦想！

二、像花儿一样绽放

同学们请记住，你是一个怎样的人，你今后的人生就是怎样的。这就是说，你对自己的要求要跟别人不一样。怎样去做？没有责任感的人只会去找原因，有责任感的人要的是结果。如果同学们在学习中遇到了困难，要原因时，你就战胜了结果，全是原因；当同学们克服了学习上的困难要结果时，你就战胜了原因，全是结果。但是，我和同学们相处半年多来，发现了同学们许多选择上的错误，要的都是原因。比如，有的同学上培优课迟到了，选择的原因要么是堵车，要么是其他事情给耽误了；老师布置写的作文没按时上交，不是忘带了，就是学习太忙，反复强调跟自己没关系，没完没了地为自己找原因。其实，这是一种对自己不负责任的态度。是的，虽然有许多必然的外力我们无法把握：

比如堵车迟到，比如忘带作文本了，比如要复习考试等等。但是，我们最起码要学会把握自己，学会自己对自己负责。因为，在同学们人生的旅途中，谁都渴望取得好成绩，谁都希望天天能被老师表扬，谁都愿意受到爸爸妈妈的疼爱。不过，这一切，除了你自己努力以外，没有其他方法。有人帮你，是你的幸运；无人帮你，是公正的命运。没有人该为你去做什么。生命是属于你自己的，你得为自己负责。

一个对自己没有责任心的人，很难想象他今后的路会是康庄大道。所以说，决定的事情就一定要做成，不要给自己留后路。要信守对自己的承诺，不要原因，只要结果，这才是对自己的一种尊重。同学们在今后的生活中，遇到挫折和困难时，一定要用积极的心态努力向上、战胜自我。请同学们看一则故事：

困驴的启示

一位乡下农夫养了一头老驴。一天，老驴不小心跌进了一个深坑。农夫听到驴子的哀鸣，目睹它的困境，想了很久之后，断定救不了它，但又不忍心看着它痛苦而死。于是，农夫决定往坑里填土，把老驴闷死，以便使它早些脱离苦海。

当农夫开始往坑里填土时，驴子被吓疯了，但几乎是同时，老驴又镇静了下来，每次土打到背上，它就用力抖掉，然后踏着土块，往上走一步。老驴不停地抖一下，爬上来一步。不管土块打在背上有多疼痛，那只老驴子就是不让自己放弃。不知过了多久，那头筋疲力尽、伤痕累累的老驴子，终于安全地回到地上。原来会埋葬它的泥土堆，最终却拯救了它！

这一切的改变，来自老驴面对困难时所持的态度。人生不也是一样吗？当我们遭遇困境时，消极的人总是用悲观的眼光去看待这世界。他们不敢去面对困境，容易退缩和逃避，喜欢怨天尤人，不去为成功找方法，总是替失败找借口。积极的人就不一样，他们总是想方设法寻找解决困难的途径。他们会为理想而活着，敢于向命运挑战，乐观向上，会勇敢地说："困难，太好了！别人没有遇到的事，却发生在我身上，让我拥有更多成长的空间。"

同是生活在这个世界上，每一个人的生活中都会有艰辛和坎坷，每一个人的心里都难免有苦恼和困惑。甚至可以这样说，艰难和困惑就是生命本身。请设想一下，要是生活中没有困难，人生的意义何在？人生的价值何在？就像足球比赛，如果没有激烈的对抗，哪会有那么多的球迷和观众？

在这里，我讲一个童话故事：

小号手

有个年轻的小号手，在战争结束后，急匆匆地赶回了家。可是，他日思夜念的未婚妻却同别人结了婚，因为，家乡流传他已战死在沙场。小号手痛苦至极，便离开家乡，四处漂泊。孤独的路上，陪伴他的只有那把小号。每当他吹响小号，那凄婉悲凉的号声，让每一个听者动容落泪。有一天，他走到一个国家，国王听见了他的号声，把他叫来问，你的号声为什么这么哀伤？小号手讲述了他的遭遇。国王听了非常同情。

你们说，国王会怎么做？把女儿嫁给小号手，让他们白头偕老，过上幸福美满的生活？那样的话，这个《小号手》的故事也就没有什么实际意义了。我们接着来看：

于是，国王下了一道命令，请全国的人都来听小号手讲述他的不幸，让所有的人来听那号声中的哀伤。日复一日，小号手不断地讲，不断地吹，不知从什么时候，他的号声已经不再那么低沉和凄凉了。也不知从什么时候起，那号声开始变得欢快嘹亮，充满了生气！小号手达到了一个崭新的境界。

所谓崭新的境界，我认为有两个方面：一是小号手认识了爱的重要；二是不可能没有困境。如果国王把女儿嫁给小号手，这是一种爱；而告诉小号手，困境永存，要有勇气面对，这也是一种爱。但是，前一种是暂时的输血，后一种是帮你恢复自己的造血功能。依我看，后者才是根本的救援。

所以说，人生的困境是不可根除的。这样的认知才算得上勇敢，这种勇敢才会使人获得智慧，即不寄希望于命运，而是把激情注入生命里，昂扬向上，让生命饱满，像花儿一样绽放！

三、有志者天道酬勤

在我的床头柜上，放着一本联合国教科文组织的报告，书名叫《学会生存》。其论点是，教育的本质是激发学生的智力。当今，培根提出的“知识就是力量”，已经演化为“分数就是力量”。而《学会生存》认为，智力是一种理解周围的世界，并机智地去应对周围世界挑战的能力。这就是说，智力就是一种适应力。如果没有这种适应力，知识再多，面对信息时代，也终是现代文盲。因此，现代教育认为，上学时的“学习”，不是为分数的学习，甚至不是为了知识的学习，而是为了“学会学习”。因为，现代教育的高速变化，早就迫使人们必须“终身学习”。“学会学习”是“学会生存”的同义词。

我记得有一年，中央电视台举办德智体美劳大奖赛，某市一女学生得了一等奖，记者们包围了她，请她谈谈经验。谈什么呢？她说不出，她的父母说不出，她的老师也说不出。

那么，看一看我们的孩子们，是怎样向老师请教文化知识的吧。有一个学生做了一个梦，梦见自己找不到家。第二天他去问老师，老师的回答是，你的作业没有完成，所以找不到家。

大家觉得这位老师的回答重视了学生的想法吗？我们再来看另一个故事。

有位教育专家曾举办了一个“学会生存”的课堂教育。一群小同学被老师带进图书馆。

老师从书架上抽出一本《安徒生童话》问道：“这本书写得好不好？”

“好！”同学们答道。

“那么，谁来讲一个故事？”老师问。

一个小同学讲述了他创作的故事：《一只小花狗》；又一个同学讲述了《一只小懒猫》。

老师很认真地记下了这些故事。然后把本子高高举起说：“同学们，你们瞧，某某同学也会写书了。当你们长大后，也能写出放在书架上的书。”

这是多么妙趣横生的情景啊！

所以说，检验一种教育的优劣，应看教育的结果。说得俗一点，同学们毕业后，有能力迎接生存的挑战，这才是教育的根本。

有一则佛经故事：

德山禅师在尚未得道之时，曾跟龙潭大师诵经苦读。一天，他对师父说：“我是师父翼下正在孵化的一只小鸡，真希望师父能从外面尽快啄破蛋壳，让我早一天破壳而出！”

龙潭笑着说：“被别人剥开蛋壳而出的小鸡，没有一个能活下来。你突破不了自我，最后只能胎死腹中，不要指望师父能给你什么帮助。”

德山听后，如醍醐灌顶，后来果然青出于蓝，成了一代大师。

怎样才能破壳而出？夏老师告诉你们一句佛法：读书破万卷，下笔如有神。需要注意的是，“读书破万卷，下笔如有神”不是简单地把自己看到的、听到的、读到的东西记录下来，更不是把你所读的书抄袭或重复，而是我们心灵的再创造。

著名的心理学大师弗洛伊德曾讲过一个经典故事：

> 约翰是一个很聪明的孩子，学什么都是一点就通，他颇为骄傲。而汤姆尽管也很用功，却很难赶上约翰。汤姆时常流露出一种自卑感，但汤姆的母亲却总是鼓励他说：孩子，如果你总是以别人的成绩来衡量自己，你终生也不过是一个追逐者。奔驰的骏马尽管在开始时呼啸向前，但最终抵达目的地的，却是充满耐心和毅力的骆驼。

约翰自诩是个聪明人，但一生业绩平平。而自觉很笨的汤姆却从各个方面充实自己，一点点地超越自我，最终成就非凡。这也是同学们在作文《答案》里的感悟和回答。

我们每一个人都应该永远记住这个真理，只有不断超越自我的人，才能找到实现人生价值的切入点，超越心灵的绊马索。

前不久，我和口译班的外教老师聊天。我问他，中国学生和外国学生有什么不同？他说，最大的不同是中国学生回答问题千篇一律，他希望中国的学生思想活跃一些，想象力丰富一些，不要人云亦云。

我就在想，我们在座的各位小同学都被家长、老师要求做好孩子、乖孩子，上课时端正坐好，认真听讲，可是思想呢？想象力呢？

我现在出一道测试题，请同学们思考：

○是什么？

请回答！

现在两分钟过去了！我知道同学们在思考，但没有分析判断后的答案。

○是谦虚者的起点，骄傲者的终点；○是一面镜子，让你认识自己；○是一块空地，可长芳草生荆棘，也可种庄稼收果实。

这就是思考与学习，但这两样都不轻松。所以，学习的时候也会疲劳，甚至产生一种虚假的疲劳。这是怎么讲呢？比如，晚上做作业感觉昏昏沉沉，眼睛也睁不开，脑子里像塞满了东西，或是感觉自己好像不太舒服，只想睡觉，可是桌子上又摊着没做完的作业。怎么办？面对这种情况，同学们不妨打开窗户，活动一下身体，听听喜欢的音乐。因为，任何的成功，都是当你坚持不下去的时候再坚持一下达到的。学习也是一样。

有很多朋友这样问我：夏老师，我发现你从过政，经过商，办过学，但不管你做什么事情，总是获得了成功。你的秘诀是什么？

我告诉他们，因为成功已经注入我的生命里，使我养成做事必须成功的习惯，所以，失败对我而言太陌生太遥远了。同学们只要细心观察就不难发现，成功的人似乎永远成功，而失败的人似乎永远对任何要做的事情都信心不足。这是为什么呢？依我看，没别的，“习惯”两个字在起作用。一个人习惯于懒惰，他就无事可做，碌碌无为。一个习惯于勤奋的人，他就会去克服困难完成任务。成功也是一样，它之所以是一种习惯，是因为拥有成功习惯的人，首先已经拥有了坚强、执着、不达目的不罢休的斗志。另外，屡屡成功的人，常常是自信的。这样的人，还有什么理由不成功呢？这就是有志者事竟成！

四、压力中砥砺前行

我在和同学们的交流中，常常听到这样一句话：学习压力太大，我好累啊！心理上的压力，已经成了同学们的健康问题。

前不久，我和一位姓芳的小同学聊天，她家庭结构很简单，爸爸工作，每月工资四千多元，妈妈下岗在家，家庭收入较拮据。即使是这样，她的父母还要每月抠出三四百元支付她的培优学习。这个小同学的生活也很单调，星期一至星期五在学校学习。星期六、星期日在外培优数学、语文、绘画。晚上还得去征服老师布置的每一条定理，每一道习题。她说她很累，真不想学习。但事实上，她每天又必须学习十个小时以上，考试期间就更多了。她说她想看卡通片、动画片，但爸爸妈妈不准，怕影响她的学习。于是，她只有万般无奈地背着沉重的书包，在学海里跋涉。

我听了她的叙述，心里沉甸甸的。我想，贪玩是儿童的天性。但沉重的学习任务剥夺了她的天真和烂漫。她的背有点佝偻，目光呆滞，似乎有些近视。你们说，她父母的这种行为应该受到指责吗？不，她的父母正履行为父母之道：再穷不能穷教育，再苦不能苦孩子。这是可敬的父母，因为他们看到了知识经济的残酷，适者生存，优胜劣汰。

我们常常因为自己的慵懒而埋怨老师和家长要求太严。我们常常因为自己的能力不够而抱怨压力过大。事实上，没有了压力，我们就会沉溺于安稳，在社会竞争中被淘汰。

因而，害怕压力放弃行动，这是生命的懦弱。当压力真正降临的时候，你到底应该怎样地看自己呢？请同学们听听下面的故事：

她

她站在台上，不时不规律地挥舞着她的双手；仰着头，脖子伸得好长好长，与她尖尖的下巴扯成一条直线；她的嘴张着，眼睛眯成一条线，诡谲地看着台下的学生；偶尔她口中也会咿咿唔唔的，不知在说些什么。基本上，她是一个不会说话的人，但是，她的听力很好，只要对方猜中或说出她想说的话，她就会乐得大叫一声，伸出右手，用两个指头指着你，或者拍着手，歪歪斜斜地向你走来，送给你一张用她的画制作的明信片。

她叫黄美廉，一位自小就患脑性麻痹的病人。脑性麻痹夺去了她肢体的平衡感，也夺走了她发声讲话的能力。从小她就活在诸多肢体不便及众多异样的眼光中，她的成长充满了血泪。然而她没有让这些外在的痛苦击败她内在奋斗的精神，她昂然面对，迎向一切的不可能，终于获得了加州大学艺术博士学位。她用她的画笔，以色彩告诉人“寰宇之力与美”，并且灿烂地“活出生命的色彩”。全场的学生都被她不能控制自如的肢体动作震慑住了。这是一场见证顽强生命的演讲会。

“请问黄博士，”一个学生小声地问，“你从小就长成这个样子，你怎么看你自己？你没有怨恨吗？”

“我怎么看自己？”黄美廉用粉笔在黑板上重重地写下这几个字，她写字时用力极猛，有力透纸背的气势。写完这个问题，她停下笔来，歪着头，回头看着发问的同学，然后嫣然一笑，再回到黑板前，龙飞凤舞地写了起来：

一、我好可爱！

二、我的腿很长很美！

三、爸爸妈妈那么爱我！

四、我会画画！我会写稿！

五、我有一只可爱的猫！

六、……

教室内鸦雀无声，没有人敢讲话。她回过头来定定地看着大家，再回过头去，在黑板上写下了她的结论：“我只看我所拥有的，不看我所没有的。”掌声从学生群中响起。黄美廉倾斜着身子站在台上，满足的笑容从她的嘴角荡漾开来，眼睛眯得更小了。有一种永远也不被击败的傲然，写在她脸上。

这就是在病痛的巨大压力下砥砺前行的故事。黄美廉因为有乐观的精神、坚定的信念，而获得了人生的尊严和成功。同学们也要如此，有了这种精神和信念，即便同学们是压在石头下的一棵小草也会拼命地向上生长，六个字概括就是：信念——行动——结果。人的行动是受信念支配的，而人所创造的结果，又是由行动产生的。所以，有什么样的信念，就会产生什么样的结果。所谓信：就是人言，人说的话；所谓念：就是今心，今天的初心。信念结合起来，就是今天我在心中对自己说的话。当一个人老对自己说不行时，很难想象他会得到什么正向的结果。相反，总说自己能行的人，得到正向结果的概率就会很大。

该怎么去做，全在同学们的行动了。现在，我送给同学们一句谚语：把握今天。当你们把握了今天，也就把握了自己的未来！

谢谢同学们！

第三十一课　细节与真实

“同学们好！”“夏老师好！”

“今天这堂课的内容有：夏老师的故事；修辞手法；警句格言；命题作文《细节与真实》。

在这里，我要强调，学习修辞手法，是为后面的阅读打好基础，尤其是当我们在阅读题里碰到相关问题时，能帮助我们了解和认识，写出正确的答案。”夏老师说道。

“夏老师，修辞手法我们知道：比喻、拟人、借代、夸张等等。”喻彬语速很快接话说道。

“同学们知道一些，这很好。我希望同学们对修辞手法有一个全面的了解，正确的运用，而不是一知半解。这对今后的阅读课是有很大帮助的。”夏老师解释说，“修辞学是一门探讨提高语言表达效果的规律科学，是语言美的艺术。我们人类有许多‘美’的实践，这就是西方人所说的‘美学’。‘美学’的拉丁文原意是‘感觉学’。现在，就请同学们闭上眼睛，一边听夏老师讲故事，一边想自己的最美的回忆。

我十几岁当兵的那段日子，常常想家，晚上，当我站在高高的土岗上放哨，听着白杨树叶‘沙沙’作响的声音，一种美好的感觉，让我在不知不觉中又回到故乡的小屋。每到立秋时节的入夜，我静静地躺在床上，听着秋风吹动树叶‘沙沙’的声响，我就感觉进入了满眼飞舞着黄叶的梦中。

佛陀曾经说过：当你懂得一朵花，就懂得了生命的本身。这就是说：只有回到生命的原点，才能看到美！我曾经写过一首短诗：

美的感觉

记忆里的美，
从行为中出发。

一路感觉，
在空气中流动，
在视觉里灿烂，
唤起先哲的思想：
天地有大美而不言。
终于找到了，
美是感觉的自己。

所以说，同学们学好语言文字，就会有一种无可替代的优势，它能够激活我们内心的视像，让我们想象出一个美的世界。”

夏老师讲得很有感情。他要让孩子们懂得美是怎样的一种感觉。孩子们在聆听中睁开双眼，沉浸在如痴如醉的“美”的感觉之中。

“夏老师，我感觉到了。刚才我闭上眼睛听您讲课时，这种感觉真好！”谢凯感慨道。

“夏老师，平时我总喜欢把事情留在最后去做，最后又是急匆匆地完成。完全找不到美的感觉。现在我知道了，每天都要留出时间。享受一个人独处的感觉。”卫翔宇闪动着思考的眼睛望着夏老师说道。

“能具体些吗？”夏老师要求说。

“有一次放学，我横穿没有红绿灯的十字路口，一辆小车朝我疾驰而来。我正准备后退，出乎我意料的是：小车减速停了下来，车上一个年轻叔叔微笑着从车窗伸出头，冲我挥着手——让我先过。那种感觉真美，我像小鸟一样又蹦又跳地回到家。可是，回家后我本想向妈妈讲述过马路这件事的，妈妈要我做作业，我不想做作业就跟妈妈争执起来，美的感觉殆尽，真扫兴。唉——”卫翔宇感叹地说。

“这就是说，美好的感觉必须要珍惜。”夏老师说道，“现在，我们就来玩一个‘选择’的游戏。请同学们在作文本上写下五个自己心中最珍贵的事物或人：比如生命、父母、同学、小猫、小狗。一定要以认真的态度对待这件事情，现在就开始写吧。”

孩子们略微思考，很快就写好了。

“卫翔宇，你写的最珍贵的东西是什么？”夏老师点名卫翔宇问道。他觉得卫翔宇有思想。

“父母、生命、同学、老师、小狗。”卫翔宇回答。

“那好，请同学们思考后，选择放弃其中一个。”夏老师说。

孩子们用茫然不解的目光看着夏老师。拿起笔，低头在作文本上轻轻一划。抬头看着夏老师。

“卫翔宇，你划去一件最珍贵的东西时，有什么样的感觉?”夏老师问。

“我划去家里养的小狗时，心里有点依依不舍。”卫翔宇回答。

“接下来，请同学们在剩下的四个选项中，再放弃两个。”夏老师不动声色地扫视着孩子们。

孩子们表情严肃，手中的笔拿起又放下，他们在认真选择。

好长时间，孩子们还在肃静中艰难选择。

“夏老师，这……个游戏太残酷了，我觉得没……没有意义。您还是讲个故事吧。”万昊颤声说。

“我来回答万昊的两个问题。第一，游戏是很残酷，但没有半途而废的道理，这也正是意义所在。第二，同学们好好思考一下，我们不是正在经历这个游戏吗?”夏老师说道。

“好吧，我……只好带着负罪感忍痛割爱了。”万昊拿起了笔。

“现在能猜得到，同学们的作文本上还有爸爸、妈妈或是自己，对吗?”夏老师不等孩子们回答说道，“请同学们在其中再划去一个。”

“夏老师，您是要我们失去父母吗?我们还没报答父母的养育之恩呢?”孙柏灵急了，愤懑地说，“如果要是划掉我自己，他们的生活会变得晦暗的，我敢肯定他们每天将以泪洗面。”

“是的，爸爸、妈妈、我自己必须得保留!否则，‘选择’的游戏还有意义吗?”孩子们异口同声。

“这个游戏太 Low 了，完全是让我们背‘不孝’的锅。头脑一片空白，完全不想划下去了。”

“蜡笔小新说过：看电视连续剧应该有始有终，游戏也是一样。”夏老师审视着每一张幼稚的脸，他要从心理学的角度让孩子们明白，这个游戏虽然是一个个假设的放弃，但仍然会令孩子们陷入一种复杂而痛苦的心理之中。在选择中的舍弃远远超出了现实意义。这的确是一个痛苦的游戏。

“夏老师，我选择放弃自己。”胡小雅认真地看着夏老师，一字一句地说。

“我也是——”同学们齐声回答。

“这游戏太无聊了，是在捉弄人。”

“一点意义也没有。”

“不，我觉得是最有意义的痛苦游戏。岁月匆匆，这样的过程中我和同学们都在选择，包括至爱的父母。请同学们认真思考一下，今天当我们还拥有这美好的一切的时候，是不是应该去好好珍惜？既然要好好珍惜，我们又应该怎样去做呢？”夏老师问道。

“用心和行动去爱！”孩子们恍然大悟，声音嘹亮。

“这是对的。言从心生，真行动才有真善言。请同学们借鉴刚才‘选择’的游戏，创作一个在感觉中找到自己，以此警示自己的故事。”夏老师说道。

“夏老师，这是作文吗？”谢凯问。

“你说呢？”夏老师反问。

“是的。”谢凯点头答应。

“是的，那就写吧，同学们可以自由讨论。”夏老师说道。

孩子们很快拟提纲完成了这个故事。

老虎的悲哀

这是一道令人悲哀的心理测试题。假设你在险象环生的大森林里探险时，带领着五种动物同行：小鸟，鸽子，小狗，猴子，老虎。由于前行的路上险境重重，面对凶险和危机，你不可能把这五种动物带上走到最后，只能在探险中将它们一一抛弃，这样才能走到最后。请思考一下，在危机四伏的路途中，你会按照怎样的顺序一个一个放弃它们？

“夏老师，假设您是森林中的探险人，正带着小鸟、鸽子、小狗、猴子、老虎这五种动物同行，会按怎样的顺序把他们放弃？”孙柏灵闪动着机灵的眼睛望着夏老师问道。

夏老师一怔，面对这猝不及防的提问，他只是反复默念着五种动物的名字，不知道如何回答，害怕惹出笑话。

“夏老师，请您一定要诚实地回答我的提问。”孙柏灵态度诚恳，眼睛里充满了信任。

“实话实说，我首先放弃小鸟，让它们去自由飞翔。”夏老师被迫回答。他觉得森林是小鸟的家园。

“小鸟代表着快乐。”孙柏灵说，“我读过您的小说。您在《铸就》后记里写道：‘我带着这份对写作的坚持与感动，用了三年多的时间，终于写完了长篇小说人生三部曲《本色》《浮沉》《铸就》……我就是这样拖着疲惫的身躯——

十二指肠球部溃疡复发，腰椎间盘突出，肩周炎，神经性皮炎，视力模糊且看东西流泪——用文字行走在写作的路上……’我想问您快乐吗？”

“写作的确是很苦，但乐在苦中。这是真实的思想支配着我的行为才走到今天。”夏老师很感动孩子们对他的了解。从孙柏灵的提问中，他认识到了老师的言行对孩子们的影响力。

“那接着呢，您又该放弃哪一种动物？”孙柏灵继续问道。

“鸽子。它是友谊的象征。在森林里探险，带着鸽子的作用不大。”夏老师如实回答。至于为什么要解释鸽子是友谊的象征，他也不知道。

“对，鸽子是友谊的象征。但在艰难困苦时，您却放弃了友谊。”孙柏灵指出说，“您还是得继续去探险，第三呢？”

“猴子。”夏老师被逼无奈坦诚答道。他觉得猴子顽皮，乱蹦乱跳，不好束缚和管教。

“猴子代表的是德行。夏老师，您教育我们说：高尚的德行，让人终身受益。所以，德行是我们心灵的明镜。现在，您还得继续放弃。”孙柏灵笑了，笑得天真活泼又可爱。而夏老师脸上却火辣辣地发烧。

“小狗。”夏老师如实说道，“因为小狗对人忠诚，是心与心的相照。”

“小狗寓意是励志。言由心生，您是最优秀的人，才留下了小狗。”孙柏灵解释得很有道理，而后狡黠地冲夏老师一笑说，“而老虎代表着欲望。励志加欲望，才有了您今天锲而不舍的精神。您回答说：是还是不是？”

全班的孩子们讪笑，看着夏老师。

“是，是欲望。也可以说是梦想！我是追求着欲望，一步一步踏实地实现自己的梦想。这是我的人生轨迹，即便我要时时提防老虎会吃人的事实，但我因为欲望走到了现在。”夏老师真实告白。

“夏老师，您刚才说的都很真实，我们信任您。正如我们刚才同学之间的讨论，也是先放飞小鸟，这是我们起步的必须——努力学习，乐在苦中。对吗？至于后面的动物应该怎样放弃，等我们学好了知识，再做正确的选择。”孙柏灵一副御姐范儿的模样，话说得很有哲理，让夏老师心悦诚服。

“这么说来，同学们是在考夏老师，才设计出《老虎的悲哀》这道测试的游戏？我明白了，老虎的悲哀，其实就是夏老师的悲哀。的确，追梦的过程是很苦的，要放下很多，但我绝不后悔。”夏老师调侃地表态说，“下面，我就借同学们先要放飞小鸟的意愿，完成今天的起步——努力学习，乐在苦中。现在开始学习修辞手法。”

孩子们听话地拿出笔记本摊开，个个都是一副学好知识为明天的认真神情。

“汉语有五千年的文明史，分为古代汉语和现代汉语。现代汉语包括：1. 汉语语音，汉字；2. 汉语语汇，汉语语法，汉语修辞等等。”夏老师边讲边板书。

一、成语（来源）：1. 从古代寓言故事凝缩而成：滥竽充数；自相矛盾；守株待兔；画蛇添足；叶公好龙。2. 从历史事件或历史故事凝缩而成：四面楚歌；完璧归赵；名落孙山；闻鸡起舞；负荆请罪。3. 古代作品的语句习用为成语：一鼓作气；举一反三；知己知彼；半途而废；百战百胜。4. 来自群众的口头语言：一干二净；十拿九稳；七手八脚；三长两短；四平八稳。

二、惯用语：是口语中以三音节为主的固定格式，有修辞色彩：碰钉子；钻空子；耍花招；绊脚石；耳边风；八九不离十；不管三七二十一。

三、谚语：近乎成语，分为两类：一类为农谚及气象谚；一类为社会生活谚。农谚：春雨贵如油；瑞雪兆丰年；庄稼要好，水肥要饱。气象谚：日晕三更雨，月晕午时风；朝霞不出门，晚霞行千里；雷公先唱歌，有雨也不多。社会生活谚：天下乌鸦一般黑；人往高处走，水往低处流；有理走遍天下，无理寸步难行。

四、歇后语：流传民间的语句，像谜语，前部分是谜面，后部分是谜底。分为喻义和谐音。

喻义歇后语：芝麻开花——节节高；水中捞月——一场空；泥菩萨过江——自身难保。

谐音歇后语：和尚打伞——无发（法）无天；小葱拌豆腐——一青（清）二白；旗杆顶上绑鸡毛——好大的掸（胆）子。

五、格言：含劝诫意义的话。满招损，谦受益；虚心使人进步，骄傲使人落后；好好学习，天天向上。

六、直言义：直截了当。例：探视病人。“听说你得了肝癌，又是晚期，这病不好治，唉！”

七、婉言义：婉转表达。例：看望病人。“听说你身体欠佳，这没什么，在医院配合医生治疗，病就会好起来的。”

八、谦语：礼貌用语。例：夏老师，我写了一篇作文，请您修改一下。

九、反语义：反意义。例：讽刺反语义。“我妈妈特善良，每次打我，她那温柔的巴掌拍在我身上，就会绽开出鲜艳的花瓣。”喜爱反语义。“我那笨儿子，每次叫他学习，他像没长耳朵似的，考试却名列前茅。”

“以上是现代汉语中的部分内容，请同学们好好琢磨，认真领会，并且吃透它，会在很大程度上帮助你们的写作锦上添花。”夏老师边讲边写边擦，然后轻轻拍了拍手上的粉笔灰，静候孩子们做完笔记。

“夏老师，我们都写好了。同步的。”谢凯用眼睛一扫左右，兴致勃勃地说。

“快节奏地学习，好累！”喻彬接上说。

“看黑板上的字反光，眼睛有些发胀。”坐后排的陈诗雯反映。

“我也是看字有些模糊。”汤佳婧附和。

夏老师把孩子们的话听进去了。他等孩子们做好笔记后说道：

“身体要活动，眼球也一样需要运动。现在跟夏老师一起来做保护眼睛的‘米字操’。通过锻炼眼周肌肉，改善眼内外血液循环，逐渐恢复睫状肌活力，可以预防近视、眼胀、干痒、流泪等等。动作十分简单：

第一节：眼球上下运动；第二节：眼球水平运动；第三节：眼球左上、右下运动；第四节：眼球右上、左下运动：第五节：眼球旋转运动。

每一节眼球运动做十次。”

夏老师边说，边指导孩子们做起“米字操”眼球运动。

“夏老师。眼睛现在舒服多了。”

“可以进行新内容的学习。”

“一鼓作气，把作文写完。”

“同学们以后眼睛疲劳了，可以做做眼保健操和眼部‘米字操’。”夏老师说道，“这堂课的警句格言是：一、当我们看到现在的成功，过去经历的苦难都会抛在脑后。二、雪莱：冬天已经来临，春天还会远吗？莎士比亚：黑夜无论怎样漫长，白昼总会到来。”

“夏老师，雪莱的‘冬天已经来临，春天还会远吗？’怎么跟莎士比亚的‘黑夜无论怎样漫长，白昼总会到来’的意思是差不多的呀？”易东龙提出疑问。

“意思是差不多的，所以，我希望同学们学习经典语句的同时，还可以借鉴经典语句，创作经典语句。怎么去做，上述经典语句为证。”夏老师启发孩子们怎样学会学习。

“夏老师，你讲得通俗易懂，我懂了。”易东龙心悦诚服地说道。

“懂了就好。今天的命题作文是《细节与真实》，先由夏老师讲故事梗概，同学们根据故事梗概先拟定提纲，然后来完成这篇作文。”

细节与真实

这是夏老师给我们讲的一个关于细节与真实的故事。

一位编剧在写保护野生动物的儿童剧，其中有一个细节是一群猴子在玩耍时，一个偷猎者突然出现了，猎枪对准了一只小猴子。母猴子发现猎枪后大叫一声，带着小猴们迅速逃跑。这时，枪声响起，一只小猴中弹身亡，逃出不远的母猴又含泪跑回小猴身边，接着枪声再次响起，母猴也倒在血泊里。编剧这样写的目的，当然是想表达动物的母爱情深，唤醒偷猎者的良知，不要再去屠杀野生动物。

可是，导演看后对编剧说：去年我有幸去参观了西双版纳的自然保护区，听到了一个关于猴子的真实故事。故事中有一个细节和你剧本中的细节基本相同。一个母猴带着小猴在玩耍，偷猎者出现了，母猴发现了对准它们的猎枪。不同的是，猴妈妈的举动是举手拍拍自己的胸口，将胸膛对着黑洞洞的枪口，然后缓缓地将小猴子举过头顶。

你知道这是为什么吗？导演的声音颤抖起来。猴妈妈不知道枪口可以移动。它以为只要将小猴举过头顶的高度就能逃离子弹，并勇敢地用自己的胸膛换取小猴子的生命。所以说，一部优秀的儿童剧，如果细节缺少真实性，观众是不会被打动的。不管演员的演技多高超，在舞台上哭得死去活来，观众都会无动于衷的。

编剧听完导演讲的这个真实的故事，默默地坐在电脑前，一直改稿到天亮。后来，这部儿童剧上演后，所有看过的人都记住了那个细节——女演员扮演的母猴子高举双臂，获得了好评。

听完夏老师讲的细节与真实的故事，让我联想到《中国民歌》大赛第四场的场景：歌手演唱配演的伴舞者在插秧，舞者双手上下舞动着模仿插秧。点评老师指出，插秧者应该是一只手拿秧，一只手插秧，这样的舞蹈动作表现的是薅秧。我还注意到表演《洗衣歌》的解放军留着八字胡。这样影响了军人的风采。所以说，写好细节离不开真实，只有在真实的基础上写好细节，才能与故事里的人和事产生共鸣，这就是我对细节与真实的理解和感悟。

夏老师点评：文中对细节与真实理解得透彻，感悟得透彻。因为，只有观察到生活中的细节，才能写出生活中的真实，这是写好作文应该懂得的道理。

第三十二课　老师的细节

“夏老师好!”“同学们好!”

“今天这堂课的内容有：夏老师讲故事；修辞手法；警句格言；命题作文《老师的细节》。”夏老师说完，回身在黑板上写下了“创意”二字，然后问道，“创意是夏老师要讲的故事的主题。同学们能解释这两个字的含义吗?”

“创意就是创造发明。”谢凯抢答。

“还有补充解释的吗?”夏老师问道，静候着。孩子们沉默一阵后，摇晃起头来。

“谢凯的回答基本上是对的，更准确一些，创意应该是有创造性的想法和构思等等。比如：夏老师给同学们上课；同学们构思作文；生活中的日常事情，都应该有创意。

现在，我出一道测试题，题目是《用创意卖掉黄豆》。比方说，同学们手中有十斤黄豆，市场又滞销，请问，你们应该怎样卖掉黄豆呢?”夏老师微笑地看着孩子们。

“将黄豆磨成豆浆，或是做成豆腐、干子、千张等等。拿到菜市场去卖。”谢凯又抢着回答。

“如果卖不掉呢?”夏老师问道。

“把黄豆沤成豆瓣酱，晒干腌制成豆豉，发酵酿成酱油。”喻彬不甘示弱。

“可是，还有一小半黄豆没有卖出去啊?”夏老师装出无奈的表情。

“最简单的办法是把黄豆浸泡在水里发芽，变成豆芽菜。如果豆芽菜卖不完，就把它盆栽后放在阳台上，精心管理，施肥浇水。等长出新的黄豆来，先卖毛豆，再卖黄豆，肯定能把黄豆卖完。”熊浩回答。

教室里一下热闹起来。孩子们思想活跃，七嘴八舌，在讨论中发表自己的想法和见解。

“那夏老师再问，这么单一的黄豆，经过创意，就像变魔术似的，在同学们的想象里制作出了不同的食物，这个制作的过程，应该叫什么呢?”夏老师继续引导孩子们思考。

“创意!”

“对的，是创意。有了创意，简单就会绚丽。请同学们针对这样的事实，创作出你们自己的警句格言，好吗?”夏老师满足地看着孩子们。

“没有创意，就卖不掉黄豆”。

“只有卖不出去黄豆的脑子，没有卖不出去的黄豆。”

“创意生花，花是创意。”

“王宇泽，我看你一直在乐呵呵地笑个不停，请告诉夏老师，你创作的警句格言是什么?”夏老师走到王宇泽身边问道。

“还……还没想好。”王宇泽尴尬地躲闪着眼神，慌忙回答。

“要积极发言，让自己的思想流动起来。先问是不是?再问为什么?别把自己当成观众，否则会掉队的。”夏老师语重心长地对王宇泽说道，“我给同学们讲一个《动起来》的小故事。”

在一次促销会上，总监对促销员说道：请各位现在站起来，看看你们的座位下面有什么东西。促销员连忙起身，发现在椅子的缝隙之间，插着崭新叠着的纸币。总监接着说：这一百元钱因为你们动起来了，所以归你们所有。不过，我想请你们猜一猜，这是为什么呢?

促销员面面相觑，答不出总监的提问。

总监一字一句地说道：我想提醒大家的是，我们在行为中，常常忽略了一个简单的道理：只有动起来，才会产生意想不到的结果，希望你们能够领悟。

“夏老师，我懂了。您想告诉我的是，只有思想动起来，才能产生灵感，创作出自己的警句格言。”王宇泽反应迅速地说道，“动起来是灵感的源泉，创意是灵感的结果。”

“你看，当你动起来了，思想里就产生了火花，创作出很有哲理的警句格言。”夏老师拍了拍王宇泽的肩膀，走回讲台，扫视着孩子们说道，“下面，我讲三个真实的故事，请同学们边听边思考，悟出故事的内涵。”

简单的创意

艾维·李是公关之父。他认为应该计划好每一天的工作才能带来效益。一次，伯利恒钢铁公司的总经理西韦伯找到艾维·李说：请卖给我一套提高工作效率的方法，我们公司的效率极低。艾维·李说：好！我十分钟就教你一套至少提高50%效率的方法：第一，把你明天必须要做的最重要的工作记下来，按重要的程度编上号，早上一上班，马上从第一项工作做起，一直做到完成。再检查一下你安排的次序，然后开始做第二项。第二，如果有一项工作需要做一整天，也没关系，只要它是最重要的工作，就坚持做下去。第三，如果你不建立某种制度，恐怕连哪项工作最为重要也难以决断。请你把这种方法作为每天的习惯，让你公司的人也照着这样做。现在，你该送支票给我了。西韦伯认为这种思维很有用，填了一张25000美元的支票给艾维·李。在后来的五年时间里，西韦伯用这种方法为公司多赚了几十亿的美元。

夏老师点评道："我认为这种简单的创意适用于我们生活的各个方面，包括学习。请同学们想一想，你们在学习中不也是一样，应该有自己的学习计划，然后分清轻重缓急，全力以赴去行动，这样学习成绩才会稳步上升，争取做到我是第一。"

"夏老师，这个创意蛮好，让我茅塞顿开。以后做任何事情都应该先思考后行动，制订出计划，这样才会有好的结果。"谢凯认同。

"夏老师，多讲一些这样的故事，我们很受启发。"孩子们一致要求。

"那就好，既然同学们都认可这个简单的创意，西韦伯已经给同学们买了单，只管放心使用就行了。"夏老师笑了笑，讲第二个故事。

别让新奇的念头溜走

生活中，我们每天都在感受新奇的想法和念头，而这一切都是一闪现而已，绝大多数人只是把它当成一个念头，想想就过去了，却又不知道这念头中潜藏着巨大成功的可能。

商业奇才、超级富婆安妮塔·罗蒂克做化妆品生意。一天，她与男友聊天时，突然产生了一个神奇的念头：我为什么不能像卖菜那样，用重量或容量的计算方式卖化妆品呢？让化妆品的成本不花在精美的包装上，以此来吸引顾客。

她用贷款的钱开了一家美容院。开业之初，生意清淡，顾客很少，她百般无奈之中，产生了一个新奇的妙策。她把各种香水油放在样品碟里，麝香、苹果花、薄荷香等等，让顾客选择他们喜欢的香味，按需求调入选定的化妆品。渐渐的，顾客乐此不疲，为自己创作的“新产品”而陶醉。

美容店的一切都给人们一种与众不同的感觉：简易包装、价格低廉、化妆品标签由顾客手写、产品没有说明书、甚至有一段时间还摆上了艺术品、美容书籍之类的图书来销售。这种独特的经营风格，使她的美容店生意越来越好。不到一年，她开了一家又一家的同样风格的美容店——1978年，第一家境外的连锁店在比利时的布鲁塞尔开张营业。

夏老师提问：“同学们，这个故事给你们的启示是什么？结合学习扼要表述。”

“成功者与平庸者之间，就差那么一点点。我在写作文时，也会产生一些新奇的想法和念头，由于用文字表达不出来，就轻易地放过去了。”钱莉茹思考后回答。

“要紧紧抓住新奇的念头，在实施的过程中其实是很难的。学习也是一样，但绝对不能放过。”熊浩接着钱莉茹的发言回答。

“我现在就有了一个新奇的念头：当我们在学习中无法去完成新奇的念头时，先用笔记写下来，绝不能让新奇的念头溜走。”谢凯认真地回答。

“同学们对新奇念头的理解都很具体。我真诚希望同学们一定要好好呵护这弥足珍贵的火种，不要轻易地让惰性思维把它放弃。”夏老师点评完，继续开始讲第三个故事。

轰动创意

1980年，英国人迪特·威廉姆斯创作出版了一本名为《化装舞会》的儿童读物，要小读者根据书中的文字和图画猜出一件“宝物”的埋藏地点。“宝物”是一枚制作极为精巧、价格高昂的金质野兔。图书出版后，迅速刮起一阵旋风，不但数以万计的青少年开始了寻宝行动，各阶层的成年人也怀着浓厚的兴趣，按自己在书中得到的启示，在英国各地寻宝。历时两年多，在英国的土地上留下了无数被挖掘的洞穴。最后，一位48岁的工程师在伦敦西北的浅德福希尔村发现了这枚金兔，一场群众探宝的运动才宣告结束。这时《化装舞会》已销售了200多万册。

1984年，经过精心筹措和构思，威廉姆斯再出新招，写了一本仅30页的小册子，内容是一个养蜂者描述一年四季的变化，并附有16幅精制的彩色插图。书中的文字和幻想式的图画包含着一个深奥的谜语，那就是该书的名字。此书于1984年5月25日同时在七个国家发行。这是一本独特的、没有书名的书。

作者要求不分国籍的读者猜出该书的名字，猜中者可以得到一个镶着各色宝石的金质蜂王饰物，乃无价之宝。

猜书名的方法作者却要求与众不同。不能用文字写出来，而要将自己的意思，通过绘画、雕塑、歌曲、编织物或烘烤烙饼的形状，甚至编入电脑程序的方式暗示出来。威廉姆斯从读者寄来的各种实物中悟出其要传递的信息，再将其转译成文字。虽然，谜底并不艰深，细心读过该小册子的十之八九可以猜到，但只有最富于想象力的猜谜者才能获奖。开奖日期定为该书发行一周年之日。届时，他将从一个密封的匣子里取出那唯一一本写有书名的书，书中就藏着那只价值连城的金蜂。

不到一年，该书已发行数百万册，获奖者是谁倒鲜为人知，威廉姆斯本人却早已是世上的知名人物了。

“夏老师，您是作家，为什么不写一本这样的书呢？”喻彬问道。

“我也曾经有过这种想法，和旅游公司合作，创作一本《旅游寻宝记》，书中暗示在旅游的线路上埋藏了一件宝物，此书由旅游公司销售。这既能提高旅游公司的寻宝游客，又能提升书的发行量。两全其美。但是，由于种种原因我放弃了。这也是我的遗憾。”夏老师感慨地坦言道，“不过，我希望同学们能记住这样的创意并发挥它，因为，一个好的创意可以供人享受一辈子。”

孩子们静静地看着夏老师，是为夏老师遗憾，还是在思考创意的艰难？这的确是一道留给孩子们的难题！

“好了，请同学们把思想牵回到课堂上来。现在，我们开始完成修辞手法的学习。”夏老师打破沉静说道，“上课之前，江珂宇问我什么是修辞？简单说，修辞是语言文字艺术上的加工；详细说，修辞是修饰文字词句，运用各种表现方式，使语言表达准确、鲜明、生动。

比喻：打比方，用我们所知的去说明不为人熟知的。比喻有明喻、隐喻、借喻、讽喻等。

1. 明喻：被比的是本体，作比的是喻体，在本体和喻体之间用上连接语像、如、若等。例：我班的胡小雅（本体）像（连接词）六月的芙蓉（喻体），亭亭玉立。”

夏老师话音刚落，全班笑起。

胡小雅面似桃花，低着头细声细气地说道：“夏老师，不比喻，不拿我比喻……”

“夏老师，您比喻我是什么？”谢凯抢过话题说道。

“谢凯如同玩具熊男孩。”夏老师乐了，教室的笑声更热烈。

“我……我呢？”万昊激动地问。

“金刚芭比，可以吗？”夏老师对万昊耳语。

“不……要，这……不好。”万昊面红耳赤地说。

“冰山美少年，怎么样？”夏老师逗趣地说。

“那我们女生呢？”孙柏灵掺和地问。

“你——百变美少女。”夏老师说道，接着讲解。

“2. 隐喻：把像、如、若换成‘是’，在语气上更加肯定。例：谢凯是一头棕熊，力大无比。”

夏老师讲解，谢凯便附和讲解的内容，使劲“嘭嘭嘭”地击打着胸膛，装成熊的模样。坐在他旁边的王宇泽看得哈哈大笑。谢凯侧身一掌把王宇泽击倒在地，还模仿倒霉熊的腔调说：我是倒霉熊，力大无比。而王宇泽坐在地上笑声不断。

“3. 借喻：它没有像、如、是之类的连接词，而是干脆只说喻体省略本体。例：棕熊（喻体）一掌把王宇泽击倒在地。省略了本体谢凯。听懂了吗？”夏老师借题发挥。

“听懂了。”孩子们在笑声中回答。谢凯却在嘟嘟囔囔什么，夏老师也没听清。

“谢凯，你在叽里咕噜什么？说清楚。”夏老师止住笑问。

“夏老师，我刚才想了想，觉得棕熊就是倒霉熊，不好听。我也是有头有脸的人物，当个倒霉熊，太掉面子。”谢凯说话词不达意。

“谢凯，请记住，学好修辞的前提是要有很好的语言表达能力。刚才你说的话里‘我也是有头有脸的人物’，应该改为‘我也是很爱面子的人’。是不是？”夏老师用喜爱的眼神看着谢凯说。

“对的。我这是在夏老师面前卖语言，一塌糊涂。”谢凯自嘲地说。

夏老师好气又好笑地望着谢凯，友善地冲他笑了笑，继续说道："下面我讲讽喻。明喻、隐喻、借喻多是用一种事物来比另一种事物的形象、声音、气味、情景等等。讽喻重在用事理打比方。

4. 讽喻：用类比的方式来说明道理。例：电灯自喻为太阳，却不能给人温暖。如果说，同学们还要更深刻地理解讽喻的内涵，回家后在手机上找出《邹忌讽齐王纳谏》阅读，这是一篇很好的讽喻例文。

现在，请同学们认真阅读刚才的笔记，好好领悟比喻的不同方式，尤其是借喻，要仔细琢磨，达到真正的理解。因为后面要讲的借代和比拟，实际上也是比喻。这样就能举一反三，这是一种学习的窍门。"

夏老师说完，留出五分钟的时间给孩子们阅读笔记内容。

"夏老师，接下来应该是警句格言吧？"喻彬提问。这说明他把握着学习的进度，听课认真。

"那好，就按喻彬的要求，接下来的警句格言是：一、当你对自己诚实的时候，任何人也不能欺骗你。二、魔术的本意就是当着你的面做假。"夏老师有针对性地说完警句格言。他是把带有启示的警句格言放在特定的氛围中，让孩子们去感悟和理解。

"夏老师，学习一定要对自己诚实，不能像魔术一样造假欺骗自己。"

"夏老师，我刚才看学习笔记挺认真。要不，你来提问考考我们。"

孩子们的回答信心满满。

"继续加油同学们！赶路时光莫放松。"夏老师微笑地说道，"在学习的过程中，生活细节就是同学们的学习内容。而对生活感觉迟钝的人，他的内心一定什么感情都没有。而对于那些感觉敏锐的人，学习就是由细节铺成的路。

我不知道同学们有没有写日记的习惯：路上遇见过的熟人；曾经说过的违心的话语；脑子里一闪而过的思想；旅行时领略到的风光；自己内心的细微活动；辛勤学习走过的路程……当你们把这些都记录下来，悉心收藏起来，其实就是在收藏自己的人生，甚至可以写出一本书。也许同学们会说：我想写日记又没有时间，反正我拥有超强的记忆力。那夏老师就告诉你们，这并不是行路难的理由，时间会冲淡一切，包括自己。

现在，我要点名两位同学，用故事的形式叙述生活中的细节。"

易东龙的细节故事：

细节的故事

老师曾经告诉我们：对生活的热爱是通过细节表现出来的。太多的人，他们经历过了细节，但却讲不出细节来，甚至任由时间冲淡了细节。

我按老师的指导，开始注意观察生活中的细节。

放学回家的路上，我看见一位文质彬彬戴眼镜的青年，打着电话说：我叫韩白，唐宋八大家韩愈的韩，豪放派诗人李白的白。我能猜到他是干什么的。

妈妈买回活虾养在水盆里，我好奇地蹲着观看：虾在水里是透明的，只有脊背隐现出一条浮线，棕色的尾巴成扇形隆起弯曲，两排细爪不停地划动。

家里养了爬墙虎盆栽。刚长出的叶子嫩红，叶尖朝下，铺得满墙均匀，经风一吹，漾起波纹，十分好看。一天，我扒叶细看，嗬！爬墙虎的脚上长茎，六七根的细丝还有触角，自然弯曲紧紧巴在墙上，一脚一脚地向上爬着……

江珂宇的细节故事：

难忘的故事

爸爸领着我去大排档吃烧烤。在我们的旁边，一对青年男女一边吃烧烤一边在谈笑风生。这时，我看见一位小姐姐提着花篮走到青年男女的跟前。小姐姐头发枯黄，身材瘦小单薄，衣衫陈旧却十分干净。她弓着身子，表情谦卑地问：“要玫瑰花吗？”五块钱一枝。

男青年不屑地瞥了她一眼，继续逗女青年开心。而那位小姐姐见男青年没有理会她，尴尬地站着，将身子弓得更低，失望和忧愁爬满了脸庞。

“小姐姐，给我两枝玫瑰花。”我亲切地喊道。小姐姐连忙跑过来，从花篮里抽出两枝玫瑰花，急慌慌地说：“小妹妹，两枝玫瑰花只要八块钱。”

我收下玫瑰花，从衣兜里掏出过早攒下的十元钱人民币递给了卖花的小姐姐，而心中顿时升起一种说不出的愉悦和幸福感。

这个难忘的故事，是细节帮我留住了它。

老师的细节

上课铃响了，语文老师祝老师迈着轻盈的步子走进教室，她身材修长，眉清目秀，眼睛透过镜片散射着温和的光，让人觉得和蔼可亲。她站在讲台上，缓缓地扫了一眼我们，低头麻利地收拾着散落在讲台上横七竖八的粉笔装进粉笔盒，又用黑板擦把讲台上的粉笔灰推拢，然后拿出餐巾纸把粉笔灰包裹起来，扔进垃圾桶里。十几双清澈的眼睛默默地注视着她，把这一切拓印在脑子里。

祝老师的课讲得生动有趣，时不时地给我们玩一下脑筋急转弯或是巧妙问答的游戏，活跃着教室里的气氛。祝老师问："什么东西，不需要花力气?"

全班同学沉默思考。

祝老师眨着眼睛故作神秘地说："我们班上的同学就有。"

这时，我顺着祝老师的引导，勇敢地站起来抢着回答："眨眼睛。"

"恭喜你，答错了。"祝老师对我友善地眨巴着眼睛说，"眨眼睛也是要用少量力气的。"

全班同学哄堂大笑。

祝老师接着循循善诱不点名地说道："上课打瞌睡的同学是不需要花力气的，要不然他干吗打瞌睡呢?"

教室里一片安静。有的同学还红了脸。

"如果上课时有的同学的确困了，就要求自己抬头挺胸，两眼平视前方，认真听老师讲课。"祝老师用响亮悦耳的声调说道。

全班同学一下齐刷刷地挺胸坐正，聚精会神地看着祝老师，学习着课文里的内容。

可是，我们前期作文培优班的王老师就令人头皮发麻。他上课时始终都是紧绷着脸，恨不得把肚子里的知识一下子都教给我们。不停地让我们做呀，写呀！资料发了一套又一套，压得我们喘气的机会都没有，让我们对他望而生畏。有一次上课，天气炎热，同学们个个无精打采，恍恍惚惚。王老师却发了三张试卷让我们做题写作文。全班一片唏嘘声和感叹声。王老师为了调节教室里的沉闷气氛，调侃说："请先做完的同学扬一扬眉毛，暂时没做完的同学笑一笑。"

全班同学一个个愁眉苦脸的，哪还有心情笑起来呢?

满堂灌的教学方式是值得商榷的，要提高教学质量，一方面要靠学生的主观努力，另一方面还要靠善教的老师，从而达到老师与学生在学习中互动的统一。祝老师就是最好的榜样。所以说，细节决定老师教育质量的高与低。这就是我对不同老师教学方法的感悟和体会。

夏老师点评：《老师的细节》一文观察细腻，有感而发，写出了老师值得认真思考的细节，而最后的议论更是画龙点睛。

第三十三课　难忘的老师

“同学们好!”“夏老师好!”

“今天这堂课的内容有：故事与议论；修辞手法；警句格言；命题作文《难忘的老师》。”夏老师概述完授课的要点，停顿下来，等待孩子们的反应。

“夏老师，故事与议论是什么意思呀?”谢凯挠着后脑勺问道。

“夏老师讲完故事，同学们可以议论呀。”夏老师回答。

教室里升腾起一片笑声。好像谢凯是被夏老师愚弄了，又好像是谢凯问了不该问的问题。

“夏老师，这不是故弄玄虚？您讲故事，我们发表见解和看法，跟以前上课是一样的。今天却要花招来个什么故事与议论，真可笑。”谢凯反驳，话里带气。

“谢凯今天是怎么了？嗬！脾气很大呀。”夏老师调侃，继续说，“我今天要讲的是几个很短的真实小故事，帮助同学们认识这个社会。因为，在座的每一位同学都会面对这样的事情。请同学们边听边思考。”

欢迎你毕业生

他叫刘振，正面临毕业分配的压力。但他是一个公交迷，对北京市所有的公交线路都了如指掌。正当他为找工作发愁时，天津卫视“非你莫属”节目组接受了他的申请——现场求职。他来到现场，果然有一家公司有适合他的职位。主持人问他有什么才艺，他说：我是一个公交迷，对北京市的公交、地铁线路有一些研究。主持人来了兴趣，现场考他，他对答如流。把台上 12 位老总的情绪都调动了起来。老总们争先恐后提问，他有问必答，不但准确无误地按顺序报了一大堆公交车、地铁站的名字，而且还给一对情侣设计了北京一日游的路线。

他对公交线路的了如指掌为他打开了求职的大门。老总们不约而同向他发出邀请，而且绞尽脑汁当场因人设岗，给他非常好的职位和待遇，最终他选择了一家感兴趣的公司。

"同学们，夏老师讲的这个故事，你们从中得到什么样的启发？"

"热爱的事业，就应该潜心钻进去，这是一种精神。"

"做人做事应该执着，学习必须专一。"

"专注的人永远不缺机会。"

"同学们的回答都很正确。干一行爱一行，这是做人的根本。现在很多大学毕业生都抱怨工作不好找，其实，招聘单位又何尝不知。大学毕业生缺少工作经验是正常的事情。所以，公司的领导看重的是毕业生对工作的热爱和敬业。有了这种对工作的专注投入，无论在哪个行业，都能干出一番成绩。请同学们一定记住这一点。"夏老师说完，又讲起第二个故事。

面对考官

我在文化单位当了多年的考官，我个人对面试者的评分标准是：首先是面试者对工作的热爱与专注，回答提问是否简洁明快，说话的逻辑性强不强；其次是他的气质、着装和站姿。如果达到上述要求，我就会给出高分。

我有一个朋友叫王鹏，开了一家餐饮公司，生意越做越大，在武汉声誉很高。有一次，我去王鹏的公司，看见他正在面试一位大学生。面试完毕，大概是对应聘者很满意，我们去隔壁的一家星巴克喝咖啡，他顺便带上了那位大学生一道去。

我们在喝咖啡的闲聊中，王鹏突然扭头问那位大学生："你觉得星巴克怎么样？"那位大学生反应敏捷，回答说："第一，星巴克的服务员不是过分热情。第二，星巴克的排队都是横向排队。第三，星巴克的文化是不点任何饮料也可以在此休闲。"

我听了大吃一惊，不敢相信这么短的时间内，他的观察如此细致，回答问题这么有逻辑。我照着那位大学生说的看，果真如此。

"那你说的这三点，代表了星巴克怎么样的经营理念呢？"王鹏呷了一口咖啡问。

"我个人的理解是：其一，恰到好处地展现了人文关怀，顾客和员工应该彼此尊重；其二，横向排队的好处是，可以让顾客看到工作人员忙忙碌碌调制咖啡的情景，降低排队时的焦虑感；其三，人缘是经营出来的。星巴克环境优雅，给人一种宾至如归的休闲享受，是放松精神的理想去处。”大学生有条不紊地回答。

“那对你有没有启发呢？”王鹏笑问大学生。

“我认为，在经营的理念中，无论对待顾客还是员工，都应该回归到人的本性上来。做人做事应该实实在在，多动脑筋，把应该做的事情做好，这是根本。”大学生从容答道。

王鹏高兴地拍了拍大学生的肩膀说：“你被录取了，做策划部的经理，待遇从优。”

“请同学们告诉夏老师，你们从刚才的故事里，得到的启发是什么？”夏老师问道。

“说话要简单明了，有逻辑性。”

“培养自己的气质，做事要有专注度。从现在就开始。”

“创意来源于对生活的观察，成功是在创意中产生的，这就是思想。”

“每位同学只说对了一部分，综合起来就是完整的答案。要记住自己说的话，言行一致才是最重要的。”夏老师要求同学们，接着讲了第三个故事。

经商也要有创意

当今，我们走在大街上，会看到很多商家在发放各种各样打折的优惠券，故事就从打折促销开始讲起：

我持币的态度比较随意，有大手大脚的习惯。在购物消费时，经常不经意间就会收到一张或是几张优惠券，让你觉得不去消费有些可惜，但专门为优惠券而消费又不划算。商家就是抓住人们这样的心理，设置各种各样的打折优惠券。

现在我似乎明白过来，使用优惠券看似省下了几个钱和买到了廉价商品，但事实上需要花费的时间和精力，折算成成本要比省下的钱还多，甚至有时候买回的商品成了摆设。这大概就是商家玩的鬼把戏吧！

我曾经在小东门菜市上看见一个朴实的农妇摆地摊卖柿子。但有一个经典的问题必须解决：熟柿子甜，生柿子涩。我犹豫买还是不买。正在这时，有一位买主问道：你这柿子涩吗？农妇回答：红的甜，青的涩。买主信以为真，专拣红柿子买了几个满意地走了。而后面来买柿子的买主，都是按照农妇说的买柿子。

不一会儿，红柿子所剩无几。我想，这剩下的柿子你得拿回家存放几天才能卖了。要不谁愿意买青涩的柿子呢？但是，农妇没走，继续卖柿子。我纳闷，这时，有一位买主过来问：你这柿子涩不涩？农妇笑着说：软的甜，硬的涩。买主依照她的话，用手捏着柿子，挑了几个软柿子买走了。这一轮的结果是软柿子也被挑完了。

我看了看她筐里剩下的青涩柿子，心里想着，这下子你该没话可说了吧？当下又来了一位买主问：这青柿子涩不涩呀？农妇信心满满地回答：青柿子脆甜，放上几天变红就冰糖甜。可不是吗？青柿子的确脆甜，只是她嘴里省去了涩字。放上几天后青柿子熟了，不就是冰糖甜的味道。我暗暗佩服她的生意之道。

同学们现在用的都是4G手机，功能很全，实用方便，如果再缓上一两年，当我们用上5G手机，功能更全，有些功能我们甚至连想都没想到。不过，这都是由1G、2G、3G发展而来的，如同我们写作文从灵感到最后成文的过程。

据说，在某手机公司负责新产品开发工作的高伟，看电视时，发现高中女生书包里总有三样东西：手机，相机，耳机。后来，在一次旅游的路上，他看见一位少女不看风景，不停地用手机发短信。这两个镜头重叠在他的脑子里，他冒出这样的灵感：如果让人们能用手机随时发送自己感动的情景，那一定是快乐无比的事情。由此又进一步想到，如果手机再装上摄像头，让人们能拍摄自己，发给亲朋好友……

这个创意立即被实施。该公司生产出了具有拍摄功能的手机。虽然别的手机公司开发了技术难度更大的功能，比如用手机听音乐等。但高伟贴近用户需求的发明赢了。正如他所说：需要看说明书才能使用的东西，一般都卖得不怎么好。用一句话说明白的商品，才是人们需要的。我对灵感与创意的总结是：需要是发明之母，简单就是最好。

方便面是同学们再熟悉不过的食品，被称为20世纪最伟大的发明，其实，方便面是由饥饿催生的灵感，由日本人安藤百福发明的。

二战后，日本的食品严重不足，安藤百福偶尔经过一家拉面摊时，看到人们顶着寒风排起长队。他于是对拉面产生了极大的兴趣。他开始研究起拉面，希望能发明一种加入热水就能立刻食用的速食品。他为设想中的方便面定了五个目标：1. 味道好吃不厌；2. 有很长的保质期；3. 不需要烹饪；4. 价格便宜；5. 安全卫生。经过一番努力，他终于解决了最难的保存期和烹饪问题，拿到了方便面制作的专利。全世界最高年产量达到6325亿包。

这些故事都告诉我们，只要人有思想，善于发现，就能创造利润。

“同学们思考一下，这些故事对你们以后做人做事，是不是有所启发？”夏老师继续问道。

“夏老师，您这些的故事，是在启蒙我们的情商，还是引导我们去投机取巧啊！”谢凯一边不停地挠着头皮，一边嬉皮笑脸地说。他喜欢听故事，听完故事又得意忘形。

夏老师微微一笑，没有去批评谢凯：“我给同学们讲这些故事的本意，是希望帮助同学们认识社会、认识自己、认识灵感与创意的重要性。希望同学们在今后的学习中，去捕捉思想里常常一闪而过的念头。如果说，同学们抓住了这种火花，说不定就会帮助你们在某一天，某一个时刻，创造出意想不到的结果。这样的故事由你们自己去写。而作文与写作，就是创作故事的记录者和保存者。所以，夏老师的提问，请同学们的态度一定要端正，回答问题一定要认真。”夏老师严肃地说。他是在启蒙孩子们用开放的思想去面对现实，拓展境界，开创未来。

“做任何事情都要动脑筋想办法，只有这样，才能创造奇迹。”

“只有卖不出东西的脑子，没有卖不出的东西。”

“办法总会有的，就看你愿不愿去脑洞大开。”

“如果把结果分成等次的话，就看你努力到哪一步。”

“创意的实施，必须要有这种思想：最好的打算，最难的过程，结果并不重要。”

孩子们争先恐后地表达着自己的思想，而且表达的语句都很经典。夏老师为孩子们的进步窃喜，他看到每堂课的警句格言正潜移默化地在孩子们的思想里发挥作用。他觉得和孩子们互动的距离越来越近了，他很满足这样的学习氛围。

“同学们的回答，都是围绕着提问进行的，简明扼要，句句经典，可以称得上是警句格言。但是，学无止境，还得再接再厉。在你们的内心深处，必须永远埋藏着争做第一的思想，有了这种思想，就会转化成动力，促使你们不断吸收知识的能量。”夏老师看着喜形于色的孩子们说道，“下面，是修辞手法的学习。

上堂课，我们讲了修辞手法中的比喻，在作文中用得比较多，今天要讲的借代、比拟、转借也是在作文里经常运用的。比如：棕熊，站起来！”

夏老师突然抬手一指谢凯吼道。

谢凯在茫然中不知所措。他紧张地看看周围的同学，不停地挠着脑袋站起身，莫名其妙地望着夏老师。

“这就叫借代，没有把谢凯的名字说出来，而是另外叫他曾经使用过的绰号。”夏老师伸出右手招了招，示意谢凯坐下来。

“夏老师，你也太损了！把我当成教具？”谢凯得意扬扬地坐下，还冲夏老师做了个鬼脸。孩子们缓过神来，嗨翻了。

“同学们请注意！比喻和借代是不同的。不论是明喻、隐喻、借喻、讽喻，都是用一种事物来比另一种事物，而借代只有一种事物，只是没把这个事物的名字直接说出来，而是另外取了名字。

一、借代：通俗地讲，就是取绰号。如：小鲜肉、小棉袄等。在这里，夏老师必须强调一点，同学之间闹着玩，绝不容许给生理上有缺陷的同学起绰号，那是不礼貌的行为。

二、比拟：什么是比拟，同学们也知道一二。就是把动物、植物当人来写，把非生物当作生物来写。有时候，运用其他生物的属性来写人。

1. 把动物、植物当人来描写：窗外的法国梧桐树上，鸟儿正婉转地唱着歌；风真大，法国梧桐树的枝叶正随风起舞。

2. 把非生物当生物来描写：当我打开笔盒拿笔写字时，它才会轻轻地哼唱起歌谣。

3. 用其他生物的属性写人，也叫拟物。例如：我愿做一片落叶化作春泥更护花。这是用落叶比人。教室里很静，静得美丽，静得专注。而美丽，专注是用来形容人的，现在用来修饰教室。

三、转借：在《汉语成语词典》里，有很多形容人的成语。例如：怒发冲冠，指气得头发直竖，顶着帽子。头发是不会发怒的，更不可能竖起来顶起帽子。怒是修饰人的，现在借用修饰跟人有关的物。这就是转借，需要同学们认真琢磨领悟。

现在，我出一个《在路上》的片段作文题，请同学们把刚才学过的借代、比拟、转借融会贯通在作文片段里。现在开始写作文。”夏老师巡视着孩子们，等待提问。但是没有，孩子们都在默默写作文。

汤佳婧的片段：

在路上

晚上培优完回家，路过小区一片空旷的草坪，四周万籁俱寂。一只萤火虫提着一盏灯笼，飞舞在我前面，为我照亮回家的路。我的心里乐开了花，多么美妙的夜晚啊！

“小棉袄，你可算是回来了！”妈妈脸上开着花迎面喊道。她是来接我的。

谢凯的片段：

在路上

我走在上学的林荫道上，鸟儿在树上唱歌，知了吟诵起长诗。突然，迎面吹来一阵凉风，一片落叶紧贴在我脸上，亲吻着我。我惬意无比，立住脚步，想留住这意外的时刻。正当我陶醉在这美好的邂逅中，手臂被撞了一下，一个声音说道：“棕熊，大白天扮鬼啦？快走，要迟到了。”我一把抓下脸上的落叶，苦着脸看着熊浩，无可奈何笑了一笑。

“同学们《在路上》的片段都写得很好，借代、比拟、转借运用恰当，我就不再多说了。今天的警句格言是：一、第一个把女人比作花的人是天才，第二个把女人比作花的是庸才。二、灵感来自知识，没有知识的浸润，是不可能有灵感的。”夏老师说完等待同学们做好笔记，继续说道，“现在开始写命题作文《难忘的老师》。我提示一下，请同学们写自己最熟悉的老师。”

难忘的袁老师

我们是看着袁老师的背影在成长。从小学一年级开始，袁老师就当我们的班主任，他又黑又瘦，头发凌乱，不修边幅，但是，一对眼睛特别有神，他讲课的时候，那真是激情四射，妙语连珠。我们都称他为“三元”袁老师。这绝对是褒义词，因为我们都喜欢很有气场的袁老师。

袁老师有时会犯小糊涂。讲课点学生回答问题时，常常爱把陈卓文同学说成陈文卓同学，他的口头禅是：“请那个……陈文卓同学，不对不对，是陈卓文同学站起来。”这时，全班同学就会一阵哄笑，搞得袁老师红着脸，愣住思考，然后羞愧地摸摸后脑勺说：“那个……陈卓文同学，对不起哈，我无意间给你改名了，没征得你的同意，是有些失礼，真是对不起哈。”但是，我们并不在意袁老师这点小瑕疵，他的课讲得好，带的班多，要准确记下每一个同学的名字，也并非是件容易的事。

我们爱听袁老师的课，从袁老师引经据典的故事里收获了很多知识。但是，我又有些害怕袁老师，每次袁老师提问题，我都是胆怯地低着头，生怕我答不出来，愧对袁老师的期望。这时，袁老师就会漫不经心地走到我的跟前，用信任的目光看着我，脸上露出鼓励的微笑，让我一次又一次忘记了胆怯，勇敢地举起了手。

袁老师对每一位同学都很关爱，哪怕是批评同学，也是和风细雨，循循善诱，既严肃又讲分寸，从不伤害我们的自尊心。袁老师就是这样让我们接受着最朴实的做人的道理。比如开家长会，谈到考试成绩，他从不当众公布分数，这就给没考好的同学留下了面子，还给予了他们一种无形的动力，因为，我们每一个同学都是有上进心的。

记得有一次，我生病发烧无精打采，细心的袁老师从讲台上走过来，用手背试了一下我的前额，低语道：呀！有些发烧。下课后，我趴在课桌上休息，听见急匆匆的脚步声停在我的身旁。我抬头看，是袁老师一手拿着一杯温开水，一手拿着退烧药像父亲一样慈祥地看着我。那一刻，我的眼睛湿润了，感觉袁老师是那么亲切，我真心觉得有这样的好老师是我们每一位同学的幸福。他就生活在我们的故事里，陪伴着我们成长——难忘的袁老师！

夏老师点评：《难忘的袁老师》抓住了老师的特点，写出了老师的性格，融进了师生之间的情感，袁老师的形象跃然纸上。

第三十四课　对话

“同学们好！”“夏老师好！”

“今天这堂课的内容有：说事论事；修饰手法；警句格言；命题作文《对话》。”夏老师简单概括道。

“夏老师，怎么说事论事呀？”喻彬扶着镜框问道。

“夏老师说事，同学们就事论事。”夏老师解释说，“我曾经读过尼采的一篇文章——《我为什么这么聪明》，他的结论是：我之所以这么聪明，是因为我从来不在不必要的事情上浪费精力。请同学们反省一下，你们在哪些不必要的事情上浪费精力呢？嗨玩？低头怪人？组队打游戏？做作业神游长时间不动笔？反正乱七八糟的事情，不知道自己该做什么。”

孩子们不好意思地笑着。

“依我看，玩手机是同学们当前最浪费精力的地方。特别是在手机上玩游戏，当你们把精力花费在游戏上时，可以获得一时的快乐，但却无法获得有用的知识。你们把学习知识的时间浪费在了手机游戏上，这不亚于是一种自杀。请同学们好好想一想，这是不是会关系到你们的人生走向。如果上了瘾，就更麻烦了！”夏老师语重心长地说道。

“夏老师，我太喜欢手机了。特别是手机里的游戏，真的上瘾。”

“玩手机蛮影响学习。虽然我们知道，就是改不过来”。

“还有微信加自拍神器：发照片，晒美食，聊天等等。浪费时间和精力。”

“当下手机的确成了我们生活中的伴侣，带来很多方便，也消耗着我们的精力。怎样把握好自己呢？”夏老师略一思考，拿出手机晃了晃说，“就拿微信来说，传播信息量大，交流起来方便。当你建立了微信群，就有了自己的朋友圈。就要花费大量的精力去阅读和回复彼此的信息。这些人在囧途的信息，很多来源都不可靠。就拿我来说，接触面广，有很多朋友希望我玩微信，方便联系和沟通。但我知道使用微信的后果，便告知他们我不用微信，有事可以打电话。

这是因为我知道，如果我用了微信，自然就有了微信群，就有了庞大的朋友圈，就会花费大量的时间和精力去做一些不必要的事情，同时还要影响我写作的心态平衡。

有一家《邮报》做过一项民调。向公众提出一些非常离谱的观念让他们判断：外星人可能会到地球上绑架儿童；毁神星 2029 年可能会与地球相撞；人死后灵魂会三日不散。结果表明，每条信息都有 20%的人盲目相信。也就是说，有五分之一的人，会因无知相信任何愚蠢的消息。然后以讹传讹，把时间都浪费在上当受骗之中。

客观地说，一个人的知识少并不可怕——加强学习，积累知识就行。真正可怕的是，这些人根本没有意识到自己的无知，整天拿着手机爱不释手。我觉得这种人就是那五分之一的人，请同学们一定要警醒自己，最好是为自己设定一道防火墙，拟定一个有细则的奋斗目标。”

“夏老师，这种带细则的奋斗目标，我们该怎么去设定呢？”邹佳蓉瞪大眼睛望着夏老师问道。她的写作进步非常快，学习很专心。

“那要根据自己的情况而确定。”夏老师想了想说，“这样说吧，倘若你们外出游玩，在山崖边发现了一包挂在树干上的金子。如果要是攀岩下去拿的话，可能会有生命危险。这时，你们应该怎么办？”

孩子们用疑惑的目光看着夏老师默不作声。

“我曾经拿这个问题问过之前的同学们，一大半的同学选择放弃。毕竟，生命比财富更可贵。这时，我把这包金子换成失足坠崖的孩子，同学们都毫不犹豫地选择下崖去救孩子。

这就是目标的设定。面对相同的处境和后果，同学们却做出了不同的选择。所以，目标不同，行为也就不同。请同学们在对待人生规划设定的课题上，该选择的就选择，该放弃的就放弃。如果你们连分辨选择与放弃的智慧都没有，分不清什么是势在必行，什么是急流勇退，那人生的规划将沦为空谈。”夏老师指导说。

“人生规划真有那么难吗？”谢凯像是问自己又像是问夏老师。

“一辈子的事，当然是难上加难！”邹佳蓉回答。

“未来引导现在，起码得有能力自己养活自己。”孙柏灵补充。

“这还不容易，等到牛市，我可以去炒股。”谢凯来劲了。

“你会炒股？”喻彬追问。

“常听爸妈谈论股市的涨停。他们是大户。”谢凯回答。

“就没有听爸妈说过跌停?”夏老师插话说，“现在，我想到了一种心理游戏，当你们遇见家里出现空洞的时候，本能的反应是什么?”

“把空洞填上。”孩子们齐声回答。

“其实，我们每一个人的内心也有空洞。”夏老师接上话说，“当你们把它填满时，就会感到充实和满足。比如：当你们收获攒足了100块钱的快乐，接下来就需要攒500块钱才能感受同样的快乐。等到500块钱的快乐消失，空洞又会显露出来，又期待起1000块钱的快乐。所以，人最大的悲哀就是无法跑赢欲望，当你占据了欲望，欲望同时也占有了你。这时，你才会发现，心里的空洞还在。下面，我讲一个故事，希望同学们能悟出其道。”

抓野猪

一天，山村来了一个陌生人。他告诉山民，他以200元的价格收购野猪。山民高兴，大肆捕捉。野猪数量锐减，山民停止了捕捉。

这时，陌生人又说，每头野猪加价到400元钱收购，山民又重新投入捕捉野猪的行动。不久，野猪的数量更少，山民再次停止捕捉。陌生人再次放话，提高收购价格到600元一头野猪。但山里的野猪稀少，山民很难抓到。

后来，陌生人说要回去处理事情，把收购野猪的事情交给了他的副手。这天，副手召集了所有山民，指着被收购的野猪说：我们做笔交易，我现在以每头野猪450元的价格卖给你们，等老板回来，你们再以600元的价格卖给老板。山民听了皆大欢喜，纷纷拿出所有积蓄买下了野猪。但是，从此以后，山民再也没有看见收购野猪的陌生人和他的副手了。

“现在，同学们对炒股的过程，应该有一个深刻的认识了吧?”

夏老师在孩子们成长的路上，设置起警示牌。

“心洞太可怕了，填不满怎么办呢?”

“答案就在你们的心洞里。千万别让自己被心洞领着走。窥豹一斑，做人做事都是一样。有一句警句格言是怎么说的?”夏老师启示孩子们问道。

“当你对自己诚实的时候，任何人也不能欺骗你。”孩子们用童声朗读出来，美妙悦耳。

夏老师很满意孩子们的理解能力，感觉说事论事，收到了不错的效果，他微笑地望着孩子们说道：“接下来是修辞手法的学习：

一、双关：一句话涉及两种不同的事物，也就是说巧话。比如：刘禹锡的《竹枝词》巧妙地运用了双关：杨柳青青江水平，闻郎江上唱歌声。东边日出西边雨，道是无晴还有晴。‘晴’一语双关，一方面是顺着‘东边日出西边雨’的意思，晴天雨天的晴；一方面又顺着‘闻郎江上唱歌声’的意思，表示感情的情。如果用在我们同学之间的对话上，该怎么讲呢？”

谢凯滴溜着眼珠，抢着大声回答：“曙光就在前头，上完夏老师的作文培优课，我们就解放了。”

“是啊！解放了。”喻彬跟随着谢凯一唱一和。

“能解释一下吗？”夏老师说。

“曙光就在前头，是说马上要下课了。解放了一指下课放学，二指双休日不用上学。”谢凯解释。

“我说的解放了，是指放学和双休日不用学习。这么珍贵的休息日，心情激动哇！”喻彬跟着补充说明。

孩子们乐得拍手叫好！

夏老师理解孩子们的心情，附和着微笑，然后继续说道：“二、摹绘：就是摹声绘色。摹声：用象声词来摹拟声音，比如：教室里很安静。突然只听‘啪啦’一声响，吓了专心听讲的同学们一跳。原来是谢凯的笔盒掉在了地上。绘色：用带色彩的文字描写事物的性状和情态。比如：描写人物。黑亮的眼睛，油光的头发，红扑扑的脸蛋。就会给人一种浮雕似的感觉。

三、夸张：用夸大的词句来形容事物。比如：今天教室里安静得连同学们的呼吸都听得见；同学们心里在想，今天的时间过得真慢，我上课可是度日如年！在这里，夏老师要提醒同学们注意，夸张好写，但要注意适用范围，不要滥用，更不能违背生活的逻辑。

下面，是夏老师写的一篇短文《功夫》，请同学们阅读后，找出运用的修辞手法，好吗？”

夏老师说完，把短文《功夫》的资料发给了孩子们。

功　夫

这是一场世界级的功夫比赛，参加者有美国运动员，日本运动员，中国运动员。在一座空旷的大厅里，一声哨响，一只圆圆绿头、鼓着一对复眼、振动着透明翅膀的苍蝇被放进大厅。只见美国运动员淡定地走进厅中央。出剑，剑刃背骨，清晰成线锋，浑体闪烁青光，“唰”的一声，苍蝇没了。裁判员走进大厅观察，苍蝇被劈成两截。接着，日本运动员走进大厅。又一只苍蝇放出来，“嗡嗡嗡”地在大厅上空盘旋。日本运动员拔出武士刀，只见寒光逼人，锋刃呈弧线闪耀，“唰唰”两声，苍蝇落地，但没有死，裁判员走近一看，苍蝇的两个翅膀没了。

最后是中国运动员，又一只苍蝇在大厅里乱蹿。中国运动员亮剑，青龙宝剑威严无比，透着淡淡的寒气。中国运动员举剑而起，一道银光，如狂蛇吐信，游龙穿梭，“唰唰唰”三声响，苍蝇“哎哟、哎哟、哎哟”哼哼了三声，但还在飞行。裁判员走近问其原因，中国运动员说：请你把苍蝇捉下来看看就知道了。裁判员把苍蝇捕到一检查，苍蝇毫发未损。中国运动员说道：请你再仔细瞧瞧。裁判员手拿放大镜认真查看，伸出大拇指说道：好剑法，给苍蝇拉了一对双眼皮。不过……你挥剑三响，还有一剑刺在哪里呢？说着，又拿高倍放大镜检查，显得眉毛都在沉思，然后惊叫：真是剑法如神，竟然给苍蝇的脚上挑了一个鸡眼。中国运动员平淡一笑，不以为意。裁判望着中国运动员又问道：刚才我好像听见苍蝇“哼哼哼”了三声，为什么呢？中国运动员惭愧地说：真对不起，我刚才忘了在剑锋上涂麻药了。

裁判员感慨地晃动着头连连赞叹，好生了得，好生了得，中国运动员真是功夫如剑，剑是功夫。

夏老师巡视着，查看每位孩子对《功夫》中修辞手法的理解，接着回到讲台中央说道：“我刚才浏览了同学们对《功夫》中修辞手法的理解，同学们写的比喻、拟人、夸张、反语、摹绘、转借都是正确的。不过，我还不知道同学们在写作文时，能否运用得当。”

“看事容易做事难，运用得当不敢当。”谢凯沾沾自喜随口蹦出顺口溜回答夏老师。

“谢凯说得没错。写作文在运用修辞手法时，很难面面俱到。不过没关系，边写作文边运用，时间长了就水到渠成，修辞手法在笔下自然流出。”夏老师说道，“今天的警句格言是：一、如果你选择了勤奋，就要坦然地走下去。只是在那条路上，你要比别人起得更早。二、决定一个人能走多远，是她选择的方向和正在走的路，而不是出发的地点。”

孩子们做好笔记，默默地看着夏老师。

“今天这堂课的最后一项内容是《对话》。请同学们一定要注意，好言一句三冬暖，恶语伤人六月寒。说话容易，我们每天都在说话，不需要查字典，不担心错别字，不思考同音字意，不害怕说病句。同时，说话也很难，没有时间去精推细敲，容易说错话，连美国总统也是如此，忙得白宫发言人不停地为他打圆场。正因为如此，同学们就应该了解说话（对话）的形式和运用。

对话有四种形式：1. 自语。一个人说话，如话剧里的独白。2. 两人对话。我问你答，你问我答。3. 一人对多人的对话。例如夏老师现在面对同学们上课或课堂上提问。4. 多人的对话。班务会上的讨论或下课和同学们聚在一起聊天。

对话有三种运用：1. 刻画人物性格（《蜡笔小新》）；2. 反映人物心理（《皇帝的新装》）；3. 发展故事情节（《成长不可无书》）。”夏老师讲解对话的内涵和运用。

“夏老师，怎么用对话发展故事情节呀？《成长不可无书》我们又没看过。”钱莉茹提问。

“《成长不可无书》是秦朔写的一篇散文。开头是这样写的——”

> 这是中央电视台记者在采访中与一个西北放羊娃的对话：
> “你每天干什么？”
> “放羊。”
> “放羊为了什么？”
> “挣钱。”
> “挣了钱呢？”
> “娶媳妇。”
> “娶了媳妇呢？”
> “生娃。”
> “生了娃，让他干什么？”
> “放羊。”
> “……”

同学们可以看到，这篇文章用对话推动着情节发展，同时也表达了文章的主题。从放羊娃的回答中我们看到，生命的悲哀不在于目标不可达成，而是在那没有知识光亮闪耀的地方，生命便永远在放羊、挣钱、娶媳妇，然后在下一辈还是放羊的循环中延续。文章的主题便是标题——成长不可无书。”夏老师回答了说话的艺术，解读了文章的内容。

孩子们听着哄堂大笑，是在讪笑放羊娃回答问题的愚昧吗？

夏老师见此情景，因势利导地说道："同学们也许觉得好笑？但是，如果你们不学好知识，也会像放羊娃一样，放羊、挣钱、娶媳妇，下一辈还放羊。因此，只有知识才会给你们方向，让你们知道自己要什么。"

孩子们听进去了，齐刷刷地坐正，双肘互搭放在桌面上，两眼平视前方，看着夏老师。

"今天的命题作文《对话》，同学们可以浮想联翩，用对话表达对学习的理解。"夏老师布置作文要求。

对　话

窗外，蒙蒙细雨像银色的丝线，落在树枝上变成了晶莹的雨珠。风儿轻轻一吹，枝条微微晃动，雨珠洒落而下，甚是美妙。

"爸爸，你快来看，树是怎么摇动树枝的？"我站在窗边，回头望爸爸问。

爸爸放下书，走到窗前，望着窗外树上的景致说："不是树在摇动树枝，是风伴着雨，雨又裹着风。所以，树在风雨中飘摇。"

"爸爸，你不觉得树在蒙蒙的雨雾中跳舞吗？"我又问。

"它为什么要在雨雾中跳舞呢？"爸爸反问。

"因为细雨正在滋润它，它很高兴呀！"我说。

"也许吧。"爸爸随声附和。

我和爸爸继续站在窗前观赏蒙蒙细雨里的树。树情趣盎然显得很美丽。而且它摇动的枝条是有节奏的。起先是婀娜多姿，然后是轻微柔和，再后来是剧烈震撼。

"树是活的吗？像人一样？"我问。

"是的，"爸爸回答，"它是活的，有生命的。"

"冬天的时候，树看上去好像很凄凉。"我说，"躯干裸露，树叶稀垂，看上去好悲伤，又很孤独。但现在，枝繁叶茂，雨落脆声，叶儿活了，翠嫩欲滴。鸟儿在树叶下躲雨，树又常常将叶儿闪开，逗着小鸟，它看上去好开心呀。"

"是啊，树在细雨中的确很开心。"爸爸微笑地看着我。

"爸爸，我真的觉得树好像人，他在雨中舞蹈。"我说，这是我心里的感觉。

“是呀。”爸爸回答。

“如果他是在雨中跳舞？”我说，“应该有音乐伴奏啊！”

“当然，他应该有音乐伴奏。”爸爸抚摸着我的头说，“也许在雨中，有一种只有树才能听得见的音乐伴奏。”

“哦，爸爸，”我说，“也许树舞蹈累了，现在又在雨中沐浴，还有音乐伴奏，美极了，我感觉到了。”

“是呀，是美极了！”爸爸开心地笑了。

我和爸爸静下心来，侧耳捕捉树在沐浴中的变奏曲。

“爸爸……”我欲言又止。

“怎么了？孩子？”爸爸偏头望着我。

“我觉得无边丝雨细如愁。这是宋词上说的。”我言从心生。

“为什么？”爸爸吃惊地看着我问。

“我上的培优班的夏老师，总喜欢让我们背名言，写作文，烦死他了。”我噘起了嘴巴。

“怎么，不想上夏老师的课了？”爸爸平静地问。

“还是有一点点想。”我笑了。

“那就好，你要学会像树一样，在风雨中把学习知识，当成滋润自己成长的音乐，你能做到吗？”爸爸开导我。

我和爸爸热烈讨论起学习减负的话题。而雨中的树却在静静地看着我们。

窗外，雨还在无声地下着，摇曳的树枝和闪烁的雨珠非常迷人。我暂时忘了学习的烦恼，尽情享受着窗外雨中的美景：风景在变，诗意如画；心情在变，坦然面对……

夏老师点评：《对话》如诗如画，情景交融，写出了窗外的景致，写出了窗内的自己。

第三十五课　发现

“同学们好！”“夏老师好！”

“今天上课内容有：说事论事；修辞手法；警句格言；命题作文《发现》。”夏老师概述了授课要点，微笑地说道，“现在，我宣布一个耸人听闻的消息。行星阿波菲斯会在2029年4月13日直奔地球而来，到达距离地球东半球最近的位置，于5时20分左右与地球相撞。这件事发生的概率为1/37。在埃及神话中，阿波菲斯是邪恶和毁灭之魔，所以行星阿波菲斯又叫毁神星。也就是说，毁神星有36的概率不会撞地球，又有1的概率要撞上地球。这就是概率的预测，推测在相同条件下，事件发生与否。”

“夏老师，假设毁神星2029年4月是在那1的概率里面呢？人类会不会像恐龙一样灭绝？”谢凯急切地问。

“这个问题难倒我了。我用墨菲法则解释：如果坏事情可能发生，不管这种可能性多么小，它总会发生，并引起最大可能的损失。”夏老师引经据典回答谢凯的提问说，“这就是我们人类要共同面对的最大风险。所以，谢凯同学，我们是不是应该珍惜时光莫蹉跎，好好地活着。”夏老师有意味地看着谢凯。

“现在离2029年还有十来年的时间，科学跟得上这1/37的概率吗？”谢凯挺认真地看着夏老师，继续问道。

“这只是用概率对未来天地大冲撞的预测，如果我们担心的1/37的事情真的发生了，灾难性的后果就无法想象。但是，我们的希望还是站在那36的概率一边，对不对？”夏老师乐了。他只想让孩子们了解概率的用途，在生活中用概率判断一件事发生的可能性大小，做出合理的选择。没想到孩子们对毁神星撞地球的概率这样的专注。

“我想有可能毁神星要和地球相撞。真的！墨菲法则说：如果坏事情可能发生，不管这种可能性多么小，它总会发生的。”谢凯现学现卖地对江珂宇说，执拗得可爱。而江珂宇表情严肃地听着，频频点头。

“虽然毁神星七年会运行到地球附近一次，不过，经过科学家们的测算，2029年毁神星离地球最小的距离会在2000万千米，比离月亮还要远50倍以上。所以，我们不能被概率吓坏了自己。当然，最让人放心的数字应该是0才对。”夏老师连忙解释。他怕吓坏了孩子们。

“夏老师，您好坏呀！把我吓了一大跳。”谢凯释怀地舒了一口长气说，“我觉得概率有很大的模糊性，容易把人的思路引偏，对吗？”

“所以说，我们应该正确使用概率。比如，健康长寿的概率是：每天运动20分钟，减少19%的死亡风险，相当于每天增加1小时平均寿命，赚40分钟；若每天锻炼1小时，会降低24%的风险，平均下来每天增加1.5小时寿命，运动的回报率减少了，只赚30分钟。从上述的概率数字中，我们可以得出这样的结论：人不能太懒，也别用力过度。谢凯，你喜欢这样的概率推算吗？”夏老师望着谢凯问道。

“夏老师，我不能跟您讨论概率的问题了。要不，您又会把概率论引申到学习上来的。”谢凯挠着头，警觉地看着夏老师。

“刚才谢凯谈到了学习。现在，我就借汤下面，讲讲皇子皇孙们学习的故事。”

康熙皇帝酷爱学习，读书要求120遍，达到读书百遍，其义自见的境界。康熙有35个儿子，24个女儿，96个孙子。皇子皇孙学习的地方叫上书房。上书房有个无逸园是供其皇子皇孙读书的地方。

皇子皇孙学习时间：

寅时（凌晨）：3时至5时，起床复习头天的功课。

卯时（凌晨）：5时至7时，师父（老师）教皇子皇孙们知识。

辰时（早上）：7时至9时，皇帝下早朝，看看皇子皇孙们学习的情况。

酉时（傍晚）：17时到19时，一天的学习结束。

皇子皇孙们学习时，必须正襟危坐。天热不准打扇子，天天如此。

“现在，我们有的同学患有娇生惯养的毛病，学习上害怕吃苦，当你们听了皇子皇孙们的学习情况，得到了什么样的启发，请用行动告诉夏老师？”夏老师表情凝重，语言铿锵。孩子们马上挺胸抬头，目视着夏老师。

“夏老师，我们不是家里的小公主、小皇帝。在学校里是学生，在家里是孩子。”钱莉茹纠正夏老师的话说。

“这就对了，有的同学把自己误认为是小公主、小皇帝，事实上呢？那是孤芳自赏，是一种病。”夏老师满意地看着孩子们说，“说事论事讲完了。接下来应该上哪方面的内容？”

“修辞手法！”

“今天要讲的修辞手法有反语、顶真、对比。

一、反语：顾名思义，就是说反话。口语里常常运用反语。比如：我费了好长时间才把作业做完。偏要说成，我好容易才把作业做完。家里来了好多客人很热闹。偏要说成家里来了很多客人好不热闹。所以说，反语运用得当，可以强化说话的氛围。

二、顶真：在上句的结尾与下句的开头使用相同的字或词的声韵方法。比如：一生二、二生三、三生万物。（老子《道德经》）钱莉茹同学有一对杏眼，杏眼上有长长的睫毛，睫毛上挑着泪珠，泪珠晶莹闪烁。这就是说，顶针用好了，可以使句子环环相扣，引人入胜。

三、对比：把大和小放在一起相互比衬，大的显得格外大，小的显得格外小。比如：孙柏灵同学看上去文文静静的，可说起话来声音像打雷，轰轰隆隆，怪吓人的。别看钱莉茹同学长得小巧玲珑，气量可大呢！肚子里面可撑船。同学们平时一定要留心观察周边的人和事，这样写出来的对比才能丰富厚实，突出各自的特色。

以上是夏老师给同学们讲的修辞手法的一部分，同学们在写作文运用时，一定要仔细斟酌，表达准确，这样写出来的作文才会鲜明生动，字字珠玑。

看看，同学们还有没有什么问题，可以提出来一起探讨？”夏老师说完，等待着孩子们的反应。

教室里很安静，孩子们瞪眼看着夏老师，好像没有问题可问。但表情又显得异常。

“今天是怎么了？”夏老师为了缓解这沉闷的气氛，笑着说道，“那好，夏老师给你们出一个字，看看哪位同学是火眼金睛能猜出来。”夏老师说着，拿起讲台上的粉笔，横着在黑板上写下了一个狂草“猜”字。

“夏老师瞎写，忽悠人的，这根本就不是字。”

“怎么不是字？这是狂草。看我们认不认得出来。”

“又不是猜谜语，字就是字，还用得着猜吗？”

孩子们经不住诱惑，各抒己见。沉闷的教室热闹起来。

“刚才同学的发言，有对有错。夏老师明确告诉同学们，黑板上的字就在你们的思想里。”夏老师补充说。

“是猜字。狂草的猜字。”喻彬等夏老师话音刚落，脱口而出。

“对的，是猜字。”夏老师说道，“那么，接着第二个问题就来了，你们猜猜夏老师像什么样的人？”

“夏老师不就是夏老师吗？是个男人，老头子。”喻彬乐着回答。教室笑声响起，沸腾起来。

“喻彬回答得不错，但只是表象。我现在要你们用猜来判断夏老师是一个什么职业的人？”夏老师做了进一步的提示。

“夏老师是一个男老师，教作文挺棒的。”孙柏灵竖起拇指说道。

“还是表象。”夏老师否定。

“那就没有了。”全班孩子参差不齐回答。

“猜不出来吧？告诉你们，夏老师还是一个医生，专治疑难杂症的医生。”夏老师一本正经地说。

“你们不相信夏老师说的话吗？好，我现在就郑重地告诉你们，我们班上有少数同学已经病得不轻，可以说是病入膏肓。非下猛药才能医治。”夏老师不苟言笑。

孩子们面面相觑，回过神来又开怀大笑。

“夏老师唬人！我还以为猜什么呢？原来是猜我们有没有病。”谢凯起身一屁股坐在后排没人的课桌上，拍着胸脯说道，“牙好胃口就好，吃饭喷喷香。我身体棒棒的。”

王宇泽也跟着热闹起来，想学谢凯坐在后排的课桌上，他站起身子，用力一跳，屁股没够着桌面滑落在地上，引得全班一阵哄笑。

夏老师连忙走到王宇泽跟前，把他扶起来问道：“王宇泽，摔着了吗？”

王宇泽用双手揉着屁股，窘迫地笑着说：“就是屁股有点疼。”

孩子们又是一阵看热闹不怕事大的笑声。

“谢凯，不要坐在课桌上！这是课堂，不是给你竿子往上爬的杂耍场。”夏老师厉声惧色地说道，“站到前面来！”

谢凯低着头，慢慢腾腾走到夏老师跟前。

“面对同学，应该是怎样的站姿？”夏老师问。

谢凯转身，像士兵一样挺胸收腹，双手自然下垂，双脚微开，脚尖向前，双眼平视前方。

夏老师看着杀鸡给猴看的效果，心里偷着在乐。他打心底里喜欢谢凯的聪明和顽皮。

“谢凯同学，夏老师郑重地告诉你：德行时时处处都应该自觉去遵守，别再得意忘形。听清楚了吗？”夏老师抚摸了一下谢凯的头说。

“听清楚了——”谢凯低下头，瓮声瓮气地答道。

“请复述一遍，夏老师说的德行要求，表达要清晰，语气要诚恳。”夏老师又说。

“公德是我们每一位同学必须遵守的行为准则，不应该去破坏它。我刚才坐桌子的行为，就是在得意忘形之时，把遵守公德抛到脑后了……王宇泽刚才也是的。”谢凯面对同学表达清晰，语声低沉地说。

“坐回自己的位置。”夏老师拍了拍谢凯的肩膀说道，“给谢凯同学掌声！”

孩子们鼓起了掌，王宇泽鼓掌最带劲。

“刚才夏老师说少数同学病得不轻，我现在就开出一服药方，同学们看后就知道病症在哪？

汉代著名书法家蔡邕说过：书者，抒也。故书法是抒写浓烈思想的艺术，是中华文化发展的根脉。它涵盖有篆、隶、楷、行、草五体，是闻名世界的文化遗产。

请同学们好好想一想，你们欣赏到的音乐、舞蹈、绘画、雕塑、戏曲……世界各民族均有之。唯独书法，以汉字书写为千年积淀的文化，其他民族没有。这就是历史的选择。浩瀚墨香，激扬文字，书法有魂，尽显风流。但遗憾的是，当今网络提出警告：手写体正在消亡。这表明，今天的时代，汉字书写欲离我们远去，尤其是当今的同学们。当你们应该借助汉字来表达自己的真情实感时，却像弹钢琴一般，在手机或是键盘上借拼音来完成，这不能不说是一种断层。没有书写，何谈书法。古老的书法正在失去它应有的魅力。

说到这里，我想请同学们问问自己，当你们手写文字，在作文时龙飞凤舞时，到底是抒发思绪，行云流水，还是鬼画桃符，告诉夏老师一个真实的答案。”夏老师严肃地扫视着孩子们。

“夏老师，我写作文都是一气呵成，越写字迹越潦草，有时候连自己都认不得。”

“我今后写完作文，一定好好修改，认真誊写。”

“字如其人，就是说字也有灵魂，我要好好地练字。”

“我现在知道了，书法是中华文化的瑰宝，应该由我们去发扬光大。”

“我一定要好好学习书法文化，做到与字对话。”

孩子们争相表明态度。

夏老师静静地看着孩子们，内心深处涌动着一种感动。这种感动像花儿一样绽放，将会在心中留下馨香。

“言行要一致哟！”夏老师感觉对孩子们的书写规范要求达到了目的。从提包里拿出一个信袋，左手把信袋抖抖，倒出许多洁白的玉兰花。顿时，教室里弥漫起白玉兰的花香。

“好香啊！”孩子们发出一片惊叹声。

“这是我从自家盆栽的白玉兰树上摘下来的玉兰花，每位同学发一朵。你们先用鼻子嗅一嗅，感觉一下它的香味，然后认真观察花瓣的纹理，仔细研究花朵的形状，耐心分辨花蕊的精妙，再用你们手中的笔把它描写出来，做完了这一切，你们就拥有自己的发现了。”夏老师说着，把白玉兰花发给了孩子们。

孩子们接过白玉兰花。按夏老师说的要求，先用鼻子使劲嗅着花香，又用灵巧的小手扒数着花瓣，再像考古一般端详着排列成圆形的淡黄花蕊，用笔工工整整记录着。夏老师查看了孩子们的描写，先从花瓣开始，再到花心，从外到里，层次分明，把一朵白玉兰花像画一样写在了纸上。

夏老师很满意自己设计的这种教学方法，起到了点石成金的效果。

“夏老师，我知道今天的警句格言是什么？”谢凯信心满满地说。

“请讲。”夏老师说道。

“发现就是成功。”谢凯高声回答。

“答对了。”夏老师认可后又问，“谁说的？”

“雕塑大师罗丹。他的代表作有《地狱之门》《亚当》《思想者》。”谢凯说着，模仿思想者样子，弓腰握拳托腮，表现出沉思的姿势。

“还有《大卫》。”喻彬补充说。

“《大卫》是米开朗基罗的作品。他也是大雕塑家。”谢凯扭头望着喻彬更正道，脸上流露出自鸣得意的骄傲。

喻彬的脸一下子绯红，窘迫得低头无语。

“知识储备太多，容易出现混淆的错误。就像夏老师常常把同学们的名字说反了。怎么办？反复念叨几遍，肌肉记忆会帮助你们的。”夏老师替喻彬解围说，“今天的警句格言是：一、发现就是成功。每位同学都应该学会去发现生活中的美；用敏感的心灵去捕捉细节的波纹。二、为自己做好准备就行。怎么去做好准备呢？那是我在静心创作短篇小说《乡情》的日子。一天，淘气的儿子闯进我的房间大闹天宫。我不耐烦地随手拿起一本《读者》，从中扯下一张抽象派油画插图，随手撕碎，交给儿子说：这是一幅破碎的油画，用你的聪明，独立地把它拼好，奖励是变形金刚。

我估计儿子要花很长时间才能完成好这项任务，可没过一会儿，儿子就拿着粘好了的抽象派油画递给我。我大吃一惊地看着儿子和他的劳动成果，是的，碎纸片油画准确无误地用透明胶带粘贴在它们原来的位置上。

儿子，你并不懂油画，更看不懂抽象派油画，是怎么把它们拼好的呢？我茫然不解地问。

儿子说：爸爸，这张油画纸页的反面是一只漂亮的大鹦鹉，鹦鹉学舌，我好喜欢呀！于是，我就把油画纸片翻过来按鹦鹉的照片拼好，然后再把它翻过去，这就是我的发现。

我无语地看着儿子，恍然从他的视角里明白了一个道理：只有善于发现，才能找出成功的方法。现在，我把这个方法传授出去，希望今天的命题作文《发现》，能给同学们带来启示。”

“夏老师，可以按照您刚才讲的故事，套着写吗？”江珂宇问。

“发现就是成功！”夏老师回答。

发　现

这件事过去了有一年多，但我一直也不能忘记。它是一个让我第一次认识到发现就是成功的有趣故事。

记得有个星期天，我为解一道数学题伤透了脑筋，把自己关在房间里苦思冥想。这时，五岁的表妹闯进我的房里，淘气地要这要那，还要我陪她一起玩。我对表妹的行为感到不耐烦，就想了一个办法让她自己玩。我随手拿起桌上一位同学送给我的圆柱形的外国女娃娃，哄着表妹说：“妹妹，你看这个外国女娃娃可爱不可爱？”表妹又是摇头又是点头，小嘴嘟噜着说：“我要芭比娃娃，芭比娃娃的衣服好漂亮的。”我又继续说：“她比芭比娃娃漂亮，你瞧瞧，金色的卷发，细黑的眉毛，湛蓝的眼睛，特别是睫毛还往上翘，樱桃的小嘴微张像在跟你说：‘小妹妹，我们交个朋友吧，我肚子里有好多的童话故事对你讲，你喜欢吗？’”表妹接过娃娃认真端详着，又摇了摇，然后放在耳边听了听，乐滋滋地走开一边玩去了。

我又安静下来，继续运算讨厌的数学题。

没一会儿，表妹坐在地上大声喊着我说：“姐姐，你看，娃娃开始讲故事了。第一个是《芭比公主的故事》……”我回头看，地上一字形排列着七个色彩艳丽大小不一，长相一样的娃娃。原来是俄罗斯套娃。而就是这样一个戴着金色纱巾，裙子上绣着一朵朵淡紫色菊花的套娃，天天在我的书桌上静静地看着我，微启的嘴唇，仿佛有话对我说，而我却把她冷落到现在。

“妹妹，你知道这是俄罗斯套娃?”我起身走到妹妹身旁蹲下身子问。表妹摇了摇头。

“那你是怎么打开取出里面的套娃的呢?”我惊讶。

“我发现女娃娃肚子里有声音，那里面一定藏着好多好多的童话故事，我好想听里面的故事啊！就摸呀扭呀，一层一层拿出了里面的小娃娃。”表妹一脸幼稚地望着我。

我无语地看看套娃又看看表妹，心里恍然明白：做任何事情，都要善于发现事物内在的秘密，这就是表妹给我的启示。我又重新坐回桌前，拿起笔，在思索中运算，终于解开了难解的数学题。

夏老师点评：《发现》在作文中发现了成功，而模仿也是一种发现。所以，只要留心去发现，就会捕捉到生活中的美丽，实现美丽的愿望。

第三十六课　流浪狗

“同学们好！”“夏老师好！”

“今天上课内容有：阅读计划；阅读《抬起头来做人》；警句格言；好词好句好段；作文；语文基础知识扫描。希望同学们更上一层楼，迈上一个新的台阶。”夏老师概述了学习内容，停顿下来，等待孩子们的提问。

“夏老师，这么多的内容，学得完吗？”谢凯问道。

“很多的事情，看起来庞杂，甚至想到放弃，但只要有做事必成功的信念，尽最大努力去把它做好，结果会出乎自己的意料。现在，我们用演绎寻求最佳答案。”夏老师回答。孩子们的畏难情绪表现在脸上，默不作声看着夏老师。

“我首先讲阅读。阅读的本意是：读后知其内容。但我在教同学们阅读时，总会发现，有许多同学把阅读看成一件无足轻重的事情。再加上同学们生活阅历才刚刚开始，知识面就显得窄而乏。但也有少数同学把阅读当成打开知识宝库的金钥匙，痴迷地一步一步深入到书的世界里。读懂每一句诗，每一条格言，每一则故事，去发现一部作品或一篇文章的独特性和局限性，感受着世界的广阔和辽远，在无尽的书籍里，寻找着通向梦想的道路。这就是书籍和阅读的魅力所在。

我记得德国的赫尔曼·黑塞有一首短诗：

书

世界上的一切书本，
不会有幸福带给你，
可是它们秘密地叫你，
返回到你自己那里。
那里有你需要的一切：
太阳、星星和月亮，

因为，在你内心里，
藏着你所寻求的光。
你在书本里寻找了，
很久的智慧，
现在从每一页里放光，
因为现在它们才属于你。

请同学们从今天开始，给自己设定一个计划：每个月读完一本书，写出1000到2000字的读书笔记。可以吗？”夏老师把赫尔曼·黑塞的诗抄写在黑板上，转身面对孩子们提出要求。

“可以！”回答一致。

“那同学们准备怎样去阅读呢？”夏老师问。

“智能手机上什么都有，想怎么阅读就怎么阅读。”

“对，快乐的阅读——维基百科。”

“我还喜欢TED演讲。”

孩子们活泼得像欢快的小鸟，叽叽喳喳表述着自己阅读的喜好。

“不！夏老师要求同学们放弃智能手机上的阅读，回归到健康的纸质阅读。从现在开始，把智能手机定位为一本工具书。否则，由于同学们的克制力有限，在浩瀚的网络世界里去浏览阅读，将会花费你们大把时间，最后的阅读结果是知之甚少。听懂了吗？”夏老师严肃地看着孩子们。他知道，孩子们的天性决定了不能网上阅读，一滑步，阅读的方向就会跑偏，收获不到真正意义上的阅读效果。

孩子们垂头丧气地看着夏老师无语。夏老师计无可施地看着孩子们也无语。他该怎样正确地引导孩子们去阅读呢？

“这样吧，我现在讲一个《请把试卷认真读完》的故事。请同学们注意听，这就算是在阅读。然后联系自己在学习中的实际情况，告诉夏老师你们读完这个故事后，有什么体会。行吗？”夏老师找到了突破口。

“行吧——”回答声拖得很长，有气无力。

请把试卷认真读完

某大公司要招聘一名总经理助理，广告刊登后，应聘材料像雪片一样飞来。经过认真挑选，50个人有幸被通知笔试。

考试那天，在临时的考场——公司会议室里，众考生个个踌躇满志，胸有成竹，都显出志在必得的信心。很快，考试就开始了，考官把试卷发给每一位考生，只见试卷上题目是这样的：

综合测试题（限时3分钟）

1. 请把试卷认真读完；

2. 请在试卷的左上角，写上尊姓大名；

3. 在你的姓名下面写上汉语拼音；

4. 请写出五种动物的名称；

5. 请写出五种植物的名称；

6. 请写出五种水果的名称；

7. 请写出五座中国城市；

8. 请写出五座外国城市；

9. 请写出五位中国科学家的姓名；

10. 请写出五位外国科学家的姓名；

11. 请举出五本中国古典名著；

12. 请举出五本外国文学名著；

13. 请写出五个成语；

14. 请写出五句歇后语；

……

不少考生匆匆扫了扫试卷，马上就拿起笔，“沙沙沙”地在试卷上写了起来，考场上的空气因紧张而有些凝固。

一分钟……两分钟……三分钟，时间很快就到了，除了有两三个人在规定的时间三分钟之内交卷外，其他人都还忙着在试卷上答写。考官宣布考试结束，未按时交的试卷一律作废时，考场一下炸开了锅，未交卷的考生纷纷抱怨：“时间这么短，题目又那么多，怎么可能按时交卷呢?”“对！题目又很偏！”

只见考官面带微笑：“很遗憾！虽然各位不能进入敝公司的下一轮考试，但不妨都把自己手上的试卷带走，做个纪念。再认真看看，或许会对你们今后有所帮助。”说完，他很有礼貌地告辞了。

听完考官的话，不少人拿起手中的试卷继续往下看，只见后面的题目是这样的：

19. 请写出五个“认真”的同义词；

20. 如果你已经看完了题目，请只做第 2 题。

孩子们听完后释然大笑。

“我知道，就这个故事的内容而言，的确令人贻笑大方。如果同学们联系自身，是不是也有这种类似的情况出现？请反省自己。”夏老师不苟言笑。

沉默。

“夏老师，我在阅读题上扣分，也有类似的情况出现。有好几次考试，我用眼睛粗略一扫问答题，慌慌忙忙把两问三问答成了一问。其实，后两问我也会做的。”

“我写作文时，容易写错别字。特别是音同义不同的错别字。比如：不积跬步，无以至千里。我把至（到）写成了致（集中）。这应该是在阅读时，没有用脑子记住字义和词义的结果吧？”

“我也是这样，期末考试填空，把捉摸不定写成了琢磨不定，现在我知道了。捉摸与琢磨是我对词义理解含糊，混淆了成语的意思。”

“我写作文时，有些生字不会写，特别是有的字一时半刻想不起来，明明知道是错的，还是胡乱瞎写。”

孩子们很有兴致地开始查找自己在学习中出现的问题和存在的不足。

“既然同学们知道了自己的问题所在，那又该怎样去解决呢？”夏老师笑着问。

“请把试卷认真读完。”孩子们异口同声，接着哄堂大笑。

“那好，既然同学们知道了存在的问题，也找出了解决问题的办法。我们不妨在实践中检验一下自己。夏老师再问一遍，什么是阅读？”夏老师针对性地问道。

“阅读：读后知其内容。”朗朗地应答。

“具体一些。”夏老师要求。

“看书学习。”“读书破万卷，下笔如有神。”“扩大自己的知识面。”“使自己成为一个完善的人。”“阅读是说不清道不明的苦痛解药。”

孩子们在一片嘻嘻哈哈中各抒己见。

“同学们刚才都发表了对阅读的理解，我现在就把怎样阅读分成步骤，便于阅读的收效事半功倍：

一、阅读前备好笔和笔记本。阅读完一篇（本）文章（书）后，从题目、结尾、全文中找出中心思想，也就是我们常说的主题。你们的心中就会亮起一盏在文字中行走的明灯，知道这篇文章说的什么道理。

二、阅读时要带一个勤字。文中出现生字和不理解的词句，要勤问老师或勤查《现代汉语词典》，了解字义和词义。同时，在阅读中常常会产生灵感：妈妈的关爱像和煦的春风；爸爸打我的凶相像一匹饥饿的狼等。如果有这样一闪念的思想，要用笔快速地记录下来，否则，稍纵即逝。

三、阅读课文时，要明确地提示自己，答题内容全在文章里，有的题目还需要融入自己的思想，然后用文字概括。

四、阅读文章时，要一边阅读一边围绕文章的中心思想进行思考，然后发表自己的感想和见解。再简单地说，阅读可以用六个字概括：理解、归纳、总结。

以上四点阅读要求，请同学们对照笔记，认真思考，融入自己的思想里。我敢保证，以后考试阅读，绝对高分。”夏老师说完，静静地看着埋头看笔记的孩子们。他是留出时间让孩子们思考和总结的。

在长时间的寂静中，夏老师把《抬起头来做人》的阅读资料发给了孩子们。孩子们接过阅读资料，默默阅读起来，有的孩子还朗读起来。

“现在，我请一位同学朗读一遍《抬起头来做人》。要求是：面部要有表情，站姿要端正，声调要抑扬顿挫。哪位同学毛遂自荐？”夏老师扫视着孩子们问道。

没有应答。有的同学还怯生生地低下了头。

“请同学们抬起头来看着夏老师。我知道你们的心在怦怦直跳。有的同学甚至非常想朗读又不好意思举手。这是我从你们的眼神中看出来的。但是，请同学们正视，在学习中一定要有强烈的表现欲望。这是你们学习的路上必须有的一种行为。习惯养成了，这条路自然就会走得畅通。哪位同学举手朗读？”夏老师再问一遍。

钱莉茹举起了手。

抬起头来做人

那一年，那个小男孩，不过八九岁。一天，他拿着一张筹款卡回家，很认真地对妈妈说：“学校要筹款，每个学生都要叫人捐钱。”

对小孩子来说，直接想到的“人”，就是自己的家长。

小男孩的妈妈取出 5 块钱，交给他，然后在筹款卡上签名。小男孩静静地看着妈妈签名，想说什么，却没开口。妈妈注意到了，问他：“怎么啦?”

小男孩低着头说:“昨天,同学们把筹款卡交给老师时,捐的都是100块、50块。”

小男孩就读的是当地著名的“贵族学校”,校门外,每天都有小轿车等候放学的学生。小男孩的班级是排在全年级最前面的。班上的同学,不是家里捐献较多,就是成绩较好。当然,小男孩不属于前者。

那一天,小男孩说,不是想和同学比多,也不是自卑。他一向都认真对待老师交代的功课,这一次,也想把自己的“功课”做好。况且,学校还举行班级筹款比赛,他的班已领先了,他不想拖累整个班。

妈妈把小男孩的头托起来说:“不要低头,要知道,你同学的家庭背景,非富则贵。我们必须量力而为。我们所捐的5块钱,其实比他们的500块钱还要多。你是学生,只要以自己的品学,尽力为校争光,就是对学校最好的贡献了。”

第二天,小男孩抬起头,从座位走出去,把筹款卡交给老师。当老师在班上宣读每位同学的筹款成绩时,小男孩还是抬起头来。自此以后,小男孩在达官贵人、富贾豪绅的面前,一直抬起头来做人。

妈妈说的那一番话,深深地刻在小男孩心里。那是生平第一次,他面临由金钱来估量人的“成绩”的无言教育。非常幸运,就在这第一次,他学习到“捐”的意义,以及别人所不能“捐”到的、自己独一无二的价值。

阅读与练习

一、“小男孩静静地看着妈妈签名,想说什么,却没开口。”小男孩此时想说什么?为什么又没开口?你能揣摩出小男孩此时的心理吗?请试作一段心理描写。

____

二、小男孩的妈妈说:“我们所捐的5块钱,其实比他们的500块钱还要多。”这句话如何理解?

____

三、第二天,当老师在班上宣读每位同学的筹款成绩,读到小男孩捐了5块钱时,班里的同学会有怎样的反应?请展开想象,作一段场面描写。

____

四、面对同学们的种种反应，小男孩是怎样的心情？请展开想象，作一段心理描写。

____

五、文章第八节说："自此以后，小男孩在达官贵人、富贾豪绅的面前，一直抬起头来做人。"试阐述这句话的深刻含义。

____

六、文章说，小男孩学习到了"捐"的意义，这"捐"的意义是什么？

____

七、文章第八节有两处写到小男孩"抬起头来"，这两处"抬起头来"有何相同之处，有何不同之处？

____

八、文题"抬起头来做人"有何深刻含义？试结合文章内容阐述这一文题中蕴含的哲理。

____

九、如果你处在小男孩的境地，你会怎样想，怎样做？

____

"钱莉茹朗读得好不好？"夏老师喜悦地问道。

"好——"

"的确很好。达到了夏老师提出的要求：表情丰富，站姿端庄，抑扬顿挫。而且我还知道，在座的同学也能达到这样的水平，因为，我从你们写的作文《我也能行》中，看到了这一点。希望今后在阅读课上，有更多的同学来表现自己。"夏老师对钱莉茹的朗读表现给予了肯定，同时，又鼓励其他孩子们要增强自己的信心——我也能行。

"夏老师，我们现在做不做《抬起头来做人》的问答题呀？"喻彬问道。

"当然要做。"夏老师说："我们先来实践一遍。我提问，同学们回答好吗？"

"好！"

"《抬起头来做人》是第几人称？"

"第三人称。"

"它的主题是什么？"

"题目：抬起头来做人。"

“共分几个自然段？”

“九个自然段。”

“第一道阅读问答题是几问？”

“三问。”

“注意了！回答这三问，要把自己换位成小男孩，结合 3、4、5、6 自然段的内容，以及小男孩家里的经济条件较差进行心理描写。”

“答：小男孩静静地看着妈妈签名，心里想：班上的同学都是捐的 50 元，100 元。妈妈让我捐 5 元钱，同学们一定会笑话我的。但是，他也知道，家里的经济条件不好，拿不出那么多的钱来。”

“阅读到位，答题完整。”夏老师满意地点评说，“后面的 8 道问答题，同学们要认真阅读，理解题意，换位思考，举一反三，综合回答。”

“夏老师，能不能再和我们一起完成两道问答题，点拨一下，好吗？”谢凯恳求。

“第二道问答题，请反复阅读第七自然段，扣住一个捐字，其意是捐献帮助别人。用自己的语言表达。”夏老师提示。

“答：钱不在于捐多少，量力而为就够了。学生品学兼优，就是最好的贡献。”孩子们写好后回答。

“言简意赅，回答正确。”夏老师说道，“第三道问答题要求的是场面描写。我们每一位同学先把自己设定在故事里。当夏老师宣读每位同学捐的都是 50 至 100 元的筹款金额时？只有谢凯捐了五元钱，你们的第一反应会是怎样的呢？”

孩子们不约而同扭头去看谢凯。

“定格，不许动。”夏老师用手机拍照，然后指导同学们阅读说，“还有，100 元与 5 元的对比之下，你们的心里会产生什么样的变化，是否会交头接耳地议论？把这样的过程写下来，就是场面描写。”

“答：当老师在宣读筹款成绩，小男孩只捐了 5 元钱时，全班同学都把目光集中在小男孩的身上。有的同学心里想：才捐 5 元钱，小气鬼。有的同学窃窃议论，这么点钱还不够买一碗牛肉面的。下次我也捐 5 元钱……”孩子们一点就通地写好回答。

“答题正确。”夏老师微笑着看着孩子们说，“下面还有六道阅读问答题，就留给同学们回去一边做题，一边琢磨，悟出其道，就会得心应手，游刃有余。”

“夏老师，阅读我喜欢。做题的方法茅塞顿开。”谢凯拍打着头说道。

“喜欢就好，不拉黑就行。”夏老师调侃地说，“今天的警句格言是：一、阅读：就是找一个安静的地方坐下来，打开书，拿着笔，边读、边想、边记，这应该是一种最好的阅读方法。二、我们应该有一个明确的理念，读书是一件美好的事情。它可以帮助我们获取大量的间接经验，把别人的人生经历和情感体悟融进自己的思想里，使自己的内心变得更为厚重和开阔。”

孩子们安静地做着笔记。夏老师把准备的好词好句好段发下去。

“同学们现在每人手上有一份好词好句好段，先用记忆默读，然后粘贴在警句格言的笔记本上。空闲之余或是写作文选词造句时，拿出来看看。久而久之，你们将会收获意想不到的效果。”夏老师等孩子们做好笔记提示说。

孩子们默默地阅读起来。

好词好句好段

黄叶纷飞　秋草枯黄　漫江碧透　中秋月圆　秋山如洗
枯枝败叶　满山红叶　天高云淡　北雁南飞　黄菊吐艳
银装素裹　重峦叠嶂　水天一色　郁郁葱葱　青山绿水
山清水秀　江山如画　春暖花开

1. 如果说友谊是一棵常青树，那么，浇灌它的必定是出自心田的清泉；如果说友谊是一朵开不败的鲜花，那么，照耀它的必定是从心中升起的太阳。多少笑声都是友谊唤起的，多少眼泪都是友谊揩干的。友谊的港湾温情脉脉，友谊的清风灌满征帆。

2. 有人说付出和接受是等价的，是一种人们情感的储蓄，一味地索取，只会等来情感的毁灭。我要说：付出与接受是双向的，只有一方的主动是得不到真情回报的，我们需要彼此心灵真诚的付出。

3. 有了成绩要马上忘掉，这样才不会自寻烦恼；有了错误要时刻记住，这样才不会重蹈覆辙；有了机遇要马上抓住，这样才不会失去机会；有了困难要寻找对策，这样才能迎刃而解。

4. 信念是巍巍大厦的栋梁，没有它，就只有一堆散乱的砖瓦；信念是滔滔大江的河床，没有它，就只有一片泛滥的波浪；信念是熊熊烈火的引信，没有它，就只有一把冰冷的柴把；信念是远洋巨轮的主机，没有它，就只剩下瘫痪的巨架。

5. 心里有春天，心花才能怒放；胸中有大海，胸怀才能开阔；腹中有良策，处事才能利落；眼睛有神采，目光才能敏锐；臂膀有力量，出手才有重拳；脚步有节奏，步履才能轻盈。

“夏老师，好累啊！”

“我眼睛都快睁不开了。”

“好想打一下瞌睡呀。”

孩子们阅读完毕，伸着懒腰，打着哈欠。

“课间休息十分钟。”夏老师宣布。

男孩子们活力一下上来了，蜂拥地冲出了教室。

“夏老师，易东龙的头磕破了。”万昊急匆匆跑回教室给夏老师报信。夏老师心一紧，准备去看易东龙的伤势，孩子们拥着易东龙回到了教室。夏老师拉开易东龙捂着前额的手，还好，只是蹭破皮在渗血。夏老师让钱莉茹去旁边药店买来创可贴，为易东龙贴上，而易东龙却嘻嘻哈哈显出一副无所谓的样子。

“现在，开始上课了。”夏老师走到讲台前说道，“每次课间休息，男生们这么无聊地追逐有意义吗？”

“有意义。”“活动身体。”“舒筋提神。”“上课不打瞌睡。”

“既然如此，下次课间休息，跟着夏老师学习踢踏舞，一样可以去困解乏，还能陶冶情操。将来学校组织文艺活动，来上一段踢踏舞，尽显个人风采。”夏老师因势利导地说。

“吔——”孩子们发出一片嘘声。

“现在还困吗？”夏老师继续地问。

“困——”嘻嘻哈哈地答应。

“那好，讲一个《打瞌睡》的故事吧。你们听，夏老师讲，也算是一种休息。”夏老师爱怜地看着孩子们，讲起了故事。

打瞌睡

冬日午后，阳光正暖，我路过一小区门房时，看见一位值班的老人坐在藤椅上晒太阳打瞌睡。

他打瞌睡的样子相当惹人注目，不像一般人仰头靠着椅背，龇牙咧嘴，打着呼噜，而是从腰部以上向前倾斜，整个人一瞬间仿佛要栽倒在地上。

更奇特的是，他每次前倾的时候，晶莹的口水就会从嘴角流了出来，当倾斜成90度到腰部时，他的整个上身就会猛然反弹回原位，口水又“嗞啦”一声吸进嘴里。

更有趣的是，他的脚旁还趴着一只毛色油亮的黄狗，也在打瞌睡。它的头一颤一颤地向下低垂，口水一拉一缩地挂在它微张的嘴边，当头快要接近地面时，它突然睁开眼睛“咻——”的一声把口水吸了回去，然后用警觉的目光看着我，抬头对我汪汪汪地小吠，仿佛说：看什么看，打瞌睡有什么好看的，真是少见多怪。

我一动不动地看着这一幕，而它见我没什么恶意，便将头贴在主人的脚踝上，闭上眼睛，继续打起了瞌睡。（注意！故事至此，可以加上自己的议论抒情，从而达到以小见大，揭示主题的效果。）

我的心里不由得一颤：人与狗相依着打瞌睡，相似的画面显得如此亲近。但是，却有少数人常常带着没有觉醒的心，随心所欲地弃狗甚至虐狗杀狗，这真是破坏人与动物和谐共处的恶行。

“夏老师，今天的作文，我们可不可以写狗的故事？”孩子们喜欢动物，来了精神，一双双眼睛睁得晶晶亮亮。

“当然可以。狗和人类一样，有生命，有智慧，有亲情，是我们的朋友。在我们的生活中，只要留心观察，狗的故事就会有很多。”夏老师说。

“夏老师，我们可不可以写流浪狗？”

“流浪狗看了恶心，我不写它。”

“妈妈让我避开流浪狗，说被咬一口会得狂犬病的。”

“有一次上学，我看见一只流浪狗跟着我，我把没吃完的半个包子扔给它吃。后来，它每次见了我就摇尾巴。”

孩子们议论开来。

“夏老师，就写流浪狗。”孩子们统一了思想。

“如果是写流浪狗，夏老师就设计一个提纲，供同学们参考。”

夏老师思忖，拿粉笔在黑板上写出了《流浪狗》的提纲：

流浪狗

开头：流浪狗的描写：缩头拱脊，乱毛竖起，伏地吠哼，摇尾巴。我可怜它，常给它东西吃。

内容：1. 流浪狗的可爱：逗一只折翅的马蜂，咬马蜂反被蜇，惨叫夹尾跑。

2. 流浪狗觅食，骨瘦如柴，怜悯买根火腿肠给它吃，它衔起飞跑过马路被车撞倒，地上一摊血，它又衔起火腿肠，一瘸一拐跑过马路。

3. 我跟在它身后，在一废弃的垃圾箱边，有一窝小狗……
结尾：我目睹这场面，陷入思考。

流浪狗

它是一只黄色的流浪狗，每次见到我时，就会立刻缩着头，拱起脊背，摇着尾巴，“嗯嗯嗯”地低声吠哼，脊背上的乱毛根根都竖了起来。我很可怜它，经常给它东西吃。

一次，我发现它蹦前跳后地在逗弄一个什么东西，垂着的尾巴举着摇来摆去。走近看，是一只折翅的大马蜂，它打量着这个俘获物，围着它转圈儿，离得老远闻了又闻，然后大胆地上前一张嘴，小心地咬住它，接着“汪——”的一声惨叫，抽身回头，夹着尾巴狼狈地跑开了。

这天下午放学，天很冷，我遇见了那只觅食的流浪狗。它忽然变得骨瘦如柴，看见我，摇摆着尾巴乞怜着。我一心动，上附近的副食商店，买了一根火腿肠撕开包装扔给了它。流浪狗对我摆着尾巴，用感激的目光看我一眼，衔起火腿肠朝马路对面窜去，它没有注意到一辆小车风驰电掣般开来，“哐”的一声。流浪狗一个鹞子翻身倒地又站起，衔起掉在地上的火腿肠，撒腿一瘸一拐地跑过了马路。它被撞倒的路中间，有摊暗红的血迹，慢慢向周围流动而凝固，像一颗心的形状。我也飞奔过马路，跟在流浪狗的身后。在一处废弃的垃圾箱下，它垂死般地倒在一窝小狗身后，小狗正在争抢它捡回来的火腿肠。流浪狗抬头无力地看着我，眼睛里充满了深深的哀痛、悲伤和无助，含着对生命的留恋，对自己孩子们的不舍……

在这个寒冷、沉重又漫长的下午，我一遍又一遍地回想着这些片段，体味着生与死，瘦小的流浪狗在我心里变得高大、强壮起来。

我第一次懂得了什么是生命之爱！

夏老师点评：《流浪狗》写得很有情感。故事跌宕，描写细腻，结尾点睛，给人意味深长的思考。

语文基础知识扫描

一、猜人名。

1. ________：多愁善感一身病，泪光点点。葬花，焚诗稿。
2. ________：可叹停机德，堪怜咏絮才。玉带林中挂，金簪雪里埋。

3. ________：二十年来辨是非，榴花开处照宫闱。三春争及初春景，虎兕相逢大梦归。

4. ________：才自精明志自高，生于末世运偏消。清明涕送江边望，千里东风一梦遥。

5. ________：富贵又何为，襁褓之间父母违。展眼吊斜晖，湘江水逝楚云飞。

6. ________：子系中山狼，得志便猖狂。金闺花柳质，一载赴黄粱。

7. ________：勘破三春景不长，缁衣顿改昔年妆。可怜绣户侯门女，独卧青灯古佛旁。

8. ________：凡鸟偏从末世来，都知爱慕此生才。一从二令三人木，哭向金陵事更哀。

9. ________：势败休云贵，家亡莫论亲。偶因济刘氏，巧得遇恩人。

10. ________：桃李春风结子完，到头谁似一盆兰。如冰水好空相妒，枉与他人作笑谈。

11. ________：情天情海幻情身，情既相逢必主淫。漫言不肖皆荣出，造衅开端实在宁。

12. ________：欲洁何曾洁，云空未必空。可怜金玉质，终陷泥淖中。

二、根据所提供的称谓，写出与其相对应的年龄。

周岁（　　）　而立（　　）　不惑（　　）　半百（　　）

花甲（　　）　古稀（　　）　耄耋（　　）　期颐（　　）

三、写出下列省市的简称。

陕西（　　）　山西（　　）　广东（　　）　上海（　　）

湖北（　　）　河南（　　）　湖南（　　）　重庆（　　）

四、“将五岳”的相关内容进行连线。

东岳	华山	山东
西岳	泰山	湖南
南岳	恒山	陕西
北岳	嵩山	山西
中岳	衡山	河南

五、生活常识填空。

（1）世界无烟日是每年的____月____日。

（2）人的血型通常分为四种，有______、______、______、______型。

（3）“奇松、怪石、云海、温泉”是________富有特色的自然景象。

（4）发现有人晕倒时，要拨打________求助。

六、把你认为两边有关的内容用线连起来。

芝麻开门	神舟五号
孙悟空拔毫毛变出小猢狲	电脑密码
嫦娥奔月的古老传说	三峡大坝
高峡出平湖	克隆技术

《抬起头来做人》阅读与练习答案

第四题：刚开始，小男孩羞愧地低下头。猛然，他想起妈妈说的话：不要低头，要知道，你同学的家庭背景，非富则贵。我们必须量力而为，我们所捐的 5 块钱，其实比他们的 500 块钱还多。你是学生，只要以自己的品学，尽力为校争光，就是对学校最好的贡献。小男孩便勇敢抬起了头。

第五题：小男孩再也没有因为家庭的贫困而自卑，也懂得了自尊与捐的意义。

第六题：捐的意义就是爱心和诚意。

第七题：相同：都是肢体动作；不同：勇敢抬起头，一直抬起头。

第八题：在我今后的人生中，我要像小男孩一样，面对困境和挫折，要有信心和勇气迎难而上，抬起头来做人。

第九题：我处在小男孩的境地，也会觉得捐的钱少了。怕拖累全班，然后对妈妈说：妈妈，给我 50 块钱捐款吧，同学们捐的都是 50 元或 100 元钱。

《语文基础知识扫描》答案

第一题：猜《红楼梦》人名：1. 林黛玉；2. 薛宝钗；3. 贾元春；4. 贾探春；5. 史湘云；6. 贾迎春；7. 贾惜春；8. 王熙凤；9. 贾巧；10. 李纨；11. 秦可卿；12. 妙玉。

第二题：周岁：1 岁；而立：30 岁；不惑：40 岁；半百：50 岁；花甲：60 岁；古稀：70 岁；耄耋：80 到 90 岁；期颐：100 岁。

第三题：陕西：陕；山西：晋；广东：粤；上海：沪；湖北：鄂；河南：豫；湖南：湘；重庆：渝。

第四题：东岳—泰山—山东；西岳—华山—陕西；南岳—衡山—湖南；北

岳—恒山—山西；中岳—嵩山—河南。

第五题：1. 5月31日；2. A、B、O、AB；3. 黄山；4. 120

第六题：芝麻开门—电脑密码；孙悟空拔毫毛变出小猢狲—克隆技术；嫦娥奔月的古老传说—神舟五号；高峡出平湖—三峡大坝。

第三十七课　血印足迹

“同学们好！”“夏老师好！”

“今天上课内容有：阅读方法；阅读《人与猴》；警句格言；好词好句好段；作文；语言基础知识扫描。以上内容比较庞杂，但学习如逆水行舟，希望同学们加快节奏，奋力向前搏击，胜利属于在座的每一位同学！”夏老师高调的鼓动性的概述，看到的却是一张张沮丧的脸。但是，他思想里一时找不到逗孩子们振奋的语言，愣住了。

“夏老师，您知道什么是反差萌吗？减负！”谢凯提出反对意见。高强度的学习孩子们有些受不了。

“谢凯，不能放空自己。担子越重，你走得越快。”夏老师违心地说道。他何尝不知道孩子们读书的苦处。只是，面对学习的竞争，他把授课内容安排得特别紧凑，容不得孩子们上课打野放飞思想。他必须带领孩子们负荷前行，没有其他的路可走。

孩子们没有言语，只是绷着脸端正坐好望着夏老师。他们心里也知道，语文成绩在班上名列前茅是苦学的结果。孩子们信任夏老师。

“下面，是我为同学们总结的阅读方法，便于阅读时使用。”夏老师说完，在黑板上写了起来：

阅读方法

1. 景物描写：渲染场面氛围，烘托人物心情，推动情节发展，表现人物品质，衬托中心思想。
2. 描写作用：表现人物性格，反映作品主题。
3. 修辞手法：增强表达效果，语言艺术上的加工。
4. 题目作用：概括内容，揭示主题，提示线索。
5. 句段作用：承上启下。

6. 叙述次序：顺叙、倒叙、插叙、补叙等。

7. 写作人称：第一人称，真实可信；第二人称，亲切自然；第三人称，多角度描写，不受时空限制。

8. 赏析句段：①内容：写的什么，选材有什么独特之处；②形式：写作方法和语言特色；③情感：来源于生活高于生活。

夏老师等同学们做完笔记问道："接下来的学习内容是什么？"

"阅读——"

"是的，是《人与猴》的阅读。"夏老师把《人与猴》的资料发给孩子们说，"首先通读一遍《人与猴》，包括问答题。然后带着对问答题内容的记忆，再进行思考阅读。把和问答题有关的字、词、句、段用虚线标出，综合分析判断确定主题。"

教室沉静下来，过了一会儿，发出了轻轻的阅读声。

人与猴

动物园里，大人指着笼子里的猴，对小孩说："你知道这种动物叫什么名字吗？"

"不知道。"小孩看着上蹿下跳的猴回答。

"记住，孩子，"大人说，"这种动物叫猴，是专门供咱们人类开心的动物。"

"何以见得呢？"小孩问。

"不信，你瞧。"大人说着，从提包中摸出一颗花生，朝笼子里的大猴后面扔去，只见大猴急转身，略一迟疑，却用嘴接住，然后再用爪子从嘴里取出来，剥开吃掉，显得很滑稽。

小孩笑起来，说真有意思。

大人也被大猴的举动逗得很开心，便来了兴致，又将另一颗花生扔进去，还是扔向大猴身后的地方。大猴故伎重演，转身，跳起来用嘴接住，用爪子取出剥开，放进嘴里。

大人受了鼓舞，便不断地扔，大猴便不断地这样接，接住吃掉，或给身边的小猴。

直到一大包花生全部扔完了，大人和小孩才恋恋不舍地离开。

路上，小孩问大人："你为什么将花生扔到大猴的背后呢？"

大人得意地笑了，说："猴子翻来覆去地来回折腾才有意思啊，你若是直接扔到它眼前，还有这么好玩吗？"

小孩信服地说："爸爸你真行！"

大人又说："猴子这种动物自以为挺聪明，其实被咱们耍了，它们还不知道呢，真可悲！"

动物园里，大猴指着笼子外的人，对小猴说："你知道这种动物叫什么名字吗？"

"不知道。"小猴望着指手画脚的人回答。

"记住，孩子，"大猴说，"这种动物叫人，是专门供咱们猴子开心的玩物。"

"何以见得呢？"小猴问。

"不信你等着瞧。"这时，适逢有个大人往笼子里扔花生，扔向大猴的背后，大猴急转身，略一思忖，用嘴去接住，然后再用爪子从嘴里取出来，剥开吃掉，显得很滑稽。

终于，那大人的一大包花生全部扔给了猴子。

他们走后，小猴问大猴："你为什么用嘴去接扔进来的花生呢？"

大猴得意地笑了，说："如果我用爪子去接，他们还会继续扔吗？"

小猴又信服地说："妈妈你真行！"

大猴又说："人这种动物自以为挺聪明，其实被咱们耍了，他们还不知道呢，真可悲！"

阅读与练习

1. 本文以________贯穿全文。它对文章起到什么样的作用？
2. 为什么大人说猴子是专供人类开心的动物？

    ____

3. 为什么大猴说人是专供猴子开心的动物？

    ____

4. 大人给猴子花生吃的目的是什么？

    ____

5. 猴子如果不接大人扔过去的花生，大人会对孩子怎样解释？

    ____

6. 猴子为什么要接大人扔过来的花生？它的目的达到了吗？怎么达到的？

7. 读到最后一句话，你的感受是什么？

8. 你认为谁可悲？为什么？

9. 有句话叫："站在别人的立场上想问题。"结合这篇文章，谈谈你对这句话的理解。

"同学们阅读了《人与猴》的故事，请思考一下，这篇文章的主题是什么？"夏老师问。

"换位思考。"齐声回答。

"回答正确。"夏老师说，"请以换位思考为指导，回答后面的问答题。"

"夏老师，现在是不是要做阅读问答题？"谢凯抬起头问道。

"做，一鼓作气。"夏老师答道。

"您是怕我们再而衰，三而竭吗？"喻彬打诨说。

"对，现在就用阅读方法，做完《人与猴》的阅读问答题。不懂可以提问，也可以相互讨论。"夏老师说道。

孩子们确定《人与猴》的主题后，思想活跃，不到二十分钟，就做完了九道问答题。

"钱莉茹，请回答第一道问答题。"夏老师提问。

"答：填空是：人与猴；作用是：用人与猴贯穿全文，起到穿针引线的作用。"

"回答正确。"夏老师点赞。

钱莉茹端正坐好。

"谢凯，请回答第六道问答题。"夏老师提问。

"答：1. 花生对猴子而言是佳肴，剥开吃掉；2. 猴子达到了目的；3. 猴子用嘴去接，然后用爪子从嘴里取出来，显得很滑稽。"

"回答完整正确。"夏老师点赞。

谢凯顾目四望，得意扬扬。

"喻彬，请回答第九道问答题。"夏老师提问。

"答：《人与猴》这篇文章告诉我们一个最基本的道理：看问题不能只站在

各自的角度和立场得出片面的结论，要学会换位思考。只有这样才能达到对事物完整的认知和理解。”

“回答有思想，完全正确。”夏老师点赞说，“我点同学们回答了有难度的问答题，回答都很正确完整。这说明同学们阅读认真，一定要保持和发扬下去。接下来是警句格言：

一、阅读是要注意细节的。如果讨论一篇你阅读过的文章中的细节，你却说不出来，甚至没有一点印象，不客气地说：这叫囫囵吞枣，谈不上阅读和理解。二、学习累了怎么办？好好睡一觉，第二天早起，眼前的一切都是新的。”

“夏老师，讲一个故事吧？”“对，讲一个猴子的故事。”“我最喜欢猴子了，机敏又可爱。”……

孩子们眼巴巴地看着夏老师。

“夏老师可以讲一个猴子的故事，但你们听完故事后，必须回答故事的主题？”夏老师答应了孩子们的要求，同时又提出了要求。

“好——”孩子们伴着掌声回答。

“这是我听来的另一个《人与猴》的故事。”夏老师说道。

从前，有一个卖草帽的人，每一天，他都很努力地卖着草帽。有一天，他叫卖得十分疲累，刚好路边有一棵大树，他就把草帽放下，坐在树下打起盹来。等他醒来的时候，发现身旁的草帽都不见了。抬头一看，树上有很多猴子，每只猴子的头上，都有一顶草帽。他想到，猴子喜欢模仿人的动作，于是他赶紧把头上的草帽拿下来，丢在地上。猴子也学着他，将草帽纷纷扔在地上。卖草帽的高高兴兴地捡起草帽，回家去了。回家之后，他将这件趣事告诉了他的儿子和孙子。

很多很多年后，他的孙子继承了家业。有一天，在他卖草帽的时候，也跟爷爷一样，在大树下睡着了，而草帽也同样被猴子拿走。孙子想到爷爷曾告诉他的方法，便拿下头上的草帽，丢在地上，可奇怪的是，猴子竟然没有跟着他做，还直瞪着他看个不停。不久之后，猴王出现了，捡起地上的草帽，说：“开什么玩笑！你以为只有你有爷爷会扔草帽吗？告诉你，我还会捡地上的草帽呢。”

“夏老师的故事讲完了，请同学们兑现承诺。”

“成也萧何，败也萧何。”“以新求变。”

孩子们欢声一片。

“用自己的语言总结回答。”夏老师提出要求。

“过去的成功经验导致现在的失败。”

“结合现实回答。”夏老师又提出要求。

“今天是一个瞬息万变的时代。过去成功的经验，往往会导致当今的萧规曹随的失败。”

“点赞！回答提问很有思想。只是成语用得不当，比如，萧规曹随就显多余，有卖弄成语之嫌。”夏老师享受着孩子们的喜悦说道，“下面，是同学们喜欢的好词好句好段的默读和朗读。默读时要记忆词、句、段的内容；朗读时要用抑扬顿挫的声调表达出情感。记住，提醒自己习惯成自然。”

夏老师把好词好句好段的资料发给了孩子们。

“夏老师，这资料上面的词和成语该怎么用语言表达呀？”孙柏灵问。

“词和成语朗读时，咬字准确，声音清晰，不带尾音，不夹瓮声。”夏老师说道。

教室里很安静。一只麻雀，歇在窗台上，隔着玻璃窗转动着眼珠观看着孩子们的学习。没过一会儿，麻雀惊飞了，是有孩子发出了默读的声音：

好词好句好段

写事物：古堡 宫殿 花园 池塘 圣诞 礼物 魔法 噩梦

写性格：天真 纯洁 老实 勤劳 善良 单纯 谦虚 能干 慈祥 慈爱 和蔼 聪明 伶俐 勤快 麻利 快活 恶毒 狡猾 冷淡 歹毒 狰狞 邪恶 无赖 贪婪 丑陋 难看 蠢笨 自负 矮小 抑郁 贪财 吝啬 浪漫 美妙 精彩 奇异 轻盈 文雅 朴实 虚伪

写人物：肤如凝脂 慈眉善目 心满意足 无忧无虑 处心积虑 喜笑颜开 眉飞色舞 手舞足蹈 素不相识 和蔼可亲 刮目相看 亭亭玉立 勃然大怒 束手无策 嘟嘟囔囔 争先恐后 精明能干

写景物：熙熙攘攘 风平浪静 虚无缥缈 五彩缤纷 五颜六色 异香扑鼻 崇山峻岭 风雨交加 火光烛天 冰天雪地

1. 水面上有极轻微的声音，是鱼儿在奏乐，它们会用它们特别的方法，奏出美妙的音乐来。

2. 森林里小溪唱着优美的催眠曲，花儿陪着小草们聊天说话。清晨小溪的蒸汽变成了水珠，凉风习习，森林里的动物们和树木都在睡觉。

3. 月宫里有一只玉兔，它从天上看到了小白兔们在草原上吃着嫩嫩的青草，自由自在地生活着，心里既感到非常羡慕，又感到非常难过，想想自己孤孤单单地陪伴着嫦娥娘娘，天庭的规矩，使得自己没有半点自由。

4. 水是那么蓝，像最美丽的矢车菊花瓣，同时又是那么清，像最明亮的玻璃。成百上千的草绿色和粉红色的巨型贝壳一排一排地立在四边；它们里面燃着蓝色的火焰，照亮整个舞厅，照透了墙壁，照明了外面的海。

5. 我顾影自怜，想到自己远离家乡和亲人，孤身流落在异乡，禁不住失声痛哭。

6. 这时，一个首领模样的人背负沉重的鞍袋，从丛林中一直来到那个大石头跟前，喃喃地说道："芝麻，开门吧！"随着那个头目的喊声，大石头前突然出现一道宽阔的门路，于是强盗们鱼贯而入。

7. 她挺着笔直的躯干，披一身形如蝴蝶翅膀般的绿叶，亭亭玉立地站在那里。

8. 无数圆溜溜的小水珠就跳跃起来，离开了他，一边舞蹈，一边飞向纯净的蓝空。

"默读请不要出声，以免影响其他同学的注意力！"夏老师提示。

教室里又恢复了安静……再接着是朗朗的阅读声。

夏老师等孩子们阅读完毕，微笑地说道："同学们现在的心情和刚上课的心情相比有没有变化？如果有，这种变化只用了一节课的时间，就完成了看似不可思议的学习内容。这说明了什么道理？"

"世上无难事，只要肯攀登。"孩子们雀跃地回答。

"现在，我们课间休息十分钟，完成另一个只要肯攀登的事情，跟着夏老师学习跳踢踏舞。请同学们把桌椅挪到靠墙。"夏老师说道。

孩子们懒洋洋地拖动着桌椅靠在墙边，散漫地倚着桌椅而站。

夏老师拿出手机，播放出节奏简单轻快的《青春阳光》，然后随着节奏以趾肚敲地抬起，接着屈膝，以足跟敲地后快速抬起，双臂随着膝关节的曲直摆动，接着单臂摆动，双脚跳转体 90 度拍掌，再用脚的各部位在地面上摩擦拍击，发出各种踢踏声……

夏老师一下恢复了青春的活力，忘情地舞动着。

孩子们被震住了，看得目瞪口呆，接着报以热烈而长久的掌声。

“夏老师的舞姿美极了！”“酷毙了。”“太嗨了！”孩子们赞叹。

夏老师跳完关上手机播放器，喘着粗气说道：“我记得《独白》诗中说：这世间并没有分离与衰老的命运，只有肯爱与不肯去爱的心。同学们想不想学踢踏舞？”

“想——”声音振奋。

“女同学站前，男同学站后。”夏老师排列好队形说道，“跳踢踏舞时一定要活泼自由，踏出激情，给人一种动感的快乐。要点是脚步灵活，踢点踩在节奏上。下面，跟着夏老师的口令练习：脚打一拍，手拍二拍，脚拍三拍，手拍四拍。现在开始训练……”

夏老师教得认真，孩子们学得努力，并且还从夏老师的手机里下载了《青春阳光》《爱尔兰练习曲》《07 舞》等舞曲。

“踢踏舞的分解动作已经教给同学们了。回家后要反复练习，达到娴熟。下次课间休息，再教动作组合。这就是学习的意义，同学们在今天的课余时间，又掌握了一门文艺技巧，比疯跑追逐有意义得多。为自己鼓掌！”夏老师率先鼓掌。

孩子们带节奏地疯狂鼓掌。

“接下来，我们就再努力一把，攀登今天的作文之山，继《流浪狗》后再来描写动物。可能会有难度，但只要把全班同学们的生活经历和智慧集中在一起，我相信，就会共同写出一篇出彩的作文。”夏老师鼓励孩子们。孩子们的上进心特强，他摸透了，听了表扬就同擂了一道战鼓，士气振作。

“又写动物呀？”谢凯龇牙咧嘴。

“怎么？动物咬着你了。”夏老师笑看着谢凯说道，“因为动物是人类的朋友。它们和我们一样，也是有感情的。我们要懂得去保护动物，爱护动物，这也是环境保护的要求，我曾经阅读过一幅漫画《天堂》，画面上孤零零一个人，站在广袤的大地上。他用无助的表情翘首仰望天空（天堂）。天堂里是被人类杀戮的各类动物。我当时心灵受到极大的震撼。现在，我把这个故事讲出来，看看能不能启发同学们的灵感。”

报恩的山獾

那年刚放寒假，我来到乡下二叔的家。那天，二叔的儿子青青要带我去村对面的小山坡捉那只老山獾，我一下子来了精神。

两年前放暑假，我回乡时见过那只山獾，灰毛黑腿，头顶三条白毛，扭动屁股跑得很快，有点像短腿狗。青青告诉我，这只山獾在山坡上住了好几年。

我和青青用背篓装上麦糠，拿上锄头来到小山坡上。山獾有冬眠的习惯，秋天积累脂肪，从 12 月初入洞待到开春，当地的村民就用烟熏的办法逼它出来，将其捕获。青青先用水灌，见山獾没出来，就在洞旁点燃麦糠，又把明火吹灭后，脱下衣服不停地往山獾洞里扇着滚滚浓烟，我拿着一只麻布口袋，只等被熏得晕头转向的山獾出洞，用麻布口袋罩住它。没一会儿，只听嗖的一声，那只老山獾猛地从洞口窜出好几米远，吓得我扔下麻布口袋退了好几步。可是，这只山獾并没有逃跑，而是龇牙咧嘴地回身对我和青青咆哮着。这时候，又见老山獾的洞口依次探头探脑地走出几只小山獾，老山獾此时此刻的吼叫更加凌厉惆怅。那些小山獾在长满枯草的坡地上趔趔趄趄爬行着，然后一个个抱紧脑袋，像皮球一样一动也不动了。原来，这只老山獾生了一窝小山獾。我们没有捕捉这些小山獾，而是用脚踩灭了燃着的麦糠，拿上工具回了家。

几天后，下起了大雪。在一个晚上，我隐约透过窗户，看见那只老山獾在院子里转来转去，向在乞讨什么。青青告诉我，是我们把它的家毁了，小山獾没有过冬的食物才冒死来求助的。我动了恻隐之心，拿了几个馒头和一块腊肉扔给了老山獾。这之后，老山獾就隔三岔五来我家的院子里求食，我在给它食物时，发现它比两年前老了许多，一走一晃的。

大年三十，雪也化了。我早起打开门，吓了一大跳，竟见那只老山獾趴在屋门口。青青小心地用脚踢了踢，它没动，死了。它的头和门框上有大片血迹。婶婶把这只老山獾剥了皮，炖了一大锅香喷喷的野山獾肉。青青吃得满嘴流油。二叔一边喝着酒，一边吃着老山獾的肉说：山獾是很有灵性的动物，当它感觉自己快死的时候，总会选择一个隐蔽的洞穴死去，这只老山獾，是故意撞死在门框上，把自己的肉身当礼物来报恩的。

我听着，没有吃山獾肉，而是心情沉重地走到院子里，远远眺望着村外那座小山坡，我感觉有一行行滚烫的热泪顺着我的脸颊流了下来。

“夏老师，这个故事好感人呀！可能我一辈子也忘记不了。”

“那群小山獾最后怎么样了？”

“要是我遇见这群小山獾，就把它们养起来，给它们最好吃的东西，养得肥肥胖胖的。”

“我爸爸跟我说过，动物都有灵性。你对它们好，它们会报恩的。所以，我们要爱护动物，真的，就像夏老师说的，动物是人类的朋友。”

“夏老师，假设我们的地球上真的没有了动物，只有我们人类会是什么样呀？”

“假设地球上真没有动物，同学们跟我想象一下，没有鸟啼，没有狗吠，没有猫咪，没有鸡鸣，没有猪马牛羊豺狼虎豹……出门遇见的都是人，就像是在沙漠里生活一样，人的生存意义就会减半，甚至作文课上都没有写动物的主题。”夏老师还真没想过人没有动物为伴会是怎样的情景。

“真是那样的话，就太恐怖了。”邹佳蓉忧伤着脸，声音沉重。

“一草一木皆有情，何况是与我们共同生存的动物呢？”夏老师接上话说，“白居易在《鸟》一诗中写道：谁道群生性命微，一般骨肉一般皮。劝君莫打枝头鸟，子在巢中望母归。所以说，爱护动物，人人有责。”

“夏老师，我们知道了。劝君莫打三春鸟，子在巢穴待母归。”谢凯说道。

“劝君莫食三春蛙，百千生命腹中蠕。”

“劝君莫食三春鲫，千万鱼仔在腹中。”

“劝君莫杀春之生，万千生态受株连。”

“爱在天地多行善，大千世界万物繁。”

孩子们你一言、我一语以诗表意。他们知道人与大自然要和谐。

夏老师注意到，坐在第二排的江珂宇默默无语地呆坐着，似乎在想些什么。

“江珂宇你喜欢动物吗？”夏老师问。

“喜欢。”江珂宇缓过神回答。

“那为什么不参加同学们的讨论，表达自己的思想呢？”夏老师又说。

“我想到一件事，也是关于我和动物的故事。”江珂宇用泪汪汪的眼睛望着夏老师。

“我猜得出来，故事一定很感人或者很沉重。今天的作文正好是写动物，能不能说说你和动物的故事？同学们正需要这方面的题材呢！”夏老师说。

教室里一下安静下来，十几双眼睛一起转向江珂宇。

“那好吧，我就讲一个我亲身经历的真实故事。”江珂宇略一思考，清了清嗓子，用低沉的声音讲起了故事。

孩子们听完故事后肃静，沉思，讨论，接着开始写起了作文。

血印足迹

这是一个真实的故事，就好像发生在昨天一样，历历在目，那生与死之间的血印足迹，迸发出的是一种母爱的力量，感动得我颤抖的心隐隐作痛。

今年放暑假，我跟妈妈回四川老家元山外婆家探亲。外婆家的小山村就坐落在一片山坡上，而且黄鼠狼特别多。走在山路上，保不准嗖的一声，一只小猫大小的黄鼠狼就会从脚下窜出，吓人一跳。

但小山村是美丽的，绿树灌丛掩映的农家小院里，鸡鸭成群，果木环抱，充满了乡土的气息。有一天，外婆在房前屋后到处找一只下蛋的麻花母鸡，最后只在鸡窝的旁边，找到一些带血迹的鸡毛。

表哥告诉我，一定是黄鼠狼偷走了麻花大母鸡，他决定捕捉住偷鸡的黄鼠狼。

傍晚，吃完晚饭后，我拿着竹扫帚和铁夹子跟在表哥身后来到流淌着月光的院子里。表哥从我手中接过扫帚，在鸡窝的周围扫开一地的鸡毛，用铁丝把铁夹子固定在鸡窝地砖墙上，然后撒上谷糠将铁夹子伪装好，外面只露出一块腊肉皮做诱饵。我们便回家了。

那天夜里起风了，细小的枝叶在窗边摇来摆去，弄出细碎的沙沙声，我躺在床上兴奋得久久难以入眠。

第二天清晨，天刚亮，我就悄悄地起床穿衣打开大门，来到下铁夹子逮黄鼠狼的地方。霎时，我一下惊呆了！眼前一片狼藉，铁夹子上夹着一条腿和小半卷状的黄鼠狼皮，却不见黄鼠狼的踪影，我呆呆地看着眼前这一切，无意间看见泥地上有一条暗红色的足迹，向打谷场的草堆伸去。我顺着血迹追踪到草堆旁，听见里面发出吱吱吱的微弱叫声，扒开麦秸，发现草窝里有七八只出生不久的小黄鼠狼，正围着一只瘸腿露着骨肉的死黄鼠狼，乱拱乱啃。我翻动了一下早已僵硬的脱皮黄鼠狼。它腹下肿胀的奶子依稀可辨。惨烈的场景，刺激得我心头一热，只想呕吐。

啊，原来是夹住了一只产后不久，出来找食的母黄鼠狼。怪不得它求生的欲望那样强烈；怪不得它为了逃生而悲壮地咬断腿而去；怪不得它挣脱夹子将扯皮裂肉的痛苦抛在脑后，因为它要尽快回去哺乳孩子……博大的母爱！震撼得我热血沸腾。

天已大亮了，我慌忙跑回院子里，从铁夹子上取下那条断腿，慢慢抚展平整，轻轻套在母黄鼠狼僵硬的断腿上，连同那副铁夹子一道深深地埋进土地里。

这年，我十一岁。

夏老师点评：《血印足迹》立意深刻，用震撼人心的叙述，告诉我们一个事实，动物也是有灵性的，也有伟大的母爱！所以，我们要构建人与动物的和谐。

语文基础知识扫描

一、给下列成语找出意思相近的成语。

一箭双雕（　　　　）　画蛇添足（　　　　）

二、给下列成语找到意思相反的成语。

千变万化（　　　　）　车水马龙（　　　　）

三、把下列含有反义词的成语补充完整。

喜（　）厌（　）　头（　）脚（　）　出（　）入（　）

四、请在括号内填上适当的颜色组成成语。

面（　）肌瘦　心（　）意冷　（　）颜薄命

五、请填写动物名称完成下列成语。

（　）到成功　三（　）开泰　贼眉（　）眼

六、试一试，填出下列带有植物名称的成语。

入（　）三分　心（　）怒放　一（　）障目

七、成语中有些词是人体的某些部位，试试看，你能填对吗？

劈头盖（　）　出人（　）地　了如（　）掌

八、完成下列有关军事的成语。

（　）林弹雨　（　）光剑影　冲（　）陷阵

九、趣味填写，补充好下列首尾相同的成语。

精（　）（　）精　神（　）（　）神　痛（　）（　）痛

贼（　）（　）贼　举（　）（　）举　防（　）（　）防

十、用下面给出的表示心情的字补充下列成语。

伤　喜　悲　怒　忧　哀　痛　乐

（　）出望外　恼羞成（　）　（　）不思蜀

《人与猴》阅读与练习答案

第一题：课上已答。

第二题：只见大猴急转身，略一迟疑，却用嘴接住，然后再用爪子从嘴里取出来，剥开吃掉显得很滑稽。

第三题：终于，那大人的一大包花生全部扔给了猴子。

第四题：猴子翻来覆去地来回折腾才有意思。

第五题：你看这猴子呆头呆脑的真没意思。

第六题：课上已答。

第七题：人与猴都应该换位思考。

第八题：我认为猴子悲伤。它在动物园里供人开心玩耍，讨点吃的还以为自己很聪明。

第九题：课上已答。补充：一切事物都是可以一分为二的，要客观辩证地看问题，故答案可以多样化，言之成理即可。可以说妄自尊大、自以为是、自命不凡等。

《语文基础知识扫描》答案

第一题：1. 一举两得；2. 多此一举。

第二题：1. 墨守成规；2. 冷冷清清。

第三题：1. 新、旧；2. 重、轻；3. 生、死。

第四题：1. 黄；2. 灰；3. 红。

第五题：1. 马；2. 羊；3. 鼠。

第六题：1. 木；2. 花；3. 叶。

第七题：1. 脸；2. 头；3. 指。

第八题：1. 枪；2. 刀；3. 锋。

第九题：1. 益、求；2. 平、其；3. 定、思；4. 喊、捉；5. 不、胜。6. 不、胜。

第十题：1. 喜；2. 怒；3. 乐。

第三十八课　战象奥特

“同学们好!”“夏老师好!”

“今天上课内容有：阅读模仿；阅读《小溪》；警句格言；好词好句好段；作文；语文基础知识扫描。”夏老师概述完毕，停顿下来，等待孩子们的怨声反对。他已经准备好了经典的语句和故事以飨孩子们。但是，结果恰恰相反，孩子们面露喜色，嘴唇抽动好像有话要说又欲言又止。夏老师会心一笑，似乎感觉今天孩子们愿意接受学习上的负重压力。

“我先给同学们讲一个《猎人》的故事。因为我爱山，虽然没有当过猎人，却创作出短篇小说《猎人》来。同学们的思想要跟着夏老师讲的故事情节，把汲取到的信息在大脑里展开，然后用想象和联想将自己融入这个故事里。这样的话，对今天的阅读和作文是有启迪和帮助的。怎么样?”夏老师看着孩子们，用商量的口气问道。

“好——”孩子们睁大晶亮的眼睛，拍手欢呼。谢凯激动得猛然用手拍了两下桌面，又把手掌放在嘴边吹了吹。大概用力过重拍疼了手掌。

“今天你们是怎么了?有点反常呀?”夏老师察觉到孩子们今天特别亢奋，茫然不解地问道。

“夏老师，我写的《知恩图报的獾》，在全年级朗读。”就数我朗读得最好。

“我也是的,《血印足迹》在全班语文课上朗读，老师说我写得非常好，跟课文里的《金色的脚印》不相上下。”

“我写的《流浪狗的故事》也得了甲+。”

孩子们争先恐后向夏老师报喜。他们获得了学习上的成功，有一种难以掩饰的内心喜悦要表达。

夏老师明白了，他上的作文培优学习内容正好与学校课文内容相吻合，孩子们的作文取得了好成绩，所以今天上课的兴趣大增。

“我阅读过人教版的实验教科书。六年级上册第七组，有四篇课文是写动物的，同学们是不是在上七组的课文？”夏老师问。

“对！正要上《最后一头战象》。”

“夏老师，我们班《最后一头战象》已经上完了，还要写作文呢！”

“夏老师，就讲一头象的故事吧，怎么编都行。”

“如果真是这样的话，你们今天要好好听《猎人》的故事。”夏老师想了想说，“发挥自己的想象和联想，创作出属于自己的故事来。名字我都想好了——《战象奥特》，用拟人的手法来写和谐的主题。”

“夏老师，什么是奥特呀？”喻彬双手托着眼镜框问。

“网络流行语：落伍的意思。英文是 OUT。”夏老师解释其意。

“那为什么战象很笨呢？”喻彬一脸的茫然。

“这还不懂，反语呗！”谢凯得意扬扬。

“是的，题是文一半。同学们写好一篇文章后，一定要千锤百炼，巧妙地构思题目。它是文章的灯塔。”夏老师强调说，“下面，我先谈谈创作《猎人》的体会。我没有当过猎人，同学们也没当过猎人。我们站在同一起跑线上。同学们或许都去过大山，比如神农架、恩施、武当山、峨眉山、张家界、黄山等等，当我们面对那浩瀚无垠的大森林，看着无尽的苍绿从谷底涌起淹过峰岭冈峦，是不是有一种心潮澎湃的激动？

我爱巍峨的大山，就虚构了以大森林为伴的猎人和野性凶残的大灰狼，从而完成了这篇主题是人可以被打败，但精神不能败的《猎人》。

同学们在听这个故事时，用拟人的思维，把猎人想象为战象奥特，而捕杀动物的人是战象奥特的敌人。一句话，展开丰富的联想，写好这篇作文，争取和课文的《最后一头战象》成为姊妹篇。有没有信心？”

“有——”孩子们的回答震耳欲聋。

猎　人

当远处的山峦托起一轮血红的太阳时，猎人——一条中年汉子，已经步入了一条险峭的沟壑。这里绝崖兀立，怪树参天，萋萋灌丛陷塌出一片片野兽践踏的痕迹，乱散着瘆人的白骨。猎人警觉地踏着腐叶前行。他在追捕一只体格雄健的狼。近月来，就是这个凶残的家伙，肆无忌惮地侵扰他的山村，咬死咬伤无数家禽，闹得村人不得安宁。这无疑是对猎人的轻蔑和挑衅。他虽然怀着颓唐和耻辱的心境，多年没狩猎了，但他还是常常做那些与野兽搏斗的梦。遗憾的是，这种梦一俟他醒来，便倏然幻灭，他的灵魂便和着耳边的林涛声战栗起来，然后归于无可奈何的压抑，化为极致的宁静。

然而，人的秉性毕竟是极难改变的，猎人就是猎人，那一腔猎人的血，终使他又回到打猎的渴望的现实中来了。他已经准备好为所做的和所得的付出代价，用猎人的勇猛寻找被打碎的自己。

阳光透过浓密的树叶，斑驳的光点洒在他的眼前，神秘而诱人。偶尔，可听到轻微的“嘤嘤”声从左边传来，那是松鼠在求偶。他从不伤害这类弱小的生命。尤其是现在，他追寻的目标是如此明确的时候。他不时用手掀开长满荆藤的灌丛，扒开厚厚的积叶观察狼迹和狼粪。远处，传来一声接一声的狼嗥，森林里渗透着死亡的恐怖。他严峻的面孔掠过一道阴影。他知道，猎人的生命印在与野兽喋血生死的悲剧上，是用生命去搏斗生命。

藤葛交织的密林里不时发出“簌簌”声响，枝叶间透下的光亮渐渐消散。他敏锐地发现在幽暗的丛林中，一双绿莹莹的眼睛鬼火似的向他游来。是狼。他精神为之一振，脸色变得铁青，面部的肌肉因兴奋而不停地颤动。他紧紧盯着向他逼进的一只形体矫健的大灰狼，慢慢举起猎枪，眯起左眼。他的眼前仿佛出现了大灰狼张着血嘴，萎缩着身段，四条腿颤悠悠抽搐，倒毙在枪口下的情景。一股丧失多年的豪气兴奋地凝结在脸上。近了，更近了！他稳住令人胆战的激动，眉锋向上一挑，一抠扳机，子弹意外不响——子弹多年没用受潮了。他来不及给枪膛里换填第二颗子弹。何况子弹受潮也绝不会只潮了一颗。

古穆的原始森林！在死神的拥抱中凝滞了。

他的心猛烈一颤。他明白，这将是一场你死我活的相搏。

大灰狼卷起一股旋风高高窜起，跳到离他只有两米远的地方匍匐。然后弓起脊背的灰毛坐在尾巴上，支起前爪，龇着獠牙低声短嗥，狡黠的绿眼死死盯着他，仿佛是狂妄地向他示威。

他浑身的肌肉收紧。他凝视着大灰狼两只一动不动绿莹莹的眼睛，几年来压抑的羞耻和愤怒交织着涌上心头。他不能忘记，他曾和椿柱为追捕一头野猪留下的耻辱……

蓝幽幽的峡谷静静悄悄，疲乏的夕阳向远山慢慢坠去。一头野猪晃动着硕大的脑袋，威武地竖起鬃毛，用犁一样的翘嘴开着通道迅疾逃遁。他和椿柱提着猎枪如猎犬似的穷追不舍。一团雾气，从密林深处涌了出来。一股冷森森的湿气扑在他的脸上。陡然，他嗅到很浓的野兽气息。凭着多年的狩猎生涯，他认定眼前丛林中有一个庞大的兽群。他和椿柱闪到一棵苍劲挺拔、缠一身雾气的大树后掩起身子，散漫的目光聚成一束搜寻前方。

一只疲乏的小鹿挟一阵风从他们身旁跃过。庞大骇人的狼群出现在他们面前。领头的是一只龇咧尖牙的老母狼。只见它凌空跃起，充满杀机地扑向他们。他心虚了，确切地说是胆怯了。他瞄准吐着血红舌头的老母狼开了枪。

老母狼没被击中，恐怖的罗网迅速拉紧。正在这千钧一发之时，椿柱吼叫着向老母狼扑了过去，和老母狼厮斗起来。

丛林里足有几十只野狼嗥叫着，卷起狂风朝他们凶猛袭来。

“快上树！”椿柱对他喊道。

他惊恐地挂枪上肩，爬上一株老柏树。几乎在这同时，椿柱被凶残的群狼扑倒在地，刹那间剩下一堆白骨。他带着悲愤和恐怖，一次又一次扣动扳机，击散狼群，逃出峡谷……

今天，面对这只骨骼粗壮的大灰狼，他倔强地一侧身，将手里的猎枪使劲往膝上一磕，撅成两截，高高举起向丛林里扔去，暴发出野兽般的咆哮：“来吧！畜生！”

大灰狼焦躁地长嗥一声，畏惧地后退了两步。

他迈着坚实的步子朝大灰狼紧逼过去。他要找回自己的清白，恢复猎人的威严，从而赢得保持他本来面目的权利。

大灰狼龇牙咧嘴，几乎把脑袋缩进肩胛，颈脖上的毛钢刷般竖起。它将身体伏在地上，蓦然一声尖嗥，闪电般跃起向他扑来。他敏捷地一闪身，只觉左腿火烧火燎地疼痛。大灰狼撕去他大腿上一块皮肉，接着，大灰狼又忽地腾起，从另一角度向他袭击。他的臀部、脊部、手臂让大灰狼尖利的牙齿划破，有的地方露出白瘆瘆的骨头。他有些招架不住了。他十分清楚，一旦自己被大灰狼扑倒，就会被它的铁爪刨开胸膛，结束他猎人的一生。

大灰狼几次扑击落空，愤怒得浑身直抖。它瞪着血红的眼睛面对气魄十足的猎人，咆哮着扭身竖尾，屁股一撅，凌空窜起，用宽阔的胸脯向他撞去。它要把他撞翻在地，旋即反身一跃，扑在他身上，咧开獠牙血口咬断他的脖颈。

他感到胸中有一种古老的东西在蠢动，翻腾起强烈的振奋和快感。他能体味出这是来自森林的生命气息的超然兴奋。他像猿猴般避开大灰狼的袭击，又机警又凶狠地顺势用铁钳般的大手抓住大灰狼的尾巴，侧身用右肩扛起大灰狼，使出丹田之力把它摔在地上。大灰狼惨叫一声，就地滚了几圈，跛着腿站了起来，迎着山风翕动着鼻翼，嘴里发出一阵阵沉重的喘息，虎视眈眈地看着他。

原始森林像渗着绿的海，阳光透进密林深处，整个森林显得幽深而神秘。大灰狼慢慢弓起脊背，像人歇斯底里地干哭了几声，蜷起后腿，陡然腾空而起，又灵巧地一侧身，向他扑来。

“嗬——”他昂起头，瞪着大灰狼发出一声激昂的吼叫。那声音悲壮地穿过林莽，在森林里久久回荡。旋即又一声闷响，大灰狼把他重重扑倒在地。森林更加凝重。他感到一阵彻骨的恐怖。他知道自己现在所处的被动境地。但他却没有一点躲闪的意念。在凶猛的野兽面前，他再也不会忘记猎人的责任。他似乎感到自己从怯懦的精神世界里挣脱出来，身躯里的血气正在奔涌。他奋力抬起右臂，拳头铁锤般砸在大灰狼头上。大灰狼痛得低嗥，瘸起后腿用力一蹬，前爪搭在他的肩上，喘息着将獠牙扎进他的颈脖。他感到胳膊肌肉的酸痛，全身精疲力竭。他的眼神渐渐黯淡下来。他似乎悟出了一个人的生命力在大自然中的渺小。他是被大灰狼彻底地打败了。但他在精神上却用献身的悲壮净化了自己，从而赢得了永恒的光荣。他执拗地睁开燃着生命之光的双眼，定定地望着一抹湖蓝的苍穹。

密密匝匝的松柏拔地而起，粗壮的枝干，黑得沉重地伸向天穹。血不断从猎人的脖颈里涌出来。他睁着血乎乎的眼睛冷漠地看着大灰狼，粗犷如雕像的脸庞流露出毫无畏惧的姿态和迎接最残酷结局的渴望。他感到自己沉入到一种肃穆的庄严中。

啊，这是一片古老的土地，我是这片土地上滋润出来的真正猎人！

“夏老师，那猎人到底死了没有？”喻彬急迫地问。

“《猎人》的创作是用第三人称的表现手法。你想要猎人死，猎人就这样的死了。你想要猎人活，他也可以活过来。只要巧妙衔接好故事情节就行。”夏老师微笑望着喻彬说道。

“夏老师，您对大山和森林好熟悉啊！自然景物写得特别深沉、阴森、恐怖。文字就像是森林里流出来的。”钱莉茹感叹说。

“当你爱上了山，你就会本能地去熟悉它。熟悉了山以后，又会萌发出一种冲动去把它写出来。这应该就是喜欢的力量。”夏老师用感悟作解答。

“那我们又该怎样去熟悉大山和森林呢？”钱莉茹追问。

“阅读呀！间接也是熟悉和了解大山和森林的方法。当你阅读到大山和森林时，把自己曾经看到过的大山和森林联想到一起，然后展开想象，用文字表达出来，这不就可以了吗？”夏老师启发钱莉茹说道。把阅读资料《小溪》发给了孩子们。

“夏老师，这篇《小溪》是写山的。”钱莉茹一浏览，惊喜地望着夏老师说。

“是写山的，山涧小溪嘛。”夏老师用很慢的语速说道，“第一，请同学们认真阅读《小溪》，找出主题；第二，理解阅读，让《小溪》在思想里有一个抽象的轮廓；第三，边阅读，边思考答题的文章句段，并且画上虚线。”

孩子们按照夏老师的提示，同步进行着《小溪》的阅读。

小　溪

我是一条流淌在崎岖山间的小溪。我满身洒着细碎的光亮，怀着对大自然奇妙的幻想，流呀，顺着山绕过石，不停地流。我有时被乱石阻塞，有时被泥沙搅浑，但我浑浑噩噩，不知宇宙的真谛为何，不知生命的价值何在。我绕过碎石，又淙淙地向前流去。还不时仰望夜空，欢乐地听夜莺的歌唱。

多么美丽的春天呵，我流淌在山间小路上，路边盛开着艳丽的鲜花，岩上嫣红的桃花、轻盈的绿柳笑靥迎人。我挨着她们轻轻流过。她们对我说：“小溪，你就这样快活轻松地流下去吧，这就是你的幸福，你的归宿。”我点点头，得意地顺流而下。

一天，突然天昏地暝，山崩地裂般一声巨响，我猛地不能动了。我看不见天，看不见地，看不见桃红柳绿。我虚飘飘不知自己是否还存在。我死了，却又渐渐苏醒。我缩在一块硬壳里动弹不得，溪水被阻隔，我渐渐枯竭、干涸……能等待死亡么？我虚弱地问自己。突然石缝间闪烁着几束阳光。“呵，太阳！”我大喊着，“我真喜欢你，你是万物之母，你是光明的源泉。”如今你又出现了，我听见发自宇宙，也好像发自我自身深处的声音：“挣扎、奋斗、拼搏、超越，你才能找回自我！”我沉默了，我想着那欢乐的玫瑰色的日子，但那只是短暂的昙花一现。永恒的、永恒的真理是什么？我叹息、我思索、我寻觅……

阳光又出现了，而且愈来愈灿烂。我似乎有所领悟，于是我开始挣扎，开始奋斗。几经拼搏，几经寻觅，我的溪水渐渐多了，渐渐有活力了。猛一挣扎，我竟从埋藏我的地方跳了出来。经此挫折，我反而比过去粗犷了，宽阔了。我跳跃在岩石、树隙间，有意地寻觅起同伴——原来道道山梁间都有那么多或比我大，或比我小的溪流，它们都和我一样向前不停地奔泻。大自然使我们越靠越近，越聚越宽。终于我们汇聚成河，汇聚成大江，最后我和我的同伴们一齐涌向无边的大海。

在大海里我才发现自己的美丽，因为我已把我的涓涓细流，无条件地奉献给了大海。

【阅读提示】

本文是一篇童话。阅读后，请你理清主要情节，找出贯穿全文的线索，然后认真思考，在作者对小溪的描写中，我们应得到什么启示。

阅读与练习

一、本文的线索是什么？

____

二、文中的“太阳”指的是什么？

____

三、“永恒的、永恒的真理”是什么？

____

四、这篇文章哪些方面体现了童话特点？

____

五、读完本文后，从思想上受到了什么启示？

____

夏老师等孩子们做完阅读与练习后说道：“今天的警句格言是：一、如果你真的打算学点知识，最好的办法依然是找一本靠谱的书，一页一页读下去。二、阅读说白了，就是阅历生活。”

“夏老师，接下来应该是好词好句好段的阅读了？”汤佳婧做完警句格言的笔记，细声细气地问夏老师。

“是好词好句好段的阅读。”夏老师望着汤佳婧笑问道，“那应该怎样去完成阅读呢？”

"阅读加记忆。"孩子们产生了共鸣。

好词好句好段

和谐　宽厚　团结互助　同舟共济　百折不挠

美妙　魅力　勇往直前　绚丽多彩　琴瑟和鸣

1. 一幅画的美就在于它色调、构图等各方面的和谐；一首歌曲的美就在于它音色、音调、旋律、节奏等方面的和谐……和谐是最佳的组合，是事物的最佳状态。

2. 何为"和谐"？看看这两个汉字便有了答案。"禾"，意则关怀自然，关注生态，让人与环境协调发展；"口""言"应当互通互信，注重文化交流；顺应民意，彼此和睦共处，世界大同，体现人文情怀；"比"，更应竞争有序，在公正的竞争与合作中谋求发展和进步。由此而得出，一个和谐的社会也必和于自然，顺于民意，谐于发展。

3. 和者，和睦也，有和衷共济之意；谐者，相合也，强调顺和、协调，力避抵触、冲突。琴瑟和鸣，黄钟大吕，这是艺术的和谐；和风细雨，桃红柳绿，这是自然的和谐。

4. 天空的和谐，是穿一身蓝；森林的和谐，是披一身绿；阳光的和谐，如钻石般耀眼；落日的和谐，留下了最后的美丽；而我所追求的和谐，是……

5. 鲜花，因有了绿叶的依偎，才显得清纯、鲜润；天空，因有了白云的装点，才显得静穆、安详；大地，因有了万物的拥吻，才显得平和、馨香。而一个人，一个家庭，一个社会，乃至一个国家，不也是因为相互依存，相互映衬，相互促进，共同发展，才呈现出五彩斑斓的和谐吗？

6. 和谐不是强制的，而是顺其自然的。什么年龄说什么话，年轻人的和谐与老年要求的和谐也是不同的，只要是他们能平和共同做的事情就是和谐。

7. 和谐是什么？和谐是春风里百鸟的鸣唱；和谐是晚秋里静待的风荷；绘画家说：和谐是夕阳照耀下的康河柔波；建筑家说：和谐是苏州园林的小桥流水、回廊九曲；音乐家说：和谐是贝多芬手指间流淌出来的美妙的旋律；文学家说：和谐是李白独坐敬亭山，静看两相不厌的意境。

8. 陶渊明在"采菊东篱下，悠然见南山"的情景中觅得了闲适淡远；王维在"明月松间照，清泉石上流"的优美意境中找到了精神归宿；朱自清在月下荷塘的美景中偷得了片刻的宁静与欢愉；李乐薇在“烟雾之中、星点之下、月影之侧”的空中楼阁里构建了自己的精神家园……我们离不开大自然。大自然不仅是我们的生存环境，也是我们的精神依托。

9. 和谐犹如一幅画，好似一首歌。和谐产生美，和谐生发力量。

10. 只有“和谐”才是一种美好的生活旋律。不和谐的生活不会产生共鸣，无法演奏生活美好的乐章！

“今天上课的节奏很快，同学们是不是感觉头有些发蒙和身体很累？”夏老师看孩子们断断续续把阅读的目光飘移到其他的地方，便问。

“有一点点累和蒙。但舒服是留给懒人的。”孩子们在笑声中调侃回答。

“既然如此，我们就换换脑子，再写作文《战象奥特》好吗？”夏老师爱怜地看着孩子们说，“我先讲一个巧问妙答的小故事，调节一下现在的氛围。”

机智的报幕员

一场音乐会即将开始。

报幕员走到台前对大家说：“尊敬的女士们和先生们，下面我们将请在国际比赛中，多次获奖的世界著名艺术家用小提琴为我们演奏几曲美妙的乐曲。”

艺术家不好意思地对报幕员说：“可我根本不是什么小提琴家，我是钢琴家。”

“女士们、先生们，”报幕员说，“不巧，小提琴家把提琴忘在家里了，因此，他决定改为大家演奏几首钢琴曲。这机会更难得，请大家鼓掌！”

“请问，报幕员的机智体现在哪里？”夏老师问。

“随机应变。”孩子们乐了。

“你们认为报幕员合格吗？”夏老师接着问。

“合格。是一个机智的报幕员。”孩子们雀跃。

“回答正确。现在下课休息十分钟，我们共同完成踢踏舞的动作组合。上课后进行《战象奥特》的创作。”夏老师高声宣布。

战象奥特

在云南西双版纳这片领地上，奥特胸中怒火燃烧，它再次努力控制自己的情绪，尽量平静下来估量眼前的处境。它面对的是一帮偷猎者，他们已经杀死了它的妻子和儿子，它要找到他们复仇。它的眼前出现了妻儿和儿子惨死的场面，象牙被锯，满嘴鲜血流了一地。它感到一股热流涌上头顶，身体似乎膨胀了，它怒吼一声，继续追踪着偷猎者的气味。

不远处，它终于发现了杀害它妻儿的偷猎者，它绷紧全身的肌肉，带着仇恨和痛苦猛冲过去。这帮偷猎者太狡猾了，他们用大树做掩护，用黑洞洞的枪口向它射出了火辣辣的子弹。它悲愤交加，像风中的小树一样颤抖。它猛地一窜，冲到一个瘦小的偷猎者面前，扬起了长长的鼻子，准备把仇人劈成两半。也就在这一刻，它发现这个偷猎者面部干瘪，眼睛里充满了恐惧和悲哀。这一幕，让它的心软了下来，它想到了偷猎者也有妻儿，它仿佛听见耳边传来妻子和儿子粗犷安闲的呼唤声，这声音多么的迷人，引起了它无限的思念之情。它望了望四周的森林，又冷冷地瞥了偷猎者一眼，把高高举起的象鼻慢慢地卷起，擦了擦湿漉漉的眼睛，也就在这同时，枪响了，整个西双版纳的森林一片寂默，空气似乎也凝固了。

鲜血顺着奥特的脖子流淌着，它使尽全身的力气，不顾一切地向偷猎者猛撞过去，但是，怒火和肌肉碰到的却是冰凉的石壁，它硕大的身躯轰然倒下，它抬头凝望着蓝天，天空中浮着白云，如天堂一般圣洁美丽。它的心突然放松了，因为它听到了妻子和儿子在呼唤它的声音……它乖乖的把长长的如利剑的象牙伸到了偷猎者的面前，让长剑象牙还给它永恒的安宁。

西双版纳的象群在首领的带领下，将三头失去象牙的尸体运送到密林深处。雄象们用象牙撅开泥土挖好墓穴，将尸体放入后，又一起用鼻子卷起土块儿将其掩埋。然后群象一起用脚踩踏浮土，把墓穴封得严严实实。最后，首领一声号叫，群象跟着发出阵阵沉重的轰鸣，以示哀悼。

夏老师点评：《战象奥特》用拟人的表现手法，写出了人性的残忍和战象奥特的宽容，从而提出了一个重要的议题——怎样在环保的基础上，构建人与动物的和谐。

语文基础知识扫描

一、改错别字。

甘败下风（ ）　　食不裹腹（ ）　　按步就班（ ）

天翻地复（ ） 再接再励（ ） 指手划脚（ ）

一愁莫展（ ） 谈笑风声（ ）

二、将下面“AABC”式的成语补充完整。

（ ）（ ）其谈 （ ）（ ）欲动 （ ）（ ）无为

（ ）（ ）来迟 （ ）（ ）于怀 （ ）（ ）不舍

（ ）（ ）如生 （ ）（ ）私语 （ ）（ ）有礼

三、给下面的字组词，使它们具有不同的感情色彩。

褒义词 贬义词 褒义词 贬义词

顽（ ）（ ） 断（ ）（ ）

机（ ）（ ） 计（ ）（ ）

武（ ）（ ） 盛（ ）（ ）

四、选词搭配。(填序号)

A. 生活 B. 真理 C. 联系 D. 会议 E. 仪式 F. 活动 G. 耗费 H. 安全 I. 敌军

开展（ ） 召开（ ） 举行（ ）

坚持（ ） 维持（ ） 保持（ ）

五、在括号里填上合适的量词。(不重复)

一（ ）毛巾 一（ ）帽子 一（ ）死水 一（ ）炊烟

一（ ）学校 一（ ）教室 一（ ）墨水 一（ ）勋章

一（ ）雕像 一（ ）棉被 一（ ）菜刀 一（ ）小溪

一（ ）圆月 一（ ）钳子 一（ ）诗歌 一（ ）杂志

六、仿照例句，补充句子，写出你对美的发现。

什么是美？不同的观察会有不同的收获。沉稳的静景是凝固的美；欢快的动景是流动的美；____________________；优雅的曲线是婉转的美；喧闹的城市是繁华的美；____________________。只要你有一双发现美的眼睛，有一颗感悟美的心灵，生活中处处都有美。

七、下面是《做人》这首小诗的前两节，请顺着诗意续写一节。

做花一样的人/不一定艳丽娇媚/但必须芬芳四溢

做树一样的人/不一定枝繁叶茂/但务必挺拔秀丽

____

《小溪》阅读与练习答案

《小溪》主题：砥砺前行，奉献大海。

第一题：本文以小溪为线索。贯穿全文。

第二题：文中的太阳指的是万物之母，光明源泉。

第三题：汇聚成河、成江，和同伴一起涌向天边的大海。

第四题：用童话叙述的方法，把小溪当人来写。用丰富的想象和夸张，塑造了小溪的形象，表现对美好的向往和追求。

第五题：阅读完小溪，受到了一定的启示，我也要像小溪一样，面对挫折、挣扎、奋斗、拼搏都应该超越自己，找回自己，把自己的涓涓细流无私地奉献给大海。

《语文基础知识扫描》答案

第一题：拜；果；部；覆；厉；画；筹；生。

第二题：夸夸；蠢蠢；碌碌；姗姗；耿耿；依依；栩栩；窃窃；彬彬。

第三题：顽强；顽固；果断；武断；机灵；投机；计划；计谋；威武；武断；盛大；盛怒。

第四题：F；D；E；B；A；C。

第五题：打；顶；潭；缕；所；间；瓶；枚；尊；床；柄；条；轮；把；首；本。

第六题：流畅的直线是直爽的美；宁静的村庄是清幽的美。

第七题：做水一样的人/不一定波澜壮阔/但必定清澈明净/做海一样的人/不一定博大深邃/但必须宽广包容

第三十九课 琥珀

“同学们好！”“夏老师好！”

“今天上课内容有：阅读学习；阅读《雪夜》；警句格言；好词好句好段；作文；语文基础知识扫描。”夏老师概述说。

孩子们静静听着，他们现在希望获得更多的知识。

“同学们创作的《战象奥特》，我批改时感觉写得特棒。请试想一下，同学们既没有大象的亲身经历，也没有体验过猎人的生活，但是，你们却把这个故事写活了，而且还写出了大象的葬礼，问问自己，是怎样写出来的呢？”夏老师问道。

“阅读！”

“你们阅读了夏老师讲的《猎人》的故事，通过大脑加工，用拟人的表现手法，完成了《战象奥特》的创作，写得非常好。今天夏老师要让你们在学习中锦上添花。首先想问问同学们，我们要怎样阅读学习？”夏老师淡然一笑，停顿下来。这是留给孩子们思考的最佳时机。

“读书是为了获取信息，增长知识。”邹佳蓉不假思索地说。

“这是一种贪多务博的阅读。就像兔子吃胡萝卜，占有性特强。”夏老师解答。

“拿上一本书，旁边放上笔和笔记本，从从容容地阅读。”江珂宇说道。

“这是一种情趣加耐心的精致阅读。可以让自己沉浸到书中去，建立起心与心的对话，增强自己的思维能力，使生命由此而丰富起来。”夏老师解答说，“这里我要问了，同学们应该选择哪一种读书方法呢？”

“江珂宇说的读书方法。”孩子们听懂了。

“在这个互联网时代，获得信息和知识是容易的。而要增强思维能力和理解能力是有一定难度的。”夏老师说道，“我觉得读书最重要的是要养成爱读书的兴趣和习惯。按照自己喜欢的方法去读书。有些人读书，随手翻一翻，找到自己所用的信息，记下一个梗概，就算是读了一本书。有的人读书，是从第一个字看到最后一个字，还要写下读书笔记，提出问题解决问题，这也是读完了一本书。两种不同的读书方法，称之为熟读和精读，都是有道理的。因为人生有限，读书要分轻重缓急，知道哪本书要细读哪本书要泛读。

另外，同学们在读书的时候，是为了寻求知识，而不是用书上的知识束缚自己的思想。读书一定要带着存疑来阅读。要用自己的思想去了解书中的内容。哪一句话是错的，哪一段话值得商榷，哪些观点存在疑惑，这些问题，都要写在笔记本中，留待自己研究，或是上网寻找答案，再者问问老师，从而养成肯动手又有思想的读书能力。一年之后，书就成为了你手中的使用工具。再说得直白一点，同学们要写好一篇作文，一靠生活的积累，二靠从书本上获取知识。

现在，同学们都喜欢谈论谁家怎么有钱，玩起网络游戏唏嘘感叹，崇拜的明星侃侃而谈如数家珍。但是，有多少同学想知道这背后的故事呢？或是静下心来，拿上一本书，好好研究一下？

什么是能力？希望同学们不要回答说：天知道！

但我可以告诉你们，不读书，没知识，光靠一点小聪明，将来走进社会以后，会很快被淘汰。为什么？因为思想里没有完整的知识体系支撑，无法形成一种信仰。而书籍，会给你系统的知识梳理，将碎片式的点连成一个面，还进行了分类和归纳。

我的父亲没什么文化，教育我的方法很简单，要好好读书哟，也是他的口头禅。至于怎么去读书，他没教过我，使我在怎样读书的过程中走了很多弯路。现在，我站在同学们面前，成为深受你们信任的老师，我愿意把自己总结出来的读书经验告诉你们，请你们一定要记住我刚才讲的阅读学习方法，为今后的能力打下坚实的基础。”

孩子们用心听着，不时记录写下要点。夏老师曾经检查过每一位孩子的笔记本，笔记做得很凌乱。但是在另外一个整理的笔记本，却誊正得非常整洁。这帮孩子们渐渐在长大，他们既是有心人，也有自己的思想。

“夏老师，不知怎么搞的，在您的指导下阅读问答题，我们都明白也会做，当自己单独做题时，又往往容易做错？”卫翔宇提问。

“做错阅读问答题，关键点是做题时粗糙，对自己审题时要求不严。”夏老师说，“同学们一定要有静心和耐心，认真反复阅读，细心思考答题。强迫自己努力做到以下四点：1. 要带着思考阅读文章三遍以上；2. 细细体会问答题的题意；3. 思维一定要缜密开阔有逻辑性；4. 在文章主题的指导下要有自己的思想和看法。”

夏老师用粉笔把阅读学习答题的四点要求写在黑板上，等孩子们做完笔记后，再把阅读文章《雪夜》发给孩子们说：“同学们在阅读《雪夜》时，一定要用心去赏析。西晋人陆机在《文赋》序中言：‘恒患意不称物，文不逮意，盖非知之难，能之难也。’翻译成白话：写作文最难处理的是内心与外物无法相互统一。作文的言辞很难准确表达思想。这就是困难不在于知道这一矛盾，而在于如何处理这个难解的矛盾。所以说，阅读优秀的作品，正是为了学习使自己在作文中解决‘意不称物，文不逮意’这一矛盾，达到一个‘能’字。

就我所知，同学们每学期阅读的课文只有三十篇左右，写作文五至六次，这与当今的信息时代相比，视野确实过于狭窄，无法链接。语文教育家叶圣陶先生说过：‘单说写作程度如何如何是没有根的，要有根，就得追问那些比较难琢磨的阅读程度。’由此可见，阅读与作文的提高是紧密相关的。请同学们一定注意了，在阅读中一定要把心融在作品里，吸收作品中的表达技巧和知识，这是学会阅读的一条重要的途径。”

雪　夜

（法）莫泊桑

黄昏时分，纷纷扬扬地下了一天的雪，终于渐下渐止。沉沉夜幕下的大千世界，仿佛凝固了，一切生命都悄悄进入了睡乡。或近或远的山谷、平川、树林、村落……在雪光映照下，银装素裹，分外妖娆。这雪后初霁的夜晚，万籁俱寂，了无生气。

突然，从远处传来一阵凄厉的叫声，冲破这寒夜的寂静。那叫声，如泣如诉，若怒若怨，听来令人毛骨悚然！喔，是那条被主人放逐的老狗，在前村的篱畔哀鸣：是在哀叹自己的身世，还是在倾诉人类的寡情？

漫无边际的旷野平畴，在白雪的覆压下蜷缩起身子，好像连挣扎一下都不情愿的样子。那遍地的萋萋芳草，匆匆来去的游蜂浪蝶，如今都藏匿得无迹可寻。只有那几棵百年老树，依旧伸展着槎牙的秃枝，像是鬼影幢幢，又像那白骨森森，给雪后的夜色平添上几分悲凉、凄清。

茫茫太空，默然无语地注视着下界，越发显出它的莫测高深。雪层背后，月亮露出了灰白色的脸庞，把冷冷的光洒向人间，寒气袭人。和月亮做伴的，唯有寥寥的几点寒星，致使她也不免感叹这寒夜的落寞和凄冷。看，她的眼神是那样忧伤，她的步履又是那样迟缓！

渐渐的，月儿终于到达她行程的终点，悄然隐没在旷野的边沿，剩下的只是一片青灰色的回光在天际荡漾。少顷，又见那神秘的鱼白色开始从东方蔓延，像撒开一层轻柔的纱幕笼罩住整个大地。寒意更浓了。枝头的积雪都已在不知不觉间凝成了水晶般的冰凌。

啊，美景如画的夜晚，却是小鸟们恐怖战栗、备受煎熬的时光！它们的羽毛沾湿了，小脚冻僵了；刺骨的寒风在林间往来驰突，肆虐逞威，把它们可怜的窝巢刮得左摇右晃；困倦的双眼刚刚合上，一阵阵寒冷又把它们惊醒。它们只得瑟瑟索索地颤着身子，打着寒噤，忧郁地注视着漫天皆白的原野，期待那漫漫未央的长夜早到尽头，换来一个充满希望之光的黎明。

阅读与练习

一、第一段中给全文定下感情基调的句子是哪一句？

____

二、本文所采用的主要修辞手法是什么？

____

三、文中的雪夜美景如画，可其中的狗、树、星、鸟却又显得悲凉凄清，这是否自相矛盾？为什么？

____

四、末段写到小鸟期待长夜早到尽头，换来希望的黎明，这表达了作者怎样的思想感情？

____

“同学们对《雪夜》的答题很有思想。在这里，我想和同学们从另一个角度去体验莫泊桑《雪夜》的创作动机，感受一下这种写作的过程，怎么样？现在，我和同学们当堂作文，当堂在作文中体会阅读。”夏老师检查孩子们的阅读问答题后，觉得孩子们的答题超出了他的想象。他要趁热打铁，强化孩子们的阅读能力。

“好！”孩子们喜欢和夏老师在学习上互动。

“那我们就共同完成一篇命题作文《月夜》。在写之前，我先介绍一下法国著名小说家莫泊桑。他是世界短篇小说巨匠，代表作为《项链》，写的是一位女人爱慕虚荣赔上了自己一生的青春。同学们抽时间可以在网上阅读一下。而

《雪夜》表达的主题是对黎明充满了期待。莫泊桑用优美的文笔在《雪夜》里定下了感情的基调——在那万籁俱寂，了无生气的凄凉氛围里：凄厉的狗吠，冲破了寒夜的寂静；百年的老树白骨森森，在雪夜里平添了几分凄凉；备受煎熬的小鸟，在寒风中恐怖地战栗，但是，这一切却期待着漫漫的长夜早到尽头，换来充满希望的黎明。

现在呢？同学们要模仿的《雪夜》写《月夜》，先确定主题，然后才知道怎么去写。”夏老师停顿下来问。

“培优完回家，满身是月光。”喻彬随口说道。

“学习的主题不错，但怎么写？”夏老师看着喻彬问道。

“这……这还没想好？”喻彬语塞回答不出来。

“拉灭学习灯，满身都是月。”谢凯补答。

“抽象了。起码应该有 1、2、3 点简易的提纲吧？”夏老师强调说，“叙述文必须要用故事表达自己的主题思想。阅读的时候，就可以按照作者的思路，清晰地解释文章，回答提问。”

“热爱美好，享受月夜。是我构思《月夜》的主题。”钱莉茹看着草拟的提纲说道。

“能说得具体一些吗？”夏老师问道。他知道这样主题下的抒情散文好写，收放自如。

“月光下的万物：树木、花儿、夜风、小狗、人们等等，都在享受着美丽的月夜，更想留住这美好的月夜。”钱莉茹回答。

“同学们听清楚了没有？就以钱莉茹刚才说的《月夜》为提纲，在美丽的月夜下，以树、花、风、狗、人为‘点’，去讴歌万物的‘面’的美。现在，请同学们展开对《月夜》的想象。在脑子里打上一个初稿，或是形成一个大概的轮廓，然后畅所欲言地用一句话或一段话表达自己对月夜美的热爱。夏老师替你们编排语句，完成你们的创作《月夜》好吗？”夏老师拿上粉笔，侧着身体，听着孩子们表达着月美夜也美的句段，去粗取精地写在了黑板上：

月　夜

一轮满月，清清奇奇高悬在东边的天空上，无声无息泻下银白色的光辉，仿佛饱含着奇妙的光照，沐浴着大地万物。

一片一片美丽的小区，静静卧在大树的环抱之中，绿树翠竹掩映着铺满轻柔月光的柏油马路，像流水一样清凉。一阵透着月光的晚风悠悠拂来，裹挟着温馨的幽香。风儿就像沁人心醉的老酒，把连成一片一片的花坛里的花儿灌得有点微醉，羞涩绽放的花朵低下了头。一只雪白的小狗摇摆着尾巴，跑前跑后在主人面前撒欢，偶尔一声吠叫，打破了寂静的晚夜，衬映得周围的风物是那么的妍美。三五成群地悠闲散步的人们，全都融在月色里，“叽叽喳喳”像欢快的鸟儿，或说、或笑、或叹、或手舞足蹈，那是因为幸福的感觉甜出了滋味。

月夜越来越浓，在万籁俱静之中，迷迷蒙蒙地包裹着大地万物。隐隐约约间，流淌的月光带着露水也下来了，空气里弥漫起了湿气。在月光下面，花儿在雾气的滋润下羞羞答答地开，花香在清新的空气中静静悄悄地飘。

夏老师把写在黑板上的《月夜》默读了一遍，转过身子，对孩子们点评说道：“同学们集体创作的《月夜》写得非常精彩：

一、在月夜下，将动态描写与静态描写相结合，景物极富画面感。人物的描写也有动态感。

二、比喻、拟人的修辞手法通篇都在使用，使《月夜》中的万物生动形象、具体可感。

三、语言清新质朴，给人以灵动优美的音节美的享受。

以上是我对同学们刚才的作文《月夜》的赏析，同学们在阅读《月夜》时，完全可以借鉴这种赏析方法，去解析阅读文章的内容。请好好体会一下，是不是这个理？”

“夏老师，完全是这个理。这个理如醍醐灌顶，让我茅塞顿开。”熊浩悟通了道理，高兴得一句话里用了两个成语。孩子们是可爱的，一旦收获满满，就喜欢卖弄一下文字。

“醍醐灌顶是佛语。用茅塞顿开就表达了其意。”夏老师望着熊浩笑说道，“今天的警句格言是：一、一个真正的读书人，不仅是一个具有思想能力的人，更是一个真实勤奋的人。二、书籍是灵魂中那些说不清道不明的苦痛的唯一解药。”

夏老师说完，把好词好句好段发给孩子们记忆阅读：

好词好句好段

写事物：宇宙 世界 飞碟 混沌 城堡 遗传 基因 密码 液晶 紫光 黑洞

写性质和状态：神奇 神秘 奥妙 深邃 怪异 荒诞 恍惚 惊骇 惶恐 梦幻

专有名词：太阳系 红外线 探测仪 千里眼 时光机 分身术 核动力 操纵杆

写动态：遥控 输入 指示 储存 控制 报警 吸附 联通 追溯 穿梭 穿越 遐想 憧憬 冥思 搜索 游历 遨游 探究 变迁 旋转 失踪 造福 战战兢兢 辗转反侧 坐卧不安 不知所措 魂飞魄散 提心吊胆

写志向：壮志凌云 宏图大志 享誉世界 造福人类 翻天覆地

写感受：心潮起伏 乐不可支 喜出望外 美梦成真 日新月异 浮想联翩 回味无穷 心驰神往 不可思议 精彩纷呈 刻不容缓 迫在眉睫

写环境：光怪陆离 应接不暇 难以置信 怪模怪样 险象环生 耳闻目睹

1. 后来，我们又将树苗种子撒在沙漠中，用魔法引来海水，淡化后，浇向沙漠，对着沙漠念了几句催生咒语，沙漠即刻变成了森林。

2. 海底可真美啊！一群群银色的小鱼正在这生命的摇篮——大海的深处快乐地生活，一丛丛珊瑚千姿百态地矗立在那里。

3. 现在维森博士已经发现了海底献给人类的最大宝藏——蓝晶石，一克蓝晶石能供全世界50亿人消耗一万年之久，在太平洋的马利亚那海沟储藏着大量的蓝晶石。

4. 满地都是有着一样面孔的战士，他们倒在地上一动也不动，就像无数被扩大了的蚂蚁一样，密密麻麻……

5. 这时，后面传来一阵脚步声，回头一看，他俩愣住了：只见一个蛋形小人，他的眼睛长在身子上，没有瞳孔，鼻子已退化成两个气孔，嘴巴只是一条缝，两只手还是五根手指，脚却只是一只吸盘一样的东西，跳跃行走。乔尼看着他别扭的模样，感到很可笑。

6. 不久以前，好些大船在海上碰见了一个“庞然大物”，一个很长的物体，形状很像纺锤，有时发出磷光，它的体积比鲸鱼大得多，行动起来也比鲸鱼快得多。

7. 太阳城，沐浴在阳光下的城市，没有噪音，没有废气，到处是彩色的房屋。

“今天的作文写琥珀，一种透明的生物化石。它是由树脂滴落，内部包有奇丽异常的小昆虫或是植物的碎屑，掩埋在地下千万年，在压力和热力的作用下石化形成的。迄今为止，世界上最古老的琥珀矿石，其年龄在9900万年左右。

请同学们在观察琥珀的时候，一定要展开无限的想象和联想，甚至可以推演到中生代白垩纪时期，然后写出自己的故事来。”夏老师说完，从提包里掏出一块颜色呈黄色有白条痕光泽的琥珀，琥珀里面嵌着一只蚂蚁举起一只甲壳虫。他把琥珀递给孩子们观赏，孩子们蜂拥地围在一起，一边轮流观察研究，一边议论开来。

琥　珀

去年十一，姨妈去俄罗斯旅游，回来带给我一件小礼物——在一个精美的礼盒里放着一个淡黄色的玻璃球。玻璃球里镶嵌着一只蚂蚁举起一只比自身重量大好多倍的甲壳虫。我觉得很一般，就像地摊上卖的工艺品，对我来说没有任何作用，随便看了两眼。把它放进礼盒里，顺手塞进抽屉，渐渐忘记了它。

有一天，姨妈打电话问我，喜不喜欢她从俄罗斯带给我的昆虫琥珀。我先是一愣，窘迫地嗯嗯唧唧不知说什么好，内心充满了羞愧。放下电话，我回房间从抽屉里拿出被我遗忘的尘封的礼盒，拿出昆虫琥珀端详。我发现在透明的昆虫琥珀里，蚂蚁的触须好像在不停地拍击大地，仿佛是在召唤自己的伙伴来分享狩猎获得的食物。而那只甲壳虫呢？安静地仰面朝天躺着，无力的脚上呈现几圈黑色圆环，长腿上的毫毛清晰可见，只是没有了生命气息，让人浮想联翩，几千年前的故事开始了：

一只蚂蚁在白桦树森林里觅食，它富有灵感的精巧触须探测到了一只甲壳虫，它划着长腿爬到甲壳虫身旁。这可是好多天的美餐！它欣喜若狂地扭动了一下脑袋，伸直把六只脚掸了几下，一口咬住甲壳虫，又把甲壳虫高高举起。甲壳虫翻来覆去地垂死挣扎……太阳火辣辣地照在白桦树森林里，绿叶在桦树枝上飒飒地响，突然，一大滴桦树脂从树干渗出滴落，在阳光下闪闪发出金黄的光彩，不偏不倚刚好落在甲壳虫和蚂蚁的身上，把它们淹没在黄色的泪珠里。

岁月如流水淌过了几十年，上百年，数千年后，包裹着蚂蚁和甲壳虫的桦树脂球在地下石化形成昆虫琥珀，现在就拿在我的手上，我感到沉甸甸的，禁不住问自己，为什么姨妈送给我时，我没有发现这是昆虫琥珀，而且还隐藏着几千年前的沉重故事。现在我明白了，那是因为我的心绪在世俗中变得非常狭隘，哪会留心去观察发现一件看起来相当平凡，但又闪烁着奇丽异常的生与死的千年前的故事呢。

我现在就把昆虫琥珀放在我的书桌上。让它每天提醒我多花点时间，静下心来认真读完一本好书，看一看天上的星星和月亮，想一想“发现就是成功”这一个简单的道理。

夏老师点评：《琥珀》发挥出了想象，写出了思想，并且由此联想到读书就是认识世界，在发现中获取成功的道理。

语文基础知识扫描

一、格言警句连线。

珍惜时间　　　抛弃时间的人，时间也抛弃他。

热爱读书　　　千磨万击还坚劲，任尔东西南北风。

乐于奉献　　　捧着一颗心来，不带半根草去。

不怕困难　　　学而不厌，诲人不倦。

二、请在括号里填上一字，使对联上下对仗。

1. 轻风（　）细柳，淡月失梅花。

2. 坐，请坐，请上座；茶，敬茶，敬（　）茶。

3. 雾锁山头山锁雾，天连水尾（　）连天。

4. 福无双至今朝至，祸不单行昨夜（　）。

5. 稻草捆秧父抱子，竹篮装笋（　）怀儿。

三、假如你的同学或者朋友因为面临挫折而苦恼时，你会用哪些名言警句来勉励他？请你写出三句。

1. ________________

2. ________________

3. ________________

四、下列这副对联最适合（　　）。

满室芝兰尽秀色，盈门桃李笑春风。

A. 农村人家　　B. 花农或花商

C. 教师家庭　　D. 干部家庭

五、将下列格言补充完整。

1. 己所不欲，（　　　）。　　2. 天下兴亡，（　　　）。

3. 近朱者赤，（　　　）。　　4.（　　　），话不投机半句多。

六、下面是关于读书的格言警句，请与相对应的作者连起来。

高尔基　　　　书山有路勤为径。
托尔斯泰　　　读书破万卷，下笔如有神。
孔丘　　　　　书籍是人类进步的阶梯。
韩愈　　　　　理想的书籍，是智慧的钥匙。
杜甫　　　　　学而不思则罔，思而不学则殆。

七、下列选项中，不属于劝诫珍惜时间的格言是（　　）。

A. 不教一日闲过。
B. 鞠躬尽瘁，死而后已。
C. 少壮不努力，老大徒伤悲。
D. 明日复明日，明日何其多；我生待明日，万事成蹉跎。

八、下面句子，空白处应该填上的是（　　）。

人总是不断从犯错误中增长知识的，“________”，便是这个道理。

A. 吃一堑，长一智。
B. 满招损，谦受益。
C. 虚心使人进步，骄傲使人落后。
D. 失败乃成功之母。

九、下列选项正确的是（　　）。

博学之，________，慎思之，________，笃行之。

A. 审问之　明辨之　　B. 审问之　心系之
C. 明辨之　审问之　　D. 心系之　审问之

十、说说下面对联的主人公。

1. 草堂留后世，诗圣著千秋。（　　）
2. 犹留正气参天地，永剩丹青照古今。（　　）
3. 诗中有画，画中有诗。（　　）
4. 玉帐深宵悲骏马，楚歌四面促红妆。（　　）
5. 四面湖山归眼底，万家忧乐到心头。（　　）

《雪夜》阅读与练习答案

第一题：雪后初霁的夜晚，万籁俱寂。

第二题：修辞手法：比喻，拟人等。

第三题：不矛盾。这是一种写实的手法，展现了美景如画的雪夜里，万物存在的自然现象。因为，只有把美的东西剖析给人看才有更强烈的震撼力。

第四题：表达了作者希望一个充满光明的黎明的到来。

《语文基础知识扫描》答案

第一题：1. 珍惜时间—抛弃时间的人，时间也抛弃他。
2. 热爱读书—学而不厌，诲人不倦。
3. 乐于奉献—捧着一颗心来，不带半根草去。
4. 不怕困难—千磨万击还坚劲，任尔东西南北风。

第二题：1. 扶；2. 香；3. 水；4. 行；5. 母。

第三题：选用所学的励志警句格言。

第四题：C

第五题：1. 勿施于人；2. 匹夫有责；3. 近墨者黑；4. 酒逢知己千杯少。

第六题：1. 高尔基—书籍是人类进步的阶梯。
2. 托尔斯泰—理想的书籍，是智慧的钥匙。
3. 孔丘—学而不思则罔，思而不学则殆。
4. 韩愈—书山有路勤为径。
5. 杜甫—读书破万卷，下笔如有神。

第七题：B

第八题：A

第九题：A

第十题：1. 杜甫；2. 文天祥；3. 王维；4. 项羽；5. 范仲淹。

第四十课　巅峰

"同学们好!""夏老师好!"

"今天这堂课的内容有：阅读承诺；阅读《一件小事的震动》；警句格言；好词好句好段；作文；语文基础知识扫描。"夏老师扼要说完，心里一动问道，"当你们学习累了，喜欢用什么东西解乏呢?"

"玩手机游戏。""发短信，刷微博。""我总爱发呆坐着想些不着边际的事情。什么事情，说不上来。""我是吃货，满厨房找东西吃。吃东西的时候，感觉世界真美，很安静。""他是吃黑暗料理长大的。"孩子们你一言我一语地敞开了心扉。他们信任夏老师，在讨论学习的问题上没有代沟，只有代入。

"刚才听同学们说了很多学习解乏的方法，夏老师感触良多。你们正当少年，学习的压力的确沉重。有时身心感到特别的疲惫，这个时候到底应该怎么样去做呢?

一种学习解乏是同学们刚才所讲的，发发短信，刷刷微博，打打游戏，当个吃货，或是呆坐神游……久而久之，你们将会睁开双眼就是上网，拿着信纸却不会写信。想要表达自己的心声时，只能借助于神游的流行语和火星文，使自己成为网络语言的下一代，从而凸显了当今信息时代文化的贫乏。

另一种学习解乏的方法是：打开你阅读的书，让自己与书中的故事相处，你会感到有一种如漆黑的夜晚，划亮一根火柴，眼前一片光明灿烂的轻松和舒畅。你要知道，一个不读书的人，面对复杂的社会，可能连自己都不会认识，所以你明白阅读其实就是阅自己，而且要在阅读中认识自己，找到自己，让阅读陪伴自己成长。

具体的行为：自己再累也要读书；学习再忙也要谈书；攒钱再少也要买书；住处再小也要藏书。与书为伍，丰富灵魂，这就是阅读好书给予的力量，使自己像是睁大双眼，如同做梦一般，与天意神启，在浩瀚的宇宙中往来。这就真正做到了阅读是对自己的终身承诺。"

夏老师情感奔放，直抒胸臆。

“夏老师，如果读书读累了，两眼发胀，头脑发蒙，思想里就好像是塞满了棉花，那又该怎么办呢？”邹佳蓉问。

“阅读大自然呀！”夏老师淡然一笑说道，“推开窗子，静心聆听鸟儿在树上啼鸣歌唱，那是大自然天籁的声音。细心观赏窗台上盆栽花卉的绽放，绿叶的伴舞，那是最真实的美丽。这个时候，你要心无旁骛地用心去聆听，用眼去观察，你会感受到阅读大自然是如此的美妙，你会顷刻间释放出疲倦而忘记周围的一切，最后又慢慢地回到与书中的人和事同欢乐，同悲伤，同愤怒，同开心的情绪里。这才是阅读的一种完整的体验，不是那些碎片式的信息和夸张的视频可以取代的。你把灵魂解放出来，再整理好，重新放回心里。”

“夏老师，听您这么一说，好像读书是一件非常美好的事情，但……是，我感觉不到。也……不全是。有时候又可以不睡觉，一口气把一本书读完。”易东龙语无伦次地说道。

“哪方面的书呢？”夏老师问。

“动物类的，《我的狗狗卡亚》。还有……《胡小闹日记》。”易东龙挠着头思忖说。

“读过儿童版的《老人与海》或是《读者》之类的刊物吗？”夏老师略微思考后说道，“前者的主题是面对大自然，人是可以被打败的，但精神不能失败。后者是综合读物，可以从中汲取不同类别的信息和知识。我这么说，是希望同学们要学会有选择性地去读每一本好书，让阅读帮助自己的心灵健康成长。”

“但是，有些书我……我读不下去呀！”易东龙面显难色。

“培养啊！培养自己这方面的兴趣。这里，我想讲一个芭蕾舞演员的故事。她的名字我一下想不起来了。

同学们都知道，杂技和芭蕾舞是两个艺术门类。如果把杂技与芭蕾合为一体，用芭蕾舞的优美舞姿，在人的肩膀上像杂技一样跳芭蕾，那一定是美妙绝伦的。

为了完成这一创举，她的脚练功练肿了，第二天穿芭蕾鞋，塞不进去又强塞进去，然后默默流五分钟的泪，擦干眼泪走进练功房。在三年多的时间里，她的生活就是三点一线——寝室、食堂、练功房，从而塑造了杂技与芭蕾的完美结合，获得了金小丑奖。至今，37 岁的她还站在舞台上。

在我们的实际生活中，有时候，要学会改变自己，朝着更好的方向去发展，阅读也是一样的。”夏老师深有感触地说。

“夏老师，您说的意思我们听懂了。要读有意义的书，它会告诉我们怎样去做人，怎样去面对学习中的挫折和困难，然后充满信心地继续前进。”易东龙翻着白眼，头朝天花板想了想说，“但这样的书读起来费劲呀！又怎么才能回到书中，进入书中的角色，与书里的人物对话呢?”

“那就皮一下，确认过眼神，了解一下小猪佩奇身上纹，然后再回到书中。我就把掌声送给社会人!”夏老师调侃道。他在思考怎样引导孩子们对阅读好书产生兴趣和热爱，而不只是说教。

孩子们被逗乐了，对易东龙报以热烈的掌声。易东龙却羞涩地低下了头。

“今天的阅读文章是《一件小事的震动》。请同学们结合阅读大自然的方法，在阅读这个故事时，多一点思考，多一点联想，在思考和联想中，用记忆搜索被自己忽略的曾发生的这方面的故事。如果有，就把他们捡起来，用一句话或者一段话记在笔记本上，这就叫素材的积累，保不准某一天就会用上的。因为好记性不如烂笔头。同学们一定要养成勤做笔记的习惯。”夏老师用缓慢的语速说道，把阅读资料《一件小事的震动》发给了孩子们。

教室里沉静了一会儿，渐渐地响起了朗朗的阅读声。

一件小事的震动

八月的一天下午，天气很热。我住处的前面有一群孩子正起劲地捉那些五彩缤纷的蝴蝶，这使我想起了我小时候的一件往事。

那时候我住在南卡罗来纳州，12 岁的我常常把一些野生的活物捉来关到笼子里玩，乐此不疲。我家住在树林边上，每到黄昏，很多画眉鸟回到林中休息和唱歌，那歌声悦耳动听，没有一件人间的什么乐器能奏出这么优美的乐曲。我当机立断，决心捉一只小画眉放到我的笼子里，让它为我一个人唱歌。

果然我成功了。那鸟先是不安地拍打着翅膀，在笼中飞来扑去十分恐惧。后来就安静下来，承认了这个新家。站在笼子前，我听着小音乐家美妙的歌声，兴高采烈，真是喜从天降。

我把鸟笼放到我家后院。第二天我发现有一只成年的画眉在专心致志地喂小画眉，不用说这定是小画眉的母亲，果然，在她的呵护下，小画眉一口一口地吃了很多类似梅子的东西。我高兴极了，因为由它自己的母亲来照料，肯定比我这个外人要好多了，真不错，我竟找到了一个免费的保姆。

次日，我又去看我的小俘虏在干什么，令我大惊失色的是，小鸟竟已经死了，怎么会呢，小鸟难道不是得到了最精心的照料了吗？我对此迷惑不解。

后来著名鸟类学家阿瑟·威利来看望家父，在我家小住。我找到一个机会，把事情说给他听。他听后做了解释。他说，当一只美洲画眉发现她的孩子被关在笼子里之后，就一定要喂小画眉足以致死的毒梅，她似乎坚信，孩子死了总比活着做囚徒好些。

这话犹如雷鸣似的，给我巨大的震动，我好像一下长大了。原来这小小的生物对自由的理解竟是这样深刻。从此，我再也不把任何活物关进笼子，一直到现在，我的孩子也是这样。

【阅读提示】

《一件小事的震动》为我们抒写了一曲震颤心灵、悲壮感人的自由之歌！

为使画眉能为“我”一个人唱歌，“我”把一只小画眉抓来关进笼子。成年画眉坚信“孩子死了总比活着做囚徒好些”，亲自用毒梅毒死了小画眉。在她看来，自由比生命更重要，失去自由比失去生命更可怕。这件小事给了“我”巨大的震动——原来这小小的生物对自由的理解竟是这样的深刻！这件小事对“我”产生了重要的影响——“我”再也不把任何活物关进笼子，一直到现在，我的孩子也是这样。

读了本文所记叙的画眉殉自由的故事，你或许会从中受到启迪；看到作为扼杀小画眉自由的“我”心灵受到的震动，你或许也想说点什么。

阅读与练习

一、用简练的语言说说本文叙述了怎样一件小事。

____

二、“我”从成年画眉毒死小画眉这件事中受到巨大震动的原因是什么？

____

三、读了这篇文章后，或许你由此联想到了什么，或许你想说点什么，请你把自己联想到的或者你想说的写下来。

____

“夏老师，今天的阅读题太简单了。我们阅读完后，三道题也做完了。”喻彬左顾右盼，举手汇报，这一次他没托镜框，表情信心满满。

“联想到自己曾经遇到的类似的故事了吗？”夏老师问。

喻彬摇头。也有孩子点头。夏老师只需要孩子们懂了就好。

“今天的警句格言是：一、天下第一好事就是读书。二、每一本书都会教给我们一些新东西，新知识，帮助我们以不同的眼光和方法看待事物。”夏老师说着，把“好词好句好段”发给孩子们阅读。

好词好句好段

辗转反侧 日思夜想 嘘寒问暖 推心置腹 形影相随 心有灵犀

如沐春风 心潮起伏 胆战心惊 受宠若惊 忧心忡忡 欣喜若狂

归心似箭 心如刀绞 百感交集

人：他就那么站在我的心里，这么多年，忘也忘不掉。他的眼神一直看着我，一直提醒我要坚强不屈！

景：天空透亮得如一个湛蓝的玻璃镜，就好像刚刚擦亮。天上的白云零碎飘着。太阳没有什么能遮挡的，红着脸，鼓着腮帮子露出头来。

夜：夜晚，皎洁的月亮映在波光粼粼的湖面上。

人生：背起人生的行囊，我想背包里，都是浓浓的母爱和父爱，还有就是无数的绊脚石。

青春：青春就像一首欢快的歌，每个音符都记载着故事；青春就像一本书，读也读不透；青春就像燃烧的火焰，永不熄灭！

街：街上的柳树像病了似的，叶子挂着尘土在枝上打着卷，枝条一动也不动。马路上发着白光，小摊贩不敢吆喝，商店门口的有机玻璃招牌，也似乎给晒化了。

夏：空中没有一片云，没有一点风，头顶上一轮烈日，所有的树木都没精打采懒洋洋地站在那里。

思：别在树下徘徊，别在雨中沉思，别在黑暗中落泪。向前看，不要回头，只要你勇于面对抬起头来，就会发现，无数的阴霾不过是短暂的雨季。向前看，还有一片明亮的天，不会使人感到彷徨。

悟：不管鸟的翅膀多么完美，如果不凭借空气，鸟就永远飞不到高空。想象力是翅膀，客观实际是空气，只有两方面紧密结合，才能取得显著的成绩。

感：尝试是乌云蔽日时能直上云霄的那种勇敢的鸟；尝试是大浪迭起

时海上勇往直前的一叶扁舟。对于勇敢者，尝试是一条崭新的生活之路；对于懦弱者，尝试是一座铁筑的高墙。

夏老师看着最后一位孩子把目光从“好词好句好段”的资料上移开，问道：“记忆阅读完成了吗？”

“阅读完了！”孩子们响亮地回答。

“今天的作文是模仿。因为，在作文学习的路上，同学们已经达到了一个新的高度。可以这么说吧，只要有素材，你们就可以在纸上轻车熟道地行驶，写出一篇甲+的作文来。而作文的模仿，就是照着现成的一篇文章，依葫芦画瓢。就像同学们在风景优美的地方，常常看见作画者竖起一块画板，阅读着自然美景写生一样。而作文的模仿也是如此。

我先从唐代诗人模仿诗句开始讲起：

唐初庚抱的诗句有：悲生万里外，恨起一杯中。

唐盛李白的诗句有：人分千里外，兴在一杯中。

唐代高适的诗句有：功名万里外，心事一杯中。

上述的诗意，都是在表达人在千里之外，而情谊却在浅浅的一杯酒之中。李白和高适的这种写法，用今天的话讲，就是模仿庚抱的借酒抒情。”夏老师借诗喻理。

“夏老师，我们现在又不写五言、七言诗，要写的是作文呀。”熊浩提出了疑问，易东龙也随声附和。

“我这里有两篇文章。一篇是俄罗斯柯罗连科写的《火光》。另一篇是贾平凹写的《地平线》。这两位都是著名的作家。同学们在阅读的同时，要以模仿的思维方式，找出这两篇文章的共同点，也就是主题。然后细心地琢磨两篇文章的特点，思考故事情节的共同性，从而达到庖丁解牛、游刃有余的学习效果。”夏老师说完，把准备好的两篇文章发给了孩子们。

孩子们默默地阅读着，认真地做着摘抄笔记，或是用红笔在文章上面做记号和注释。有的孩子还口中念叨着：“《火光》和《地平线》太相似了。今后不好写的作文，我就在阅读中找题材，稍加变换，就是自己的作文。”

夏老师笑而不语，看着孩子们阅读。

火　光

（俄）柯罗连科

很久很久以前，在一个漆黑的秋天的夜晚，我泛舟在西伯利亚一条阴森森的河上。船到一个转弯处，只见前面黑的山峰下面，一星火光蓦地一闪。

火光又明又亮，好像就在眼前……

“好啦，谢天谢地！”我高兴地说，“马上就到过夜的地方啦！”船夫扭头朝身后的火光望了一眼，又不以为然地划起来。

“远着呢！”

我不相信他的话，因为火光冲破朦胧的夜色，明明在那儿闪烁。不过船夫是对的；事实上，火光的确还远着呢。

这些黑夜的火光的特点是：驱散黑暗，闪闪发亮，近在眼前，令人神往。乍一看，再划几下就到了……其实却还远着呢！

我们在漆黑如墨的河上又划了很久。一个个峡谷和悬崖，迎面驶来，又向后移去，消失在茫茫的远方，而火光却依然停在前头，闪闪发亮，令人神往——依然是这么近，又依然是那么远……

现在，无论是这条被悬崖峭壁的阴影笼罩的漆黑的河流；还是那一星明亮的火光，都经常浮现在我的脑际。在这以前和在这以后，曾有许多火光，似乎近在咫尺，不止使我一人心驰神往。可是生活之河却仍然在那阴森森的两岸之间流着，而火光也依旧非常遥远。因此，必须加紧划桨……

然而，火光啊……毕竟……毕竟就在前头！

地平线

贾平凹

小的时候，我从秦岭来到渭北大平原，最喜欢骑上自行车在路上无拘无束地奔驰。庄稼收割了，又没有多少行人，空旷的原野上稀落着一些树丛和矮矮的屋。差不多一抬头，就看见远远的地方，天和地相接了。

天和地已经不再平行，形成了三角形，在交叉处是一道很亮的灰白色的线，有树丛在那里伏着。

“啊，天到尽头了！”

我拼命儿向那树丛奔去。骑了好长时间，赶到树下，但天地依然平行；

在远远的地方，又有一片矮屋，天地相接了，又出现那道很亮的灰白色的线。

一个老头迎面走来，胡子飘在胸前，悠悠然然如仙翁。

“老爷子，你是天边来的吗?”我问。

“天边?”

“就是那一道很亮的灰白线的地方。去那儿还远吗?”

“孩子，那是永远走不到的地平线呢。”

“地平线是什么?”

“是个谜吧?”

我有些不大懂了，以为他是骗我，就又对准那一道很亮的灰白色线上的矮屋奔去。然而我失败了：矮屋那里天地平行，又在远远的地方出现了那一道地平线。

我坐在地上，咀嚼着老头的话，想这地平线，真是个谜了。正因为是个谜，我才要去解，跑了这么一程。它为了永远吸引我和与我有一样兴趣的人去解，才永远是个谜吗?

从那以后，我一天天大起来，踏上社会，生命之舟驶进了生活的大海。但我却记住了这个地平线，没有在生活中沉沦下去，虽然时有艰辛、苦楚、寂寞。命运和理想是天和地的平行，但又总有交叉的时候。那个高度融合统一的很亮的灰白色的线，总是在前边吸引着你。永远去追求地平线，去解这个谜，人生就充满了新鲜、乐趣和奋斗的无穷无尽的精力。

“夏老师，这两篇文章我阅读完了，是从主题、结构和内容三个方面分析模仿的，不知道对不对?”熊浩说道。

“请讲。”夏老师说道。

“《火光》与《地平线》的共同点：

一、主题：对目标无止境的追求。

二、结构：开头倒叙。标志词语：很久以前；小的时候。

结尾议论。标志句子：火光在前头，在生活之间里，必须加劲划桨……然而，火光啊……毕竟……毕竟就在前头!

永远去追求地平线，去解这个谜。人生就充满了新鲜、乐趣和奋斗的无穷无尽的精力。

三、内容：黑夜：泛舟，船夫、对话、追求、火光。

白天：骑自行车，老人、对话、追求、地平线。”熊浩对两篇文章解读得很透彻，也很完整。夏老师满意地看着熊浩，从心里为他叫好！

“熊浩对模仿解读得很全面。但问题来了，今天的作文，同学们怎样以《火光》《地平线》为鉴，选定一个目标，无止境地去追寻。”夏老师提示着说道。

“像作文《答案》写草原上的骆驼那样，去草原，骑上骆驼，任重而道远。”

“到了草原，还不如骑上骏马。去追寻白云更有意境。”

“爬山，不断攀登绵绵起伏的山峰。夏老师在创作三部长篇小说时，就是把创作比作山峰去攀登。”

孩子们议论纷纷，发表着自己的见解和想法。

“模仿《火光》和《地平线》，怎样写好今天的作文？夏老师的建议是要写得更贴近自己的生活。让人阅读后感到亲切真实。所以，立意这篇作文的主题，应该是不断追求选定的目标。至于结构和内容都是为主题服务的，只要有情节，不跑偏，想怎么写就怎么写。”夏老师给孩子们练习写模仿作文定了调。他也知道孩子们写这样的作文，易如反掌。

巅　峰

去年暑假，爸爸带我去神农架爬山。那是一个晴朗的早晨，天空无云，蓝得透明，我兴致勃勃跟着爸爸在山道上行走。没一会儿，就开始了爬山。

前面没有平坦的路，只有用一块块青石连接起来的阶梯，我抬头仰望飘渺在云间的山峰，开始一级一级踏着石级向上攀登。山色是秀丽的，一片朝阳洒下浅浅的金光，衬着山野的墨绿，橘黄，淡红，真是好看极了。但是，石径小道，山势陡峭，刚开始我还信心满满，爬山很快，因为山峰就在前头。爬了一会儿，云气上来了，山峰瞬间就弥漫在云雾里，我迷失了方向，只好慢慢悠悠向上爬着。一刹那，我的眼前一亮。雾气散去，山峰就在眼前。

“万岁！我就要登上高山之巅了！”我高兴地大声喊叫，兴奋地挥舞双臂，回头向爸爸招手。

“还早着呢！”爸爸冲我淡淡一笑，喘着粗气一指山峰说，“在山峰的后面还有更高的山峰在等着你呢。”

我当然不信爸爸的话，山峰就在眼前。我抖擞精神，加快速度登上了峰顶。当我放眼望去，才知道爸爸的话是对的，我的前方的确还有更高的巅峰。我坐在山崖边的一块石头上，精疲力竭地把头埋在双膝间思考。我听见我的心在对我说：我为什么要爬山，因为山在那边。我感到这振聋发聩的话像巅峰在呼号，漫过我的脊梁，向我的胸膛涌来。我抬起头来看山峰，山峰依然在前头。我于是敞开衬衣，让山风涌满胸膛。我站起身来，迈开脚步，仰头望着山峰，一级又一级地在回环的山路上前行，山峰再高，我要攀登。我歇歇走走，登上一座山峰，又有一座山峰耸立在前头。好像是那么近，又似乎是那么远……

从神农架登山回来，我就有了一种登高仰望天地间的雄心。每天，当我睁开眼睛，看着太阳冉冉升起的时候，这颗雄心就会鼓动我说：争做第一，勇攀巅峰。因为，山就在眼前！

夏老师点评：《巅峰》立意深刻，文字大气，在模仿中表达出勇于攀登、争做第一的雄心壮志。的确，人生就如登山一样，有志者事竟成。

语文基础知识扫描

一、填写古诗。

1. 稻花香里说丰年，____________。
2. 合抱之木，生于毫末；九层之台，起于累土；千里之行，________。
3. 但愿人长久，__________。
4. 静以修身，俭以养德，____________，非宁静无以致远。
5. 留连戏蝶时时舞，____________。
6. ____________，千金散尽还复来。
7. ____________，春江水暖鸭先知。
8. 人生自古谁无死，____________。
9. 天苍苍，野茫茫，____________。
10. ____________，早有蜻蜓立上头。

二、补全下面句子。

1. 锲而不舍，__________。
2. 以子之矛，__________。何如？其人弗能应也。
3. 三人行，__________。
4. 不积跬步，__________；不积小流__________。

5. 子在川上曰：____________。
6.《岳阳楼记》中体现范仲淹以天下为先的思想的两句是：
________________，________________。
7. 劝人不要因为“坏处小就去做，好处小就不去做”的两句话是：________________，________________。
8.《爱莲说》中体现荷花高洁品格的句子是：________________，________________。

三、人们常用“黄河之水天上来，奔流到海不复回”来赞美黄河的雄伟气魄。你能借用古人的诗句来赞美“长江”与“泰山”吗？
1. 长江：________________，________________。
2. 泰山：________________，________________。

《一件小事的震动》阅读与练习答案

第一题：我喜欢听鸟儿歌唱。随之捉到一只美洲画眉，关在笼子里。它起先恐惧地在笼子里乱飞，接着安静下来。我把鸟笼挂在后院，第二天发现一只成年画眉专心觅食喂着小画眉。次日，小画眉死了，我迷惑不解。

第二题：原来这小生灵对自由的理解是这样深刻，自由比生命更重要，失去自由比失去生命更可怕。

第三题：人类要用善意和爱心去连接世上一切造就的和谐。但事实是有极少数人把动物当宠物饲养。把鸟儿关在笼子里，猴子用铁链锁着供人玩耍……所以，人与大自然的和谐必须从自身做起，落实在行为中。

《语文基础知识扫描》答案

第一题：1. 听取蛙声一片；2. 始于足下；3. 千里共婵娟；4. 非淡泊无以明志；5. 自在娇莺恰恰啼；6. 天生我材必有用；7. 竹外桃花三两枝；8. 留取丹心照汗青；9. 风吹草低见牛羊；10. 小荷才露尖尖角。

第二题：1. 金石可镂；2. 攻子之盾；3. 必有我师；4. 无以至千里，无以成江海；5. 逝者如斯夫，不舍昼夜；6. 先天下之忧而忧，后天下之乐而乐；7. 勿以善小而不为，勿以恶小而为之；8. 出淤泥而不染，濯清涟而不妖。

第三题：1. 孤帆远影碧空尽，唯见长江天际流。（李白）

2. 会当凌绝顶，一览众山小。（杜甫）

第四十一课　峨眉猴山我与猴

“同学们好！”“夏老师好！”

“今天上课内容有：阅读成长；阅读《一元钱的故事》；警句格言；好词好句好段；作文；语文基础知识扫描。”夏老师简要说完问道，“同学们好好想一想，怎样让自己在阅读中成长呢？”

“认真阅读，使自己的内心变得强大，勇敢迎接学习中的挑战。”

“带着思想阅读，可以知道过去、现在和未来。可以看到眼前，也可以看到远方。一句话，让阅读伴我成长。”

“静心阅读，在书中与有思想的人对话。”

“在阅读中与优秀的人为伴，与他们的思想共舞。”

孩子们争相选用好词好句表达对阅读的理解。

夏老师觉得这些话是对的，但空了一点，于是笑着说道：“我在图书馆干了三十多年的工作，常常看到这样的一种阅读现象：许多读者拿上一本书，迅速翻一翻，一两分钟之内，又送回到书架上，循环往复耗着时间。我不知道这种阅读能对他起到什么作用，大概是想知道这是一本什么样的书，或是起到阅读时的初步导航作用。那么，书中的内容呢？‘枕上诗书闲处好，门前风景雨来往。’这样的悠然笔触和人生情味，能够在瞬间的翻阅中，留在自己的记忆里吗？我怀疑。

当同学们打开一本书，切勿囫囵吞枣，用眼睛一瞟，一目十行地在文字间行云流水，结果却是月华不去年华去，墨韵悠长香不知啊！

这不是读书的态度。

快节奏的读书，电子书是不能翻页阅读的，只能上下滑屏阅览，这样匆忙窘迫的读书能得到知识吗？能够读好一本书吗？所以，对于在座的同学们来说，时间就是分数。但是对于读书来说，必须停下匆匆的脚步，时间不再是时间本身。读书时给自己放一个假，偷得浮生半日闲，静下心来与书约会。这才是心有灵犀一点通的读书方法。

那该怎样学会在阅读中成长呢？因为读书是很孤独的，同学们应该这样：

白天读书时，可以把书比喻为太阳；晚上读书时，可以把书比喻为月亮。当你们在白天读书，阳光照耀，可以看清路上的沟和坎，知道自己想看什么和明白自己还想要什么，然后一跃而过，不至于大白天走路摔跟头。这就是书给予你们的帮助和启示，告诉你们应该怎样走好路。晚上读书时，日薄西山，月挂树梢，点亮台灯，心静如水。当你们做完最后一道题，先做一个深深的呼吸，然后步入书中，敞开自己负重的心境，轻轻松松地在追梦中让自己变成书中的守望者。”

“夏老师，听您这么一说，我好想读书哇！您把读书说得太美了，动人心魄，我今后每天挤出一两个小时，像您说的那样好好读书。”钱莉茹眼睛睁得晶亮亮地望着夏老师。

“那好，我还告诉同学们一件真实的事情。”夏老师颇有兴致地说道，“前不久，在一次《作文技巧与阅读方法》的讲座中，一位三年级小同学领着他妈妈来到我跟前，瞪大一双茫然的眼睛望着我说：‘夏老师，妈妈领我听了您两次讲座后，开始让我阅读了。您说《老人与海》是海明威的代表作，而且他还是一个硬汉子，而我觉得他好像很笨哇！’

‘从何说起？’我问。

‘老人八十三天都没有捕到鱼，还美其名曰：我始终为我的明天做最美最好的准备。要我说，换个地方去捕不就行了吗？干吗非得在一棵树上吊死。还有，他最后捕到一条大鱼，又被鲨鱼吃得只剩下一副骨架。可是，他还傻乎乎地把鱼骨架拖回了家。您说他是不是脑残呀！扔了不就完事了，搞得自己伤痕累累，还要信誓旦旦地说：一个人并不是生来要被打败的，你可以把他消灭掉，可无法打败他。夏老师，我敢断定，海明威这个人绝对有病。’他一副不屑一顾的样子。

‘如果要是你，又该怎么写呢？’我用欣赏的目光看着他。我相信，这本《老人与海》他是非常认真地读进去了。

‘要是我来写，就写老人三天没有捕到鱼后，很明智地换了一个有鱼的地方，一下就捕到一条大鱼。他带着大鱼回家，又遇上了一群鲨鱼。他高兴地用鱼枪射杀了许多的鲨鱼，船都装不下了，然后唱着丰收的歌儿回到了家。并且卖鱼发了大财，从而突出了老人勤劳致富的本色。’他讲得很带劲，妈妈在旁边听着脸上笑得像一朵花。

我告诉他说：‘海明威的《老人与海》一问世就获得了普利策文学奖，随后又获得诺贝尔文学奖。他的一生惊险刺激：捕过鱼，狩过猎，开过飞机，参加过两次世界大战。他的身上有七十多处伤，还患有肝炎、贫血、糖尿病、高血压、抑郁症和老年痴呆多种疾病。最后，他把猎枪塞进嘴里，扣动了扳机。’

海明威真是被绝望打败的吗？他丰富多彩的人生经历告诉我们：你可以把他消灭掉，可无法打败他。所以，我对这位三年级的小同学没有说什么大道理。只是说了海明威的人生过程，剩下的就留给这位一边读书一边思考的小同学自己去领悟。”

“夏老师，您一定读过很多的书，又在图书馆工作。”钱莉茹感慨说。

“我是读过很多书，也写过很多书，但是还不够。现在，我想和同学们约定，每天坚持 30 分钟的阅读，养成坚持读书的习惯。如果真正能做到的话，当你们大学毕业，就额外地多读了 200 多本书，收获了 5000 多万文字的信息，从而真正感悟到外面的世界好精彩！”夏老师真切希望孩子们多读书，读好书，伴书成长，回归自己。

“夏老师，我们一定会好好读书的。我每天坚持一个小时的读书时间，说到做到。”

“我要一辈子都坚持读书。”

“夏老师，我保证信守坚持读书的终身承诺。”

孩子们纷纷表明自己对读书的态度。

“我似乎相信又不太相信。这可是一辈子的事啊！你们的爸爸妈妈每天还在读书吗？”夏老师淡淡一笑说道，“现在，我问同学们三个问题：第一，为什么要读书？第二，书上的知识到底有没有用？第三，读书如果坚持不下去了该怎么办？”

“读书是为了学习知识；书上的知识肯定有用，可以增长本领，将来为自己，为社会做贡献；如果读书坚持不下去……”谢凯挠着头想了半天，才憋出一句话，“我还没有想好。”

“谢凯前面两点说得有一定的道理。但最后一点对每位同学都是难题。原因是多方面的，归纳起来说，书上的知识本身就是有用的知识，只是在你的人生中，也许根本用不上，称之为没有用的知识。没有用的知识学它干吗？纯粹是浪费时间。再说，当今的生活节奏又快，还有更多的事情等待你去做呢！于是，你心安理得地放弃了读书。”夏老师停下话语等待孩子们回答。

孩子们面面相觑。然后无语地看着夏老师。

“这里，我来告诉同学们怎样提高对读书的认知。读书，并不在于学习了多少知识，掌握了多少学问。而应该是学会怎样汲取知识和怎样运用知识。我现在给同学们上课，教你们怎样做人，怎样读书，怎样作文，怎样做作业……我的目的就是要让你们亲自体验和接受这个过程：当我把一些陌生的知识，形象地教给你们，让你们熟悉这些知识，以后再遇见需要了解和掌握的新知识，就会知道怎么去学习它，怎么去消化它，就会知道怎样不断地把学到的新知识运用在自己的生活中。但是，知识浩如烟海，要学的知识太多太多，夏老师就算是一个神仙，也不可能把所有的知识都教给你们。既然永远有不知道的知识，永远有应该知道的知识，让你们学会自学的能力，这就是最重要的，是我对同学们教育的本质和目的。我不能陪伴同学们一生，但是书可以，它是你们人生中最好的老师，可以无私地陪伴你们成长。

请同学们千万不要放弃读书！”夏老师语重心长地说道。

孩子们被感染了，报以热烈的掌声。

“下面，请同学们从阅读是对自己的承诺开始，学会学习，学会阅读，汲取知识，领悟过程，伴书成长，现在开始阅读《一元钱的故事》。”夏老师说道，把资料《一元钱的故事》发给了孩子们阅读。

一元钱的故事

一天，我参加了一家电视台创意的一个游戏。游戏内容是我身上没带一分钱，但我得去乘一辆公共汽车，车票的价格是一元钱，我要想办法“借”到这一元钱。游戏的方式是由我在前面借钱，电视台的摄像机在后面跟踪偷拍，实录下我在这个游戏中可能遭遇的种种场景。

我到了公共汽车站，犹豫了好久，才鼓起勇气对一位大伯说：“大伯，我的钱包被人偷走了，能借我一元钱坐公共汽车吗？”大伯头也不抬地说：“你们这种人我见得多了，现在到我这儿来讨一元钱，转个身又到别人那儿讨一元，一个月下来，你们的收入比我的工资还要高呢。可恶！”

大伯显然将我当成了职业乞丐，我一下子张口结舌，第一个回合就这样败下阵来。我深吸了口气，准备第二次冲锋。

这次，我看准了一个慈祥的大妈。我红着脸上去搭讪：“大妈，我的钱包被偷了，我现在身上一分钱也没有了，您能不能借我一元钱让我坐车回家？”大妈仔细看了我一眼说：“年轻人要学好，你的路还长着呢，别一天到晚动歪脑筋。我现在可以给你一元钱，但我怕你以后明白了事理，要找后悔药吃时，你就会骂我，因为就是像我这样的人心慈手软，才一步步纵容了你的堕落。”

听着大妈的教诲，我找不着可以回答的话语，我想也许这不能怪大伯大妈，他们一定经历了太多次这样的遭遇了。不过大妈的话倒提醒了我，说我像知识分子，我可以说自己是个大学生，也许更能博得同情。

一位打扮时髦的小姐走了过来，我迎上去：“小姐，我是个大学生，今天出门时忘了带钱包，你能借我一元钱让我乘车回学校吗?”小姐像受了惊吓似的，猛地后退几步，满脸疑惑地盯着我。她可能将我当成一个骚扰女孩的无赖，她像过雷区似的，在我身边画了个半圆，然后迅速地跑到了车站的另一头。

三个回合都以失败告终，我有些心灰意冷。我回头看时，电视台的摄像师却一个劲儿地向我伸出大拇指，那是我们事先约定的暗号，意思是我得继续干下去，显然，我的失败正在他们的意料之中，这样的尴尬场面，对旁观者来说，说不定正像一道精美的大餐呢。

一位小朋友走近公交车站，我想这是我最后的试验了。我不想说钱包、大学生之类的谎言了，我走过去，很客气地说：“小朋友，能借我一元钱乘公交车吗?”小朋友马上从口袋里掏出一元钱递了过来。这下轮到我惊讶了，没想到小朋友竟然什么都没问，就把钱给了我。

呆了好久，我才问小朋友：“你为什么要帮助我呢?”小朋友顺口就说：“因为你没钱乘车呀。老师说过，帮助是不需要理由的。”

霎时，一股暖流从我心中流过。

在节目结束的时候，主持人补充采访了我一个镜头，问参加这样一个游戏对我的人生观有什么影响。我的回答是：今后我会在口袋里多放一元钱，以便继续传递不需要理由的帮助。

阅读与练习

一、辨析下列两组长句子各有何不同。

1. 实录下我在这个游戏中可能遭遇的种种场景。
   实录下我在这个游戏中遭遇的种种场景。

   ____

2. 小朋友马上从口袋里掏出一元钱递了过来。
   小朋友从口袋里掏出一元钱递了过来。

   ____

二、“我”去“借”钱经过了几个回合？

____

三、从大伯的话中反映出什么社会问题？

____

四、你觉得那个“慈祥”的大妈怎么样？

____

五、“这下轮到我惊讶了”，“我”为什么惊讶呢？

____

六、为什么“这样的尴尬场面对旁观者来说，说不定正像一道精美的大餐呢”？

____

七、本文在最后一段说：“在节目结束的时候，主持人补充采访了我一个镜头”，你觉得这个“补充”有必要吗？

____

学习的过程就是努力获得回报，孩子们很快就做完了阅读与练习问答题，而且还做得很不错。

“今天的警句格言是：一、读书，是可以改变一个人的命运的。二、我们要赢得的是自己。”夏老师一边说着一边把“好词好句好段”发下。

好词好句好段

写外貌：朴实 苍老 魁伟 强壮 瘦弱 娇小 俏丽 红润 英俊 清爽

写性情：优雅 稳重 文静 羞涩 恬淡 亲切 狡黠 灵活 精神 愚笨 狂妄 调皮

写情态：惊讶 呆滞 迟缓 麻木 稚拙 喜悦 伤心 尴尬 窘迫 绝望 嬉笑 神采飞扬 炯炯有神 笑容可掬 眉开眼笑 眉飞色舞 愁眉紧锁 挤眉弄眼 目瞪口呆 呆若木鸡 兴高采烈 得意扬扬 满面羞惭

写心理：惆怅不已 心如刀绞 担惊受怕 忐忑不安 举棋不定 悲愤交加 撕心裂肺 孤苦伶仃 喜极而泣 悲从中来

写面貌：虎头虎脑 白净柔嫩 眉清目秀 面红耳赤 气宇轩昂 慈眉善目 浓眉大眼 火眼金睛 双目如潭 目光炯炯 破涕为笑 捧腹大笑 眉开眼笑 衣着得体 高大魁梧 英姿飒爽 容光焕发 和颜悦色 悠然自得 扬扬得意 笑逐颜开 满面春风 满面红光 满头银发

1. 我那又细又软的黄头发，就像一块贫瘠的土地上趴着一片枯萎的乱草。

2. 我气得直咬牙，眼睛就像铁匠的熔炉那样往外冒着红火苗。

3. 我长着一张小嘴，有一对小小的眼睛和一头长长的秀发。我的性格开朗活泼，但是，一见到狗，我就直打哆嗦。

4. 我的脸上有一双带着稚气的、被长长的睫毛装饰起来的美丽的眼睛，就像两颗水晶葡萄。

5. 别看我平时总是笑嘻嘻的，要是生起气来，两片嘴唇翘得老高老高，这时大家都打趣地说："真可以挂上两只油瓶呢！"

6. 姓贾，名平凹，无字无号。娘号"平娃"，理想于顺利；我写"平凹"，正视于崎岖。一字之改，音同形异，两代人心境可见也。（著名作家贾平凹）

7. 我叫马三立。三立，立起来，被人打倒；立起来，又被人打倒；最后，又立了起来（但愿不要再被打倒）。我这个名字叫得不对：祸也因它，福也因它。（著名相声艺术大师马三立）

8. 虽然我有"刘大胆"的外号，可是告诉你个小秘密，我怕狗。在路上，我只要看到狗就会两腿发软。即使狗链被主人紧紧拽在手里，我也总担心它会不会向我冲过来。所以，我只要遇见狗就会迅速逃离。妈妈说，如果在跑步考试的时候，在我身后放条狗的话，我的速度肯定很快，再也不用担心不及格了。

"同学们对'好词好句好段'的记忆阅读完成了吗？"夏老师见孩子们一个个都抬起了头，知道记忆阅读完毕了，笑着说道，"这是暑假班的最后一次培优课了。我知道，同学们的心已经行走在放飞自己的旅游路上：那里有着广阔的大地和河流；那里有着悠久的历史和文化；那里有着绮丽的山川和名胜。同学们这时应该想一想，当你们饱览着祖国的山光水色，从中获得美好的享受时，是不是应该写一篇充满热爱的游记，以此来表达对祖国的情怀！"

"还要写作文呀！学校老师都布置了写游记的作业。"孩子们如同泄气的皮球，显得无精打采。

"写好一篇作文的确是不容易的事，如果要是笨的话就更不容易了。你们根本没有听懂夏老师的话里有话，我说的不是写作文，而是帮助同学们去完成学校老师布置的写游记的作业。"夏老师双手一摊，装出很无奈的样子。

孩子们一刹那懂了乐了，哄堂大笑。

“我们愿意写游记!”孩子们举手高呼，脸上绽放出喜悦。

夏老师看着一张张稚气的脸庞。他当然知道，孩子们好不容易像盼过年一样盼到了暑假，能幸福地让爸爸妈妈带着去游山玩水，夏老师懂得怎样去满足孩子们的天性——在玩与学中达到两不误!

“夏老师提前提示：任何事情都是有规律可循的，写好游记也是如此。内容包括：第一、歌颂祖国的大好河山；第二、传播中华悠久的文化；第三、描写大自然的胜景；第四、叙述人与动物的和谐之美。”夏老师边说边在黑板上写下了游记的四点要求。

孩子们认真做着笔记。

“一篇好的游记又该怎么写呢?”夏老师继续说道，“同学们来到旅游景地时，一定记住要买上一份旅游指南。那上面既有旅游路线图，还有对旅游景点的文字简介。同学们写游记的时候，就可以借用旅游图上对景点介绍的文字，再加上自己的感受借景抒情，从而达到事半功倍的效果。”

“太好了！夏老师万岁!”孩子们睁大惊喜的眼睛，手舞足蹈。

“夏老师，这是不是一种抄袭呀?”胡小雅小声问道。

“我认为不算抄袭。因为，对一个景点的介绍，是经过学者专家们考证得出的文字结论。而且介绍景点言简意赅，使游客对景点的阅读一目了然。如果单凭同学们浮光掠影一瞧，就能准确地用文字概括出景点的特色，是不可能的事。夏老师也做不到。”夏老师诠释说。

孩子们听着频频点头。

“写一篇游记，表现手法可以多种多样。最为简单的方法：

开头：切取一个横断面，倒叙或开门见山地引用诗词、典故传说等即可。

内容：借用旅游指南介绍景点的文字，按图索骥串联起景点。

例如：乐山大佛景点，有近千文字的简介。同学们写游记必须缩写：乐山大佛通高 71 米，依山面水，气势磅礴，是世界上最大的古代石刻佛像。佛像双脚背可围坐数十人，人称山是一尊佛，佛是一座山。故凌云山整体又如一尊硕大无比的卧佛，堪称天下一绝。上述只用了六七十个字就概括完毕，这叫缩写。秋季开学再讲缩写、扩写、改写。同学们在旅游时，不知注意到没有。每游一处景地，起码会有十几个景点。同学们无须一一记写，选其中三五个略写，其他的可以省略。

结尾：在一处真正打动你的景点借景抒情，或写人，或写物，放歌情怀来结尾。

特别注意！我这里必须强调一点，在抒情的时候，情感一定要朴实真诚，出自内心的迸发，矫揉造作，为抒情而抒情，不可行。”夏老师简略地介绍了游记的写法。他的目的是想让孩子们在暑假旅游时，思想里有一个完整的游记轮廓，达到对旅游景地似曾相识的效果。

秋季开学，孩子们喜笑颜开地交上了“游记”。而且每一位孩子都写得很出彩。

峨眉猴山我与猴

我和爸爸、妈妈随旅游团来到峨眉山。从远处看峨眉山，有大峨、中峨两峰相对似峨眉，所以称峨眉山。峨眉山主峰海拔三千一百余米，沿途经过密林拥抱的伏虎寺，山峰像春笋的石笋沟，凌空在峭壁间的栈道“一线天”和幽静清远的洪椿坪。

爸爸妈妈要我照相留念，我随意摆出一个“POSE”，让爸爸妈妈哭笑不得。究其原因，我的心在猴子身上。我喜欢动物，尤其喜欢猴子。《西游记》中的孙悟空，我是它的骨灰粉丝，经常晚上做梦变成了孙悟空。瞧它那活泼可爱的机灵劲，一张桃子形的面孔，嵌着两颗鬼主意滴溜转的玻璃眼珠。小鼻子又扁又塌，鼻孔却大得可爱。一身棕色的毛发，红屁股上长着一根又细又长的尾巴。它动作敏捷，滑稽打闹，抓耳挠腮，伸头缩颈，我急不可待地期盼和偶像猴子相见。

从洪椿坪出发上行，经扁担崖和长寿桥。在陡峭曲折的山间石砌小路九十九道拐行走，我疾步如跑，来到猴山。在一处道拐曲径端，有许多山民在兜售五元十元一袋的猴子爱吃的花生、玉米等食物。我花五十元钱买了两袋花生，两袋玉米，两袋坚果，把两个小裤袋塞得满满的，手里还拿着一袋花生。我雄赳赳、气昂昂地登山前进，不断呼唤着：猴娃儿！猴娃儿！秀丽的山间响起我的回音：猴娃儿——

突然，我发现崖壁的树上有几只猴子向我窥探。我一下紧张起来，心里乱蹦乱跳。还没等我反应过来，一只健壮的猴子从树上腾跃而起，攀着崖上的一根细藤，像飞鸟一样轻捷地跃跳到我跟前。我连忙把手里的花生递给它。它接过花生，上下打量着我，又贪心地掏走我口袋的一袋玉米，翻身蹿走。我刚松一口气，刹那间，又有两只泼猴蹦到我的肩上。它们嗅嗅闻闻，用毛茸茸的爪子调皮地挠我的头发。我惊恐得全身冒汗，不知如何是好。想赶猴子，又怕猴子挠我，急得我不停地喊妈妈，颇有叶公好龙的窘迫。两只猴子完全不懂我的心，他们伸臂俯身掏着我裤袋里的花生和玉米，还用绯红的脸面对我挤眉弄眼，吓得我全身哆嗦，无助地望着看热闹不厌事大的爸爸和妈妈时，两只猴子“叽呀——”一声长啼，已经攀藤附葛蹿到树上，“咯咯蹦蹦”边吃边“咩咩”叫着，声音像小羊叫的一样好听。

事后导游说，猴山的猴子很有灵性，从不伤人。他们知道游人来此处是喂食逗乐的，就悄悄尾随游人获取食物。但我觉得与猴子相处的嬉戏是一件很恐怖的事。如果猴子文明一点，那就令人惬意了。不过，我还是不改喜欢猴子的初衷。

一天的峨眉山旅游，我十分疲惫地回到了宾馆。晚上，我早早地睡了，而且还做了一个美梦。我梦见自己变成了孙悟空，在峨眉猴山上，领着这群顽皮的猴子，列队在山崖小径上敬礼、鼓掌、热烈欢迎远方的游客来峨眉猴山。

夏老师点评：《峨眉猴山我与猴》写得生动活泼，对猴子的描写如见其猴。特别是在猴山上与猴子邂逅，更是写得紧张有趣，真实表现了人与猴的和谐相处。

语文基础知识扫描

一、四大名著知识填空。

1. 在我国古典四大名著之一《西游记》中，唐僧的原型是唐代的________。

2.《红楼梦》中最善于玩弄权术的女人，“未见其人，先闻其声”的是________。

3.“滚滚长江东逝水，浪花淘尽英雄。是非成败转头空。青山依旧在，几度夕阳红。”这是我国古典名著《　　　　》的开篇词，其作者是________。

4. 在《三国演义》中有一位英雄，他曾温酒斩华雄、千里走单骑、刮骨疗毒，被后人敬仰并尊为中国的“武圣”，这位英雄是________。

二、有关四大名著知识的选择题。(单选)

1.《红楼梦》是我国古代四大名著之一，它的曾用名是(　　)。

A.《石头记》　B.《满江红》　C.《西厢记》

2. 下列作家、作品和作品中的人物搭配完全正确的一项是（　　）。

A. 罗贯中——《红楼梦》——林黛玉

B. 施耐庵——《水浒传》——鲁提辖

C. 吴承恩——《三国演义》——曹操

D. 曹雪芹——《西游记》——孙悟空

3. 下面是《水浒传》中的人物的是（　　）。

A. 孙权　B. 林冲　C. 庞统　D. 黄盖

三、下面句子描述的是我国四大名著中的哪个人物？

1. 一头红焰发蓬松，两只眼睛亮似灯。不黑不青蓝靛脸，如雷如鼓老龙声。身披一领鹅黄氅，腰束双攒露白藤。项下骷髅悬九个，手持宝杖甚峥嵘。(　　)

2. 身长九尺，髯长二尺；面如重枣，唇若涂脂；丹凤眼，卧蚕眉，相貌堂堂，威风凛凛。(　　)

3. 两弯似蹙非蹙罥烟眉，一双似喜非喜含情目。态生两靥之愁，娇袭一身之病。泪光点点，娇喘微微。娴静时如姣花照水，行动处似弱柳扶风。心较比干多一窍，病如西子胜三分。(　　)

《一元钱的故事》阅读与练习答案

第一题：1. 加上“可能”说明有目的。不加“可能”就成为纯自然的。2. 加上“马上”说明小朋友想都没想。不加“马上”表示不出这个意思，也就不用我惊讶了。

第二题：共四个回合。

第三题：反应少数人以乞讨为职业，骗取钱财。

第四题：慈祥的大妈有些圆滑。

第五题：小朋友不假思索地迅速给我钱，是我始料不及的，因为前三次的碰壁，我脑海里已形成被对方千方百计拒绝的思维定式。

第六题：因为游戏设计者的意图就是想通过我的借钱过程，去折射现代人的心态，我借不到钱的窘相正是他们所需要的。

第七题：有必要。因为通过这次借钱，我看到了一种珍贵的东西，我愿意把这种东西传递给更多的人，这正是作者想弘扬的一种精神。

《语文知识基础扫描》答案

第一题：1. 玄奘；2. 王熙凤；3. 三国演义，杨慎；4. 关羽

第二题：1. A　2. B　3. B

第三题：1. 沙僧　2. 关羽　3. 林黛玉

第四十二课　缩写、扩写、改写

“同学们好!”“夏老师好!”

“今天上课的内容有：阅读思考；阅读《精神救助》；警句格言；自然景物描写；作文；语言基础知识扫描。”夏老师概略说完，默默地看着孩子们。

“同学们怎么不说话？那夏老师说了。”夏老师继续说道，“在阅读方面，同学们还要懂得阅读与思考。就阅读而言，泛读是必不可少的。大概了解这本书，这篇文章也就行了。但要取得理想的效果，还必须选择部分适用自己所需的著作和文章，加以精读和背记。比如同学们要精读《红楼梦》。起码要了解曹雪芹写《红楼梦》的时代背景；其次，先把《红楼梦》当故事阅读；再次，把《红楼梦》当历史阅读；而后再阅读《红楼梦》时，一定要边读边想，细细品味。如果有不明白的地方，要反复阅读两三遍。当你在精思熟读的过程中，恍然就会明白这部巨作的伟大。

同学们在阅读考试上扣分，就是没有反复精读，甚至没有动脑筋去好好思考。请同学们记住了，阅读与思考是分不开的。如果阅读不思考，等于读死书、死读书。以致最后弄得自己的思考能力萎缩，成了井底之蛙。

人有头脑，就是为了思考。思想是什么？就是在思考中有了自己的目的或目标。精读优秀作品，思考后汲取作品中的精华，能够为自己的进步准备条件。我现在教给同学们的知识，也是在大量的阅读中获取的。通过思考和分析，把最有用的精华部分传授给你们，使你们的视野更加开阔。

我在精读一篇自己认为重要的文章时，常常是边读、边记、边思考。对于好的句、段，我甚至达到背诵如流、烂熟于心的程度。只有这样，在文学创作和给同学们授课时，知识才会尽其所用，随手拈来。下面，是我对阅读与思考的三点体会：

一、在阅读思考中，汲取范文里的先进思想和正确人生观，充实到自己的思想里来。

二、在阅读思考中，选取优美的词汇和多样的句式，反复记忆背诵，为自己的表达和文笔增添色彩。

三、在阅读思考中，学习书中好的谋篇布局和写作技巧，加强自己的写作表现力。

希望同学们在以后的阅读中，不妨体会感悟一下，看是否能为你们的阅读提供借鉴和帮助。”夏老师说完，把《精神救助》资料发给了孩子们。

精神救助

我一直以为自己是一个善解人意的女人，在别人需要的时候，能够解囊相助。可是，一个十四年没见过火车，没看过电视，连五十元人民币都没见过的山沟里的小女孩，面对我的盛情邀请，竟然对城市的繁华不感兴趣！

有一年，我在朝阳市凌源县瓦房店乡百车沟小学采访一位小学教师，那女孩从门缝里盯了我好久，我笑，她也笑。老师介绍说，她叫范春芳，好学生。家里爸爸傻、妈妈哑，生活可困难了。辍学过一次，她靠养鹅、采药卖钱又回到了学校。

夏天，在女儿的催促下，我接她来沈阳度假。我们登彩电塔，逛公园，吃烧烤，唱卡拉OK，她却木然，一路上总是问我：“阿姨，妹妹的旧书能给我几本吗?”“那当然。你头一次来市里，玩够了再说。”她只好不作声。

晚上，我和女儿的说话声、电视的吵闹声都没能转移她的注意力，她先把女儿给她的旧书揣进书包，又拼命地从女儿的新数学书上往下抄题。我问她明天还想去哪里玩，她说哪也不去了，想做完五十道题，不会还可以问妹妹。也许她懂得，这个繁华的城市不属于她，学到手的知识才是自己的，谁也夺不去。

我极力想给她的却不是她所要的，我很沮丧。

范春芳来时穿了一件长长的金黄色的衫子，显然是成人穿过的旧衣服。可她说这还是村主任从救灾衣服里挑出的最鲜艳的一件呢。女儿听得鼻子发酸，就从衣柜往外掏衣服。她拿出一套蓝白相间的学生套装递给范春芳时，我的心里就翻腾一下，那是我在女儿生日时花一百二十元买的新衣服呀。“这衣服姐姐穿太大，不合适。”我拦了一下。“上衣是短袖，下边是裙子，有什么不合适的。”女儿没明白我的意思。范春芳明白了：“妹妹你留着吧，这衣服太洁净，不扛脏。你再给我几本用过的旧练习册吧。”女儿不由分说，先把衣服塞进她的包，又去找练习册。我有些不好意思，给她二百元钱，她说，学费您已经给我交了两年了，我不要。“拿着，这是零花钱。”我也硬把钱塞进了她的包。

第二天，范春芳要和校长回家了，她抱着我的腿哭了半天：“干妈，我一定好好学习，对得起您。”我嗓子发紧。

从车站回来，女儿告诉我，枕头下压着那套新衣服和二百元钱。还有一张纸条：“干妈，东西不带了，共拿走书二十一本，谢谢您和妹妹。”

我突然感到这童心折射出我的心理残缺：自信掩盖着虚荣，善良掺杂着自私。自己的慷慨是有条件的，因为自己已经不需要了；而那孩子就在我这自私的施舍中感激涕零。我糊涂了：究竟是我从经济上救助了范春芳，还是范春芳从精神上救助了我？

阅读与练习

一、请填写下列各题。

1. 记叙的顺序主要有三种，即________、________、________。

2. 事情都有它发生发展的过程，按照这个过程的先后顺序进行叙述，叫________。

3. 在叙述中心事件的过程中，由于某种需要暂时把叙述的线索中断一下，插进有关的另一件事情的叙述，叫________。

4. 本文属于记叙的顺序中的________。

二、请分析加点词语的表达作用。

一个十四年没见过火车，没看过电视，连五十元人民币都没见过的山沟里的小女孩，面对我的盛情邀请，竟然对城市的繁华不感兴趣。

____

三、“城市的繁华”具体指代下文中的哪些内容？

____

四、从文章的交代中，你判定文中的“我”是从事什么工作的？判定的理由是什么？

____

五、由小学老师的介绍中，你了解到范春芳是一个怎样的孩子？

____

六、请比较下列两句在表达上的差异。

1. 她却木然，一路上总是问我："阿姨，妹妹的旧书能给我几本吗？""那当然。你头一次来市里，玩够了再说。"她只好不作声。

2. 她却木然，一路上问我："阿姨，妹妹的旧书能给我几本吗？""那当然。你头一次来市里，玩够了再说。"她不作声。

____

七、晚上回到家后，"我"有点读不懂范春芳了，原因是什么？后来"我"又理解了她，原因又是什么呢？

____

八、"我极力想给她的却不是她所要的"，那么"我"极力想给的是什么？她想要的是什么？为什么会有这样的差距。

____

九、从母女二人赠送衣物的细节，你读出了什么？

____

十、"而那孩子就在我这自私的施舍中感激涕零"，其中"感激涕零"是指哪件事？"自私的施舍"指哪件事？

____

十一、作者在为"自己的慷慨是有条件的"做着灵魂解剖，请你告诉作者什么才是真正的"慷慨"。

____

孩子们做完阅读与练习的问答题，夏老师公布了阅读答案后说道："今天的警句格言是：一、什么是好作文：1. 语言好；2. 有思想；3. 有趣味。二、板凳要坐十年冷，文章不写一句空。"

夏老师一边说着，一边把"自然景物描写"精选发给孩子们阅读记忆。

"夏老师，'自然景物描写'太有用了！在作文时，需要写太阳，就选用太阳描写往作文里一套就行了呀。"谢凯喜上眉头，联想敏捷。

"不是的。这只是提供给同学们学习、参考、借鉴的。请你们一边阅读，一边回忆曾经见过的自然景物是否与现在的'自然景物描写'似曾相识。当你们把别人对日、月、风、雨等自然景物的描写记忆在大脑里后，还要留心观察平常生活中的自然景物，把记忆里的自然景物描写与现实中的自然景物相对照，感悟其中的画面和细节，久而久之，你们的写景描写就会如有神助，收获到自己都想不到的效果。"夏老师把自己的学习体会传授给孩子们。

孩子们听得感触良多，面带喜色频频点头。

“真香警告！只要活学活用，就能达到写景如画，你们懂的。”夏老师见此情景，诙谐地说道，“现在，就请同学们按照夏老师说的要求，用自然景物再现的方法进行无声阅读。边读边联想。试试看！”

自然景物描写

太阳

太阳已经落山，留下满天的红霞，而且好像撒上了一层金粉。地中海上风平浪静，那平坦的海面，在即将逝去的日光下闪闪发光，看上去如同一块奇大无比、光滑的金属板。

太阳

那棵不知名的五瓣的白色小花仍然寂寞地开着，阳光照在松枝和盆中的花树上，给那些绿叶涂上金黄色。天是晴朗的，我不用抬眼睛就知道头上是晴空万里。

太阳

夏日从窗前栗树阔大的叶子的隙缝里透射进来，使屋子充满了中午时分那略带翠绿的金灿灿的阳光和阴影，心儿浸沉在那懒洋洋的、无忧无虑的青春——早期青春——的甜蜜的慵倦中！

太阳

阳光像一条条狭长的带子从百叶窗里透射进来，悄悄地但不停地在地板上，家具上，衣服上，叶子上和花瓣上漫步闲游。

太阳

街上的柳树像病了似的，叶子挂着一层灰土在枝上打着卷；枝条一动也懒得动，无精打采地低垂着。街道上尘土飞起多高，跟天上的灰气连接起来，结成一片毒光的灰沙阵，烫着行人的脸。处处干燥，处处烫手，处处憋闷，整个老城像烧透的砖窑，使人喘不过气来。狗趴在地上吐出了红舌头，骡马的鼻孔张得特别大，小贩们不敢吆喝，柏油路晒化了，街上非常寂静。

夜

蓦地，一片游云掠过月光。那是一阵夜风刮来的。暗影悄悄地溜到草滩上，树林上和古道上。

游云很快又消散了，融化了，融化在又黑又深的夜空中，融化在凄清的月光里。狗不再吠叫，异常的寂静又笼罩四野。

夜

青烟散去，夜气清凉。被阳光烤灼了一天的田野弥漫着一股苦艾和薄荷的清香。

夜

夜风沙沙地刮过水稻田和玉米地，送来一阵阵稻花和嫩玉米的甜香。

夜

夜，静悄悄的，只有一只夏虫在窝外寂寞地吟叹。那幽幽的断断续续的、时高时低的唧唧声，给我带来青草的气息，泥土的气息，生命的气息。是的，世界是美好的，生命是值得留恋的，活是要活下去的。但是，我能品味、体验、享受美的心已经僵硬了。从此，美的世界在我心中折射出来，都将是零碎的、扭曲的、变形的。我把被子略微掀开，深深地吸了口气，然后像被打伤的野兽似的，带着颤音长长地呻吟了一声。

月

外面，好一片皎皎的月光，雾霭轻轻悄悄地飘散在天地之间，仿佛一切生命的闪现都被淹没。我沉浸在这寂寥的夜色中，感觉到整个的心都被一种惘然的失落攫住。我失落了什么呢？难道仅仅是……

啊，我那在沉冤中渗着血泪的灵魂！

月

月亮升起来，江面笼罩着一层轻纱式的雾气；几只渔船，亮着灯火，漂浮在江心。

月

白蒙蒙的月光，透过窗棂洒在她的身上，墙壁上映出她那斜而长的影子。

江南漱着碎月，静静地流着，渡船偏偏没影儿，船儿漂过江面，江水泛起无数闪烁的波光。一只水鸟，掠过水面，拍着翅膀飞向远处淡淡的青山。

月

头顶上，夜空浩渺无际，但只有一轮孤零零的月亮，星星都在它远处胆怯地闪烁着寂寞的微光，并且小心翼翼地向更远、更深的太空隐去。

月

月亮已偏向西山。驴车继续走在高坡上。驴背上，驮着一片忧郁而清冷的月光。它孤独的身影长长地拖在光秃秃的坡顶上，无精打采地颠簸着……

月

月，凝冻在夜空，似一面冰块磨成的圆镜。夜空澄净。澄净得异常，令人感觉到潜伏着某种不祥，仿佛大自然正在暗暗汇集威慑无比的破坏力量。偶尔，纱绢一样的薄云从夜空疾迅掠过，稀寥的星怯视着大地。大地上的一切都显出畏惧，屏息敛气。没有风，树木细弱的秃枝，都是静止的。荒原紧张地沉寂着，这种凛峻的沉寂，是北大荒暴风雪前虚伪的征兆。

月

美妙的音流，像一缕袅袅的烟，轻轻地飘散在闪闪的波浪中间。音流揉进柔柔的月光。那月光，正在浩渺的水面，投下五线谱般的银练。在这银色的线谱上，忽而梦一般地漂过了不知倦怠的夜航的船帆。

月

夜静悄悄的。天上的星星已经出齐，月光朦胧地辉耀着，大地上一切都影影绰绰，充满了一种神秘的气氛。

月

头顶上，婆娑的、墨绿色的叶丛中，不成熟的杜梨在朦胧的月下泛着点点青光。

暮

窗口流进夏天夜晚的湿热空气。

暮色像一层层灰蓝色的薄纱从天上落下来，把被晚霞镀亮的群山慢慢罩起来，把小小的县城也罩起来。黄昏正在黯然退去。空气中荡漾着夏日山区被蒸热一天后散发的气息，有山的气息，田野的气息，正在收割的黄熟的麦子的香味。

暮

这里很静，暮色更浓重些。开始黑暗了。隔着疏疏树影，能看见河水的闪光，听见河水的声音，水面上能感到日晒的余热。

暮

那是一个傍晚，刚刚下过一场小雨，刮着一股凉爽的风，马路上也湿漉漉的。这在盛夏，是难得的好天气。身上的燥热，被这一场小雨冲去了许多，一身清爽。

暮

斜阳挂在树梢，东方一角天空中已经露出了半圆月底无光的面庞。我们坐在喷水池畔的石凳上。

暮

太阳早落山了，夜色已经降临。几只小鸟在树上叫，颤抖的桦树叶不断发出飒飒的声音。

暮

这是一个很好的晴天，天气晴朗，天空没有一片云。月亮从树梢升起来，渐渐给这条傍晚的街道上镀了一道银色。周围没有人声。

暮

天没有黑尽，半开着的窗户还把最后的阳光送进房里来。但是我坐在书桌前却看不清楚书上的字迹了。山下面许多人家早燃了灯，从一些烟囱里缓缓地冒上了烟，是预备晚饭的时候了。我看表，还不到六点钟。

暮

天空里才好看呢！几片粉红的云彩抹在浅蓝色的画面上，颜色明媚可爱。山后面吐出的红光把天的一角照亮了，树梢沐浴在余晖里。淡白色的弯弯月挂在天边，两三颗星子在它身边眨眼。

暮

天空渐渐加深了颜色，粉红色的云彩。几片淡白色的云在天边移动。星星和月亮就像银子一般在放光，吹起了一阵微风。

晨

晨风掀动了白纱窗帘。我扬起头，看见窗外的几株毛白杨树，被鱼肚白似的天幕托出了身影。

晨

清晨被窗外的小鸟吵醒，推窗一看，一只只红嘴彩羽的小鸟蹦跳在枝头，歪着头叫得那么清脆动听，我朝一只努努嘴，它也向我点点头，鸣叫得越发动听了。

雨

正下着蒙蒙细雨，细碎的雨珠打湿了她柔软的头发。她的脸上淌着几滴清凉的水珠，不知是雨水，还是泪水……

雨

云还没铺满天，地上已经很黑，极亮极热的晴午忽然变成了黑夜似的。

风带着雨星，像在地上寻什么似的，东一头西一头地乱撞。北边，一道红色的闪电，像把黑云掀开一块，露出一大片血似的。风小了，可是非常有劲，使人颤抖。又一闪，正在头上，白亮亮的雨点紧跟着落了下来，掀起许多尘土，土里微带着雨气。雨停了，黑云铺满了天。又一阵风，比先前更厉害，柳枝横着飞，尘土往四下起，雨道往下落；风、土、雨，混在一起，连成一片，横着竖着都灰茫茫、冷飕飕，一切的东西都裹在里面，辨不清哪是树，哪是地，哪是云，四面八方全乱，全响，全迷糊。

雨

外面雨点已经急促地敲打起了大地，风声和雨声逐渐加大，越来越猛烈。窗户纸不时被闪电照亮，暴烈的雷声接二连三地吼叫着。外面的整个天地似乎都淹没在了一片混乱中。

雨

外面，雨好像经过长时间的踌躇终于下定了决心似的落下来了。飕飕的风鼓噪着，把一阵一阵的雨点推到窗子上来。雨点敲在玻璃窗上，发出闷声闷气的“笃笃”的响声。从玻璃的裂隙中渗透进来的雨水积聚起来，然后弯弯扭扭地顺着布满了灰尘的玻璃流下来，很快就被玻璃上的尘垢染混浊了，就像从伤口里流出的污血。雨越来越大，世界一片迷蒙混沌。

雨

风过去了，只剩下直的雨道，扯天扯地地垂落，看不清一条条的，只是那么一片、一阵，地上射起无数的箭头，房屋上落下了千万条瀑布。几分钟，天地已经分不开，空中的水往下倒，地上的水四处流，成了灰暗昏黄的，有时又白亮亮的，一个水世界。

风

天冷得出奇，北风吱吱乱吼，马路上冷冷清清。偶有几个行人，也把头躲在大衣领里边。悬在街正中钢丝上的电灯疯了似的乱摇着。

雷

灰暗的天空里忽然亮起一道“闪电”，接着就是那好像要打碎万物似的一声霹雳，于是一切又落在宁静的状态中，等待着第二道闪电划破长空，第二声响雷来打破郁闷。闪电一股亮似一股，雷声一次高过一次。

雪

雪下大了。密匝匝的雪花迎面扑来，打在脸上，冰凉冰凉的。雪下得更大更密了，像银色的瀑布，从天上倾泻下来。大街小巷，空无人迹，只有路灯伫立在黑夜之中。

雪

窗外，纷纷扬扬的雪花，像银色的蝴蝶，漫天飞舞着，她们飞到窗前，眨着眼望着房内的王老师，又调皮地笑着，翩翩飞起。白雪，下满了大地，老松树披上了白外衣。松软软的雪在他脚下作响，扑哧，扑哧。房内，蜡梅花儿更香了。

春

春天来了，风像姑娘口中吹出的轻柔的暖气，雨像姑娘细软的发丝……大地翻动着绿如翡翠的身躯，注视着湛蓝的天空，和那从水里洗得干干净净的太阳。多好的春光呵！看不见的春光、春色、春雨、春水、春花……

夏

天热得发了狂，太阳刚一出来，地上像下了火。叶子挂着一层灰土在枝上打着卷，无精打采地低垂着，马路上干巴巴地发着白光。中午是灼热的，太阳当顶，天空没有一片云彩，空气停止了流动，仿佛凝滞了。

秋

秋天到了，秋风凄凉地从树枝里刮过去，铅色的天空绣着苍老的白云，秋声秋色，都是忧郁的，凄冷的。热燥的夏天过去了，来的是静穆的秋。雨前还偶尔听到短促的蝉声，新近落了两场雨，天气顿然凉了下来。

冬

高阔的天空满挂着星斗，干冷干冷的寒气，冻得星星也直僵着眼。静夜，微微地刮着刺骨的寒风，天空的星光闪闪熠熠，整个世界充满了寒意。

孩子们疲惫地阅读完毕，抬头无精打采地望着夏老师。

“今天的作文有缩写、扩写、改写三个方面，内容较多，同学们可选择其中一项写作文。”夏老师微笑着说。他知道，这话一出口，一定是叹息和反对声。是的，学习的路上，想要争当第一，必须负重前行。

“唉——”一张张稚气无奈的脸，一阵阵可怜的哀叹声。没有应答，这是无声的抗议。

“有问题吗?”夏老师明知故问。

“没——问——题——”苦味回答。

“同学们勉强同意完成缩写、扩写、改写三个方面的内容，对吗?”夏老师有意逗着孩子们问道。

“夏老师，您能不能开开恩，今天只完成其中一个内容？”喻彬托着镜框乞求。

“这不是放养式教育。内容再多，又能多到哪里去呢？”夏老师假装板着脸说，“学习也是拼搏。今天这些学习内容，沮丧也罢，苦愁也罢，都得把课上下去。亢奋也罢，低沉也罢，也得把课上下去。你们选择吧？”

“改写吧——”一片苦愁的声音。

“既然选择了改写。就要用良好的心态，坚强的毅力，集中精力和夏老师一起完成今天的学习内容。打起精神来：挺胸抬头，两眼平视夏老师，认真听夏老师讲解缩写与扩写的方法。”夏老师提高音量说道，“《泰山极顶》是杨朔写的一篇游记，有三千来字。我们现在按以下三个方面缩写《泰山极顶》。缩写要求：

1. 要忠实于原文和主题。

2. 删掉次要情节和段落。

3. 缩写后的文段要自然。

夏老师把《泰山极顶》的资料发给同学们。

泰山极顶

杨朔

泰山极顶看日出，历来被描绘成十分壮观的奇景。有人说：登泰山而看不到日出，就像一出大戏没有戏眼，味儿终究有点寡淡。

我去爬山那天，正赶上个难得的好天，万里长空，云彩丝儿都不见，素常烟雾腾腾的山头，显得眉目分明。同伴们都欢喜地说：“明儿早晨准可以看见日出了。”我也是抱着这种想头，爬上山去。

一路从山脚往上爬，细看山景，我觉得呈现在眼前的不是五岳独尊的泰山，却像一幅规模惊人的青绿山水画的长轴，从下面倒展开来。最先露出的是山根那座明朝建筑岱宗坊。慢慢地便现出王母池、斗母宫、经石峪……山是一层比一层深，一叠比一叠奇。层层叠叠，不知还会有多深多奇。万山丛中，时而点染着极其工细的人物。王母池旁边吕祖殿里有不少尊明代塑像，塑着吕洞宾等一些人，姿态神情是那样有生气，你看了，不禁会脱口赞叹说：“活啦！”

画轴继续展开，绿荫森森的柏洞露面不太久，便来到对松山。两面奇峰对峙着，满山峰都是奇形怪状的老松，年纪怕不有个千儿八百年！颜色竟那么浓，浓得好像要流下来似的。来到这儿，你不妨权当一次画里的写意人物，坐在路旁的对松亭里，看看山色，听听流水和松涛。也许你会同意乾隆题的“悟宗最佳处”的句子。且慢，不如继续往上看的为是……

一时间，我又觉得自己不仅是在看画，却又像是在零零乱乱翻着一卷历史稿本。在山下岱庙里，我曾经抚摸过秦朝李斯小篆的残碑。上得山来，又在“孔子登临处”立过脚，秦始皇封的五大夫松下喝过茶。还看过汉代枚乘称道的“泰山溜穿石”，相传是北朝人写的斗大的隶书《金刚经》。将要看见的唐玄宗在大观峰峭壁上刻的《纪泰山铭》自然是珍品，宋、元、明、清历代的遗迹更像奇花异草一样，到处点缀着这座名山。一恍惚，我觉得中国历史的影子仿佛从我眼前飘忽而过。你如果想捉住点历史的影子，尽可以在朝阳洞那家茶店里挑选几件泰山石刻的拓片。除此以外，还可以买到泰山出产的杏叶参、何首乌、黄精、紫草一类名贵药材。我们在这里泡了壶山茶喝，坐着歇乏，看见一堆孩子围着群小鸡，正喂蚂蚱给小鸡吃。小鸡的毛色都发灰，不像平时看见的那样。一问，卖茶的妇女搭言说：“是俺孩子他爹上山挖药材，拣回来的一窝小山鸡。”怪不得呢。有两只小山鸡争着饮水，蹬翻了水碗，往青石板上一跑，满石板印上许多小小的“个”字。我不觉望着深山里这户孤零零的人家想：山下正呼吁大集体，他们还过着这种单个的生活，未免太与世隔绝了吧？

从朝阳洞再往上爬，渐渐接近十八盘，山路越来越险，累得人发喘。这时我既无心思看画，又无心思翻历史，只觉得像在登天。历来人们也确实把爬泰山看作登天。不信你回头看看来路，就有云步桥、一天门，中天门一类上天的云路。现时悬在我头顶上的正是南天门。幸好还有石磴造成的天梯。顺着天梯慢慢爬，爬几步，歇一脚，累得腰酸腿软，浑身冒汗。忽然有一阵仙风从空中吹来，扑到脸上，顿时觉得浑身上下清爽异常。原来我已经爬上南天门，走上天街。

黄昏早已落到天街上，处处飘散着不知名儿的花草香味。风一吹，朵朵白云从我身边飘浮过去，眼前的景物渐渐都躲到夜色里去。我们在青帝宫寻到个宿处，早早睡下，但愿明天早晨能看到日出。可是急人得很，山头上忽然漫起好大的云雾，又浓又湿，悄悄挤进门缝来，落到枕头边上，我还听见零零星星几滴雨声。我有点焦虑，一位同伴说：“不要紧。山上的气候一时晴，一时阴，变化大得很，说不定明儿早晨是个好天，你等着看日出吧。”

等到第二天早晨，山头上的云雾果然消散了，只是天空阴沉沉的，谁知道会不会忽然间晴朗起来呢？不管怎样，我们还是冒着早凉，一直爬到玉皇顶，这儿便是泰山的极顶。

一位须髯飘飘的老道人陪我们立在泰山极顶上，指点着远近风景给我们看，最后带着惋惜的口气说："可惜天气不佳，恐怕你们看不见日出了。"

我的心却变得异常晴朗，一点都没有惋惜的情绪。我沉思地望着极远极远的地方，我望见一幅无比壮丽的奇景。瞧那莽莽苍苍的齐鲁大原野，多有气魄！过去，农民各自摆弄着一小块地，弄得祖国的原野像是老和尚的百衲衣，零零碎碎的，不知有多少小方块拼织到一起。眼前呢，好一片大田野，全连到一起，就像公社农民连得一样密切。麦子刚刚熟，南风吹动处，麦浪一起一伏，仿佛大地也漾起绸缎一般的锦纹。再瞧那渺渺茫茫的天边，扬起一带烟尘。那不是什么"齐烟九点"。同伴告诉我说，那也许是炼铁厂。铁厂也好，钢厂也好，或者是别的什么工厂也好，反正那里有千千万万只精巧坚强的手，正配合着全国人民一致的节奏，用钢铁铸造着祖国的江山。

你再瞧，那在天边隐约闪亮的不就是黄河？那在山脚缠绕不断的自然是汶河。那拱卫在泰山膝盖下的无数小馒头，却是徂徕山等许多著名的山岭。那黄河和汶河又恰似两条飘舞的彩绸，正有两只看不见的大手在耍着；那连绵不断的大小山岭，却又像许多条龙灯一齐滚舞——整个山河都在欢腾着啊！

如果说泰山是一大幅徐徐展开的青绿山水画，那么这幅画到现在才完全展开，露出最精彩的部分。

如果说我在泰山路上是翻着什么历史稿本，那么现在我才算翻到我们民族的真正宏伟的创业史。

我正在静观默想，那个老道人客气地赔着不是，说是别的道士都下山割麦子去了，剩他自己，也顾不上烧水给我们喝。我问他给谁割麦子，老道人说："公社啊。你别看山上东一户，西一户，也都组织到公社里去了。"我记起自己对朝阳洞那家茶店的想法，不觉有点惭愧。

有的同伴认为没能看见日出，总有点美中不足。同志，你还有什么不满意的？其实我们分明看见另一场更加辉煌的日出。这轮晓日从我们民族历史的地平线上一跃而出，闪射着万道红光，照临到这个世界上。

伟大而光明的祖国啊，愿你永远“如日之升”！

泰山顶上看日出（缩写）

泰山看日出，是十分壮观的奇景。我去爬山那天，正赶上个难得的好天，万里无云。

一路从山脚往上爬，呈现在眼前的不是五岳独尊的泰山，却像一幅青绿山水画的长轴，从下面倒展开来。最先露出的是山根那座明朝建筑岱宗坊。慢慢地便现出王母池、斗母宫、经石峪……山是一层比一层深，一叠比一叠奇。层层叠叠，又深又奇。

画轴继续展开，便来到对松山。两面奇峰对峙，满山峰都是奇形怪状的老松，颜色竟那么浓，浓得好像要流下来似的。一时间，我觉得自己不仅是在看画，又像是在零乱地翻着一卷历史稿本。在山下岱庙里，我曾经抚摸过秦朝李斯小篆的残碑。上得山来，又在“孔子登临处”立过脚，秦始皇封的五大夫松下喝过茶。还看过唐玄宗在大观峰峭壁上刻的《纪泰山铭》自然是珍品，宋、元、明、清历代的遗迹到处点缀着这座名山。

从朝阳洞往上爬，渐渐接近十八盘，山路越来越险，累得人发喘。只觉得像在登天。不信你回头看看来路，就有云步桥、一天门、中天门一类上天的云路。现时悬在我头顶上的正是南天门。幸好还有石磴造成的天梯。顺着天梯慢慢爬，爬几步，歇一脚，累得腰酸腿软，浑身冒汗。忽然，有一阵仙风从空中吹来，扑到脸上，顿时觉得浑身上下清爽异常。原来我已经爬上南天门，走上天街。

黄昏早已落到天街上，处处飘散着不知名儿的花草香味。风一吹，朵朵白云从我身边飘浮过去。我的心情异常美妙，不由得沉思地眺望着极远极远的地方，在天边隐约闪亮的不就是黄河？在山脚缠绕不断的自然是汶河。在拱卫泰山膝下的连绵不断的大小山岭，又像许多条龙灯一齐滚舞——整个山河都在欢腾！

第二天早起看日出，天是阴沉沉的。爬上玉皇顶上，我望着这一大幅无比壮丽的青山绿水画，我分明看见更加辉煌的日出，我们的祖国如日之升！

夏老师点评：《泰山顶上看日出》缩写约七百字，忠实于原文，计时三十五分钟。点赞！

“接下来是扩写：《我在马路边捡到一分钱》。扩写要求：

一、保持原文主题不变。

二、扩充要忠实于原文。

三、文段的过渡要自然。

下面，我们共同完成《我在马路边捡到一分钱》的扩写。”夏老师说完，把歌词写在了黑板上。

我在马路边捡到一分钱，
把它交给警察叔叔的手里边，
叔叔拿着钱，对我把头点，
我高兴地说了声：叔叔，再见！

“夏老师，我有一个问题。现在没有一分钱可捡该怎么办呢？”谢凯问道。

“动动脑筋？”夏老师反问说，“这是一个拾金不昧的故事。你们在扩写这个故事时，就是捡到钱的主角。现在同学们开始构思扩写。”

我在马路边捡到一角钱

清晨，太阳把树叶涂上一层金黄，鸟儿在树上蹦跳唱歌。我背着书包，禁不住内心的喜悦，轻轻哼起了《读书郎》的歌曲：

小嘛小儿郎，
背起了书包上学堂。
不怕太阳晒也不怕那风雨狂，
……

书包有节奏地拍打着我的屁股。我的手前后甩动，仿佛变成了一只愉快的小鸟。突然，我发现路边有一个银灿灿的东西在闪烁，走近一看，是一枚一角钱的硬币。我弓身把它捡起，心想：我是一名学生，应该拾金不昧把它交给老师。可是又一想，这只是一角钱呀。

我拿着捡到的一角钱边走边想。街道上人来人往，川流不息。一位买报的老爷爷左手托着一沓报纸，右手拿着一份报纸招摇着高声叫卖：“今天的特大新闻。一个拾破烂的七十多岁老太婆，捡到一包十万元的巨款，交还给了失主。”我听了好感动，又看了看手里的一角钱，我应该向老奶奶学习。这时，正好一位警察叔叔朝我走来。我的心里一阵“咚咚”乱跳，紧张地问自己，这一角钱交给警察叔叔，他要还是不要呢？

“警察叔叔，我捡到了一角钱。”我也不知道哪来那么大的勇气，走到警察叔叔跟前，把捡到的一角钱递给了警察叔叔。

警察叔叔微笑地看着我，伸手接过我递给他的钱，抚摸着我的头说：“小朋友，你做得对，拾金不昧是我们每一个人都应该遵守的公德。向小朋友学习。”

警察叔叔说完，挺胸立正，抬起右手，五指并拢，举起齐眉，向我敬了一个警礼。

我望着警察叔叔，心里好高兴哟！因为在这平凡又不平凡的早晨，我做了一件十分有意义的事情。

我也兴奋地挺胸立正，向警察叔叔回了一个少先队员的队礼。亲切地说道：“警察叔叔，再见！”

夏老师点评：《我在马路边捡到一角钱》扩写自然，故事情节忠于原文，且保持了主题不变。

“我们现在已经完成了缩写与扩写。但离下课不远了，怎么办？”夏老师问道。他相信，老师的教育，孩子们的求知，每一天都是新的开始。孩子们一定会落实在行动上。

“一鼓作气。”胜利在望，亢奋地表态。

“同学们上二年级的时候，已经学过改写的课文《丑小鸭》。说的是丑小鸭来到这个世界，除了鸭妈妈疼爱它，谁都欺负它。丑小鸭感到特别孤独，就钻出篱笆，离家出走了。

其实原版的《丑小鸭》故事是这样的：鸭妈妈孵化丑小鸭时已经很不耐烦了。当看到这个丑陋的大个子，觉得奇怪又不正常。当它的兄弟姐妹们对它喊到，让猫抓你走吧，你这个丑八怪的时候，鸭妈妈终于下定决心要驱逐它。鸭妈妈说：你最好走得远远的吧！这就说明，安徒生笔下的鸭妈妈，也不是真心实意爱着自己孵化出的异类的伟大母亲。

人教版教材对鸭妈妈的角色改写定位，我的理解是不愿意让涉世未深的同学们，看到人世间的歧视和苦难。这就是改写的本意所在。简单地说：改写就是换一种写法。”夏老师说完，把《“送”与“奖”的哲学》资料发给了孩子们阅读后改写。

“送”与“奖”的哲学

学校聘请了一位外籍教师教学生口语。

一次，老外买回一大袋小地球仪，准备当奖品发给学生。一个老师的小孩看见了，便想让老外送一个玩玩。老外不肯。小孩就把当老师的母亲请来。同事不好意思开口，便让我“代劳”。

我对老外说：“这是本校老师的孩子，你送他一个吧，反正你的地球仪最后都要送出去的。”

老外仍是不肯。

我“开导”老外道：“中国是礼仪之邦，中国人讲究一个“情”字，送礼是联络感情的一个重要方式。你在中国任教，就要入乡随俗。一个小地球仪不值什么钱，但作为礼品送出去，那就是礼轻情意重。”

到这个份上，老外仍坚定地摇着头。

我生气道：“你真不给面子，一个小地球仪值多少钱？现在，人家求到我，你不给，人家就会认为是我没尽力。”

老外想了想，说：“你让那小孩说五个单词，我就给他一个。”

这不是成心为难人吗？一个上幼儿园的小孩，哪会说什么英语？但是，既然老外肯送了，那就赶紧想办法吧。好在小孩很伶俐，一教就会，不到五分钟，五个英语单词全会说了。老外除了送他一个地球仪，还高兴地低下头，亲了亲小孩的脸蛋。

这让我很纳闷：与其如此，何必当初？我问老外为什么要这样做。

他说：“白送东西给人，是对人的一种侮辱。因为，‘送’的意味是施舍，即把对方当成乞丐；而那小孩很可爱，绝不应该侮辱他。只有在别人取得了成绩时，我们才能把东西奖给他，这是对人的一种鼓励。作为一个教师永远只能‘奖’，而不能‘送’。否则，就违背了一个教育工作者应该坚守的准则。”

奖品的启示

有一段时间，我学习成绩不好，每次考试都名落孙山。一天，我忧郁地对妈妈说道：“妈妈，我的学习成绩很难超前，每次考试，都没得过奖，我真想找老师要个奖。”

“孩子，”妈妈慈爱地看着我说，“你努力过了吗？”

“努力过。”我点着头说。

“非常努力吗?”妈妈用信任的眼睛望着我。

“是的。”我唯唯诺诺地说。

“很好。”妈妈握住我的手说，“无论何时，只要你努力过了，最终就能考出好的成绩，获得奖励。”

“可是……”我欲言又止，对自己还是没有信心。

“珂宇，让我给你讲一个真实的故事吧。”妈妈笑望着我说，“妈妈学校聘了一位外籍老师教学生口语。记得是一个下午，老外带回一大袋洋娃娃，准备当奖品发给学生。那天，你表姐来学校玩，想要一个洋娃娃。老外不肯。我告诉老外说，这是我的侄女，看在我的面子上，就给她一个吧。老外仍是不肯。我有些生气说，你真不给面子，我用钱买一个行了吧?老外想了想说，你让小姑娘说五个英语单词，我就奖她一个。你表姐很快说出了五个英语单词，老外便送给了她一个洋娃娃，还高兴地亲了亲你表姐的脸蛋。我纳闷地问老外，为什么要这样做?老外说，你送东西给别人等同于是在施舍，把对方当成了乞丐；当别人取得成绩时，把东西奖给他，这是对人的一种鼓励。所以，老师的准则是只能奖不能送。”

我听完妈妈讲的故事，心中有一种激情鼓动自己说：学习必须刻苦，努力收获成功，失败只有一种就是放弃希望。

夏老师点评：《奖品的启示》改写得很好，既突出了主题，又忠实于原文，强调要通过努力获得回报。

语文基础知识扫描

一、阿拉伯民间故事集《　　　　　　》被认为是阿拉伯中古时期最优秀的文学作品，其中包括《阿里巴巴和四十大盗》的故事。

二、高尔基是苏联伟大的无产阶级作家，是苏联社会主义现实主义文学的奠基人，他的自传体小说《　　　　》用流畅、质朴的语言描绘了自己苦难、悲惨的童年生活。

三、古希腊诗人荷马创作的两部长篇史诗是《奥德赛》和《　　　　》，特洛伊木马计就出自后者。

四、苏联长篇小说《钢铁是怎样炼成的》中的主人公是＿＿＿＿＿＿。他坚韧的意志鼓舞了千千万万的读者。

五、《战争与和平》是作家____________的名著，讲述了19到20世纪初俄国社会贵族的荒诞生活，作者因此被列宁称为“俄罗斯的一面镜子”。

六、“如果冬天来了，春天还会远吗?”这句话出自诗人____________之口，读来给人以向往。

七、笛福是18世纪英国现实主义小说的奠基人，被誉为“英国与欧洲的小说之父”。他最著名的小说是____________，小说主人公在荒岛上救下了一个土著人，给他取名叫____________。

八、“幸福的家庭都是相似的；不幸的家庭各有各的不幸!”这是俄国著名作家托尔斯泰名作《　　　　　　》的开篇之句。

九、《王子复仇记》指的就是莎士比亚的四大悲剧之一——《　　　　　　》，它是莎士比亚最负盛名的著作。

十、意大利儿童作家科洛弟的代表作《木偶奇遇记》中，只要一说谎鼻子就会变长的是____________。

十一、读下面这则故事，诗人的回答表现了（　　）。

　　一位著名的诗人，在只容一个人通过的小路上与一个怀有敌意的批评家相遇。那个批家蛮横地说：“我从不给疯子让路!”诗人退到路边，说：“我恰恰相反。”

A. 表现了诗人的宽宏大量　　B. 表现了诗人的高雅风度

C. 表现了诗人的反击艺术　　D. 表现了诗人的自命清高

《精神救助》阅读与练习答案

第一题：1. 顺序、倒叙、插叙；2. 顺叙；3. 插叙；4. 倒叙。

第二题：递进作用，表达了我惊奇、惊讶、不可思议的心情。

第三题：彩电塔、公园、烧烤、卡拉OK。

第四题：记者工作；采访一位小学老师。

第五题：范春芳是个穷孩子，爱学习，再次辍学，靠养鹅、采药卖钱回到学校。

第六题：第一句语气生动，表现出范春芳是个懂事的孩子；第二句显得平淡，表现不出范春芳懂事。

第七题：我们登彩电塔，逛公园，吃烧烤，唱卡拉OK，她却木然。也许她懂得，这个繁华的城市不属于她，学到手的知识才是自己的，谁也夺不走。

第八题：我想给她的是财富，她想要的是知识。人所处的位置不同，看问题的视角也就不同。

第九题：女儿的善良，妈妈善良中掺杂着自私。

第十题：为范春芳交了两年学费；给200元钱。

第十一题：无私才是真正的慷慨。

《语文基础知识扫描》答案

第一题：天方夜谭

第二题：童年

第三题：伊利亚特

第四题：保尔·柯察金

第五题：列夫·托尔斯泰

第六题：雪莱

第七题：《鲁宾逊漂流记》　星期五

第八题：安娜·卡列尼娜

第九题：哈姆雷特

第十题：匹诺曹

第十一题：C

第四十三课 读后感

“同学们好！”“夏老师好！”

“今天上课内容有：阅读自然；阅读《一个寻找死亡的青年》；警句格言；人物肖像描写；读后感；语文基础知识扫描。”夏老师说道，“现在，我请同学们闭上眼睛，阅读用文字描写的田园风光。这是辛弃疾的《西江月 · 夜行黄沙道中》对月夜的描写：

明月别枝惊鹊，清风半夜鸣蝉。稻花香里说丰年，听取蛙声一片。

接下来同学们跟着夏老师的解读，展开记忆里的想象和联想：

天边的明月挂在树梢上，惊飞了栖息在枝头的喜鹊。清凉的晚风传来远处的蝉鸣，在稻花的香气里，人们谈论着丰收的年景，耳边还伴着青蛙的呱呱声一片。

同学们感受到没有，辛弃疾写的每一句词，仿佛是一幅幅田园诗画。这一切，受益于他对自然景物的细心阅读，让他写出这么美丽如画的景色。这就是阅读自然的妙处。”

“夏老师，您能给我们讲讲您是怎样阅读大自然的吗？”孙柏灵闪动着求知的亮眼要求说。

那好，我就讲一讲我家窗前的一棵玉兰树吧，我是这样阅读它的。”夏老师说道。

玉兰树

（介绍）：我家的楼下，有一棵玉兰树。没几年的工夫，它长的有六七米高了。而且躯干笔直，枝条疏生，叶倒卵形。

(阅读)：我注意观察，它是在发叶之前开花，瓣萼约九片，花形似莲。每每一缕春风拂过，那阔大的叶片，像橘黄的蝴蝶翩翩飘落，铺在蓬软的青草地上，闪烁温馨，让人舍不得碰，舍不得踩。我有时会追着风，捡起一片泛黄的落叶，坐在绿茵地上，用充满情感的手，把弯皱的叶片小心抚平。这时，一种兰蔻的沁香就弥漫开来，让我情不自禁地昂起头看玉兰树。在湛蓝的天空衬托下，那抽出的嫩绿新芽带着翠绿的蓓蕾，点缀在一片绿色之中，透露出妩媚的幽然美妙，流动着让人凝视思考的高雅气质。

记得那是一个春光明媚的早晨。当我推开窗户，眼前顿然一亮，那皎洁晶莹的玉兰花，正一朵又一朵迫不及待悄然绽放。定眼看，花白如玉，清香远溢，朴实得既不浓烈，也不娇艳，静静地渲染着一份雅致的心境。忽然，一声鸟鸣，是歇在枝头上的鸟儿在歌唱。歌声伴着玉兰花香沁人心脾，令人神往。不过，说句心里话，我更喜欢的还是冰凉月夜里的玉兰树。当一枚枚清透的花瓣，安安静静在绿叶的簇拥下，幽然沐浴在银色的月光里时，你会发现它恣意四散的勃勃生机，显得是那么的恬淡和圣洁，这种静中之美让人尊敬。

(感悟)：我常常一次次从玉兰树下走过，它总是宠辱不惊地让我陷入沉思。使我在感觉中体会到生命的匆匆脚步。是的，一年有四季，而我四季都流连在玉兰树下，和它交上了朋友。我还知道它的别名为白玉兰，又称望春、玉兰花，是我国特有的名贵树木。但我不知道它会不会记住我，记住我们共同走过了多少年月，迎来一个又一个充满希望的明天！只是，每当我抬起头看它的时候，心中便升起浓浓感情，在不知不觉中眼睛里就噙满了无言的泪水。

“夏老师，您把玉兰树讲得好美呀！”

“阅读自然，令人陶醉。”

“简直就是一篇抒情散文。”孩子们啧啧称赞。

夏老师也为阅读玉兰树从而调动孩子们的阅读兴趣而高兴。

“夏老师，要是您与《蒙娜丽莎之约》里一样，面对蒙娜丽莎的画像呢？”谢凯突然蹦出这么一个提问，震惊了喧哗的孩子们。而且孩子们的眼睛里，仿佛隐藏着小小的秘密。

“把达·芬奇的《蒙娜丽莎》挂在一面雪白的墙壁上，葆有几份闲趣，读其意境。再用想象的空间，情感先行，洞悉人物的气韵，与画共鸣。”夏老师解读。

“太——抽象了！”谢凯不满意地噘起嘴巴。

“那我就具体地说吧！”夏老师望着谢凯淡然一笑说，“首先，应该了解达·芬奇的时代背景。他是十四世纪—十六世纪文艺复兴时期的艺术大师。著名的画作有《最后的晚餐》《蒙娜丽莎》。《蒙娜丽莎》画于1504年左右，真有其人。她是佛罗伦萨一位富有的24岁的市民。在画像之前刚死了心爱的女儿，悲伤得愁眉不展。达·芬奇为了唤起她内心的微笑，一边画她一边奏乐，终于引出了她的一瞬间稍纵即逝的永恒微笑。其次，面对画像《蒙娜丽莎》，要进行心与心的交流。当你心静如水端详着《蒙娜丽莎》时，你会发现她的面部表情是那样淡雅而温柔，嘴角边会自然而然流露出一丝永恒神秘的微笑。这时，你的第一感觉是想用心去与她交流，她也仿佛是领会了你的感情，便舒展眉毛，嘴角微微显示出内心的激动。但又不失恬静的安详。这就是达·芬奇著名的画法——渐隐法的魅力所在。

再次，阅读《蒙娜丽莎》时的情节：我曾经买过一幅《蒙娜丽莎》的油画挂在墙壁上。每当我静心阅读栩栩如生的《蒙娜丽莎》时，她都有所不同，似乎在不断变化，双唇稍抿，眼神矜持，带着淡淡的哀伤，想与我说话。我知道她内心的苦痛，甚至为了逗她开心，像小孩儿一样贴墙而站与她捉起迷藏。但是，当我抬起头在看她时，她就会用那耐人寻味的神秘微笑静静地看着我，让我难以捉摸她微笑里藏着的秘密。使我感觉到她就是一位有着鲜活生命，楚楚动人而又不可接近的真实存在。”

夏老师说完，发现教室有点异常，孩子们大气不出地做着笔记。

“夏老师，您刚才讲的，谢凯用手机全录下来了。”熊浩笑着说。

“为什么？”夏老师不解。

“我们马上要上《蒙娜丽莎之约》这个课了。谢凯是套您阅读，然后再到班上炫酷。”江珂宇说着，连忙从书包里拿出语文书翻到124页递给夏老师看。

夏老师接过语文书阅读后，把书还给江珂宇说道：“课文《蒙娜丽莎之约》要求有两点：1. 名画的魅力：永恒神秘的微笑；2.《蒙娜丽莎之约》的肖像描写：她的脸颊泛着红光……蒙娜丽莎更加美丽动人。但是要想把《蒙娜丽莎之约》表述得更加生动鲜活的话，可以借鉴夏老师刚才的讲解，然后融入自己对《蒙娜丽莎之约》的理解和情感，我敢保证，一定会获得老师的认可和同学们的赞赏。”

夏老师为孩子们热爱学习的行为感到由衷的高兴。

“谢谢夏老师!”孩子们长大了，齐声说道。

夏老师微笑点头，把阅读资料《一个寻找死亡的年轻人》发给了孩子们。

一个寻找死亡的年轻人

从前，有一个年轻人，他很忧郁，总觉得自己生活得太不幸了。他从来没有愉快过，更没有笑过，总是皱着眉头，阴沉着脸，头发长得很长他也不剪，懒得做任何事。

他曾经跟一位画师学过画画，他很聪明，只学了三个月，就掌握了不少的技巧。第四个月上，他离开了画师，说：“这玩意儿没什么可学的!”

他又跟一个商人学习做生意，他仍然很聪明，只学了半年，就碰上了一次好运气，他发了财，赚了不少钱。到了第七个月上，他离开了商人，说：“这玩意儿也没什么可学的!”

第三次他遇到了一个哲学家，他跟哲学家学了一年，他觉得悟透了人生的道理，那就是一切都没意思，一切努力最终都会被死神一笔勾销。他认识到死是最伟大的，只有死才是永恒，除此之外，一切都是短暂的。

于是他离开了哲学家，准备寻找一个他最满意的地方，然后自己结束自己的生命。他走啊，走啊，走了很多地方，都觉得不是理想的自杀地。后来，他来到了昆仑山下的一个林子里。

“很好。”他心想，“这个地方是最合适的位置，位于昆仑山下就算到了极地，空气干燥、流沙移动也免于尸体腐化，说不定能成为木乃伊保存后世，何况这里人烟稀少，死后可以清静，免于尘世喧嚣。”他想好了，准备就在这地方安息长眠，明天就上吊。

第二天，他来到一棵五百年的核桃树下，正准备死，碰到一位白须垂胸的老人。老人正吃力地搬一辆陷进水渠里的毛驴车轮子，看见他站在树下，便对他说：“年轻人！你站在那里干什么？为什么不来帮我一下?”

年轻人觉得老人的要求是合理的，就跑过去帮助他搬车子，他想搬完了车子再死也不迟。等到搬完车子，天已经快黑了，老人一定要感谢他，留他吃饭。他推辞不掉，心想，吃完饭再死也不迟。

就这样，老人不断地请他帮忙，植林带不然流沙就会埋掉房屋啦，修渠不然庄稼就会干枯啦，种葡萄不然夏天院子里就没地方乘凉啦，一件事又一件事，年轻人没有理由推辞，只好干下去，一天天推迟死期。

秋天的时候，老人对年轻人说："你不是一直要死吗？对不起，为我的事耽误了你这么久，你可以去死了。"

年轻人看着这块美丽的田园，林带，葡萄架，堆满粮食的谷仓，长满了绿草的水渠两岸，还有新盖的房子，盛开的花圃……这一切，全都和自己的汗水有关系，让他舍不得了。

他决定不死了，和老人好好活下去。

他又开始画画了，画得非常好，而且他会做生意，卖画赚了不少钱。最后他开始总结和思考这里的人生意义，准备写一部哲学著作，题目就叫《福乐智慧》。

据说，这个年轻人现在还活在世上。

阅读与练习

一、文章第一段透露出年轻人身上的哪些特点？为什么会这样？

______

二、文中将哪两种人的生命状态作了对比，有何差异？

______

三、年轻人帮老人做了哪些事？

1.（　　）　2.（　　）　3.（　　）　4.（　　）

四、对"年轻人看着这块美丽的田园，林带，葡萄架……让他舍不得了"这句话，你是怎样理解的？

______

五、文中提到一棵五百年的核桃树，有何深意？你是怎样理解的？

______

六、"他又开始画画了，画得非常好，而且他会做生意……题目就叫《福乐智慧》。"谈谈你对这段话的理解。

______

七、为什么说"这个年轻人现在还活在世上"？

______

八、通览全篇，你对第一段中年轻人的生命状态有了哪些理性认识？

______

九、文中的老人是年轻人的救命恩人，你怎样看待这位老人？

______

十、请你猜测一下，《福乐智慧》这本书的第一段会写点什么？

____

“阅读与练习问答题做完了吗？”夏老师问。他在孩子们做题时检查过，现在孩子们答题简洁概要，这就是学习的收获，熟能生巧的效果，而问答题也是万变不离其宗的。

“做完了。”回答响亮，信心满满。

“做好阅读问答题的前提是什么？”夏老师又问。

“认真阅读思考。”孩子们说道。

“回答正确！”夏老师情不自禁地伸出双手，竖起大拇指说，“今天的警句格言是：一、一个人的时间和精力是有限的，要专注于自己想做的事情。也会失去很多的东西。所以，要学会放弃过去的赞扬和掌声，换个路口重新出发。二、欲当第一，必承其重。”夏老师说完，把“人物肖像描写”的资料发给孩子们阅读。

人物肖像描写

少女

女孩微侧着头，双眸闪亮如星，安静地垂望着，鼻子小巧端正，薄薄的嘴唇带着微笑，给人一种动情的魅力。

少女

她扬起脸朝他亲昵地笑着，微微咧开嘴巴，露出两排洁白的牙齿，像玉米籽儿一般好看。

少女

那小姑娘至多不过十五六岁，通体都洋溢着少女的健美，蓬松的刘海上缀满着雾星儿，一颤一颤的，大而亮的眼睛里，像滴进了露水，含满了，要溢出来，被海风吹红的凸圆圆的腮上，也是湿润润的一层。她像是一朵晨光下的花骨朵。裤腿挽着，袖子撸着，带一股诱人的野气……

少女

一个中学生模样的小姑娘站在我身旁，抬起脸看着我，圆白的脸上，一双清秀的眼睛眨巴眨巴地闪动，像一潭清澈见底的泉水，微波起伏，平静中略带点惊讶。

我只看见她的背影：一件淡紫色的衬衫，上面开满了白色的小花，两根垂到腰间的长辫，随着她轻快的脚步摆动……

她走了，像一缕轻盈的风，像一阵清凉的雨，像一曲优美的歌……

少女

我望着这个萍水相逢的小姑娘，一粒粒细密的汗珠从她秀气的小鼻子头上渗出来，那红扑扑汗涔涔的脸颊上，还带着一丝抱歉的笑意。我的心被深深地感动了。我想，有一个海滨小姑娘诚实淳朴的心意，比任何东西都更美丽！

少女

她幽幽地看你一眼，微微低下头，轻轻地一抿嘴唇，那甜美的笑意便一圈一圈漾开，如无声的细浪，从眼角漫到脸颊，一直漫到了你心里，像一层溢出的蜜水。

少女

灯光下有个姑娘坐在书桌旁，手托着下巴在凝思。她的鼻梁高高的，眼睛乌黑发光，长睫毛，两条发辫从太阳穴上面垂下来，拢到后颈处又并为一条，直拖到腰际，在两条辫子合并的地方，结着一条花手帕。

少女

她是一位非常活泼的棕发姑娘，活泼得十分可爱，娇媚而不轻佻。她有点瘦，她那年龄的姑娘大部分如此，但是她有一双明亮的眼睛，再加上她那苗条的身材和动人的风度，用不着丰腴的体态就够吸引人的了。

少女

她美丽、端庄、朴实；她温柔、沉静、落落大方。她那双明媚的眼睛并不特别大，盖着长长的、微翘的睫毛；抬起来亮晶晶，低下去静幽幽。她说话慢慢的，脸上总是带着善良的微笑。

妇女

年轻母亲有一双杏子一般的柔顺的眼睛，衬上两道黑弯弯的眉毛。梳得整齐的头发，扎着红色皮筋，素色的衣服，穿得很合身，看得出来她是爱整洁爱美的人。

妇女

她的脸严峻、枯萎、消瘦；她的皮肤憔悴、灰黄、松弛。那双小眼睛，惊疑不定地盯着他。原先，他从她那挥手的姿态所想象的勇敢、坦率、深情，在看到她和听到她的声音后，刹那间一股脑儿消失了。

妇女

这是个看上去约摸三十岁的女同志，衣着朴素，但很得体、大方；中等的个子，梳着垂肩的辫子，椭圆形的脸上，一对虽含着忧郁但非常秀丽的眼睛，使人感到有许多探索不尽的秘密。

少年

他的两腮红红的，两目低垂着。他是十八岁的少年，表面看来，文弱、清秀、面貌不同寻常……在宁静的时候，眼中射出火一般的光辉，又好像熟思和探寻的样子，但是在一转瞬间，他的眼睛又流露出可怕仇恨的表情……

少年

我虽然不能说是一个美少年，但是我那小小的身材却很匀称，腿脚纤细玲珑，神态洒脱，容貌清秀，嘴小而可爱，乌黑的眉毛和头发，一双小而微陷的眼睛放射出热血的光芒。

成人

这个人年纪在五十岁左右，身子肥壮，头顶全秃了，两腮的肉重重地垂下来，使他的脸成了方形。鼻子特别大，鼻头发红。

成人

那张没有血色的、灰白色的脸毫无表情，看起来像是用青铜铸造成的。头发是平板的，深灰色的，梳得很滑亮。两只小眼睛好像怕见阳光；头上的旧鸭舌帽好像是专门来替他遮阳的。他的尖鼻子的末端有很多痘斑，这人讲话时声音很低，语调柔和，而且从来不发脾气。

成人

一张风格粗犷的脸，突出的大鼻子，厚实的宽嘴唇，体格健壮如牛，尽管那双小眼睛里流露出一股幽默和机智，但说实话，总有些憨气。

成人

他真可谓挺拔英俊，风度翩翩，神情冷峻沉郁，一双蓝色的眼睛着实迷人，咧嘴一笑，更是风情无限。

成人

他天生一副扑克面孔，表情呆板。作风阴森沉闷，审慎固执。

老人

他佝偻了，步履蹒跚，一头短短的白发，圆圆的脸上满是皱纹；他看见我，就眯起眼来，朝我点点头，并嘿然一笑，眼角的皱纹聚在一起，像一朵龙菊花。

老人

他上年纪了，瘦骨伶仃的，脖颈很细，面颊凹进去，高高的颧骨上面，低低地架着一副眼镜。就在我看他的那一刻，他的眼光也似乎在镜片后面闪烁，斜斜地看我。我心里一凉。

老人

踏着稳健而迅捷的步伐，一双威严的浓眉下，两只炯炯有神的眼睛从一开始就深情地，关切地，慈祥地注视着他，总理那线条刚直的嘴角显得无比沉着，坚毅……

老人

他闭着双眼，用消瘦而柔软的右手支撑白发的鬓角，仿佛昏昏欲睡，又好像陷入沉思……睁开两只长长的眼睛，撑在如霜的鬓角上的右手在微微颤抖。

老人

他至少有五十岁。头上只有寥寥几根灰白发，一脸都是皱纹，两颊陷了进去，背也驼了。只是两只眼睛还射出光来，好像里面有一种不可扑灭的火一样。

老人

他这几年老多了。他经历过的一切在他额上刻下了很深的皱纹，两鬓白了，背也驼了，一双眼深深凹陷进去，流露出一副忧伤的神情。

老人

这是一张熟悉的脸，只是干枯了，像一个骷髅，深陷的眼窝子里塞满了黑色的尘垢，那上面有两道弯弯曲曲的、被泪水冲出来的昏暗的沟。

“人物肖像描写阅读完了吗？”夏老师问。

“阅读完了。”齐声回答。

“怎么阅读的？”夏老师再问。

“记忆阅读。”孩子们轻车熟路。

“回答正确。”夏老师笑了，说道，“今天的作文是写读后感。什么是读后感？就是读了一篇（本）文章（书）后，把自己的感受和感悟写成文章。读后感是由三部分组成的：1. 概括介绍原文内容；2. 分析评价主题思想；3. 发表自己的感想和体会。

我特别提一下，读后感首先是读。读是感的基础。具体合成：认真阅读思考，抓住重点句段，感受真实自然，融入我的故事，总结心得体会。”

“夏老师，今天学习写读后感，能坦诚地让我们阅读一下您吗？我们太崇拜您了，总有一种窥探的心理。”

“是真的，讲一讲您的故事，丰富精彩，有咸有甜，就像辣条加方便面，太魔性了。”

“夏老师，我们阅读了您的人生三部曲，太神了。为我们再讲一段您人生的故事。好吗？”

“这很重要吗？”夏老师笑着问。

“当然。活生生的故事。从您的身上，我们可以看到自己要走的路，或者说是人生。”

“夏老师，别让我们遗憾。”

“讲一讲嘛！我们好写读后感呀！”

孩子们执拗地要求。

“正好，北京《图书馆学报》刚寄来几份对我访谈的报纸。”夏老师从提包里抽出一份《图书馆学报》对孩子们说道，“这也算是我人生的真实写照和概略总结。下课后我复印发给同学们阅读。同学们按读后感的要求拟出提纲，怎么样？”

“好——”

用文字铸就图书馆精神

访知名作家、湖北省图书馆教育培训部原主任夏昌铭

本报记者：江水

近日，湖北知名作家、教育家夏昌铭的新书《铸就》由长江文艺出版社出版。这也是夏昌铭“人生三部曲”的最后一部，前两部为《本色》和《浮沉》。值得注意的是，这位顶着“知名作家”“知名教育家”头衔的人，却是一个不折不扣的图书馆人。

夏昌铭在湖北省图书馆干了30多年，几乎把一生都奉献给了图书馆事业。他2015年从图书馆退休，退休前是湖北省图书馆教育培训部主任。但是退休后，他依然工作在原岗位，拿的是退休工资。这份对图书馆的情感令人感动，这大概就是图书馆精神的现实写照。更值得注意的是，《铸就》这部长篇小说是以图书馆人的真实心路历程为题材创作的。图书馆人当作

家本就凤毛麟角，写长篇的更是近乎绝无仅有，而《铸就》这部长篇写的又是图书馆题材，这可以肯定为国内图书馆界的“独一份”了。带着好奇和敬佩之心，记者日前采访了这位图书馆界的“奇人”夏昌铭。

记者：作为一个通过文学作品倾吐对图书馆情感的作家，您几十年来在图书馆有着怎样的心路历程？

夏昌铭：我是1979年从部队复员到湖北省图书馆的。当我第一次走进湖北省图书馆这座知识的殿堂时，不知为什么，我的内心强烈地颤动了一下。也就从那一刻开始，“铸就”了一生都将是一名图书馆人。

我先是分配在图管部，工作内容是把读者还回的图书按分类排列在书架上，空闲时间什么书都可以阅读——我喜欢这样的工作。半年后，因工作需要又调到辅导部，工作任务是面对湖北全省地、市、县图书馆进行辅导和调研，从而让我对地、市、县图书馆和图书馆人有了全面的了解和深刻的思考。

两年后，我又调到政工科工作，兼任党委秘书、人事干事、工会委员、团委书记。繁杂的工作，让我每天下班很晚。下班时，总能碰见徐副馆长、孔老师、昌老师等一批老图书馆员依然行走在图书馆里。一天，我忍不住好奇，走进徐副馆长办公室，他正在阅读《武昌县志》。我问徐副馆长，为什么下班还不回家。他淡然一笑说：查一点读者所要的资料。我又说，好像您每天都是这样？他平静地告诉我：因为每天都有不同的读者咨询呀！我望着办公桌上没有吃完的半个馒头和一杯冒着热气的白开水，只觉得全身涌动着激情和感慨。后来，我又听说徐副馆长的父亲徐行可是大收藏家，徐副馆长把家藏的字画、印章、孤本等全部捐给了湖北省图书馆、湖北省博物馆，价值上亿，而徐副馆长自己却守着清贫。我多次问自己，他们这样做到底是为了什么？我的理解是：这就是老一辈图书馆人的精神。

我这一辈子，最珍贵的就是拥有着我热爱的湖北省图书馆。在我的一生中，作为一个图书馆人，内心没有在随意中盲从，灵魂没在浮躁中走失，信念没有在挫折中折节——这就是我的心路历程。

记者：您是怎么想到写“人生三部曲”的？图书馆从业者写小说是非常罕见的，您对此怎么看？

夏昌铭：我现在已是一个在湖北省图书馆工作了30多年的老图书馆人，在我的记忆中，大概从2000年开始，除了过年能在家里安安静静地待上几天外，基本上都是以馆为家，每时每刻都在目睹和经历着图书馆的人和事。作为一个创作者，当生活积累达到一定厚度时，那源于生活的创作冲动就会把我高高托起，促使我用了三年多的时间完成了我的“人生三部曲”——《本色》《浮沉》《铸就》的写作和出版。

《本色》写的是：夏铭在人生的高峰中突然蒙冤跌入低谷，面对多舛的命运，他常常对自己说，不必求得名利，不必求得爱情，不必求得伟大，但求用真实的自我承接生活的原色。

《浮沉》写的是：夏铭在20世纪80年代末下海经商，挣到了几百万元。在那没有追求的日子里，他完全把自己沉溺在纸醉金迷的生活中，学会了赌博，而且一发而不可收。这是一部解剖赌徒心态和赌海深渊的沉甸甸的忏悔录。

《铸就》用纪实的手法，展现了湖北省图书馆的巨变以及像浮雕一样流动的几代图书馆人的栩栩如生面孔，给人以震撼人心的思索。正如《铸就》的题记所写：“我的体内为什么总是充满了激情，那是因为我是湖北省图书馆人。”

我就是带着这份鲜明的经历与感动，完成了湖北省图书馆人写湖北省图书馆故事的创作。不过，图书馆界进行文学创作的人的确比较少，原因是多方面的：图书馆的工作单一，接触面狭窄，甚至还会被非议为不务正业。再加上一部上规模的文学作品需要没日没夜写上几年，是一件非常苦难的事。但我认为，图书馆人在业余时间进行文学创作并没有什么不好的。比如，由于我是搞文学创作的，因此在解答文学和艺术方面的咨询上就拥有一些优势。故而，我更希望图书馆界有更多的人拿起笔。

记者：据您了解，除您之外，国内图书馆界还有以图书馆的工作为背景写小说的吗？是什么促使您写下了《铸就》？

夏昌铭：就我所知，以图书馆为背景写图书馆的人和事的长篇小说，我可能是第一人——特别是《铸就》的创作。2012年12月8日，坐落在沙湖之畔的中西部一流文化航母——湖北省图书馆新馆正式向公众开放的那一刻，我作为新馆开馆迎宾的组织者，亲身经历着那史诗般的恢宏场面，只觉得热血沸腾，心潮澎湃。这是每一个湖北省图书馆人等得太久的荣誉与梦想，从那一刻起，我就决定要创作《铸就》，而且只用了9个多月的时间就完成了。

记者：图书馆人工作在书海中，您认为这对文学创作是否有天然的优势？您所从事的教育培训部主任这个职务，对创作有什么帮助？

夏昌铭：我们图书馆人的确是工作在书海中，这就让我想到“得天独厚”这个成语。图书馆是有品位的，图书馆人也一定要有文化内涵。要完成一部长篇小说的创作，作者必须辛勤耕耘在自己生活的沃土上，去热爱它、认识它、感悟它，从心灵深处涌动起创作的热情，达到源于生活又高于生活的境界。我在创作《铸就》时，起码用了三分之一的篇幅写我从事的教育培训工作。特别是我在培训新馆招考的200多名大学毕业生时，了解到他们有思想，有个性，有智慧，他们有对湖北省图书馆的热爱。我创作《铸就》的本意，就是要引导他们，让他们读懂百年老馆厚重的文化，永远带着激情出发——这也是教育培训的责任。我做到了，也把它写了出来。

记者：《铸就》的创作过程中有哪些令人难忘的事？不妨与大家分享一下。

夏昌铭：在我创作《铸就》的过程中，汤馆长指定我负责纪念抗战胜利70周年重走西迁路的调研工作。当时，我们一行十人乘车从湖北省图书馆出发，穿行在逶迤的崇山峻岭中。不知为什么，我的眼前总是浮现出一位傲岸单薄的身影，艰难地跋涉在西迁路上，他就是湖北省立图书馆馆长谈锡恩。1938年6月，日军逼近武汉，谈锡恩馆长带领17名职员将馆藏中外书籍择要装成179大箱，其中不乏珍贵文物。在那烽火岁月里，他文弱的双肩担起值守之责，成功地把藏书经宜昌，走秭归，过兴山，西迁至恩施。十几吨的重量，几只木船加上三辆汽车，整整走了197天。这就是老一辈图书馆人与历史命运相依相连铸就的图腾，我从中感受到了直击心灵的深深震撼！我必须把它写进《铸就》里。

我走完西迁路回到武汉，前女友孙蕾来看我。在交谈中，她告诉我她在英国买了别墅，希望我能和她一起去英国过田园生活，颐养天年。可是对我来说，只有拥有足下这片热土、拥有图书馆，我才觉得格外踏实。所以，我拒绝了她。

记者：注意到您还有着“知名作家”“知名教育家”的头衔，请问您是如何平衡作家、教育家与图书馆人这几个角色间的关系的？

夏昌铭：现在，我的确有许多无冕之冠，如“知名作家”“知名教育家”等称谓，但在我心中，最在意的还是我的湖北省图书馆人角色。每每在一场场讲座完后，听到赞许声里有“夏老师是湖北省图书馆人”时，我心里就自然而然滋生出荣誉感和自豪感。我们这一代图书馆人，一定是对自己的职业有着崇高敬意的人。我2015年已经退休，但至今还在图书馆上班，拿的是退休工资；我为解答读者咨询，常加班加点为读者查找资料，心中甘之如饴；我经常参加湖北省关工委举办的公益讲座，为中小学生讲礼仪、作文、阅读培训课，乐此不疲，引以为荣……一句话，图书馆人就是一个守望精神家园的人。

记者：擅长文学创作的人总是和大量阅读分不开的，请问您业余时间读书多吗？纸质阅读和数字阅读更偏好哪一个？

夏昌铭：当然，文学创作是要以大量阅读为基础的。一个人的精神成长史，就是阅读史。我们每一个人经历的是只属于自己的生活，别人的故事可以丰富自己的人生，从而使自己的内心变得强大。我平时把读书当作一种休闲，每次读书时，都喜欢放一个笔记本，分门别类地把所需要的内容摘抄下来，然后细细品味，在思考中创造自己的学习和生活。我每天基本上都会阅读一个小时左右的书籍，以文学艺术类居多。这就是纸质阅读的妙处，书本能亲切地陪伴在你身边，任由你反复深思熟读。而数字阅读容量太大，就像万花筒，浩瀚得让你目不暇接。所以，我更喜欢纸质阅读。

记者：您写完“人生三部曲”后，是否在文学创作上会告一段落？

夏昌铭：我作为一个写作者，写出“人生三部曲”，已经完成了既定的目标，真想好好休息一下。但是，网络上有个新词汇叫“路径依赖”，意思是你上了这条路，即便不想继续往前走，也会有一种看不见的力量推着你前行。所以，我还得继续创作第四部教育类的长篇小说《玩家老师》；第五部情感类的长篇小说《血色风流》；第六部伦理类的长篇小说《修行》……说到这里，我真是有一种心在萌动，动笔就难的感触。所以说，要做自己灵魂的守望者，并非是件容易的事。但我愿意，因为我有思想。

“夏老师，我阅读对您的访谈好激动，热血沸腾！”

“真实写照，夏老师就是这样的一个人。”

“人这一生啊！真像您说的那样吗？”

……

“现在，夏老师要的不是同学们的感慨和疑问。而是读后感提纲呀！”夏老师引导孩子们回到正轨。

“夏老师，我写好了《用文字铸就图书馆精神》读后感提纲。”钱莉茹举手说道。

“请讲。”夏老师说，“同学们请暂时停一下手中的笔，注意听钱莉茹写的读后感提纲。”

“一、主题：图书馆人守望精神家园的精神。

二、精神：我这一辈子，最珍贵的就是拥有着我热爱的湖北省图书馆。在我的一生中，内心没有在随意中盲从，灵魂没有在浮躁中走失，信念没有在挫折中折节——这就是我的心路历程。

三、行为：退休后继续无偿工作。公益讲座：礼仪；作文；阅读等。笔耕不辍，还在创作系列文学作品等。

四、联想：学生的根本就是学习。我要热爱学习，摒弃惰性，在学习中克服困难，努力前行。

五、感悟：在追求上逆风扬帆，用行动铸就今后的人生过程——德是本，勤是根，执着追求，做人第一。”钱莉茹表达得有条有理，层次分明。

“钱莉茹的提纲写得很完整，展开后就是一篇有力度的读后感。今天的作文是读《画蛋》有感，我结合钱莉茹的提纲，为同学们写读后感总结了二十个字：确定主题——引用句段——议论正确——联想自己——感悟心得。”夏老师说着，把写读后感的二十字要求写在了黑板上。

画　蛋

达·芬奇是欧洲文艺复兴时期意大利一位卓越的画家。他从小爱好绘画，父亲送他到当时意大利名城佛罗伦萨，拜名画师佛罗基奥为师。老师不是先教他创作什么作品，而是要他从画蛋入手。他画了一个又一个，足足画了十几天。老师见他有些不耐烦了，对他说：不要以为画蛋容易。要知道，两千个蛋当中，从来没有两个是形状完全相同的。即使是同一个蛋，只要变换一个角度去看，形状也就不同了。比方说，把头抬高一点看，或者把眼睛放低一点看，这个蛋的椭圆形轮廓就会有差异。所以，要在画纸上把它完美地表现出来，非得下一番苦功不可。佛罗基奥还说，反复地练习画蛋，就是严格训练用眼睛细致地观察形象，用手准确地描绘形象，做到手眼一致，不论画什么就都能得心应手了。后来达·芬奇用心学习素描，经过长期艰苦的艺术实践，终于创作出许多不朽的名画，成为一代宗师。

读《画蛋》有感

确定主题：我读完《画蛋》，深深感悟到苦练基本功的重要性。

引用句段：达·芬奇拜佛罗基奥为师。老师教他先从画蛋入手，对达·芬奇说：不要以为画蛋容易，要知道两千个蛋当中，从来没有两个是形状完全相同的，即使是同一个蛋，只要变换一个角度去看，形状也就不同了。比方说，把头抬高一点看，或者把眼睛放低一点看，这个蛋的椭圆形轮廓就会有差异。所以，要在画纸上把它完美地表现出来，非得下一番苦功夫不可。

议论正确：所以说“名师出高徒”这话实是不假。依我看，这原因有二：其一，是师之教有方；其二，是徒之学不怠。离开了这两条，既称不上“名师”，也出不了“高徒”。名画家佛罗基奥手下出了一代宗师达·芬奇，便是很好一例。

当达·芬奇投师于佛罗基奥时，佛罗基奥没首先教他创作作品，却要他画蛋，这是他与凡人不同之处。十几天只是画蛋，达·芬奇自然是不耐烦了，这时，那位名画家才告诉他画蛋的意义所在：他的目的是严格训练学生的细致观察与准确描绘形象的能力。这正是佛罗基奥的“有方”，达·芬奇日后才得以成功。

联想自己：面对前人的学习方法和经验，再联想到自己学习写作文的态度时，深感自责。老师反复强调作文是改出来的。在修改作文的过程中，要使作文的开头结尾有亮点，内容要新颖生动，句子要朴实流畅，用词要准确，少错别字……而我却是草草写完，看都不看交给老师。这与“要在画纸上把它完美地表现出来，非得下一番苦功不可”相差甚远。

感悟心得：今后，我一定要好好学习达·芬奇的《画蛋》精神，像《劝学》篇说的：不积跬步，无以至千里；不积小流，无以成江海。踏踏实实一步一个脚印走下去。因为，任何知识都是经过勤奋学习和长期积累而获得的。

语文基础知识扫描

一、假如你获得了楚才作文竞赛一等奖，有人向你祝贺，请根据不同的要求，做出谦虚上进的回答。

1. 使人感到亲切而易于接受的日常口语体：________________

2. 庄重、严肃的正规口语体：________________

3. 含蓄、富有文采的口语体：________________

二、按要求回答问题。

学校家长会后，一位同学的家长好心地对小鸥的母亲说："这次综合测验，小鸥与同学差距那么大，我怀疑他的智力有些问题。"小鸥的母亲听了很不是滋味，但是回家后，却对儿子说：____________。说这句话时，他发现儿子暗淡的眼神一下子发亮，沮丧的脸也一下子舒展开来。

1. 同学家长的那句话委婉些应该改为：________________。

2. 联系上下文，母亲可能说：________________。

三、下面句子说法得体的一项是（　　）。

A. 当同学向你请教问题时，你说："有何见教，请说吧！"

B. 当朋友邀请你看球赛时，你说："快考试了，没空！"

C. 当老师到你家家访时，你说："您是无事不登三宝殿啊！"

D. 当你骑车碰了一下别人的车时，你说："对不起，没有碰坏哪里吧？"

四、按要求回答问题。

1. 每年的农历五月初五，是我国的传统节日端午节，它是为纪念伟大诗人________而产生的节日。

2. ①滕王阁、________、________被人们称为"江南三大名楼"。

②"五岳"指的是东岳________、西岳________、南岳衡山、北岳恒山、中岳嵩山。

③长江流入________；黄河流入________。

3. 旗袍是我国少数民族________族的服装。

4. 樱花为日本人民喜爱，因此被称为国花，而日本国内的最高峰是________，它也是日本赏樱的最佳去处之一。

五、①写出下列几条著名街道所属的国家。

唐宁街________、华尔街________、长安街________、香榭丽舍大街________。

②写出世界四大文明古国的名称：________、________、________、________。

六、很多国家都有特别的称号，比如________被称为"骑在马背上的国家"；________被称为"童话王国"；________被称为"钻石王国"；________被称为“风车王国”；________被称为“花园之国”。

七、古时的民众生活在水深火热的社会环境里，渴望通过信仰宗教来解脱自己，所以诞生了世界上的三大宗教，它们分别是：________教、________教、________教。

八、判断。

①武汉的东湖是中国最大的城中湖。(　　)

②美国的国旗是“米字旗”；英国的国旗是“星条旗”。(　　)

③中国戏曲根据人物性别、年龄、身份、性格的不同，划分为生、旦、净、丑四种角色类型。(　　)

九、联合国常任理事国有中国、美国、俄罗斯、________和________。

十、①代表和平的植物：________；代表和平的动物是：________。

②敬献________是藏族对客人最普遍最隆重的礼节。________是傣族最富民族特色的节日。

《一个寻找死亡的年轻人》阅读与练习答案

第一题：捉摸不定，忧郁，彷徨；由他们成长的特定时期，特定阶段决定。

第二题：白须垂胸的老人和年轻人，老人活得更实在，更真实，更生动。

第三题：搬车子；植林带；修水渠；种葡萄。

第四题：年轻人看到和自己的汗水连在一起的美丽田园发现了自我的价值。

第五题：一棵大树生长了几百年，之初，只因为那粒小小的种子。这就是生命和创造的力量。

第六题：有了不断追求的目标，早年的生命积累才可大派用场。

第七题：生活中常常可以看到这个人的身影。

第八题：生活如果失去目标，生命就像坐滑梯很快滑到最低点。

第九题：睿智、深刻、真正的哲人。

第十题：我曾经是一个寻找死亡的年轻人，我想把我的过程写下来，和苦苦寻找的年轻人分享。

《语文基础知识扫描》答案

第一题：略

第二题：1. 这次综合测验，小欧没考好，是不是学习不够努力呀？2. 孩子，这次综合测验有进步，但还得加油！下次比这次考得更好。

第三题：D

第四题：1. 屈原；2. ①岳阳楼、黄鹤楼；②泰山、华山；③东海、渤海。3. 满；4. 富士山。

第五题：①英国；美国；中国；法国。②埃及；中国；印度；古巴比伦。

第六题：蒙古；丹麦；南非；荷兰；新加坡。

第七题：佛；基督；伊斯兰。

第八题：①√②×③√

第九题：英国；法国。

第十题：①橄榄枝；和平鸽；②哈达；泼水节。

第四十四课　登陆奥里里亚星球

“同学们好！”“夏老师好！”

“今天上课内容有：天有多大；阅读《捅马蜂窝》；警句格言，综合描写；科幻作文；语言基础知识扫描。”夏老师概略说道，“下面我来讲天有多大。天有多大？打个比方，就相当于在座同学的头脑那么大。我们的人脑就是一个小宇宙，放大以后就有天那么大。我们大脑里还会产生科学，而科学又是反应自然、社会、思维等客观规律的知识体系，这里面就有科学思想，如果为科学思想插上幻想的翅膀，就能自由自在地翱翔在宇宙之中。

137 亿年以前，宇宙是黑暗的时期，只有混沌的气态云。接着发生了宇宙大爆炸，气态云被打碎，又迅速扩散，而且转速越来越快。当它的温度达到 15000 摄氏度以后就燃烧起来，然后就形成了星星和太阳。

我们人类现在可以推测到 120 亿年前的宇宙初期，物质特别小，密度也小，在不停地引发核聚变。当我们抬头看天，宇宙里有 2000 多亿个我们看到看不到的恒星星系存在。每个星系有 2～3 亿颗恒星，最多的有 1000 亿颗恒星。我们的银河系是椭圆形的，存在有黑洞——人马座 α 星，是太阳的 25 倍大。黑洞里充满了气体和恒星。它用引力吞噬周围的一切，然后又像打饱嗝一样喷射出来，这些物质就变成了恒星。

我们的太阳系处在银河系的边缘，是银河系中的一颗小恒星，它和牛郎织女星相比，就跟芝麻比西瓜要小很多一样。很多恒星由氢和氦构成。围绕太阳转的是行星（如地球），围绕行星转的是卫星（如月亮）。太阳系有八大行星，正围绕银河系旋转。太阳生存约 100 亿年，现在已经诞生了 46 亿年，最后会像一个气球膨胀爆炸。科学家预言这将毁灭地球。

恒星的灭亡，是因内核坍缩导致外部爆炸，温度会达到上百万摄氏度，死后将成为僵尸恒星，也称脉冲星。它的内核质量非常大，一汤匙的物质有几十万吨。它每秒钟可以旋转 2400 圈，不停吞食小恒星，从而产生更大的黑洞。最大的黑洞比我们的银河系大 25 倍，有的比太阳大一亿倍甚至 300 亿倍。

宇宙也会死亡的。现在正是膨胀期，到了一定的时候，它就会收缩挤压所有的银河系……不过，这个结局离我们实在是太遥远了。”

“夏老师，我们银河系或是其他银河系到底有没有人类呀？”

“他们长得会是什么样子？”

“对。是不是有比我们人类还要高等的生物？”

孩子们睁大猎奇的眼睛看着夏老师，教室沸腾又异常的安静。

“科学地回答，肯定是有。”夏老师说道，“同学们可能看过《外星人》《异形》《太空旅行》等科幻电影。展现的是外星智慧文明的毁灭、逃亡、变异、新生。但都没有脱离人类固有的模式。那么，宇宙中真正存在的外星生物又是怎样的呢？这就需要同学们无穷的想象力去获取未知数。

在银河系里最常见的一种红矮星体，用超级计算机模拟围绕红矮星运行的行星，上面完全有条件孕育外星生命，行星被命名为‘奥里里亚’和‘蓝月亮’。‘奥里里亚’上面没有季节，也没有白天和黑夜，因为它的一面永远面对太阳（红矮星），黑暗的另一面永远被冰层覆盖。朝着红矮星的一面有着广阔的河流和洪水肆虐的平原，还有云彩和闪电主宰的天空以及巨大的动物。‘蓝月亮’一天长达 240 个小时，有两个太阳。大气浓度是地球的三倍厚，像是漂浮的海洋。地心引力小所以飞翔是轻而易举的事。‘蓝月亮’上长着巨大的平顶宝塔树，树的顶部有碗状凹口，用来收集雨水。为了支撑重量，树干相互缠绕交叠。‘蓝月亮’上有一种食肉动物类似风筝，它们垂下的触须如同死亡陷阱，将地面的生物消溶在喷射的酸液里，还有一种像鲸鱼一样可飞翔的‘飞鲸’，拥有十米长的翅膀，可以在几千米高的天空中翱翔。如果飞得太低，将会遭到另一种黄蜂状生物的攻击。这种尺寸像鹰一般大的黄蜂生物名叫斗篷幽灵，她有三只 360 度视角的眼睛，锋利的嘴可以撕裂飞鲸的坚肉。

如果将来有机会的话，同学们用自己所学的知识，不妨上‘蓝月亮’或是‘奥里里亚’上面去看看。一切是皆有可能的。”

“夏老师，我真想上天去看看。为什么没有到‘蓝月亮’上的直通车呢？”

“宇宙也太神奇了，这是为什么呢？”

“那上面为什么没有像人一样的生物呀？”

……

孩子们提问不断。

“我又不是《十万个为什么》这本书。同学们提问的这一切，需要你们好好学习知识，然后用在对为什么的探索中，跟随日心说、万有引力定律、相对论、量子力学以及正在探索的暗物质的步伐，去揭开更多的宇宙之谜。”夏老师启发地回答。

“夏老师，红矮星是另一个太阳系。我们现在连火星都没有登陆，怎么飞出太阳系呀？”谢凯又把话题牵回到怎样飞越太阳系的讨论上。

“乘坐 UFO，就可以在宇宙里穿行。”易东龙一本正经地说。

“夏老师，到底有没有外星人和飞碟呀？”谢凯认真地问。

“未知数。”夏老师两手一摊微笑着说，“这仅仅是对夏老师而言。但是，对于你们，解开这道谜总是迟早的事情。当下，同学们可以放飞梦想，把科学与幻想结合起来构成自己的科学梦想，从而满足自己的猎奇心理和思想里藏着的科学幻梦。我们可以先用科幻作文去探险一次‘蓝月亮’和‘奥里里亚’星球啊！在这里，我提醒同学们注意的是，写科幻作文，要根据有限的科学假设去虚构可能发生的事情。比如，刘慈欣创作的科幻小说《三体》，讲述的就是地球人类文明与三体文明的信息交流、生死搏杀及两个文明在宇宙中的兴衰历程。同学们写科幻作文时，可以结合看过的书和电影：《西游记》《金刚》《阿凡达》《星球大战》等等，发挥自己的想象力。比如企鹅是穿着燕尾服的绅士；骏马长出翅膀在空中飞翔；手搭凉棚放在前额变成了孙悟空。一句话，大胆地去想象，勇敢地放飞自己的梦想！”

孩子们听了先是一阵雀跃，接着便鸦雀无声。

“夏老师，什么是三体呀？”谢凯眨巴着迷茫的眼睛问。他的思想行走得较慢。

“刘慈欣写的《三体》指的是一个科技十分发达，可以轻易消灭地球的星球。”夏老师简答。

“夏老师，如果我们乘坐太空飞船多长的时间才能到达‘蓝月亮’和‘奥里里亚’星球呢？”孙柏灵睁大古灵精怪的眼睛问。

“很快。一篇科幻作文写完，就可以往返‘蓝月亮’和‘奥里里亚’星球了。”夏老师调侃道。

孩子们开怀大笑。

“夏老师，我说的是人坐的飞行器？”孙柏灵没笑，继续天真地问。

“现在我们人类制造的无人飞行器，还没有飞离太阳系，更何况是载人的飞船。这是因为有许多科学上的难点需要去突破。但是，终有一天，人造飞船是会实现星际穿越的。”夏老师肯定回答。

“那什么时候才能像坐飞机一样，驾驶人造飞船在太空中穿越呢？”孙柏灵感叹道，好像是在问夏老师，又好似在问自己。

“知识可以告诉同学们最终的答案。所以，同学们一定要好好学习。”夏老师见孩子们完全迷失在灿烂的星空里，为了让孩子们从这科学幻想的氛围中回到课堂上，把《捅马蜂窝》的阅读资料发给孩子们说，“现在，请同学们换上面对现实的思维方法，先思考阅读《捅马蜂窝》。再做阅读与练习问答题。”

捅马蜂窝

爷爷的后院虽小，它除去堆放杂物，很少人去，里边的花木从不修剪，快长疯了；枝叶纠缠，荫影深浓，却是鸟儿、蝶儿、虫儿们生存和嬉戏的一片乐土，也是我儿时的乐园。我喜欢从那爬满青苔的湿漉漉的大树干上，取下又轻又薄的蝉衣，从土里挖出筷子粗肥大的蚯蚓，把团团飞舞的小蠓虫驱赶到蜘蛛网上去。那沉甸甸压弯枝条的海棠果，个个都比市场买来的大。这里，最壮观的要属爷爷窗檐下的马蜂窝了，好像倒垂的一只莲蓬，无数金黄色的马蜂爬进爬出，飞来飞去，不知忙些什么，大概总有百十只之多，以致爷爷不敢开窗子，怕它们中间哪个冒失鬼一头闯进屋来。

“真该死，屋子连透透气儿也不能，哪天请人来把这马蜂窝捅下来！”奶奶总为这个马蜂窝生气。

“不行，要蜇死人的！”爷爷说。

“怎么不行？头上蒙块布，拿竹竿一捅就下来。”奶奶反驳道。

“捅不得，捅不得。”爷爷连连摇手。

我站在一旁，心里却涌出一种捅马蜂窝的强烈渴望。那多有趣！当我给这个淘气的欲望鼓动得难以抑制时，就找来妹妹，趁着爷爷午睡的当儿，悄悄溜到从走廊通往后院的小门口。我脱下褂子蒙住头顶，用扣上衣扣儿的前襟遮盖下半张脸，只露一双眼。又把两根竹竿接绑起来，作为捣毁马蜂窝的武器。我和妹妹约定好，她躲在门里，把住关口，待我捅下马蜂窝，赶紧开门放我进来，然后把门关住。

妹妹躲在门缝后边，注视我这非凡而冒险的行动。我开始有些迟疑，最后还是好奇战胜了胆怯。当我的竿头触到蜂窝的一刹那，好像听到爷爷在屋内呼叫，但我已经顾不得别的，一些受惊的马蜂轰地飞起来，我赶紧用竿头顶住蜂窝使劲摇撼两下，只听“嗵”，一个沉甸甸的东西掉下来，跟着一团黄色的飞虫腾空而起，我扔掉竿子往小门那边跑，谁料到妹妹害怕，把门在里边插上，她跑了，将我关在门外。我一回头，只见一只马蜂径直而凶猛地朝我扑来，好像一架燃料耗尽，决心相撞的战斗机。这复仇者不顾一死而拼死的气势使我惊呆了。我抬手想挡住脸，只觉眉心像被针扎似的剧烈地一疼，挨蜇了！我捂着脸大叫。不知道谁开门把我拖进屋。

当夜，我发了高烧。眉心处肿起一个枣大的疙瘩，自己都能用眼瞧见。家里人轮番用了醋、酒、黄酱、万金油和凉手巾处理，也没能使我那肿包迅速消下去。转天请来医生，打针吃药，七八天后才渐渐复愈。这一下好不轻呢！我生病也没有过这么长时间，以致消肿后的几天里不敢到那通向后院的小小走廊上去，生怕那些马蜂还守在小门口等着我。

过了些天，惊恐稍定，我去爷爷的屋子，他不在，隔窗看见他站在当院里，摆手召唤我去，我大着胆子去了，爷爷手指窗根处叫我看，原来是我捅掉的那个蜂窝，却一只马蜂也不见了，好像一只丢弃的干枯的大莲蓬头。爷爷又指了指我的脚下，一只马蜂！我惊吓得差点叫起来，慌忙跳开。

“怕什么，它早死了！”爷爷说。

仔细瞧，噢，原来是死的。仰面朝天躺在地上，几只黑蚂蚁在它身上爬来爬去。

爷爷说：“这就是蜇你的那只马蜂。马蜂就是这样，你不惹它，它不蜇你。它要是蜇了你，自己也就死了。”

“那它干吗还要蜇我呢，它不就完了吗?”

“你毁了它的家，它当然不肯饶你。它要拼命的！”爷爷说。

我听了心里暗暗吃惊。一只小虫竟有这样的激情和勇气。低头再瞧瞧这只马蜂，微风吹着它，轻轻颤动，好似活了一般。我不禁想起那天它朝我猛扑过来时那副视死如归的架势；与毁坏它们生活的人拼出一死，真像一个英雄……我面对这壮烈牺牲的小飞虫的尸体，似乎有种罪孽感沉重地压在我心上。

那一窝马蜂呢，无家可归的一群呢，它们还会不会回来重建家园？我甚至想用胶水把这只空空的蜂窝粘上去。

这一年，我经常站在爷爷的后院里，始终没有等来一只马蜂。

转年开春，有两只马蜂飞到爷爷的窗檐下，落到被晒暖了的木窗框上，然后还在去年的旧窝的残迹上爬了一阵子，跟着飞去而不再来。空空又是一年。

第三年，风和日丽之时，爷爷忽叫我抬头看，隔着玻璃看见窗檐下几只赤黄色的马蜂忙来忙去。在这中间，我忽然看到，一个小巧的、银灰色的、第一间蜂窝已经筑成了。

于是，我和爷爷面对面开颜而笑，笑得十分舒心。我不由得暗暗告诉自己：再不做一件伤害旁人的事。

阅读与练习

一、速读全文，说说你从中明白了什么道理。

____

二、围绕捅马蜂窝这件事，作者精心安排的思路是：__________→“我”捅马蜂窝→__________→后院又有了马蜂窝。

三、“捅马蜂窝”这个词语，我们在日常生活中也常常用到，它的意思是__________。

四、读文章第一段，有似曾相识之感，它与课文《__________》中描写的无忧无虑的童年生活十分相似。

五、文中加横线的“那多有趣”的“那”指的是__________。

六、捅马蜂窝一段描写得紧张而惊险，这从“我”__________、妹妹__________和马蜂__________等描写中可以形象地感觉到。

七、文中加下划线的句子用了比喻，结合文意理解此运用的妙处。

____

八、马蜂窝中有百十来只马蜂，为什么文章只重点写了一只？

____

九、作者从动手捅马蜂窝到盼望再见到马蜂窝，他前后的不同表现说明了什么？

____

孩子们阅读后做完阅读与练习问答题。夏老师检查错处改正后走回讲台说道：“今天的警句格言是：一、我们可以把幻想当作旅伴，但必须请理智做向导。二、只要天的尽头有东西存在，就想去看看。”

夏老师说完，把“综合描写”发给孩子们记忆阅读。

综合描写

看

1. 瞄 瞅 瞧 瞪 盯 望 视 顾 盼 瞻 瞥 览 瞰

2. 参观 拜读 凝视 端详 纵观 鸟瞰 张望 窥探 一瞥 瞩目 环视 洞察 正视 盯梢 开眼 过目 观察 阅览 注目 俯瞰

3. 大饱眼福 拭目以待 左顾右盼 斜了一眼 瞟了一眼 过了一眼 扫了一眼 虎视眈眈 视而不见 熟视无睹 瞻前顾后 望而生畏 望穿秋水 东张西望 走马观花 明察秋毫 察言观色 耳闻目睹 一目十行 屡见不鲜

哭

眼里闪烁着晶莹的泪光 干打雷不下雨 热泪盈眶 干嚎 眼泪像断了线的珠子 热泪夺眶而出 双眼饱含着热泪 失声痛哭 老泪纵横 鳄鱼的眼泪 抽泣 抽咽 挤出两滴眼泪 啜泣 哭哭啼啼

胖

敦实 丰满 臃肿 魁梧 壮实 胖墩子 胖乎乎 肥头大耳 笨头笨脑 肥头肥脑 大腹便便 滚瓜溜圆 上下一般粗 心宽体胖

唇

粉红—少女 橙红—温暖 棕红—成熟 烟色—柔和 明亮—欢快 鲜艳—活泼 中调—贤淑 深调—理智 小巧—微笑

红

绯红 粉红 淡红 玫瑰红 鲜红 大红 枣红 红彤彤 赤红 暗红 血红 玛瑙红 红扑扑 红艳艳

黄

淡黄 米黄 牙黄 鹅黄 蜡黄 杏黄 土黄 金黄 金灿灿 黄灿灿 黄澄澄

蓝

浅蓝 天蓝 海蓝 乌蓝 湛蓝 藏蓝 蓝瓦瓦 蓝湛湛

白

漂白 本色白 月白 灰白 惨白 苍白 雪白 洁白 银白 煞白 鱼肚白 白花花

绿

嫩绿 苹果绿 翠绿 草绿 浓绿 墨绿 暗绿 绿茵茵 苍翠欲滴

其他

古铜色 绛紫 土色 棕色 烟色 银灰 死色 紫铜色 白里透红 白里透青 黄里透青 墨里透红

象征

骆驼：任重道远；黄牛：任劳任怨；海鸥：搏击风浪；喜鹊：吉祥如意；春蚕：兢兢业业；春燕：报春使者；萤火虫：生命火花；百灵：聪明

伶俐；鸽子：友谊使者。

花语

迎春花：不畏残冬的疯狂反扑，奋力地传递春的信息。

月季花：勇于淘汰旧的花瓣，才不断有新的花蕾绽开。

菊花：花瓣的凋谢，正是为了让绿芽更快地成长。

水仙花：半杯清水的养分微不足道，但它善于吸收、利用，充实自己，并奉献出浓郁的幽香。

气质

气质有多种多样，如有的人性格开朗，风度潇洒大方，气质表现为聪慧；有的人性格沉稳，风度温文尔雅，气质表现为高洁；有的人性格直爽，风度豪放雄健，气质表现为粗犷；有的人性格温柔，风度秀丽端庄，气质表现为恬静……

舞

她的舞跳得十分奔放自如，他跟不上她，显得有点笨拙，跳了一会儿，她十分忘形地自己舞动起来。她的身子忽起忽落，愈转圈子愈大，步子愈踢愈奔放，那一阵“恰恰”的旋律好像一阵风，吹得她的长发飘带一齐扬起。

感悟

她泪流满面地站在门槛那儿，几缕头发从额头上散下来，被泪水粘着，贴在面颊上。泪水正牵成线，顺着那发丝，顺着鼻梁的侧面，不住地往下淌。眼里晶亮的泪水，还噙得满满的，在那儿直闪烁。

她微笑着，朴质而温和，她的眼睛何等明净，一往深情。

母亲像一尊塑像似的，立在断墙的豁口中间，只有一绺白发在微风中摇曳。她忧伤的眼光从松垂的眼睛里凝望着我。我再一次目测巷口自来水站到我家那口大缸的距离，看到那条闲碎铺就的坑洼不平的小路，想到母亲一个人今后生活的艰难，我的眼睛湿润了。

唢呐

唢呐好热闹，那小小的几只，就胜似整整一个乐队，带一点古老的意味，叫人心绪摇曳，思路走得好远好远。

从那一刻起，我就永远记住了那唢呐。它尖利，单调，就那么几声，高低也不够准确，一次又一次地回到主音上去，非常亲切火热，又非常凄恻淡远，纯粹是按照山里的人的心肠对人生进行着诉说。

唢呐！唢呐！年轻的姑娘要出嫁；唢呐！唢呐！苦命的后生乱如麻。

场面

会场响起了掌声，而且越来越热烈。他来到麦克风前。

会场安静了。会场的气氛活跃起来，他的讲话是富有感召力的。

蝶

玲珑素雅的凤蝶，成双成对地在花间盈盈飞逐，尾翼长如丝带，临风飘动，舞姿真是优美潇洒极了。

停落在卷丹上的凤蝶，正舒开它们卷曲的吸管，伸进管形的花冠里，尽情地吮着香甜的花蜜。

鸡牛狗

四只牛犊子，并排地拴着，在吃青草，不时朝着房子哞哞地叫几声；一群母鸡聚在牛圈前面的粪堆上，它们一会儿探爪子刨刨，一会儿抖动身子，一会儿咯咯地叫几声。两只公鸡不停地打鸣，替母鸡找虫子，然后发出咯噜咯噜的声音招呼它们过来。一条黄狗拴在一棵大梨树脚下，在一只当窝用的木桶旁边，摇了摇尾巴，汪汪叫起来，表示高兴。

狗

只有一条黑狗爬在门口，侧着头，像是在那里偷听什么，现在很是害羞地垂下头，慢慢地挨到檐前的地板下，把嘴巴藏在毛茸茸的颈间，缩作一堆。

燕

燕子像箭一样地掠过被高大、宁静的山毛榉树圈着的蓝色空间。牛圈的气味掺杂着苹果树甜蜜蜜的气息不时飘过。

鹰

一只老鹰伸展着长长的黑翅膀在天上打着转儿飞翔。突然，它疾速地斜着翅膀，俯冲下去。

鸭

鸭在幼小的时候，披着一身鹅黄色的羽毛，恰如绒球着地滚动，颇为好看。

小鸭也诚然可爱，遍身松花黄，放在地上，便蹒跚地走，互相招呼，总是在一块。

蜂

每块板上满是蜜蜂，蠕蠕地爬着。蜂王黑褐色的，身子细长，每只蜜蜂都愿意用采来的花精供养它。

树

大树还是当年模样，不，细细端详，有一些变化，躯干更粗了，树冠更圆了，虬弯的树枝，显得更加苍遒劲拔，像是一条条昂首欲飞的龙。斑驳如雕的树皮上，刀刻着无数的人名和地名，这些“乾隆遗风”虽令人生厌，却也表明了探险者之多。

树的本身，和有关树的传说，都发人深思，寓含哲理，传说中老人死前对八个侄儿的遗嘱，不正是我们勤劳质朴的祖先对他的子孙的期冀？八棵树并长成一棵，而又是这样枝遒叶茂，不正是我们祖先对他的子孙们的以身示范？大自然中蕴含着甚多深邃哲理，只要把这些哲理上升到人们的思想、生活中，便会迸发出照耀人们心灵的火花，五百多岁的老树，之所以长得这么旺盛，是因为它根须深扎土壤，是因为几百年来，人们把它敬作“祖先”，保护了它。

我站在大树下，觉得好像站在历史老人面前，心潮翻腾不已……

松柏

松柏常青，可是在冬天，它们却显得一片灰绿灰绿，春风一吹，它们又恢复了鲜嫩的翠色，仿佛积在它们身上的尘埃被拂去了。也许，它们看到花儿开放，草色青青，心里一热，便急忙脱去那灰纱衣吧。

槐荫

这古槐，虽说树身已空，它那巨伞似的枝枝杈杈，除去几只老爪枯枝，其余还是生机勃勃哩。每到夏季，绿叶蓊郁诱人，白花簇簇炫目；微风乍起，槐花牵一缕香气，有意飘落在你发上、肩上、襟上。中午，古槐投下大阵阴凉，最给人们造福了，遮骄阳的暴晒，御路人的暑气。傍晚，它扇起悠悠凉风，送人一身清爽。

第二天，太阳刚从东山冒红，我就来到古槐树下。黎明落过一阵小雨，地上草色青翠，树上花露辉映，清新极了。

荷与莲

湘莲颗粒肥壮洁白，清香，细嫩味美。

一片片大莲田里，莲花星罗棋布，碧叶滚珠，粉荷垂露，娇艳欲滴，荷叶带水，晶莹无瑕。怒放的嫩芯摇黄：含苞的、羞羞答答。莲蓬叠翠，千姿百态，争芳斗艳，芳香袭人。有金黄稻田陪伴，与蓝天白云相映，分外秀丽。看到这美丽的景色，令人油然想起杨万里那“接天莲叶无穷碧，映日荷花别样红”的咏荷佳句。

迎春花

金色，绿色，小朵小朵的迎春花，是艳阳的絮语，还是春姑娘的微笑？这位性急的报春使者，等不及发叶，便像小铃铛似的挂在枝头，让人们隐隐地听到它对新季节的宣告；但等到百花争艳时，它又匆匆地谢去了，犹如启明星在曙光前消失一般。它是那样忠于自己的职责，又是多么谦逊啊！

牡丹花

一朵艳如红荷的碗大的牡丹花，正翘首怒放。这简直是人间奇迹！两棵牡丹，长得跟小树一样，高五六尺，上头结满了十多个待放的蓓蕾，已开的这一朵，就像十六七岁美丽的小姑娘的脸儿，那么娇艳、纯洁，又那么勇敢。旁边的菊花都已凋谢了，她却抬着脸儿，在高山寒气里笑着。

花卉

茶花绽出了火红的瓣儿，玉兰树有一丈多高了。

数百棵拖着长枝条的迎春侍墙而立，人们把她们比作披着长发的姑娘。

盛开着淡红花的仙人指在向人招手，背后衬着几十盆笑容可掬的西番莲，远处水池边是大朵大朵的一品红，恰似一片红霞透过玻璃映落在枝头。依次排下来的是夫冬草、君子兰、四季海棠、水仙等等。

盆景

在那小小的长方形的陶盆里面，盈尺之地，有时出现了一株盘根错节的老树，仿佛历尽风霜，有时又出现了两株临风玉立、枝叶扶疏的乔木，仿佛秋风萧瑟，群鸦就要飞临栖宿。

花草虫

花草在严寒的摧折下凋谢了，飘落了，腐烂了。但是，真正有生命力的植物，是决不凋萎的，它们生活下来，一到春天，就又生长了。

天气是灿烂的，周围一切，全都发出芳香，嗡鸣着，歌唱着；远处，闪耀着湖光水色，轻快的节日气氛充满了每个人的心胸。

那花真有点慑人！一朵花是有菜碗那么大，颜色有大红、雪白和粉红。叶子像枇杷叶一样略细长，厚厚的，正面墨绿油亮，背面有一层鹅黄的绒毛。仔细看看，原来每朵大花是由好几朵小花簇聚而成。那花形很眼熟。问女娃们，说是叫“映山红”。

有一种花，中心的花盘上密集着珍珠似的小蓓蕾，花朵分层开放，从边缘到内心，一层层开，百朵千朵，有白的、紫的、红的，五彩缤纷。

它们沉思起来，一只长着黑色翅膀的蝴蝶在水边翩翩飞舞。一只蜜蜂嗡嗡作响。不知什么地方吹来白兰花甜蜜蜜的香气，它们隐约听到了麻雀在林间嘁嘁喳喳的啼声，它们扯起草叶放在嘴里咀嚼。空气静谧而沉郁。

菩提树下，清凉而且寂静；蝇和蜂飞到荫下时，它们的嗡嗡声也似乎变得分外温柔；油绿色的青草，不掺杂一点金黄，鲜嫩可爱，一望平铺着，全无波动；修长的花茎兀立着，也不动颤，似乎已经入了迷梦；菩提树下的短枝上面悬着无数黄花小束，也静止着，好像已经死去。每一呼吸，芳香就沁入了肺腑，而肺腑也欣然吸入芳香。远远的地方，在河那边，直到地平线上，一切都是灿烂辉煌；不时有微风掠过，吹皱了平原，加强着光明；一层光辉的薄雾笼罩着整个田间。鸟声寂然，在酷热的正午，鸟向来是不唱歌的；可是，纺织娘的唧唧鸣叫却遍于四野。听着这热烈的生之鸣奏，使得安静坐在清幽的荫下的人们感觉着十分的愉悦。它使人们沉倦欲睡，同时，又勾引着深幻的梦想。

岸上杂林深处一只画眉在啼啭，悠扬圆润，嗓音和清晨的空气一样新鲜，他听着却不是滋味。

田野里静悄悄的，几只雪白的蝴蝶在他面前一丛淡蓝色的野花里安详地飞着，两面山坡上茂密的苦艾发出一股新鲜刺鼻的味道。

湖

湖水映着阳光、蓝天和白云，在他们身旁抒情地闪亮着，还有环湖的岸柳，悠闲的游人，松柏叠翠、亭阁掩映的湖中小岛，小岛上巍峨多娇的白塔……

船微微颠簸着，滑动着，天地晃悠悠地转动着，水在船下轻轻扑腾扑腾响着。

湖水映着天空，天空中似乎也映着湖水，云天模糊。

船在湖上划动，她感到湖水在款款地起伏波动，轻轻撞击着小船。她用身体体会着湖水。她渐渐感到自己身体与小船融合为一。她的整个身体就是小船。她的头就是船尾，她的脚就是船头，她的手臂就是船舷，她的胸腹就是船舱。她的肩背和臀部就是船底。她能感到湖水温暖、柔软地托浮着她的身体，她能感到自己身体的舒展、温顺、多情、湿润。

孩子们阅读完“综合描写”。他们了解了动词活用以及自然景物的经典描写，个个喜形于色地看着夏老师，他们等待着在作文中放飞，完成登陆“蓝月亮”或是“奥里里亚”星球的伟大创举。

夏老师当然理解孩子们的此刻的心情，他淡淡一笑唱道：“一闪一闪亮晶晶，满天都是小星星，挂在天上放光明，好像许多小眼睛……你们猜，这是一首什么歌？”

“儿歌《小星星》。”孩子们哄堂大笑，有的孩子还哼哼唧唧唱了起来。

“对，夏老师唱的是儿歌《小星星》。那我要问的是，天上一闪一闪的都是恒星，有的比我们的太阳要大几千倍，为什么我们看见的天上恒星在不停闪烁，而不是像太阳一样光芒四射呢？”夏老师提问道。

孩子们语塞，用求知的目光看着夏老师。

“那是因为恒星离我们太遥远，再加上大气湍流的作用，使我们看到星星好像是闪烁的。”夏老师自问自答，“当我们要写科幻作文时，就必须知道一些科学方面的术语，否则，科幻作文就会写得苍白无力。现在，我把今天作文可能会用上的科学术语写在黑板上，请同学们加深印象地记下来，便于写科幻作文时使用。”夏老师说着，拿上粉笔，在黑板上写了出来。

1. 霍金预言：2600 年人类将在地球上消亡。

2. 再过 10 亿年，太阳过了中年期，进入老年期，因膨胀将会吞噬水星。

3. 电磁力：电荷、电流在电磁场中所受力的总称。

4. 暗物质，据说每天都在穿越人脑而过。

5. 翼龙、沧龙（水中）、暴龙、棘背龙，秀颌龙，霸王龙。

6. 蚯蚓也许可以在火星上存活。

7. 尸香魔芋花可存活 150 年，花壁光滑，散发腐烂气味，吸引腐尸甲虫进入花蕾无法逃脱。

8. 遥远的星空：流浪的行星、恒星，会破坏整个太阳系；黑洞：万有引力，拉长、压扁，变成一个极小点。

9. VR：黑科技，给人视、听、触、味、运动的感知，在虚拟的世界穿越时空。

10. 从量子物理学的角度出发，人不会真正死亡。肉身会死亡但人的意识不会消失，可超越肉体的“量子讯息”俗称“灵魂”。人在心跳、血液停止时，意识仍可运动。死亡只是意识感受到的表面现象，实质是一种幻想。当人生走到尽头，肉体机能停止时，意识会在另一个五维空间世界重新开始。量子理论表明，意识死亡后移动到另一个宇宙。

11. 星际穿越；五维空间；量子数据；光速航行；虫洞。

12. 超级计算机；扫描数据；传感微型机器人；思维控制光速飞行器；电磁悬浮飞车。

13. 宇宙也有气象，叫空天气象：太阳风暴，太阳斑耀；超新星；伽马射线——粒子，紫外线辐射地球，食物链相继被毁（人类存在20多万年）。

14. 太阳十亿至二十亿年后变亮，变成红巨星，又缩小成白矮星，蒸发地球的水。

夏老师等孩子们做完笔记后说道：“我先和同学们一起完成对‘蓝月亮’星球的探险，然后同学们总结经验，再完成自己的梦想，登陆‘奥里里亚’星球怎么样?”

夏教师很像一位航天设计师兼总指挥，孩子们是等待出发的宇航员。

探险蓝月亮

安装芯片，扫描数据，用思维控制的光速飞行器完成。我带上了神经传感微型机器人和精度极高的电磁悬浮飞车，穿过热狗星系向红矮星飞去，我决定去探险红矮星的类似月亮的卫星——“蓝月亮”。

我降落在一片茫茫无际的草原上。刚下光速飞行器，我突然听见身边的草丛里稀里哗啦传出声响。回头一看，一只体格高大，呈青灰色须毛的怪兽弓身夹尾，像虎豹一样摆出格斗的架势，嘴里发出嘶嘶嘶的怪叫。微型机器人告诉我，它是猫科类动物，是人类的朋友。我友好地向它挥了挥手，它那充满敌意目光缓和下来，摇着尾巴友善地向我凑近……这以后，它就像一匹忠诚的猎犬，跟着我形影不离，我亲切唤它为灰虎。

我带着灰虎探险在杂草丛生的草原上，地上印着一行行一片片怪兽的足迹，证明这里虽然荒无人烟却充满着勃勃生机。我又乘坐电磁悬浮飞车升到空中，只见绝崖兀立，上千米高的怪树互相缠绕，拔地参天。树枝上的绿叶托着一团团白云，视线里的飞鲸就像侏罗纪时代的翼龙。我探险在“蓝月亮”星球上。

有一天，我带着灰虎在山中行走，一只像黄蜂状的食肉动物出现在我面前，我叫它斗篷幽灵。它用可以转动360度的三只眼，凶残地看着我，扇动着响尾蛇声响的翅膀，令我望而生畏。一种恐怖和悲哀从我心头掠过。在这千钧一发之际，灰虎勇敢地扑了上去，接着发出一声沉重的嚎叫，我看见灰虎的臂部露出阴森森的骨头。颈脖也被斗篷幽灵的利齿划破，翻着鲜嫩的血肉。但是灰虎没有后退，而是高高耸起钢刷般挺直的灰毛，身子差不多伏在地上，脑袋缩在肩胛骨里，蓦地跃起闪电般一咬，龇牙咧嘴的斗篷幽灵倒在血泊中。

悲剧结尾：灰虎一瘸一拐地走到我身边，我紧紧抱着依偎着我的灰虎。灰虎抬起沉重的头，用舌头无力地舔着我的脸，发出嗷呜的低啸。这音调悲怆而凄婉，而那双闪动着灵光的眼睛凝视着我一动不动，然后慢慢地暗淡了……

正剧结尾：灰虎一瘸一拐地走到我身边，以胜利者的姿态昂头长啸。我比划着要带它回到地球，它用那依依不舍的目光看着我，接着前爪拍地闭上眼睛摇着头，离别的泪水无声地流了出来。

我抬起头凝视着深邃幽远的苍穹，心中突然涌出一种自豪之情。我已经采集到了“蓝月亮”的样本，我要回到自己的家园——蓝色的地球。

科幻作文完成后，教室里一片欢声雀跃。

“同学们，科幻作文在星际间穿越快不快？可以说是地球上一个小时，宇宙空间……”夏老师噎住了，还在思考措辞。

“我们回到了地球!”孩子们乐开了。

“接下来还得一鼓作气去登陆‘奥里里亚’星球，请同学们插上想象的翅膀，写出一个美丽的童话或是神话故事，你们就是这个故事中的角色。”夏老师提示说。

登陆奥里里亚星球

霍金预言，公元2600年，人类将在地球上消亡。我用超级计算机在银河系里寻找类似地球的星球，发现比太阳大几倍的红矮星，它有两颗类似地球的卫星，我命名为“奥里里亚”和“蓝月亮”。

公元2018年元月16日。大年初一，我乘着“光速”宇宙飞船，成功登陆奥里里亚星球。我打开舱门，满眼一片绿色。我兴奋地走下飞船，心想，难道奥里里亚星球上真有生命吗？这时，不远处传来声音。我循声走去，在一片花草丛中，两个像婴儿般大小的矮人在说话。他们有瘦尖的脸庞，眼睛凸出，鼻子塌陷，四肢如枯柴，像科幻电影里的外星人。他们发现我，惊愕了，眼睛里闪烁着恐怖的光，大概以为我是外星巨人。

我连忙拿出语言翻译器说：“我是地球人，特来访问奥里里亚星球，是你们的朋友。”他们仿佛听懂了，友好地走到我的跟前，举手踮脚跟我握手。我告诉他们，我这次来的目的就是要发展两个星球之间的友谊，共同探索宇宙的奥秘……”他们对我的话有些听得懂有些听不懂，我用目光巡视这美丽的大地，感觉有点像陶渊明的《桃花源记》。

奥里里亚人用手势邀请我去他们家做客。我欣然接受邀请，跟着他们一路走着：小路弯弯，花开芳香，白云悠悠，掩映湖水，一对对蝴蝶从我们头顶上翩翩飞过，带来一股馨香的凉风。一群奥里里亚人笑语浅吟，赤脚从我们身旁走过，显得是那么温和恬静，如清远的画卷，美妙得宛若仙境。我完全陶醉在这迷人的景色里。绿树翠竹掩映间，是用木头树皮搭成的房子，就像是地球人的积木拼图，美丽得如童话世界。可是，我这地球巨人进不了他们的家。在他们用五颜六色的花草围成的花园里，我吃着像蜂蜜一样晶莹剔透的食物，喝着酸酸的带柠檬香的果奶，深深地感到自然美的醇厚，我真希望地球人能多像奥里里亚星球学习。

短暂的奥里里亚星球之旅，让我的心扉充满彻悟的奇妙光照，沐浴在自然美的宁静和遐想之中。我算了算开学的时间，是该回到我的家园——蓝色的地球了。我紧紧地握住奥里里亚人的手，依依不舍地登上了“光速”宇宙飞船。在浩瀚的太空里，我回望奥里里亚星球，就像一个翠绿色的圆球，它是我魂牵梦萦的第二故乡……

“孩子，快起床，今天是开学的第一天，别迟到了。”妈妈在厨房大声地吆喝着……

夏老师点评：《登陆奥里里亚星球》用想象夸张的手法，写出了一个童话般的美丽星球，值得地球人好好思考。

语言基础知识扫描

一、我国古代神话故事中，有许多著名的故事流传下来，比如________补天、________射日、________逐日等。

二、《诗经》是我国第一部诗歌总集，以音乐的不同来划分，它被分为________、________、________三类。

三、判断：儒家最重要的经典《论语》是孔子编写的。(　　)

四、屈原是战国后期著名的大文人，他最有名的著作是《________》，其中“路漫漫其修远兮，________________”一句流传千古。

五、西汉时期，因遭受宫刑而发愤写出第一部纪传体通史的人是________，他写的书是《________》，鲁迅称赞为“史家之绝唱，________________”。

六、西汉文坛的散文和赋很有名，当时散文以________的成就最高，赋以________的成就最高，“西汉两司马”因此得名。

七、________，字孟德，在《三国演义》中，他被刻画成一位“宁叫我负天下人，休叫天下人负我”的奸雄，而其实他是中国历史上著名的政治家、军事家和文学家。

八、初唐四杰都出生于唐朝贞观年间，他们是卢照邻、王勃、杨炯和从小写出《咏鹅》的神童________。

九、“太白仙才，长吉鬼才”分别指的是我国唐朝著名诗人________和________。而唐朝诗人中的“诗圣”是________，“诗魔”是________，“诗佛”是________，“诗囚”是________和________。

十、南宋最有名的女词人是________，她创造的词作写法被称为“易安体”。

十一、《红楼梦》又名《________》，是我国最伟大的长篇小说，主要作者是________。

十二、由蒲松龄搜集民间“鬼怪神妖”的奇闻趣事，结合自己的生活经验，从而创作出的短篇小说集是《________》。

十三、生活处处有语文，常耕耘同学搜集的语文素材，有一则与括号中注明的地点不相符，其序号是（　　）。

A. 虽然毫末技艺，却是顶上功夫。(理发店)

B. 藏古今学术，聚天地精华。(书店)

C. 运动奏响生命，锻炼点燃激情。(教室)

D. 节约用水一点一滴，珍惜粮食一颗一粒。(餐厅)

十四、下列语言不得体的一项是（　　）。

A.“人人讲卫生，争当文明市民。”(街道旁标语)

B.“再穷不能穷教育，再苦不能苦孩子。”(学校标语)

C.“欢迎各界人士光临本院。”(医院标语)

D.“为了您和家人的幸福，请注意交通安全。”(道路旁标语)

十五、下列公共标语，表达不礼貌的一组是（　　）。

A.（某候车室）为了您和他人的健康，请勿吸烟。

B.（某企业）今天您工作不努力，明天您努力找工作。

C.（某旅游点）禁止乱写乱画，违者重罚！

D.（某建筑工地）高高兴兴上班来，平平安安回家去。

十六、在参加清明节黄帝陵祭祖时，李明遇见一位来自海外的华裔少年。当得知他们同姓时，李明与那位少年有说不完的话。你认为李明会说些什么？要求：语言得体、连贯。

《捅马蜂窝》阅读与练习答案

第一题：人应该与一切有生命的事物和睦相处，不做伤害他们的事情。

第二题：爷爷后院有马蜂窝，后悔捅了马蜂窝。

第三题：比喻惹祸或触动了不好惹的人。

第四题：从百草园到三味书屋。

第五题：头上蒙块布，拿竹竿捅马蜂窝。

第六题：捅马蜂窝的动作，紧张的心理，匆忙逃跑；怕蜂进屋，关上门；拼死复仇的气势。

第七题：形象写出了马蜂家园被毁，受到伤害后复仇的气势。

第八题：因为这只马蜂给我留下了深刻的印象，它不仅蜇了我，它的死又与我有关。

第九题：说明了我从捅马蜂窝这件事中，心灵受到震撼，思想发生了极大的变化。

《语文基础知识扫描》答案

第一题：女娲；后羿；夸父。

第二题：风、雅、颂。

第三题：×。由其弟子及再传弟子编。

第四题：离骚；吾将上下而求索。

第五题：司马迁；史记；无韵之离骚。

第六期：司马迁；司马相如。

第七题：曹操。

第八题：骆宾王。

第九题：李白；李贺；杜甫；白居易；王维；孟郊；贾岛。

第十题：李清照。

第十一题：石头记；曹雪芹。

第十二题：聊斋志异。

第十三题：C

第十四题：C

第十五题：C

第十六题：我们都是炎黄子孙，在漫长的人生路上，落叶归根啊！

第四十五课　飞向火星

“同学们好!”“夏老师好!”

“今天上课内容有：太阳星系；阅读《球星马嘴》；警句格言；对话表情动作描写；作文；语文基础知识扫描。”夏老师简明扼要说道，“上堂课，同学们放飞梦想，用科幻作文遨游了‘蓝月亮’和‘奥里里亚’星球。但是，回到现实，真正能做到这一点，必须经过一个遥远而漫长的过程，夏老师看不到，也许同学们也看不到。怎么办？我们就由远而近，由大到小，把距离拉回到我们所在的太阳星系，来实现自己的飞天梦想。同学们有什么想法？”

“登陆月亮。”

夏老师点头认可。

“登陆火星。”

夏老师点头认可。

“登陆土卫一号。那上面也有水。”

“距离太遥远了。人类的飞行器刚刚走到这一步。”夏老师说道，“太阳系有八大行星：水星、金星、地球、火星、木星、土星、天王星、海王星。注意!由于冥王星太小，直径只有 800 公里，质量与其他比地球轻 100 倍。现在被天文学家们划掉了。所以，太阳系还剩八大行星。但是，现在又发现了在太阳系的边缘，有一颗气态巨型行星，大气层是纯氢气，由冰构成，是地球的 1000 倍，争议将其命名为九号行星并取代冥王星的位置。

另外，围绕太阳旋转的八大行星，前四颗行星是：水星、金星、地球、火星，它们由岩石构成；而后四颗行星是由气体构成。太阳系在银河系的边缘，围绕银河系转一圈得 2.5 亿年。水星、金星有很厚的大气层包裹着。由于离太阳太近，温度高达 400~500℃，所以没有生命可言。我们生活的地球是蓝色的，有 0~100℃的液态水。而宇宙中绝对零度是-272.15℃，可以把人冰冻得透明；最高温度是 4 万亿摄氏度，可完全把人汽化。地球的大小和密度正好适合人类居住。如果重力太大，大型动物包括人类就很难行走；如果重力太小，人类就像宇航员或是鸟儿一样，飘浮在空中。火星是地球的姊妹星。人类的飞行器得半年以上时间才能到达火星轨道，大约5000万~6000万公里，而月球离地球38万公里，76个小时就能飞到，光速为每秒约40万公里，一年的光速是10万亿公里。

目前美国、俄罗斯、欧洲的飞行器已经在火星上探访过。美国的机遇号、挑战号正在火星上工作，回放了无数的照片，目前得出的结论是：火星上有沙尘暴，有固态水，有曾经的河流冲刷过的痕迹。火星的引力是地球的三分之一，大气稀薄，温度在零下几十摄氏度，有同地球相似的高山、平原、峡谷等。火星最高的山峰是奥林帕斯山，有27000多米高；最长的峡谷是水手号峡谷，有5000多公里长；最大的塔尔西斯高原，宽就超过6500公里。木星转动十小时是一天。有几千公里的大气层及厚厚的气碳雾。气雾里有闪电，那是氢和甲烷摩擦产生后下起了钻石雨，钻石雨落到底部就形成了钻石海。在木星的表面有大红斑，吞食了其他的风暴。飓风高达8公里，每小时风速达650公里。土星就像一个草帽，有巨大的光环，人类飞行器已经飞到土卫二上面，并发现冰层下有液态水，这是从飞行器发回的照片中得出的结论。至于天王星，海王星等行星，由于人类的探测还没有到达那么遥远的地方，我们就不去科学幻想了。

现在，综合太阳星系的叙述，人类最有可能居住的星球也就只有火星了。在这里，夏老师想提出一个问题，同学们想不想去火星上居住?”

“想——”异口同声地嘹亮回答。

“但是，在火星上居住，凭着现有的科技发展条件，那可是有去无回的结果。而且，火星上的条件非常恶劣：荒漠、干燥、寒冷，平均气温是零下52摄氏度。再加上火星大气稀薄、缺氧、辐射等等，遇到的困难是无法想象的。同学们想不想为了人类的发展，上火星居住?”夏老师开玩笑地再次发问。

教室里鸦雀无声。

“这的确是为了科学，用生命做代价的伟大选择。夏老师告诉你们，现在全世界有300多名志愿者已经报了名，要求参加2030年左右的‘火星行动’。这就是人类的伟大。”夏老师停顿下来，把思考留给孩子们。

“我愿意!”谢凯虎虎生风地打破沉静说道，眼睛里闪射着坚定的光。

“给谢凯掌声!”夏老师带头鼓掌说道，“其实，在航天的道路上，我们国家已经发布了未来30年的航天运输系统路线图。根据路线图的规划，2020年，低成本的长征八号将实现首飞，这是实施智能化改造的第一步，可为用户提供

‘太空顺风车’‘太空班车’‘VIP 专车’等商业发射服务。2025 年前后，可重复使用亚轨道运载器将会研制成功。亚轨道太空旅游成为现实。”

“夏老师，什么是亚轨道呀？”谢凯提问。他听得很专注。

“亚轨道指的是飞行器可达到的高度。简单地说，在大气层之外，但没有像卫星绕地球运行的速度，高度在 20~100 公里的空域。”夏老师解释说，“到了 2030 年前后，重型运载火箭将实现首飞，为载人登月，火星采样返回提供充足的运载能力。2040 年左右，核动力空间穿梭机出现重大突破。这可是不得了的大事，它可以有效地支撑大规模的空间资源勘探和开发，小行星采矿和空间太阳能电站将成为现实。到了 2045 年左右，新型动力进入实用性开发，天梯、地球车站、空间驿站有望建设，那时同学们正当华年，进出太空就像乘电梯、坐高铁、住宾馆一样方便。谢凯，如果你去火星上科学考察，再也不用担心回不了地球了。”

夏老师望着充满遐想的眼睛，看着谢凯逗趣地说道。

孩子们发出一片酣畅淋漓的笑声。

“夏老师，您刚才说的是真的吗？就好像是航天总设计师似的。”谢凯窘迫地笑着说。

“不，我是夏老师。阅读告诉我这一切。现在，请同学们换换脑筋，阅读思考《球星马嘴》。”夏老师说完，把《球星马嘴》资料发给孩子们阅读。

球星马嘴

我家最大的乐趣之一，就是听儿子谈论足球。他今年 13 岁，是一位有了年头的小球迷。只要一有工夫，他就可以随便拈一位足球明星以及相应的事迹来侃一阵。他说老球王贝利，这辈子踢进了一千多个球，贝利的名字响亮于世，但是贝利却不是他的真名，是他小时候打球时小伙伴们取的绰号，相当于我们国家的“王二娃”之类的小名。他还谈到当代球星马拉多纳等人的生平事迹。他告诉我说，在十四届世界杯赛上，荷兰球星里杰卡尔德和德国球星沃勒尔在球场上发生摩擦，彼此怀恨，不共戴天，决定进行一场生死决斗，决斗的方式是双方站在两米远的地方相互吐口水。

儿子谈得最多的就是他们学校足球队的一位赫赫有名的球星——马嘴。这名字真叫我难过。儿子说是人家的球场美称，意思是牛头不对马嘴。这段时间开始进行本市少年杯足球赛，他们旗开得胜，连获几场胜利。一天，儿子回家说他们又进行了一场比赛，马嘴一连搞进了三个球。

“他太棒了！”我大为惊奇地说，“他打的哪个位置？”

“他是守门的。”儿子半天才回答。

看来马嘴是个蹩脚球星，竟然连失三个球。儿子说，那都怪马嘴的老爸，没有给儿子足够的零花钱，害得马嘴没钱买汽水喝。马嘴守门的时候老是想着喝汽水，所以才被对方踢进三个球。只要马嘴喝足了汽水，再加上几支娃娃脸冰淇淋，他守起门来可厉害啦。

几天之后又传来马嘴的坏消息，他开门球的时候把方向搞反了，一脚把球开进自家网底，让对方球队不战而胜。我说这个马嘴不应该再当守门员，应该被开除球队。儿子却替马嘴抱不平，他说马嘴之所以昏了头，全部是他老爸的责任，他老爸为了儿子考出好成绩，晚上逼儿子做作业到深夜，搞得儿子晕头转向，走路都像喝了半斤二锅头，弄不清哪头是哪头。结果马嘴扑到一个球，感到像这样一件宝物得找个安全的地方寄放一下才行，所以他将球放进了球门里面，这下就闹出毛病了。儿子还大骂马嘴的老爸，纯粹是个土匪，无情地摧残未来的球星，祖国的花朵——马嘴！

有一次儿子沮丧地说，马嘴打完下场球就不想再踢足球了。我问，是不是又是他老爸的缘故？儿子气愤地回答：当然是的！他老爸从来都不关心他打球，从来都不去看他踢球，甚至不知道他打的哪个位置，一回家只知道看儿子作业本上是不是得了一百分，其他的事一概都不问，好像儿子是一架考试的机器，他太没良心。

这天，儿子学校跟另一所学校的足球队为了决定谁将进入少年杯决赛圈，在他们校园里进行了一场激烈的比赛。我因为要去了解一下儿子在学校的情况，到学校去拜访他的老师，所以有幸看到了这场球赛的最后十分钟。双方球队打成二比一，儿子学校的球队暂时领先。所以对方的队员为了挽回败局，拼得很凶。

我看见本校球队没有马嘴上场，看样子他被叫下去坐冷板凳了，只有我儿子在场上守门。对方一个队员带球连晃过几个防守队员，已面对空门，形成单刀赴会，起脚打门了，只见我儿子飞身扑上去，球扑住了，但他同时也挨了一脚，疼得在地上滚。眨眼工夫，他又爬起来，继续比赛。没过多久，他们用胜利的凯歌结束了这场比赛，没想到我儿子有这么勇敢。我想，如果遇上那个该死的马嘴，那个球就保不住了。

“你们队的马嘴为什么没上场？”我微笑着问儿子的同学。

“马嘴？”一位同学眨眨眼睛说，“你儿子的绰号就是马嘴，你一点儿不知道吗?”

阅读与练习

一、给下列加点字注音。

1. 拈起________ 2. 侃球________ 3. 绰号________ 4. 沮丧________

二、解释下面两个成语，并用这两个成语各造一个句子。

1. 不共戴天：____。

2. 赫赫有名：____。

三、你认为文中哪句话最幽默，并说说理由。

____

四、你认为选文的情节最出人意料的巧妙安排是什么？这样安排有什么作用？

____

五、“儿子”有着怎样的性格？请作简要说明。

____

六、小说揭示了怎样的社会现象？你有切身感受吗？说说看。

____

“夏老师，我做完了。”谢凯说道。

夏老师走到谢凯跟前查看，《球星马嘴》阅读答题正确，说道：“保持第一，重新出发！懂吗?”

“知道了。”谢凯懂事地点头回答。

夏老师见孩子们做完了阅读思考问答题，走回讲台中央说道：“今天的警句格言是：一、银河系的星河纹丝不动地镶嵌在天幕上，等待着同学们插上科学幻想的翅膀去遨游。二、我应该屈从于现实，可我从来没有屈从于现实。这才是科学幻想。”

“夏老师，这堂课好提士气呀！用科学幻想去遨游太空，晚上就可以实现。但是，我真希望有一天能梦想成真。”谢凯无限感慨地望着夏老师说。

“实现梦想需要努力和坚持。”夏老师语重心长地说道，“坚持？谈何容易。我给同学们讲一个《坚持等于成功》的故事。”

有学生问古希腊著名的哲学家苏格拉底，怎样才能修学到他那博大精深的程度，苏格拉底听后并未直接作答，只是说：“今天我们只做一件最简单又容易的事，每人把胳膊前后甩300下，天天如此，能做到吗？”

学生们都笑了，这么简单的事，有什么做不到的？过了一个月，苏格拉底问学生们：“每天甩300下，哪些同学坚持了？”有九成的同学骄傲地举起了手。又过了一个月，只有八成的学生举手。一年后，苏格拉底再问学生们：“请告诉我，最简单的甩手动作，还有哪些同学坚持了？”这时，只有一位学生举了手，他就是柏拉图。

柏拉图为什么能在众多学生中脱颖而出，成为大哲学家？就在于他能坚持到底，哪怕是最简单最容易的事情。有时候，很多事情看似简单、容易，可真要坚持下去却很难！柏拉图的成功之道，希望能给同学们有益的启示。实现梦想其实没有秘诀，坚持就是成功。

夏老师说完把“对话表情动作描写”放给孩子们记忆阅读：

对话表情动作描写

一扭头看见她站在跟前探究地看着自己。

她迅速地瞥他一眼，低声说：

她一反常态，绷着脸不作声。

她的话干巴巴。

她站起来拦着不容分辩地说：

她脸上还是那副僵硬的表情，没半丝笑纹，答道：

他老大不自在，勉强笑道：

她当即懊恼地回复道：

“真的？”她睁大一双清澈的黑眼睛，惊奇极了。

红润的脸儿一下子黯淡了，水汪汪的眼睛流露出难过和孩子气的歉意。

说不定她还打算安慰我呢？

断断续续地讲完这句话，鼻尖处已经沁出汗。

我用力抿紧嘴唇，点头，防止泪水盈眶。

她翕动着鼻翼，哑声说：

猛地张开嘴，压抑已久的泪水便如决堤的小河一样流下来。

医护人员一怔，马上竭力绽开笑，想用几句轻松的安慰话搪塞过去。

他难堪地沉默了一下，又恳切地说：

他冷冷地说：

他冷着脸愠怒地丢了一句，就摁灭了烟头，站起来走了。

他谨小慎微地躲闪着目光。

他非常气愤，张嘴要反驳。

她摆摆手打断了他的话。

他皱着眉，脸色阴沉地在沙发上又坐下了。

他略有些冒火地沉了沉，平静而冷峻地说。

他说着，很威严地在烟灰缸里一弹烟灰，慢慢扫视了一下众人。

冷眼瞟着：

一个清脆悦耳的声音。

清清嗓子，板起脸，他开腔了；

又吃吃地笑起来。

姑娘们净在叽喳耳语，小声说。

她吐吐舌头咋呼道，

对她就要拿这腔调！

噗哧一笑说：

竖眉瞪眼说：

他装出愁眉苦脸的样子。

很焦急，急切地说：

余兴未尽地说笑远去了。

语气有些不恭。

她用鼻音轻轻哼了哼。

她缓缓地抬起头，一丝哀求的目光透过黑黑的眸子向我射来。

她的声音柔细而缓慢，她将两只纤细的手紧紧绞在一起，停了好一阵，才喃喃地问：

她像是在揣度我的神情中所含的真意，终于，她重重地一点头。

我这才发觉小伙子也是怀着恻隐之心。

她笑了，笑得很甜，连她的笑貌也像小姑娘。

她笑了笑，用很微弱的声音问道：

她的脸上还带着微笑，干涩而苍白的嘴唇微张着，仿佛还在说：

声音里蕴含着几分勇气，几分期待，又有几分惧生。

她长喘一口气，撩起一缕耷拉下来的汗湿的头发，轻声说：

我“嘚”的一声弹个响指，说：

她的嘴唇翕动了一下，双眼顿时泪汪汪的。

我瞟了一眼，她的脸颊已经浮上两团红晕。

她臊得低下头，但很快又仰起发烧的脸，一双明媚的眼睛期待地看着我，说：

她稚气的脸又开始黯淡了，叹口气低声说：

这番话，他说得很恳切。一双眼睛，深沉地，甚至有点忧虑（惆怅）。

望着前方那弯弯曲曲（坎坷崎岖）的尚未跑完的沿湖小径。

她将摇曳在脸颊上的那缕青发往耳后一捋，水汪汪的眼睛斜瞅着他。

收敛起笑容，忧郁起来。

偶尔滴溜溜地对周围转动着好奇的眼珠。

她激动得浑身颤抖，泪水一下充满了眼眶，像一个什么东西在胸腔破裂了，她心头一阵痛楚，喉头充满苦涩。她用冷漠的目光望着她。

她转过脸，喘息了一会儿，又抬起一双泪光闪闪的眼睛说：

她难过地咬着嘴唇不作声，神情怅然若失。

我冲口想说——但看见她那孩子般忧伤的眼睛，心里不禁一沉。不久前这双明亮的眼睛里孕育着一个刚走向生活的女孩的美好的幻想！

只要见她那天真烂漫的笑貌就不能不答应。

她穿着一身白色素花连衣裙，在水银灯下更显得娇小轻盈，就像童话里的小公主。

一双稚气未脱的眼睛惊奇地看着前方。她忽然发现她其实长得很动人。

她从未听过他用这种语调说话，也未感受过这种特殊的目光，脸上越发红起来……

她浑身一哆嗦，瑟缩一下，没有退躲。

他打了个寒颤感到冷飕飕的，身上的汗已经干透了。

他换了个姿势，想消除腿上的痉挛。

他咬紧牙齿，伸手摸了摸脑门子。他筋疲力尽，浑身湿漉漉，一嘴白沫，从嘴边流出来。

他看他的背影，绷住脸，目光铁一样冰冷，受到自己轻蔑的人的嘲弄，尤其使人倒憋气。

他脸色冷峻地站在松树下，整个世界的钢的冷冰和坚硬都凝冻在他的脸上和心里了。

他挺直一米八的魁梧身材，他笔直下垂的一只空袖，他的冷静而严肃的目光，都使人感到一种压力。

他表面温和，敦厚，不露声色的目光，也总让人感到有一种看不透的阴冷，他在那目光的注视下，脊背上掠过一阵阵寒噤。

他痛苦地闭上了眼睛，他感觉自己的心正在流血。羞愧、痛悔与犯罪感狠狠地啮咬着他的魂灵。

阴沉地，带点发火地盯着他，由于激动、自嘲、凄楚、辛酸，她的下巴有些抖动。

他克制住自己，甩了一下头发，神情淡漠、平静地抬起头，她的目光越过街面、树荫、农舍，有些恍惚地凝视青山说：

他紧蹙眉峰，凝视前面，从牙齿缝里往外有些发狠地说：

愣怔一闪而过，俩人都目光冷冷地正视着对方。

她的目光凝聚着尖刻的轻蔑，她竭力使自己的目光不闪烁，她绝不先躲闪目光！

他抬起眼，尽量使自己的语气平稳而谦虚。

他抬起头诚恳地申辩道：

他阴沉、严肃地扫视着人群问道：

停顿了一下，语气强硬地说道：

人群一下哑然无言，面面相觑了。

他咳嗽了一下，咽了一口唾沫。会议室内一片寂静。天下寂静有各种各样的，这个寂静包含着紧张。

他神情和语调都激烈起来。

静默，更为紧张的静默，浓烈的烟气缭绕弥漫着，使这场会议桌上的斗争更蒙上了深不可测的气氛。

很冷静、很克制地说：

他又停了停，竭力放慢节奏，语气平和，以免又露出“盛气凌人”的锋芒。

委婉地解释道：

他的不快在阴冷的脸色中越来越明显。

他无从解释地低下了头，停顿了一下，又抬起头，尊敬而恳切地说：

他收住了被打断的话，垂下眼。

他更沉稳，更有修养，脸色也更快地恢复了平和。

他心中涌满了感动。

“同学们记忆阅读完了吗?”夏老师见大部分孩子抬起了头，问道。

“记忆阅读完毕。”孩子们唱诗般地诵道。

“给了你们怎样的启示呢?”夏老师又问。

长时间的思考沉默。

“我说的是写作文时，同学们在细节上要注意的问题。”夏老师提示。

“夏老师，我们写作文在人物对话时，只写了‘他说：……’‘我说：……’没有描写人物的表情、动作、心理等，使对话过于平淡。”钱莉茹说道。她发现了作文存在的问题。

“对的。言为心声，在需要强调表述自己或是他人的感情时，加上表情、肢体、心理上的描写，就会使对话显得更加生动一些。”夏老师强调了对话表情动作描写的重要性。

“夏老师，谢谢您给我们在写作文时，不断修补短板，使我们的作文不断得到完善。”钱莉茹很有礼貌地表达了感谢之意。孩子们在一天一天长大，也在一天比一天懂事。

“既然如此，今天的作文一定会写得更生动，因为，飞向火星的地球人，带去的文明应该是最美丽的。”夏老师调侃地说道，“上堂课，同学们在科幻作文里放飞了梦想。这堂课，我们要在科幻作文里实现自己的梦想，为梦想成真而努力。怎样去实现愿望呢?我给同学们讲一个登月第一人——阿姆斯特朗，在月球上完成的‘个人一小步，人类一大步’的真实故事。”

追逐梦想

那是一天傍晚，用过晚餐以后，妈妈在厨房忙着清洗水池里堆满的碗筷，孩子在客厅里的沙发上跳来跳去，从一个沙发跳到另一个沙发，跳得满头大汗。妈妈洗完了碗筷，走过来吃惊地问：“宝贝，你这是在做什么?”

孩子用手擦了擦头上的汗，自豪地回答：“我已经跳到月球上了，正在太空中行走。”

妈妈偏着头笑了一笑：“宝贝，你可别玩忘了，到时候要早点从月球上回家来睡觉啊!”

也许有同学会说，这个妈妈也真够天真的，怎么跟孩子一起白日做梦?

不过，这个小孩从小到大，一直对太空科学保持着浓厚的兴趣。由于坚持不懈的努力和家里的支持，他成为第一位登上月球的人，他就是世人皆知的阿姆斯特朗。

他妈妈回首往事时说："孩子年纪虽小，心志却是远大的。珍惜孩子的梦想，有助于孩子梦想的实现。放飞孩子的梦想，让生命为梦想而燃烧。这个世界会因人类梦想的飞翔，而变得更加多彩和美好。"

"现在，请同学们告诉夏老师，听了这个故事，有什么样的启发和感想？"

"像阿姆斯特朗那样，让自己的梦想成真！"孩子们回答铿锵有力。

"有梦想不一定能成功，没有梦想肯定是失败。如果说，万一梦想成功了呢？"夏老师鼓动孩子们说，"所以，要放飞思想，大胆想象，像孙悟空一个筋斗能翻十万八千里一样。"

"那我要是写《飞向火星》的科幻作文，又带写实的目的，该怎样表达主题呢？总不能又跟探险《蓝月亮》和《登陆奥里里亚星球》一样的写法吧？"钱莉茹提出了问题。

"想象几亿年以前，火星和地球一样，上面居住着火星人。也就是说，现在地球上发生的事情，在火星上也曾经发生过。只是由于火星人没有很好地爱护自己美丽的星球，渐渐地，海河干涸，草林枯死，原野风蚀，火星就变成了现在的红色沙漠。在这里，我得提醒同学们记住了，我们地球的沙漠面积也快占地球的一半了。如果这么去写，是不是有了明确的主题？"夏老师启发地问道。

"爱护地球，首先环保。"孩子们齐声回答。

"既然同学们听懂了，月亮上就不麻烦同学们去做第一人了。现在，探访火星，才是人类伟大的目标。那么，今天的科幻作文又怎么去写呢？我想同学们已经有了答案。"夏老师充满激情地说。

"飞向火星！"孩子们在希望中跃跃欲试。

飞向火星

晴朗的夜晚，我都喜欢在星空下久久伫立，向遥不可及的火星表白对它的向往。这天晚上，我正痴迷地倾诉对火星的爱慕时，忽然听见火星男孩对我说话的声音："我是从火星上来到地球的火星男孩。看你那么热爱火星，那就去看看吧。火星上只有干涸的人工运河和遮天蔽日的沙尘暴，还有不多生活在地下的火星人。"

我的心震撼了，激动地说："怎么才能飞到火星上去呢？我还是一个小学生呀!”

“你可以乘坐嫦娥号飞船，飞行38万公里到月球，月海上面有一艘银灰色椭圆形UFO停在那里。”火星男孩告诉我。

我用天文望远镜观测月球阴暗处月海，果然发现一处有晶亮的东西在闪烁。

我乘坐嫦娥号飞船来到月球，又换乘停在月海上的飞碟飞向火星，开始5500多万公里的星际旅行。也不知过了多久，飞碟降落在红色的火星上。机器人出仓完成了对日定向、故障诊断等工序，我才走下飞碟。

这是一片荒凉的天体，有许多大大小小的坑洼，那是陨石撞在火星上留下的见证。两万七千多米高的奥林帕斯山就矗立在我眼前。我想去探寻水手号峡谷，这时，身边带着的生命探测仪响了。难道发现了火星人?我心中窃喜，连忙启动机器人挖掘起来。没一会儿，机器人停止了工作，并且告诉我，地下溶洞发现了火星人。我扒开土石，发现一个洞口，冷气袭人。一个身材短小的怪人仰面躺着。他尖瘦的脸庞赤红皱褶，眼如鸽蛋，鼻塌唇厚。我把他救醒。由于无法语言沟通，只能用手势交流。原来他真是火星人。火星很久以前和地球一样，有山有水有树有人和各种动物。从地球上看到的火星人工运河，就是火星人开挖的。但是，由于火星人无休止的伐树烧煤杀戮动物，破坏了生态平衡，火星上刮起了一次比一次大的沙尘暴，吞没了树木、河流和火星人，也湮灭了火星人的文明。

我连忙用手势问他是怎么活下来的。他的脸色渐渐由赤变紫，拼尽最后的气力用手语告诉我，他是在溶洞被冷冻后处于休眠才会有现在的结果，并且还说看到了地球人，他非常高兴……

我用劲摇晃他的身体，想把他再次唤醒，脑子里忽然冒出一个念头，这不是真的，是在做梦。我不可能乘坐飞碟来到火星。随着这个念头的产生，我一下惊醒了。我揉了揉眼睛，从床上起身走到窗前，眺望着星光灿烂的天际，心中一热。我知道自己的责任：我是一个地球人，我要好好保护我们蓝色的地球，避免重蹈火星人的覆辙。

夏老师点评：《飞向火星》主题明确，构思巧妙，用科学的幻想完成了地球人对火星的探访，从而提醒地球人应该负起的责任——用环保来爱护我们这颗蓝色的星球!

语文基础知识扫描

一、将下列句子组成一段意思连贯、完整的话，语序排列最恰当的一项是（　　）。

1. 人格是什么？

2. 人只有恪守纯洁，崇高的人格，

3. 一个人人格猥琐、低劣，其一生必将渺小、肮脏。

4. 才能造就亮丽、伟岸的人生。

5. 人格是心灵的保佑、人生的座基。

A. 15423　B. 15324　C. 24153　D. 32415

二、依次填入下面一段文字横线处的语句，衔接最恰当的一组是（　　）。

水是自然界的产物，________，________。________，________。

1. 然而，太多的人还没有意识到保护水环境的重要性

2. 因此全球范围的水危机正在不断逼近

3. 水千变万化，雕塑出美丽的湖泊，创造出宝贵的湿地资源

4. 是自然环境中最活跃的因素

A. 4123　B. 3421　C. 4312　D. 3124

三、下列句子表达准确无误的一项是（　　）。

A. 全班同学基本上都做出了这道复杂的数学题。

B. 鲁迅的家乡是浙江绍兴人。

C. 这个人连老师也不认识。

D. 我今天早上上学差点跌倒了。

四、下面没有语病的一项是（　　）。

A. 我们来到大海边，呼吸着新鲜的空气，沐浴着温暖的阳光。

B.《哈利波特与混血王子》这部电影对我来说有比较大的兴趣。

C. 湖北姑娘李娜凭借自己的顽强，成为中国网球史上第一个夺得大满贯亚军的选手。

D. 那些以积极进取对待生活的人，才是我们学习的榜样。

五、下面四个句子，没有语病的一项是（　　）。

A. 无比激动的心情使我再也写不下去了。

B. 使我无比激动的心情再也写不下去了。

C. 写到这里，我无比激动，再也写不下去了。

D. 写到这里，我无比激动的心情，再也写不下去了。

六、按要求改句子，不正确的是（　　）。

A. “蜜蜂在花丛中飞”扩写成具体生动的句子为：“勤劳的小蜜蜂在色彩缤纷的花丛中自由自在地飞。”

B. “不断往外溢着果汁的白嫩嫩的荔枝，真是好看。”改成反问句：“不断往外溢着果汁的白嫩嫩的荔枝，难道不好看吗？”

C. “今天很热。”改成比喻句为：“今天好像比昨天还热。”

D. “闻一多先生的爱国之情感染了我们这些人。”改成“把”字句：“闻一多先生的爱国之情把我们这些人感染了。”

七、按要求变换句子，不能改变句子的原意。

例：陶维革叔叔迎着晨风升起了一面五星红旗。

1. 变成把字句：________________________________

2. 变成被字句：________________________________

3. 变成反问句：________________________________

4. 变成设问句：________________________________

5. 变成双重否定句：______________________________

《球星马嘴》阅读与练习答案

第一题：1. niān；2. kǎn；3. chuò；4. jǔ。

第二题：1. 不跟仇敌在一个天底下共存，形容仇恨很深。2. 形容名声显赫。(造句略)

第三题：略（答案不一，要回答儿子的真实用意）。

第四题：小说最后揭示儿子就是马嘴，这样的安排是先通过儿子的介绍使大家初步了解球星马嘴，并发泄了儿子心中的不满；当秘密不在时，小说戛然而止，给读者留下回味的空间。

第五题：活泼机灵，幽默顽强。(正面看儿子，归纳性格特征也应该从正面归纳)

第六题：小说揭示了父母只关心孩子的学习，对孩子的爱好置若罔闻的社会现象。(感受略)

《语文基础知识扫描》答案

第一题：B

第二题：B

第三题：D

第四题：A

第五题：C

第六题：C

第七题：1. 陶维革叔叔迎着晨风把一面五星红旗升起来了。

2. 一面五星红旗被陶维革叔叔迎着晨风升起来了。

3. 陶维革叔叔难道不是迎着晨风升起了一面五星红旗吗？

4. 谁迎着晨风把一面五星红旗升起来了？是陶维革叔叔。

5. 陶维革叔叔不会不将五星红旗迎着晨风升起。

第四十六课　海洋历险记

“同学们好！”“夏老师好！”

“今天上课的内容有：地球进化；阅读《担子》；警句格言；古文阅读；作文；语文基础知识扫描。希望同学们喜欢。”夏老师说完，微笑地看着孩子们。他看出有的孩子要提问。

“夏老师，霍金预言：人类所居住的这个星球，几乎肯定会在下一个千年或是万年中，发生毁灭性的灾难，是真的吗？”

“还有基因改变的病毒，核战，全球变暖。2002 年非典就是基因改变的病毒。”

“陨石撞地球，十公里以上的大约一亿年一次；一公里以上的约五十万年一次；一百五十米以上的约五千年至一万年一次。恐龙灭绝就是十公里以上的陨石撞的地球。”

“夏老师，这些事是真的吗？会不会发生呀？”

孩子们议论纷纷，脸上的表情是凝重的。

“同学们对天文知识的喜爱和诠释，基本上是符合事实的。所以，我们地球人正时时刻刻面临以上风险的存在。这样说吧，杀手小行星 2009ESC 名为阿波菲斯，可能在 2029 年 4 月 13 日星期五撞击地球，概率是 1/300；即便侥幸没撞上地球，也可能在 2036 年受火星的引力变轨，直接冲向地球。因为，在我们地球周围发现有 1640 多颗地球行星杀手。2016 年 9 月 2 日和 7 日晚上，就有两颗近地球的小行星，在地球和月球之间呼啸而过。从天文学的角度看，他们与地球的距离仅有一根头发的间隙。”夏老师感觉孩子们已经懂得了很多知识，他也愿意尽其所能而不是夸大其词。

“夏老师，如果天外来客真的与地球相撞了呢？”谢凯担心地问道。

“假设这种预测真的成为了事实，发生了天地大冲撞，我现在就为同学们描绘 6500 万年前恐龙灭绝的恐怖画面。”

同学们随爸爸妈妈去郊外踏青，天是湛蓝色的，微风轻拂，风和日丽。在一片地势较高的山坡上，放眼眺望，满眼都是金黄色的油菜花夹杂着片片绿色的麦地。远处还有农人撵牛的吆喝声……爸爸妈妈和你们坐在绿茵茵的草地上，环顾着这一幅又一幅清淡的山水画，心旷神怡。

这时，不知被什么惊飞的一对云雀"叽喳"一声尖叫直冲天空。天空中一团巨大的火球燃烧着耀眼的白光，向地球飞来。它五秒钟就穿越大气层，摩擦产生的光亮有 100 万个太阳那么亮。照得地球上的万物通体透明。它猛烈地撞在地球上，砸破地壳，熔岩喷射，火光伴着烟雾四散升腾。房屋大小的岩石冲向天空，落下轰鸣，十一级的地震发生了，强大的脉冲波超音速的扩散……而大气层外，粉尘像潮湿的雾气，笼罩着天空，随之，飞天的碎石以 1600 公里的时速从天而降，热气和火雨布满天地之间，但没过多久，地球表面开始升温，每秒上升 1 摄氏度、50 摄氏度、90 摄氏度、150 摄氏度，只有山洞里是凉爽的。大火产生了强大的风暴，干燥的物体被带火的风暴引燃。而天空上的粉尘和烟雾包裹着地球，温度又开始下降了，粉尘形成的沙尘暴，吞噬着地球上的一切。接着，大火、热雨、酸雨也跟着肆虐着地球。

"同学们想一想，面对这个千万年发生的天地大冲撞造成的毁灭性的灾难，存活下来的人类又该怎样去应对呢？"夏老师停下来问道。

"人类先移民到其他星球上，比如火星上居住。"

"将撞向地球的小行星，用火箭推离原有轨道。"

"只要人类还在，就能重新开始建造地球家园。"

"学好知识，与时间赛跑，用知识改变天地大冲撞。"

孩子们各抒己见，夏老师给予了掌声。

"夏老师，地球原来也是多灾多难的呀！"孙柏灵感伤地问。

"但是，我们人类必须勇敢面对不是？"夏老师说道，"同时，还要热爱地球，保护好地球。我们的地球，直径 10000 多公里，内部分为地核、地幔、地壳结构，外部有水圈、大气圈以及磁场。地球诞生了近 46 亿年，经历了太古代、元古代、古生代、中生代以及我们现在正处的新生代。

太古代：地球气温高，火山活动强烈，太阳辐射强，地球上出现了原始生命。

元古代：真核生物，多细胞藻类和低等无脊椎动物出现了，地球的气温开始下降。火山活动减少，海洋面增加。

古生代：无脊椎动物的盛期，气候温暖，海洋面继续扩大，但发生了三次大灭绝。第一次奥陶纪大灭绝——冰期。包括今天的非洲，南美洲，欧洲，气候变冷，海平面下降，生活在水体中的85%无脊椎动物灭绝。第二次也是气候变冷和海洋面积减少。第三次中95%海洋生物大灭绝，使得占领海洋3亿年的主要生物因此衰败并消失，让位于新生物种恐龙等爬行类动物。

中生代：2亿4800万年前至6500万年前，是恐龙的全盛时期，分为三叠纪、侏罗纪和白垩纪。三叠纪发生了第四次生物大灭绝，76%的生物（主要是海洋生物）灭绝。侏罗纪：气候温和潮湿，恐龙全盛期，始祖鸟也开始出现了，这段时间为2亿1300万年至1亿4400万年前。白垩纪：1亿4400万年前至6500万年前，地球温度下降，地壳运动增加，开花植物和鸟类出现。这个时候，地球又经历了第五次物种大灭绝，统治地球1400万年之久的恐龙时代终结了。天地的大冲撞造就了哺乳动物和人类的登场。地球进入了新生代。

新生代：气候由热变冷，海洋面积缩小。单子叶植物，灵长类动物出现了。到了165万年前，人类登上了地球的历史舞台。从而衍化到人类有文字记载的历史。我国是四大文明古国之一（中国、埃及、印度、古巴比伦）已经有五千多年的历史，在河南安阳殷墟出土的甲骨文，距今已有三千多年。中国历史的发展过程，五帝：黄帝、颛帝、帝喾、尧、舜（约前30—前21世纪初）；夏（约前2070—前1600）；商（约前1600—前1046）；周（西周：约前1046—前771；东周：前770—前256）；秦（前221—前206）；汉（西汉：前206—公元25；东汉：25—220）；三国（220—280）；晋（西晋：265—317；东晋：265—420）；南北朝（420—589）；隋（581—618）；唐（618—907）；五代（907—960）；宋（北宋：960—1127；南宋：960—1279）；辽（907—1125）；金（1115—1234）；元（1206—1368）；明（1368—1644）；清（1616—1911）；中华民国（1912—1949）；中华人民共和国（1949年10月1日成立）。”

夏老师在黑板上写下了中国的发展史。

“夏老师，您对中国历史的发展，知道得好清楚呀！”胡小雅无比羡慕地小声感叹道。

“同学们应该懂得，历史是文化的根脉，即使人类遭遇到第六次大灭绝，但是，只要记载历史的书籍还在，人类文明发展过程就会存在。因为，我们可以从阅读中获取昨天、今天和未来。这就是阅读带给我们纵横天地万物137亿年的辽阔视野。同学们说说看，阅读重不重要?”夏老师微笑地问道。

“重要!”孩子们用吼出来的声音回答。

“今天的阅读是《担子》。顾名思义，你们懂的。”夏老师把阅读思考资料《担子》发给孩子们阅读。

担子

一场雨下来，灰尘被冲得无影无踪，弯陡的山道间尽是些裸露的石子。

雨后山间的空气格外清新，偶尔几声鸟叫，让人好不惬意。

弯陡的羊肠道上，两双脚在丈量：草鞋在前，皮鞋在后。草鞋被磨得薄薄的，后足有些破损；皮鞋却是黑的，不时发出缕缕光亮。

在这条道上，这两双脚曾有过无数次同行。先是草鞋送布鞋，后是草鞋送球鞋，再后来便是草鞋送皮鞋。能长年累月穿上发光的皮鞋，这意味着皮鞋人已把这条道的源头变成了他遥远的故乡。皮鞋人有时回来一次，这也是一两年才有的事。

六十多度的斜山道上，草鞋迈得和皮鞋一样艰难。两只提包和两条蛇皮袋所构成的担子，将背如蜗牛的草鞋人压得腰弯气喘。

“爸——我来挑吧!”后面的皮鞋人喘着粗气说道。

“我顶得住。”草鞋人汗流满面地说。一张蜗牛背，驮着一副“吱嘎”作响的担子往上爬。

“啪——”担子变成四个包，顺道滚到皮鞋边。

草鞋人跌进山间杂草中。

“爸！怎么了？怎么了?”皮鞋人飞奔过来，草鞋人却很快立在山道上，只是鞋上染了一道血。但草鞋人似乎很乐观，话中带笑。

“爸，我来挑吧!”皮鞋人抢着担子，说。

“刚才是草鞋挂了树根跌的，没事，我还能走一程。”草鞋人执意不让。

“伟伟听话么?”草鞋人已是第三次这么问了。话刚出口，草鞋人便意识到自己在傻问。然而没办法，草鞋人知道：只有这样，才不觉得压力下的艰辛。

“很听话，他常常念着您呢!”皮鞋人觉得前面的答话可能都不中老父之意。因此这次增加了后半句。

在“吱嘎吱嘎”的重压声中，草鞋人问了许多城里的事，并在做人做官问题上千嘱万咐，皮鞋人回答得满头大汗。

“爸，我来挑吧，你已挑了一个多钟头了。”皮鞋人双手抢担，请求说。

“下了这道坡，再走三里路，就是马家溪的枫亭口，到那你再挑吧！”草鞋人移动着带血的草鞋，撂出一串话。到了枫亭口，草鞋人果然将担子交在皮鞋人肩上去了，自己在后面拼命擦汗，然后作悠闲状。

皮鞋草鞋在马家溪镇街道上移动着。

马家溪居民们给了草鞋人很高的评价：养了个好儿，城里能做官，乡里能挑担，是个孝子。

草鞋人很快慰，从皮鞋人衣袋里掏出翻盖烟不停地丢给众人。

走过不到一华里的马家溪路段，又是一段漫长的山间无人道。草鞋人从皮鞋人肩上夺过担子，驼腰前进。

望着前面草鞋人负担的背影，皮鞋人在后面流泪。

阅读与练习

一、本文写了一件什么事，用简明的语言概括。

____

二、怎样理解“先是草鞋送布鞋，后是草鞋送球鞋，再后来便是草鞋送皮鞋”这句话？

____

三、具体说说文中“皮鞋人”对“草鞋人”的关心是通过哪些动作表现出来的？

____

四、文章开头部分的景物描写有什么作用？

____

夏老师等孩子们做完《担子》阅读与练习问答题说道：“今天的警句格言是：一、想象力是发明、发现及其他创造活动的源泉。二、一个人如果无法辨识想象力，从已知世界飞升起点，就无法真正体会科幻的力量。

下面请同学们用童话般的想象力，也可以借鉴电影《海底总动员》的情节，完成《绿洲魔鱼》的接龙。”

夏老师把准备的《绿洲魔鱼》发给了孩子们。

绿洲魔鱼

（童话篇）

在一个太阳很大很大的午后，调皮的猴子又耐不住寂寞了，它想偷偷溜出森林去快活快活。可是它忽然想起前阵子森林里传得沸沸扬扬的“绿洲魔鱼”事件，又有点害怕起来。

据精灵兔说，它去后山拔萝卜的时候，老远地就看到一条超级大鱼，在森林里游走，追赶着前面的豹子。

精灵兔讲的时候大家都不相信，吉利蛇还给它做了全身检查，证明精灵兔正在发高烧。于是大家都没放在心上，还嘲笑精灵兔是发烧烧糊涂了。

调皮猴想到这里，终于放下心来。几天没活动，它实在是骨头痒痒。

调皮猴哼着小曲，在树枝上蹦来蹦去。突然，它看见前面有一条巨型鱼正睁大眼睛瞪着自己……

孙柏灵出人意料的接龙：

调皮猴吓得冷汗直冒，心里想，这是不是绿洲魔鱼呀？它应该是在海洋里的，怎么长了脚跑到森林来了。它顿时感觉魂都没有了，撒开腿连蹦带跳地乱蹿，而绿洲魔鱼也紧追不舍……

“干什么呀，干扰我们拍电影！”老虎大声吼道。

“啊！这是在拍电影呀！”调皮猴摇晃着树梢，仔细观察，确定老虎是在拍电影，便高高兴兴找到了精灵兔和吉利蛇，把看到的一切告诉了它们。精灵兔感叹说：哎，原来虚惊一场。

江珂宇可爱的接龙：

调皮猴吓得一屁股坐在了地上，直瞪瞪地看着巨型鱼正凶神恶煞地朝它走过来。它想跑，腿不听自己使唤；它想叫，喉咙出不了声。它真后悔没听精灵兔的忠告，一个人跑到大森林里闲逛，现在一不留神就要被巨型鱼吃到肚子里……

调皮猴一下被吓醒了。原来是自己做的梦！它问身边的好伙伴：“你们没有被巨型鱼吃了？”伙伴们被问得莫名其妙。猴妈妈解释说：“这孩子，发烧两天又说胡话，唉！”

谢凯皆大欢喜的接龙：

调皮猴看着一步步走近的巨型鱼，完全吓呆了。当它回过神的时候，巨型鱼已经来到了它的身边。“啊！救命啊！”调皮猴惊叫起来。这时，巨型鱼说话了：“对不起，我把你吓着了。我是觉得你样子活泼可爱，想和你交个好朋友。”

调皮猴惊恐地缓过神来，知道是一场误会。巨型鱼突然哭起来：“我一直想交一个好朋友，上回遇见了一只兔子，它看见我就跑，其实我真的很想和它交朋友。”调皮猴听了十分同情巨型鱼，便说：“别哭了，我来帮你交好多好多的朋友。”

调皮猴把巨型鱼带到大森林里，招来了小鸟、狐狸、兔子等好多的朋友，把事情的原委告诉了大家。大家都觉得对不起绿洲魔鱼……从此以后，它们快乐地生活在一起。

夏老师检查了孩子们接龙的童话故事《绿洲魔鱼》，都写得简洁畅快。他满意地走回到讲台前，说道：“同学们的接龙作文写得很好，现在，可以放松放松思想，我来讲一个故事，怎么样？”

“好！”孩子们雀跃地答道。

提醒自我

有个老太太坐在马路边望着不远处的一堵高墙，总觉得它马上就会倒塌，见有人向墙走过去，她就善意地提醒道：那堵墙要倒了，远着点走吧。被提醒的人不解地看着她，大模大样地顺着墙根走过去了——那堵墙没有倒。老太太很生气：怎么不听我的话呢？又有人走来，老太太又予以劝告。

三天过去了，许多人在墙边走过去，并没有遇上危险。

第四天，老太太感到有些奇怪，又有些失望，不由自主便走到墙根下仔细观看，然而就在此时，墙倒了，老太太被掩埋在灰尘砖石中，气绝身亡。

“请告诉夏老师：

1. 老太太善意地提醒路人高墙有危险，最后为什么自己却被掩埋在灰尘砖石中，气绝身亡？

2. 老太太的悲哀来自哪里？若你有机会对老太太说几句话，你会说什么？”

钱莉茹不紧不慢地回答道：“第一问的回答是：提醒别人往往容易，做到时刻提醒自己往往很难。

第二问的回答是：1. 许多危险来源于自身，老太太的悲哀因此而生。2. 人生的过程，不能靠别人提醒，而应该学会时刻告诫自己，时刻做到当局者清。”她回答得有条不紊。孩子们自发地给予热烈的掌声。

“接下来是两篇古文阅读。选自南朝《世说新语》里的故事。

阅读比较容易。但是，在文言文翻译方面，夏老师做了如下总结：

翻译文言文要以直译为主、意译为辅，用补、删、留、变、换的方法。

补：就是指文言文中省略的成分，翻译时要补足。如‘帝感其诚’在动词‘感’后面省略了介词‘于’，相当于‘被’，译时补出，全句可译成‘天帝被他的诚心所感动’。

删：是指文言文中有些虚词没有实在意义，只表语气、停顿等，翻译时要删去。如‘久之，目似瞑，意暇甚’，‘久’后的‘之’是助词，起凑足音节的作用，可删去。

留：是指文言文中的专有名词、人名、地名、物名、官名、年号、国号、器具等，翻译时要保留，可照录不译。如‘南阳刘子骥，高尚士也。’

变：指文言文中的特殊句式翻译时要变成现代汉语的句式。如‘何苦而不平’，此句可变为‘苦何而不平’的形式。

换：是指把文言词语换成恰当的现代汉语的词语。如‘吾与汝毕力平险。’句中‘吾’‘汝’应分别换成‘我’‘你们’。

请同学们在阅读古文时，借鉴一下夏老师总结的方法，达到学以致用的目的。”夏老师边说边把古文阅读发给孩子们。

北人食菱

北人生而不识菱[①]者，仕于南方，席上食菱，并壳入口。或曰：“食菱须去壳。”其人自护其短，曰：“我非不知，并壳者，欲以去热也。”问者曰北土亦有此物否答曰前山后山何地不有夫菱生于水而曰土产此坐[②]强不知以为知也。

【注释】

①菱：俗称菱角，水生植物，果实可以吃。②坐：因为。

一、解释文中加点的词语。

1. 或曰：“食菱须去壳。”（ ） 2. 其人自护其短。（ ）

二、用“/”给文中画横线的文字断句。(在文中标明即可)

三、用现代汉语翻译下面的句子。

并壳者，欲以去热也。

____

四、本文给人多方面的启示，请你选择一个方面，用自己的话简要回答。

____

钟氏之子

钟毓、钟会少有令誉[①]，年十三，魏文帝闻之，语[②]其父钟繇曰：“可令二子来。”于是敕见[③]。毓面有汗，帝曰：“卿面何以汗?”毓曰：“战战惶惶，汗出如浆。”复问会：“卿何以不汗?”对曰：“战战栗栗，汗不敢出。”

钟毓兄弟小时，值[④]父昼寝[⑤]，因[⑥]共偷服药酒。其父时[⑦]觉[⑧]，且托寐[⑨]以观之。毓拜而后饮，会饮而不拜。既而问毓何以拜，毓曰：“酒以成礼[⑩]，不敢不拜。”又问会何以不拜，会曰：“偷本非礼，所以不拜。”

【注释】

①令誉：美好的声誉。②语：对……说。③敕见：奉皇帝的命令觐见。④值：正当。⑤昼寝：午睡。⑥因：于是。⑦时：当时。⑧觉；觉察。⑨托寐：假装睡着。⑩酒以成礼：酒是用来成就礼教的。

一、这篇短文写了两件事，一件是________________，另一件是________________。这两件事都是为了表现________________。

二、“钟毓、钟会少有令誉”，意思是说（ ）

A. 钟毓、钟会很少有美好的声誉

B. 钟毓、钟会小时候就有美好的声誉

三、你觉得本文中的哪些地方有趣？说一说，写下来。

____

“同学们阅读《北人食菱》和《钟氏之子》时，遇到什么问题吗?”夏老师巡视孩子们做的古文阅读问答题，觉得做得很好，便折回讲台问道。

孩子们抬头望着夏老师，有的摇头表示没问题。

“《北人食菱》的主题是什么?”夏老师问。

“不懂装懂。”“滥竽充数。”“打肿脸充胖子——假装富态。”“大佬粗看佛经——茫然不懂。”

孩子们热闹起来。

“同学们的回答基本上是正确的。做人不可能什么都懂，但是，不能不懂装懂，否则，就会像北方的人那样闹笑话。现在，我用白话文来翻译《北人食菱》。”

北方有个自从出生就不认识菱角的人，在南方做官，（一次）他在酒席上吃菱角，连角壳一起放嘴里吃。有人说：吃菱角必须去掉壳再吃。那人为了掩饰自己的缺点说：我并不是不知道，连壳一起吃进去的原因，是想要清热解毒。问的人说：北方也有这种东西吗？他回答说：前面的山后面的山，哪块地里没有呢？菱角生长在水中却说是在土里生长的，这是因为他勉强地把不知道的当作知道。

夏老师译完又问：“《钟氏之子》的主题是什么?”

“各持己见。”“截然不同。”“众说纷纭。”“仁者见仁，智者见智。”“同样的问题，不同人有不同的理解。”一片抢答声。

“回答正确。”夏老师点评说，“同学们的正确回答，就是阅读知其内容的结果。懂了，回答问题游刃有余；不懂，回答问题张口结舌，我现在用白话文翻译《钟氏之子》。”

钟毓、钟会很小的时候就有很好的声誉，十三岁的时候，魏文帝听说了，对他们的父亲钟繇说：可以让两个儿子来吗？于是奉皇帝的命令觐见。钟毓脸上有汗，皇帝问：你的脸上为什么有这么多的汗？钟毓回答说：战战惶惶，汗就往下流。又问钟会：你为什么不流汗？钟会回答：战战兢兢，不敢出汗。

钟毓和钟会小的时候，趁着爸爸正午睡时，偷偷喝了药酒。他们的父亲当时就察觉了，于是假装睡觉来看他们偷喝药酒。钟毓拜了之后喝了一口，钟会直接喝一口。爸爸就问钟毓：你喝药酒时为什么要礼拜？钟毓说：酒本来就是用来礼拜的，不敢不拜。又问钟会：你又为什么不拜？钟会说：偷本来就不成礼，所以不拜。

“夏老师，该写作文了吧？”谢凯问道。

“对的。”夏老师微笑着说，“今天的作文，我们由天上转移到地上，而地球上的生物进化史也是从海洋开始的。请同学们用童话科幻，把自己牵回到海洋世界里。在这里，我先讲一个《小黑鱼历险记》，就算是抛砖引玉吧！”

小黑鱼历险记

在大海的角落里，有一群快乐的小红鱼。它们都是红色的，漂亮极了；只有一条是黑色的，黑得就像墨。它可会游泳了，比它的兄弟姐妹游得都要快，它的名字就叫小黑鱼。

小黑鱼和大家在海里生活得无忧无虑。可是好景不长，在一个可怕的日子里，从海浪里突然冲出一条又快、又凶、又饿的鲨鱼，小鱼们看到大鱼那闪闪发亮的牙齿，吓坏了，连忙四处乱逃。可是来不及了，鲨鱼两三口就把它们吞到肚子里去了，然后它挺着大大的肚子，静悄悄地游走了，好像什么事儿也没发生过似的。

在混乱中，小黑鱼躲在黑乎乎的深水里逃走了。小黑鱼失去了同伴，它是那么害怕，那么寂寞，那么孤单，那么难过，独自一人四处游荡。现在要靠它自己在大海里生存下去了。

小黑鱼游啊游，它看到了很多奇妙的事：彩虹果冻似的水母，慢悠悠地漂；糖果一样漂亮的岩石上，长着森林似的海草；一只大鱼直挺挺地往前游，像是被看不见的线牵着似的；海葵像粉红色的棕榈树，在风中翩翩起舞；鳗鱼身子长长的，长得连它自己都不知道尾巴在哪儿……

后来，小黑鱼在海草深处看到一群小红鱼，就和它的兄弟姐妹一个样。它高兴地说：“来，我们一块游出去！”小红鱼们一听，纷纷摇头摆尾地说：“不行，不行，鲨鱼会把我们通通吃掉！”“可是，你们不能老躲在这儿啊，我们一定要想想办法！”小黑鱼说。

小黑鱼想了又想，突然说道：“有了，我们可以游在一块，成为海里最大的鱼！”当它们排成一条大鱼的样子以后，小黑鱼说：“我来当眼睛。”啊！这是一条多么巨大而又独特的大红鱼啊！

它们在清凉的早上游，在阳光灿烂的中午游。鲨鱼们见了，大吃一惊：这么红，这么大，太可怕了！于是它们四处逃跑。

小黑鱼和同伴们欢呼起来："我们打败了大鲨鱼！"

夏老师讲完故事，孩子们开始写作文。

海洋历险记

我和爸爸在海滩上晒太阳。

我望着波涛滚滚的大海，浮想联翩地对爸爸说："我真想去看看海洋世界是个什么样子。""这有什么难的？现代生物技术和信息技术的发展，我们人类可以用记忆做数据，想象做芯片，在虚拟的现实中通过人工智能实现愿望呀。"爸爸微笑地看着我。"如果真是这样，我想变成一条小锦鲤，去海洋世界里旅行。"我眺望着广阔的大海说。

"那就闭上你的眼睛，发挥想象，记忆的数据库里都有啊。"爸爸拍拍我的肩膀，开玩笑地说。

我闭上眼睛，开始想象，我真的变成了一条漂亮的小锦鲤，畅游在海洋中。

小锦鲤在海洋里游啊游，他看到了很多奇妙的事：彩蝶似的水母，慢悠悠地漂着，森林似的海草，随波起舞；一条大鲸缓缓地甩着尾巴，扇起无数的银色丝线，鳗鱼扭动着长长的腰肢，柔软又妩媚；粉红的海葵，像一朵鲜花绽放耀眼……小锦鲤兴奋地向上一窜，游在了海面。天空湛蓝，海水平静。小锦鲤快乐极了，开心地欢呼道："耶！大海真美呀！"这时，海面上掀起了波浪，一个比一个高。突然，一个浪头下来，拍打在小锦鲤身上，他感到一阵眩晕，沉下海底。深海漆黑一片，看不见周围的环境。小锦鲤害怕了，但无力浮上海面，也不知过了多久，他发现无数可爱的海马一跃一跃地把他往海面上托；几只大龙虾像武士一样，伸出大爪子，剪去浮在它头顶上的一蓬蓬海带；琵琶鱼也赶来了，提着灯笼给他领路。终于，小锦鲤感受到了灿烂的阳光透过海水照在身上的温暖。他谢过帮助他的朋友们，又自由自在地在清凉的海水里畅游。

不远处，小锦鲤看见一条可怜的红鱼在拼命地游动。身后是骨碌着眼珠的鲨鱼在追赶。鲨鱼的嘴巴一张一合吸吐着海水，发出低沉的吼声。

"不许你欺负红鱼！"小锦鲤高声呵斥，赶上前去，阻止鲨鱼恃强凌弱的行径。鲨鱼像没听见似的，游到红鱼身后，用上颚对红鱼猛地一撞，张开闪着发亮牙齿的大口，把红鱼咬在嘴里，锋利的牙齿一合，红鱼被斩成两截，海水顷刻染成了红色。小锦鲤吓得浑身发抖，扭身摆尾逃命，他听见身后鲨鱼游动的嗖嗖声。小锦鲤回头一看，鲨鱼正张着血盆大口像箭一样向他射来。小锦鲤惊恐地尖叫一声：“啊——”

“你是怎么了？”爸爸轻轻地推了推我问。

我睁开眼睛，心有余悸地望着美丽的蓝色海洋，向爸爸讲述了刚才我的海洋历险记。

夏老师点评：《海洋历险记》写出了大海的美妙，伙伴的善良，鲨鱼的邪恶。

语文基础知识扫描

一、补全下列歇后语。

1. 芝麻开花——________________
2. 十五个吊桶打水——________________
3. 老虎挂念珠——________________
4. 外甥打灯笼——________________
5. 竹篮打水——________________

二、把左右两组意思相同的内容用线连起来。

1. 学如逆水行舟，不进则退	a. 助人为乐
2. 人而无信，不知其可也	b. 积极进取
3. 一方有难，八方支援	c. 诚实守信
4. 朋友是永久的财富	d. 宽厚待人
5. 宰相肚里能撑船	e. 勤俭节约
6. 成由勤俭败由奢	f. 珍视友谊

三、根据括号中的提示在横线上填写恰当的内容。

1. 小明与人交往常常说话不算数，我送他这样一句话：____________。(填名言警句)

2. 既然人家已经认错了，我看还是算了吧，俗话说：____________。(填谚语)

3. 张大妈的儿子考上了名牌大学，她的病也好了一半儿，真是__________

__。(填谚语)

4. 你真的找错人了，对这个他是“__________________”。难怪他没办法。(填歇后语)

5. 拔河要多少人参加？这次没有限定人数，当然是“__________________”了，人多力量大嘛！(填歇后语)

《担子》阅读与练习答案

第一题：父亲在崎岖的山路上为儿子挑担子。

第二题：送儿子上学，工作，突出了草鞋人对儿子的培养及付出的艰辛。

第三题：皮鞋人飞奔过去抢担子；双手抢担子；马家溪镇上挑担子。

第四题：为后文写父亲挑担子的艰难做铺垫，渲染愉快和谐的气氛。

《北人食菱》答案

第一题：1. 有人；2. 短处。

第二题：问者曰/；否/；答曰/；夫/；产/。

第三题：连壳一起吃进去的人，想用来清热解毒。

第四题：《北人食菱》告诉我们一个简单的道理，做任何事情不能不懂装懂，否则会闹出笑话的。

《钟氏之子》答案

第一题：皇帝与钟毓、钟会两兄弟的对话；父亲与钟毓、钟会两兄弟的对话；同样的事情可有不同的理解。

第二题：B

第三题：略

《语文基础知识扫描》答案

第一题：1. 节节高；2. 七上八下；3. 假慈悲；4. 照旧（舅）；5. 一场空。

第二题：1—b；2—c；3—a；4—f；5—d；6—e。

第三题：1. 人无信而不立；2. 得饶人处且饶人；3. 人逢喜事精神爽；4. 七窍通六窍——一窍不通；5. 韩信点兵——多多益善。

第四十七课　恐怖的黑森林

“同学们好!”“夏老师好!”

“今天上课的内容有：时空穿梭；阅读《匆匆》；警句格言；古文阅读；作文；语文基础知识扫描。”夏老师说着，淡然一笑，沉默下来。用目光扫视着孩子们。孩子们静静端坐无声，等待夏老师继续讲下去。

科学与幻想已经点亮了孩子们的思想。

“同学们有没有这样的故事。”夏老师继续说道，“夏天的夜晚，独自一人仰头眺望天空。静谧而空旷的天幕上，缀满了一闪一闪的星星点点，渐渐的，仿佛觉得自己慢慢靠近了遥不可及的星体，融入其中。突然，一道亮光，在天幕上划出闪亮的弧线，是流星！你发自灵魂的惊喜。亮光闪耀，思绪也随着陨落的流星，驰骋在无边无际的宇宙中，于是，你就想到了一个人……”

“霍金——”孩子们异口同声地惊呼道。

“他全身瘫痪，失去说话的能力。不能写字，看书依赖翻书机器。经典的形象是头朝右边倾斜，肩膀左低右高，双手紧紧并在当中，握着手掌大小的拟声器键盘，两脚朝内扭曲着，嘴歪成波浪形，可是他的脸上却是龇牙咧嘴的笑容。他曾经生动形象地描述过黑洞的理论：鲍勃和爱丽丝是一对情侣宇航员，在一次太空行走中，他们无意中靠近了灾难——一个黑洞，爱丽丝的助推器瞬间失控，她迅疾地飞向视界。视界上的时间流逝极慢。鲍勃看到爱丽丝缓缓转过头来，深情款款朝他微笑着，慢慢地凝固、定格、永生，如一帧小照。可对爱丽丝来说，黑洞的引力拉着她越来越快，她已经被撕裂成基本粒子，构成比原子核更简单的物质，消失在虚无缥缈之中，这就是著名的生死悖论。所以说，一个人只有经历过最黑的黑，最痛的痛，最无助的无助，才能笑对死神，笑对人生。”夏老师用沉重的声音讲述着生死悖论的故事。

“夏老师，黑洞里面有什么?”谢凯睁大惊奇的眼睛问。

“这是一个神秘的提问。夏老师也只能用神秘来回答你。目前科学家还没能力探索黑洞。可能存在一种超高密度的天体，连光都逃不出去。完全是不反射光线的黑体，也就是所谓的平行宇宙。”夏老师解释说。

“那是不是像我们137亿年的暗宇宙一样?”谢凯问。他爱好天文学。

“也许是吧，暗宇宙其实也是暗物质，由粒子组成。而黑洞实质上就是暗物质的一种现象，不断地吸引着暗物质。就现在，像玻璃一样的暗物质正在从我们的身体上穿透而过。”夏老师耐心地诠释着黑洞与暗物质的关系。

“夏老师，听您这么一说，好恐怖呀!”胡小雅一抖动，惊恐得半张嘴，好一阵才说出话来。几位小女生打了一个冷战，仿佛裹了一身的寒气。

“那你们上中学以后，一定要好好学习知识，特别是物理知识，它会告诉你们事物内部的规律和道理，是一门自然基础的学科，有原子物理、声学、热学、光学等等。当你们想要得到暗物质的正确答案，可以穿越时空，走向未来呀!现在，图书馆藏书都写着呢，只需去阅读。”夏老师指导孩子们展开想象，强调阅读的重要性。

“我看到电视上有很多穿梭时空的情节，走到虫洞跟前人一闪动，就穿回到过去，穿越到未来。”胡小雅表情严肃仿佛穿越时空真的存在。

孩子们是天真的，对未来和未知是需要更多的了解。

“科幻是需要想象力的。比如时间胶囊、仿生人、宝葫芦、马良神笔、哆啦A梦等等。正如《优美的宇宙》作者格林说的：如果你想知道地球100万年后是什么样子，建一艘太空船，以光速飞行一段时间（计算出来），当你再次返回地球，走出太空船时，你只老了一岁，可地球已经过去3100万年，从某种意义上说，你是穿越时空来到了地球的未来。

前不久，科学家发现了13万光年的引力波（曲线），形成两个黑洞。它们缠绕着运动，然后合为一个黑洞，这从某种意义上说，时空（星际）穿越是存在的。因为物质有引力场，时空就是引力场。而暗能量却可以超光速。

有这么一件传闻：一架小飞机以每小时300公里飞向迈阿密。当飞机经过百慕大三角区时，突然天空乌云翻滚，飞机仪表失灵。飞机师恐慌地驾驶飞机在云层里茫然穿行，终于在乌云中找到了一条裂口，而且还出现了亮光。飞机师驾驶着飞机在这条光亮中飞行了大约几分钟，便到了迈阿密的上空。这就是说，2200公里的航程，只飞行了30多分钟。”夏老师停顿下来，仿佛是在问孩子们没有提出的问题。

“是时光旅行。”孩子们回答。

“假设虫洞（宇宙中的隧道）可以扭曲空间，让原本相隔亿万公里的地方近在咫尺。这就说明，虫洞也可以将两个不同的时空连接在一起，不过，在时空这个物体上钻孔，需要一颗恒星那么多的能量，或者相反，需要来自比无还要少的其他星体上的负能量。另外，还有一种说法，在不断膨胀的宇宙中，有贯穿整个宇宙的能量管，这细细的管子，是早期宇宙的残留，质量非常之大，可以造成周围的时空巨大弯曲，或成环形，没有起始点。这在理论上是可以给时光旅行提供可能的。只是，我们现在连自己星球上的能源都控制开采不了。那么，同学们不妨问问自己，到底应该拿多少学问去面对未来，未知的事情？”夏老师也提出了问题。

“大千世界真的太奇妙了！”“是得好好地学习知识。”

“只是……人生太短暂了。”“用知识去连接虫洞哇！”

“我想通过虫洞去看过去。”“我想通过时光隧道去看未来。”

孩子们发出不同的感叹。

“那我今天就告诉同学一个小小的秘密。”夏老师故作神秘地笑着插话说道，“在时间的大钟上，只有两个字——时间。怎样去理解？好好阅读思考朱自清的散文《匆匆》就行了。”

夏老师把准备的资料《匆匆》发给孩子们阅读。

匆　匆

朱自清

燕子去了，有再来的时候；杨柳枯了，有再青的时候；桃花谢了，有再开的时候。但是，聪明的，你告诉我，我们的日子为什么一去不复返呢？——是有人偷了他们罢：那是谁？又藏在何处呢？是他们自己逃走了罢：现在又到了哪里呢？

我不知道他们给了我多少日子；但我的手确乎是渐渐空虚了。在默默里算着，八千多日子已经从我手中溜去；像针尖上一滴水滴在大海里，我的日子滴在时间的流里，没有声音，也没有影子。我不禁头涔涔而泪潸潸了。

去的尽管去了，来的尽管来着；去来的中间，又怎样地匆匆呢？早上我起来的时候，小屋里射进两三方斜斜的太阳。太阳他有脚啊，轻轻悄悄地挪移了；我也茫茫然跟着旋转。于是——洗手的时候，日子从水盆里过去；吃饭的时候，日子从饭碗里过去；默默时，便从凝然的双眼前过去。我觉察他去的匆匆了，伸出手遮挽时，他又从遮挽着的手边过去，天黑时，我躺在床上，他便伶伶俐俐地从我身上跨过，从我脚边飞去了。等我睁开眼和太阳再见，这算又溜走了一日。我掩着面叹息。但是新来的日子的影儿又开始在叹息里闪过了。

在逃去如飞的日子里，在千门万户的世界里的我能做些什么？只有徘徊罢了，只有匆匆罢了；在八千多日的匆匆里，除徘徊外，又剩些什么呢？过去的日子如轻烟，被微风吹散了，如薄雾，被初阳蒸融了；我留着些什么痕迹呢？我何曾留着像游丝样的痕迹呢？我赤裸裸来到这世界，转眼间也将赤裸裸地回去罢？但不能平的，为什么偏要白白走这一遭啊？

你聪明的，告诉我，我们的日子为什么一去不复返呢？

阅读与练习

一、作者在文中列举了哪些现象来具体描绘时间的飞逝？列举这些现象是为了说明什么？

____

二、描写时间的飞逝，作者采用了什么修辞手法，运用这种手法有什么作用？

____

三、“我掩着面叹息”是因为什么？

____

四、本文采用第一人称的好处是？

____

五、下面说法有误的一项是（　　）。

A. 本文采用了生动形象的描写性语言。

B. 本文采用了大量的比喻、拟人句，没有采用排比句。

C. 本文的文字较浅显，其内在含义不难理解。

D. 本文多用疑问、反问、设问句式。

“今天的警句格言是：一、人类的朋友遍及有生命的星球。二、热爱我们的家园——蓝色的地球。”夏老师等孩子们做完《匆匆》阅读思考题后，说道。

“夏老师，讲一个小故事吧！放松放松我们的脑筋。”喻彬做完警句格言的笔记，抬起头用手托着镜框说。

“那我就讲一个《借》的小故事。”夏老师答应说，“有一回，马克·吐温准备向吝啬的邻居借一本书，邻居说：‘可以，但我定了一条规则：从我的图书室借去的图书，必须当场阅读。’

一星期后，这位邻居向马克·吐温借割草机，马克·吐温笑着说：……”

夏老师停顿话语，等待孩子们回答。

“可以呀！不过，我定了一条规则：从我家借的割草机，只能在我家的草地上使用。”熊浩不苟言笑，思维敏捷。

“那我再问，如果你们是当时的马克·吐温，也会用这种幽默的方式以牙还牙吗？”夏老师继续问。

“即以其人之道，还治其人之身。天经地义。”易东龙闪烁着小眼睛说道。

“这样的行为好不好？”夏老师再问。

“单从行为上说，心胸有些狭窄，单从幽默上说，可以增添情趣。”熊浩的思维很有逻辑。

“回答正确。”夏老师说道，“虽然马克·吐温是美国的文学大师，写过《百万英镑》《哈克贝利·费斯历险记》等优秀作品。但对于他的奇闻逸事，也应该有自己的分析判断能力，这就叫思想。希望同学们在接下来的古文阅读中，带着自己的思想，好好赏析故事给予我们的启示。”

夏老师把《世说新语》中的一篇古文阅读发给了孩子们。

陈太丘与友期行

陈太丘与友期行，期日中。过中不至，太丘舍去，去后乃至。

元方时年七岁，门外戏。客问元方：“尊君在不？”答曰：“待君久不至，已去。”友人便怒曰：“非人哉！与人期行，相委而去。”元方曰：“君与家君期日中，日中不至，则是无信；对子骂父，则是无礼。”

友人惭，下车引之。元方入门不顾。

一、解释加点字。

1. 与友期行（　　）　　2. 太丘舍去（　　）

3. 门外戏（　　）　　4. 尊君在不（　　）

5. 相委而去（　　）　　6. 不顾（　　）

二、用现代汉语解释下列句子。

1. 尊君在不？

______

2. 友人便怒曰：“非人哉！与人期行，相委而去。”

______

3. 友人惭，下车引之。元方入门不顾。

____

三、回答问题。

1. 元方对父亲朋友的话是从哪两方面来批评的？说明元方有怎样的特点？

____

2. 从现代的观点来看，你认为元方“入门不顾”的行为是否正确，为什么？

____

济阴之贾人

济阴之贾人，渡河而亡其舟，栖于浮苴上，号焉。有渔者以舟往救之，未至，贾人急号曰：“吾乃济阴之巨室也，能救我，予尔百金！”渔者载而升诸陆，则予十金。渔者曰：“向许百金而今予十金，无乃不可乎？”贾人勃然作色曰：“若，渔者也，一日之获几何？而骤得十金，犹为不足乎？”渔者黯然而退。他日，贾人浮吕梁而下，舟薄于石又覆，而渔者在焉。人曰：“盍救诸？”渔者曰：“是许金不酬者也！”立而观之，遂没。

（注解：贾人：商人；巨室：大财主）

一、解释下列加点词的含义。

1. 有渔者以舟往救之（　　）　　2. 一日之获几何（　　）

3. 而骤得十金，犹为不足乎（　　）　　4. 袖而观之（　　）

二、翻译句子。

1. 向许百金而今予十金，无乃不可乎？

____

2. 若渔者也，一日之获几何？

____

3. 盍救诸？

____

4. 是许金而不酬者也！

____

三、请你用四个字概括这个故事的大意：________。

四、你从这个故事中悟出了哪些道理？请至少写出两条。

____

夏老师等孩子们阅读古文做完问答题后说道："同学们需要注意了！古代汉语中的朋和友是有区别的。同出一位老师称朋，志趣相同称友。另外，元方即陈纪，是一位德行高尚的人，官至尚书令（相当宰相），现在，请一位同学把《陈太丘与友期行》翻译一遍，并说出主题。"

邹佳蓉举手翻译《陈太丘与友期行》：

陈太丘和朋友定好时间同上路，约定中午。中午过了，那位朋友还没到，陈太丘离开不等了，这时朋友才赶到。

元方当时年龄七岁，在外面玩耍。客人问元方：你父亲在吗？元方回答：等您久不来，已经走了。客人就生气地说：不是人啊！既然和人约好时间同上路，抛弃了人家自个儿走了。元方说：您和父亲约定中午，时间到了中午还不到，便是不讲信用；当着儿子的面骂他的父亲，便是不知礼节。

客人惭愧，下车拉元方。元方走进家门，不回头看客人。

这篇文章的主题是：做人要有时间观念。

"好！"夏老师点评说，"邹佳蓉的译文基本上是直译，这是对的。在直译的基础上润色，就是意译。而这篇文章的主题回答也是正确的。人要有时间观念。那么通过这篇古文的阅读，同学们有没有什么触动？"

"有——我的时间观念最不强了。有一次，我跟同学约定好时间，迟到快一小时了。"

"我也是的，出门拖拖拉拉半个小时。"

"我冬天早上起床上学，总喜欢在被窝里赖床。常常急得妈妈直跺脚，甚至喊我：小爷爷，快起来呀！上学要迟到了。"

孩子们坦白自己时间观念不强的行为。

"既然知道了问题所在，又该怎样去解决它呢？"夏老师追问。

"与时间赛跑！"孩子们幽默地回答，哄堂大笑。

"说话能算数吗？"夏老师笑问。

"算数！"谢凯的回答最响亮。

夏老师受情趣感染笑着说："请谢凯把《济阴之贾人》翻译一遍，并且说出文章的主题。"

谢凯翻译《济阴之贾人》：

济阴有个商人，过河时从船上落下了水，停留在水中的浮草上在那里求救。有一个渔夫用船救他。没靠近，商人急忙号叫说：我是济水一带的富翁，你如果救了我，我给你一百两银子。渔夫把他救上岸后，商人却给他十两银子。渔夫说：当时答应给我一百两银子，现在给十两，恐怕不行吧！商人勃然大怒说：你一个打鱼的人，一天的收入该有多少？你突然得到十两银子。还不满足吗？渔夫失望地走了。后来有一天，这个商人乘船顺吕梁湖而下，船触礁沉没，他再一次落水。正好原先救他的渔夫也在。有人问：你为什么不去救他呢？渔夫说：他就是答应给我一百两银子不兑现承诺的人。渔人袖手旁观商人在水中挣扎，商人沉水淹死。

《济阴之贾人》的主题是：不讲信用，难逃灭顶之灾。还有就是渔夫贪得无厌，见死不救。

"谢凯直译《济阴之贾人》应该是 OK 的。人无信不立的主题表达也准确。不过，还得请你谈谈对《济阴之贾人》的感悟。学以致用嘛！"夏老师点评说。

嘿嘿，谢凯摸着后脑勺，尴尬地笑说道："夏老师，我懂了。做人必须信守承诺。我也是一个钢铁小男生，保证今后的冬天不赖床。"

"好哇！给钢铁小男生热烈掌声！"夏老师高声说道。

"夏老师，我今后也要信守承诺，约定的时间，说几点到就几点到。"

"我今后做作业绝不拖沓，其实愣神老半天，最后作业还得要做完，挺浪费时间的。"

孩子们通过对两篇古文的阅读，领悟到了守时和诚信的重要性。

夏老师也很欣慰，他万万没想到两篇古文，竟能达到点石成金的效果。

"今天的作文应该写什么呢？"夏老师说，"我们的作文已经写了天，也写了海，再接下来就应该写地。其实，地球就是大地，每时每刻接受着太阳向人类提供的持续的光和热。根据近代天文学家的理论，这一过程至少还会持续 40 亿年。只是人类现在面临的真正威胁，是来自人类自身。随着科学技术以及工农业的发展，正在以破坏环境为代价的开发，每时每刻消耗着地球上的有限资源。这种资源有两种，一种是可再生资源，一种是不可再生资源。而人类的生存和发展，归根结底取决于地球上的资源在什么样的情况下，能维持人类的正常生活？请同学们认真思考一下，你们应该怎样对待这个问题？"

"夏老师，您说的环保问题，这个题目也太大了吧？一篇作文不可能完全表达出来。”钱莉茹提出了问题。

“可以窥豹一斑呀!”夏老师说，“我给同学们带来一篇童话体裁的文章《一缕春光》。作者用对比的手法，揭示了当前地球环境惨遭污染和破坏的现状，然后引出孩子们用种树来保护环境，从而表达了环保的主题。这就是以小见大的表现手法。今天的作文也是如此。”

夏老师把《一缕春光》发给孩子们思考阅读。

一缕春光

一缕春光，是太阳公公向大地送去的一个金色的吻。

一缕春光，从淡灰色的天空中轻飘飘地向大地走来，她不知道，自己为什么会这样无精打采，只记得，地球不再是蓝色的了。

她从城市上空的浓烟中挤过，轻轻地向森林那边走去，落在干涸的土地上，大声召唤着她的伙伴:“我来了，我是春光!”几个拄着拐杖的老树桩从远处走来，领头的那个三步并作两步地朝春光奔过来，兴高采烈地喊:“大伙快看，春光来了，春光来了。我早说过，她会来的……”树桩们把春光围起来，激动地望着她，春光用细长的手指抚摸着老树桩身上的伤痕，含着泪，低声问:“你们好吗?森林有什么变化吗……”“唉，还是那样，还是那样，有啥办法呢!”老树桩抬起头，望着暗淡的天空，叹了口气:“有啥办法呢……”

春光默默地听着，坐下来，回想着她曾亲眼看见的一切:从那些年，她从树与树之间的缝隙中钻到林中湿润的草地上，与露珠儿一起游戏;到这些年，一把把锋利的刀，把大片的绿色从她的眼睛里撕去。从那些年，她唱着动听的歌儿，为森林里小动物梳理皮毛，到这些年，黑乎乎的枪口让她亲爱的伙伴一个接一个地离开森林……春光使劲摇了摇头，她不愿意想起这些。她向远处繁华的都市望了一眼，又闭上美丽的眼睛……

一群十一二岁的小孩子正一蹦一跳地朝这边走来。春光的心咚咚直跳，紧张地搂着老树桩，她仔细地打量着这群孩子，惊讶地发现，他们都提着水桶，拿着铲子，扛着小树苗……“难道他们是来栽树的?”春光睁大了眼睛。只见孩子们又是挖坑，又是浇水，干得热火朝天，白嫩的小手上粘了黑色的泥土，依然欢声笑语，毫不在意。半天的工夫，大树桩的身旁就钻出了一棵棵嫩绿的小树苗，他们调皮地眨着眼睛，朝春光甜甜地笑:“春姑娘，往后还请您多多关照哟!”春光笑了，眼睛里涌出激动的泪花。她跑上前去，蹲下身子，亲吻着这些年轻的生命，心中充满了希望与喜悦的浪花。

老树桩也围了过来，领头的那个望望春光，望望小树，又望望那群远去的小孩子，用颤抖的声音说："春光来了，春光来了。我早说过，她会来的……"

恐怖的黑森林

我戴上黑科技 VR，它可以给人视、听、触、味、运动的感知。于是，我在虚拟的世界穿越时空，来到一处墨黑色的森林里。蓝天白云刹那变得昏暗起来，一股股浊雾在森林里涌动着，听不见鸟鸣，闻不到花香，眼前只有茫茫一片。一株巨大的脱皮老树，光秃秃的直插云天。枝干上缠绕着青灰色的雾霾，给人一种风烛残年的凄凉。而头顶上的太阳也失去了金色的光辉，变得灰蒙蒙的。

"这难道是光学现象吗?"我惊悚地问自己。

"嘿——你这淘气的孩子，为什么不在学校好好念书，跑到这黑森林里来玩，这地方多脏啊?"脱皮老树嘶哑着嗓子说道。

"可是……不！我是……"我想告诉脱皮老树我热爱科学，想当个科学家，现在正感知黑科技 VR 带给我未来世界的魅力。

"哦——你是想和我玩捉迷藏吗？那好吧，你来找我。"脱皮老树打断我的话说，"我藏起来了。"霎时，四周更暗了。天空，太阳，脱皮老树都看不见了，眼前只有蒙蒙的雾霾散发出浓浓的腐臭味。我胆战心惊地向脱皮老树摸了过去，脚下踩得矿泉水瓶，塑料袋"咔嚓噗嗤"直响；老鼠在我脚下穿梭，绊得我踉踉跄跄；一只硕大的蝙蝠从我头顶掠过，扇起一股令人窒息的阴风……我颤抖着身子，声嘶力竭地喊道："脱皮老树，我不想和你玩捉迷藏了。我好害怕呀!"

"害怕了，为什么呀?"脱皮老树摇晃着身子出现在我面前。

"这地方有一种说不出来的恐怖。"我胆战地说，"你一直都在这里生活?"

"我一直都是在这里生活。"脱皮老树望着我长长地叹了一口气。

"为什么这地方脏兮兮的，荒凉得让人恐惧?"我望着脱皮老树周围的垃圾如山，污水横流，树木枯萎，动物尸腐的景象问。

"好多年前这里可美了。森林里有花、有草、有鸟儿歇在我的肩膀上唱歌，蜂蝶围绕在我身旁嬉戏起舞，就是因为这地方太美了，引来好多好多人类。他们在这里玩耍野炊，乱扔垃圾，捕捉动物……把我美丽的家园毁成了这个样子。”脱皮老树伤感地说道。

我看着苍凉的脱皮老树，又看了看它身旁的一株生机盎然的尸香魔芋：它开花艳丽，叶壁光滑，散发着一阵阵腐烂的气味，吸引着无数的腐尸甲虫爬进花蕾。又带着满身弥漫着臭气的花粉爬了出来，压抑得我喘不过气来。

我惊恐地取下 VR 眼镜，远眺着窗外的蓝天白云，心中颤抖地对自己说：我一定要好好学习，用我学到的知识去改造恐怖的黑森林，让它变得像过去一样美，有花、有草、有鸟、有蝶、有我们人类……

夏老师点评：《恐怖的黑森林》用科幻的思维方法，写出了大森林美丽的过去，恐怖的现在，憧憬的未来，突出了环境保护的主题，表达了学习知识建设美好家园的决心。好！

语文基础知识扫描

一、给下面句子加标点，正确的一项是（　　）。

我爱读____小学生报____你呢____

A.《　》。　？　　B.“　”　？　　C.《　》，　？

二、下面句子的空缺处，可以使用问号的一项是（　　）。

A. 哪辆车 12 点出站________在哪休息________都搞清楚了。

B. 我不知道他今天为什么去上班________

C. 他哪都不去你能把他怎么样________

D. 我不管你们是怎么想的________我的态度是不会改变的了。

三、下面句子中，标点符号使用正确的一项是（　　）。

A. 年轻的妈妈嘴轻轻地动着，好像在对孩子们说着什么？

B. 我看着许多亲友挥着帽子，挥着手，说着：“再见，再见！”

C. 王平是一个关心集体：乐于助人的好学生。

D. 菜园里种着白菜、茄子、冬瓜——等十几种蔬菜。

四、对下列各句中破折号的用法已作了解释，选出解释正确的一项。（　　）。

A. 我爱我的家乡——呼伦贝尔大草原。（表示解释说明）

B. 呜——火车开动了。（表示语言的中断）

C. 各色的小蝴蝶——它们很亲热地落在客人的身上。(表示声音的延长)

D. 满满一篮子蘑菇就放在窗台上——那儿比较凉快，放一夜不会坏。(表示递进)

五、下列句子中冒号使用正确的一项是（　　）。

A. “纪律要严明。”陈厂长说：“纪律不严明，不能打胜仗。”

B. 比赛开始了，同学们高喊着：“加油！加油！”的口号为运动员加油。

C. 工人走进技校，学习现代科学；农民跨出家门，搞起商品经济，工农都为现代化大业作贡献。

D. 小王来信的意思是：“她在那儿学习和工作都很好，不用惦念。”

六、下列引号的作用与其他三项不同的是（　　）。

A. 张老师改作文，确实有“点石成金”的功夫！

B. 别有用心的人们强令吴吉昌去瓜园“立功赎罪”，永远不许他再进棉花地。

C. 我看，这样的“聪明人”还是少一点好。

D. 在某些喜欢息事宁人的人看来，他们也许还算是“好人”。

七、下列标点符号运用有误的一项是（　　）。

A. 有一首歌叫《太湖美》，歌中唱道：“太湖美，美就美在太湖水！”

B. 彭德怀向着斜倒下去的大黑骡子，慢慢地摘下军帽……

C. “我不明白！”父亲并不退让，“难道世界上糟糕的诗还不够多吗”？

D. “嗒嗒嗒……”密集的机关枪子弹倾泻在卢沟桥桥面上。

《匆匆》阅读与练习答案

第一题：在默默里算着……也没有影子。太阳他有脚啊！……从我脚边飞去了。通过描写时间的流逝，告诫我们要珍惜时间，不要虚度光阴。

第二题：比喻，拟人，排比，反问等修辞手法。这样更能表达作者对逝去的日子的留恋和时光匆匆而无法挽留的无奈与惋惜之情。

第三题：时间来去匆匆。稍纵即逝，叹息自己没有珍惜时间，八千多日子来去匆匆一事无成。

第四题：显得亲切、自然、真实，便于直接抒发感情，拉近与读者的距离，给人以身临其境之感。

第五题：B

《陈太丘与友期行》答案

第一题：1. 定好时间；2. 离开；3. 玩要；4. 吗；5. 抛弃；6. 回头看。

第二题：1. 你父亲在吗？2. 客人便生气地说："陈太丘不是人啊！和我约定时间同上路，抛弃人家自己走了。"3. 客人惭愧，下车要拉元方的手，元方头也不回地走进家门。

第三题：1. 您和我父亲约定中午见面您没到，便是不讲信用；当着儿子的面骂他的父亲，便是不知礼节。从上述元方行为中，表现出他的机敏和聪慧。2. 从现代人的观点看，元方走进家里不回头看是不对的，因为别人无礼，我应以礼相待。

《济阴之贾人》答案

第一题：1. 用；2. 多少；3. 还；4. 袖手旁观。

第二题：1. 当时答应给我一百两银子，现在给我十两银子，恐怕不行吧。2. 你一个打鱼的人，一天打鱼能收入多少？3. 你为什么不去救他呢？4. 他就是答应给我一百两银子不兑现承诺的人。

第三题：唯利是图。

第四题：1. 商人不守诚信，受到灭顶之灾；2. 渔夫贪得无厌，见死不救真可恨。

《语文基础知识扫描》答案

第一题：C

第二题：C

第三题：B

第四题：A

第五题：D

第六题：A

第七题：C

第四十八课 见鬼

"同学们好!""夏老师好!"

"今天这堂课的内容有:童话故事;阅读《魂》;警句格言;古文、唐诗、现代诗阅读;作文;语言基础知识扫描。"夏老师话音刚落,孙柏灵就插话说道:"夏老师,我可以发言吗?"

"请讲。"夏老师同意。

"夏老师,您前几次课讲了宇宙的神秘。不知怎么回事,我没事的时候,总喜欢一个人站在窗台前看天,看天上的繁星闪烁,然后就想到了黑洞、虫洞、僵尸恒星。还有暗物质正在从我大脑穿过。我感到惊悚。倘若虫洞真的存在,我有勇气穿越而过吗?我肯定不敢,怕回不来。这是不是叶公好龙呀?"孙柏灵说得非常认真,稚嫩的表情仿佛告诉你,她马上就要去经历穿梭时空一样。

"夏老师,我也是这样的。没事就喜欢看天,看月亮,看星星,然后浮想联翩。特别晚上,想着想着就害怕起来。"

"我还做了一个梦呢!感觉自己掉进了黑洞里,想叫,叫不出声,想跑,双腿不听使唤,动弹不得。后来吓醒了。"

"夏老师,世上真有外星人吗?他们是不是穿越虫洞来地球的?"

"人到底有没有魂呀?为什么有阴魂不散一说。"

孩子们争先恐后地表述自己的疑问和在疑问中产生的幻觉,而不是科幻。

夏老师听了心里沉甸甸的。他前面四堂课讲的科学方面的内容,有虚有实,没想到在孩子们的心理上引起如此大的波动。怎样正确指导孩子们对科学的兴趣,让孩子们丰富科学幻想的思想,这是一项细致又认真的教学内容。只有让孩子们看清面对大千世界的自己,才能活跃孩子们的科学幻想,去热爱科学。

"同学们安静一下,夏老师现在就用你们的思想来解答你们的疑问,好吗?"夏老师说,"我为同学们编织一个童话故事作引子。"

叶　儿

一阵风吹来，一片叶儿脱离了树枝，飞向了天空。天空真寥廓，湛蓝色的天幕飘着朵朵白云。

“我会飞了，我会飞了。”叶儿一边飞翔一边大声呼喊，“我要飞到天空中去。”它飞呀飞呀！飞过了树的头顶，飞得比鸟儿还要高。而天空中的风也越来越大，吹着它打着旋转，头也开始发蒙了！

这时，一个熟悉又温柔的声音传来：“孩子，你为什么不赶快落下来？在地上要比天空踏实多了。”

“不！天空中太快乐了。有蓝天，有白云，还有我的自由飞翔。如果我落在了地上，仅仅只是一片叶子，又没有力量，什么都不会，谁来帮助我呀？”叶儿越飞越高，它看地下有些晕眩。

“落叶不是无情物，化作春泥更护花啊！”声音里充满了期待。

“这么简单？”叶儿说，“我想飞到天上去，那是人间所没有的仙境，比蓝天白云还要美丽，我落在了地上，能够感受到仙境的美妙和人生的快乐吗？”

“天上只有水蒸气形成的水滴或冰晶，是阳光散射到各个方向产生的云朵，除此之外，辽阔的天空空洞无物。你想要的美妙仙境，那是一种幻觉，没有实质的内容。”声音是诚恳的。

“那……”叶儿说，“我只懂风语，不懂语言呀！”

“学呗！你一定会学习到比风语还要好听的最甜美的语言。”声音无比真诚。

“还有……我落在了地上，又有谁来保护呢？”叶儿担心地说，“我好害怕啊！”

“我会来保护你的。不惜一切代价。”声音平静而坚定。

风停歇下来，叶儿落在了地上，一切都显得无比安详。

“夏老师，您是在用童话故事说我和我的妈妈。对吗？”谢凯问道。

“是的，是你们在降临之前和妈妈的对话。”夏老师淡淡一笑说道，“魏晋南北朝的南朝，出了一位杰出的无神论思想家范缜。他曾经这样说过：人之生言如一树花，同发一枝，俱开一蒂，随风而堕，有自拂帘幌坠于茵席之上，有自关篱墙落于粪溷之侧。坠茵席者，殿下也，落粪溷者，下官是也。

你们觉得自己属于坠茵席者呢？还是落粪溷者呢？”

“坠茵席者！”孩子们回答。

“这就是你们的美丽人生，又有天使妈妈的保护，所以要格外珍惜。对吗？”夏老师说道。

“夏老师，您好会讲故事呀！很深刻的道理，用简单的故事就讲出来了。爽！”谢凯赞口不绝。

“青出于蓝而胜于蓝，你们已经站在夏老师的肩膀上，比夏老师还要高。要相信自己，用不了多久，你们一定会胜过夏老师的，这是必然。不过，现在还得努力学习，努力地学习再学习。”夏老师说道，“今天的思考阅读是《魂》。作者马光复从不相信世界上会有什么魂开始，到相信了：人有魂，国有魂，民族有魂……而这一观念的转变，源于生活中的一件小事。把火车上争抢座位的风波，浓缩到一个点加以延伸放大，挖掘出不同寻常的内涵，呼唤我们每一个人、我们的国家、我们的民族，都要像故事中的小姑娘一样，用美好的心灵，展现出做人的奉献精神。”

夏老师把《魂》的阅读资料放给了孩子们。

魂

听老人讲，人是有魂儿的。但我不相信世界上会有什么魂儿。

可最近我却看到了。

我乘坐的火车呼啸着开出了石家庄市。车厢里人挨人，人挤人，满满当当。

刚上车的一个小伙子，看到一个座位上放着本又脏又破的书，抄起来扔到茶几上，旁若无人地坐下。

邻座一位干部模样的人说：“对号入座，这儿有人。”

那小伙子眼一瞪，鼻子一抽，脸上肌肉一抖，怪怕人地望着对面座位上一位穿红上衣的十来岁的小姑娘，问：“是吗？”

小姑娘点点头说：“是。那也是一位大哥哥，他好像是去打开水了。”

话音刚落，那打水去的精壮的小伙子已经回来了，他凶煞地吼道：“滚起来！”

坐着的小伙子连头也不抬，一只手在裤兜里摆弄着，那分明是一把匕首。一会儿，他眼睛往上一翻，说：“少犯傻！老子有票。座空着，就要坐，坐定了！”

火车的轰鸣声夹杂着不堪入耳的争吵和谩骂，像冰水一样灌入耳中，让人肌寒血凝，连心都凉了。我暗自想，假如人有魂儿的话，那有些人大概只有一个躯壳了。

四只手揪在一起，一场厮打迫在眉睫。

没有人劝，也没有人去拉。

忽然，那个穿红色上衣的小姑娘站起来，眨眨有着双眼皮的又黑又亮的大眼睛，声音像银铃似的说："别打架啦！我要下车了。你们过来一个人坐这儿吧。"

四只手松开了。一个小伙子坐到小姑娘让出的座位上。所有的人都松了一口气，这才把目光集中到那小姑娘身上。她那胖乎乎的白净净的好看的脸刹那间红了，红得跟苹果似的。她抿抿嘴，甩了一下脑后的油黑油黑的头发，提着一个不大的旅行袋向车门走去。

火车在保定站停了。我想，她肯定在这一站下车。

这趟车终点站是北京。到站了，我下了车门在人流中穿行。出了站口，我快步走向公共汽车站。

天啊！我忽然看到了那个小姑娘：大眼睛、双眼皮儿、好看的脸、油黑的头发、红上衣……

她不是三个小时前在保定站下车了吗？

难道我看到了魂儿？我不信。难道是看花了眼？决不会！那么，她是躲在别的车厢，一直站到了北京？

我想追上她，真诚地对她说一声："你真好，我不如你。"可终于没有追上，她提着那只不大的旅行袋挤上了公共汽车，门关了，车开走了。

我久久伫立着，目送那远去的汽车。心中又忽然想起，老人说，人是有魂儿的。

我相信了：人有魂，国有魂，民族有魂……

阅读与练习

一、解释下列句子"魂"的具体含义。

1. 听老人讲，人是有魂儿的。________________

2. 假如人有魂儿的话，那有些人大概只有一个躯壳了。________________

3. 难道我看到了魂儿？我不信。________________

4. 我相信了：人有魂，国有魂，民族有魂……________________

二、"火车的轰鸣声夹杂着不堪入耳的争吵和谩骂，像冰水一样灌入耳中，让人

肌寒血凝，连心都凉了。”指出句中所用的修辞手法。________

三、“没有人劝，也没有人去拉”反映了怎样的一种社会现象？此句对刻画小姑娘的形象有没有什么作用？________

四、小姑娘是怎样的一个形象？________

五、概述本文的中心思想。________

六、作者主要运用了哪些手法来刻画主人公形象的？________

七、文中两次提到“老人说，人是有魂儿的”，具体有什么作用？

____

八、你如果遇到类似事件，将如何处理？小姑娘的行为给你什么启示？

____

“《魂》的思考问答题做完了吗？”夏老师问。

“做完了。”大多数孩子点头应答。

夏老师又等了一会儿说道：“今天的警句格言是：一、以铜为镜，可以正衣冠；以史为镜，可以知兴替；以人为镜，可以明得失。二、永远别说永远，凡事都有可能。”

孩子们做好笔记，默默看着夏老师。

“今天的古文阅读是《草书大王》。同学们阅读时要本着有则改之，无则加勉的自省，悟出给予自己的警示。”夏老师说着，把《草书大王》的资料发给孩子们阅读。

草书大王

张丞相好草书而不工。当时流辈①皆讥笑之。丞相自若②也。一日得句③，索笔疾书，满纸龙蛇飞动。使侄录之。当波险处④，侄罔然而止。执所书问曰：“此何字也？”丞相熟视久之，亦不自识。诟⑤其侄曰：“汝胡⑥不早问，致余忘之。”

【注释】

①流辈：人们。②自若：像自己原来的样子，不变常态。③得句：得到佳句。④波险处：书法中笔画怪诞的地方。⑤诟：责骂。⑥胡：为什么。

一、解释下面句子中加点的词。

1. 张丞相好草书而不工__________
2. 使侄录之__________
3. 侄罔然而止__________
4. 执所书问曰__________

二、翻译下列句子。

1. 此何字也？__________
2. 丞相熟视久之，亦不自识。__________

三、这则故事中该责怪的人是谁？为什么？

____

“王宇泽，请你把《草书大王》翻译一遍，并联系自身说出主题。”夏老师点名说。王宇泽的字实在太差。批改他的作文时，认有些字像考古甲骨文一样难。有时候，他还喜欢强词夺理为自己辩解。

张丞相喜爱写草书但不好看，当时人们都笑话他。但张丞相并不改正，和从前一样。有一次，他得到一个好句子，拿笔迅速写下来，在纸上龙飞凤舞。他让侄子抄下来，当到了书法中笔画怪诞的地方时，侄子茫然停下来，拿着他写的字问：这是什么字？丞相认真地看了很久，自己也不认识了，责怪侄子道：你为什么不早问？以致我忘了写的什么。

《草书大王》的主题是：自己的错误推给别人。

王宇泽愧疚地说，白净的脸上臊得通红，他知道自己错在哪里，然后低下了头。

孩子们冲着王宇泽讪笑起来。

“王宇泽翻译的《草书大王》好不好?”夏老师打破王宇泽尴尬的处境问道。

“好！”

“归纳的主题正不正确?”夏老师回避王宇泽的短处又问。

“正确。”

孩子们停止了讪笑，齐声回答。

“下面，我再给同学们讲一个《题字》的故事。”

题 字

近代大书法家于右任老先生，很少给人题字。一次，一位故作风雅的青年，硬是向于先生求字。于右任无奈，便写了‘不可随处小便’六个字给他，心想：看你怎么挂得出来？不料，事隔几天，这位青年家里竟出现了一幅装裱精美的于先生题字，原来那句不能登大雅之堂的话，却变成了富有教育意义的座右铭。

“这里有两问：

第一问：青年将不可随处小便，怎样改动而得一句佳话？

第二问：这样的座右铭有什么教育意义？”夏老师活跃课堂气氛，把“不可随处小便”六个字写在了黑板上，便于孩子们像玩拼图一样拆拼。

“夏老师我来回答。”王宇泽抢着说道，“第一问的改动是：小处不可随便；第二问的教育意义是：小事不能随随便便，言行要谨慎。”

“王宇泽的回答正确吗？”夏老师问道，他心知肚明王宇泽在用行动做回报，他教的这帮孩子们呀！

“正确——”孩子们欢呼地回答。

“接下来是唐诗阅读。怎样赏析阅读唐诗呢？夏老师先做一个阅读点津：

诗是语言文字的精华，古诗更是如此。由于古诗距离我们的年代比较遥远，我们今天在阅读理解的时候，首先要借助注释和参考书，逐字逐句地疏通句意，然后将上下句和段落联系起来理解，逐步理解全诗的意思。这是理解作者创作意图和诗歌主题思想的基础。

每一首古诗，必然会表达作者的一种思想、情感或趣味，我们要抓住诗文中的重点词句，找到作者要表达的重点所在，反复体味，然后通过诵读的语气、语调，准确地传达出作者的这种情感。

能够流传下来的古诗，大多是中国古典文学的精华，我们不仅要诵读、理解，还要通过背诵、默写等方式，达到积累的目的，以增加自己的文学涵养，陶冶情操，传承古代文化的精髓。

下面，夏老师讲解——”

池 上

（唐）白居易

小娃撑小艇，偷采白莲回。

不解藏踪迹，浮萍一道开。

译文：一个小孩儿撑着小船，偷偷地采了白莲回来。他不知道怎样掩饰踪迹，水面的浮萍上留下一条船儿划过的痕迹。

赏析：小孩儿偷采白莲的情景像一幅画，留下被划开的浮萍，此诗有景有色，有行动描写，有心理描写，细腻逼真，富有情趣。特别是小主人翁天真幼稚又活泼可爱的形象，栩栩如生。

古朗月行

（唐）李白

小时不识月，呼作白玉盘。
又疑瑶台镜，飞在青云端。
仙人垂两足，桂树何团团。
白兔捣药成，问言谁与餐。

译文：小时候不认识月亮，把它称为白玉盘。
又怀疑是瑶台仙境，飞在夜空青云之上。
神仙是赤着双脚吗？桂树为什么长得圆圆的？
白兔捣成的仙药，到底是给谁吃的呢？

赏析：这是用浪漫主义的创作方法，通过丰富的想象巧妙加工了神话传说，从而构成神奇的艺术形象，表现出儿童对月亮的稚气认识。

“以上两首唐诗都是表达儿童情趣的，一首写实，一首写想象，如果同学们有兴趣写现代诗的话，可以仔细琢磨体会诗中写实的童趣和浪漫的意境。对于提高同学们的写诗能力是大有帮助的。

接下来，我简单讲一下现代诗。现代诗也叫白话诗，形式灵活自由，不拘格式和韵律，意涵丰富。”

乡　愁

余光中

小时候
乡愁是一枚小小的邮票
我在这头
母亲在那头

长大后
乡愁是一张窄窄的船票
我在这头
新娘在那头

后来啊
乡愁是一方矮矮的坟墓
我在外头
母亲在里头

而现在
乡愁是一湾浅浅的海峡
我在这头
大陆在那头

赏析：《乡愁》是诗人余光中在归乡无期的绝望中写下的。邮票、船票、坟墓、海峡，这四个意象表达的不是小我的哀愁和遭遇，而是一个民族的伤痛，包括历史和文化，是对整个民族悠久历史的感怀，所以能引起两岸及海外游子的情感共鸣。乡愁还有一种强烈的怀乡之情，他曾写过《当我死时》：当我死时，葬我，在长江与黄河之间，枕我的头颅，白发盖着黑土。在中国，最美最母亲的国度，我便坦然睡去，睡整张大陆……

“这就是游子的感怀，正如诗人云鹤在《野生植物》里写道——”

有叶，却无茎；有茎，却无根；有根，却无土。那是一种野花，叫游子。

“下面，我们来看一首汪国真的诗。”

只要明天还在

汪国真

只要春天还在
我就不会悲哀
纵使黑夜吞噬了一切

太阳还可以重新回来
只要生命还在
我就不会悲哀
纵使献身茫茫沙漠
还有希望的绿洲存在

只要明天还在
我就不会悲哀
冬雪终会慢慢消融
春雷定将滚滚而来

赏析：汪国真的这首诗意象丰富，春天、太阳、绿洲、明天等是希望的象征；黑夜、沙漠、冬雪、悲哀等是困难的象征。整首诗主题积极向上，追求豁达昂扬，那重复押韵的歌唱形式，用希望之心唱出了：只要明天还在……春雷定将滚滚而来。

"夏老师，听您这么一说，写诗还是有技巧可寻的。好难啊!"江珂宇感叹。

"一边学习，一边写诗，一边汲取写诗的精华，熟能生巧嘛!"夏老师鼓励说，"在这里，夏老师教你们一个学习的窍门。怎样去实现自己的学习目标。比如，同学们参加夏老师作文培优班，共有 50 堂课，100 个小时。假设是集中在一起，每天学习四个小时，用一个月的时间完成，你们会望而却步。但是，你们跟夏老师培优学习，是分段实现这一目标的呀！我们把 100 个小时分成了 50 堂课，每堂课 2 小时，用了一年的时间完成的。现在，我们已经完成了 94 个小时的学习，加上今天这堂课还有 3 次课。而同学们在不知不觉中通过有系统的培优学习，在全班，甚至全年级成了佼佼者，这就是大目标中的小目标实现的过程。学习写诗也是一样，从古到今，分段来实现自己的目标。我的这个小小建议，希望对写诗的同学有一定的启发作用。"

"夏老师，我们其实很爱听您讲课的。知识量虽然很大，但我们学习到了知识，真的，想想后面只有两次课了，还有些舍不得您的。"孩子们真诚地表白。

夏老师深情地看着这一张张稚气熟悉的脸庞，他还能说些什么呢？

沉默是金！

"夏老师今天的作文写什么？"谢凯问道。

“随心所欲，想怎么写就怎么写。”夏老师笑着回答。

“写荒诞的?”“遇见了外星人。”“看到了鬼!”

“人走夜路害怕，真的，怕的就是鬼!”

孩子们雀儿一般说道。

“那我们现在就延续宇宙万物的话题，先解决心中怕鬼的难题，作文就写《见鬼》。不过，在这之前，我们先完成自画像。因为，只有认识了自己，才能知道这个世界上到底有没有鬼。”夏老师提议。

“夏老师，怎么写呢?”喻彬问。

“喻彬，请站到夏老师这里来。”夏老师说。

喻彬走到夏老师跟前，面对同学，表情严肃地挺胸收腹，站姿挺直。

“喻彬，就是每一位同学的肖像，然后写好自己。”夏老师要求孩子们移花接木进行肖像描写。让喻彬回到了座位。

自画像

我要给自己画一张自画像，准备了镜子、笔和纸开始画了起来。

首先是画眼睛，算不上黑亮，也不是双眼皮，但一对活泼的眼眸，在镜片后面灵动地闪烁，炯炯有神。我用笔轻轻勾画即成。唔——还得再描画上一副斯文的眼镜，显得文绉绉的，可我才十岁呀，就戴上了眼镜。常言说得好，眼睛是心灵的窗口，但眼镜的特别提醒是，我平时看书学习坐姿不正，落得现在的下场。

接下来画不太秀气的鼻子，真不好画，一不小心就画歪了，别看我鼻子貌不惊人，可有特殊功能，妈妈说我是馋猫，家里任何好吃的东西我都能嗅到。

嘴巴和耳朵是一对好兄弟，所以要一起画：嘴巴不大不小，唇儿厚厚的，说话声音很尖很大，吃东西吧嗒吧嗒带伴奏声，爸妈评论说我吃相难看。耳朵蛮标准，流线型耳廓，有两个小耳珠。它们帮了我不少忙，父母、老师、同学的话我都听进去了。爸妈常常叫我小宝贝，小棉袄，小鲜肉；老师教我上台发言不慌的方法是，把台下的人都当成萝卜和白菜；同学们告诉我成绩没考好就对妈妈说：妈妈，请你再打我一次。

脸蛋圆圆的，身体胖胖的，用笔慢慢画出一些弧线，就组成了身体。再画上手，拿着一本我爱看的动漫书，斜斜地歪着身子，姿势不雅，但很真实。记得一次春节，我去外婆家拜年，看见桌上有一本我最爱看的《倒霉熊》，就如获至宝地读了起来。外婆走过来问我说：彬彬，过年外婆给你做什么好吃的？我完全沉浸在书中精彩的情节中，哈哈大笑地说：书嘛！弄得外婆莫名其妙。

现在，我的大作完成了！一幅标准的自画像，希望同学们喜欢！

“同学们面对自己画的自画像，感觉好不好？”夏老师问。

“好！”

“倘若不认识自己呢？”夏老师又问。

孩子们完成了《自画像》，兴奋地跺着脚嚷嚷道：“夏老师，讲故事。夏老师，讲故事！”

“那——我就为接下来同学们要写的荒诞作文《见鬼》，先来一个铺垫，讲一个远看是灯笼，夜看是灯笼，高高挂灯笼，眨眼没灯笼的故事。”夏老师伸臂压手止住孩子们的叫嚷，讲起了故事。

红灯笼

中秋夜，月亮那一脸寿斑越发碍眼了。老和尚在一株玉兰树上挂了个纸糊的红灯笼，就退入禅房，隔窗看烛焰明灭。

“师父，你知不知道人世间什么是最恐怖的？”小沙弥傍着他坐定，就问问题。古往今来，老和尚身边，例必有个擅长发问的徒儿，作用就一个：彰显师父的睿智。“最恐怖的，是一个脸色青白的女鬼，忽然间从窗口爬进来，二话不说，就咬掉你的头。”老和尚答。“为什么是咬掉我的头，不是咬掉师父你的头？”小沙弥不解。“咬掉我的头，我就不能去‘恐怖’，也不能告诉你，怎么样才算最恐怖。”老和尚最会为徒儿着想。

“我觉得最恐怖的，是蜡烛烧尽了，灯笼熄灭了，周围一片黑暗。蓦地，这个灯笼竟又亮起来了！这座山，就只有我们师徒两人，这灯笼，是谁点亮的？”小沙弥说完，抱着双臂，但觉满室都是寒气。老和尚看着跳闪的灯火出神，半晌，烛灭了，大小和尚同吃一惊，连声怪叫。“三更了，睡吧，夜生活太多，到底不好。”老和尚从蒲团上站起来。“我总觉得灯笼会再亮起来，这么想着，不会睡得安稳。”小沙弥说。“把窗户关上，看不见灯笼，就没事了。”老和尚让他去关窗。“你以为关了窗，灯笼就不会亮起来？”小沙弥讲原则，认为眼不见，不等于就干净了。“你到院子里去把灯笼除下来，一把火烧掉，不就什么都解决了！”老和尚不耐烦。

“万万不可!”小沙弥解释，“师父你年纪大，夜尿频，我把灯笼烧掉了，你半夜里起来，发现灯笼还在那里，亮堂堂照得满院子一片红，你还尿得出来?”老和尚让他说得毛骨悚然，夜尿多，够可怕了，夜尿再遇上死而复生的红灯笼，能不丧胆?他六神无主，反问徒儿:“你……你说该怎么办?”“你是师父，该我问你；如果你问我，那我就是师父了；我再笨，也不会笨得去当师父。”小沙弥答得直率。

这夜，师徒俩没有入睡；第二日，第三日……老和尚仍在苦思这个“灯笼问题”。一年过去，老和尚圆寂了。不过，临终那一天，他心境非常清净，他开悟了，终于明白“最恐怖”的，是不断兴起的妄念；院子里那盏红亮的灯笼，也只是他管束不住的一个妄念而已。

夏老师讲完了故事，微笑地看着孩子们。

孩子们安静地看着夏老师，一副副萌萌哒的样子十分可爱。

“同学们，这世界上到底有没有鬼呢?”夏老师问。

“有。”“没有。”“鬼从心起。”“妄念生鬼!”“哈哈哈，还是没有鬼。”

孩子们热闹地议论着……

“同学们该知道怎么写《见鬼》的故事了吧?用自己在现实中害怕过的经历，再加上科学的思想，然后发挥想象力，就是一篇荒诞的作文。但是，作文的主题要积极向上。开始写吧!”夏老师看着孩子们乐了!

见 鬼

夜幕慢慢降临了，满眼都是黑漆漆的。天上星星很少，只有秋风吹得枯叶“唰唰”作响。在两边长满高大树木的潮湿的土路尽头，有一座低矮破旧的屋子被传为鬼屋，屋顶的茅草纵横交错，在风中乱飞狂舞。据说，这鬼屋的主人就是一年前在这个屋子里吊死的，舌头垂得老长老长……所以，即使是白天，也很少有人来这里，怕!

我不知何种原因，从梦中醒来，迷迷糊糊地走出了家门，在那条凄凉阴森的土路上，不知不觉走进了鬼屋。月光惨白惨白地洒满鬼屋，使人陷入一种恐怖的环境。在一间房门口，我碰见了一个人：阴郁的面孔，蓬乱的长发，带着一丝惊疑不定的神色。于是，我胆战心惊地站住了，就在这同时，那一个人也停住了脚步。我向左走了一步，想让开那人，没想到那人也向左走去。我们就这样在鬼屋里互相模仿对方的动作，仿佛鬼缠身一样，结果谁也没有让开谁——这情景我在行路时常常遇到，但从没有像今天晚上这样无止无休。难道是鬼撞墙了吗？让我毛骨悚然。

人们常说大白天撞见了鬼，人要背时，那真是鬼眼可以看见生灵，而我却是在夜里碰到了鬼？这个鬼屋里真有吊死鬼吗？我恐慌地向后退缩着小步，可在这同时，我也看见那个人也露出恐怖的神情向后退着小步，我再也无法控制自己惊魂未定的心情，一转身，撒腿就往外跑。

“啊呀——”我听见了我自己一声凄厉的尖叫，声音是阴森森的，在这空寂的鬼屋里让人感到瘆得慌。我一下子蹲下了身子，原来是脚崴了……

第二天，当我在一片阳光中醒来的时候，我忽然想起了昨天夜里发生的见鬼事件。我穿衣下床拉开房门，冲进洗手间，一面镜子静静地看着我。我恍然大悟，原来昨天夜里见到的鬼不是别人，是镜子里的我自己。

世上原本就没有鬼。鬼从人心起，然后就自己吓唬自己，所以，只要心中有钟馗，思想里就会充满彻悟的光照，在阳光灿烂中前行！

夏老师点评：《见鬼》写得既荒诞也真实，用叙述故事的手法，揭示了只有自己认识了自己，才能从心理上破解什么是见鬼了。

语文基础知识扫描

一、结合语境，选择恰当的词语依次填入句中的“______”上，正确的一项是（　　）。

野草是这个世界上最为平凡和普通的植物，但却具有最顽强的生命力。野草是有灵性的，有春的________，有夏的泼辣，有秋的________，更有冬的________。

A. 绚丽 丰硕 蕴蓄　　　　B. 丰硕 绚丽 蕴蓄

C. 绚丽 蕴蓄 丰硕　　　　D. 蕴蓄 绚丽 丰硕

二、判断下列说法的正误，正确的打“√”，错误的打“×”。

1. 省略号可以分裂开使用，即前三个点放在上一行，后三个点放在下一行。（　　）

2. 前引号可以放在一行的行首，后引号也可以放在一行的行首。（　　）

3. 书名号中还套用书名号时，外面的用双书名号，里面的用单书名号。（　　）

三、判断下面句子中的标点使用是否正确，正确的打“√”，错误的打“×”。

1. 这个养殖场里什么鸟都有：珍珠鸟，天鹅，角鸡，鹧鸪，孔雀。（ ）

2. 为什么昨天答应得好好的？今天又反悔了呢？（ ）

3. 当老师问：“学数学最怕什么？”的时候，大家异口同声回答粗心！（ ）

四、依次填入下列各句横线处的词语，恰当的一项是（ ）。

1. 书法艺术在我国有着________的历史。

2. 法国的城际交通，最值得提及的是铁路运输，法国被公认拥有欧洲大陆最________的铁路系统。

3. 中国戏剧，源远流长，种类繁多，有着________的民族特色。

A. 悠久 完整 明显　　B. 悠长 完善 明显

C. 悠久 完善 鲜明　　D. 悠长 完整 鲜明

五、选出判断有误的一项（ ）。

A.“心旷神怡、鹤发童颜、眉清目秀、字正腔圆”等词语的结构相同。

B.“燕山雪花大如席，片片吹落轩辕台”一句运用了夸张的修辞手法。

C.“好高骛远、老奸巨猾、断章取义、卧薪尝胆”等词语均含贬义。

D.“桃李”“桑梓”“鸿雁”分别指代学生、家乡、书信。

六、选出下列各句中没有语病的一句（ ）。

A. 经过老师和同学的热情帮助，使王伟同学提高了学习成绩。

B. 李敏和王芳一起多次反复交流学习方法，讨论学习上的问题。

C. 暑假期间，我观看了电视连续剧《新水浒传》。

D. 能否提高学习成绩，关键在于学习要勤奋用功。

七、依次填入下列横线上的词语，正确的一项是（ ）。

1. 悔恨自己的错误，而且力求不重蹈覆辙，这才是真正的________。

2. 人的生命就像芦苇一样________，宇宙间的任何东西都能置人于死地，所以，我们要珍爱生命。

3. 有时候，疲倦的浪潮________上来，淹没了他，他会做起很长的梦。

A. 悔悟 脆弱 涌　　B. 悔悟 虚弱 冲

C. 感悟 脆弱 冲　　D. 感悟 虚弱 涌

《魂》阅读与练习答案

第一题：1. 附在身体上的非物质。2. 精神。3. 小姑娘。4. 崇高的精神。

第二题：比喻

第三题：冷漠；对比的作用。

第四题：外表漂亮，心灵美丽。

第五题：人要有魂，国要有魂，民族也要有魂。

第六题：对比、反衬

第七题：从不相信到相信魂，是在呼唤国家和我们，需要小姑娘身上所体现出来的那种魂。

第八题：我遇上这种情况，也许会退却，也许会冷漠旁观。通过阅读这篇《魂》，我也要像小姑娘一样，用机智的奉献精神表现出民族之魂！

《草书大王》答案

第一题：1. 喜爱；2. 抄写；3. 茫然；4. 写的。

第二题：1. 这是什么字？2. 张丞相认真地看了很久，也不认识。

第三题：张丞相。1. 自己书写得不好，还不听劝告，不改错误。2. 自己写的字潦草，还怪侄子不早问。

《语文基础知识扫描》答案

第一题：A

第二题：1. ×；2. ×；3. √

第三题：1. ×；2. ×；3. ×

第四题：C

第五题：C

第六题：C

第七题：A

第四十九课 永不言弃

“同学们好！”“夏老师好！”

“今天上课的内容有：说明文、议论文的写法；阅读《书与我》；警句格言；作文。”夏老师说道，“在我们日常的书写中，有记叙文、议论文、说明文、应用文四种文体。而这四种文体中，记叙文是基础。如果同学们把记叙文写好了，做到文通字顺，用词准确，其他的三种文体只要掌握其要领，写起来就是一马平川，驾驭自如。下面，我先简单讲解说明文的写法。

说明文的定义：对事物本质特征进行确切的说明。

说明文与其他文体的区别在于，说明文偏重于知识性，科学性，其解释说明某些客观事物，让人们认识它，了解它而有所知。是一种客观冷静的表述，不带思想倾向和感情色彩，文字注重浅显平实，简明准确。

说明文的写法多样，我讲两种常见的说明文的写法：

一、特征法：清代孔尚任在《桃花扇·余韵·离亭宴带歇拍煞》中这样写道：那乌衣巷不姓王，莫愁湖鬼夜哭，凤凰台栖枭鸟。

那何为枭鸟呢？说白了就是猫头鹰。我现在朗读一篇经典的说明文《痴枭》。作者开门见山地对猫头鹰的特征进行了确切的说明，渲染出一种特定的氛围，同学们边听边思考特征法。”夏老师说着便朗读起来。

痴　枭

猫头鹰是奇怪的动物。它全身仿佛由猫的头，鹰的嘴、爪和鸟类的翅膀组成，是一种羽毛多为褐色的鸱鸮科动物。它的两只大圆眼生于前方，如两只照明灯，脸长得圆圆的，活像猫脸一样。它生性习惯于白天隐伏在树干近旁的树枝上或林间的空旷地域，到黄昏和夜间才飞出来猎取食物，所以人们叫它为“猫头鹰”或“夜猫子”。

猫头鹰常常夜间活动于古墓、荒地之中，并不时在深更半夜叫上几声，其声尖利刺耳，使人毛骨悚然，因此，它被老农们视为“不祥之物”。于是，“夜猫子进宅，无事不来”，“不怕夜猫子叫，就怕夜猫子笑”的俗话也随之而生。其实，这可真是冤枉了猫头鹰。

说实在的，猫头鹰是人类的朋友，鼠类的天敌。它嗜食田鼠。据有关资料统计；一只猫头鹰一个夏天大约可消灭1000只田鼠。如果按每只田鼠一年糟蹋20斤粮食计算，那么，每只猫头鹰在短短的三个月内就可以从田鼠口中为人类夺回10吨左右的粮食，这个数目对于一只小小的“夜猫子”来说，显然是惊人的。由此可见，猫头鹰对人类的贡献巨大。

“同学们思考是不是这样的？全文围绕着痴枭（猫头鹰）加以归纳，使说明的内容更加形象化。结尾又运用数字揭示了痴枭的特点、习性、地位和价值，从而使人们对痴枭有了一个直观的完整印象，具有较强的说服力。”

夏老师层次分明地解释着说明过程，教室里鸦雀无声。

“夏老师，静物也可以用叙述的方式写说明文吗？”喻彬用手托着镜框试探地问，“比如说黑板、粉笔等。”

“这还不好写啊！白色粉笔有六厘米长，大头呈六边菱形，小头是圆形。当它挤在彩色的粉笔中间时，就无法炫耀自己了。可是，当老师来到教室里上课，两米长、一米宽的黑板就会无语地看着四四方方的粉笔盒，仿佛在说，矜持的粉笔们，勇敢一些呀！看你们谁先上来写出最美丽的人生？而白色的粉笔这时就使出了魔法，让老师用手拿出它，用洁白的身躯在黑板上描写出一个个美丽的符号。撒播下知识的种子。同时，也在一点一点消耗着自己宝贵的生命……”谢凯一鸣惊人说到这里打住了。一双双期盼的眼神静静地等他说下去。

“还有呢？那应该有结尾呀？想一想，慢慢说。”夏老师看到谢凯不停挠着头的窘迫，安慰又提示说。

“还有……夏老师就是教室里的大黑板。我想当那只消耗自己宝贵生命的白色粉笔。”谢凯憋足劲儿脱口而出，引得全班孩子们哄堂大笑。

谢凯尴尬地望着夏老师，鼻尖上渗满细汗。

“其实，谢凯最后的一句话只是噱头，他的真正本意是说将来要当一名优秀的教师，像白色的粉笔一样，消耗自己，照亮别人，所以说，谢凯对说明文已经有了基本的理解。只是口说比写作文更难一些，没有时间修改要说的内容，而作文是改出来的。

我们给谢凯口述说明文热烈的掌声！”夏老师带头鼓掌。

孩子们在笑声中给予了热烈的掌声。

“夏老师，我家金鱼缸里养了不同品种的金鱼，也能用说明文进行说明吗？可是，金鱼既没有尺寸，品种又不一样，怎么写呢？”汤佳婧提出了用说明文写动物的问题。

“夏老师曾经养过金鱼，每天闲暇之时，观赏游动的金鱼是一件赏心悦目的事。在这里，我就用诠释的方法对金鱼进行说明：

二、诠释法：1. 金鱼是由鲫鱼衍化的物种，颜色鲜艳，体态婀娜。金鱼有头大腹圆尾鳍宽大似裙的红狮子头；有大腹便便的五花珍珠鳞；有全身乌黑的黑蝶尾龙睛；有鼓凸双眼的朝天龙水泡；有头戴红冠的鹤顶红……是人们玩赏鱼类的心爱之物。

2. 金鱼很是贪吃。捣碎煮熟的蛋黄，撒在金鱼缸里，就是最好的饲料。但是，金鱼又像一个贪嘴的孩子，喂食要适量，否则，就会把它撑死。不过，金鱼的耐饥饿能力特别强，几个星期不喂食，金鱼也不会饿死。

3. 金鱼在梅雨季节身上会出现霉斑，而霉菌繁殖较快，附在有病的金鱼身上没几天就会死去，而防治的方法是将有病的金鱼放在含有呋喃西林的水里，或是将鱼缸放在有阳光的地方即可。

4. 金鱼也有珍贵的品种，如乌龙眼、大水泡、珍珠鳞等，它们用美丽的身姿，赢得了人们的喜爱，在金鱼的稀罕珍品中，领略到了金鱼的无限美感。

以上就是夏老师从金鱼的物种衍化、观赏价值、生活习性、病因治疗、珍贵品种等方面，对金鱼作了多角度的诠释，使同学们对金鱼有了比较全面的了解。同学们如果按照夏老师对金鱼的诠释，用叙述的方法串连起文字，就是一篇比较完整的金鱼的说明文。请同学们回家后，抽出时间完成好这篇说明文。”夏老师说着，孩子们频频点头，这说明他们已经听懂了说明文的关键点。剩下的只是练习写几篇说明文，就可以收到学以致用的效果。

“接下来讲议论文。写议论文难度相对大一点，但是，适用性也广一些，那么，议论文又该怎么去写呢？我先讲一个小故事——”

> 最近，我带的班比较多。特别是星期六，我要讲四堂课，每堂课两个小时，也就是说从早上要站到晚上，一天下来我的双腿都是麻木的。有家长和同学们知道此事后，都劝我如果太累就坐着讲课。可我是老师呀！站着讲课是对同学们的尊重。这就是我在教室上瞄准的一个点，并持之以恒坚持到现在。

“同学们告诉夏老师，这算不算是敬业的一种胜利？”夏老师用叙事开头提问。

“优秀的胜利！”“夏老师的课讲得特棒！深入浅出，使我们都成为班上的佼佼者。”“夏老师，我们都很尊重您——为人师表！”

一片对夏老师的赞扬声。

“如果说，把夏老师的敬业精神移植到同学们身上，请同学们在学习中也瞄准一个点，这个点是什么？”夏老师又问。

“努力学习，天天向上。”“克服学习上的困难，坚持走到最后。”

“抓住在写作文时一闪而过的灵感，写出更好的作文。”“做好读书笔记，积累生活中的素材，磨刀不误砍柴工。”

孩子们七嘴八舌发表自己瞄准的点。

“同学们的回答完全正确。只要瞄准了努力向上的这个点，就能敲开成功的大门。而失败往往是没有找准自己选择的点，现在，我们回到议论文上来讲。议论：就是发表自己的观点和看法。而议论文是以议论为主调，通过对事实材料的分析和推理论证自己的观点和看法。因此，一篇议论文或一段完整的议论，必须是由论点、论据、论证构成的。议论文的公式是这样的：提出论点（提出的问题要鲜明）——找出论据（分析问题要透彻）——进行论证（解决问题要合理）。”夏老师说着，回身在黑板上写下了议论文的公式，然后放下手中的粉笔，看着孩子们做着笔记。

“同学们注意了，写议论文时，该怎样去找论点呢？有这样几种方法供同学们参考：

一、任何事情都有过去、现在、将来，要恰当截取一个点。

二、引用警句格言为论点。

三、总结概括一件事为论点。

四、用故事和观点为论点。

夏老师刚才讲的小故事，请同学们找出论点来。”夏老师说道。

“瞄准操守这个点。”孩子们随即答道。

“对！这就是议论文的论点。接下来就是论据——证明论点的依据。论据有两种：

一、事实论据：历史资料、典型事例、现实情况等等。

二、事理论据：定义、警句、谚语等等。

这样说也许抽象了一点。我再说一个小故事，同学们来进行归类，行吗?”夏老师问。

“好——”异口同声。

“我写的长篇小说《浮沉》里有这样一个哲理故事——”

> 春秋战国，老子的老师商容病危，老子去看商容老师。商容拉着老子的手有话要说，却无力说出话来。商容只好张开嘴，示意老子看，老子看后点了点头；商容又张开嘴，示意老子看，老子看后又点了点头；商容再张开嘴，示意老子看，老子含泪点了点头。

“老子三次点头，同学们知道是为什么吗?”夏老师停顿下来，看着孩子们问。

“第一次老子看后，知道老师嘴里没有牙；第二次看后，知道老师的舌头还在；第三次看后，悟出了老师的本意，世间万物，都存在于牙与舌之间。”孙柏灵回答。孩子们放声大笑。

“夏老师，我们都看过你写的《浮沉》，这是书里面的答案。”谢凯快嘴快舌地把缘由告诉了夏老师。同时，在教学中收到了意外的效果。

夏老师很感谢孩子们认真阅读了他写的书。这说明，孩子们喜欢夏老师，才想了解夏老师。

“这就是柔与刚的道理。用论据去说明，舌头很软，牙齿坚硬，当坚硬的牙齿掉没了，舌头依然健在。还有，绳子很软，棍子很硬，但是，世上只有绳子捆棍子，没有棍子能捆绳子的。所以，我们在论证的时候，要用浅显易懂的论据，概括出让人信服的道理。

接下来，再回到瞄准的一个点的论据上。学习是当下同学们无法改变的事实。早上起来得去上学，上学就有做不完的作业。盼星星盼月亮，好不容易盼到了周末，又得出来培优。这时，如果同学们不能正确对待学习，认识出现了问题，也得一天一天地过，就像是作茧自缚一样。但是，对学习是满怀热忱的，也是一天一天地过，我认为，对学习的认识不同，思想是可以改变的。既然如此，就应该选择努力去学习。当然，学习是一件很苦的事情，需要信心和毅力，因此，千磨万击还坚劲，任尔东西南北风。面对学习的磨砺同学们要表现出坚韧的品质和蓬勃向上的学习精神，托起学习中的希望和梦想。

如果是这样的话，就可以剪断束缚思想的厚茧，由蛹化蝶。这就是用论据证明的论点，我不知道同学们听懂了没有。”夏老师用目光扫视着孩子们，想从孩子们的表情上得出结论。

孩子们有的在翻着笔记，有的在仰头思索，有的用眼睛看着夏老师。过了好长时间，谢凯打破沉静说道：“夏老师，我整理了一下笔记，觉得您刚才说的瞄准一个点，是论点。‘千磨万击还坚劲，任尔东西南北风’是论据。对吗？”

“基本上是对的，”夏老师点头微笑说，“但是，写议论文时，还要调整好层次，用三段式的论证：即提出问题、分析问题、解决问题，也称为引论、本论、结论。夏老师这么说，也许太抽象，所以，我给同学们带来一篇佚名的《美的断想》，是一篇语言生动，条理清晰，说理透彻，论证有力的议论文，请同学们认真阅读，思考后写出提纲。”

夏老师把资料《美的断想》发给了孩子们。

美的断想

线，有曲线和直线之分。曲线很复杂，而直线却是最简明、最理想化的。因此，我曾一度向往直线，希望在各个方面都能够“一直前行”。渐渐的，我发现生活中的直线几乎是没有的，而曲线却是无所不在。后来，我终于明白：曲线比直线更富有魅力。那一条条的曲线，有弯曲，有转折，能引导你的视线作变化无穷的追逐，能引起你无限的遐思……

曲线是美的，而美的东西往往又是由曲线构成。

曲线的美，在于自然。

那皎洁的明月，是由曲线构成的；雄伟的山峰，是由曲线构成的；波涛汹涌的大海，是由曲线构成的。大自然一切的一切，几乎都是由曲线构成的。大自然是美丽的，曲线是美丽的。

曲线的美，在于历史。

人类历史跌宕起伏，有巅峰，也有低谷，可谓是一条曲线，一条无形而又无限延伸的曲线。帝王将相，从这里经过；凡夫俗子，亦在这里繁衍。人类历史这一曲线，犹如一面明镜，可以映照出每个人、每个时代美丑与兴衰，给人启迪，让人清醒。

曲线的美，在于人生。

在人生的道路上，不可能一帆风顺，大多数人的人生路是崎岖不平的。而正是由于这崎岖不平的人生风景线，才使得生命更充实更有意义。

当一个人走完了他坎坷的一生，蓦然回首时，他定会为自己留下的曲折坚实的脚印而欣慰。人生的曲线，给人希望，催人奋进，他展示了人类奋斗的力量和奋斗的美。

美，是生活中的曲折，是挫折时的意志，是逆境中的抗争，是山重水复中的求索，是柳暗花明时的欣喜！

谁能说曲线不美呢？

“夏老师，我阅读了两遍，第三遍拟好了提纲，不知道对不对。”邹佳蓉举手说道。

“请讲。”夏老师点头同意。

邹佳蓉解读了自己的提纲。

美的断想

一、开头：提出了“我”对曲线和直线的感悟，认识到生活中是没有直线的，有的是曲线。从而产生了论点——曲线美。

二、由曲线的美联想到了自然的曲线美，又由自然的曲线美证明人类历史也是跌宕起伏的，从而总结出人生的完美也是由曲线构成的，这是论据。

三、结尾，用疑问句得出论证：谁能说曲线不美呢？呼应了题目《美的断想》。

“同学们说，邹佳蓉的提纲写得好不好？”夏老师问。

“好——”

“好，说明同学们基本懂得了怎样写议论文，但这还不够，还得在实践中证明。今天的作文是写议论文——《永不言弃》，要求600字以上，作文可以带回家写。下面是阅读思考《书与我》，请同学认真阅读，并完成思考问答题。”夏老师把《书和我》的资料发给了孩子们说，“这篇文章比较长，有十二道问答题，希望同学们明白文中所说的：读书最重要也是最美好之处在于思索。读书是花朵，思索才是果实。”

“夏老师《书和我》真的好长啊！还有十二道问答题？”喻彬不停托动着镜框，神情有些沮丧地说。教室随之沉寂下来。孩子们个个面带难色。

夏老师为了打破这沉闷的气氛，笑着说道：“我们先放松一下，做一个游戏怎么样？”

“好！”教室顿时活跃起来。

“请同学们在思考阅读《书和我》中，准确找出有多少‘黄金’二字来，这是一次智商的测试，计时现在开始。”夏老师抬起左手，竖起食指说道。

孩子们顿时兴奋地认真阅读起《书和我》。时间也随着孩子们的阅读在流逝。十分钟过去了，孩子们失望地抬起头看着夏老师。

“在《书和我》的文章中找到多少‘黄金’二字？”夏老师打破沉默问。

孩子们大眼瞪小眼地望着夏老师，无力地摇动着头。

突然，万昊举手说道：“夏老师，我在《书和我》文字里，找到 75 处黄金二字，如果加上题目共有 76 处。”

孩子们惊愕地望着万昊。

“请解释你的答案好吗？”夏老师知道万昊找到了答案。

“书中自有黄金屋，每一个‘书’字，都是‘黄金’。我是这样理解的。”万昊回答。

“回答正确！”夏老师说道，“只有广泛地阅读，才能增长知识。在这里，夏老师再问同学们一个问题，黄金和书二选一的话，你们会选谁呢？”

“当然是黄金呀！”有男生抢着回答。

“为什么？”夏老师问。

“黄金可以买到书，而且……还可以买我喜欢的东西。”谢凯抢答。

“黄金是可以买到很多的书，把书放在书柜里，书上标明了价格。写书的人根据价格得到了钱。也就是说，黄金等同于价格。但是，当我们在读书后，用书中的知识，同样是能创造价值的呀！还有一点，同时也创造了有自己价值的人生！”夏老师鼓动说。

“我们选择读书！”回答响亮。

书和我

曾经有一位教授问他的学生：今天你做什么？

学生答：读书。

教授：明天呢？

学生：读书。

教授：后天呢？

学生：还是读书。

教授愤怒了：那你还有时间思索么？！

读书最重要也是最美好之处在于思索。读书是花朵，思索才是果实。思索不但能使你与别的读书人拉开距离，也使你与书本拉开距离。没有思索的阅读，就好像一个人没有胃而只有一张巨大的口腔，整个人便是一条孜孜不倦的过道。

这种过道，将所有美好的书贬值为垃圾。

如果书读得越多就越好，那么读书就是加法，读书人等于书本之和。书还是书，而你不过是一个数字。

即使只读一本书，即使只在这书中汲取了一滴甘露，只要它点燃了你，那么书读得再少也是乘法。读书人成为心灵与书本相乘之积，书和你都以几何级增大。书中有你，你中有书。

然而在大师那里，读书仿佛是减法，他往往读一本就否定掉一本，可读之书越来越少，直至“半部《论语》治天下”。他的读书历程也就是超越书本的历程；最后，他孤独地立于书山之巅。这时，书们不配为书，他却仍然是他。

无数本拙劣的书堆积起来，也不能够抵消一本卓越的书。但是，一本卓越的书却可以抵消掉另一本卓越的书。

我们有时陷入这样的窘境：一部卓越的著作为我们打开了一个美妙世界，另一部卓越著作却否定了那个美妙的世界。我们咽下了两部卓越的书，结果却是空空如也。

为了排遣无聊，我们读书；为了寻求刺激，我们读书；为了获得安全，我们读书；为了精神探险，我们也读书……所有这些读书动机，都比为了读书而读书好。

“不读书睡不着，一读书就睡着了。”这句话同时挖苦了那本书的枯燥和那个读书者的无聊。

但是，真正的阅读也恰恰是偎在一个梦境边缘，入神者就意味着跌入梦境。

伟大的《资本论》出版时，读者寥寥。一位枪械商拿它做靶子，检验子弹的穿透力。这确实是极富灵感的妙用，枪械商可以准确地说：弹道深达 750 页！

尽管《资本论》击穿过整个社会，但作为书，连它也无法掌握自己的命运。何况其他的书呢？

有些人是逗号，他读书读到头句话的半道上，就敢于告诉你这本书的全部内容，并且评价它的优劣长短。有些人是句号，他虽然读完整本书，但是他说不出比书本更多的东西，因为书的终点也就是他的终点。有些人是省略号，书读完他却停不下来，他沉默地、不可遏制地飞行到比书的尽头远得多的地方……

最少应当有一本这样的书伴随终生：在青年时读过它，在中年时又读过它，在老年时再次读过它……最后感觉仍然是没读完。甚至是：新鲜得仿佛不曾读过。

我们小时候爱读童话，但成年后才可能真正读懂它，而这时我们反而不读它了。我想是因为，小时候把它当故事来读，成年后才把它当寓言来读。故事往往令人感动，所以爱它。寓言则过于聪明，反而令人敬而远之。

有人喜欢在书本中画满各种颜色圈圈道道，标明重点、质疑、思索、心得……那些鲜艳的色彩，证明书主曾经如同批阅文件似的深入搜寻过这本书。

我难以阅读塞满了圈圈道道的书，他们破坏了书，他们破坏了书的美感。而且，凡是能够被圈住，或被切割的东西，都已丧失了它的完美。一本好书是一个充盈欲滴的生命。可有些阅读者好像必须把书肢解开后才能够阅读，好像阅读的快活在于快活地肢解。

我知道，有些伟人也喜欢在书中留下圈圈道道，这些圈圆道道还可能助长了他的伟大。只是我无法因为别人的伟大而改变我的好恶。

非常佩服那些有着超凡记忆的人，他们既能够一目十行，又能够过目不忘。

我对自己的健忘十分惭愧，唯一可宽慰的是，健忘使人常读常新。

偶尔见到一位大师开列出的必读书目，每一部都是里程碑似的作品。对照之下，发现其中有一半作品竟然没有读过，这书目是从历史上千万部作品中精选出来的，无数落选作品里仍然有大量优秀之作。即使我有一百个人生，也无法读尽它们。更何况，我觉得我已经错过读那些名著最好的人生时期。

书海之大，大到令人绝望的程度。因此，我只能将整个书海的意义浓缩到一本书上来，也就是我正在读的这本书。我认为：我手里的这本书是世上唯一的一本书，而我是唯一阅读它的人。

读书的悲哀在于，经常看见自以为独创的东西早就被人说过了，而且说得比自己好。这时，阅读是苦涩的，写作也是苦涩的，许多时刻我只好在此停止，把自己交给命运……

对于作家来讲，没有不值得阅读的东西，只有他没有兴趣去阅读的东西。哪怕它是一页风尘仆仆贴在电线杆上的江湖骗子的招贴，哪怕它是一幅粗鄙拙劣地画在厕所墙上的下流画，哪怕它是无聊文人骚兴大发刻在崖石或扶栏上的断篇残章……都包含着不比经典著作少的人性内容。只要你有兴趣，也会掘出一个偷偷摸摸的意境，并且撩拨着你的想象。

任何读物的价值，都被作家的兴趣所决定，而具也被作家的兴趣所开掘、所歪曲、所变幻……如果他没有兴趣，再杰出的读物也没有价值，甚至称不上是读物。在读之前，希望每本书都是一个意外。然而在读之后：才知道每本书都值得怀疑。

阅读与练习

一、在文章首段中，教授同他的学生有一段精彩的对话，读后引人思考。试问：这里蕴含了怎样的哲理？联系《论语》，孔子的言谈，阐述学与思的关系。

______

二、作者认为“读书最重要也是最美好之处在于思索。读书是花朵，思索才是果实”运用了哪种修辞？对作者的观点你有什么样的见解呢？

______

三、如何理解“这种过道，将所有美好的书贬值为垃圾”？既然“整个人便是一条孜孜不倦的过道”，又为何称“就好像一个人没有胃而只有一张巨大的口腔”呢？

______

四、“加法”“乘法”是数学领域的专业术语，本文中也用了加法、乘法，怎样理解其中含义？你对作者“半部《论语》治天下”的观点赞同吗？说明理由。

______

五、书有“拙劣”“卓越”之分吗？结合你的读书实际加以简述。你赞同作者“我们咽下了两部卓越的书，结果却是空空如也”的感受吗？举实例阐述你的观点。

______

六、作者列举几方面谈读书动机，这些动机怎么会“都比为了读书而读书好”呢？结合你读书时的动机，谈一谈对读书动机的认识。

______

七、从作者“童年”与“成年”的读书经历，加上你自己“童年”与“少年”的读书经历，谈谈童话转变为寓言的过程。

______

八、作者在阅读过程中，鲜明地主张什么？如何理解“一本好书是一个充盈欲滴的生命”？作者同伟人相比，寓意何为？

____

九、作者既然非常佩服那些有着超凡记忆力的人，“对自己的健忘十分惭愧”，却为何宽慰自己呢？“健忘”真的使人常读常新吗？对此发表你的见解。

____

十、一个人成长的速度无法与书出版的速度相比，一个人的阅读量更无法与书的总量相比，作者如何解决两者之间的矛盾？你又如何解决这一矛盾的呢？

____

十一、作者读书时有悲哀，有苦涩，他是如何面对悲哀、苦涩的呢？你在读书过程中有过类似的经历吗？你是如何面对的呢？

____

十二、读书十分注重兴趣、意境、想象，作者是如何认识三者之间的关系的？在你读书的过程中，出现过这三种情况吗？对此说一说感受。你在读书过程中是如何处理“意外”与“怀疑”的呢？

____

“同学们做完了《书与我》的问答题吗？”夏老师问道。

孩子们点头作了回答。

“今天的警句格言是：一、伟大的灵魂有意志，弱者的灵魂是欲望。二、鼓起风帆，这时的航路是最短的。”夏老师充满信心地看着孩子们说。他知道，在数学中，最短的距离是起点与终点之间的直线。而现实中的捷径，并非如此。怎样才能把远路变为捷径，只有一直往前走下去，孩子们才能悟到其中的道理。

永不言弃

“口衔山石细，心望海波平。”这是唐代韩愈《学诸进士作精卫衔石填海》其中的五言排律。我不以为然。但港珠澳大桥的建设者用精卫填海的精神完成了建桥大业，深深地打动了我，为了更好地理解精卫填海，我阅读了《山海经·北山经》，知道精卫是神话中的小鸟，传说炎帝的女儿在东海里淹死后，灵魂化为精卫，经常衔西山的木头和石块去填海。认真思考这个故事的寓意，我的灵魂受到了极大震撼，我仿佛看见一只小鸟，从西山衔石填海，这种立志高远，永不言弃的愿望，不正是当今的港珠澳大桥的建设者勇于担当，把握精彩，任重道远，笃定前行的精神吗?!

而新世界七大奇迹之一——港珠澳大桥，就是这种愿望和精神的完美诠释。

我特意买了一本纪实文学《天开海岳——走进港珠澳大桥》阅读。了解到港珠澳大桥全长55公里，是中国交通建设史上的里程碑。大桥2009年12月15日开工建设，2017年底建成通车，是世界上最长的跨海大桥，这是属于中国人的独一无二的骄傲和自豪，也是世纪工程背后的无数建设者艰苦付出的创举。

让我们为每一位精卫一样的中国建桥者点赞!!!

我现在还是一名小学六年级的学生，处在海水无风时，波涛安悠悠的学生时代，但是，士不可以不弘毅。想想自己在过去学习上的行为，每每遇到难题时，不是勇于面对，而是敷衍塞责：比如作业多了就随便一写上交；解不了的数学题带到学校抄答案；阅读文章不经思考，一目十行，这种对自己都不能负责的学习态度和港珠澳大桥的建设者相比，我自惭形秽……

今后，我一定在学习中增强自觉意识和进取意识，因为，在科学之路是没有平坦的大路可走的，只有那在崎岖小路的攀登上不畏劳苦的人，才有希望到达光辉的顶点。所以，发扬精卫衔石填海的精神，将是我永不言弃的座右铭，只有这样我才能面朝大海，春暖花开。

夏老师点评：《永不言弃》，立意深刻，议论有道，纵横古今，面朝大海，永不言弃，春暖花开。

《书与我》阅读与练习答案

第一题：学与思的辩证哲理。孔子云："学而不思则罔，思而不学则殆。"学是思的前提，思是学的深入。思而后学，学而再思，循环往复，循序渐进。

第二题：比喻。形象而具体，生动又具有说服力，可谓异想天开又易被人理解。正所谓：有学才有思，有思才有所想，有想才有意境，有意境才有所悟，有悟才有所得啊!

第三题：作者的妙比，令人钦佩。读书之人，只读不品，只读不思，如行人匆匆走路一样，走就走过去了，留下什么印象？正因如此，再有价值、有意义的书又怎么能不在这样的人面前贬值呢？这样的人，不领会书中要旨，不揣摩书中真谛，这和一个没有消化功能的胃又有什么区别呢？

第四题：借用人们熟知的概念，通俗易懂地解释了读书多与少的真正含义。正所谓读书贵在悟出道理，吸取营养，获取人生的启迪。读书过程中，悟出书中真谛，悟出弦外之音、画外之音，“半部《论语》治天下”又怎么会成难事？

第五题：一些经典作品如四大名著，就是卓越的书。而一些思想导向不正确的书则会在时代发展中、人民的选择中被淘汰，它们就是拙劣的书。作者的感受或许高深莫测，不敢苟同。既然是卓越的书，读罢总会有所得，不至于达到空空如也的地步。

第六题：排遣无聊、寻求刺激、获得安全、精神探险等四方面。为了读书而读书的人。一方面借读书消磨时间，一方面装点自己的门面。

第七题：由于年龄、阅历的不同，读书的兴趣、感悟也有所不同。童年读的书，把它当作童话，是从儿童的角度来读；成年再读此书时，是从成人的角度来读，因而童话也就成为寓言。

第八题：情有独钟地喜欢书的整洁，欣赏书的完美，表现对书的一种敬畏，在作者的眼中和情感世界里，书仿佛是充满生机、充满灵气的生命体。

第九题：作者不敢妄称自己记忆力超俗，却也不妄自菲薄，健忘的缺点使他反复地阅读，书读百遍其义自见，故此作者当然心安理得了。因而每个人，在阅读过程中的优势与劣势都是相对的。

第十题：不望洋兴叹，而是做好眼前的，集中精力，深刻思考读好身边的书，贵在领悟实质，不在数量的多少。

第十一题：对于每一个人来说，读书是幸福的事，同时也是蕴涵苦涩与痛苦的，当你苦苦思索偶尔有省悟与灵感之时，却发现先人或哲人早有高见。常人如此，作者也如此。虽然作者消极对待，只不过是在停止中的思索。命运的掌握者不是上帝，不是神仙，而是自己。

第十二题：兴趣是阅读的前提与基础，兴趣有之，意境才能产生；有了意境才能浮想联翩，才能与书对话，与书沟通，才能活化书中的人物。对于任何人，这种阅读过程中的现象都存在，只是有鲜明与模糊的差别而已。

第五十课　飞翔的鹰

“同学们好!”“夏老师好!”

夏老师走进教室，教室里已经挤得满满的，孩子们坐在前三排，家长们拥挤地坐在后面，手里拿着笔记本和笔，静静等待着，弥漫着考前的氛围。

夏老师无意间回过头，看见黑板上用彩色粉笔书写的美术字：夏老师，分别美丽，但很伤感!

夏老师顿时情感奔涌，眼睛模糊。他与孩子们依依难舍难分。夏老师噙着泪，回身低头把准备好的资料从提包里拿出依次分类放在讲台上，看了一下腕上的表，换上微笑面对家长和孩子们说道：“谢谢家长们今天在百忙之中抽出时间，陪伴孩子们一道来听课。夏老师面对小升初考试和参加作文竞赛，没有点石成金的本领，需要家长们的积极配合，共同承担学有所获的责任。孩子们虽然已经上六年级了，但学习的自觉性还是稍差一点，需要家长们不间断地引导和提醒。今天这堂课，家长们一定想知道孩子们是不是达到了自己的期望。有两个方面：第一，通过培优学习，孩子们的作文到底写得怎样？可以用应试教育的方法，检验三月底孩子们参加‘楚才杯’竞赛作文而得出结果。第二，在这一年的培优学习中，夏老师是把做人第一融在教学中进行的，孩子们可以通过命题作文《飞翔的鹰》来表明心志，在今后的人生中能像鹰一样展翅飞翔。所以，我对孩子们的了解是——孩子们用行动做到了!”

教室里顷刻响起了热烈的掌声!

夏老师平静地用感慨的目光扫视着家长和孩子们，等到掌声停息后继续说道：“下面，我来讲参赛作文包括应试考试应该注意的事项：

一、准备好颜色较深的笔参加作文竞赛。心情一定要平静，最好是放松自己的思想。

二、标点占格；字要工整（最好撑格写）；卷面整洁；不写错字（三个错别字扣一分，重复不计）；病句要少（多用短句，少用长句）；字数必须达到要求。

三、行文要段落；词句要鲜活；内容要新颖；主题要向上。

怎样做到上述三点呢？

1. 静心思想，把所学的写作基础知识：叙述、描写、对话、抒情、修辞等，恰当地运用在作文中，这样的作文，写出来才会精彩。

2. 不犯常识上的错误。比如人物与名言，不要张冠李戴。实在想不起来准确的人名时，可以概括地说，有位名人曾经说过，或是把名言改动变成自己的警句格言也行。

可以这么说，夏老师教同学们上百条警句格言，绝大部分我也分不清哪些是自己写的，哪些是名人的。

3. 同学们写参赛作文或考试时，是有充分时间的。而优秀的作文是改出来的：开头是否切题；结尾是否草率；内容过渡的关联词、一句话、一段话是否得当；开头与结尾是否照应，这一切都需要同学们反复斟酌，然后在作文的修改中完成。如果同学们认真做到了上述要求，夏老师培优的孩子们都可以参加任何竞赛获奖，证明天高任鸟飞！”

教室里再次响起热烈的掌声！是给予夏老师的，也是给予孩子们的。

“现在，我把2013—2018年‘楚才杯’六年级的作文竞赛题，武汉市小升初网上下载的考试题发给家长和同学们阅读。请同学们在阅读中做好审题活扣题眼，然后再联想自己所写过的作文是否有类似的题材（素材），这时，你们就会恍然大悟。哇！这些都是似曾相识的呀！原来万变不离其宗的哲理竟是如此。我曾经写过的作文里都有耶！只需要把开头、结尾、内容、稍加改动就行了！”夏老师淡然笑着把“楚才杯”作文竞赛题小升初作文考试题资料发给家长和孩子们阅读：

“楚才杯”作文比赛题（2013—2018年）六年级试题

参赛准备过程：一、审题；二、扣题眼（题目关键词）；三、联想。“楚才杯”比赛作文目录分类：

一、2013年赛题：《让》；《写不完的故事》；《奇幻旅行》。

二、2014年赛题：《诺言》；《班级萌事》；《争》；《路上暑假》；《魔书》。

三、2015年赛题：《我最喜爱的唐诗》；《那一刻，我长大了》；《爸爸应酬（饭局）少了》；《如果我有一个________（弟弟，妹妹）》；一个让我难忘的科学故事：听说的、看过的、题目自拟。

四、2016 年赛题：《在乎》；《大人的“陋习”》；《成语故事新编》；《神奇密码》。

五、2017 年赛题：《雨还在下》；《小实验》；《机器人保姆》。

六、2018 年赛题：《合伙》；我家的（春节、清明节、中秋节、端午节、重阳节……等中国传统节日）；《暂离地球》（科普科幻类）。

武汉市近年小升初小考作文题

一、命题作文：《温暖》；《那件事，我总忘不了》；《再见了，老师》；《我品尝到了成功的喜悦》；《盼》。

二、半命题作文：《我渴望________》；《和________聊聊天》；《一份________的作业》；《我不再________天真贪玩》；《我学会了________》。

三、话题作文：《孝敬父亲》；《感动》；《发现》；《回首往事》；《生日礼物》。

孩子们在阅读中渐渐露出了茅塞顿开的欣喜笑容。

“夏老师，您教的作文都在其中呀？”谢凯惊讶地说道。

“是的，请同学们记住这一点，万事万物看起来纷乱如麻，但只要理清其规律，找到它的逻辑性，复杂的问题就会迎刃而解。学习也是如此。所以，我把同学们培优的作文做了一个分类，请同学们把所写的作文按照内容排列到分类目录里，便于运用。”夏老师说着，把孩子们写的作文分类目录发给孩子们。

作文分类目录

一、童年：《荒唐童年》、《童年往事》、《主题童年》。

二、和谐：《月光下的白蝴蝶》、《不速之客》、《公交车上》。

三、环保：《四季歌》、《回家的路》、《恐怖的黑森林》（科幻）。

四、亲情：《妈妈的眼睛》、《父爱如歌》（信）、《快乐的人》。

五、励志：《花与草》、《培养行动》、《我也能行》。

六、友谊：《掌王》、《倾斜的雨伞》、《作文课》。

七、德行：《我的同桌》、《什么样的人是好人》、《难忘的老师》。

八、启示：《对话》、《发现》、《琥珀》。

九、荒诞：《见鬼》（启示）。

十、童话：《美丽的故事》（和谐）、《谜语》（励志）、《嗨龟》（励志）。

十一、科幻：《探险蓝月亮》（启示）、《登陆奥里里亚星球》（和谐）、《飞向火星》（环保）。

十二、模仿：《巅峰》（励志）。

十三、游记：《峨眉猴山我与猴》（和谐）。

十四、缩写、扩写、改写：《泰山极顶》（启示）、《捡到一分钱……》（德行）、《奖的启示》（启示）。

十五、读后感：《画蛋》（励志）。

十六、说明文，议论文：《金鱼》、《永不言弃》（励志）。

十七、科幻：《飞向火星》、《探险蓝月亮》、《登陆奥里里亚星球》、《恐怖的黑森林》（环保）、《海洋历险记》（和谐）。

十八、动物：《流浪狗》（亲情）、《血印足迹》（亲情）、《报恩的山獾》（和谐）、《战象奥特》（和谐）。

"同学们阅读了作文分类目录后，头脑里是不是有一种庖丁解牛的清晰轮廓?"夏老师等孩子们阅读完后说道，"这是你们参加作文竞赛得天独厚的题材而不是素材。只需要如何切题和审题。题目会指导你们应该写哪一类别的作文。在这里，我可以明确告诉同学们，'楚才杯''楚天杯'的作文竞赛题，基本上都是以记叙文为主，有三四个题目任选，分别是写实类和科幻类（童话）。同学们在思考中选出题目，第一步是扣题眼，定主题。第二步是联想，在记忆中选取一篇熟悉又有内容的题材开始写作文。第三步是谋篇布局，写开头要夺人眼球。写结尾要回味无穷。第四步就是收获。什么样的收获呢?夏老师为同学们准备了特等奖、一等奖、二等奖、三等奖四个奖。特等奖八百元；一等奖六百元；二等奖三百元；三等奖一百元。希望同学们用勤奋争取回报。"夏老师把准备的开头结尾的复习资料下发时，教室里弥漫起亢奋的情绪。

写实：开头与结尾

一、开头

1. 开门见山：星期六，妈妈让我写作业。我想玩手机，找了许多理由想挨到星期天写作业。妈妈生气地抢过我的手机说："星期一就要交作业，还有心思玩手机……（天呐，妈妈跳过星期天，神神叨叨）。

2. 倒叙：这是一个真实的故事。时光冲淡了我许多的记忆，但有一个人我怎么也不能把他（她）忘记（但有一件事永远珍藏在我心中）。

3. 警句格言：有一位名人说过：妈妈是一部写不完的书。这话我信，我的妈妈就有好多写不完的故事。

4. 诗歌，歌词："时间都去哪儿了——"

5. 景物描写：冷飕飕的西北风像一把神奇的扫帚，一会儿把大街扫得干干净净。

二、结尾：

1. 哲理含蓄：①《回家》：我们每天都是走在回家的路上，因为家里有妈妈……②《成功》：我觉得容易做的事情，他们觉得不去做更容易。③《竞选》：同学们都用期待和信任的目光看着我，我暗暗地攥紧了拳头。

2. 展望未来：①《追赶太阳》：与时间赛跑，去追赶太阳。②《我是祖国的后代》：我坚信，我的愿望一定能实现，因为，我是祖国的未来。③《坚持》：我带着这份对学习的坚持，继续走在求知的路上。

3. 抒情结尾：①《月光手帕》：夏天的夜晚，好大好圆的月亮。②《窗外》：水有些发烫，怕是被太阳晒烫的，而我的心有些发凉。③《荔枝蜜》：这天夜里，我做了一个奇怪的梦，梦见自己变成了一只小蜜蜂。

4. 总结全文：①《发现》：发现就是成功之门。②《负责》：我们要学会承担起自己的责任，自己对自己负责。③《秘密》：我懂了，有许多重要的东西，往往需要用心和眼睛去看。

5. 鼓动激励：学习必须刻苦，努力收获成功，失败只有一种，那就是放弃。

三、科幻：开头与结尾

1.《探险蓝月亮》

开头：我通过革命性的制作，安装芯片，扫描数据，思维控制的光速飞行器完成。然后，我带上微型机器人和电磁悬浮飞车，穿过热狗星系向红矮星飞去，我是去探险红矮星的卫星——蓝月亮。

结尾：我凝视着深邃悠远的天空，心中突然涌出一股热爱之情。我要带着采集到的蓝月亮的样本，回到我的家园——蓝色的地球。

2.《登陆奥里里亚星球》

开头：霍金断言：公元2600年人类将在地球上消亡。我用超级计算机在银河系里寻找发现比太阳大八倍的红矮星，他有一颗类似地球的卫星，我命名为“奥里里亚”。公元2018年元月16日大年初一，我乘着“光速”宇宙飞船，成功登陆“奥里里亚”星球。

结尾：我紧紧握着奥里里亚人的手，依依不舍登上“光速”宇宙飞船。在浩瀚的太空里，我回望奥里里亚星球，就像一个天蓝色的圆球，他是我魂牵梦萦的第二故乡。

“孩子起床了，今天是开学的第一天，别迟到。”妈妈在厨房里大声地吆喝着。

3.《恐怖的黑森林》

开头：我戴上黑科技VR，它给人视、听、触、味、运动的感知，于是，我在虚拟的世界里穿越时空，来到一处墨黑色的森林里。

结尾：我惊恐的取下VR眼镜，远眺着窗外的蓝天白云，心中颤抖地对自己说：我一定要好好学习，用我学到的知识去改造恐怖的黑森林，让它变得像过去一样美，有花、有草、有鸟、有蝶、有我们人类……

4.《海洋历险记》

开头：我望着波涛滚滚的大海，浮想联翩地对爸爸说：“我真想去看看海洋世界是个什么样子。”“这有什么难的，我们可以用记忆做数据，想象做芯片，在虚拟的现实中，人工智能地实现愿望啊。”爸爸微笑地看着我。我闭上眼睛，开始想象我真的变成了一条漂亮的小锦鲤，畅游在蓝色海洋里。

结尾：“你是怎么了？”爸爸轻轻地推了推我问。

我睁开眼睛，心有余悸地望着美丽的蓝色海，向爸爸讲述了刚才我的海洋历险记。

“夏老师，太谢谢您了！为孩子们考虑得这么周全。”

“您真的太认真了，比我们做家长的还要细心。”

“夏老师，我看了您发的资料，又听您这么一讲，心里就有底了。”

“谢谢夏老师，卫翔宇跟您学作文算是没有白学。现在他写的作文，在班级都是拔尖的。”

“夏老师，如果孩子们获了奖，这次您就不要花钱奖励了。听家长们说，每次孩子们参加‘楚才杯’竞赛，您都要破费好多钱。我们做家长的实在不好意思。”

“谢谢家长们对夏老师教学的肯定。孩子们如果能参赛获奖，也是我当老师的一份荣耀啊！鼓励孩子们去比赛拿奖，我是韩信点兵——多多益善。”夏老师感慨说道。

“夏老师，孩子们上初一了，您能不能继续再带一下孩子们。我们把孩子交给您，放心！”

“是的，孩子们都挺喜欢您的，学习的知识也很全面。特别是在做人方面，我都有些不认识自己的孩子了，变得太懂事了。”

“夏老师，您带我们继续培优吧！我们上课一定用心听讲。”

夏老师被家长和孩子们的真诚所感动。每次培优结束，他都要面对家长和孩子们，内心惜别的情感在奔涌。他爱孩子们，孩子们也爱他，他和孩子们在这一年的时间里，建立了难舍难分的深深情谊。他觉得他是一名好老师，培优的孩子们也是好孩子。他感到眼睛有些模糊了，便拿起粉笔，在黑板上写下了衷心的祝愿：飞翔的鹰！

“这是夏老师给同学们上的最后一次作文课。”夏老师回身用手扶着讲台边沿说道，“因为，夏老师没办法满足家长和同学们的要求，继续带领同学们前行。我还有自己的人生规划要去做，写一部《玩家老师》。在座的同学们一定会出现在书中的，当你们阅读时，请对号入座。希望不要恐怖地问自己，这就是我吗？吓死宝宝了！”

家长和孩子们爆发出开心的笑声！

“就现在，同学们还有最后一篇作文要完成。”夏老师手指黑板问道，“作文的题目是什么？”

“飞翔的鹰！”孩子们响亮回答。

“我希望同学们以鹰为荣，有鹰的志向，像鹰一样在蓝天翱翔。但是，还必须要有鹰一样的欲望——努力向上飞翔，这是你们一生的路。”夏老师说道，“下面，我给同学们讲一讲鹰的故事。”

> 小鹰出生不久，母鹰就减少食物，驱使它们互相撕咬争食，甚至吃掉弱者，这就是鹰的生存法则：弱肉强食。有时候，小鹰饿得抬不起头，甚至开始一点点地垂下头时，它们又会突然“呼”地一下昂起无力的鹰头，睁大满是血丝的双眼，迸发出一声声绝望而刚烈的尖利长啸，那声音是从喉咙深处滚出来的，充满了震撼！这时，在一旁的母鹰，就会从巢中一跃而起给小鹰喂食。
>
> 这就是从苦难中被激发出来的鹰的精神！

一只小鹰出生一星期左右，母鹰就会把小鹰推到巢穴边，让它张望崖下黑黑乎乎的乱石和白骨。小鹰恐惧得全身瑟瑟发抖，母鹰于是从小鹰身边闪电般地飞去，在小鹰面前上下飞翔，让硕大的身躯划出优美的弧线，它要让小鹰懂得，鹰的灵魂应该是在蓝天里。可是，小鹰毕竟是孩子呀！吓得缩紧身体全身颤抖，它害怕面对崖壁上布满的荆棘，尖利的岩石，深不见底的河流和大地。母鹰盘旋一会儿后，长啸一声，落在小鹰身旁，无情地用力将小鹰推下悬崖，小鹰恐怖地哀叫着，身体在空中随着气流飘荡。它想攀住树枝和藤蔓，但都没有成功。它知道，现在是生死攸关的时候，为了生存，它必须挣扎着飞翔，否则就会摔死。有许多小鹰，因为羽翼未丰，挣扎地扑闪几下翅膀，便一头坠落在峡谷里，摔成了一朵血淋淋的骇人之花。它想到这里，勇猛地搏击起双翅，像母鹰一样盘旋出一条美丽的弧线，向天上飞起。小鹰缓缓地翱翔在天地之间，最后落在高高耸立在山顶的一块岩石上。崖谷依然幽暗无声，好多它不认识的动物在悬崖上行走如飞。它看到这一切久久没有转动脑袋，只是从容地发出一声“啁——”的鸣啸，腾空而起，向更远处飞去。

天空高远，阳光炽烈，小鹰慢慢地变成了一个很小的黑点。

鹰的生存充满了很多游戏规则。它们经常会对捕获的猎物抓而又放，然后在空中翻飞翱翔，疾如箭矢地从空中俯冲下来，放了又抓，就像猫戏老鼠一样，直到将它的猎物折腾得精疲力尽，以此来锻炼自己的捕食技能。有时候鹰还会在飞行中追逐小鸟，学习在空中的进攻方法用来增强速度与灵活度。有时候为了捍卫自己的利益，鹰还会展现一些恐怖的动作，像鸡一样竖起头部和颈部的羽毛，将头凶猛地前伸，鹰喙高昂张开双翼，脚爪前勾，毫无惧色地即刻就要扑向对方，为此来验证自己的胆识。

鹰对死亡决绝的态度是令人惊叹的，可以说是视死如归。当它感觉自己大限已到，就会拼尽全力翱翔在蓝天白云之间，然后对着它朝夕相处的悬崖猛撞过去，随即鹰血四溅，一朵鲜花在峭壁上绽放。

鹰的寿命可以活到 70 多岁，要维持比其他鸟类还要长的时间，但鹰必须在 40 岁的时候完成一次凤凰涅槃似的蜕变。这是一次痛苦无比的过程。因为鹰在高空中飞翔，在荒野中抓捕猎物，它那尖利的双爪开始老化，无法伸展自如，它的喙也结上了一层又长又弯的老茧，一动便可碰到胸膛，对进食阻碍很大。它的双翅上也日积月累堆满了厚厚的羽毛，在天空中飞翔显得很拙笨。这样的生存条件下，它面临一个艰难的选择，要么慢慢等死，要么重获新生。而新生的代价是炼狱般一系列残酷的更新。首先它会在飞行中突然俯冲而下，撞向悬崖，把结茧的喙狠狠地磕在岩石上，然后带着滴血无喙的嘴飞回巢穴，忍着剧痛等待新喙长出。其次，当新喙长了出来，它又会用锋利的新喙把双爪上的老指甲血淋淋地拔掉，等待新趾甲长出。再次，它用新指甲把身上厚厚的羽毛扯下，等到新羽毛更替旧羽毛后，鹰才可以重新飞上蓝天翱翔，收获30年的生命。

鹰的这一系列生命更新充满了危险，极有可能使自己在等待中疼死或饿死。但它依旧勇敢地向自己挑战，勇敢地让自己在死亡的边缘获得再生。

鹰不但敢于挑战自己的生命极限，同样也非常珍惜自己的生命。鹰在外飞翔捕食一天之后，当黄昏时分回到巢穴，它会将头弯曲靠在肩上，用一只脚站立，而另一只脚缩回羽毛中取暖。整整一个夜晚，鹰都是用这种金鸡独立的姿势休息。当新的黎明到来，太阳升起，鹰就会用它的喙把身上的羽毛梳理整洁，清扫巢穴，拍打着充满活力的双翅，然后一声啸鸣，腾空而起，振翅飞翔在蓝天里，开始了又一天的新的生活。

“同学们，听完了夏老师讲的鹰的故事，说说看，有些什么样的感想?”夏老师用爱抚的目光看着孩子们问。

“鹰的一生好难啊!”孩子们感慨地回答。

“联想一下自己，你们的人生能不能也像鹰一样，百折不挠，飞翔在属于自己的理想中呢?”夏老师问。

“当然，像鹰一样挑战自己。”“带着啸声，向自己的理想飞去。”“我要像鹰一样，不畏艰险，高飞在蓝天上。”

孩子们激情澎湃，激昂地表达自己的态度。

“这就对了。在我眼里，你们就是一只只振翅欲飞的小鹰。但你们一定要知道，社会环境与大自然的环境是一样的。在蓝天的下面，有狂风暴雨，有电闪雷鸣。但是，当你们有勇气冲破重重的障碍，迎接你们的将是辽阔的草原，巍峨的高山，湛蓝的天空，追逐的白云。你们会由衷地感受到天地间实在是太美了！希望同学们以鹰言志，写好这篇作文——飞翔的鹰。”夏老师看孩子们，就是一只只振翅欲飞的小鹰。

飞翔的鹰

这是一只鹰的故事。

在它还是黄嘴雏鹰的时候，就被母鹰推下悬崖。它当时一下吓呆了，像石头一样坠落。在这生死攸关的一刹那，它奋力地振翅飞翔，只是力不从心，它不停地发出恐惧的哀鸣，摔落在一处荒草丛中，被一位放牧的小男孩发现，带回了家细心照料。小鹰就像童话故事中的丑小鸭，每天扑闪着受伤折断的翅膀，在“嘎嘎”叫的鸭子和“咩咩”叫的羊群里一天天长大。

小鹰通常会连飞带跳地立在栏杆上歇息。特别是在起风的日子和雷雨到来之前，它就有一种模模糊糊的渴望，扑打几下耷拉着的翅膀，勇猛地冲向了天空。可是，当它的脚离开栅栏的一刹那，又落了下来，满怀困惑地拍打着笨拙的翅膀跳了几下，伸长脖子一声鸣叫。它好像看见妈妈在天空中翱翔的雄健身姿划出的一道道优美的弧线，它感到万分羞愧，收紧翅膀，把喙插进胸前脏兮兮的羽毛中，孤零零地沉默着，眼睛无神地眺望着远空。

小鹰一天又一天地摇摇晃晃漫步在家禽的栅栏里。它好像已经习惯了这样的生活，但它又不甘心这样庸庸碌碌让高贵的灵魂就此沉沦。它沮丧地做着飞翔的梦，每天都憧憬着蓝天。然而有一天，当和煦的春风吹来，大地复苏，小鹰忽然发现自己站在主人家的毡房顶上。它自己一点也不知道这是怎么回事。它起劲地转动着脑袋，东瞅瞅，西望望，那无法抗拒的云彩和天空，吸引着它张开了翅膀，小心试探地拍击几下，健壮的两翼拥着它的身躯扶摇直上，飞向了天空，展翅滑翔在天地之间。它愉悦地发出一声声野性的尖叫，一下子明白了做一只鹰意味着的是什么?！草原、河流、毡房、羊群从它身下掠过……

小鹰向着太阳飞去，越飞越高，飘然陶醉在苍穹里。突然一阵气流向它涌来，它的身体不由得开始颤抖。它感到四周浩瀚渺茫，令它害怕。它俯视大地，层层叠叠的岩石陡峭光秃，没有一处可用来栖息。而太阳正置身于猩红的晚霞之中，这预示着黑暗即将来临。它感到筋疲力尽，翅膀又沉又大，但它仍然坚持鼓动着双翼，向呼唤它的深红色的山峰飞去。猛然间，它面前的视野一下敞开了，流动的云端上，幻影一般美妙。它第一次感到了做一只鹰的亢奋，它奋力飞翔在属于自己的家园！

夏老师点评：《飞翔的鹰》，寓意深远，以鹰立志，渴望天空，表达了追梦的开阔视野。

后 记

我喜欢孤独和寂寞，它使我在责任的驱使下和夏懿一起，完成了《玩家老师》的创作。现在，我们可以坦然地把心交给孩子们了！不过，我们必须得承认，当我们在修改《玩家老师》的时候，常常陷入思索。凭着这么多年我们跟孩子们水乳交融的相处，深知在当今的学习环境中，孩子们对学习的认识是固化的：回答提问，完成作业，考试高分……这种压迫式的学习过程，使得孩子们只懂得如何做一名好学生、乖孩子，却不懂得怎样去思考，更没有独立的思考能力，这样一旦踏入社会，高分低能的弱项就会暴露无遗。可是，单凭《玩家老师》就能引导孩子，帮助他们成为自己所希望的样子吗？我们的心又忐忑不安起来。

我不知道这本书到底是写实小说还是教科书，但我真诚希望是孩子们喜欢的儿童文学，因为它把老师、知识、孩子、思考融为了一体，也是一声家长们期盼的不能让孩子们输在起跑线上的发令枪。玩家夏老师正带着孩子们在教与学的赛道上奔跑，在现实的赛场比拼，身后留下了一串串玩家老师和孩子们的故事。

记得有一次，我陪上一年级的儿子在房间做作业。儿子问我：“‘一起’怎么造句？”我莫名其妙地看着儿子说道：“爸爸不是陪在你身边吗？动动脑筋。”

当我检查儿子的作业时，儿子是这样用“一起”造句的：我和爸爸一起去跳楼。我气恼地一拍儿子的头说：“你活腻了，还要搭上爸爸，怎么不好好造句，非要拉爸爸一起跳楼？重造！”

“不！”儿子噘着嘴，固执地说，“我问你，跳楼到地面快还是下楼梯到地面快？”

“当然是跳楼到地面快，”我说，“可是，跳楼轻则摔断腿，重则会摔死的。”

“就是嘛，跳楼到地面快，我就可以省去下楼梯的时间，好好玩一下啦！”

儿子望着我说。

我心一沉，想到了儿子一天的作息安排。早起上学，下午放学回家做作业，晚上预习第二天的功课，然后是睡觉，甚至连看电视的时间都没给他，儿子的学习太沉重了。

用“一起”造一个你最喜欢的句子。我爱怜地抚摸着儿子的头说。

儿子用嘴咬住笔想了想，写道：我想和爸爸一起去玩。然后用央求的目光看着我。

我还能说什么呢？我冲着儿子的后脑勺轻轻拍了拍说：“行，先做完作业，爸爸带你到公园玩去。但绝对不许跳楼，得从楼梯走下去。”

儿子听了欣喜若狂，搂着我的脖子荡起了秋千。

这就是孩子们的童年。学习与嬉戏之间的矛盾，我怎么就没想到呢？《玩家老师》就是带着这样一份责任，呈现给孩子们的，而不是强加给孩子们的。

其实，我说了这么多，还有一个问题需要说明。《玩家老师》这本书里，有许多篇作文是我写的还是孩子们写的，或者是孩子们写的经过我修改的，已无法厘清。不过，我的愿望是孩子们在阅读完《玩家老师》后能这样对自己说：好嗨的夏老师呀！怎么把我也写进书里了。而且还“神偷”了我生活的小秘密和学习的小故事。哼——我也要踢馆，写一本比《玩家老师》还要玩家的书出来，绝不掉线！

如果真是这样，夏老师也就心满意足了！